제3판

부동산공법론

Real Estate Public Law

이상훈 · 석호영

박영사

제3판 머리말

코로나19가 처음 발생한 후 어느덧 3년이라는 시간이 지났다. 그 사이에 시작한 이번 제3판 작업을 마무리하고 출간을 앞두고 있는 현 시점에서 "더 많은 내용을 보강하고 싶었지만 교재의 분량이나 시간적인 면에서 그렇게 하지 못하였다"는 것이 많은 아쉬움으로 남는다.

부동산을 공부하는 대학생들이나 관련 자격증 취득을 준비하는 수험생들에게 법학과목은 일반적으로 딱딱하고 지루하게 느껴지는 과목이기에 저자는 이 책을 집필할 때 되도록 쉽게 이해할 수 있도록 핵심 내용만 간추려 노력하였다. 이러한 저자의 노력이 부동산공법이라는 과목을 학습하고 관련 시험에서 좋은 결과를 얻는 데 조금이나마 도움이 된다면 더할 나위 없이 기쁠 것이다.

이 책에서 다루고 있는 '부동산공법'은 부동산 관련 기본이 되는 법이기에 중요도가 매우 높다. 부동산 관련 학과에 재학 중인 학생들이 부동산 분야의 전문적인 지식과 경험을 겸비하기 위해서는 이 과목에 대한 깊은 관심과 노력이 요구된다. 장기적으로는 이론적 내용을 점차 늘려 이 교재가 부동산 관련 분야에서 수험서뿐만 아니라 이론서로서도 손색이 없도록 보완해 나갈 것이다.

이 책의 개정 작업을 위해 수고하신 명지대학교 석호영 교수에게 깊은 감사를 표하며, 이 책이 출간되기까지 물심양면으로 아낌없이 지원을 해 주신 박영사 안종만 회장님과 임직원 분들, 그리고 편집부의 윤혜경 대리님, 마케팅팀의 정성혁 대리님께도 깊은 감사의 마음을 표한다.

마지막으로 항상 옆에서 힘이 되어 주는 아내와 사랑하는 두 딸, 예인과 예서에게 고마움을 전하며, 언제나 믿음직한 남편 그리고 든든한 아빠가 되고자 노력할 것을 이 지면을 빌려 약속하는 바이다.

2022년 8월

공저자 대표 이 상 훈

차 례

제1편 국토의 계획 및 이용에 관한 법률

제 2 편   도시개발법

제4장　도시개발사업의 시행　180

제 3 편   건 축 법

제 4 편　도시 및 주거환경정비법

제 1 장 총 칙　342

제 5 편 주 택 법

제 1 장 총 칙　478

제 2 장 주택의 건설 등　492

제 6 편   농 지 법

제 1 편

국토의 계획 및 이용에 관한 법률

부 / 동 / 산 / 공 / 법 / 론

제 1 편

국토의 계획 및 이용에 관한 법률

제 1 장

총 칙

　　국토의 체계적이고 효율적인 이용 및 관리의 필요성은 국토의 면적이 넓은 국가보다는 우리나라와 같이 인구 대비 임야나 농지를 제외한 이용가능 면적이 작은 국가일수록 상대적으로 높아지게 된다. 이에 우리나라도 1960년대 후반의 경제개발계획과 함께 다양한 용도의 토지에 대한 수요에 대응하고, 토지를 국가 차원에서 더욱 효율적으로 이용하고 관리 할 목적으로 1972년 12월 30일에 국토이용관리법을 제정하였다. 이후 2002년 2월 4일에 국토이용관리법과 도시계획법의 내용을 「국토의 계획 및 이용에 관한 법률」로 통합하면서, 도시지역에만 적용하던 도시계획법의 내용을 전국에 적용하게 되었다.

　　이후 수차례의 일부(타법)개정을 거쳐 현재(법률 제17893호, 2021. 1. 12., 타법개정, 시행 2022. 1. 13.)에 이르고 있는데, 2021년 1월 12일 일부개정(법률 제17898호, 2021. 1. 12. 일부개정, 시행 2021. 7. 13.)에서는 장기미집행 도시·군계획시설의 설치, 공공임대주택 등의 확보를 위하여 기부채납을 활용할 수 있는 법률적 근거를 마련하고, 입지규제최소구역 제도의 활성화를 위한 방안을 마련하며, 관리지역 등 난개발이 우려되는 지역의 체계적 관리를 위하여 성장관리계획제도의 법률적 근거를 마련하는 한편, 지구단위계획 중 교통처리계획의 작성 시 보행자의 안전을 고려하도록 하는 등 현행 제도의 운영상 나타난 일부 미비점을 개선·보완하고자 ① 성장관리계획의 정의를 규정하여 제도의 개념을 명확히 함(제2조 제5호의3 신설), ② 주민에게 입지규제최소구역 지정 및 변경과 입지규제최소구역계획의 수립 및 변경에 관한 도시·군관리계획 입안을 제안할 수 있도록 함(제26조 제1항 제4호 신설), ③ 청취한 주민 의견을 도시·군관리계획안에 반영하려는 경우 또는 관계 행정기관의 장과의 협의 및 도시계획위원회 심의에서 제시된 의견을 반영하여 도시·군관리계획을 결정하려는 경우로서 그 내용이 중요한 사항인 경우에는 그 내용을 다시 공고·열람하게 하여 주민의 의견을 듣도록 함(제28조 제4항 신설), ④ 입지규제최소구역의 지정 대상을 창의적인 지역개발이 필요한 지역으로 확대(제40조의2 제1항 제6호 신설)하였다.

또한 2021년 10월 8일 일부개정(법률 제18473호, 2021. 10. 8. 일부개정, 시행 2021. 10. 8.)에서는 각각의 법률에 규정된 용적률의 특례에 관한 규정을 중첩하여 적용할 수 있는지 등 특례규정들의 적용 및 집행에 관한 논란이 발생하고 있어 현행법에 이를 명확하게 규정할 필요가 있었다. 이에 이 법 및 다른 법률에 따른 용적률의 완화에 관한 특례 규정은 중첩 적용이 가능함을 명확하게 규정하고 중첩 적용의 기준 및 허용 범위 등을 현행법에 정함으로써, 용적률의 완화에 관한 특례규정의 중첩 적용과 관련된 논란을 해결하고자 법 제78조에 제7항에 "이 법 및 「건축법」 등 다른 법률에 따른 용적률의 완화에 관한 규정은 이 법 및 다른 법률에도 불구하고 다음 각 호의 구분에 따른 범위에서 중첩하여 적용할 수 있다"는 규정이 신설되었다.

1. 「국토의 계획 및 이용에 관한 법률」의 지위

(1) 국토계획에 관한 기본법

이 법은 국토 전반적인 차원에서 각각의 토지의 특성에 따라 토지를 어떻게 더욱 효율적으로 이용·관리할 것인가를 다루는데서 국토기본법과 추구하는 단위공간의 범위가 같다할 수 있다. 즉, 하나의 지역만을 위한 계획이나 하나의 도시를 대상으로 하는 토지의 이용계획이 아니라 국가 또는 국토 전반적인 차원에서 공공복리의 증진과 국민의 삶의 질 향상을 위한 토지이용에 관한 계획을 적절하게 수립하기 위한 법이다.

(2) 토지이용에 관한 기본법

이 법은 국토의 효율적인 이용 및 관리를 위해 토지의 위치, 환경 등을 고려하여 지역에 따른 토지이용을 지정하고 적절한 이용이 가능하도록 유도하는 데 기본이 된다. 토지이용계획을 보다 지역적인 차원에서 수립할 때에는 국토계획법의 내용에 합당한 범위 내에서 토지이용계획이 이루어지게 되는데, 이에 도시개발법이나 도시 및 주거환경정비법 등과 같이 특정 도시나 일정 지역 등 국지적인 토지의 이용과 관련한 법보다는 상위에 있는 법으로서 전국의 토지이용 관련 기본이 되는 법이다.

대판 2014.5.16, 2013두4590(건축허가취소처분취소)

"甲 주식회사가 개발제한구역 안에서 폐기물처리시설(건축물의 연면적 1,127.88㎡, 1일 폐기물처리능력 24t 규모) 설치를 위한 개발제한구역 내 행위허가(건축허가)를 받았는데, 관할 구청장이 도시계획시설로 설치하지 않은 해당 폐기물처리시설은 구 국토계획법 제43조에 위배된다는 이유로 건축허가를 취소한 사안에서, 구 국토계획법과 구 개발제한구역법은 체계와 내용 그리고 그 입법 취지와 목적 등을 종합하여 보면, '개발제한구역에서의 행위 제한'에 관하여는 구 개발제한구역법이 구 국토계획법에 대하여 특별법의 관계에 있다. 이에 건축물의 연면적이 1,500㎡ 미만인 이 사건에서의 폐기물처리시설은 개발제한구역에서의 행위 제한에 관하여 구 국토계획법에 대하여 특별법의 관계에 있는 구 개발제한구역의 지정 및 관리에 관한 특별조치법령의 규정에 따라 도시계획시설로 설치할 필요 없이 시장·군수·구청장의 허가를 받으면 설치할 수 있는 기반시설에 해당한다 할 것이다."

---

2. 제정목적

이 법은 국토의 이용·개발과 보전을 위한 계획의 수립 및 집행 등에 필요한 사항을 정하여 공공복리를 증진시키고 국민의 삶의 질을 향상시키는 것을 목적으로 한다(법 제1조).

3. 용어의 정리

「국토의 계획 및 이용에 관한 법률」에서 사용하는 용어의 뜻은 다음과 같다(법 제2조 제1호~제20호).

구 분	내 용
(1) 광역도시계획	광역계획권의 지정(법 제10조)에 의해 지정된 광역계획권의 장기발전방향을 제시하는 계획을 말한다.
(2) 도시·군계획	특별시·광역시·특별자치시·특별자치도·시 또는 군(광역시의 관할 구역에 있는 군은 제외)의 관할 구역에 대하여 수립하는 공간구조와 발전방향에 대한 계획으로서 도시·군기본계획과 도시·군관리계획으로 구분한다.

(3) 도시·군기본계획	특별시·광역시·특별자치시·특별자치도·시 또는 군의 관할 구역에 대하여 기본적인 공간구조와 장기발전방향을 제시하는 종합계획으로서 도시·군관리계획 수립의 지침이 되는 계획을 말한다.
(4) 도시·군관리계획	특별시·광역시·특별자치시·특별자치도·시 또는 군의 개발·정비 및 보전을 위하여 수립하는 토지 이용, 교통, 환경, 경관, 안전, 산업, 정보통신, 보건, 복지, 안보, 문화 등에 관한 다음의 계획을 말한다. ① 용도지역·용도지구의 지정 또는 변경에 관한 계획 ② 개발제한구역·도시자연공원구역·시가화조정구역, 수산자원보호구역의 지정 또는 변경에 관한 계획 ③ 기반시설의 설치·정비 또는 개량에 관한 계획 ④ 도시개발사업 또는 정비사업에 관한 계획 ⑤ 지구단위계획구역의 지정 또는 변경에 관한 계획과 지구단위계획 ⑥ 입지규제최소구역의 지정 또는 변경에 관한 계획과 입지규제 최소구역 계획 ☞ '입지규제최소구역계획'이란? 　입지규제최소구역에서의 토지의 이용 및 건축물의 용도·건폐율·용적률·높이 등의 제한에 관한 사항 등 입지규제최소구역의 관리에 필요한 사항을 정하기 위하여 수립하는 도시·군관리계획을 말한다.
(5) 지구단위계획	도시·군계획 수립 대상지역의 일부에 대하여 ① 토지 이용을 합리화하고 ② 그 기능을 증진시키며 ③ 미관을 개선하고 ④ 양호한 환경을 확보하며, 그 지역을 체계적·계획적으로 관리하기 위하여 수립하는 도시·군관리계획을 말한다.

(6) 기반시설	교통시설	도로·철도·항만·공항·주차장·자동차정류장·궤도·차량 검사 및 면허시설
	공간시설	광장·공원·녹지·유원지·공공공지
	유통·공급시설	유통업무설비, 수도·전기·가스·열공급설비, 방송·통신시설, 공동구·시장, 유류저장 및 송유설비
	공공·문화 체육시설	학교·공공청사·문화시설·공공필요성이 인정되는 체육시설·연구시설·사회복지시설·공공직업훈련시설·청소년수련시설
	방재시설	하천·유수지·저수지·방화설비·방풍설비·방수설비·사방설비·방조설비
	보건위생시설	장사시설·도축장·종합의료시설
	환경기초시설	하수도·폐기물처리 및 재활용시설·빗물저장 및 이용시설·수질오염방지시설·폐차장

(7) 도시·군계획시설	기반시설 중 도시·군관리계획으로 결정된 시설을 말한다.
(8) 광역시설	기반시설 중 광역적인 정비체계가 필요한 다음의 시설을 말한다.

	① 2 이상의 특별시·광역시·특별자치시·특별자치도·시 또는 군(광역시의 관할구역 안에 있는 군을 제외한다)의 관할구역에 걸치는 시설 : 도로·철도·광장·녹지, 수도·전기·가스·열공급설비, 방송·통신시설, 공동구, 유류저장 및 송유설비, 하천·하수도(하수종말처리시설을 제외한다) ② 2 이상의 특별시·광역시·특별자치시·특별자치도·시 또는 군이 공동으로 이용하는 시설 : 항만·공항·자동차정류장·공원·유원지·유통업무설비·문화시설·공공필요성이 인정되는 체육시설·사회복지시설·공공직업훈련시설·청소년수련시설·유수지·장사시설·도축장·하수도(하수종말처리시설에 한한다)·폐기물처리 및 재활용시설·수질오염방지시설·폐차장
(9) 공동구	지하매설물(전기·가스·수도 등의 공급설비, 통신시설, 하수도시설 등)을 공동으로 수용함으로써 ① 미관의 개선, ② 도로구조의 보전 및 ③ 교통의 원활한 소통을 기하기 위하여 지하에 설치하는 시설물을 말한다.
(10) 도시·군계획시설사업	도시·군계획시설을 설치·정비 또는 개량하는 사업을 말한다.
(11) 도시·군계획사업	도시·군관리계획을 시행하기 위한 다음의 사업을 말한다. ① 도시·군계획시설사업 ② 「도시개발법」에 따른 도시개발사업 ③ 「도시 및 주거환경정비법」에 따른 정비사업
(12) 도시·군계획사업시행자	이 법 또는 다른 법률에 따라 도시·군계획사업을 하는 자를 말한다.
(13) 공공시설	도로·공원·철도·수도, 그 밖에 대통령령(영 제4조)으로 정하는 다음의 공공용 시설을 말한다. ① 항만·공항·광장·녹지·공공공지·공동구·하천·유수지·방화설비·방풍설비·방수설비·사방설비·방조설비·하수도·구거(溝渠: 도랑) ② 행정청이 설치하는 시설로서 주차장, 저수지, 공공필요성이 인정되는 체육시설 중 운동장, 장사시설 중 화장장·공동묘지·봉안시설(자연장지 또는 장례식장에 화장장·공동묘지·봉안시설 중 한 가지 이상의 시설을 같이 설치하는 경우를 포함한다) ③ 「스마트도시 조성 및 산업진흥 등에 관한 법률」 제2조 제3호 다목(스마트도시서비스의 제공 등을 위한 스마트도시 통합운영센터 등 스마트도시의 관리·운영에 관한 시설로서 대통령령으로 정하는 시설)에 따른 시설
(14) 국가계획	중앙행정기관이 법률에 따라 수립하거나 국가의 정책적인 목적을 이루기 위하여 수립하는 계획 중 도시·군기본계획의 내용(제19조 제1항 제1호부터 제9호까지에 규정된 사항) 또는 도시·군관리계획으로 결정하여야 할 사항이 포함된 계획을 말한다.
(15) 용도지역	토지의 이용 및 건축물의 용도, 건폐율, 용적률, 높이 등을 제한함으로써

	토지를 경제적·효율적으로 이용하고 공공복리의 증진을 도모하기 위하여 서로 중복되지 아니하게 도시·군관리계획으로 결정하는 지역을 말한다.
(16) 용도지구	토지의 이용 및 건축물의 용도·건폐율·용적률·높이 등에 대한 용도지역의 제한을 강화하거나 완화하여 적용함으로써 용도지역의 기능을 증진시키고 경관·안전 등을 도모하기 위하여 도시·군관리계획으로 결정하는 지역을 말한다.
(17) 용도구역	토지의 이용 및 건축물의 용도·건폐율·용적률·높이 등에 대한 용도지역 및 용도지구의 제한을 강화하거나 완화하여 따로 정함으로써 ① 시가지의 무질서한 확산방지, ② 계획적이고 단계적인 토지이용의 도모, ③ 토지이용의 종합적 조정·관리 등을 위하여 도시·군관리계획으로 결정하는 지역을 말한다.
(18) 개발밀도관리구역	개발로 인하여 기반시설이 부족할 것으로 예상되나 기반시설을 설치하기 곤란한 지역을 대상으로 건폐율이나 용적률을 강화하여 적용하기 위하여 지정(법 제66조에 근거)하는 구역을 말한다.
(19) 기반시설부담구역	개발밀도관리구역 외의 지역으로서 개발로 인하여 도로, 공원, 녹지 등 다음에 정하는(영 제4조의2에 근거) 기반시설의 설치가 필요한 지역을 대상으로 기반시설을 설치하거나 그에 필요한 용지를 확보하게 하기 위하여 지정·고시(법 제67조에 근거)하는 구역을 말한다. ① 도로(인근의 간선도로로부터 기반시설부담구역까지의 진입도로를 포함한다) ② 공원 ③ 녹지 ④ 학교(「고등교육법」 제2조에 따른 학교는 제외한다) ⑤ 수도(인근의 수도로부터 기반시설부담구역까지 연결하는 수도를 포함한다) ⑥ 하수도(인근의 하수도로부터 기반시설부담구역까지 연결하는 하수도를 포함한다) ⑦ 폐기물처리시설 ⑧ 그 밖에 특별시장·광역시장·특별자치시장·특별자치도지사·시장 또는 군수가 기반시설부담계획에서 정하는 시설(법 제68조 제2항 단서에 따름)
(20) 기반시설설치비용	단독주택 및 숙박시설 등 대통령령(영 제4조의3)으로 정하는 시설의 신·증축 행위로 인하여 유발되는 기반시설을 설치하거나 그에 필요한 용지를 확보하기 위하여 기반시설설치비용의 납부 및 체납처분(법 제69조)에 따라 부과·징수하는 금액을 말한다. ※ 영 제4조의3 : 「건축법」 시행령 [별표 1]에 따른 용도별 건축물을 말한다.

4. 국토의 이용 및 관리에 관한 기본원칙

(1) 기본원칙

국토는 자연환경의 보전과 자원의 효율적 활용을 통하여 환경적으로 건전하고 지속가능한 발전을 이루기 위하여 다음의 목적을 이룰 수 있도록 이용되고 관리되어야 한다(법 제3조).

① 국민생활과 경제활동에 필요한 토지 및 각종 시설물의 효율적 이용과 원활한 공급
② 자연환경 및 경관의 보전과 훼손된 자연환경 및 경관의 개선 및 복원
③ 교통·수자원·에너지 등 국민생활에 필요한 각종 기초 서비스의 제공
④ 주거 등 생활환경 개선을 통한 국민의 삶의 질의 향상
⑤ 지역의 정체성과 문화유산의 보전
⑥ 지역 간 협력 및 균형발전을 통한 공동번영의 추구
⑦ 지역경제의 발전과 지역 및 지역 내 적절한 기능 배분을 통한 사회적 비용의 최소화
⑧ 기후변화에 대한 대응 및 풍수해 저감을 통한 국민의 생명과 재산의 보호
⑨ 저출산·인구의 고령화에 따른 대응과 새로운 기술변화를 적용한 최적의 생활 환경 제공

(2) 도시의 지속가능성 및 생활인프라 수준 평가

① 국토교통부장관은 도시의 지속가능하고 균형 있는 발전과 주민의 편리하고 쾌적한 삶을 위하여 도시의 지속가능성 및 생활인프라[교육시설, 문화·체육시설, 교통시설 등의 시설로서 국토교통부장관이 정하는 것(국토교통부훈령 제1540호, '도시의 지속가능성 및 생활인프라 평가 지침' 참고)을 말한다] 수준을 평가할 수 있다(법 제3조 의2).

② 도시의 지속가능성을 평가하기 위한 절차 및 기준 등에 관하여 필요한 사항은 국토교통부장관이 "토지이용의 효율성, 환경친화성, 생활공간의 안전성·쾌적성·편의성 등에 관한 사항(지속가능성 평가기준)"과 "보급률 등을 고려한 생활 인프라 설치의 적정성, 이용의 용이성·접근성·편리성 등에 관한 사항(생활 인프라

평가기준)"을 종합적으로 고려하여 정하여야 한다(영 제4조의4 제1항).

③ 국가와 지방자치단체는 평가 결과를 도시·군계획의 수립 및 집행에 반영하여 야 한다.

5. 도시·군계획

(1) 국가계획, 광역도시계획 및 도시·군계획의 관계

이 법은 국가계획, 광역도시계획 및 도시·군계획의 관계 등에 대하여 다음과 같이 정하고 있다(법 제4조).

① 도시·군계획은 특별시·광역시·특별자치시·특별자치도·시 또는 군의 관할 구역에서 수립되는 다른 법률에 따른 토지의 이용·개발 및 보전에 관한 계획의 기본이 된다.

② 광역도시계획 및 도시·군계획은 국가계획에 부합되어야 하며, 광역도시계획 또는 도시·군계획의 내용이 국가계획의 내용과 다를 때에는 국가계획의 내용 이 우선한다. 이 경우 국가계획을 수립하려는 중앙행정기관의 장은 미리 지방 자치단체의 장의 의견을 듣고 충분히 협의하여야 한다.

③ 광역도시계획이 수립되어 있는 지역에 대하여 수립하는 도시·군기본계획은 그 광역도시계획에 부합되어야 하며, 도시·군기본계획의 내용이 광역도시계획의 내용과 다를 때에는 광역도시계획의 내용이 우선한다.

④ 특별시장·광역시장·특별자치시장·특별자치도지사·시장 또는 군수(광역시의 관할 구역에 있는 군의 군수는 제외한다)가 관할 구역에 대하여 다른 법률에 따른 환경·교통·수도·하수도·주택 등에 관한 부문별 계획을 수립할 때에는 도 시·군기본계획의 내용에 부합되게 하여야 한다.

(2) 다른 법률에 의한 토지이용에 관한 구역 등의 지정제한 등

중앙행정기관의 장이나 지방자치단체의 장은 다른 법률에 따라 토지 이용에 관한 지역·지구·구역 또는 구획 등(이하 이 조에서 "구역등"이라 한다)을 지정하려면 그 구역 등의 지정목적이 이 법에 따른 용도지역·용도지구 및 용도구역의 지정목적에 부합되도록 하여야 한다(법 제8조 제1항).

1) 다른 법률에 따른 용도구역 등의 지정제한

사전협의 및 승인	중앙행정기관의 장이나 지방자치단체의 장은 다른 법률에 따라 지정되는 구역 중 1㎢(도시개발법에 의한 도시개발구역의 경우에는 5㎢)이상의 구역 등을 지정 또는 변경하려면 중앙행정기관의 장은 국토교통부장관과 협의하여야 하며 지방자치단체의 장은 국토교통부장관의 승인을 받아야 한다(법 제8조 제2항).
예외	1. 다른 법률에 따라 지정하거나 변경하려는 구역등이 도시·군기본계획에 반영된 경우 (법 제8조 제4항 제1호) 2. 용도지역의 지정(법 제36조)에 의한 보전관리지역·생산관리지역·농림지역 또는 자연환경보전지역에서 다음의 지역을 지정하고자 하는 경우(법 제8조 제4항 제2호) ① 농업진흥지역 (농지법 제28조) ② 수변구역 (한강수계 상수원수질개선 및 주민지원 등에 관한 법률) ③ 상수원보호구역 (수도법 제7조) ④ 생태·경관보전지역 (자연환경보전법 제12조) ⑤ 야생생물 특별보호구역 (야생생물 보호 및 관리에 관한 법률 제27조) ⑥ 해양보호구역 (해양생태계의 보전 및 관리에 관한 법률 제25조) 3. 군사상 기밀을 지켜야 할 필요가 있는 구역 등을 지정하려는 경우 (법 제8조 제4항 제3호) 4. 협의 또는 승인을 얻은 구역 등을 다음의 범위 안에서 변경하고자 하는 경우 (법 제8조 제4항 제4호) ① 협의 또는 승인을 얻은 지역·지구·구역 또는 구획 등의 면적의 10퍼센트 범위 안에서 면적을 증감시키는 경우 ② 협의 또는 승인을 얻은 구역 등의 면적산정의 착오를 정정하기 위한 경우
심의	국토교통부장관 또는 시·도지사는 협의 또는 승인을 하고자 하는 경우, 중앙도시계획위원회 또는 시·도도시계획위원회의 심의를 거쳐야 한다(법 제8조 제5항).
예외	1. 보전관리지역이나 생산관리지역에서 다음 각 목의 구역등을 지정하는 경우 (법 제8조 제5항 제1호) ① 보전산지 (산지관리법 제4조 제1항 제1호) ② 야생생물 보호구역 (야생생물 보호 및 관리에 관한 법률 제33조) ③ 습지보호지역 (습지보전법 제8조) ④ 토양보전대책지역 (토양환경보전법 제17조) 2. 농림지역이나 자연환경보전지역에서 다음 각 목의 구역등을 지정하는 경우 (법 제8조 제5항 제2호) ① 위의 1의 ①~④의 어느 하나에 해당하는 구역등 ② 자연공원 (자연공원법 제4조) ③ 생태·자연도 1등급 권역 (자연환경보전법 제34조 제1항 제1호) ④ 특정도서 (독도 등 도서지역의 생태계보전에 관한 특별법 제4조) ⑤ 명승 및 천연기념물과 그 보호구역 (문화재보호법 제25조 및 제27조) ⑥ 해양 생태도 1등급 권역 (해양생태계의 보전 및 관리에 관한 법률 제12조 제1항 제1호)

2) 다른 법률에 따라 지정된 토지 이용에 관한 구역 등의 변경·해제

① 중앙행정기관의 장이나 지방자치단체의 장은 다른 법률에 따라 지정된 토지 이용에 관한 구역등을 변경하거나 해제하려면 도시·군관리계획의 입안권자의 의견을 들어야 하며, 이 경우 의견 요청을 받은 도시·군관리계획의 입안권자는 이 법에 따른 용도지역·용도지구·용도구역의 변경이 필요하면 도시·군관리계획에 반영하여야 한다(법 제8조 제6항).

② 시·도지사가 다음의 어느 하나에 해당하는 행위를 할 때, 도시·군관리계획의 변경이 필요하여 시·도 도시계획위원회의 심의를 거친 경우에는 해당 각 호에 따른 심의를 거친 것으로 본다(법 제8조 제7항).

  ㉠ 「농지법」 제31조 제1항에 따른 농업진흥지역의 해제 : 「농업·농촌 및 식품산업 기본법」 제15조에 따른 시·도 농업·농촌 및 식품산업정책심의회의 심의

  ㉡ 「산지관리법」 제6조 제3항에 따른 보전산지의 지정해제 : 「산지관리법」 제22조 제2항에 따른 지방산지 관리위원회의 심의

3) 다른 법률에 따른 이 법의 용도지역 등의 의제

중앙행정기관의 장이나 지방자치단체의 장은 다른 법률에서 이 법에 따른 도시·군관리계획의 결정을 의제하는 내용이 포함되어 있는 계획을 허가·인가·승인 또는 결정하려면 중앙도시계획위원회 또는 지방도시계획위원회의 심의를 받아야 한다(법 제9조).

다만, 다음의 사항에 해당하는 경우에는 그러하지 아니하다(법 제9조 단서).

① 국토교통부장관과 협의하거나 국토교통부장관 또는 시·도지사의 승인을 받은 경우

② 다른 법률에 따라 중앙도시계획위원회나 지방도시계획위원회의 심의를 받은 경우

③ 그 밖에 대통령령(영 제6조 "다른 법률에 의한 용도지역 등의 변경제한" 규정에 따름)으로 정한 경우

6. 국토의 용도구분

국토는 토지의 이용실태 및 특성, 장래의 토지 이용방향, 지역 간의 균형발전 등을 고려하여 다음과 같은 용도지역으로 구분한다(법 제6조).

용도구분	지정목적
도시지역	인근에 산업이 밀집되어 있거나 밀집이 예상되어 그 지역에 대하여 체계적인 개발·정비·관리·보전 등이 필요한 지역
관리지역	도시지역의 인구와 산업을 수용하기 위하여 도시지역에 준하여 체계적으로 관리하거나 농림업의 진흥, 자연환경 또는 산림의 보전을 위하여 농림지역 또는 자연환경보전지역에 준하여 관리할 필요가 있는 지역
농림지역	도시지역에 속하지 아니하는 농지법에 의한 농업진흥지역 또는 산지관리법에 의한 보전산지 등으로서 농림업을 진흥시키고 산림을 보전하기 위하여 필요한 지역
자연환경 보전지역	자연환경·수자원·해안·생태계·상수원 및 문화재의 보전과 수산자원의 보호·육성 등을 위하여 필요한 지역

제 2 장

광역도시계획 및 도시 · 군계획

제 1 절 광역도시계획

1. 광역계획권

(1) 의의

'광역계획권'이란 둘 이상의 행정구역이나 시군을 대상으로 기능을 상호 연계시키고 환경을 보전하며 광역시설을 정비하기 위하여 지정하는 구역을 말한다.

국토교통부장관 또는 도지사는 둘 이상의 특별시·광역시·특별자치시·특별자치도·시 또는 군의 공간구조 및 기능을 상호 연계시키고 환경을 보전하며 광역시설을 체계적으로 정비하기 위하여 필요한 경우, 인접한 둘 이상의 특별시·광역시·특별자치시·특별자치도·시 또는 군의 관할 구역 전부 또는 일부를 광역계획권으로 지정할 수 있다(법 제10조 제1항).

(2) 지정절차

1) 지정권자

다음에 해당하는 자가 광역계획권의 지정권자가 된다.

① 국토교통부장관

광역계획권이 둘 이상의 특별시·광역시·특별자치시·도 또는 특별자치도(이하 "시·도"라 한다)의 관할 구역에 걸쳐 있는 경우(법 제10조 제1항 제1호)

② 도지사

광역계획권이 도의 관할 구역에 속하여 있는 경우(법 제10조 제1항 제2호)

2) 지정절차

① 국토교통부장관은 광역계획권을 지정하거나 변경하려면 관계 시·도지사, 시장 또는 군수의 의견을 들은 후 중앙도시계획위원회의 심의를 거쳐야 한다(법 제10조 제3항).

② 도지사가 광역계획권을 지정하거나 변경하려면 관계 중앙행정기관의 장, 관계 시·도지사, 시장 또는 군수의 의견을 들은 후 지방도시계획위원회의 심의를 거쳐야 한다(법 제10조 4항).

3) 지정사실의 통보

국토교통부장관 또는 도지사는 광역계획권을 지정하거나 변경하면 지체 없이 관계 시·도지사, 시장 또는 군수에게 그 사실을 통보하여야 한다(법 제10조 제5항).

4) 지정 또는 변경의 요청

중앙행정기관의 장, 시·도지사, 시장 또는 군수는 국토교통부장관이나 도지사에게 광역계획권의 지정 또는 변경을 요청할 수 있다(법 제10조 제2항).

2. 광역도시계획

(1) 의의

① '광역도시계획'이란 법 제10조 광역계획권 지정에 따라 지정된 광역계획권의 장기발전방향을 제시하는 계획을 말한다. 도시·군관리계획이나 도시·군기본계획은 주로 하나의 특별시나 광역시·시·군의 행정구역을 단위로 계획되는데, 광역도시계획은 그보다 넓은 둘 이상의 시·군의 구역을 대상으로 광역시설을 관리하기 위하여 수립하는 계획의 내용을 띤다(법 제2조 제1호).
② 국토교통부장관, 시·도지사, 시장 또는 군수는 광역도시계획을 다음과 같이 구분하여 수립하여야 한다(법 제11조).

수립권자	구 분
1. 관할 시장 또는 군수가 공동으로 수립	광역계획권이 같은 도의 관할 구역에 속하여 있는 경우
2. 관할 시·도지사가 공동으로 수립	광역계획권이 둘 이상의 시·도의 관할 구역에 걸쳐 있는 경우
3. 관할 도지사	① 광역계획권을 지정한 날부터 3년이 지날 때까지 관할 시장 또는 군수로부터 광역도시계획의 승인신청이 없는 경우 ② 시장 또는 군수가 협의를 거쳐 요청하는 경우

4. 국토교통부장관	① 국가계획과 관련된 광역도시계획의 수립이 필요한 경우 ② 광역계획권을 지정한 날부터 3년이 지날 때까지 관할 시·도지사 로부터 광역도시계획의 승인신청이 없는 경우
5. 국토교통부장관과 관할 시·도지사가공동으로 수립	① 시·도지사의 요청이 있는 경우 ② 그 밖에 필요하다고 인정되는 경우
6. 도지사와 관할 시장 또는 군수가 공동으로 수립	① 시장 또는 군수가 요청하는 경우 ② 그 밖에 필요하다고 인정하는 경우

(2) 광역도시계획의 내용

① 광역도시계획은 일반 사인은 구속하지 못하고 행정청 내부만을 구속하는 비구속적 계획으로써 행정심판이나 행정소송의 대상이 되지 못하며, 광역도시계획은 광역계획권의 지정목적을 이루기 위한 장기발전방향에 대한 계획이나 종합계획이 아님에 유의하여야 한다.

② 광역도시계획에는 다음 사항 중 해당 광역계획권의 지정목적을 이루는 데 필요한 사항에 대한 정책방향이 포함되어야 한다(법 제12조 제1항).

---

1. 광역계획권의 공간구조와 기능분담에 관한 사항
2. 광역계획권의 녹지관리체계와 환경보전에 관한 사항
3. 광역시설의 배치·규모·설치에 관한 사항
4. 경관계획에 관한 사항
5. 그 밖에 광역계획권에 속하는 특별시·광역시·특별자치시·특별자치도·시 또는 군 상호 간의 기능 연계에 관한 사항으로서 대통령령으로 정하는 다음의 사항
   ㉠ 광역계획권의 교통 및 물류유통체계에 관한 사항(영 제9조 제1호)
   ㉡ 광역계획권의 문화·여가공간 및 방재에 관한 사항(영 제9조 제2호)

---

(3) 광역도시계획의 수립절차

1) 기초조사

국토교통부장관, 시·도지사, 시장 또는 군수는 광역도시계획을 수립하거나 변경하려면 미리 그 광역도시계획의 수립 또는 변경에 필요한 사항을 조사하거나 측량하여야 한다(법 제13조 제1항).

① 기초조사 사항

법 제13조 제1항에 따른 인구·경제·사회·문화·토지이용·환경·교통·주택과 그 밖에 영 제11조 제1항에서 정하는 다음 사항 중 해당 광역도시계획의 수립 또는 변경에 관하여 필요한 사항을 조사하거나 측량하여야 한다.

---

1. 기후·지형·자원·생태 등 자연적 여건
2. 기반시설 및 주거수준의 현황과 전망
3. 풍수해·지진 그 밖의 재해의 발생현황 및 추이
4. 광역도시계획과 관련된 다른 계획 및 사업의 내용
5. 그 밖에 광역도시계획의 수립에 필요한 사항

---

② 자료의 활용

기초조사를 함에 있어서 조사할 사항에 관하여 다른 법령의 규정에 의하여 조사·측량한 자료가 있는 경우에는 이를 활용할 수 있다(영 제11조 제2항).

③ 변경 시의 기초조사

국토교통부장관, 시·도지사, 시장 또는 군수는 수립된 광역도시계획을 변경하려면 기초조사 사항 중 해당 광역도시계획의 변경에 관하여 필요한 사항을 조사·측량하여야 한다(영 제11조 제3항).

국토교통부장관, 시·도지사, 시장 또는 군수는 관계 행정기관의 장에게 조사 또는 측량에 필요한 자료를 제출하도록 요청할 수 있고, 이 경우 요청을 받은 관계 행정기관의 장은 특별한 사유가 없으면 그 요청에 따라야 한다(법 제13조 제2항). 또한, 국토교통부장관, 시·도지사, 시장 또는 군수는 효율적인 조사 또는 측량을 위하여 필요하면 법 제13조 제1항이나 제2항의 규정에 따른 조사 또는 측량을 전문기관에 의뢰할 수 있다(법 제13조 제3항).

2) 공청회의 개최(⇨ 주민 및 관계전문가 의견청취)

국토교통부장관, 시·도지사, 시장 또는 군수는 광역도시계획을 수립하거나 변경하려면 미리 공청회를 열어 주민과 관계 전문가 등으로부터 의견을 들어야 하며, 공청회에서 제시된 의견이 타당하다고 인정하면 광역도시계획에 반영하여야 한다(법 제14조 제1항).

① 국토교통부장관, 시·도지사, 시장 또는 군수는 공청회를 개최하려면 개최목적, 개최예정일시 및 장소, 수립 또는 변경하고자 하는 광역도시계획의 개요, 그 밖에 필요한 사항을 해당 광역계획권에 속하는 특별시·광역시·특별자치시·특별자치도·시 또는 군의 지역을 주된 보급지역으로 하는 일간신문에 공청회 개최 예정일 14일 전까지 1회 이상 공고하여야 한다(영 제12조 제1항).

② 공청회는 광역계획권 단위로 개최하되, 필요한 경우에는 광역계획권을 수개의 지역으로 구분하여 개최할 수 있다(영 제12조 제2항).

③ 공청회는 국토교통부장관, 시·도지사, 시장 또는 군수가 지명하는 사람이 주재한다(영 제12조 제3항).

④ 기타 공청회의 개최에 관하여 필요한 사항은 그 공청회를 개최하는 주체에 따라 국토교통부장관이 정하거나 특별시·광역시·특별자치시·도·특별자치도(이하 "시·도"라 한다), 시 또는 군의 도시·군계획에 관한 조례(이하 "도시계획조례"라 한다)로 정할 수 있다(영 제12조 제4항).

3) 지방의회 및 지방자치단체의 의견 청취

① 시·도지사, 시장 또는 군수는 광역도시계획을 수립하거나 변경하려면 미리 관계 시·도, 시 또는 군의 의회와 관계 시장 또는 군수의 의견을 들어야 한다(법 제15조 제1항).

  ※ 「시장·군수에 대한 의견청취」는 광역도시계획, 도시·군기본계획, 도시·군관리계획 중 광역도시계획만 있는 절차라는 것에 주의한다.

② 국토교통부장관은 광역도시계획을 수립하거나 변경하려면 관계 시·도지사에게 광역도시계획안을 송부하여야 하며, 관계 시·도지사는 그 광역도시계획안에 대하여 그 시·도의 의회와 관계시장 또는 군수의 의견을 들은 후 그 결과를 국토교통부장관에게 제출하여야 한다(법 제15조 제2항).

③ 시·도, 시 또는 군의 의회와 관계 시장 또는 군수는 특별한 사유가 없으면 30일 이내에 시·도지사, 시장 또는 군수에게 의견을 제시하여야 한다(법 제15조 제3항).

(4) 광역도시계획의 승인절차

1) 승인권자 및 승인신청

① 시·도지사는 광역도시계획을 수립하거나 변경하려면 국토교통부장관의 승인

을 받아야 한다. 다만, 도지사가 수립하는 광역도시계획은 그러하지 아니하다 (법 제16조 제1항).

② 시·도지사는 광역도시계획의 승인을 얻고자 하는 때에는 광역도시계획안에 다음의 서류를 첨부하여 국토교통부장관에게 제출하여야 한다(영 제13조).

〈광역도시계획의 승인 획득 시, 첨부서류〉

1. 기초조사 결과
2. 공청회개최 결과
3. 의견청취 결과
4. 시·도 도시계획위원회의 자문을 거친 경우에는 그 결과
5. 관계 중앙행정기관의 장과의 협의 및 중앙도시계획위원회의 심의에 필요한 서류

---

2) 협의 및 심의 등

① 국토교통부장관은 광역도시계획을 승인하거나 직접 광역도시계획을 수립 또는 변경(시·도지사와 공동으로 수립하거나 변경하는 경우를 포함한다)하려면 관계 중앙행정기관과 협의한 후 중앙도시계획위원회의 심의를 거쳐야 한다(법 제16조 제2항).

② 협의 요청을 받은 관계 중앙행정기관의 장은 특별한 사유가 없는 한 그 요청을 받은 날부터 30일 이내에 국토교통부장관에게 의견을 제시하여야 한다(법 제16조 제3항).

(5) 광역도시계획의 송부 및 열람

① 국토교통부장관은 직접 광역도시계획을 수립 또는 변경하거나 승인하였을 때에는 관계 중앙행정기관의 장과 시·도지사에게 관계서류를 송부하여야 한다(법 제16조 제4항).

② 관계 서류를 받은 시·도지사는 해당 시·도의 공보와 인터넷 홈페이지에, 시장·군수는 해당 시·군의 공보와 인터넷 홈페이지에 개제하는 방법에 따라 그 내용을 공고하고, 일반이 이를 열람 할 수 있도록 하여야 하며 관계 서류의 열람기간은 30일 이상으로 한다(법 제16조 제4조, 영 제13조 제3항).

제 2 절   도시·군기본계획

1. 정   의

'도시·군기본계획'이란 특별시·광역시·특별자치시·특별자치도·시 또는 군의 관할 구역에 대하여 기본적인 공간구조와 장기발전방향을 제시하는 종합계획으로서 도시·군관리계획 수립의 지침이 되는 계획을 말한다(법 제2조 제3호).

도시·군기본계획과 도시·군관리계획으로 구분되는 '도시·군계획'은 특별시, 광역시, 특별자치시, 특별자치도, 시 또는 군(광역시의 관할 구역에 있는 군은 제외한다)의 관할 구역에 대하여 수립하는 공간구조와 발전방향에 대한 계획으로서 해당 관할 구역에서 수립되는 다른 법률에 따른 토지의 이용이나 개발 및 보전에 관한 계획의 기본이 된다(법 제2조 제2호).

2. 도시·군기본계획의 수립권자와 대상지역

도시·군기본계획의 수립권자인 특별시장·광역시장·특별자치시장·특별자치도지사·시장 또는 군수는 도시·군기본계획의 대상지역이 되는 관할 구역에 대하여 도시·군기본계획을 수립하여야 한다(법 제18조 제1항).

다만, 시 또는 군의 위치, 인구의 규모, 인구감소율 등을 고려하여 다음에 해당하는 시 또는 군에 대하여는 도시·군기본계획을 수립하지 아니할 수 있다(법 제18조 제1항 단서). 법 제18조 제1항 단서에서 "대통령령이 정하는 시 또는 군"이라 함은 다음 각 호의 어느 하나에 해당하는 시 또는 군을 말한다(영 제14조).

도시·군기본계획의 수립 제외 지역	① 수도권에 속하지 아니하고 광역시와 경계를 같이하지 아니한 시 또는 군으로서 인구 10만명 이하인 시 또는 군(영 제14조 제1호) ② 관할 구역 전부에 대하여 광역도시계획이 수립되어 있는 시 또는 군으로서 당해 광역도시계획에 도시·군기본계획의 법 제19조 제1항의 내용이 모두 포함되는 시 또는 군(영 제14조 제2호)

또한, 특별시장·광역시장·특별자치시장·특별자치도지사·시장 또는 군수는 지역 여건상 필요하다고 인정되면 인접한 특별시·광역시·시 또는 군의 관할 구역의 전부

또는 일부를 포함하여 도시·군기본계획을 수립할 수 있으며(법 제18조 제2항), 인접한 특별시·광역시·특별자치시·특별자치도·시 또는 군의 관할 구역을 포함하여 도시·군 기본계획을 수립하려면 미리 그 특별시장·광역시장·특별자치시장·특별자치도지사· 시장 또는 군수와 협의하여야 한다(법 제18조 제3항).

3. 도시·군기본계획의 지위

① 도시·군기본계획은 국민을 구속하지 못하고 행정청 내부만을 구속하는 지침적 성격의 비구속적 계획으로써 행정심판이나 행정소송은 대상이 되지 못한다.
② 도시·군기본계획은 도시 안의 토지이용에 관한 장기발전방향에 대한 계획으로 광역도시계획과 달리 종합계획이다.

4. 내 용

도시·군기본계획의 내용에는 다음의 사항에 대한 정책방향이 포함되어야 한다(법 제19조 제1항).

〈도시·군기본계획의 내용〉

1. 지역적 특성 및 계획의 방향·목표에 관한 사항
2. 공간구조, 생활권의 설정 및 인구의 배분에 관한 사항
3. 토지의 이용 및 개발에 관한 사항
4. 토지의 용도별 수요 및 공급에 관한 사항
5. 환경의 보전 및 관리에 관한 사항
6. 기반시설에 관한 사항
7. 공원·녹지에 관한 사항
8. 경관에 관한 사항
8의2. 기후변화 대응 및 에너지절약에 관한 사항
8의3. 방재·방범 등 안전에 관한 사항
9. 제2호부터 제8호까지, 제8호의2 및 제8호의3에 규정된 사항의 단계별 추진에 관한 사항
10. 그 밖에 대통령령으로 정하는 사항
    ※ 여기서 "대통령령이 정하는 사항"이란 도시·군기본계획의 방향 및 목표 달성과 관련된 다음의 사항을 말한다(영 제15조).
    가. 도심 및 주거환경의 정비·보전에 관한 사항

나. 다른 법률에 따라 도시·군기본계획에 반영되어야 하는 사항
다. 도시·군기본계획의 시행을 위하여 필요한 재원조달에 관한 사항
라. 그 밖에 도시·군기본계획의 승인권자가 필요하다고 인정하는 사항

5. 광역도시계획과의 관계 및 도시·군기본계획의 수립기준

① 광역도시계획이 수립되어 있는 지역에 대하여 수립하는 도시·군기본계획은 그 광역도시계획에 부합되어야 하며, 도시·군기본계획의 내용이 광역도시계획의 내용과 다를 때에는 광역도시계획의 내용이 우선한다(법 제4조 제3항).

② 도시·군기본계획의 수립기준 등은 국토교통부장관이 정하며(법 제19조 제3항), 국토교통부장관은 도시·군기본계획의 수립기준을 정할 때에는 ㉠ 특별시·광역시·특별자치시·특별자치도·시 또는 군의 기본적인 공간구조와 장기발전방향을 제시하는 토지이용·교통·환경 등에 관한 종합계획이 되도록 할 것, ㉡ 여건변화에 탄력적으로 대응할 수 있도록 포괄적이고 개략적으로 수립하도록 할 것, ㉢ 도시·군기본계획을 정비할 때에는 종전의 도시·군기본계획의 내용 중 수정이 필요한 부분만을 발췌하여 보완함으로써 계획의 연속성이 유지되도록 할 것, ㉣ 도시와 농어촌 및 산촌지역의 인구밀도, 토지이용의 특성 및 주변환경 등을 종합적으로 고려하여 지역별로 계획의 상세정도를 다르게 하되, 기반시설의 배치계획, 토지용도 등은 도시와 농어촌 및 산촌지역이 서로 연계되도록 할 것, ㉤ 부문별 계획은 도시·군기본계획의 방향에 부합하고 도시·군기본계획의 목표를 달성할 수 있는 방안을 제시함으로써 도시·군기본계획의 통일성과 일관성을 유지하도록 할 것, ㉥ 도시지역 등에 위치한 개발가능토지는 단계별로 시차를 두어 개발되도록 할 것, ㉦ 녹지축·생태계·산림·경관 등 양호한 자연환경과 우량농지, 보전목적의 용도지역, 문화재 및 역사문화환경 등을 충분히 고려하여 수립하도록 할 것 등[1]을 종합적으로 고려하여 정하여야 한다(영 제16조).

---

1) 자세한 사항은 영 제16조 참조.

6. 수립절차

① 도시·군기본계획을 수립하거나 변경하는 경우에는 법 제13조에 따른 광역도시
계획의 수립을 위한 기초조사의 규정 및 법 제14조에 따른 공청회의 규정을 준
용한다(법 제20조 제1항).

② 특별시장·광역시장·특별자치시장·특별자치도지사·시장 또는 군수가 도시·
군기본계획을 수립하거나 변경하려면 미리 그 특별시·광역시·특별자치시·
특별자치도·시 또는 군의 의회의 의견을 들어야 한다(법 제21조 제1항).

③ 특별시·광역시·특별자치시·특별자치도·시 또는 군의 의회는 특별한 사유가
없으면 30일 이내에 특별시장·광역시장·특별자치시장·특별자치도지사·시장
또는 군수에게 의견을 제시하여야 한다(법 제21조 제2항).

7. 승인절차

① 시장 또는 군수는 도시·군기본계획을 수립하거나 변경하려면 도지사의 승인을
받아야 한다(법 제22조의2 제1항).

② 시장 또는 군수는 도시·군기본계획의 승인을 받으려면 도시·군기본계획안에
다음의 서류를 첨부하여 도지사에게 제출하여야 한다(영 제17조 제1항).

---

1. 기초조사 결과
2. 공청회개최 결과
3. 해당 시·군의 의회의 의견청취 결과
4. 시·군 도시계획위원회의 자문을 거친 경우에는 그 결과
5. 관계 중앙행정기관의 장과의 협의 및 중앙도시계획위원회의 심의에 필요한 서류

---

③ 도지사는 도시·군기본계획을 승인하려면 관계 행정기관의 장과 협의한 후 지
방도시계획위원회의 심의를 거쳐야 한다(법 제22조의2 제2항).

④ 협의 요청을 받은 관계 행정기관의 장은 특별한 사유가 없으면 그 요청을 받은
날부터 30일 이내에 특별시장·광역시장·특별자치시장 또는 특별자치도지사에
게 의견을 제시하여야 한다(법 제22조 제2항).

8. 도시·군기본계획의 승인 등

① 도지사는 도시·군기본계획을 승인하면 관계 행정기관의 장과 시장 또는 군수에게 관계 서류를 송부하여야 한다(법 제22조의2 제4항 전단).

② 관계 서류를 받은 시장 또는 군수는 해당 시·군의 공보에 게재하는 방법으로 그 내용을 공고하고(법 제22조의2 제4항 후단), 30일 이상의 기간을 정하여 일반인이 열람할 수 있도록 하여야 한다(영 제17조 제3항).

9. 도시·군기본계획의 정비 및 타당성 검토

① 특별시장·광역시장·특별자치시장·특별자치도지사·시장 또는 군수는 5년마다 관할 구역의 도시·군기본계획에 대하여 타당성을 전반적으로 재검토하여 정비하여야 한다(법 제23조 제1항).

② 특별시장·광역시장·특별자치시장·특별자치도지사·시장 또는 군수는 도시·군기본계획의 내용에 우선하는 광역도시계획의 내용 및 도시·군기본계획에 우선하는 국가계획의 내용을 도시·군기본계획에 반영하여야 한다(법 제23조 제2항).

제 3 절 도시·군관리계획

1. 도시·군관리계획의 정의 및 법적 성격

(1) 정의

'도시·군관리계획'이란 특별시·광역시·특별자치시·특별자치도·시 또는 군의 개발·정비 및 보전을 위하여 수립하는 토지이용·교통·환경·경관·안전·산업·정보통신·보건·복지·안보·문화 등에 관한 다음의 계획을 말한다(법 제2조 제4호).

> 1. 용도지역·용도지구의 지정 또는 변경에 관한 계획
> 2. 개발제한구역·도시자연공원구역·시가화조정구역·수산자원보호구역의 지정 또는 변경에 관한 계획
> 3. 기반시설의 설치·정비 또는 개량에 관한 계획
> 4. 도시개발사업 또는 정비사업에 관한 계획
> 5. 지구단위계획구역의 지정 또는 변경에 관한 계획과 지구단위계획
> 6. 입지규제최소구역의 지정 또는 변경에 관한 계획과 입지규제최소구역계획

(2) 도시·군관리계획의 지위

① 도시·군관리계획은 행정청 내부는 물론 국민의 권리와 의무에 영향을 미치는 구속적 행정계획이다.

② 국민에 대한 직접적인 구속력이 있으므로 행정심판 및 행정소송의 대상이 된다는 것이 대법원 판례이다.

③ 도시·군기본계획을 지침으로 수립하는 계획으로 광역도시계획은 지침이 되지 않으나 부합은 하여야 한다.

2. 도시·군관리계획의 입안 및 결정

(1) 도시·군관리계획의 입안권자 및 결정권자

1) 도시·군관리계획의 입안권자

특별시장·광역시장·특별자치시장·특별자치도지사·시장 또는 군수는 원칙적으로 관할 구역에 대하여 도시·군관리계획을 입안하여야 한다(법 제24조 제1항).

또한 ㉠ 지역여건상 필요하다고 인정하여 미리 인접한 특별시장·광역시장·특별자치시장·특별자치도지사·시장 또는 군수와 협의한 경우 또는 ㉡ 인접한 특별시·광역시·특별자치시·특별자치도·시 또는 군의 관할 구역을 포함하여 도시·군기본계획을 수립한 경우에 인접한 특별시·광역시·특별자치시·특별자치도·시 또는 군의 관할 구역 전부 또는 일부를 포함하여 도시·군관리계획을 입안할 수 있다(법 제24조 제2항).

<도시·군관리계획의 입안권자>

원칙	특별시장·광역시장·특별자치시장·특별자치도지사·시장 또는 군수는 관할 구역에 대하여 도시·군관리계획을 입안하여야 한다(법 제24조 제1항)	
	공동입안 (협의 시)	① 특별시장·광역시장·특별자치시장·특별자치도지사·시장 또는 군수는 인접한 특별시·광역시·특별자치시·특별자치도·시 또는 군의 관할 구역의 전부 또는 일부를 포함하여 도시·군관리계획을 입안할 수 있다(법 제24조 제2항).
		② 인접한 특별장·광역시·특별자치시·특별자치도·시 또는 군의 관할 구역에 대한 도시·군관리계획은 관계 특별시장·광역시장·특별자치시장·특별자치도지사·시장 또는 군수가 협의하여 공동으로 입안하거나 입안할 자를 정한다(법 제24조 제3항).
	지정입안 (협의가 불성립 시)	① 도시·군관리계획을 입안하고자 하는 구역이 같은 도의 관할 구역에 속하는 때에는 관할 도지사가 입안할 자를 지정하고 이를 고시하여야 한다(법 제24조 제4항 전단).
		② 2 이상의 시·도의 관할 구역에 걸치는 때에는 국토교통부장관(수산자원보호구역의 경우 해양수산부장관을 말한다)이 입안할 자를 지정하고 이를 고시하여야 한다(법 제24조 제4항 후단).
예외	국토교통부장관	① 국가계획과 관련된 경우(법 제24조 제5항 제1호)
		② 둘 이상의 시·도에 걸쳐 지정되는 용도지역·용도지구 또는 용도구역과 둘 이상의 시·도에 걸쳐 이루어지는 사업의 계획 중 도시·군관리계획으로 결정하여야 할 사항이 있는 경우(법 제24조 제5항 제2호)
		③ 특별시장·광역시장·특별자치시장·특별자치도지사·시장 또는 군수가 정한 기한까지 국토교통부장관의 도시·군관리계획의 조정요구에 따라 도시·군관리계획을 정비하지 아니하는 경우(법 제24조 제5항 제3호)
	도지사	① 둘 이상의 시·군에 걸쳐 지정되는 용도지역·용도지구 또는 용도구역과 둘 이상의 시·군에 걸쳐 이루어지는 사업의 계획 중 도시·군관리계획으로 결정하여야 할 사항이 포함되어 있는 경우(법 제24조 제6항 제1호)
		② 도지사가 직접 수립하는 사업의 계획으로서 도시·군관리계획으로 결정하여야 할 사항이 포함되어 있는 경우(법 제24조 제6항 제2호) ※ 법 제24조 제6항 제1호·제2호의 경우, 도지사는 관계 시장 또는 군수의 의견을 들어야 한다.

2) 도시·군관리계획의 결정권자

　　도시·군관리계획은 원칙적으로 시·도지사가 직접 또는 시장·군수의 신청에 따라 결정한다(법 제29조 제1항). 다만, 「지방자치법」 제175조에 따른 서울특별시와 광역시 및 특별자치시를 제외한 인구 50만 이상의 대도시(이하 "대도시"라 한다)의 경우에는 해

당 시장(이하 "대도시 시장"이라 한다)이 직접 결정하고, 시장 또는 군수가 입안한 지구단
위계획구역의 지정·변경과 지구단위계획의 수립·변경에 관한 도시·군관리계획은 해
당 시장 또는 군수가 직접 결정한다(법 제29조 제1항 단서).

　도시·군관리계획의 결정은 원칙적으로 시·도지사의 직접적인 신청 또는 시장·군
수의 신청에 따르지만, 이러한 원칙에도 불구하고 다음의 도시·군관리계획은 국토교통
부장관이 결정한다(법 제29조 제2항). 다만, 다음의 각 호 중 4의 도시·군관리계획은 해
양수산부장관이 결정한다(법 제29조 제2항 단서).

---

1. 국토교통부장관이 입안한 도시·군관리계획
2. 개발제한구역의 지정 및 변경에 관한 도시·군관리계획
3. 시가화조정구역의 지정 및 변경에 관한 도시·군관리계획
4. 수산자원보호구역의 지정 및 변경에 관한 도시·군관리계획

---

(2) 도시·군관리계획의 입안방법

　1) 도시·군관리계획은 광역도시계획과 도시·군기본계획에 부합되어야 한다(법 제
25조 제1항).

　2) 국토교통부장관(수산자원보호구역의 경우 해양수산부장관을 말한다), 시·도지사, 시
장 또는 군수는 도시·군관리계획을 입안하는 때에는 대통령령이 정하는 바에 따라 도
시·군관리계획도서(계획도 및 계획조서를 말한다)와 이를 보조하는 계획설명서(기초조사
결과·재원조달방안 및 경관계획 등을 포함한다)를 작성하여야 한다(법 제25조 제2항).

　3) 도시·군관리계획은 계획의 상세 정도, 도시·군관리계획으로 결정하여야 하는
기반시설의 종류 등에 대하여 도시 및 농·산·어촌 지역의 인구밀도, 토지 이용의 특성
및 주변 환경 등을 종합적으로 고려하여 차등을 두어 입안하여야 한다(법 제25조 제3항).

　4) 도시·군관리계획의 수립기준, 도시·군관리계획도서 및 계획설명서의 작성기
준·작성방법 등은 대통령령이 정하는 바에 따라 국토교통부장관이 정한다(법 제25조 제
4항). 여기서 대통령령이 정하는 바는 도시·군관리계획도서 및 계획설명서의 작성기준
(영 제18조)과 도시·군관리계획의 수립기준(영 제19조)을 말하며, 다음과 같다.

① 도시·군관리계획도서 및 계획설명서의 작성기준·작성방법

도시·군관리계획도서 중 계획도는 축척 1/1000 또는 축척 1/5000(축척 1/1000 또는 축척 1/5000의 지형도가 간행되어 있지 아니한 경우에는 축척 1/25000)의 지형도("수치지형도"를 포함한다)에 도시·군관리계획사항을 명시한 도면으로 작성하여야 한다(영 제18조 제1항). 다만, 지형도가 간행되어 있지 아니한 경우에는 해도·해저 지형도 등의 도면으로 지형도에 갈음할 수 있다(영 제18조 제1항 단서).

※ 계획도가 2매 이상인 경우, 계획설명서에 도시·군관리계획총괄도(축척 1/50000 이상의 지형도에 주요 도시·군관리계획사항을 명시한 도면을 말한다)를 포함시킬 수 있다(영 제18조 제2항).

② 도시·군관리계획의 수립기준

국토교통부장관(수산자원보호구역의 경우, 해양수산부장관을 말한다)은 도시·군관리계획의 수립기준을 정할 때에는 다음의 사항을 종합적으로 고려하여야 한다(영 제19조).

1. 광역도시계획 및 도시·군기본계획 등에서 제시한 내용을 수용하고 개별 사업계획과의 관계 및 도시의 성장추세를 고려하여 수립하도록 할 것
2. 도시·군기본계획을 수립하지 아니하는 시·군의 경우 당해 시·군의 장기발전구상 및 법 제19조 제1항의 규정에 의한 도시·군기본계획에 포함될 사항중 도시·군관리계획의 원활한 수립을 위하여 필요한 사항이 포함되도록 할 것
3. 도시·군관리계획의 효율적인 운영 등을 위하여 필요한 경우에는 특정지역 또는 특정부문에 한정하여 정비할 수 있도록 할 것
4. 공간구조는 생활권단위로 적정하게 구분하고 생활권별로 생활·편익시설이 고루 갖추어지도록 할 것
5. 도시와 농어촌 및 산촌지역의 인구밀도, 토지이용의 특성 및 주변환경 등을 종합적으로 고려하여 지역별로 계획의 상세정도를 다르게 하되, 기반시설의 배치계획, 토지용도 등은 도시와 농어촌 및 산촌지역이 서로 연계되도록 할 것
6. 토지이용계획을 수립할 때에는 주간 및 야간활동인구 등의 인구규모, 도시의 성장추이를 고려하여 그에 적합한 개발밀도가 되도록 할 것
7. 녹지축·생태계·산림·경관 등 양호한 자연환경과 우량농지, 문화재 및 역사문화환경 등을 고려하여 토지이용계획을 수립하도록 할 것
8. 수도권안의 인구집중유발시설이 수도권외의 지역으로 이전하는 경우 종전의 대지에 대하여는 그 시설의 지방이전이 촉진될 수 있도록 토지이용계획을 수립하도록 할 것
9. 도시·군계획시설은 집행능력을 고려하여 적정한 수준으로 결정하고, 기존 도시·군계획시설은 시설의 설치현황과 관리·운영상태를 점검하여 규모 등이 불합리하게 결정되었거나 실현가능성이 없는 시설 또는 존치 필요성이 없는 시설은 재검토하여 해제하거나 조정함으로써 토지이용의 활성화를 도모할 것

10. 도시의 개발 또는 기반시설의 설치 등이 환경에 미치는 영향을 미리 검토하는 등 계획과 환경의 유기적 연관성을 높여 건전하고 지속가능한 도시발전을 도모하도록 할 것
11. 「재난 및 안전관리 기본법」 제24조 제1항에 따른 시·도안전관리계획 및 같은 법 제25조 제1항에 따른 시·군·구안전관리계획과 「자연재해대책법」 제16조 제1항에 따른 시·군 자연재해저감 종합계획을 고려하여 재해로 인한 피해가 최소화되도록 할 것

(3) 도시·군관리계획의 입안 특례

1) 국토교통부장관, 시·도지사, 시장 또는 군수는 도시·군관리계획을 조속히 입안하여야 할 필요가 있다고 인정되면 광역도시계획이나 도시·군기본계획을 수립할 때에 도시·군관리계획을 함께 입안할 수 있다(법 제35조 제1항).

2) 국토교통부장관(수산자원보호구역의 경우, 해양수산부장관을 말한다), 시·도지사, 시장 또는 군수는 필요하다고 인정되면 도시·군관리계획을 입안할 때에 도시·군관리계획의 결정에 따라 협의하여야 할 사항에 관하여 관계 중앙행정기관의 장 또는 관계 행정기관의 장과 협의할 수 있다. 이 경우, 시장이나 군수는 도지사에게 그 도시·군관리계획("지구단위계획구역의 지정·변경" 및 "지구단위계획의 수립·변경에 관한 도시·군관리계획"은 제외한다)의 결정을 신청할 때에 관계 행정기관의 장과의 협의 결과를 첨부하여야 하며(법 제35조 제2항), 미리 협의한 사항에 대하여는 도시·군관리계획의 결정절차에 따른 협의를 생략할 수 있다(법 제35조 제3항).

(4) 주민의 입안 제안

주민("이해관계자" 포함한다)은 도시·군관리계획을 입안할 수 있는 자에게 다음의 사항에 대하여 도시·군관리계획의 입안을 제안할 수 있다(법 제26조 1항 전단).

1. 기반시설의 설치·정비 또는 개량에 관한 사항
2. 지구단위계획구역의 지정 및 변경과 지구단위계획의 수립 및 변경에 관한 사항
3. 다음 각 목의 어느 하나에 해당하는 용도지구의 지정 및 변경에 관한 사항
   가. 개발진흥지구 중 공업기능 또는 유통물류기능 등을 집중적으로 개발·정비하기 위한 개발진흥지구로서 대통령령으로 정하는 개발진흥지구
   나. 제37조에 따라 지정된 용도지구 중 해당 용도지구에 따른 건축물이나 그 밖의 시설의 용도·종류 및 규모 등의 제한을 지구단위계획으로 대체하기 위한 용도지구
4. 입지규제최소구역의 지정 및 변경과 입지규제최소구역계획의 수립 및 변경에 관한 사항

1) 제안 절차

① 제안 방법

도시·군관리계획을 입안할 수 있는 자에게 도시·군관리계획의 입안을 제안할 경우, 제안서에는 도시·군관리계획도서와 계획설명서를 첨부하여야 한다(법 제26조 제1항 후단).

② 반영 여부 및 처리결과의 통보

도시·군관리계획 입안의 제안을 받은 국토교통부장관, 시·도지사, 시장 또는 군수는 제안일부터 45일 이내에 도시·군관리계획 입안에의 반영 여부를 제안자에게 통보하여야 한다(영 제20조 제1항). 다만, 부득이한 사정이 있는 경우에는 1회에 한하여 30일을 연장할 수 있다(영 제20조 제1항 단서).

③ 도시계획위원회 자문

국토교통부장관, 시·도지사, 시장 또는 군수는 제안을 도시·군관리계획입안에 반영할 것인지 여부를 결정함에 있어서 필요한 경우에는 중앙도시계획위원회 또는 해당 지방자치단체에 설치된 지방도시계획위원회의 자문을 거칠 수 있다(영 제20조 제2항).

2) 국토교통부장관, 시·도지사, 시장 또는 군수는 제안을 도시·군관리계획입안에 반영하는 경우에는 제안서에 첨부된 도시·군관리계획도서와 계획설명서를 도시·군관리계획의 입안에 활용할 수 있다(영 제20조 제3항).

3) 도시·군관리계획의 입안을 제안 받은 자는 제안자와 협의하여 제안된 도시·군관리계획의 입안 및 결정에 필요한 비용을 전부 또는 일부를 제안자에게 부담시킬 수 있다(법 제26조 제3항).

3. 입안 및 결정 절차

(1) 기초조사 등

① 도시·군관리계획을 입안하는 경우에는 광역도시계획의 수립을 위한 기초조사(법 제13조)의 규정을 준용한다(법 제27조 제1항). 다만, 대통령령으로 정하는 경미한 사항의 경우 그러하지 아니하다(법 제27조 제1항 단서).

② 국토교통부장관(수산자원보호구역의 경우, 해양수산부장관을 말한다), 시·도지사, 시장 또는 군수는 기초조사의 내용에 도시·군관리계획이 환경에 미치는 영향

등에 대한 환경성 검토를 포함하여야 한다(법 제27조 제2항).

③ 국토교통부장관(수산자원보호구역의 경우, 해양수산부장관), 시·도지사, 시장 또는 군수는 기초조사의 내용에 토지의 토양, 입지, 활용가능성 등 토지적성평가와 재해취약성분석을 포함하여야 한다(법 제27조 제3항).

④ 도시·군관리계획으로 입안하려는 지역이 도심지에 위치하거나 개발이 끝나 나대지가 없는 등 대통령령이 정하는 요건에 해당하면 법 제27조 제1항부터 제3항에 따른 기초조사, 환경성 검토, 토지적성평가 또는 재해취약성분석을 실시하지 아니할 수 있다(법 제27조 제4항).

<도시·군관리계획의 입안을 위한 기초조사 면제사유 등(영 제21조 제2항)>

기초조사의 면제사유	1. 해당 지구단위계획구역이 도심지(상업지역과 상업지역에 연접한 지역을 말한다)에 위치하는 경우 2. 해당 지구단위계획구역 안의 나대지 면적이 구역면적의 2퍼센트에 미달하는 경우 3. 해당 지구단위계획구역 또는 도시·군계획시설부지가 다른 법률에 따라 지역·지구 등으로 지정되거나 개발계획이 수립된 경우 4. 해당 지구단위계획구역의 지정목적이 해당 구역을 정비 또는 관리하고자 하는 경우로서 지구단위계획의 내용에 너비 12m 이상 도로의 설치계획이 없는 경우 5. 기존의 용도지구를 폐지하고 지구단위계획을 수립 또는 변경하여 그 용도지구에 따른 건축물이나 그 밖의 시설의 용도·종류 및 규모 등의 제한을 그대로 대체하려는 경우 6. 해당 도시·군계획시설의 결정을 해제하려는 경우 7. 그 밖에 국토교통부령으로 정하는 요건에 해당하는 경우
환경성 검토의 면제사유	1. 기초조사의 면제사유 중 어느 하나에 해당하는 경우 2. 「환경영향평가법」에 따른 전략환경영향평가 대상인 도시·군관리계획을 입안하는 경우
토지적성 평가의 면제사유	1. 기초조사의 면제사유 중 어느 하나에 해당하는 경우 2. 도시·군관리계획 입안일부터 5년 이내에 토지적성평가를 실시한 경우 3. 주거지역·상업지역 또는 공업지역에 도시·군관리계획을 입안하는 경우 4. 법 또는 다른 법령에 따라 조성된 지역에 도시·군관리계획을 입안하는 경우 5. 「개발제한구역의 지정 및 관리에 관한 특별조치법 시행령」의 지역에 해당하여 개발제한구역에서 조정 또는 해제된 지역에 대하여 도시·군관리계획을 입안하는 경우 6. 「도시개발법」에 따른 도시개발사업의 경우 7. 지구단위계획구역 또는 도시·군계획시설부지에서 도시·군관리계획을 입안하는 경우 8. 다음의 어느 하나에 해당하는 용도지역·용도지구·용도구역의 지정 또는 변경의 경우

	가. 주거지역·상업지역·공업지역 또는 계획관리지역의 그 밖의 용도지역으로의 변경(계획관리지역을 자연녹지지역으로 변경하는 경우는 제외한다) 나. 주거지역·상업지역·공업지역 또는 계획관리지역 외의 용도지역 상호간의 변경(자연녹지지역으로 변경하는 경우는 제외한다) 다. 용도지구·용도구역의 지정 또는 변경(개발진흥지구의 지정 또는 확대 지정은 제외한다) 9. 다음의 어느 하나에 해당하는 기반시설을 설치하는 경우 　　가. 제55조 제1항 각 호에 따른 용도지역별 개발행위규모에 해당하는 기반시설 　　나. 도로·철도·궤도·수도·가스 등 선형으로 된 교통시설 및 공급시설 　　다. 공간시설(체육공원·묘지공원 및 유원지는 제외한다) 　　라. 방재시설 및 환경기초시설(폐차장은 제외한다) 　　마. 개발제한구역 안에 설치하는 기반시설
재해취약성 분석의 면제사유	1. 기초조사의 면제사유 중 어느 하나에 해당하는 경우 2. 도시·군관리계획 입안일부터 5년 이내에 재해취약성분석을 실시한 경우 3. 토지적성평가의 면제사유 8의 어느 하나에 해당하는 경우 　(방재지구의 지정·변경은 제외한다) 4. 다음의 어느 하나에 해당하는 기반시설을 설치하는 경우 　가. 토지적성평가의 면제사유 9의 가목의 기반시설 　나. 공간시설 중 녹지·공공공지

(2) 주민과 지방의회의 의견청취

1) 주민의 의견청취

① 의견청취

국토교통부장관(수산자원보호구역의 경우 해양수산부장관을 말한다), 시·도지사, 시장 또는 군수는 도시·군관리계획을 입안하는 때에는 주민의 의견을 들어야 하며, 그 의견이 타당하다고 인정되면 도시·군관리계획 안에 반영하여야 한다(법 제28조 제1항). 다만, 국방상 또는 국가안전보장상 기밀을 요하는 사항(관계중앙행정기관의 장이 요청하는 것만 해당한다)이거나 대통령령이 정하는 경미한 사항인 경우 제외한다(법 제28조 제1항 단서).

주민의 의견을 청취하고자 하는 때에는 도시·군관리계획안의 주요내용을 해당 지방자치단체의 공보나 전국 또는 해당 특별시·광역시·특별자치시·특별자치도·시 또는 군의 지역을 주된 보급지역으로 하는 둘 이상의 일간신문에 게재하고, 해당 지방자치단체의 인터넷 홈페이지 등에 공고해야 한다(영 제22조 제2항).

이에 따라 특별시장·광역시장·특별자치시장·특별자치도지사·시장 또는 군수가 공고를 한 때에는 도시·군관리계획안을 14일 이상 일반이 열람할 수 있도록 해야 한다 (영 제22조 제3항).

② 결과의 통보

공고된 도시·군관리계획안의 내용에 대하여 의견이 있는 자는 열람기간내에 특별시장·광역시장·특별자치시장·특별자치도지사·시장 또는 군수에게 의견서를 제출할 수 있다(영 제22조 제4항).

또한, 국토교통부장관, 시·도지사, 시장 또는 군수는 제4항에 따라 제출된 의견을 도시·군관리계획안에 반영할 것인지 여부를 검토하여 그 결과를 열람기간이 종료된 날부터 60일 이내에 해당 의견을 제출한 자에게 통보해야 한다(영 제22조 제5항).

③ 재공고 및 열람

국토교통부장관, 시·도지사, 시장 또는 군수는 다음 각 호의 어느 하나에 해당하는 경우로서 그 내용이 해당 지방자치단체의 조례로 정하는 중요한 사항인 경우에는 그 내용을 다시 공고·열람하게 하여 주민의 의견을 들어야 한다(법 제28조 제4항).

---

1. 제1항에 따라 청취한 주민 의견을 도시·군관리계획안에 반영하고자 하는 경우
2. 제30조 제1항·제2항에 따른 관계 행정기관의 장과의 협의 및 같은 조 제3항에 따른 중앙 도시계획위원회의 심의, 시·도도시계획위원회의 심의 또는 시·도에 두는 건축위원회와 도시계획위원회의 공동 심의에서 제시된 의견을 반영하여 도시·군관리계획을 결정하고자 하는 경우

---

2) 지방의회의 의견청취

국토교통부장관, 시·도지사, 시장 또는 군수는 도시·군관리계획을 입안하고자 하는 때에는 대통령령이 정하는 사항에 대하여 해당 지방의회의 의견을 들어야 하는데(법 제28조 제6항), 여기서 대통령령이 정하는 사항이란 다음과 같다(영 제22조 제7항). 다만, 제25조 제3항 각 호의 사항 및 지구단위계획으로 결정 또는 변경·결정하는 사항은 제외한다(영 제22조 제7항 단서).

---

1. 법 제36조 내지 제40조의 규정에 의한 용도지역·용도지구 또는 용도구역의 지정 또는 변경지정
2. 광역도시계획에 포함된 광역시설의 설치·정비 또는 개량에 관한 도시·군관리계획의 결정 또는 변경결정
3. 다음 각 목의 어느 하나에 해당하는 기반시설의 설치·정비 또는 개량에 관한 도시·군관리계획의 결정 또는 변경결정. 다만, 법 제48조 제4항에 따른 지방의회의 권고대로 도시·군계획시설

결정(도시·군계획시설에 대한 도시·군관리계획결정을 말한다. 이하 같다)을 해제하기 위한 도시·군관리계획을 결정하는 경우는 제외한다.

가. 도로중 주간선도로(시·군내 주요지역을 연결하거나 시·군 상호간이나 주요지방 상호간을 연결하여 대량통과교통을 처리하는 도로로서 시·군의 골격을 형성하는 도로를 말한다. 이하 같다)
나. 철도중 도시철도
다. 자동차정류장중 여객자동차터미널(시외버스운송사업용에 한한다)
라. 공원(「도시공원 및 녹지 등에 관한 법률」에 따른 소공원 및 어린이공원은 제외한다)
마. 유통업무설비
바. 학교중 대학
사. 운동장
아. 삭제 〈2005.9.8.〉
자. 공공청사중 지방자치단체의 청사
차. 화장장
카. 공동묘지
타. 납골시설
파. 하수도(하수종말처리시설에 한한다)
하. 폐기물처리시설
거. 수질오염방지시설

또한, 국토교통부장관이나 도지사가 제28조 제5항에 따라 지방의회의 의견을 듣는 경우에는 제28조 제2항과 제3항을 준용한다(이 경우 "주민"은 "지방의회"로 본다(법 제28조 제7항). 특별시장·광역시장·특별자치시장·특별자치도지사·시장 또는 군수가 제6항에 따라 지방의회의 의견을 들으려면 의견 제시 기한을 밝혀 도시·군관리계획안을 송부하여야 하며, 이 경우 해당 지방의회는 명시된 기한까지 특별시장·광역시장·특별자치시장·특별자치도지사·시장 또는 군수에게 의견을 제시하여야 한다(법 제28조 제8항).

(3) 결정신청

1) 결정권자가 도지사인 경우

도시·군관리계획은 시·도지사가 직접 또는 시장·군수의 신청에 따라 결정한다(법 제29조 제1항). 다만, 「지방자치법」 제198조에 따른 서울특별시와 광역시 및 특별자치시를 제외한 인구 50만 이상의 대도시(이하 "대도시"라 한다)의 경우에는 해당 시장(이하 "대도시 시장"이라 한다)이 직접 결정하고, 다음 각 호의 도시·군관리계획은 시장 또는 군수가 직접 결정한다(법 제29조 제1항 단서).

> 1. 시장 또는 군수가 입안한 지구단위계획구역의 지정·변경과 지구단위계획의 수립·변경에 관한 도시·군관리계획
> 2. 제52조 제1항 제1호의2(기존의 용도지구를 폐지하고 그 용도지구에서의 건축물이나 그 밖의 시설의 용도·종류 및 규모 등의 제한을 대체하는 사항)에 따라 지구단위계획으로 대체하는 용도지구 폐지에 관한 도시·군관리계획[해당 시장(대도시 시장은 제외한다) 또는 군수가 도지사와 미리 협의한 경우에 한정한다]

2) 결정권자가 국토교통부장관인 경우(수산자원보호구역의 경우, 해양수산부 장관)

시장 또는 군수(법 제29조 제2항 제2호부터 제4호까지의 어느 하나에 해당하는 도시·군관리계획의 결정을 신청하는 경우에는 시·도지사를 포함한다)는 도시·군관리계획결정을 신청하려면 도시·군관리계획도서 및 계획설명서에 "① 주민의 의견청취 결과, ② 지방의회의 의견청취 결과, ③ 당해 지방자치단체에 설치된 지방도시계획위원회의 자문을 거친 경우에는 그 결과, ④ 관계 행정기관의 장과의 협의에 필요한 서류(미리 관계 행정기관의 장과 협의한 경우에는 그 결과), ⑤ 중앙도시계획위원회 또는 시·도도시계획위원회의 심의에 필요한 서류"를 첨부하여 도지사 또는 국토교통부장관(수산자원보호구역의 경우, 해양수산부장관을 말한다)에게 제출해야 한다(영 제23조 제1항).

다만, 시장 또는 군수가 국토교통부장관 또는 해양수산부장관에게 도시·군관리계획의 결정을 신청하는 경우에는 도지사를 거쳐야 한다(영 제23조 단서).

(4) 협의

1) 시·도지사는 도시·군관리계획을 결정하려면 관계 행정기관의 장과 미리 협의하여야 하며, 국토교통부장관(수산자원보호구역의 경우, 해양수산부장관을 말한다)은 도시·군관리계획을 결정하고자 하는 때에는 관계중앙행정기관의 장과 미리 협의하여야 한다(법 제30조 제1항 전단). 이 경우 협의요청을 받은 기관의 장은 특별한 사유가 없는 한 그 요청을 받은 날로부터 30일 이내에 의견을 제시하여야 한다(법 제30조 1항 후단).

2) 시·도지사는 국토교통부장관이 입안하여 결정한 도시·군관리계획을 변경하거나 그 밖에 대통령령으로 정하는 중요한 사항(영 제25조 제1항)에 관한 도시·군관리계획을 결정하려면 미리 국토교통부장관과 협의하여야 한다(법 제30조 제2항).

(5) 심의

1) 국토교통부장관이 도시·군관리계획을 결정하려면 중앙도시계획위원회의 심의를 거쳐야 하며, 시·도지사가 도시·군관리계획을 결정하려면 시·도 도시계획위원회의 심의를 거쳐야 한다(법 제30조 제3항).

2) 시·도지사는 지구단위계획(지구단위계획과 지구단위계획구역을 동시에 결정할 때에는 지구단위계획구역의 지정 또는 변경에 관한 사항을 포함) 중 다음의 사항에 대하여는 대통령령이 정하는 바에 따라 「건축법」 제4조에 따라 시·도에 두는 건축위원회와 「국토의 계획 및 이용에 관한 법률」에 따른 도시계획위원회가 공동으로 하는 심의를 거쳐야 한다(법 제30조 제3항 단서).

(6) 결정·고시·송부 및 열람

1) 국토교통부장관 또는 시·도지사는 도시·군관리계획을 결정하면(법 제30조 제6항 전단), 도시·군관리계획결정의 고시는 국토교통부장관이 하는 경우에는 관보와 국토교통부의 인터넷 홈페이지에, 시·도지사 또는 시장·군수가 하는 경우에는 해당 시·도 또는 시·군의 공보와 인터넷 홈페이지에 다음 각 호의 사항(법 제2조 제4호 각 목의 어느 하나에 해당하는 계획이라는 취지, 위치, 면적 또는 규모, 그 밖에 국토교통부령으로 정하는 사항)을 게재하는 방법으로 한다(영 제25조 제6항).

2) 국토교통부장관이나 도지사는 관계 서류를 관계 특별시장·광역시장·특별자치시장·특별자치도지사·시장 또는 군수에게 송부하여 일반이 열람할 수 있도록 하여야 한다(법 제30조 제6항 후단).

3) 특별시장 또는 광역시장·특별자치시장·특별자치도지사는 다른 특별시·광역시·특별자치시·특별자치도·시 또는 군의 관할구역이 포함된 도시·군관리계획결정을 고시하는 때에는 당해 특별시장·광역시장·특별자치시장·특별자치도지사·시장 또는 군수에게 관계 서류를 송부하여야 한다(영 제25조 제7항).

4) 특별시장·광역시장·특별자치시장·특별자치도지사는 관계 서류를 일반이 열람할 수 있도록 하여야 한다(법 제30조 제6항 후단).

4. 도시·군관리계획 결정의 효력

(1) 효력발생일

도시·군관리계획 결정의 효력은 지형도면을 고시한 날부터 발생한다(법 제31조 제1항).

(2) 시행 중인 공사에 대한 특례 ⇨ 기득권의 보호

1) 도시·군관리계획 결정 당시 이미 사업이나 공사에 착수한 자(이 법 또는 다른 법률에 따라 허가·인가·승인 등을 받아야 하는 경우에는 그 허가·인가·승인 등을 받아 사업이나 공사에 착수한 자를 말한다)는 그 도시·군관리계획 결정과 관계없이 그 사업이나 공사를 계속할 수 있다(법 제31조 제2항).

2) 다만, 시가화조정구역이나 수산자원보호구역의 지정에 관한 도시·군관리계획 결정이 있는 경우에는 그 결정의 고시일부터 3월 이내에 그 사업 또는 공사의 내용을 도시에 따라 관할 특별시장·광역시장·특별자치시장·특별자치도지사·시장 또는 군수에게 신고하고 그 사업이나 공사를 계속할 수 있다(법 제31조 제2항 단서 및 영 제26조 제1항).

3) 위의 규정에 따라 신고한 행위가 건축물의 건축을 목적으로 하는 토지의 형질변경인 경우 당해 건축물을 건축하고자 하는 자는 토지의 형질변경에 관한 공사를 완료한 후 3월 이내에 건축허가를 신청하는 때에는 당해 건축물을 건축할 수 있다(영 제26조 제2항).

4) 건축물의 건축을 목적으로 하는 토지의 형질변경에 관한 공사를 완료한 후 1년 이내에 도시·군관리계획 결정의 고시가 있는 경우, 해당 건축물을 건축하고자 하는 자는 해당 도시·군관리계획 결정의 고시일부터 6월 이내에 건축허가를 신청하는 때에는 당해 건축물을 건축할 수 있다(영 제26조 제3항).

(3) 지형도면의 작성·고시

1) 지형도면 작성·고시의 효과

지형도면의 작성·고시는 결정·고시된 도시·군관리계획의 내용을 지형도에 기재하여 이해 관계있는 국민에게 알려 줌으로써 재산권 행사를 원활히 하게 하고, 그 부수적 효과로 토지이용계획서의 발급 등을 할 수 있도록 하기 위함이다.

2) 지형도면의 작성자(≒ 도시·군관리계획 입안권자)

① 특별시장·광역시장·특별자치시장·특별자치도지사·시장 또는 군수는 도시·
   군관리계획 결정이 고시되면 지적이 표시된 지형도에 도시·군관리계획에 관
   한 사항을 자세히 밝힌 도면을 작성하여야 한다(법 제32조 제1항).

② 국토교통부장관(수산자원보호구역의 경우. 해양수산부장관을 말한다)이나 도지사는
   도시·군관리계획을 직접 입안한 경우에는 관계 특별시장·광역시장·특별자치
   시장·특별자치도지사·시장 또는 군수의 의견을 들어 직접 지형도면을 작성할
   수 있다(법 제32조 제3항).

3) 지형도면의 승인(⇨ 도지사)

시장(대도시 시장은 제외한다)이나 군수는 지형도에 도시·군관리계획(지구단위계획구
역의 지정·변경과 지구단위계획의 수립·변경에 관한 도시·군관리계획은 제외한다)에 관한 사
항을 자세히 밝힌 도면(이하 "지형도면"이라 한다)을 작성하면 도지사의 승인을 받아야
한다(법 제32조 제2항 전단).

이 경우 지형도면의 승인 신청을 받은 도지사는 그 지형도면과 결정·고시된 도
시·군관리계획을 대조하여 착오가 없다고 인정되면 30일 이내 그 지형도면을 승인하
여야 한다(법 제32조 제2항 후단, 영 제27조).

4) 지형도면의 고시 및 송부·열람

① 국토교통부장관(수산자원보호구역의 경우, 해양수산부장관을 말한다), 시·도지사
   또는 대도시 시장은 직접 지형도면을 작성하거나 지형도면을 승인한 때에는
   국토교통부장관(수산자원보호구역의 경우, 해양수산부장관을 말한다)이 하는 경우
   에는 관보에, 시·도지사 또는 대도시 시장이 하는 경우에는 해당 시·도 또는
   대도시의 공보에 게재하는 방법에 따라 이를 고시하여야 한다(법 제32조 제4항).
   지형도면의 고시방법 및 절차 등에 관하여는 「토지이용규제 기본법」 제8조 제
   2항 및 제6항부터 제9항까지의 규정에 따른다(법 제32조 제5항).

② 국토교통부장관(수산자원보호구역의 경우, 해양수산부장관을 말한다), 시·도지사
   또는 대도시 시장은 지형도면 등의 고시를 하려면 관계 시장·군수 또는 구청
   장에게 관련 서류와 고시예정일 등의 사항을 미리 통보하여야 한다(토지이용규

제기본법 제8조 제8항).

③ 통보를 받은 시장·군수 또는 구청장은 그 내용을 국토이용정보체계에 등재하여 지역·지구 등의 지정 효력이 발생한 날부터 일반 국민이 볼 수 있도록 하여야 한다(토지이용규제기본법 제8조 제9항). 다만, 지역·지구 등의 지정 후에 지형도면 등의 고시를 하는 경우에는 지형도면 등을 고시한 날부터 일반 국민이 볼 수 있도록 하여야 한다(토지이용규제기본법 제8조 제9항 단서).

(4) 도시·군관리계획결정의 효력발생과 실효

1) 효력의 발생

도시·군관리계획 결정의 효력은 지형도면이 고시된 날부터 발생한다(법 제31조 제1항). 이 규정 외의 도시·군관리계획 결정의 효력 발생 및 실효 등에 관하여는 「토지이용규제 기본법」 제8조 제3항부터 제5항까지의 규정에 따른다(법 제31조 제3항).

2) 실효 및 그 고시

도시·군관리계획 결정 지역·지구 등의 지정일부터 2년이 되는 날까지 지형도면 등을 고시하여야 하며, 지형도면 등의 고시가 없는 경우에는 그 2년이 되는 날의 다음 날부터 그 지정의 효력을 잃는다(토지이용규제법 제8조 제4항).

(5) 도시·군관리계획의 정비

1) 특별시장·광역시장·특별자치시장·특별자치도지사·시장 또는 군수는 5년마다 관할 구역의 도시·군관리계획에 대하여 대통령령으로 정하는 바에 따라 그 타당성을 전반적으로 재검토하여 정비하여야 한다(법 제34조 제1항).

2) 특별시장·광역시장·특별자치시장·특별자치도지사·시장 또는 군수는 도시·군관리계획을 정비하는 경우에는 다음 각 호의 사항을 검토하여 그 결과를 도시·군관리계획입안에 반영하여야 한다(영 제29조 제1항).

---

1. 도시·군계획시설 설치에 관한 도시·군관리계획: 다음 각 목의 사항
   가. 도시·군계획시설결정의 고시일부터 3년 이내에 해당 도시·군계획시설의 설치에 관한 도시·군계획시설사업의 전부 또는 일부가 시행되지 아니한 경우 해당 도시·군계획시 설결정의 타당성

나. 도시·군계획시설결정에 따라 설치된 시설 중 여건 변화 등으로 존치 필요성이 없는 도시·
군계획시설에 대한 해제 여부
2. 용도지구 지정에 관한 도시·군관리계획: 다음 각 목의 사항
가. 지정목적을 달성하거나 여건 변화 등으로 존치 필요성이 없는 용도지구에 대한 변경 또는
해제 여부
나. 해당 용도지구와 중첩하여 지구단위계획구역이 지정되어 지구단위계획이 수립되거나 다른
법률에 따른 지역·지구 등이 지정된 경우 해당 용도지구의 변경 및 해제 여부 등을 포함한
용도지구 존치의 타당성
다. 둘 이상의 용도지구가 중첩하여 지정되어 있는 경우 용도지구의 지정 목적, 여건 변화 등을
고려할 때 해당 용도지구를 법 제52조 제1항 제1호의2에 규정된 사항을 내용으로 하는
지구단위계획으로 대체할 필요성이 있는지 여부

3) 도시·군기본계획을 수립하지 아니하는 시·군의 시장·군수는 법 제34조의 규정에 의하여 도시·군관리계획을 정비하는 때에는 계획설명서에 당해 시·군의 장기발전구상을 포함시켜야 하며, 공청회를 개최하여 이에 관한 주민의 의견을 들어야 한다 (영 제29조 제3항).

지구단위계획

제 3 장

1. 개 요

(1) 지구단위계획의 의의

'지구단위계획'이란 도시·군계획 수립대상지역의 일부에 대하여 토지이용을 합리화하고 그 기능을 증진시키며 미관을 개선하고 양호한 환경을 확보하며, 그 지역을 체계적·계획적으로 관리하기 위하여 수립하는 도시·군관리계획을 말한다(법 제2조 제5호). 지구단위계획구역 및 지구단위계획은 도시·군관리계획으로 결정한다(법 제50조).

(2) 지구단위계획의 수립

지구단위계획은 ① 도시의 정비·관리·보전·개발 등 지구단위계획구역의 지정 목적, ② 주거·산업·유통·관광휴양·복합 등 지구단위계획구역의 중심기능, ③ 해당 용도지역의 특성, ④ 그 밖에 대통령령으로 정하는 사항(영 제42조의3 제1항 규정에 따른 지역 공동체의 활성화, 안전하고 지속가능한 생활권의 조성, 해당 지역 및 인근 지역의 토지 이용을 고려한 토지이용계획과 건축계획의 조화)을 고려하여 수립하며(법 제49조 제1항), 그 수립기준 등은 대통령령(영 제42조의3 제2항)으로 정하는 바에 따라 국토교통부장관이 정한다(법 제49조 제2항).

2. 지구단위계획구역의 지정

(1) 지정대상지역

국토교통부장관, 시·도지사, 시장 또는 군수는 다음의 어느 하나에 해당하는 지역의 전부 또는 일부에 대하여 지구단위계획구역을 지정할 수 있다(법 제51조 제1항).

1. 제37조에 따라 지정된 용도지구
2. 「도시개발법」 제3조에 따라 지정된 도시개발구역
3. 「도시 및 주거환경정비법」 제8조에 따라 지정된 정비구역
4. 「택지개발촉진법」 제3조에 따라 지정된 택지개발지구
5. 「주택법」 제15조에 따른 대지조성사업지구
6. 「산업입지 및 개발에 관한 법률」 제2조ㅍ 제8호의 산업단지와 동조 제12호의 준산업단지
7. 「관광진흥법」 제52조에 따라 지정된 관광단지와 같은 법 제70조에 따라 지정된 관광특구
8. 개발제한구역·도시자연공원구역·시가화조정구역 또는 공원에서 해제되는 구역, 녹지지역에서 주거·상업·공업지역으로 변경되는 구역과 새로 도시지역으로 편입되는 구역 중 계획적인 개발 또는 관리가 필요한 지역
8의2. 도시지역 내 주거·상업·업무 등의 기능을 결합하는 등 복합적인 토지 이용을 증진시킬 필요가 있는 지역으로서 대통령령으로 정하는 요건에 해당하는 지역
8의3. 도시지역 내 유휴토지를 효율적으로 개발하거나 교정시설, 군사시설, 그 밖에 대통령령으로 정하는 시설(영 제43조 제2항)을 이전 또는 재배치하여 토지 이용을 합리화하고, 그 기능을 증진시키기 위하여 집중적으로 정비가 필요한 지역으로서 대통령령으로 정하는 요건(영 제43조 제3항)에 해당하는 지역
9. 도시지역의 체계적·계획적인 관리 또는 개발이 필요한 지역
10. 그 밖에 양호한 환경의 확보나 기능 및 미관의 증진 등을 위하여 필요한 지역으로서 대통령령으로 정하는 지역(영 제43조 제4항).

(2) 필수적 지정대상지역

국토교통부장관, 시·도지사 또는 대도시 시장은 다음의 어느 하나에 해당하는 지역은 지구단위계획구역으로 지정하여야 한다(법 제51조 제2항). 다만, 관계 법률에 따라 그 지역에 토지 이용 및 건축에 관한 계획이 수립되어 있는 경우에는 그러하지 아니하다(법 제51조 제2항 단서).

① 정비구역 및 택지개발지구에서 시행되는 사업이 끝난 후 10년이 지난 지역

② 지구단위계획구역의 지정대상지역 중 체계적이고 계획적인 개발 또는 관리가 필요한 지역으로서 그 면적이 30만㎡ 이상인 ㉠ 시가화조정구역 또는 공원에서 해제되는 지역(다만, 녹지지역으로 지정 또는 존치되거나 법 또는 다른 법령에 의하여 도시·군계획사업 등 개발계획이 수립되지 아니하는 경우는 제외한다), ㉡ 녹지지역에서 주거지역·상업지역 또는 공업지역으로 변경되는 지역을 말한다, ㉢ 그 밖에 특별시·광역시·특별자치시·특별자치도·시 또는 군의 도시·군계획조례로 정하는 지역(영 제43조 제5항).

(3) 도시지역 외의 지역

도시지역 외의 지역을 지구단위계획구역으로 지정하려는 경우 ㉠ 지정하려는 구역 면적의 50/100 이상이 제36조에 따라 지정된 계획관리지역으로서 대통령령으로 정하는 요건에 해당하는 지역, ㉡ 제37조에 따라 지정된 개발진흥지구로서 대통령령으로 정하는 요건에 해당하는 지역, ㉢ 제37조에 따라 지정된 용도지구를 폐지하고 그 용도지구에서의 행위 제한 등을 지구단위계획으로 대체하려는 지역 중 어느 하나에 해당하여야 한다(법 제51조 제3항).

① 위의 ㉠에서 말하는 "대통령령으로 정하는 요건"이란 다음 각 호의 요건을 말한다(영 제44조 제1항).

---

1. 계획관리지역 외에 지구단위계획구역에 포함하는 지역은 생산관리지역 또는 보전관리지역일 것
1의2. 지구단위계획구역에 보전관리지역을 포함하는 경우 해당 보전관리지역의 면적은 다음 각 목의 구분에 따른 요건을 충족할 것. 이 경우 개발행위허가를 받는 등 이미 개발된 토지와 해당 토지를 개발하여도 주변지역의 환경오염·환경훼손 우려가 없는 경우로서 해당 도시계획위원회 또는 제25조 제2항에 따른 공동위원회의 심의를 거쳐 지구단위계획구역에 포함되는 토지의 면적은 다음 각 목에 따른 보전관리지역의 면적 산정에서 제외한다.
   가. 전체 지구단위계획구역 면적이 10만㎡ 이하인 경우 : 전체 지구단위계획구역 면적의 20퍼센트 이내
   나. 전체 지구단위계획구역 면적이 10만㎡를 초과하는 경우 : 전체 지구단위계획구역 면적의 10퍼센트 이내
   다. 전체 지구단위계획구역 면적이 20만㎡를 초과하는 경우 : 전체 지구단위계획구역 면적의 10퍼센트 이내
2. 지구단위계획구역으로 지정하고자 하는 토지의 면적이 다음 각목의 어느 하나에 규정된 면적 요건에 해당할 것
   가. 지정하고자 하는 지역에 「건축법 시행령」 [별표 1] 제2호의 공동주택중 아파트 또는 연립주택의 건설계획이 포함되는 경우에는 30만㎡ 이상일 것. 이 경우 다음 요건에 해당하는 때에는 일단의 토지를 통합하여 하나의 지구단위계획구역으로 지정할 수 있다.
      (1) 아파트 또는 연립주택의 건설계획이 포함되는 각각의 토지의 면적이 10만㎡ 이상이고, 그 총면적이 30만㎡ 이상일 것
      (2) (1)의 각 토지는 국토교통부장관이 정하는 범위안에 위치하고, 국토교통부장관이 정하는 규모 이상의 도로로 서로 연결되어 있거나 연결도로의 설치가 가능할 것
   나. 지정하고자 하는 지역에 「건축법시행령」 [별표 1] 제2호의 공동주택중 아파트 또는 연립주택의 건설계획이 포함되는 경우로서 다음의 어느 하나에 해당하는 경우에는 10만㎡ 이상일 것
      (1) 지구단위계획구역이 「수도권정비계획법」 제6조 제1항 제3호의 규정에 의한 자연보전권역인 경우
      (2) 지구단위계획구역 안에 초등학교 용지를 확보하여 관할 교육청의 동의를 얻거나 지구단

위계획구역 안 또는 지구단위계획구역으로부터 통학이 가능한 거리에 초등학교가 위치
하고 학생수용이 가능한 경우로서 관할 교육청의 동의를 얻은 경우
다. 가목 및 나목의 경우를 제외하고는 3만㎡ 이상일 것
3. 당해 지역에 도로·수도공급설비·하수도 등 기반시설을 공급할 수 있을 것
4. 자연환경·경관·미관 등을 해치지 아니하고 문화재의 훼손우려가 없을 것

② 위의 ㉡에서 말하는 "대통령령으로 정하는 요건"이란 다음 각 호의 요건을 말
한다(영 제44조 제2항).

1. 제1항 제2호부터 제4호까지의 요건에 해당할 것
2. 당해 개발진흥지구가 다음 각 목의 지역에 위치할 것
   가. 주거개발진흥지구, 복합개발진흥지구(주거기능이 포함된 경우에 한한다) 및 특정개발진흥지
      구 : 계획관리지역
   나. 산업·유통개발진흥지구 및 복합개발진흥지구(주거기능이 포함되지 아니한 경우에 한한다) :
      계획관리지역·생산관리지역 또는 농림지역
   다. 관광·휴양개발진흥지구 : 도시지역외의 지역

국토교통부장관은 지구단위계획구역이 합리적으로 지정될 수 있도록 하기 위하여
필요한 경우에는 위의 ①과 ② 각호의 지정요건을 세부적으로 정할 수 있다(영 제44조
제3항).

3. 지구단위계획

(1) 지구단위계획의 내용

지구단위계획구역의 지정목적을 이루기 위하여 지구단위계획에는 다음 사항 중 2
와 4의 사항을 포함한 둘 이상의 사항이 포함되어야 한다(법 제52조 제1항). 다만, 1의2를
내용으로 하는 지구단위계획의 경우에는 그러하지 아니하다(법 제52조 제1항 단서).

1. 용도지역이나 용도지구(고도지구는 제외)를 세분하거나 변경하는 사항
1의2. 기존의 용도지구를 폐지하고 그 용도지구에서의 건축물이나 그 밖의 시설의 용도·종류 및 규모
   등의 제한을 대체하는 사항
2. 대통령령으로 정하는 기반시설의 배치와 규모
3. 도로로 둘러싸인 일단의 지역 또는 계획적인 개발·정비를 위하여 구획된 일단의 토지의 규모와 조
   성계획

4. 건축물의 용도제한·건축물의 건폐율 또는 용적률·건축물의 높이의 최고한도 또는 최저한도
5. 건축물의 배치·형태·색채 또는 건축선에 관한 계획
6. 환경관리계획 또는 경관계획
7. 교통처리계획
8. 그 밖에 토지이용의 합리화, 도시 또는 농·산·어촌의 기능증진 등에 필요한 사항으로서 대통령령(영 제45조 제4항)이 정하는 사항

대판 2012.10.11, 2011두8277(부당이득금 반환 등)

"구 건축법(1997. 12. 13. 법률 제5450호로 개정되기 전의 것, 이하 같다)상 도시설계지구로 지정되어 구체적인 도시설계가 수립되어 있던 지역이 국토의 계획 및 이용에 관한 법률(이하 '국토계획법'이라 한다)의 지구단위계획구역으로 지정되고 그에 따른 지구단위계획까지 수립되었다면, 기존의 구 건축법상 도시설계는 국토계획법상 지구단위계획으로 변경된 것으로 보아야 한다. 다만 행정처분의 위법 여부는 행정처분이 행하여졌을 때의 법령과 사실상태를 기준으로 하여 판단해야 하고, 처분 후 법령의 개폐나 사실상태의 변동에 의하여 영향을 받지 않는 것이므로, 위와 같이 기존의 도시설계가 이후에 변경되었다고 하더라도, 특별한 사정이 없으면 그 도시설계에 기초하여 이루어진 구체적인 처분이 위법한 것으로 되거나 무효로 되는 것은 아니다."

(2) 지구단위계획의 수립

지구단위계획은 도로, 상하수도 등 대통령령으로 정하는 도시·군계획시설의 처리·공급 및 수용능력이 지구단위계획구역에 있는 건축물의 연면적, 수용인구 등 개발밀도와 적절한 조화를 이룰 수 있도록 하여야 한다(법 제52조 제2항). 여기서 말하는 "대통령령이 정하는 도시·군계획시설"은 "도로·주차장·공원·녹지·공공공지, 수도·전기·가스·열공급설비, 학교(초등학교 및 중학교에 한한다)·하수도 및 폐기물처리시설"을 말한다(영 제45조 제5항).

(3) 법률규정의 완화

지구단위계획구역에서는 아래 박스 안의 규정에 해당하는 사항을 대통령령으로 정하는 범위(영 제46조)에서 지구단위계획으로 정하는 바에 따라 완화하여 적용할 수 있다(법 제52조 제3항).

1. 「국토의 계획 및 이용에 관한 법률」상의 건축기준의 완화
    가. 용도지역·지구 안에서의 건축제한(법 제76조)
    나. 용도지역 안에서의 건폐율(법 제77조)
    다. 용도지역 안에서의 용적률(법 제78조)
2. 「건축법」상의 건축기준의 완화
    가. 대지 안의 조경(법 제42조)
    나. 대지와 도로와의 관계(법 제43조)
    다. 건축물의 높이제한(법 제44조)
    라. 일조 등의 확보를 위한 건축물의 높이제한(법 제60조)
    마. 공개공지 등의 확보(법 제61조)
3. 「주차장법」상의 건축기준의 완화
    가. 건축물 부설 주차장의 설치(법 제19조)
    나. 건축물 부설 주차장의 설치계획서(법 제19조의2)

4. 지구단위계획구역의 실효 등

(1) 지구단위계획구역의 지정에 관한 도시·군관리계획결정의 고시일부터 3년 이내에 그 지구단위계획구역에 관한 지구단위계획이 결정·고시되지 아니하면 그 3년이 되는 날의 다음날에 그 지구단위계획구역의 지정에 관한 도시·군관리계획결정은 효력을 잃는다(법 제53조 제1항). 다만, 다른 법률에서 지구단위계획의 결정(결정된 것으로 보는 경우를 포함한다)에 관하여 따로 정한 경우에는 그 법률에 따라 지구단위계획을 결정할 때까지 지구단위계획구역의 지정은 그 효력을 유지한다(법 제53조 제1항 단서).

(2) 지구단위계획(제26조 제1항에 따라 주민이 입안을 제안한 ① 기반시설의 설치·정비 또는 개량에 관한 사항, ② 지구단위계획구역의 지정 및 변경과 지구단위계획의 수립 및 변경에 관한 사항, ③ 개발진흥지구 중 공업기능 또는 유통물류기능 등을 집중적으로 개발·정비하기 위한 개발진흥지구의 지정 및 변경에 관한 사항에 한정한다)에 관한 도시·군관리계획 결정의 고시일부터 5년 이내에 이 법 또는 다른 법률에 따라 허가·인가·승인 등을 받아 사업이나 공사에 착수하지 아니하면 그 5년이 된 날의 다음날에 그 지구단위계획에 관한 도시·군관리계획결정은 효력을 잃는다(법 제53조 제2항 전단). 이 경우, 지구단위계획과 관련한 도시·군관리계획결정에 관한 사항은 해당 지구단위계획구역 지정 당시의 도시·군관리계획으로 환원된 것으로 본다(법 제53조 제2항 후단).

(3) 국토교통부장관, 시·도지사, 시장 또는 군수는 법 제53조 제1항 및 제2항에 따른 지구단위계획구역 지정 및 지구단위계획 결정이 효력을 잃으면 지체 없이 그 사실을 고시하여야 한다(법 제53조 제3항).

5. 지구단위계획구역에서의 건축 등

지구단위계획구역에서 건축물[일정 기간 내 철거가 예상되는 경우 등 대통령령(영 제50조의2)으로 정하는 가설건축물은 제외한다]을 건축 또는 용도변경하거나 공작물을 설치하려면 그 지구단위계획에 맞게 하여야 한다(법 제54조). 다만, 지구단위계획이 수립되어 있지 아니한 경우에는 그러하지 아니하다(법 제54조 단서).

대판 2011.9.8, 2009도12330(국토의 계획 및 이용에 관한 법률 위반)

"지구단위계획구역의 지정목적을 달성하기 위하여 지구단위계획에는 '건축물의 용도제한'에 관한 사항을 정할 수 있고, 지구단위계획구역 안에서 건축물을 건축하거나 건축물의 용도를 변경하고자 하는 경우에는 그 지구단위계획에 적합하게 건축하거나 용도를 변경하여야 한다고 규정하고 있다."

제 4 장

용도지역·용도지구·용도구역

제1절 용도지역·지구·구역의 지정 등

1. 용도지역

(1) 용도지역의 의의

'용도지역'이란 토지의 이용 및 건축물의 용도·건폐율·용적률·높이 등을 제한함으로써 토지를 경제적·효율적으로 이용하고 공공복리의 증진을 도모하기 위하여 서로 중복되지 아니하게 도시·군관리계획으로 결정하는 지역을 말한다(법 제2조 제15호).

(2) 용도지역의 종류 및 세분

1) 국토의 용도구분

국토교통부장관, 시·도지사, 대도시 시장은 다음의 용도지역의 지정 또는 변경을 도시·군관리계획으로 결정한다(법 제36조 제1항).

① 도시지역

'도시지역'이란 인구와 산업이 밀집되어 있거나 밀집이 예상되어 해당 지역에 대하여 체계적인 개발·정비·관리·보전 등이 필요한 지역(법 제6조 제1호)으로 다음과 같이 구분하여 지정한다(법 제36조 제1항 제1호).

---

1. 주거지역 : 거주의 안녕과 건전한 생활환경의 보호를 위하여 필요한 지역
2. 상업지역 : 상업이나 그 밖의 업무의 편익을 증진하기 위하여 필요한 지역
3. 공업지역 : 공업의 편익을 증진하기 위하여 필요한 지역
4. 녹지지역 : 자연환경·농지 및 산림의 보호, 보건위생, 보안과 도시의 무질서한 확산을 방지하기 위하여 녹지의 보전이 필요한 지역

인구나 산업이 밀집되어 있거나 밀집될 것이 예상되어 도시로서 개발하고 정비, 관리, 보전이 필요한 지역을 말한다. 1913년에 제정한 시가지 건축규칙에서는 도시지역 안에 있

는 토지를 주거지역, 상업지역, 공업지역, 녹지지역, 혼합지역의 5개 용도지역으로 정하였
으며, 1962년 1월 20일에 제정된 도시계획법 이후 지금까지 4개 지역으로 분류하고 있다.

② 관리지역

'관리지역'이란 도시지역의 인구와 산업을 수용하기 위하여 도시지역에 준하여 체
계적으로 관리하거나 농림업의 진흥, 자연환경 또는 산림의 보전을 위하여 농림지역 또
는 자연환경보전지역에 준하여 관리가 필요한 지역(법 제6조 제2호)으로 다음과 같이 구
분하여 지정한다(법 제36조 제1항 제2호).

---

1. 보전관리지역 : 자연환경 보호, 산림 보호, 수질오염 방지, 녹지공간 확보 및 생태계 보전 등을 위하
   여 보전이 필요하나, 주변 용도지역과의 관계 등을 고려할 때 자연환경보전지역으로 지정하여 관리
   하기가 곤란한 지역
2. 생산관리지역 : 농업·임업·어업 생산 등을 위하여 관리가 필요하나, 주변 용도지역과의 관계 등을
   고려할 때 농림지역으로 지정하여 관리하기가 곤란한 지역
3. 계획관리지역 : 도시지역으로의 편입이 예상되는 지역이나 자연환경을 고려하여 제한적인 이용·개
   발을 하려는 지역으로서 계획적·체계적인 관리가 필요한 지역

---

③ 농림지역

'농림지역'이란 도시지역에 속하지 아니하는 「농지법」에 의한 농업진흥지역 또는
「산지관리법」에 의한 보전산지 등으로서 농림업의 진흥과 산림의 보전을 위하여 필요
한 지역이다(법 제6조 제3호).

④ 자연환경보전지역

'자연환경보전지역'이란 자연환경·수자원·해안·생태계·상수원 및 문화재의 보전
과 수산자원의 보호·육성 등을 위하여 필요한 지역이다(법 제6조 제4호).

(3) 용도지역의 세분

국토교통부장관, 시·도지사 또는 대도시 시장은 대통령령이 정하는 바(영 제30조)
에 따라 용도지역을 도시·군관리계획결정으로 다시 세분하여 지정하거나 이를 변경할
수 있다(법 제36조 제2항).

<용도지역의 세분>

용도지역의 세분			지정목적
주거지역	전용 주거지역	제1종 전용 주거지역	단독주택 중심의 양호한 주거환경을 보호하기 위하여 필요한 지역
		제2종 전용 주거지역	공동주택 중심의 양호한 주거환경을 보호하기 위하여 필요한 지역
	일반 주거지역	제1종 일반 주거지역	저층주택을 중심으로 편리한 주거환경을 조성하기 위하여 필요한 지역
		제2종 일반 주거지역	중층주택을 중심으로 편리한 주거환경을 조성하기 위하여 필요한 지역
		제3종 일반 주거지역	중·고층주택을 중심으로 편리한 주거환경을 조성하기 위하여 필요한 지역
	준주거 지역		주거기능을 위주로 이를 지원하는 일부 상업기능 및 업무기능을 보완하기 위하여 필요한 지역
상업지역	중심상업지역		도심·부도심의 상업기능 및 업무기능의 확충을 위하여 필요한 지역
	일반상업지역		일반적인 상업기능 및 업무기능을 담당하게 하기 위하여 필요한 지역
	근린상업지역		근린지역에서의 일용품 및 서비스의 공급을 위하여 필요한 지역
	유통상업지역		도시내 및 지역간 유통기능의 증진을 위하여 필요한 지역
공업지역	전용공업지역		주로 중화학공업, 공해성 공업 등을 수용하기 위하여 필요한 지역
	일반공업지역		환경을 저해하지 아니하는 공업의 배치를 위하여 필요한 지역
	준공업지역		경공업 그 밖의 공업을 수용하되, 주거기능·상업기능 및 업무기능의 보완이 필요한 지역
녹지지역	보전녹지지역		도시의 자연환경·경관·산림 및 녹지공간을 보전할 필요가 있는 지역
	생산녹지지역		주로 농업적 생산을 위하여 개발을 유보할 필요가 있는 지역
	자연녹지지역		도시의 녹지공간의 확보, 도시확산의 방지, 장래 도시용지의 공급 등을 위하여 보전할 필요가 있는 지역으로서 불가피한 경우에 한하여 제한적인 개발이 허용되는 지역

(4) 용도지역 지정절차의 특례

1) 공유수면매립지에 관한 용도지역의 지정
① 매립목적이 연접 지역의 용도지역과 동일한 경우

㉠ 이웃하고 있는 용도지역으로 의제(⇨ 지정) : 공유수면(바다만 해당한다)의 매립 목적이 그 매립구역과 이웃하고 있는 용도지역의 내용과 같으면 도시·군관리

계획의 입안 및 결정절차 없이 그 매립준공구역은 그 매립의 준공인가일부터 이와 이웃하고 있는 용도지역으로 지정된 것으로 본다(법 제41조 제1항 전단).

ⓛ 통보(관계 행정기관장 ⇨ 관계 특별시장·광역시장·특별자치시장·특별자치도지사·시장 또는 군수) : 관계 행정기관의 장이 「공유수면 관리 및 매립에 관한 법률」에 따른 공유수면매립의 준공검사를 하면 국토교통부령이 정하는 바에 따라 지체 없이 관계 특별시장·광역시장·특별자치시장·특별자치도지사·시장 또는 군수에게 통보하여야 한다(법 제41조 제3항).

ⓒ 고시 : 이웃하고 있는 용도지역으로 지정된 것으로 보는 경우 관계 특별시장·광역시장·특별자치시장·특별자치도지사·시장 또는 군수는 그 사실을 지체 없이 고시하여야 한다(법 제41조 제1항 후단).

② 매립목적이 연접 지역의 용도지역과 동일하지 아니한 경우

공유수면의 매립목적이 그 매립구역과 이웃하고 있는 용도지역의 내용과 다른 경우 및 그 매립구역이 둘 이상의 용도지역에 걸쳐 있거나 이웃하고 있는 경우 그 매립구역이 속할 용도지역은 도시·군관리계획 결정으로 지정하여야 한다(법 제41조 제2항).

2) 다른 법률에 따른 용도지역의 지정 등의 의제

※ "다른 법률에 따라 용도지역으로 지정된 것으로 의제하는 경우"란 국토계획법 이외의 다른 법률에 따라 지정하는 지구, 구역, 단지 등을 국토계획법에 따라 지정한 용도지역으로 결정, 고시 된 것으로 보는 경우를 말한다.

① 도시지역으로 결정·고시된 것으로 의제되는 경우

다음의 구역 등으로 지정·고시된 지역은 이 법에 의한 도시지역으로 결정·고시된 것으로 본다(법 제42조 제1항).

ⓖ 「항만법」에 의한 항만구역으로서 도시지역에 연접된 공유수면

ⓛ 「어촌·어항법」에 의한 어항구역으로서 도시지역에 연접된 공유수면

ⓒ 「산업입지 및 개발에 관한 법률」에 의한 국가산업단지 및 일반산업단지, 도시첨단산업단지

ⓔ 「택지개발촉진법」에 의한 택지개발지구

ⓜ 「전원개발촉진법」에 의한 전원개발사업구역 및 예정구역(수력발전소 또는 송·변전설비만을 설치하기 위한 전원개발사업구역 및 예정구역은 제외)

② 관리지역 안에서의 특례

㉠ 관리지역에서 「농지법」에 따른 농업진흥지역으로 지정·고시된 지역은 이 법에 따른 '농림지역'으로 결정·고시된 것으로 본다(법 제42조 제2항 전단).

㉡ 관리지역의 산림 중 「산지관리법」에 따라 보전산지로 지정·고시된 지역은 그 고시에서 구분하는 바에 따라 이 법에 따른 '농림지역' 또는 '자연환경보전지역'으로 결정·고시된 것으로 본다(법 제42조 제2항 후단).

2. 용도지구

(1) 용도지구의 의의

1) '용도지구'란 토지의 이용 및 건축물의 용도·건폐율·용적률·높이 등에 대한 용도지역의 제한을 강화하거나 완화하여 적용함으로써 용도지역의 기능을 증진시키고 미관·경관·안전 등을 도모하기 위하여 도시·군관리계획으로 결정하는 지역을 말한다(법 제2조 제16호). 즉, '용도지역'이 지역이라는 보다 넓은 토지를 대상으로 용도를 정하여 토지를 보다 효율적으로 이용하고자 하는 것이라면, '용도지구'는 용도지역에서 지구적 또는 소규모적 특성이 있을 때에 해당 특성에 따라 토지를 보다 더 효과적으로 이용하고자 하는 목적으로 지정하는 곳을 말한다.

예를 들어, 일반서민이 거주하는 일반주거지역으로 지정된 곳에 수려한 나무들이 조성되어 경관이 좋은 지역이 있다고 한다면, 그러한 지구적인 특성을 반영하여 해당 지역을 경관지구로 지정할 수 있을 것이다. 또한 건축물의 외벽이나 형태 등의 미관을 보다 중요시 할 필요가 있는 경우, 그러한 지역은 미관지구로 지정할 수 있을 것이다.

'용도지구'를 지정함에 있어 용도지역의 지정목적과 반드시 일치하도록 지정해야 하는 것은 아니다. 또한 '용도지구'는 특정 지역의 지구적인 특성을 고려한 것이기에 필요성이 인정되는 경우 동일한 지역에 중복되는 용도를 지정할 수도 있다.

2) 국토교통부장관, 시·도지사 또는 대도시 시장은 다음의 용도지구의 지정 또는 변경을 도시·군관리계획으로 결정한다(법 제37조 제1항).

경관지구	경관을 보호·형성하기 위하여 필요한 지구
미관지구	미관을 유지하기 위하여 필요한 지구
고도지구	쾌적한 환경조성 및 토지의 고도이용과 그 증진을 위하여 건축물의 높이의 최저한도 또는 최고한도를 규제할 필요가 있는 지구
방화지구	화재의 위험을 예방하기 위하여 필요한 지구
방재지구	풍수해, 산사태, 지반의 붕괴 그 밖의 재해를 예방하기 위하여 필요한 지구
보존지구	문화재, 중요 시설물 및 문화적·생태적으로 보존가치가 큰 지역의 보호와 보존을 위하여 필요한 지구
시설보호 지구	학교시설·공용시설·항만 또는 공항의 보호, 업무기능의 효율화, 항공기의 안전운항 등을 위하여 필요한 지구
취락지구	녹지지역·관리지역·농림지역·자연환경보전지역·개발제한구역 또는 도시자연공원구역 안의 취락을 정비하기 위한 지구
개발진흥 지구	주거기능·상업기능·공업기능·유통물류기능·관광기능·휴양기능 등을 집중적으로 개발·정비할 필요가 있는 지구
특정용도 제한지구	주거기능 보호나 청소년 보호 등의 목적으로 청소년 유해시설 등 특정시설의 입지를 제한할 필요가 있는 지구
복합용도 지구	지역의 토지이용 상황, 개발 수요 및 주변 여건 등을 고려하여 효율적이고 복합적인 토지이용을 도모하기 위하여 특정시설의 입지를 완화할 필요가 있는 지구

(2) 용도지구의 세분

국토교통부장관, 시·도지사 또는 대도시 시장은 필요하다고 인정되는 때에는 용도지구를 도시·군관리계획 결정으로 다시 세분하여 지정하거나 이를 변경할 수 있다(법 제37조 제2항). 이에 따라, 국토교통부장관, 시·도지사 또는 대도시 시장은 법 제37조 제2항에 따라 도시·군관리계획결정으로 경관지구·방재지구·보호지구·취락지구 및 개발진흥지구를 다음 각 호와 같이 세분하여 지정할 수 있다(영 제31조 제2항).

<용도지구의 지정>

용도지구의 세분		지정목적
경관 지구	자연 경관지구	산지·구릉지 등 자연경관을 보호하거나 유지하기 위하여 필요한 지구

	시가지 경관지구	지역 내 주거지, 중심지 등 시가지의 경관을 보호 또는 유지하거나 형성하기 위하여 필요한 지구
	특화 경관지구	지역 내 주요 수계의 수변 또는 문화적 보존가치가 큰 건축물 주변의 경관 등 특별한 경관을 보호 또는 유지하거나 형성하기 위하여 필요한 지구
방재 지구	시가지 방재지구	건축물·인구가 밀집되어 있는 지역으로서 시설 개선 등을 통하여 재해 예방 이 필요한 지구
	자연 방재지구	토지의 이용도가 낮은 해안변, 하천변, 급경사지 주변 등의 지역으로서 건축 제한 등을 통하여 재해 예방이 필요한 지구
보호 지구	역사문화환경 보호지구	문화재·전통사찰 등 역사·문화적으로 보존가치가 큰 시설 및 지역의 보호와 보존을 위하여 필요한 지구
	중요시설물 보호지구	중요시설물[항만, 공항, 공용시설(공공업무시설, 공공필요성이 인정되는 문화 시설·집회시설·운동시설 및 그 밖에 이와 유사한 시설로서 도시·군계획조례 로 정하는 시설을 말한다), 교정시설·군사시설]의 보호와 기능의 유지 및 증 진 등을 위하여 필요한 지구
	생태계 보호지구	야생동식물서식처 등 생태적으로 보존가치가 큰 지역의 보호와 보존을 위하 여 필요한 지구
취락 지구	자연취락지구	녹지지역·관리지역·농림지역 또는 자연환경보전지역안의 취락을 정비하기 위하여 필요한 지구
	집단취락지구	개발제한구역안의 취락을 정비하기 위하여 필요한 지구
개발 진흥 지구	주거개발 진흥지구	주거기능을 중심으로 개발·정비할 필요가 있는 지구
	산업·유통 개발진흥지구	공업기능 및 유통·물류기능을 중심으로 개발·정비할 필요가 있는 지구
	관광·휴양 개발진흥지구	관광·휴양기능을 중심으로 개발·정비할 필요가 있는 지구
	복합개발 진흥지구	주거기능, 공업기능, 유통·물류기능 및 관광·휴양기능 중 2 이상의 기능을 중심으로 개발·정비할 필요가 있는 지구
	특정개발 진흥지구	주거기능, 공업기능, 유통·물류기능 및 관광·휴양기능 외의 기능을 중심으로 특정한 목적을 위하여 개발·정비할 필요가 있는 지구

(3) 용도지구 지정의 특례

1) 시·도지사 또는 대도시 시장은 지역여건상 필요하면 해당 시·도 또는 대도시
의 도시계획조례로 정하는 바에 따라 경관지구 및 미관지구를 추가적으로 세분하거나
특정용도제한지구를 세분하여 지정할 수 있다(영 제31조 제3항).

2) 시·도지사 또는 대도시 시장은 지역여건상 필요하면 대통령령(영 제31조 제4항)이 정하는 기준에 따라 그 시·도 또는 대도시의 조례로 용도지구의 명칭 및 지정목적과 건축 그 밖의 행위의 금지 및 제한에 관한 사항 등을 정하여 위의 용도지구 외의 용도지구의 지정 또는 변경을 도시·군관리계획으로 결정할 수 있다(법 제37조 제3항).

3) 시·도지사 또는 대도시 시장은 ① 연안침식으로 인하여 심각한 피해가 발생하거나 발생할 우려가 있어 이를 특별히 관리할 필요가 있는 지역으로서 「연안관리법」 제20조의2에 따른 연안침식관리구역으로 지정된 지역(동법 제2조 제3호의 연안육역에 한정한다)이나 ② 풍수해, 산사태 등의 동일한 재해가 최근 10년 이내 2회 이상 발생하여 인명 피해를 입은 지역으로서 향후 동일한 재해 발생 시 상당한 피해가 우려되는 지역과 같이 연안침식이 진행 중이거나 우려되는 지역(영 제31조 제5항)에 대해서는 방재지구의 지정 또는 변경을 도시·군관리계획으로 결정하여야 한다. 이 경우 도시·군관리계획의 내용에는 해당 방재지구의 재해저감대책이 포함되어야 한다(법 제37조 제4항 후단).

4) 시·도지사 또는 대도시 시장은 "대통령령(영 제31조 제6항)으로 정하는 주거지역·공업지역·관리지역(일반주거지역, 일반공업지역, 계획관리지역)"에 복합용도지구를 지정할 수 있다(법 제37조 제5항). 이에 따라 복합용도지구를 지정하는 경우에는 다음의 기준을 따라야 한다(영 제31조 제7항).

---

1. 용도지역의 변경 시 기반시설이 부족해지는 등의 문제가 우려되어 해당 용도지역의 건축제한 만을 완화하는 것이 적합한 경우에 지정할 것
2. 간선도로의 교차지(交叉地), 대중교통의 결절지(結節地) 등 토지이용 및 교통 여건의 변화가 큰 지역 또는 용도지역 간의 경계지역, 가로변 등 토지를 효율적으로 활용할 필요가 있는 지역에 지정할 것
3. 용도지역의 지정목적이 크게 저해되지 아니하도록 해당 용도지역 전체 면적의 1/3 이하의 범위에서 지정할 것
4. 그 밖에 해당 지역의 체계적·계획적인 개발 및 관리를 위하여 지정 대상지가 국토교통부장관이 정하여 고시하는 기준에 적합할 것

3. 용도구역

(1) 용도구역의 의의

'용도구역'이란 토지의 이용 및 건축물의 용도·건폐율·용적률·높이 등에 대한 용도지역 및 용도지구의 제한을 강화하거나 완화하여 따로 정함으로써 시가지의 무질서한 확산방지, 계획적이고 단계적인 토지이용의 도모, 토지이용의 종합적 조정·관리 등을 위하여 도시·군관리계획으로 결정하는 지역을 말한다(법 제2조 제17호).

(2) 용도구역의 지정

1) 개발제한구역

'개발제한구역'이란 도시가 무질서하게 개발·확산하는 것을 방지하기 위하여 도심에서부터 도시주변 지역으로 일정범위까지는 개발하고 일정범위 이상의 지역에 대해서는 개발을 제한할 목적으로 지정한 구역이다. 특히, 우리나라의 경우에는 인구나 산업이 서울, 부산, 울산 등의 대도시 지역에 특히 집중되어 있기 때문에, 도심지역에서 외곽지역으로 개발이 확산되는 경우 일정범위의 지역까지만 개발하고 외곽지역은 녹지 등으로 남기는 개발제한구역의 지정이 필요하다.

① 지정권자

국토교통부장관은 개발제한구역의 지정 또는 변경을 도시·군관리계획으로 결정할 수 있다(법 제38조).

② 지정목적

㉠ 도시의 무질서한 확산을 방지하고,

㉡ 도시주변의 자연환경을 보전하여 도시민의 건전한 생활환경을 확보하기 위하여 도시의 개발을 제한할 필요가 있거나,

㉢ 국방부장관의 요청이 있어 보안상 도시의 개발을 제한할 필요가 있다고 인정되는 경우에 개발제한구역을 지정한다(법 제38조 제1항).

③ 기준

개발제한구역의 지정 또는 변경에 필요한 사항은 따로 「개발제한구역의 지정 및 관리에 관한 특별조치법」(약칭 "개발제한구역법"이라 한다)에서 정하는 바에 따라 정한다(법 제38조 제2항). 이 "개발제한구역법"은 「국토의 계획 및 이용에 관한 법률」 제38조에

따른 개발제한구역의 지정과 개발제한구역에서의 행위 제한, 주민에 대한 지원, 토지 매수, 그 밖에 개발제한구역을 효율적으로 관리하는 데에 필요한 사항을 정함으로써 도시의 무질서한 확산을 방지하고 도시 주변의 자연환경을 보전하여 도시민의 건전한 생활환경을 확보하는 것을 목적으로 제정·시행(법률 제6241호, 2000. 1. 28. 제정, 2000. 7. 1. 시행)되고 있다(개발제한구역법 제1조).

2) 도시자연공원구역

'도시자연공원구역'이란 도시의 자연경관을 보호하고, 도시민의 휴식공간을 제공하기 위하여 조성하는 공원을 말한다(법 제38조의2).

① 지정권자 및 지정목적

시·도지사 또는 대도시 시장은 도시의 자연환경 및 경관을 보호하고 도시민에게 건전한 여가·휴식공간을 제공하기 위하여 도시지역 안에서 식생이 양호한 산지의 개발을 제한할 필요가 있다고 인정하면 도시자연공원구역의 지정 또는 변경을 도시·군관리계획으로 결정할 수 있다(법 제38조의2 제1항).

② 기준

도시자연공원구역의 지정 또는 변경에 관하여 필요한 사항은 따로 「도시공원 및 녹지 등에 관한 법률」(약칭 "공원녹지법"이라 한다)이 정하는 바에 따라 정한다(법 제38조의2 제2항). 이 "공원녹지법"은 도시에서의 공원녹지의 확충·관리·이용 및 도시녹화 등에 필요한 사항을 규정함으로써 쾌적한 도시환경을 조성하여 건전하고 문화적인 도시생활을 확보하고 공공의 복리를 증진시키는 데에 이바지함을 목적으로 「도시공원법」으로 제정(법률 제3256호, 1980. 1. 4. 제정, 1980. 6. 1. 시행)되었으며, 2005년 3월 31일 전부개정(법률 제7476호, 2005. 3. 31. 전부개정, 2005. 10. 1. 시행)을 통해 현재의 법률명으로 변경되었다(공원녹지법 제1조).

3) 시가화조정구역

'시가화조정구역'이란 도시지역과 그 주변지역에서 무질서한 시가화를 방지하고, 계획적·단계적인 개발을 도모하기 위하여 일정한 기간 동안 시가화를 유보·보류 할 필요가 있는 경우에 지정하는 구역이다.

'시가화'란 도시지역에 속하기는 하지만 도시·군 계획시설 등이 완전히 정비되지 아니한 곳이 시가지의 기능을 가질 수 있도록 개발 및 정비하는 것으로, 조정이란 개발이나 정비를 하려던 것을 잠시 유보 또는 보류하는 것으로 이해하면 시가화조정구역의 의의를 보다 쉽게 알 수 있다.

① 지정권자

시·도지사는 직접 또는 관계 행정기관의 장의 요청을 받아 시가화조정구역의 지정 또는 변경을 도시·군관리계획으로 결정할 수 있다(법 제39조 제1항). 다만, 국가계획과 연계하여 시가화조정구역의 지정 또는 변경이 필요한 경우에는 국토교통부장관이 직접 시가화조정구역의 지정 또는 변경을 도시·군관리계획으로 결정할 수 있다(법 제39조 제1항 단서).

② 지정목적

㉠ 도시지역과 그 주변지역의 무질서한 시가화를 방지하고 계획적·단계적인 개발을 도모하기 위하여 대통령령으로 정하는 기간 동안 시가화를 유보할 필요가 있다고 인정되면 시가화조정구역을 지정한다(법 제39조 제1항). 여기서 말하는 "대통령령으로 정하는 기간"이란 5년 이상 20년 이내의 기간을 말한다(영 제32조 제1항).

㉡ 국토교통부장관은 시가화조정구역을 지정 또는 변경하고자 하는 때에는 해당 도시지역과 그 주변지역의 인구의 동태, 토지의 이용상황, 산업발전상황 등을 고려하여 도시·군관리계획으로 시가화유보기간(5년 이상 20년 이내)을 정하여야 한다(영 제32조 제2항).

③ 기준

시가화조정구역지정의 실효고시는 실효일자("시가화 유보기간이 끝난 날의 다음날"을 말한다) 및 실효사유와 실효된 도시·군관리계획의 내용을 국토교통부장관이 하는 경우에는 관보와 국토교통부의 인터넷 홈페이지에, 시·도지사가 하는 경우에는 해당 시·도의 공보와 인터넷 홈페이지에 게재하는 방법에 의한다(영 제32조 제3항).

4) 수산자원보호구역

'수자원보호구역'이란 수산자원을 보호·육성하기 위하여 필요한 지역의 공유수면이나 그에 인접한 토지를 대상으로 지정하는 구역으로 청정수의 유지 및 수사자원을 보호를 위한 지역이다.

① 지정권자 및 지정목적

해양수산부장관은 직접 또는 관계 행정기관의 장의 요청을 받아 수산자원을 보호·육성하기 위하여 필요한 공유수면이나 그에 인접한 토지에 대한 수산자원보호구역의 지정 또는 변경을 도시·군관리계획으로 결정할 수 있다(법 제40조).

② 기준

수산자원보호구역의 지정 또는 변경에 관하여 필요한 사항은 수산업법령으로 정한다.

5) 입지규제최소구역의 지정

'입지규제최소구역계획'이란 입지규제최소구역에서의 토지의 이용 및 건축물의 용도·건폐율·용적률·높이 등의 제한에 관한 사항 등 입지규제최소구역의 관리에 필요한 사항을 정하기 위하여 수립하는 도시·군관리계획을 말한다(법 제2조 제5호의2).

① 지정권자 및 지정목적

도시·군관리계획의 결정권자는 도시지역에서 복합적인 토지이용을 증진시켜 도시 정비를 촉진하고 지역 거점을 육성할 필요가 있다고 인정되면 다음 각 호의 어느 하나에 해당하는 지역과 그 주변지역의 전부 또는 일부를 입지규제최소구역으로 지정할 수 있다(법 제40조의2 제1항).

1. 도시·군기본계획에 따른 도심·부도심 또는 생활권의 중심지역
2. 철도역사, 터미널, 항만, 공공청사, 문화시설 등의 기반시설 중 지역의 거점 역할을 수행하는 시설을 중심으로 주변지역을 집중적으로 정비할 필요가 있는 지역
3. 세 개 이상의 노선이 교차하는 대중교통 결절지로부터 1㎞이내에 위치한 지역
4. 「도시 및 주거환경정비법」 제2조 제3호에 따른 노후·불량건축물이 밀집한 주거지역 또는 공업지역으로 정비가 시급한 지역
5. 「도시재생 활성화 및 지원에 관한 특별법」 제2조 제1항 제5호에 따른 도시재생활성화지역 중 같은 법 제2조 제1항 제6호에 따른 도시경제기반형 활성화계획을 수립하는 지역
6. 그 밖에 창의적인 지역개발이 필요한 지역으로 대통령령(영 제32조의2)으로 정하는 지역
   가. 「산업입지 및 개발에 관한 법률」 제2조 제8호 다목에 따른 도시첨단산업단지
   나. 「빈집 및 소규모주택 정비에 관한 특례법」 제2조 제3호에 따른 소규모주택정비사업의 시행구역
   다. 「도시재생 활성화 및 지원에 관한 특별법」 제2조 제1항 제6호 나목에 따른 근린재생형 활성화계획을 수립하는 지역

② 입지규제최소구역계획 수립 시 용도, 건폐율, 용적률 등의 건축제한 완화는 기반시설의 확보 현황 등을 고려하여 적용할 수 있도록 계획하고, 시·도지사, 시장, 군수 또는 구청장은 입지규제최소구역에서의 개발사업 또는 개발행위에 대하여 입지규제최소구역계획에 따른 기반시설 확보를 위하여 필요한 부지 또는 설치비용의 전부 또는

일부를 부담시킬 수 있다(법 제40조의2 제4항 전단).

이 경우 기반시설의 부지 또는 설치비용의 부담은 건축제한의 완화에 따른 토지가치상승분(감정평가법인등이 건축제한 완화 전·후에 대하여 각각 감정평가한 토지가액의 차이를 말한다)을 초과하지 아니하도록 한다(법 제40조의2 제4항 후단).

③ 지정기준

다른 법률에서 도시·군관리계획의 결정을 의제하고 있는 경우에도 이 법에 따르지 아니하고 입지규제최소구역의 지정과 입지규제최소구역계획을 결정할 수 없으며(법 제40조의2 제7항), 입지규제최소구역계획의 수립기준 등 입지규제최소구역의 지정 및 변경과 입지규제최소구역계획의 수립 및 변경에 관한 세부적인 사항은 국토교통부장관이 정하여 고시한다(법 제40조의2 제8항).

④ 다른 법률의 적용특례

입지규제최소구역으로 지정된 지역은 「건축법」 제69조에 따른 특별건축구역으로 지정된 것으로 보며(법 제83조의2 제3항), 시·도지사 또는 시장·군수·구청장은 「건축법」 제70조에도 불구하고 입지규제최소구역에서 건축하는 건축물을 「건축법」 제73조에 따라 건축기준 등의 특례사항을 적용하여 건축할 수 있는 건축물에 포함시킬 수 있다(법 제83조의2 제4항).

제2절 용도지역·용도지구 및 용도구역 안에서의 행위제한

1. 개 요

(1) 용도지역·용도지구에서의 행위제한의 원칙

용도지역에서의 토지이용에 따른 행위제한은 해당 지역의 지정목적 달성을 위해 필요한 최소한의 제한에 그치도록 하여야 한다. 이는 용도지역의 지정목적을 달성하고 그에 알맞은 토지이용이 되도록 하는 규제 내지 제한은 최소화하여야 한다는 원칙으로 헌법이 보장하는 국민 재산권의 제한 내용에 따른 것이다. 따라서 이 법에서 정한 용도지역 안에서 행정기관의 장이 다른 법령에 따른 인가, 허가, 승인 등을 할 때에는 이 법과 그에 따른 법령에서 정한 토지이용행위의 제한 범위 내에서 하여야 한다.

1) 용도지역에서의 행위제한

용도지역에서의 건축물이나 그 밖의 시설의 용도·종류 및 규모 등의 제한에 관한 사항은 대통령령으로 정한다(법 제76조 제1항). 여기서 대통령령이란 용도지역안에서의 건축제한(영 제71조), 용도지역안에서의 건폐율(영 제84조), 용도지역 안에서의 용적률(영 제85조)을 말한다.

2) 용도지구에서의 행위제한

용도지구 안에서의 건축물이나 그 밖의 시설의 용도·종류 및 규모 등의 제한에 관한 사항은 이 법 또는 다른 법률에 특별한 규정이 있는 경우 외에는 대통령령(영 제72조 내지 영 제82조)으로 정하는 기준에 따라 특별시·광역시·특별자치시·특별자치도·시 또는 군의 조례로 정할 수 있다(법 제76조 제2항).

(2) 행위제한의 적용

1) 용도지역·지구의 지정목적과의 적합성

건축물 그 밖의 시설의 용도·종류 및 규모 등의 제한은 해당 용도지역 및 용도지구의 지정목적에 적합하여야 한다(법 제76조 제3항).

2) 변경 시 또는 변경 후의 건축물에 적용

건축물 그 밖의 시설의 용도·종류 및 규모 등을 변경하는 경우 또는 변경 후의 건축물이나 그 밖의 시설의 용도·종류 및 규모 등은 용도지역·지구에서의 건축물의 건축제한의 규정에 맞아야 한다(법 제76조 제4항).

2. 용도지역 안에서의 행위제한

(1) 용도지역별 건축제한

용도지역별 건축제한은 건축물의 용도·종류 및 규모에 관한 것으로 이 법 시행령에 따라 ㉠ 건축할 수 있는 건축물과 ㉡ 도시·군계획조례가 정하는 바에 따라 건축할 수 있는 건축물로 구분된다. 여기서 ㉡의 구체적인 내용은 이 법 시행령에 규정된 범위 내에서 해당 지방자치단체의 조례로 정해지기 때문에 각 지방자치단체마다 용도지역별 건축제한의 내용이 상이하게 된다.

용도지역에서의 건축물이나 그 밖의 시설의 용도·종류 및 규모 등의 제한("건축제한"이라 한다)은 다음과 같이 정한다(법 제76조 제1항 및 영 제71조 제1항).

1) 제1종 전용주거지역 안에서 건축할 수 있는 건축물(영 [별표 2])

1. 건축할 수 있는 건축물 : 단독주택(다가구주택을 제외한다), 「건축법 시행령」 [별표 1] 제3호 가목부터 바목까지 및 사목(공중화장실·대피소, 그 밖에 이와 비슷한 것 및 지역아동센터는 제외한다)의 제1종 근린생활시설로서 해당 용도에 쓰이는 바닥면적의 합계가 1,000㎡ 미만인 것
2. 도시·군계획조례가 정하는 바에 의하여 건축할 수 있는 건축물 : 단독주택 중 다가구주택, 공동주택 중 연립주택 및 다세대주택, 「건축법 시행령」 [별표 1] 제3호 사목(공중화장실·대피소, 그 밖에 이와 비슷한 것 및 지역아동센터만 해당한다) 및 아목에 따른 제1종 근린생활시설로서 해당 용도에 쓰이는 바닥면적의 합계가 1,000㎡ 미만인 것, 종교집회장, 노유자시설, 자동차관련시설 중 주차장 등

2) 제2종 전용주거지역 안에서 건축할 수 있는 건축물(영 [별표 3])

1. 건축할 수 있는 건축물 : 단독주택, 공동주택, 제1종 근린생활시설로서 당해 용도에 쓰이는 바닥면적의 합계가 1,000㎡ 미만인 것
2. 도시·군계획조례가 정하는 바에 의하여 건축할 수 있는 건축물 : 제2종 근린생활시설 중 종교집회장, 문화 및 집회시설 중 같은 호 라목[박물관, 미술관, 체험관(한옥으로 건축하는 것만 해당한다) 및 기념관에 한정한다]에 해당하는 것으로서 그 용도에 쓰이는 바닥면적의 합계가 1,000㎡ 미만인 것, 종교시설에 해당하는 것으로서 그 용도에 쓰이는 바닥면적의 합계가 1,000㎡ 미만인 것, 교육연구시설 중 유치원·초등학교·중학교 및 고등학교, 노유자시설, 자동차관련시설 중 주차장

3) 제1종 일반주거지역안에서 건축할 수 있는 건축물(영 [별표 4])

건축할 수 있는 건축물은 4층 이하(단지형 연립주택 및 단지형 다세대주택인 경우에는 5층 이하를 말하며, 단지형 연립주택의 1층 전부를 필로티 구조로 하여 주차장으로 사용하는 경우에는 필로티 부분을 층수에서 제외하고, 단지형 다세대주택의 1층 바닥면적의 1/2 이상을 필로티 구조로 하여 주차장으로 사용하고 나머지 부분을 주택 외의 용도로 쓰는 경우에는 해당 층을 층수에서 제외한다)의 건축물만 해당한다. 다만, 4층 이하의 범위에서 도시·군계획조례로 따로 층수를 정하는 경우에는 그 층수 이하의 건축물만 해당한다.

1. 건축할 수 있는 건축물 : 단독주택, 공동주택(아파트를 제외한다), 제1종 근린생활시설, 교육연구시설 중 유치원·초등학교·중학교 및 고등학교, 노유자시설

2. 도시·군계획조례가 정하는 바에 의하여 건축할 수 있는 건축물(4층 이하의 건축물에 한한다. 다만, 4층 이하의 범위 안에서 도시·군계획조례로 따로 층수를 정하는 경우에는 그 층수 이하의 건축물에 한한다)

   가. 제2종 근린생활시설(단란주점 및 안마시술소를 제외한다)

   나. 문화 및 집회시설(공연장 및 관람장을 제외한다)

   다. 종교시설

   라. 판매시설 중 소매시장 및 상점으로서 해당 용도에 쓰이는 바닥면적의 합계가 2,000㎡ 미만인 것(너비 15m 이상의 도로로서 도시·군계획조례가 정하는 너비 이상의 도로에 접한 대지에 건축하는 것에 한한다)과 기존의 도매시장 또는 소매시장을 재건축하는 경우로서 인근의 주거환경에 미치는 영향, 시장의 기능회복 등을 감안하여 도시·군계획조례가 정하는 경우에는 해당용도에 쓰이는 바닥면적의 합계의 4배 이하 또는 대지면적의 2배 이하인 것

   마. 의료시설(격리병원을 제외한다)

   바. 교육연구시설 중 제1호 라목에 해당하지 아니하는 것

   사. 수련시설(야영장 시설을 포함하되, 유스호스텔의 경우 특별시 및 광역시 지역에서는 너비 15m 이상의 도로에 20m 이상 접한 대지에 건축하는 것에 한하며, 그 밖의 지역에서는 너비 12m 이상의 도로에 접한 대지에 건축하는 것에 한한다)

   아. 운동시설(옥외 철탑이 설치된 골프연습장을 제외한다)

   자. 업무시설 중 오피스텔로서 그 용도에 쓰이는 바닥면적의 합계가 3,000㎡ 미만인 것

   차. 공장 중 인쇄업, 기록매체복제업, 봉제업(의류편조업을 포함한다), 컴퓨터 및 주변기기제조업, 컴퓨터 관련 전자제품조립업, 두부제조업, 세탁업의 공장 및 지식산업센터로서 다음의 어느 하나에 해당하지 아니하는 것

     ① 특정대기유해물질이 기준 이상으로 배출되는 것

     ② 대기오염물질 배출시설에 해당하는 시설로서 1종 사업장 내지 4종 사업장에 해당하는 것

     ③ 특정수질유해물질이 기준 이상으로 배출되는 것. 다만, 폐수무방류 배출시설의 설치허가를 받아 운영하는 경우를 제외한다.

     ④ 폐수배출시설에 해당하는 시설로서 제1종 사업장부터 제4종 사업장까지에 해당하는 것

     ⑤ 「폐기물관리법」 제2조 제4호에 따른 지정폐기물을 배출하는 것

     ⑥ 「소음·진동관리법」 제7조에 따른 배출허용기준의 2배 이상인 것

   카. 공장 중 떡 제조업 및 빵 제조업(이에 딸린 과자 제조업을 포함한다)의 공장으로서 다음 요건을 모두 갖춘 것

     ① 해당 용도에 쓰이는 바닥면적의 합계가 1,000㎡ 미만일 것

     ② 악취배출시설인 경우에는 악취방지시설 등 악취방지에 필요한 조치를 하였을 것

     ③ 차목 ①부터 ⑥까지의 어느 하나에 해당하지 아니할 것. 다만, 도시·군계획조례 로 「대기환경보전법」, 「물환경보전법」 및 「소음·진동관리법」에 따른 설치 허가·신고 대상 시설의 건축을 제한한 경우에는 그 건축제한시설에도 해당하지 아니하여야 한다.

     ④ 해당 특별시장·광역시장·특별자치시장·특별자치도지사·시장 또는 군수가 해당 지방도시계획위원회의 심의를 거쳐 인근의 주거환경 등에 미치는 영향 등이 적다고 인정하였을 것

   타. 창고시설

   파. 위험물저장 및 처리시설 중 주유소, 석유판매소, 액화가스 취급소·판매소, 도료류 판매소, 「대기환경보전법」에 따른 저공해자동차의 연료공급시설, 시내버스차고지에 설치하는 액화석유가스충전소 및 고압가스충전·저장소

   하. 자동차관련시설 중 주차장 및 세차장

   거. 동물 및 식물관련시설 중 화초 및 분재 등의 온실

　너. 교정 및 국방·군사시설
　더. 방송통신시설
　러. 발전시설

4) 제2종 일반주거지역 안에서 건축할 수 있는 건축물(영 [별표 5])

1. 건축할 수 있는 건축물(경관관리 등을 위하여 도시·군계획조례로 건축물의 층수를 제한하는 경우에는 그 층수 이하의 건축물로 한정한다)
　　가. 단독주택
　　나. 공동주택
　　다. 제1종 근린생활시설
　　라. 종교시설
　　마. 교육연구시설 중 유치원·초등학교·중학교 및 고등학교
　　바. 노유자시설
2. 도시·군계획조례가 정하는 바에 따라 건축할 수 있는 건축물(경관관리 등을 위하여 도시·군계획조례로 건축물의 층수를 제한하는 경우에는 그 층수 이하의 건축물로 한정한다)
　　가. 제2종 근린생활시설(단란주점 및 안마시술소를 제외한다)
　　나. 문화 및 집회시설(관람장을 제외한다)
　　다. 판매시설 중 당해 용도에 쓰이는 바닥면적의 합계가 2,000㎡ 미만인 것(너비 15m 이상의 도로로서 도시·군계획조례가 정하는 너비 이상의 도로에 접한 대지에 건축하는 것에 한한다)과 기존의 도매시장 또는 소매시장을 재건축하는 경우로서 인근의 주거환경에 미치는 영향, 시장의 기능회복 등을 감안하여 도시·군계획조례가 정하는 경우에는 당해 용도에 쓰이는 바닥면적의 합계의 4배 이하 또는 대지면적의 2배 이하인 것
　　라. 의료시설(격리병원을 제외한다)
　　마. 교육연구시설(유치원·초등학교·중학교 및 고등학교를 제외한다)
　　바. 수련시설(야영장 시설을 포함하되, 유스호스텔의 경우 특별시 및 광역시 지역에서는 너비 15m 이상의 도로에 20m 이상 접한 대지에 건축하는 것에 한하며, 그 밖의 지역에서는 너비 12m 이상의 도로에 접한 대지에 건축하는 것에 한한다)
　　사. 운동시설
　　아. 업무시설 중 오피스텔·금융업소·사무소 및 동호 가목에 해당하는 것으로서 해당용도에 쓰이는 바닥면적의 합계가 3,000㎡ 미만인 것
　　자. [별표 4] 제2호 차목 및 카목의 공장
　　차. 창고시설
　　카. 위험물저장 및 처리시설 중 주유소, 석유판매소, 액화가스 취급소·판매소, 도료류 판매소, 「대기환경보전법」에 따른 저공해자동차의 연료공급시설, 시내버스차고지에 설치하는 액화석유가스충전소 및 고압가스충전·저장소
　　타. 자동차관련시설 중 동호 아목에 해당하는 것과 주차장 및 세차장
　　파. 동물 및 식물관련시설 중 동호 마목 내지 아목에 해당하는 것
　　하. 교정 및 국방·군사시설
　　거. 방송통신시설
　　너. 발전시설

5) 제3종 일반주거지역 안에서 건축할 수 있는 건축물(영 [별표 6])

1. 건축할 수 있는 건축물
   가. 단독주택
   나. 공동주택
   다. 제1종 근린생활시설
   라. 종교시설
   마. 교육연구시설 중 유치원·초등학교·중학교 및 고등학교
   바. 노유자시설
2. 도시·군계획조례가 정하는 바에 의하여 건축할 수 있는 건축물
   가. 제2종 근린생활시설(단란주점 및 안마시술소를 제외한다)
   나. 문화 및 집회시설(관람장을 제외한다)
   다. 판매시설 중 당해 용도에 쓰이는 바닥면적의 합계가 2,000㎡ 미만인 것(너비 15m 이상의 도로로서 도시·군계획조례가 정하는 너비 이상의 도로에 접한 대지에 건축하는 것에 한한다)과 기존의 도매시장 또는 소매시장을 재건축하는 경우로서 인근의 주거환경에 미치는 영향, 시장의 기능회복 등을 감안하여 도시·군계획조례가 정하는 경우에는 당해 용도에 쓰이는 바닥면적의 합계의 4배 이하 또는 대지면적의 2배 이하인 것
   라. 의료시설(격리병원을 제외한다)
   마. 교육연구시설 중 유치원·초등학교·중학교 및 고등학교에 해당하지 아니하는 것
   바. 수련시설(야영장 시설을 포함하되, 유스호스텔의 경우 특별시 및 광역시 지역에서는 너비 15m 이상의 도로에 20m 이상 접한 대지에 건축하는 것에 한하며, 그 밖의 지역에서는 너비 12m 이상의 도로에 접한 대지에 건축 하는 것에 한한다)
   사. 운동시설
   아. 업무시설로서 그 용도에 쓰이는 바닥면적의 합계가 3,000㎡ 이하인 것
   자. [별표 4] 제2호 차목 및 카목의 공장
   차. 창고시설
   카. 위험물저장 및 처리시설 중 주유소, 석유판매소, 액화가스 취급소·판매소, 도료류 판매소, 「대기환경보전법」에 따른 저공해자동차의 연료공급시설, 시내버스차고지에 설치하는 액화석유가스충전소 및 고압가스충전·저장소
   타. 자동차관련시설 중 동호 아목에 해당하는 것과 주차장 및 세차장
   파. 동물 및 식물관련시설 중 동호 마목 내지 아목에 해당하는 것
   하. 교정 및 국방·군사시설
   거. 방송통신시설
   너. 발전시설

6) 준주거지역 안에서 건축할 수 없는 건축물(영 [별표 7])

1. 건축할 수 없는 건축물
   가. 근린생활시설 중 단란주점
   나. 의료시설 중 격리병원
   다. 숙박시설(생활숙박시설로서 공원·녹지 또는 지형지물에 의하여 주택 밀집지역과 차단되거나 주택 밀집지역으로부터 도시·군계획조례로 정하는 거리 밖에 있는 대지에 건축하는 것은 제외한다)

　　라. 위락시설
　　마. 공장으로서 [별표 4] 제2호 차목 ①부터 ⑥까지의 어느 하나에 해당하는 것
　　바. 위험물 저장 및 처리 시설 중 시내버스차고지 외의 지역에 설치하는 액화석유가스 충전소 및 고압가스 충전소·저장소
　　사. 자동차 관련 시설 중 폐차장
　　아. 동물 및 식물 관련 시설 중 축사·도축장·도계장
　　자. 자원순환 관련 시설
　　차. 묘지 관련 시설
2. 지역 여건 등을 고려하여 도시·군계획조례로 정하는 바에 따라 건축할 수 없는 건축물
　　가. 제2종 근린생활시설 중 안마시술소
　　나. 문화 및 집회시설(공연장 및 전시장은 제외한다)
　　다. 판매시설
　　라. 운수시설
　　마. 숙박시설 중 생활숙박시설로서 공원·녹지 또는 지형지물에 의하여 주택 밀집지역과 차단되거나 주택 밀집지역으로부터 도시·군계획조례로 정하는 거리 밖에 있는 대지에 건축하는 것
　　바. 공장(제1호 마목에 해당하는 것은 제외한다.)
　　사. 창고시설
　　아. 위험물 저장 및 처리 시설(제1호 바목에 해당하는 것은 제외한다)
　　자. 자동차 관련 시설(제1호 사목에 해당하는 것은 제외한다)
　　차. 동물 및 식물 관련 시설(제1호 아목에 해당하는 것은 제외한다)
　　카. 교정 및 군사 시설
　　타. 발전시설
　　파. 관광 휴게시설
　　하. 장례시설

7) 중심상업지역 안에서 건축할 수 없는 건축물(영 [별표 8])

1. 건축할 수 없는 건축물
　　가. 단독주택(다른 용도와 복합된 것은 제외한다)
　　나. 공동주택 [공동주택과 주거용 외의 용도가 복합된 건축물(다수의 건축물이 일체적으로 연결된 하나의 건축물을 포함한다)로서 공동주택 부분의 면적이 연면적의 합계의 90퍼센트(도시·군계획조례로 90퍼센트 미만의 범위에서 별도로 비율을 정한 경우에는 그 비율) 미만인 것은 제외한다]
　　다. 숙박시설 중 일반숙박시설 및 생활숙박시설. 다만, 다음의 일반숙박시설 또는 생활숙박시설은 제외한다.
　　　　① 공원·녹지 또는 지형지물에 따라 주거지역과 차단되거나 주거지역으로부터 도시·군계획조례로 정하는 거리 밖에 있는 대지에 건축하는 일반숙박시설
　　　　② 공원·녹지 또는 지형지물에 따라 준주거지역 내 주택 밀집지역, 전용주거지역 또는 일반주거지역과 차단되거나 준주거지역 내 주택 밀집지역, 전용주거지역 또는 일반주거지역으로부터 도시·군계획조례로 정하는 거리 밖에 있는 대지에 건축하는 생활숙박시설
　　라. 위락시설(공원·녹지 또는 지형지물에 따라 주거지역과 차단되거나 주거지역으로부터 도시·군계획조례로 정하는 거리 밖에 있는 대지에 건축하는 것은 제외한다)

마. 공장(제2호 바목에 해당하는 것은 제외한다)
바. 위험물 저장 및 처리 시설 중 시내버스차고지 외의 지역에 설치하는 액화석유가스 충전소 및 고압가스충전소·저장소
사. 자동차 관련 시설 중 폐차장
아. 동물 및 식물 관련 시설
자. 자원순환 관련 시설
차. 묘지 관련 시설
2. 지역 여건 등을 고려하여 도시·군계획조례로 정하는 바에 따라 건축할 수 없는 건축물
가. 단독주택 중 다른 용도와 복합된 것
나. 공동주택(제1호 나목에 해당하는 것은 제외한다)
다. 의료시설 중 격리병원
라. 교육연구시설 중 학교
마. 수련시설(야영장 시설을 포함한다)
바. 공장 중 출판업·인쇄업·금은세공업 및 기록매체복제업의 공장으로서 [별표 4] 제2호 차목 ①부터 ⑥까지의 어느 하나에 해당하지 않는 것
사. 창고시설
아. 위험물 저장 및 처리시설(제1호 바목에 해당하는 것은 제외한다)
자. 자동차 관련 시설 중 같은 호 나목 및 라목부터 아목까지에 해당하는 것
차. 교정 및 군사 시설(국방·군사시설은 제외한다)
카. 관광 휴게시설
타. 장례시설

8) 일반상업지역 안에서 건축할 수 없는 건축물(영 [별표 9])

1. 건축할 수 없는 건축물
가. 숙박시설 중 일반숙박시설 및 생활숙박시설. 다만, 다음의 일반숙박시설 또는 생활숙박시설은 제외한다.
   ① 공원·녹지 또는 지형지물에 따라 주거지역과 차단되거나 주거지역으로부터 도시·군계획조례로 정하는 거리 밖에 있는 대지에 건축하는 일반숙박시설
   ② 공원·녹지 또는 지형지물에 따라 준주거지역 내 주택 밀집지역, 전용주거지역 또는 일반주거지역과 차단되거나 준주거지역 내 주택 밀집지역, 전용주거지역 또는 일반 주거지역으로부터 도시·군계획조례로 정하는 거리 밖에 있는 대지에 건축하는 생활숙박시설
나. 위락시설(공원·녹지 또는 지형지물에 따라 주거지역과 차단되거나 주거지역으로부터 도시·군계획조례로 정하는 거리 밖에 있는 대지에 건축하는 것은 제외한다)
다. 공장으로서 [별표 4] 제2호 차목 ①부터 ⑥까지의 어느 하나에 해당하는 것
라. 위험물 저장 및 처리 시설 중 시내버스차고지 외의 지역에 설치하는 액화석유가스 충전소 및 고압가스 충전소·저장소
마. 자동차 관련 시설 중 폐차장
바. 동물 및 식물 관련 시설 중 같은 호 가목부터 라목까지에 해당하는 것
사. 자원순환 관련 시설
아. 묘지 관련 시설
2. 지역 여건 등을 고려하여 도시·군계획조례로 정하는 바에 따라 건축할 수 없는 건축물

가. 단독주택
나. 공동주택 [공동주택과 주거용 외의 용도가 복합된 건축물(다수의 건축물이 일체적으로 연결된 하나의 건축물을 포함한다)로서 공동주택 부분의 면적이 연면적의 합계의 90퍼센트(도시·군계획조례로 90퍼센트 미만의 비율을 정한 경우에는 그 비율) 미만인 것은 제외한다]
다. 수련시설(야영장 시설을 포함한다)
라. 공장(제1호 다목에 해당하는 것은 제외한다)
마. 위험물 저장 및 처리 시설(제1호 라목에 해당하는 것은 제외한다)
바. 자동차 관련 시설 중 같은 호 라목부터 아목까지에 해당하는 것
사. 동물 및 식물 관련 시설(제1호 바목에 해당하는 것은 제외한다)
아. 교정 및 군사 시설(국방·군사시설은 제외한다)

9) 근린상업지역 안에서 건축할 수 없는 건축물(영 [별표 10])

1. 건축할 수 없는 건축물
   가. 의료시설 중 격리병원
   나. 숙박시설 중 일반숙박시설 및 생활숙박시설. 다만, 다음의 일반숙박시설 또는 생활숙박시설은 제외한다.
      ① 공원·녹지 또는 지형지물에 따라 주거지역과 차단되거나 주거지역으로부터 도시·군계획조례로 정하는 거리 밖에 있는 대지에 건축하는 일반숙박시설
      ② 공원·녹지 또는 지형지물에 따라 준주거지역 내 주택 밀집지역, 전용주거지역 또는 일반주거지역과 차단되거나 준주거지역 내 주택 밀집지역, 전용주거지역 또는 일반주거지역으로부터 도시·군계획조례로 정하는 거리 밖에 있는 대지에 건축하는 생활숙박시설
   다. 위락시설(공원·녹지 또는 지형지물에 따라 주거지역과 차단되거나 주거지역으로부터 도시·군계획조례로 정하는 거리 밖에 있는 대지에 건축하는 것은 제외한다)
   라. 공장으로서 [별표 4] 제2호 차목 ①부터 ⑥까지의 어느 하나에 해당하는 것
   마. 위험물 저장 및 처리 시설 중 시내버스차고지 외의 지역에 설치하는 액화석유가스 충전소 및 고압가스 충전소·저장소
   바. 「건축법 시행령」 [별표 1] 제20호의 자동차 관련 시설 중 같은 호 다목부터 사목까지에 해당하는 것
   사. 「건축법 시행령」 [별표 1] 제21호의 동물 및 식물 관련 시설 중 같은 호 가목부터 라목까지에 해당하는 것
   아. 자원순환 관련 시설
   자. 묘지 관련 시설
2. 지역 여건 등을 고려하여 도시·군계획조례로 정하는 바에 따라 건축할 수 없는 건축물
   가. 공동주택 [공동주택과 주거용 외의 용도가 복합된 건축물(다수의 건축물이 일체적으로 연결된 하나의 건축물을 포함한다)로서 공동주택 부분의 면적이 연면적의 합계의 90퍼센트(도시·군계획조례로 90퍼센트 미만의 범위에서 별도로 비율을 정한 경우에는 그 비율) 미만인 것은 제외한다]
   나. 문화 및 집회시설(공연장 및 전시장은 제외한다)
   다. 매시설로서 그 용도에 쓰이는 바닥면적의 합계가 3,000㎡ 이상인 것
   라. 운수시설로서 그 용도에 쓰이는 바닥면적의 합계가 3,000㎡ 이상인 것
   마. 위락시설(제1호 다목에 해당하는 것은 제외한다)
   바. 공장(제1호 라목에 해당하는 것은 제외한다)

사. 창고시설
아. 위험물 저장 및 처리 시설(제1호 마목에 해당하는 것은 제외한다)
자. 자동차 관련 시설 중 같은 호 아목에 해당하는 것
차. 동물 및 식물 관련 시설(제1호 사목에 해당하는 것은 제외한다)
카. 교정 및 군사 시설
타. 발전시설
파. 관광 휴게시설

10) 유통상업지역 안에서 건축할 수 없는 건축물(영 [별표 11])

1. 건축할 수 없는 건축물
   가. 단독주택
   나. 공동주택
   다. 의료시설
   라. 숙박시설 중 일반숙박시설 및 생활숙박시설. 다만, 다음의 일반숙박시설 또는 생활숙박시설은 제외한다.
      ① 공원·녹지 또는 지형지물에 따라 주거지역과 차단되거나 주거지역으로부터 도시·군계획조례로 정하는 거리 밖에 있는 대지에 건축하는 일반숙박시설
      ② 공원·녹지 또는 지형지물에 따라 준주거지역 내 주택 밀집지역, 전용주거지역 또는 일반주거지역과 차단되거나 준주거지역 내 주택 밀집지역, 전용주거지역 또는 일반 주거지역으로부터 도시·군계획조례로 정하는 거리 밖에 있는 대지에 건축하는 생활숙박시설
   마. 위락시설(공원·녹지 또는 지형지물에 따라 주거지역과 차단되거나 주거지역으로부터 도시·군계획조례로 정하는 거리 밖에 있는 대지에 건축하는 것은 제외한다)
   바. 공장
   사. 위험물 저장 및 처리 시설 중 시내버스차고지 외의 지역에 설치하는 액화석유가스 충전소 및 고압가스 충전소·저장소
   아. 동물 및 식물 관련 시설
   자. 자원순환 관련 시설
   차. 묘지 관련 시설
2. 지역 여건 등을 고려하여 도시·군계획조례로 정하는 바에 따라 건축할 수 없는 건축물
   가. 제2종 근린생활시설
   나. 문화 및 집회시설(공연장 및 전시장은 제외한다)
   다. 종교시설
   라. 교육연구시설
   마. 노유자시설
   바. 「건축법 시행령」 [별표 1] 제12호의 수련시설(같은 표 제29호의 야영장 시설을 포함한다)
   사. 운동시설
   아. 숙박시설(제1호 라목에 해당하는 것은 제외한다)
   자. 위락시설(제1호 마목에 해당하는 것은 제외한다)
   차. 위험물 저장 및 처리시설(제1호 사목에 해당하는 것은 제외한다)
   카. 자동차 관련 시설(주차장 및 세차장은 제외한다)
   타. 교정 및 군사 시설
   파. 방송통신시설

하. 발전시설
거. 관광 휴게시설
너. 장례시설

11) 전용공업지역 안에서 건축할 수 있는 건축물(영 [별표 12])

1. 건축할 수 있는 건축물
   가. 제1종 근린생활시설
   나. 제2종 근린생활시설[같은 호 아목·자목·타목(기원만 해당한다)·더목 및 러목은 제외한다]
   다. 공장
   라. 창고시설
   마. 위험물저장 및 처리시설
   바. 자동차관련시설
   사. 자원순환 관련 시설
   아. 발전시설
2. 도시·군계획조례가 정하는 바에 의하여 건축할 수 있는 건축물
   가. 공동주택 중 기숙사
   나. 「건축법 시행령」 [별표 1] 제4호의 제2종 근린생활시설 중 같은 호 아목·자목·타목(기원만 해당한다) 및 러목에 해당하는 것
   다. 문화 및 집회시설 중 산업전시장 및 박람회장
   라. 판매시설(해당전용공업지역에 소재하는 공장에서 생산되는 제품을 판매하는 경우에 한한다)
   마. 운수시설
   바. 의료시설
   사. 교육연구시설 중 직업훈련소(직업능력개발훈련시설과 직업능력개발훈련법인이 직업능력개발훈련을 실시하기 위하여 설치한 시설에 한한다)·학원(기술계학원에 한한다) 및 연구소(공업에 관련된 연구소, 기술대학에 부설되는 것과 공장대지 안에 부설되는 것에 한한다)
   아. 노유자시설
   자. 교정 및 국방·군사시설
   차. 방송통신시설

12) 일반공업지역 안에서 건축할 수 있는 건축물(영 [별표 13])

1. 건축할 수 있는 건축물
   가. 제1종 근린생활시설
   나. 제2종 근린생활시설(단란주점 및 안마시술소를 제외한다)
   다. 판매시설(해당일반공업지역에 소재하는 공장에서 생산되는 제품을 판매하는 시설에 한한다)
   라. 운수시설
   마. 공장
   바. 창고시설
   사. 위험물저장 및 처리시설
   아. 자동차관련시설
   자. 자원순환 관련 시설

차. 발전시설
2. 도시·군계획조례가 정하는 바에 의하여 건축할 수 있는 건축물

    가. 단독주택
    나. 공동주택 중 기숙사
    다. 제2종 근린생활시설 중 안마시술소
    라. 문화 및 집회시설 중 동호 라목에 해당하는 것
    마. 종교시설
    바. 의료시설
    사. 교육연구시설
    아. 노유자시설
    자. 수련시설(야영장 시설을 포함한다)
    차. 업무시설(일반업무시설로서 지식산업센터에 입주하는 지원시설에 한정한다)
    카. 동물 및 식물관련시설
    타. 교정 및 국방·군사시설
    파. 방송통신시설
    하. 장례시설

13) 준공업지역 안에서 건축할 수 없는 건축물(영 [별표 14])

1. 건축할 수 없는 건축물

    가. 위락시설
    나. 묘지 관련 시설
2. 지역 여건 등을 고려하여 도시·군계획조례로 정하는 바에 따라 건축할 수 없는 건축물

    가. 단독주택
    나. 공동주택(기숙사는 제외한다)
    다. 제2종 근린생활시설 중 단란주점 및 안마시술소
    라. 문화 및 집회시설(공연장 및 전시장은 제외한다)
    마. 종교시설
    바. 판매시설(해당 준공업지역에 소재하는 공장에서 생산되는 제품을 판매하는 시설은 제외한다)
    사. 운동시설
    아. 숙박시설
    자. 공장으로서 해당 용도에 쓰이는 바닥면적의 합계가 5,000㎡ 이상인 것
    차. 동물 및 식물 관련 시설
    카. 교정 및 군사 시설
    타. 관광 휴게시설

14) 보전녹지지역 안에서 건축할 수 있는 건축물(영 [별표 15])

1. 건축할 수 있는 건축물(4층 이하의 건축물에 한한다. 다만, 4층 이하의 범위 안에서 도시·군계
획조례로 따로 층수를 정하는 경우에는 그 층수 이하의 건축물에 한한다)

    가. 교육연구시설 중 초등학교
    나. 창고(농업·임업·축산업·수산업용만 해당한다)

    다. 교정 및 국방·군사시설
2. 도시·군계획조례가 정하는 바에 의하여 건축할 수 있는 건축물(4층 이하의 건축물에 한한다.
   다만, 4층 이하의 범위 안에서 도시·군계획조례로 따로 층수를 정하는 경우에는 그 층수 이하의
   건축물에 한한다)
    가. 단독주택(다가구주택을 제외한다)
    나. 제1종 근린생활시설로서 해당용도에 쓰이는 바닥면적의 합계가 500㎡ 미만인 것
    다. 제2종 근린생활시설 중 종교집회장
    라. 「건축법 시행령」 [별표 1] 제5호의 문화 및 집회시설 중 동호 라목에 해당하는 것
    마. 종교시설
    바. 의료시설
    사. 교육연구시설 중 유치원·중학교·고등학교
    아. 노유자시설
    자. 위험물저장 및 처리시설 중 액화석유가스충전소 및 고압가스충전·저장소
    차. 동물 및 식물관련시설(동호 다목 및 라목에 해당하는 것을 제외한다)
    카. 하수 등 처리시설(공공하수처리시설만 해당한다)
    타. 묘지관련시설
    파. 장례시설
    하. 야영장 시설

15) 생산녹지지역 안에서 건축할 수 있는 건축물(영 [별표 16])

1. 건축할 수 있는 건축물(4층 이하의 건축물에 한한다. 다만, 4층 이하의 범위 안에서 도시·군계
   획조례로 따로 층수를 정하는 경우에는 그 층수 이하의 건축물에 한한다)
    가. 단독주택
    나. 제1종 근린생활시설
    다. 교육연구시설 중 유치원·초등학교
    라. 노유자시설
    마. 수련시설(야영장 시설을 포함한다)
    바. 운동시설 중 운동장
    사. 창고(농업·임업·축산업·수산업용만 해당한다)
    아. 위험물저장 및 처리시설 중 액화석유가스충전소 및 고압가스충전·저장소
    자. 「건축법 시행령」 [별표 1] 제21호의 동물 및 식물관련시설(동호 다목 및 라목에 해당하는
       것을 제외한다)
    차. 교정 및 국방·군사시설
    카. 방송통신시설
    타. 발전시설
2. 도시·군계획조례가 정하는 바에 의하여 건축할 수 있는 건축물(4층 이하의 건축물에 한한다.
   다만, 4층 이하의 범위 안에서 도시·군계획조례로 따로 층수를 정하는 경우에는 그 층수 이하의
   건축물에 한한다)
    가. 공동주택(아파트를 제외한다)
    나. 제2종 근린생활시설로서 해당용도에 쓰이는 바닥면적의 합계가 1,000㎡ 미만인 것(단란주
       점을 제외한다)

다. 「건축법 시행령」 [별표 1] 제5호의 문화 및 집회시설 중 동호 나목 및 라목에 해당하는 것
라. 판매시설(농업·임업·축산업·수산업용에 한한다)
마. 의료시설
바. 교육연구시설 중 중학교·고등학교·교육원(농업·임업·축산업·수산업과 관련된 교육시설로 한정한다)·직업훈련소 및 연구소(농업·임업·축산업·수산업과 관련된 연구소로 한정한다)
사. 운동시설(운동장을 제외한다)
아. 공장 중 도정공장·식품공장·제1차 산업생산품 가공공장 및 첨단업종의 공장(이하 "첨단업종의 공장"이라 한다)으로서 다음의 어느 하나에 해당하지 아니하는 것
  ① 특정대기유해물질이 기준 이상으로 배출되는 것
  ② 대기오염물질배출시설에 해당하는 시설로서 1종 사업장 내지 3종 사업장에 해당하는 것
  ③ 특정수질유해물질이 기준 이상으로 배출되는 것. 다만, 폐수무방류배출시설의 설치 허가를 받아 운영하는 경우를 제외한다.
  ④ 「물환경보전법」 제2제10호에 따른 폐수배출시설에 해당하는 시설로서 같은 법 시행령 [별표 13]에 따른 제1종 사업장부터 제4종 사업장까지 해당하는 것
  ⑤ 지정폐기물을 배출하는 것
자. 창고(농업·임업·축산업·수산업용으로 쓰는 것은 제외한다)
차. 위험물저장 및 처리시설(액화석유가스충전소 및 고압가스충전·저장소를 제외한다)
카. 「건축법 시행령」 [별표 1] 제20호의 자동차관련시설 중 동호 사목 및 아목에 해당하는 것
타. 「건축법 시행령」 [별표 1] 제21호의 동물 및 식물관련시설 중 동호 다목 및 라목에 해당하는 것
파. 자원순환 관련 시설
하. 묘지관련시설
거. 장례시설

16) 자연녹지지역 안에서 건축할 수 있는 건축물(영 [별표 17])

1. 건축할 수 있는 건축물(4층 이하의 건축물에 한한다. 다만, 4층 이하의 범위 안에서 도시·군계획조례로 따로 층수를 정하는 경우에는 그 층수 이하의 건축물에 한한다)
가. 단독주택
나. 제1종 근린생활시설
다. 「건축법 시행령」 [별표 1] 제4호의 제2종 근린생활시설[같은 호 아목, 자목, 더목 및 러목(안마시술소만 해당한다)은 제외한다]
라. 의료시설(종합병원·병원·치과병원 및 한방병원을 제외한다)
마. 교육연구시설(직업훈련소 및 학원을 제외한다)
바. 노유자시설
사. 수련시설(야영장 시설을 포함한다)
아. 운동시설
자. 창고(농업·임업·축산업·수산업용만 해당한다)
차. 동물 및 식물관련시설
카. 자원순환 관련 시설
타. 교정 및 국방·군사시설

　　파. 방송통신시설
　　하. 발전시설
　　거. 묘지관련시설
　　너. 관광휴게시설
　　더. 장례시설
2. 도시·군계획조례가 정하는 바에 의하여 건축할 수 있는 건축물(4층 이하의 건축물에 한한다.
　　다만, 4층 이하의 범위 안에서 도시·군계획조례로 따로 층수를 정하는 경우에는 그 층수 이하의
　　건축물에 한한다)
　　가. 공동주택(아파트를 제외한다)
　　나.「건축법 시행령」[별표 1] 제4호 아목·자목 및 러목(안마시술소만 해당한다)에 따른 제2종
　　　　근린생활시설
　　다. 문화 및 집회시설
　　라. 종교시설
　　마. 판매시설 중 다음의 어느 하나에 해당하는 것
　　　　① 농수산물공판장
　　　　② 농수산물직판장으로서 해당용도에 쓰이는 바닥면적의 합계가 1만㎡ 미만인 것(농업인·어
　　　　　　업인 및 생산자단체, 후계농어업경영인, 전업농어업인 또는 지방자치단체가 설치·운영
　　　　　　하는 것에 한한다)
　　　　③ 지식경제부장관이 관계중앙행정기관의 장과 협의하여 고시하는 대형할인점 및 중소기업
　　　　　　공동판매시설
　　바. 운수시설
　　사. 의료시설 중 종합병원·병원·치과병원 및 한방병원
　　아. 교육연구시설 중 직업훈련소 및 학원
　　자. 숙박시설로서 관광지 및 관광단지에 건축하는 것
　　차.「건축법 시행령」[별표 1] 제17호의 공장 중 다음의 어느 하나에 해당하는 것
　　　　① 첨단업종의 공장, 지식산업센터, 도정공장 및 식품공장과 읍·면지역에 건축하는 제재업의
　　　　　　공장으로서 [별표 16] 제2호 아목 ① 내지 ② 의 어느 하나에 해당하지 아니하는 것
　　　　②「공익사업을 위한 토지 등의 취득 및 보상에 관한 법률」에 따른 공익사업 및 「도시개발
　　　　　　법」에 따른 도시개발사업으로 해당 특별시·광역시·시 및 군 지역으로 이전하는 레미콘
　　　　　　또는 아스콘공장
　　카. 창고(농업·임업·축산업·수산업용으로 쓰는 것은 제외한다) 및 집배송시설
　　타. 위험물저장 및 처리시설
　　파. 자동차관련시설

17) 보전관리지역 안에서 건축할 수 있는 건축물(영 [별표 18])

1. 건축할 수 있는 건축물(4층 이하의 건축물에 한한다. 다만, 4층 이하의 범위 안에서 도시·군계
　　획조례로 따로 층수를 정하는 경우에는 그 층수 이하의 건축물에 한한다)
　　가. 단독주택
　　나. 교육연구시설 중 초등학교
　　다. 교정 및 국방·군사시설
2. 도시·군계획조례가 정하는 바에 의하여 건축할 수 있는 건축물(4층 이하의 건축물에 한한다.

다만, 4층 이하의 범위 안에서 도시·군계획조례로 따로 층수를 정하는 경우에는 그 층수 이하의 건축물에 한한다)

　가. 제1종 근린생활시설(휴게음식점 및 제과점을 제외한다)
　나. 「건축법 시행령」 [별표 1] 제4호의 제2종 근린생활시설(같은 호 아목, 자목, 너목 및 더목은 제외한다)
　다. 종교시설 중 종교집회장
　라. 의료시설
　마. 교육연구시설 중 유치원·중학교·고등학교
　바. 노유자시설
　사. 창고(농업·임업·축산업·수산업용만 해당한다)
　아. 위험물저장 및 처리시설
　자. 「건축법 시행령」 [별표 1] 제21호의 동물 및 식물관련시설 중 동호 가목 및 마목 내지 아목에 해당하는 것
　차. 하수 등 처리시설(공공하수처리시설만 해당한다)
　카. 방송통신시설
　타. 발전시설
　파. 「건축법 시행령」 [별표 1] 제26호의 묘지관련시설
　하. 「건축법 시행령」 [별표 1] 제28호의 장례시설
　거. 「건축법 시행령」 [별표 1] 제29호의 야영장 시설

18) 생산관리지역 안에서 건축할 수 있는 건축물(영 [별표 19])

1. 건축할 수 있는 건축물(4층 이하의 건축물에 한한다. 다만, 4층 이하의 범위 안에서 도시·군계획조례로 따로 층수를 정하는 경우에는 그 층수 이하의 건축물에 한한다)
　가. 단독주택
　나. 「건축법 시행령」 [별표 1] 제3호 가목, 사목(공중화장실, 대피소, 그 밖에 이와 비슷한 것만 해당한다) 및 아목에 따른 제1종 근린생활시설
　다. 교육연구시설 중 초등학교
　라. 운동시설 중 운동장
　마. 창고(농업·임업·축산업·수산업용만 해당한다)
　바. 「건축법 시행령」 [별표 1] 제21호의 동물 및 식물관련시설 중 동호 마목 내지 아목에 해당하는 것
　사. 교정 및 국방·군사시설
　아. 발전시설

2. 도시·군계획조례가 정하는 바에 의하여 건축할 수 있는 건축물(4층 이하의 건축물에 한한다. 다만, 4층 이하의 범위 안에서 도시·군계획조례로 따로 층수를 정하는 경우에는 그 층수 이하의 건축물에 한한다)
　가. 공동주택(아파트를 제외한다)
　나. 「건축법 시행령」 [별표 1] 제3호의 제1종 근린생활시설[같은 호 가목, 나목, 사목(공중화장실, 대피소, 그 밖에 이와 비슷한 것만 해당한다) 및 아목은 제외한다]
　다. 「건축법 시행령」 [별표 1] 제4호의 제2종 근린생활시설(같은 호 아목, 자목, 너목 및 더목은 제외한다)

라. 판매시설(농업·임업·축산업·수산업용에 한한다)

마. 의료시설

바. 교육연구시설 중 유치원·중학교·고등학교 및 교육원[농업·임업·축산업·수산업과 관련된 교육시설(농업인등이 농촌융복합산업지구 내에서 교육시설과 일반음식점, 휴게음식점 또는 제과점을 함께 설치하는 경우를 포함한다)에 한정한다]

사. 노유자시설

아. 수련시설(야영장 시설을 포함한다)

자. 「건축법 시행령」[별표 1] 제17호의 공장(동시행령 [별표 1] 제4호의 제2종 근린생활시설 중 제조업소를 포함한다) 중 도정공장 및 식품공장과 읍·면지역에 건축하는 제재업의 공장으로서 다음의 어느 하나에 해당하지 아니하는 것

 ① 특정대기유해물질이 기준 이상으로 배출되는 것

 ② 대기오염물질배출시설에 해당하는 시설로서 1종 사업장 내지 3종 사업장에 해당하는 것

 ③ 특정수질유해물질이 기준 이상으로 배출되는 것. 다만, 폐수무방류배출시설의 설치허가를 받아 운영하는 경우를 제외한다.

 ④ 폐수배출시설에 해당하는 시설로서 제1종 사업장부터 제4종 사업장까지 해당하는 것

차. 위험물저장 및 처리시설

카. 「건축법 시행령」[별표 1] 제20호의 자동차관련시설 중 동호 사목 및 아목에 해당하는 것

타. 「건축법 시행령」[별표 1] 제21호의 동물 및 식물관련시설 중 동호 가목 내지 라목에 해당하는 것

파. 자원순환 관련 시설

하. 방송통신시설

거. 묘지관련시설

너. 장례시설

19) 계획관리지역 안에서 건축할 수 없는 건축물(영 [별표 20])

1. 건축할 수 없는 건축물

가. 4층을 초과하는 모든 건축물

나. 공동주택 중 아파트

다. 제1종 근린생활시설 중 휴게음식점 및 제과점으로서 국토교통부령으로 정하는 기준에 해당하는 지역에 설치하는 것

라. 제2종 근린생활시설 중 일반음식점·휴게음식점·제과점으로서 국토교통부령으로 정하는 기준에 해당하는 지역에 설치하는 것과 단란주점

마. 판매시설(성장관리방안이 수립된 지역에 설치하는 판매시설로서 그 용도에 쓰이는 바닥면적의 합계가 3,000㎡ 미만인 경우는 제외한다)

바. 업무시설

사. 숙박시설로서 국토교통부령으로 정하는 기준에 해당하는 지역에 설치하는 것

아. 위락시설

자. 공장 중 다음의 어느 하나에 해당하는 것. 다만, 「공익사업을 위한 토지 등의 취득 및 보상에 관한 법률」에 따른 공익사업 및 「도시개발법」에 따른 도시개발사업으로 해당 특별시·광역시·특별자치시·특별자치도·시 또는 군의 관할구역으로 이전하는 레미콘 또는 아스콘 공장과 성장관리방안이 수립된 지역에 설치하는 공장(「대기환경보전법」, 「물환경보전법」, 「소음·진동관리법」 또는 「악취방지법」에 따른 배출시설의 설치 허가 또는 신고 대상이 아닌

공장으로 한정한다)은 제외한다.

(1) [별표 19] 제2호 자목 ①부터 ④까지에 해당하는 것. 다만, 인쇄·출판시설이나 사진 처리시설로서 「물환경보전법」 제2조 제8호에 따라 배출되는 특정수질유해물질을 전량 위탁처리하는 경우는 제외한다.

(2) 화학제품시설(석유정제시설을 포함한다). 다만, 다음의 어느 하나에 해당하는 시로서 폐수를 공공하수처리시설 또는 공공폐수처리시설로 전량 유입하여 처리하거나 전량 재 이용 또는 전량 위탁처리하는 경우는 제외한다.

 (가) 물, 용제류 등 액체성 물질을 사용하지 않고 제품의 성분이 용해·용출되는 공정 이 없는 고체성 화학제품 제조시설

 (나) 유기농화장품 제조시설

 (다) 천연식물보호제 제조시설

 (라) 유기농어업자재 제조시설

 (마) 동·식물 등 생물을 기원으로 하는 산물(이하 "천연물"이라 한다)에서 추출된 재 료를 사용하는 다음의 시설 [대기오염물질배출시설 중 반응시설, 정제시설(분리· 증류·추출·여과 시설을 포함한다), 용융·용해시설 및 농축시설을 설치하지 않는 경우로서 폐수의 1일 최대 배출량이 20m³(20,000ℓ) 이하인 제조시설로 한정한 다]

 1) 비누 및 세제 제조시설

 2) 공중위생용 해충 구제제 제조시설(밀폐된 단순 혼합공정만 있는 제조시설로 서 특별시장·광역시장·특별자치시장·특별자치도지사·시장 또는 군수가 해 당 지방도시계획위원회의 심의를 거쳐 인근의 주거환경 등에 미치는 영향이 적다고 인정하는 시설로 한정한다)

(3) 제1차 금속, 가공금속제품 및 기계장비 제조시설 중 폐유기용제류를 발생시키는 것

(4) 가죽 및 모피를 물 또는 화학약품을 사용하여 저장하거나 가공하는 것

(5) 섬유제조시설 중 감량·정련·표백 및 염색 시설. 다만, 다음의 기준을 모두 충족하는 염색시설은 제외한다.

 (가) 천연물에서 추출되는 염료만을 사용할 것

 (나) 대기오염물질 배출시설 중 표백시설, 정련시설이 없는 경우로서 금속성 매염제를 사용하지 않을 것

 (다) 폐수의 1일 최대 배출량이 20m³(20,000ℓ) 이하일 것

 (라) 폐수를 공공하수처리시설 또는 공공폐수처리시설로 전량 유입하여 처리하거나 전 량 재이용 또는 전량 위탁처리할 것

(6) 자연보전권역 외의 지역 및 특별대책지역 외의 지역의 사업장 중 폐기물처리업 허가를 받은 사업장. 다만, 폐기물 중간·최종·종합재활용업으로서 특정수질유해물질이 기준 미만으로 배출되는 경우는 제외한다.

(7) 자연보전권역 및 특별대책지역에 설치되는 부지면적(둘 이상의 공장을 함께 건축하거 나 기존 공장부지에 접하여 건축하는 경우와 둘 이상의 부지가 너비 8m미만의 도로에 서로 접하는 경우에는 그 면적의 합계를 말한다) 1만㎡ 미만의 것. 다만, 특별시장· 광역시장·특별자치시장·특별자치도지사·시장 또는 군수가 1만 5천㎡ 이상의 면적을 정하여 공장의 건축이 가능한 지역으로 고시한 지역 안에 입지하는 경우나 자연보전권 역 또는 특별대책지역에 준공되어 운영 중인 공장 또는 제조업소는 제외한다.

2. 지역 여건 등을 고려하여 도시·군계획조례로 정하는 바에 따라 건축할 수 없는 건축물

 가. 4층 이하의 범위에서 도시·군계획조례로 따로 정한 층수를 초과하는 모든 건축물

 나. 공동주택(제1호 나목에 해당하는 것은 제외한다)

다. 「건축법 시행령」 [별표 1] 제4호 아목, 자목, 너목 및 러목(안마시술소만 해당한다)에 따른 제2종 근린생활시설
라. 「건축법 시행령」 [별표 1] 제4호의 제2종 근린생활시설 중 일반음식점·휴게음식점·제과점으로서 도시·군계획조례로 정하는 지역에 설치하는 것과 안마시술소 및 같은 호 너목에 해당하는 것
마. 문화 및 집회시설
바. 종교시설
사. 운수시설
아. 의료시설 중 종합병원·병원·치과병원 및 한방병원
자. 「건축법 시행령」 [별표 1] 제10호의 교육연구시설 중 같은 호 다목부터 마목까지에 해당하는 것
차. 운동시설(운동장은 제외한다)
카. 숙박시설로서 도시·군계획조례로 정하는 지역에 설치하는 것
타. 공장 중 다음의 어느 하나에 해당하는 것
① 자연보전권역 외의 지역 및 특별대책지역 외의 지역에 설치되는 경우(제1호 자목에 해당하는 것은 제외한다)
② 자연보전권역 및 특별대책지역에 설치되는 것으로서 제1호 자목 (7)에 해당하지 아니하는 경우
③ 공익사업 및 도시개발사업으로 해당 특별시·광역시·특별자치시·특별자치도·시 또는 군의 관할구역으로 이전하는 레미콘 또는 아스콘 공장
파. 창고시설(창고 중 농업·임업·축산업·수산업용으로 쓰는 것은 제외한다)
하. 위험물 저장 및 처리 시설
거. 자동차 관련 시설
너. 관광 휴게시설

20) 농림지역 안에서 건축할 수 있는 건축물(영 [별표 21])

1. 건축할 수 있는 건축물
가. 단독주택으로서 현저한 자연훼손을 가져오지 아니하는 범위 안에서 건축하는 농어가주택
나. 「건축법 시행령」 [별표 1] 제3호 사목(공중화장실, 대피소, 그 밖에 이와 비슷한 것만 해당한다) 및 아목에 따른 제1종 근린생활시설
다. 교육연구시설 중 초등학교
라. 창고(농업·임업·축산업·수산업용만 해당한다)
마. 「건축법 시행령」 [별표 1] 제21호의 동물 및 식물관련시설 중 동호 마목 내지 아목에 해당하는 것
바. 발전시설
2. 도시·군계획조례가 정하는 바에 의하여 건축할 수 있는 건축물
가. 「건축법 시행령」 [별표 1] 제3호의 제1종 근린생활시설[같은 호 나목, 사목(공중화장실, 대피소, 그 밖에 이와 비슷한 것만 해당한다) 및 아목은 제외한다]
나. 「건축법 시행령」 [별표 1] 제4호의 제2종 근린생활시설[같은 호 아목, 자목, 너목, 더목 및 러목(안마시술소만 해당한다)은 제외한다]
다. 문화 및 집회시설 중 동호 마목에 해당하는 것
라. 종교시설

마. 의료시설
바. 수련시설(야영장 시설을 포함한다)
사. 위험물저장 및 처리시설 중 액화석유가스충전소 및 고압가스충전·저장소
아. 「건축법 시행령」[별표 1] 제21호의 동물 및 식물관련시설(동호 마목 내지 아목에 해당하는 것을 제외한다)
자. 자원순환 관련 시설
차. 교정 및 국방·군사시설
카. 방송통신시설
타. 묘지관련시설
파. 장례시설

21) 자연환경보전지역 안에서 건축할 수 있는 건축물(영 [별표 22])

1. 건축할 수 있는 건축물
   가. 단독주택으로서 현저한 자연훼손을 가져오지 아니하는 범위 안에서 건축하는 농어가주택
   나. 교육연구시설 중 초등학교
2. 도시·군계획조례가 정하는 바에 의하여 건축할 수 있는 건축물(수질오염 및 경관 훼손의 우려가 없다고 인정하여 도시·군계획조례가 정하는 지역 내에서 건축하는 것에 한한다)
   가. 「건축법 시행령」[별표 1] 제3호의 제1종 근린생활시설 중 같은 호 가목, 바목, 사목(지역아동센터는 제외한다) 및 아목에 해당하는 것
   나. 제2종 근린생활시설 중 종교집회장으로서 지목이 종교용지인 토지에 건축하는 것
   다. 종교시설로서 지목이 종교용지인 토지에 건축하는 것
   라. 「건축법 시행령」[별표 1] 제21호의 동물 및 식물관련시설 중 동호 마목 내지 아목에 해당하는 것과 양어시설(양식장을 포함한다)
   마. 하수 등 처리시설(공공하수처리시설만 해당한다)
   바. 국방·군사시설 중 관할 시장·군수 또는 구청장이 입지의 불가피성을 인정한 범위에서 건축하는 시설
   사. 발전시설
   아. 묘지관련시설

(2) 용도지역 내 용도제한

건축제한을 적용함에 있어서 건축물의 용도는 「건축법」에 따르고, 부속건축물에 대하여는 주된 건축물에 대한 건축제한에 의한다(영 제71조 제2항).

(3) 용도지역 안에서의 규모제한

1) 건폐율 및 용적률
① 건폐율의 정의와 규제목적
'건폐율'이란 대지면적에 대한 건축면적(대지에 2 이상의 건축물이 있는 경우, 이들 건

축면적의 합) 비율의 최대한도 비율을 말하며, 건폐율의 최대한도는 이 법에 의한 건폐율의 기준(법 제77조)에 따르나, 건축법에서 그 기준을 완화 또는 강화 적용하도록 하는 규정이 있는 경우에는 그에 따르도록 한다(건축법 제55조).

$$건폐율 = \frac{건축면적}{대지면적} \times 100(\%)$$

건폐율을 규제하는 목적은 ① 대지단위로 최소한도의 공지를 확보함으로써 시가지 건축물의 무질서한 과밀 방지하고 이에 따른 채광, 통풍, 일조 등을 확보하고, ② 화재시 연소의 차단, 환기, 피난 및 식목을 위한 공간확보, 소화작업 등을 위한 평면적 건축규모의 제한하기 위함이다.

② 용적률의 정의와 규제목적

'용적률'이란 대지면적에 대한 건축물의 연면적(대지 내에 2 이상의 건축물이 있는 경우는 이를 연면적의 합) 비율의 최대한도를 말한다. 용적률 산정 시, 연면적에는 지하층면적, 지상부속용 주차장 면적, 주민공동시설의 면적 및 초고층 건축물의 피난안전구역의 면적을 제외한다.

$$용적률 = \frac{연면적}{대지면적} \times 100(\%)$$

용적률은 ① 대지 안의 밀도를 제한함으로써 도시공간의 전체적인 공간밀도를 조절하고, ② 건폐율과 결합하여 건축물의 높이까지 간접적으로 규제함으로써 입체적 건축규모를 제한하기 위하여 규제한다.

2) 건폐율 및 용적률의 지정 기준

① 3단계 지정(법률 ⇨ 대통령령 ⇨ 도시계획조례)

㉠ 용도지역 안에서의 건폐율 : 용도지역에서 건폐율의 최대한도는 관할 구역의 면적과 인구 규모, 용도지역의 특성 등을 고려하여 다음 각 호의 범위에서 대통령령으로 정하는 기준(영 제84조 제1항·제2항)에 따라 특별시·광역시·특별자치시·특별자치도·시 또는 군의 조례로 정한다(법 제77조 제1항).

㉡ 용도지역 안에서의 용적률 : 지정된 용도지역에서 용적률의 최대한도는 관할

구역의 면적과 인구 규모, 용도지역의 특성 등을 고려하여 다음 각 호의 범위에서 대통령령으로 정하는 기준(영 제85조 제1항)에 따라 특별시·광역시·특별자치시·특별자치도·시 또는 군의 조례로 정한다(법 제78조 제1항).

용도지역		건 폐 율	용 적 률
도시지역	주거지역	70퍼센트 이하	500퍼센트 이하
	상업지역	90퍼센트 이하	1,500퍼센트 이하
	공업지역	70퍼센트 이하	400퍼센트 이하
	농업지역	20퍼센트 이하	100퍼센트 이하
관리지역	보전관리지역	20퍼센트 이하	80퍼센트 이하
	생산관리지역	20퍼센트 이하	80퍼센트 이하
	계획관리지역	40퍼센트 이하	100퍼센트 이하
농림지역		20퍼센트 이하	80퍼센트 이하
자연환경보전지역		20퍼센트 이하	80퍼센트 이하

② 대통령령에서 지정한 건폐율 및 용적률

건폐율 및 용적률은 다음의 범위 안에서 관할구역의 면적, 인구규모 및 용도지역의 특성 등을 감안하여 특별시·광역시·특별자치시·특별자치도·시 또는 군의 도시·군계획조례가 정하는 비율을 초과하여서는 아니된다(영 제84조 제1항, 영 제85조 제1항). 또한 세분된 용도지역 안에서의 건폐율(법 제77조 제2항) 및 용적률(법 제78조 제2항)에 관한 기준은 법률에서 지정한 기준의 범위 안에서 대통령령으로 따로 정한다.

용도지역			건폐율	용적률
도시지역	주거지역	제1종 전용주거지역	50퍼센트 이하	50퍼센트 이상 100퍼센트 이하
		제2종 전용주거지역	50퍼센트 이하	50퍼센트 이상 150퍼센트 이하
		제1종 일반주거지역	60퍼센트 이하	100퍼센트 이상 200퍼센트 이하
		제2종 일반주거지역	60퍼센트 이하	150퍼센트 이상 250퍼센트 이하
		제3종 일반주거지역	50퍼센트 이하	100퍼센트 이상 300퍼센트 이하
		준주거지역	70퍼센트 이하	200퍼센트 이상 500퍼센트 이하
	상업지역	근린상업지역	70퍼센트 이하	200퍼센트 이상 900퍼센트 이하
		유통상업지역	80퍼센트 이하	200퍼센트 이상 1,100퍼센트 이하
		일반상업지역	80퍼센트 이하	200퍼센트 이상 1,300퍼센트 이하

	중심상업지역	90퍼센트 이하	200퍼센트 이상 1,500퍼센트 이하
공업지역	전용공업지역	70퍼센트 이하	150퍼센트 이상 300퍼센트 이하
	일반공업지역		150퍼센트 이상 350퍼센트 이하
	준공업지역		150퍼센트 이상 400퍼센트 이하
녹지지역	보전녹지지역	20퍼센트 이하	50퍼센트 이상 80퍼센트 이하
	자연녹지지역		50퍼센트 이상 100퍼센트 이하
	생산녹지지역		50퍼센트 이상 100퍼센트 이하
관리지역	보전관리지역	20퍼센트 이하	50퍼센트 이상 80퍼센트 이하
	생산관리지역	20퍼센트 이하	50퍼센트 이상 80퍼센트 이하
	계획관리지역	40퍼센트 이하	50퍼센트 이상 100퍼센트 이하
농림지역		20퍼센트 이하	50퍼센트 이상 80퍼센트 이하
자연환경보전지역		20퍼센트 이하	50퍼센트 이상 80퍼센트 이하

3) 건폐율 및 용적률의 별도규정

① 건폐율

다음의 어느 하나에 해당하는 지역 안에서의 건폐율은 각 호에서 정한 범위에서 특별시·광역시·특별자치시·특별자치도·시 또는 군의 도시·군계획 조례로 정하는 비율을 초과하여서는 아니 된다(영 제84조 제4항).

② 용적률

다음의 어느 하나에 해당하는 지역 안에서의 용적률은 각 호에서 정한 범위 안에서 특별시·광역시·특별자치시·특별자치도·시 또는 군의 도시·군계획 조례가 정하는 비율을 초과하여서는 아니 된다(영 제85조 제6항).

별도규정 지역		건 폐 율	용 적 률
취락지구 ※ 집단취락지구에 대하여는 「개발제한구역의지정및관리에관한특별조치법령」이 정하는 바에 따름		60퍼센트 이하	80퍼센트 이하
개발진흥지구	도시지역 외	40퍼센트 이하	100퍼센트 이하
	자연녹지지역	30퍼센트 이하	별도규정 없음
수자원보호구역		40퍼센트 이하	80퍼센트 이하
자연공원		60퍼센트 이하	100퍼센트 이하

농공단지	70퍼센트 이하	150퍼센트 이하 ※ 도시지역 외의 지역에 지정된 농공단지에 한함.
공업지역에 있는 「산업입지 및 개발에 관한 법률」 제2조 제8호 가목부터 다목 까지의 규정에 따른 국가산업단지·일반산업 단지·도시첨단산업단지 및 같은 조 제12호에 따른 준산업단지	80퍼센트 이하	별도규정 없음

건폐율 및 용적률은 위 지정 기준에 불구하고 건폐율은 80퍼센트 이하, 용적률은 200퍼센트 이하의 범위에서 대통령령이 정하는 기준에 따라 특별시·광역시·특별자치시·특별자치도·시 또는 군의 조례로 따로 정한다(법 제77조 제3항, 법 제78조 제3항).

3. 용도지구 안에서의 행위제한

용도지구 안에서의 건축물 그 밖의 시설의 용도·종류 및 규모 등의 제한에 관한 사항은 이 법 또는 다른 법률에 특별한 규정이 있는 경우를 제외하고는 대통령령이 정하는 기준에 따라 원칙적으로 특별시·광역시·시 또는 군의 조례로 정할 수 있다(법 제76조 제2항).

(1) 경관지구 안에서의 건축제한

경관지구 안에서는 그 지구의 경관의 보호·형성에 장애가 된다고 인정하여 도시·군계획 조례가 정하는 건축물을 건축할 수 없다. 다만, 특별시장·광역시장·특별자치시장·특별자치도지사·시장 또는 군수가 지구의 지정목적에 위배되지 아니하는 범위 안에서 도시·군계획 조례가 정하는 기준에 적합하다고 인정하여 당해 지방자치단체에 설치된 도시계획위원회의 심의를 거친 경우에는 그러하지 아니하다(영 제72조 제1항).

경관지구 안에서의 건축물의 건폐율·용적률·높이·최대너비·색채 및 대지안의 조경 등에 관하여는 그 지구의 경관의 보호·형성에 필요한 범위 안에서 도시·군계획 조례로 정한다(영 제72조 제2항).

(2) 고도지구 안에서의 건축제한

고도지구 안에서는 도시·군관리 계획으로 정하는 높이를 초과하거나 미달하는 건축물을 건축할 수 없다(영 제74조).

(3) 방재지구 안에서의 건축제한

방재지구 안에서는 풍수해·산사태·지반붕괴·지진 그 밖에 재해예방에 장애가 된다고 인정하여 도시·군계획 조례가 정하는 건축물을 건축할 수 없다. 다만, 특별시장·광역시장·특별자치시장·특별자치도지사·시장 또는 군수가 지구의 지정목적에 위배되지 아니하는 범위 안에서 도시·군계획 조례가 정하는 기준에 적합하다고 인정하여 당해 지방자치단체에 설치된 도시계획위원회의 심의를 거친 경우에는 그러하지 아니하다(영 제75조).

(4) 보호지구 안에서의 건축제한

보호지구 안에서는 다음 각호의 구분에 따른 건축물에 한하여 건축할 수 있다. 다만, 특별시장·광역시장·특별자치시장·특별자치도지사·시장 또는 군수가 지구의 지정목적에 위배되지 아니하는 범위안에서 도시·군계획조례가 정하는 기준에 적합하다고 인정하여 관계 행정기관의 장과의 협의 및 당해 지방자치단체에 설치된 도시계획위원회의 심의를 거친 경우에는 그러하지 아니하다(영 제76조).

---

1. 역사문화환경보호지구 : 「문화재보호법」의 적용을 받는 문화재를 직접 관리·보호하기 위한 건축물과 문화적으로 보존가치가 큰 지역의 보호 및 보존을 저해하지 아니하는 건축물로서 도시·군계획조례가 정하는 것
2. 중요시설물보호지구 : 중요시설물의 보호와 기능 수행에 장애가 되지 아니하는 건축물로서 도시·군계획조례가 정하는 것. 이 경우 제31조 제3항에 따라 공항시설에 관한 보호지구를 세분하여 지정하려는 경우에는 공항시설을 보호하고 항공기의 이·착륙에 장애가 되지 아니하는 범위에서 건축물의 용도 및 형태 등에 관한 건축제한을 포함하여 정할 수 있다.
3. 생태계보호지구 : 생태적으로 보존가치가 큰 지역의 보호 및 보존을 저해하지 아니하는 건축물로서 도시·군계획조례가 정하는 것

(5) 취락지구 안에서의 건축제한

자연취락지구 안에서 건축할 수 있는 건축물은 4층 이하의 건축물(다만, 4층 이하의 범위 안에서 도시·군계획조례로 따로 층수를 정하는 경우에는 그 층수 이하의 건축물에 한한다)로서 단독주택, 제1종 근린생활시설, 제2종 근린생활시설, 운동시설, 농업·임업·축산업·수산업용에 해당하는 창고, 동물 및 식물관련시설, 교정 및 국방·군사시설, 방송통신시설, 발전시설 등(영 [별표 23] 참조)이 이에 해당한다(영 제78조 제1항). 또한, 집단취락지구 안에서의 건축제한에 관하여는 개발제한구역의 지정 및 관리에 관한 특별조치법령이 정하는 바에 의한다(영 제78조 제2항).

(6) 개발진흥지구에서의 건축제한

법 제76조 제5항 제1호의2에 따라 지구단위계획 또는 관계 법률에 따른 개발계획을 수립하는 개발진흥지구에서는 지구단위계획 또는 관계 법률에 따른 개발계획에 위반하여 건축물을 건축할 수 없으며, 지구단위계획 또는 개발계획이 수립되기 전에는 개발진흥지구의 계획적 개발에 위배되지 아니하는 범위에서 도시·군계획조례로 정하는 건축물을 건축할 수 있다(영 제79조 제1항).

반면에 법 제76조 제5항 제1호의2에 따라 지구단위계획 또는 관계 법률에 따른 개발계획을 수립하지 아니하는 개발진흥지구에서는 해당 용도지역에서 허용되는 건축물을 건축할 수 있다(영 제79조 제2항).

또한 위의 제2항에도 불구하고 산업·유통개발진흥지구에서는 해당 용도지역에서 허용되는 건축물 외에 해당 지구계획(해당 지구의 토지이용, 기반시설 설치 및 환경오염 방지 등에 관한 계획을 말한다)에 따라 다음 각 호의 구분에 따른 요건을 갖춘 건축물 중 도시·군계획조례로 정하는 건축물을 건축할 수 있다(영 제79조 제3항).

---

1. 계획관리지역 : 계획관리지역에서 건축이 허용되지 아니하는 공장 중 다음 각 목의 요건을 모두 갖춘 것
    가. 「대기환경보전법」, 「수질 및 수생태계 보전에 관한 법률」 또는 「소음·진동관리법」에 따른 배출시설의 설치 허가·신고 대상이 아닐 것
    나. 「악취방지법」에 따른 배출시설이 없을 것
    다. 「산업집적활성화 및 공장설립에 관한 법률」 제9조 제1항 또는 제13조 제1항에 따른 공장설립 가능 여부의 확인 또는 공장설립등의 승인에 필요한 서류를 갖추어 법 제30조 제1항에

따라 관계 행정기관의 장과 미리 협의하였을 것
2. 자연녹지지역·생산관리지역 또는 보전관리지역 : 해당 용도지역에서 건축이 허용되지 아니하는 공장 중 다음 각 목의 요건을 모두 갖춘 것
　가. 산업·유통개발진흥지구 지정 전에 계획관리지역에 설치된 기존 공장이 인접한 용도지역의 토지로 확장하여 설치하는 공장일 것
　나. 해당 용도지역에 확장하여 설치되는 공장부지의 규모가 3,000㎡ 이하일 것. 다만, 해당 용도지역 내에 기반시설이 설치되어 있거나 기반시설의 설치에 필요한 용지의 확보가 충분하고 주변지역의 환경오염·환경훼손 우려가 없는 경우로서 도시계획위원회의 심의를 거친 경우에는 5,000㎡까지로 할 수 있다.

4. 용도구역 안에서의 행위제한

(1) 개발제한구역 안에서의 행위제한 등

개발제한구역에서의 행위제한이나 그 밖에 개발제한구역의 관리에 필요한 사항은 따로 법률로 정한다(법 제80조).

(2) 도시자연공원구역 안에서의 행위제한 등

도시자연공원구역에서의 행위제한 등 도시자연공원구역의 관리에 필요한 사항은 따로 법률로 정한다(법 제80조의2).

(3) 시가화조정구역 안에서의 행위제한 등

1) 도시·군계획사업의 시행
지정된 시가화조정구역에서의 도시·군계획사업은 대통령령으로 정하는 사업만 시행할 수 있으며(법 제81조 제1항), 여기서 "대통령령이 정하는 사업"이라 함은 국방상 또는 공익상 시가화조정구역안에서의 사업시행이 불가피한 것으로서 관계 중앙행정기관의 장의 요청에 의하여 국토교통부장관이 시가화조정구역의 지정목적달성에 지장이 없다고 인정하는 도시·군계획사업을 말한다(영 제87조).

2) 개발행위의 제한
시가화조정구역 안에서는 개발행위의 허가(법 제56조) 및 용도지역 및 용도지구 안에서의 건축물의 건축제한(법 제76조)의 규정에 불구하고 위 1)의 도시·군계획사업에 의하는 경우를 제외하고는 다음에 해당하는 행위에 한하여 특별시장·광역시장·특별자

치시장·특별자치도지사·시장 또는 군수의 허가를 받아 그 행위를 할 수 있다(법 제81조
제2항, 영 제88조, 영 [별표 24]).

〈시가화조정구역 안에서 할 수 있는 행위(영 [별표 24])〉

1. 법 제81조 제2항 제1호의 규정에 의하여 할 수 있는 행위 : 농업·임업 또는 어업을 영위하는
   자가 행하는 다음 각목의 1에 해당하는 건축물 그 밖의 시설의 건축
   가. 축사
   나. 퇴비사
   다. 잠실
   라. 창고(저장 및 보관시설을 포함한다)
   마. 생산시설(단순가공시설을 포함한다)
   바. 관리용건축물로서 기존 관리용건축물의 면적을 포함하여 33㎡ 이하인 것
   사. 양어장
2. 법 제81조 제2항 제2호의 규정에 의하여 할 수 있는 행위
   가. 주택 및 그 부속건축물의 건축으로서 다음의 1에 해당하는 행위
      (1) 주택의 증축(기존주택의 면적을 포함하여 100㎡ 이하에 해당하는 면적의 증축을 말한다)
      (2) 부속건축물의 건축(주택 또는 이에 준하는 건축물에 부속되는 것에 한하되, 기존건축물
          의 면적을 포함하여 33㎡ 이하에 해당하는 면적의 신축·증축·재축 또는 대수선을 말한다)
   나. 마을공동시설의 설치로서 다음의 1에 해당하는 행위
      (1) 농로·제방 및 사방시설의 설치
      (2) 새마을회관의 설치
      (3) 기존정미소(개인소유의 것을 포함한다)의 증축 및 이축(시가화조정구역의 인접지에서
          시행하는 공공사업으로 인하여 시가화조정구역안으로 이전하는 경우를 포함한다)
      (4) 정자 등 간이휴게소의 설치
      (5) 농기계수리소 및 농기계용 유류판매소(개인소유의 것을 포함한다)의 설치
      (6) 선착장 및 물양장의 설치
   다. 공익시설·공용시설 및 공공시설 등의 설치로서 다음의 1에 해당하는 행위
      (1) 공익사업을위한토지등의취득및보상에관한법률 제4조에 해당하는 공익사업을 위한 시설
          의 설치
      (2) 문화재의 복원과 문화재관리용 건축물의 설치
      (3) 보건소·경찰파출소·119안전센터·우체국 및 읍·면·동사무소의 설치
      (4) 공공도서관·전신전화국·직업훈련소·연구소·양수장·초소·대피소 및 공중화장실과 예
          비군운영에 필요한 시설의 설치
      (5) 농업협동조합법에 의한 조합, 산림조합 및 수산업협동조합(어촌계를 포함한다)의 공동
          구판장·하치장 및 창고의 설치
      (6) 사회복지시설의 설치
      (7) 환경오염방지시설의 설치
      (8) 교정시설의 설치
      (9) 야외음악당 및 야외극장의 설치
   라. 광공업 등을 위한 건축물 및 공작물의 설치로서 다음의 1에 해당하는 행위
      (1) 시가화조정구역 지정당시 이미 외국인투자기업이 경영하는 공장, 수출품의 생산 및 가공
          공장, 중소기업협동화실천계획의 승인을 얻어 설립된 공장 그 밖에 수출진흥과 경제발전

에 현저히 기여할 수 있는 공장의 증축(증축면적은 기존시설 연면적의 100퍼센트에 해당하는 면적 이하로 하되, 증축을 위한 토지의 형질변경은 증축할 건축물의 바닥면적의 200퍼센트를 초과할 수 없다)과 부대시설의 설치
- (2) 시가화조정구역 지정당시 이미 관계법령의 규정에 의하여 설치된 공장의 부대시설의 설치(새로운 대지조성은 허용되지 아니하며, 기존공장 부지안에서의 건축에 한한다)
- (3) 시가화조정구역 지정당시 이미 광업법에 의하여 설정된 광업권의 대상이 되는 광물의 개발에 필요한 가설건축물 또는 공작물의 설치
- (4) 토석의 채취에 필요한 가설건축물 또는 공작물의 설치
- 마. 기존 건축물의 동일한 용도 및 규모안에서의 개축·재축 및 대수선
- 바. 시가화조정구역안에서 허용되는 건축물의 건축 또는 공작물의 설치를 위한 공사용 가설건축물과 그 공사에 소요되는 블록·시멘트벽돌·쇄석·레미콘 및 아스콘 등을 생산하는 가설공작물의 설치
- 사. 다음의 1에 해당하는 용도변경행위
  - (1) 관계법령에 의하여 적법하게 건축된 건축물의 용도를 시가화조정구역안에서의 신축이 허용되는 건축물로 변경하는 행위
  - (2) 공장의 업종변경(오염물질 등의 배출이나 공해의 정도가 변경전의 수준을 초과하지 아니하는 경우에 한한다)
  - (3) 공장·주택 등 시가화조정구역안에서의 신축이 금지된 시설의 용도를 근린생활시설(수퍼마켓·일용품소매점·취사용가스판매점·일반음식점·다과점·다방·이용원·미용원·세탁소·목욕탕·사진관·목공소·의원·약국·접골시술소·안마시술소·침구시술소·조산소·동물병원·기원·당구장·장의사·탁구장 등 간이운동시설 및 간이수리점에 한한다) 또는 종교시설로 변경하는 행위
- 아. 종교시설의 증축(새로운 대지조성은 허용되지 아니하며, 증축면적은 시가화조정구역 지정당시의 종교시설 연면적의 200퍼센트를 초과할 수 없다)
3. 법 제81조 제2항 제3호의 규정에 의하여 할 수 있는 행위
- 가. 입목의 벌채, 조림, 육림, 토석의 채취
- 나. 다음의 1에 해당하는 토지의 형질변경
  - (1) 제1호 및 제2호의 규정에 의한 건축물의 건축 또는 공작물의 설치를 위한 토지의 형질변경
  - (2) 공익사업을위한토지등의취득및보상에관한법률 제4조에 해당하는 공익사업을 수행하기 위한 토지의 형질변경
  - (3) 농업·임업 및 어업을 위한 개간과 축산을 위한 초지조성을 목적으로 하는 토지의 형질변경
  - (4) 시가화조정구역 지정당시 이미 광업법에 의하여 설정된 광업권의 대상이 되는 광물의 개발을 위한 토지의 형질변경
- 다. 토지의 합병 및 분할

(4) 수산자원보호구역 안에서의 행위제한 등

수산자원보호구역 안에서의 건축제한에 관하여는 수산자원관리법에서 정하는 바에 의한다(영 제83조 제3항 제4호).

(5) 입지규제최소구역에서의 행위제한 등

입지규제최소구역에서의 행위 제한은 용도지역 및 용도지구에서의 토지의 이용 및 건축물의 용도·건폐율·용적률·높이 등에 대한 제한을 강화하거나 완화하여 따로 입지규제최소구역계획으로 정한다(법 제80조의3).

5. 용도지역·지구·구역 안에서의 행위제한의 특례

(1) 도시지역에서의 다른 법률의 적용배제

도시지역에 대하여는 다음 호의 법률규정을 적용하지 아니한다(법 제83조).

---

1. 도로법 제40조에 따른 접도구역제도
2. 농지법 제8조에 따른 농지취득자격증명(다만, 녹지지역의 농지로서 도시·군계획시설 사업에 필요하지 아니한 농지에 대하여는 그러하지 아니하다.)

---

(2) 둘 이상의 용도지역·용도지구·용도구역에 걸치는 대지에 대한 적용기준

1) 원칙

하나의 대지가 둘 이상의 용도지역·용도지구 또는 용도구역에 걸치는 경우로서 해당 대지 중 각 용도지역 등에 걸치는 부분 중 가장 작은 부분의 규모가 대통령령으로 정하는 규모 이하(330㎡ 이하)인 경우에는 전체 대지의 건폐율 및 용적률은 각 부분이 전체 대지 면적에서 차지하는 비율을 고려하여 각 용도지역 등별 건폐율 및 용적률을 가중 평균한 값을 적용하고, 그 밖의 건축 제한 등에 관한 사항은 그 대지 중 가장 넓은 면적이 속하는 용도지역 등에 관한 규정을 적용한다(법 제84조 제1항).

법 제84조 제1항에서 "대통령령으로 정하는 규모"라 함은 330㎡를 말한다. 다만, 도로변에 띠 모양으로 지정된 상업지역에 걸쳐 있는 토지의 경우에는 660㎡를 말한다(영 제94조).

2) 특례

① 고도지구에 걸쳐 있는 경우

건축물이 고도지구에 걸쳐 있는 경우에는 그 건축물 및 대지의 전부에 대하여 고도지구의 건축물 및 대지에 관한 규정을 적용한다(법 제84조 제1항 단서).

② 방화지구에 걸치는 경우

하나의 건축물이 방화지구와 그 밖의 용도지역·용도지구 또는 용도구역에 걸쳐 있는 경우에는 그 전부에 대하여 방화지구의 건축물에 관한 규정을 적용한다(법 제84조 제2항).

다만, 그 건축물이 있는 방화지구와 그 밖의 용도지역·용도지구 또는 용도구역의 경계가 방화벽으로 구획되는 경우 그 밖의 용도지역·용도지구 또는 용도구역에 있는 부분에 대하여는 그러하지 아니하다(법 제84조 제2항 단서).

③ 녹지지역에 걸치는 경우 특례

하나의 대지가 녹지지역과 그 밖의 용도지역·용도지구 또는 용도구역에 걸쳐 있는 경우에는 각각의 용도지역·용도지구 또는 용도구역의 건축물 및 토지에 관한 규정을 적용한다(법 제84조 제3항). 다만, 녹지지역의 건축물이 고도지구 또는 방화지구에 걸쳐 있는 경우에는 고도지구 또는 방화지구 규정에 의한다(법 제84조 제3항 단서).

제 5 장

개발행위의 허가 등

제 1 절 개발행위의 허가

1. 개발행위의 허가대상 등

(1) 개발행위의 의의

개발행위의 허가란 도시·군계획사업에 의하지 아니하고 개발할 때에는 허가를 받아야 함을 말한다. 예를 들어 개인이 건축물을 건축한다거나 토지형질을 변경하는 행위를 할 때에는 시장, 군수의 허가를 받아서 하도록 하는 것이다.

도시·군 계획사업에 따라 시가지로 개발하는 것이 원칙이고, 개인이 토지이용에 관련한 개발행위에 따라 개발할 경우에는 도시·군 계획사업이 아닌 한 특별시장, 광역시장, 특별자치시장, 특별자치도지사, 시장, 군수의 허가를 받아야 한다.

이와 같이 도시·군 계획사업 이외의 방법으로 개발을 할 때에는 허가를 받아 개발하게 하는 것은 무계획적, 무질서한 개발과 같은 난개발로 인한 부작용을 예방, 완화하려는 데 있는 것이다.

(2) 허가대상

다음의 어느 하나에 해당하는 행위로서 대통령령이 정하는 행위(이하 "개발행위")를 하고자 하는 자는 특별시장·광역시장·특별자치시장·특별자치도지사·시장 또는 군수의 허가(이하 "개발행위")를 받아야 한다. 다만, 도시·군계획사업에 의한 행위는 그러하지 아니하다(법 제56조 제1항, 영 제51조).

① 건축물의 건축(「건축법」 제2조 제1항에 따른 건축물의 건축) 또는 공작물의 설치[인공을 가하여 제작한 시설물(건축법에 따른 건축물 제외)의 설치]

② 공작물의 설치 － 인공을 가하여 제작한 시설물(「건축법」 제2조 제1항 제2호에 따른 건축물 제외)의 설치

③ 토지의 형질변경 － 절토·성토·정지·포장 등의 방법으로 토지의 형상을 변경

제1편 국토의 계획 및 이용에 관한 법률 91

하는 행위와 공유수면의 매립(⇨ 경작을 위한 토지의 형질변경 제외)

④ 토석의 채취 – 흙·모래·자갈·바위 등의 토석을 채취하는 행위(⇨ 토지의 형질 변경을 목적으로 하는 것은 제외)

⑤ 토지의 분할(⇨「건축법」제57조에 따른 건축물이 있는 대지는 제외)

    ㉠ 녹지지역·관리지역·농림지역 및 자연환경보전지역 안에서 관계 법령에 의한 허가·인가 등을 받지 아니하고 행하는 토지의 분할

    ㉡ 건축법 제57조 제1항(대지의 분할 제한)에 의한 분할제한면적 미만으로의 토지의 분할

    ㉢ 관계 법령에 의한 허가·인가 등을 받지 아니하고 행하는 너비 5m 이하로의 토지의 분할제한 면적 이상으로의 분할

⑥ 물건을 쌓아놓는 행위 : 녹지지역·관리지역 또는 자연환경보전지역안에서 건축물의 울타리안(적법한 절차에 의하여 조성된 대지에 한한다)에 위치하지 아니한 토지에 물건을 1월 이상 쌓아놓는 행위

(3) 개발행위허가의 변경

개발행위허가를 받은 사항을 변경하는 경우에 위의 (2)를 준용한다(법 제56조 제2항). 다만, 다음에서 정하는 경미한 사항을 변경하는 경우에는 그러하지 아니하다(영 제52조).

① 사업기간을 단축하는 경우

② 부지면적 또는 건축물 연면적(사업면적)을 5퍼센트 범위 안에서 축소[공작물의 무게, 부피, 수평투영면적(하늘에서 내려다보이는 수평 면적을 말한다) 또는 토석 채취량을 5퍼센트 범위에서 축소하는 경우를 포함한다]하는 경우

③ 관계법령의 개정 또는 도시·군관리 계획의 변경에 따라 허가받은 사항을 불가피하게 변경하는 경우

④「공간정보의 구축 및 관리 등에 관한 법률」제26조 제2항 및「건축법」제26조에 따라 허용되는 오차를 반영하기 위한 변경

⑤「건축법 시행령」제12조 제3항의 어느 하나에 해당하는 변경(공작물의 위치를 1m 범위에서 변경하는 경우를 포함한다)인 경우

개발행위허가를 받은 자는 경미한 사항을 변경한 때에는 지체 없이 해당 사실을 특별시장·광역시장·특별자치시장·특별자치도지사·시장 또는 군수에게 통지하여야

한다(영 제52조 제2항).

(4) 특례 [다른 법령이 적용되는 경우]

다음의 개발행위 중 ① 도시지역 및 계획관리지역 안의 산림에서의 임도(林道)의 설치와 사방사업에 관하여는 각각 「산림자원의 조성 및 관리에 관한 법률」 및 「사방사업법」의 규정에 따르고, ② 보전관리지역·생산관리지역·농림지역 및 자연환경보전지역의 산림에서의 다음의 개발행위에 관하여는 「산지관리법」의 규정에 따른다(법 제56조 제3항).

　　㉠ 토지의 형질 변경(경작을 위한 토지의 형질 변경 제외)

　　㉡ 토석의 채취

(5) 예외 [개발행위의 허가 없이 가능한 경우]

다음 어느 하나에 해당하는 행위는 예외적으로 개발행위허가를 받지 아니하고 할 수 있다(법 제56조 제4항).

---

1. 재해복구 또는 재난수습을 위한 응급조치 (이 경우, 1개월 이내에 특별시장·광역시장·특별자치시장·특별자치도지사·시장 또는 군수에게 신고하여야 한다)
2. 「건축법」에 따라 신고하고 설치할 수 있는 건축물의 개축·증축 또는 재축과 이에 필요한 범위 안에서의 토지의 형질변경(도시·군계획 시설사업이 시행되지 아니하고 있는 도시·군계획 시설의 부지인 경우에만 가능)
3. 그 밖에 대통령령이 정하는 다음의 경미한 행위

대판 2013.10.31, 2013두9625(건축불허가처분취소)
"국토의 계획 및 이용에 관한 법률에 따른 토지의 형질변경허가는 그 금지요건이 불확정개념으로 규정되어 있어 그 금지요건에 해당하는지 여부를 판단함에 있어서 행정청에 재량권이 부여되어 있다고 할 것이므로, 국토계획법에 따른 토지의 형질변경행위를 수반하는 건축허가는 재량행위에 속한다."

앞의 제3호에서 말하는 "대통령령으로 정하는 경미한 행위"란 다음 각 호의 행위를 말한다(영 제53조). 다만, 다음 각 호에 규정된 범위에서 특별시·광역시·특별자치시·특별자치도·시 또는 군의 도시·군계획조례로 따로 정하는 경우에는 그에 따른다(영 제53조 단서).

1. 건축물의 건축

  건축허가 또는 건축신고 및 가설건축물 건축의 허가 또는 가설건축물의 축조신고 대상에 해당하지 아니하는 건축물의 건축

2. 공작물의 설치

  (1) 도시지역 또는 지구단위계획구역에서 무게가 50톤 이하, 부피가 50㎡ 이하, 수평투영면적이 25㎡ 이하인 공작물의 설치(다만, 「건축법 시행령」 제118조 제1항 각 호의 어느 하나에 해당하는 공작물 설치는 제외한다)

  (2) 도시지역·자연환경보전지역 및 지구단위계획구역 외의 지역에서 무게가 150톤 이하, 부피가 150㎡ 이하, 수평투영면적이 75㎡ 이하인 공작물의 설치(다만, 「건축법 시행령」 제118조 제1항 각 호의 어느 하나에 해당하는 공작물 설치는 제외한다)

  (3) 녹지지역·관리지역 또는 농림지역 안에서의 농림어업용 비닐하우스(비닐하우스 안에 설치하는 육상어류양식장을 제외)의 설치

3. 토지의 형질변경

  (1) 높이 50cm 이내 또는 깊이 50cm 이내의 절토·성토·정지 등(포장을 제외, 주거지역·상업지역 및 공업지역 외의 지역에서는 지목변경을 수반하지 아니하는 경우에 한한다)

  (2) 도시지역·자연환경보전지역·지구단위계획구역 외의 지역에서 면적이 660㎡ 이하인 토지에 대한 지목변경을 수반하지 아니하는 절토·성토·정지·포장 등(토지의 형질변경 면적은 형질변경이 이루어지는 해당 필지의 총면적)

  (3) 조성이 완료된 기존 대지에 건축물이나 그 밖의 공작물을 설치하기 위한 토지의 형질변경(절토 및 성토는 제외)

  (4) 국가 또는 지방자치단체가 공익상의 필요에 의하여 직접 시행하는 사업을 위한 토지의 형질변경

4. 토석채취

  (1) 도시지역 또는 지구단위계획구역에서 채취면적이 25㎡ 이하인 토지에서의 부피 50㎡ 이하의 토석채취

  (2) 도시지역·자연환경보전지역 및 지구단위계획구역 외의 지역에서 채취면적이 250㎡ 이하인 토지에서의 부피 500㎡ 이하의 토석채취

5. 토지분할

  (1) 「사도법」에 의한 사도개설허가를 받은 토지의 분할

  (2) 토지의 일부를 공공용지 또는 공용지로 하기 위한 토지의 분할

  (3) 행정재산 중 용도폐지되는 부분의 분할 또는 일반재산을 매각·교환 또는 양여하기 위한 분할

  (4) 토지의 일부가 도시·군계획시설로 지형도면고시가 된 해당 토지의 분할

  (5) 너비 5m 이하로 이미 분할된 토지의 「건축법」 제57조 제1항 의 규정에 의한 분할제한면적 이상으로의 분할

6. 물건을 쌓아놓는 행위

  (1) 녹지지역 또는 지구단위계획구역에서 물건을 쌓아놓는 면적이 25㎡ 이하인 토지에 전체무게 50톤 이하, 전체부피50㎡ 이하로 물건을 쌓아놓는 행위

  (2) 관리지역(지구단위계획구역으로 지정된 지역을 제외한다)에서 물건을 쌓아놓는 면적이 250㎡ 이하인 토지에 전체무게 500톤 이하, 전체부피 500㎡ 이하로 물건을 쌓아놓는 행위

2. 개발행위허가의 기준

(1) 특별시장·광역시장·특별자치시장·특별자치도지사·시장 또는 군수는 개발행위허가의 신청 내용이 다음 각 호의 기준에 맞는 경우에만 개발행위허가 또는 변경허가를 하여야 한다(법 제58조 제1항).

① 용도지역별 특성을 고려하여 대통령령(영 제55조 제1항·제2항)으로 정하는 개발행위의 규모에 적합할 것 (다만, 개발행위가 「농어촌정비법」 제2조 제4호에 따른 농어촌정비사업으로 이루어지는 경우 등 대통령령(영 제55조 제3항)으로 정하는 경우에는 개발행위 규모의 제한을 받지 아니한다.)

〈개발행위허가의 규모(영 제55조)〉

① 법 제58조 제1항 제1호 본문에서 "대통령령으로 정하는 개발행위의 규모"란 다음 각 호에 해당하는 토지의 형질변경면적을 말한다. 다만, 관리지역 및 농림지역에 대하여는 제2호 및 제3호의 규정에 의한 면적의 범위안에서 당해 특별시·광역시·특별자치시·특별자치도·시 또는 군의 도시·군계획조례로 따로 정할 수 있다.

 1. 도시지역
    가. 주거지역·상업지역·자연녹지지역·생산녹지지역 : 1만㎡ 미만
    나. 공업지역 : 3만㎡ 미만
    다. 보전녹지지역 : 5,000㎡ 미만
 2. 관리지역 : 3만㎡ 미만
 3. 농림지역 : 3만㎡ 미만
 4. 자연환경보전지역 : 5,000㎡ 미만

② 제1항의 규정을 적용함에 있어서 개발행위허가의 대상인 토지가 2 이상의 용도지역에 걸치는 경우에는 각각의 용도지역에 위치하는 토지부분에 대하여 각각의 용도지역의 개발행위의 규모에 관한 규정을 적용한다. 다만, 개발행위허가의 대상인 토지의 총면적이 당해 토지가 걸쳐 있는 용도지역 중 개발행위의 규모가 가장 큰 용도지역의 개발행위의 규모를 초과하여서는 아니 된다.

---

② 도시·군관리계획 및 성장관리방안의 내용에 어긋나지 아니할 것

③ 도시·군관리사업의 시행에 지장이 없을 것

④ 주변지역의 토지이용실태 또는 토지이용계획, 건축물의 높이, 토지의 경사도, 수목의 상태, 물의 배수, 하천·호소·습지의 배수 등 주변 환경이나 경관의 조화를 이룰 것

⑤ 해당 개발행위에 따른 기반시설의 설치 또는 그에 필요한 용지의 확보계획이

적절할 것

(2) 허가할 수 있는 경우 그 허가의 기준을 지역의 특성, 지역의 개발상황, 기반시
설의 현황 등을 고려하여 다음의 구분에 따라 대통령령으로 정한다(법 제58조 제3항, 영
제56조 제2항).

① 시가화 용도: 토지의 이용 및 건축물의 용도·건폐율·용적률·높이 등에 대한
용도지역의 제한에 따라 개발행위허가의 기준을 적용하는 주거지역·상업지역
및 공업지역

② 유보 용도: 도시계획위원회의 심의를 통하여 개발행위허가의 기준을 강화 또
는 완화하여 적용할 수 있는 계획관리지역·생산관리지역 및 녹지지역 중 대통
령령으로 정하는 지역

③ 보전 용도: 도시계획위원회의 심의를 통하여 개발행위허가의 기준을 강화하여
적용할 수 있는 보전관리지역·농림지역·자연환경보전지역 및 녹지지역 중 대
통령령으로 정하는 지역

3. 개발행위허가의 절차

(1) 개발행위허가 신청

개발행위를 하려는 자는 그 개발행위에 따른 기반시설의 설치나 그에 필요한 용지
의 확보, 위해 방지, 환경오염 방지, 경관, 조경 등에 관한 계획서를 첨부한 신청서를 개
발행위 허가권자에게 제출하여야 한다(법 제57조 제1항). 이 경우 개발밀도관리구역 안에
서는 기반시설의 설치나 그에 필요한 용지의 확보에 관한 계획서를 제출하지 아니한다.

(2) 시행자의 의견청취

1) 도시·군계획사업의 시행자의 의견청취

특별시장·광역시장·특별자치시장·특별자치도지사·시장 또는 군수는 개발행위
허가 또는 변경허가를 하려면 그 개발행위가 도시·군계획사업의 시행에 지장을 주는지
에 관하여 해당 지역에서 시행되는 도시·군계획사업의 시행자의 의견을 들어야 한다
(법 제58조 제2항).

2) 공공시설의 관리청의 의견청취

특별시장·광역시장·특별자치시장·특별자치도지사·시장 또는 군수는 공공시설의 귀속에 관한 사항이 포함된 개발행위허가를 하려면 미리 해당 공공시설이 속한 관리청의 의견을 들어야 한다(법 제65조 제3항).

다만, 관리청이 지정되지 아니한 경우에는 관리청이 지정된 후 준공되기 전에 관리청의 의견을 들어야 하며, 관리청이 불분명한 경우에는 도로 등에 대하여는 국토교통부장관을, 하천에 대하여는 환경부장관을 관리청으로 보고, 그 외의 재산에 대하여는 기획재정부장관을 관리청으로 본다(법 제65조 제3항 단서).

(3) 도시계획위원회의 심의

1) 원칙

관계 행정기관의 장은 개발행위 중 다음의 행위를 이 법에 따라 허가하거나 다른 법률에 따라 인가·허가·승인 또는 협의를 하려면 중앙도시계획위원회나 지방도시계획위원회의 심의를 거쳐야 한다(법 59조 제1항).

---

1. 건축물의 건축 또는 공작물의 설치를 목적으로 하는 토지의 형질변경으로서 그 면적이 제55조 제1항 각 호의 어느 하나에 해당하는 규모(같은 항 각 호 외의 부분 단서에 따라 도시·군계획조례로 규모를 따로 정하는 경우에는 그 규모를 말한다. 이하 이 조에서 같다) 이상인 경우. 다만, 제55조 제3항 제3호의2에 따라 시·도도시계획위원회 또는 시·군·구도시계획위원회 중 대도시에 두는 도시계획위원회의 심의를 거치는 토지의 형질변경의 경우는 제외한다.

1의2. 녹지지역, 관리지역, 농림지역 또는 자연환경보전지역에서 건축물의 건축 또는 공작물의 설치를 목적으로 하는 토지의 형질변경으로서 그 면적이 제55조 제1항 각 호의 어느 하나에 해당하는 규모 미만인 경우. 다만, 다음 각 목의 어느 하나에 해당하는 경우(법 제37조 제1항 제4호에 따른 방재지구 및 도시·군계획조례로 정하는 지역에서 건축물의 건축 또는 공작물의 설치를 목적으로 하는 토지의 형질변경에 해당하지 않는 경우로 한정한다)는 제외한다.

　가. 해당 토지가 자연취락지구, 개발진흥지구, 기반시설부담구역, 「산업입지 및 개발에 관한 법률」 제8조의3에 따른 준산업단지 또는 같은 법 제40조의2에 따른 공장입지유도지구에 위치한 경우

　나. 해당 토지가 특별시장·광역시장·특별자치시장·특별자치도지사·시장 또는 군수가 도로 등 기반시설이 이미 설치되어 있거나 설치에 관한 도시·군관리계획이 수립된 지역으로 인정하여 지방도시계획위원회의 심의를 거쳐 해당 지방자치단체의 공보에 고시한 지역에 위치한 경우

　다. 해당 토지에 건축하려는 건축물 또는 설치하려는 공작물이 다음의 어느 하나에 해당하는 경우로서 특별시·광역시·특별자치시·특별자치도·시 또는 군의 도시·군계획조례로 정하는 용도·규모(대지의 규모를 포함한다)·층수 또는 주택호수 등의 범위에 해당하는 경우 1) 「

건축법 시행령」[별표 1] 제1호의 단독주택(「주택법」제15조에 따른 사업계획승인을 받아야 하는 주택은 제외한다) 2)「건축법 시행령」[별표 1] 제2호의 공동주택(「주택법」제15조에 따른 사업계획승인을 받아야 하는 주택은 제외한다) 3)「건축법 시행령」[별표 1] 제3호의 제1종 근린생활시설 4)「건축법 시행령」[별표 1] 제4호의 제2종 근린생활시설(같은 호 거목, 더목 및 러목의 시설은 제외한다) 5)「건축법 시행령」[별표 1] 제10호 가목의 학교 중 유치원(1,500㎡ 이내의 토지의 형질변경으로 한정하며, 보전녹지지역 및 보전관리지역에 설치하는 경우는 제외한다) 6)「건축법 시행령」[별표 1] 제11호 가목의 아동 관련 시설(1,500㎡ 이내의 토지의 형질변경으로 한정하며, 보전녹지지역 및 보전관리지역에 설치하는 경우는 제외한다) 7)「건축법 시행령」[별표 1] 제11호 나목의 노인복지시설(「노인복지법」제36조에 따른 노인여가복지시설로서 부지면적이 1,500㎡ 미만인 시설로 한정하며, 보전녹지지역 및 보전관리지역에 설치하는 경우는 제외한다) 8)「건축법 시행령」[별표 1] 제18호 가목의 창고(농업·임업·어업을 목적으로 하는 경우로서 660㎡ 이내의 토지의 형질변경으로 한정하며, 자연환경보전지역에 설치하는 경우는 제외한다) 9)「건축법 시행령」[별표 1] 제21호의 동물 및 식물 관련 시설(같은 호 다목·라목의 시설이 포함되지 않은 경우로서 660㎡ 이내의 토지의 형질변경으로 한정하며, 자연환경보전지역에 설치하는 경우는 제외한다) 10) 기존 부지면적의 5/100 이하의 범위에서 증축하려는 건축물 11) 1)부터 10)까지의 규정에 해당하는 건축물의 건축 또는 공작물의 설치를 목적으로 설치하는 진입도로(도로 연장이 50m를 초과하는 경우는 제외한다)

라. 해당 토지에 다음의 요건을 모두 갖춘 건축물을 건축하려는 경우 1) 건축물의 집단화를 유도하기 위하여 특별시·광역시·특별자치시·특별자치도·시 또는 군의 도시·군계획조례로 정하는 용도지역 안에 건축할 것 2) 특별시·광역시·특별자치시·특별자치도·시 또는 군의 도시·군계획조례로 정하는 용도의 건축물을 건축할 것 3) 2)의 용도로 개발행위가 완료되었거나 개발행위허가 등에 따라 개발행위가 진행 중이거나 예정된 토지로부터 특별시·광역시·특별자치시·특별자치도·시 또는 군의 도시·군계획조례로 정하는 거리(50m 이내로 하되, 도로의 너비는 제외한다) 이내에 건축할 것 4) 1)의 용도지역에서 2) 및 3)의 요건을 모두 갖춘 건축물을 건축하기 위한 기존 개발행위의 전체 면적(개발행위허가 등에 의하여 개발행위가 진행 중이거나 예정된 토지면적을 포함한다)이 특별시·광역시·특별자치시·특별자치도·시 또는 군의 도시·군계획조례로 정하는 규모(제55조 제1항에 따른 용도지역별 개발행위허가 규모 이상으로 정하되, 난개발이 되지 아니하도록 충분히 넓게 정하여야 한다) 이상일 것 5) 기반시설 또는 경관, 그 밖에 필요한 사항에 관하여 특별시·광역시·특별자치시·특별자치도·시 또는 군의 도시·군계획조례로 정하는 기준을 갖출 것

마. 계획관리지역(관리지역이 세분되지 아니한 경우에는 관리지역을 말한다) 안에서 다음의 공장 중 부지가 1만㎡ 미만인 공장의 부지를 종전 부지면적의 50퍼센트 범위 안에서 확장하려는 경우. 이 경우 확장하려는 부지가 종전 부지와 너비 8m 미만의 도로를 사이에 두고 접한 경우를 포함한다. 1) 2002년 12월 31일 이전에 준공된 공장 2) 법률 제6655호 국토의계획및이용에관한법률 부칙 제19조에 따라 종전의 「국토이용관리법」, 「도시계획법」 또는 「건축법」의 규정을 적용받는 공장 3) 2002년 12월 31일 이전에 종전의 「공업배치 및 공장설립에 관한 법률」(법률 제6842호 공업배치및공장설립에관한법률중개정법률에 따라 개정되기 전의 것을 말한다) 제13조에 따라 공장설립 승인을 받은 경우 또는 같은 조에 따라 공장설립 승인을 신청한 경우([별표 19] 제2호 자목, [별표 20] 제1호 자목 및 제2호 타목에 따른 요건에 적합하지 아니하여 2003년 1월 1일 이후 그 신청이 반려된 경우를 포함한다)로서 2005년 1월 20일까지 「건축법」 제21조에 따른 착공신고를 한 공장

2. 부피 3만m³ 이상의 토석채취

2) 예외

다음의 어느 하나에 해당하는 개발행위는 중앙도시계획위원회와 지방도시계획위원회의 심의를 거치지 아니한다(법 제59조 제2항·제3항, 영 제57조 제2항·제3항).

> ㉠ 이 법 제8조 및 제9조 또는 다른 법률에 따라 도시계획위원회의 심의를 받는 구역에서 하는 개발행위
> ㉡ 지구단위계획 또는 성장관리방안을 수립한 지역에서 하는 개발행위
> ㉢ 주거지역·상업지역·공업지역에서 시행하는 개발행위 중 특별시·광역시·특별자치시·특별자치도·시 또는 군의 조례로 정하는 규모·위치 등에 해당하지 아니하는 개발행위
> ㉣ 환경영향평가를 받은 개발행위
> ㉤ 교통영향평가에 대한 검토를 받은 개발행위
> ㉥ 농어촌정비사업 중 대통령령으로 정하는 사업을 위한 개발행위
> ㉦ 산림사업 및 사방사업을 위한 개발행위

국토교통부장관이나 지방자치단체의 장은 법 제59조 제2항에도 불구하고 같은 항 제2호, 제4호 및 제5호에 해당하는 개발행위가 도시·군계획에 포함되지 아니한 경우에는 관계 행정기관의 장에게 대통령령으로 정하는 바에 따라 중앙도시계획위원회나 지방도시계획위원회의 심의를 받도록 요청할 수 있다. 이 경우 관계 행정기관의 장은 특별한 사유가 없으면 요청에 따라야 한다(법 제59조 제3항).

4. 개발행위허가 처분

(1) 개발행위허가의 처분

1) 특별시장·광역시장·특별자치시장·특별자치도지사·시장 또는 군수는 개발행위허가의 신청에 대하여 특별한 사유가 없는 한 15일(도시계획위원회의 심의를 거쳐야 하거나 관계 행정기관의 장과 협의를 하여야 하는 경우에는 심의 또는 협의기간을 제외한다) 이내에 허가 또는 불허가 처분을 하여야 한다(법 제57조 제2항, 영 제54조 제1항).

2) 관계 행정기관의 장은 이 법에 따라 허가 또는 변경허가를 하거나 다른 법률에 따라 인가·허가·승인 또는 협의를 하려면 대통령령으로 정하는 바(영 제57조)에 따라 중앙도시계획위원회나 지방도시계획위원회의 심의를 거쳐야 한다(법 제59조 제1항).

3) 특별시장·광역시장·특별자치시장·특별자치도지사·시장 또는 군수는 제2항에 따라 허가 또는 불허가의 처분을 할 때에는 지체 없이 그 신청인에게 허가내용이나 불허가처분의 사유를 서면 또는 국토이용정보체계를 통하여 알려야 한다(법 제57조 제3항).

(2) 조건부 허가

1) 조건부 허가

특별시장·광역시장·특별자치시장·특별자치도지사·시장 또는 군수는 개발행위허가를 하는 경우에는 대통령령으로 정하는 바에 따라 그 개발행위에 따른 기반시설의 설치 또는 그에 필요한 용지의 확보, 위해 방지, 환경오염 방지, 경관, 조경 등에 관한 조치를 할 것을 조건으로 개발행위허가를 할 수 있다(법 제57조 제4항).

2) 허가신청자의 의견청취

특별시장·광역시장·특별자치시장·특별자치도지사·시장 또는 군수는 위의 ①에 따라 개발행위허가에 조건을 붙이려는 때에는 미리 개발행위허가를 신청한 자의 의견을 들어야 한다(영 제54조 제2항).

(3) 이행보증금의 예치

1) 예치사유

특별시장·광역시장·특별자치시장·특별자치도지사·시장 또는 군수는 기반시설의 설치나 그에 필요한 용지의 확보·위해방지·환경오염방지·경관·조경 등을 위하여 필요하다고 인정되는 경우로서 대통령령(영 제59조 제1항)이 정하는 경우에는 이의 이행을 보증하기 위하여 개발행위허가를 받는 자로 하여금 이행보증금을 예치하게 할 수 있다(법 제60조 제1항).

다만, 다음의 경우에는 그러하지 아니하다(법 제60조 제1항 단서).

① 국가 또는 지방자치단체가 시행하는 개발행위
②「공공기관의 운영에 관한 법률」에 따른 공공기관 중 대통령령으로 정하는 기관이 시행하는 개발행위
③ 그 밖에 해당 지방자치단체의 조례로 정하는 공공단체가 시행하는 개발행위

2) 이행보증금의 반환

이행보증금은 개발행위허가를 받은 자가 준공검사를 받은 때에는 즉시 이를 반환

하여야 한다(영 제59조 제4항).

(4) 인·허가 등의 의제

개발행위허가 또는 변경허가를 할 때에 특별시장·광역시장·특별자치시장·특별자치도지사·시장 또는 군수가 그 개발행위에 대한 다음 각 호의 인가·허가·승인·면허·협의·해제·신고 또는 심사 등(이하 "인·허가등"이라 한다)에 관하여 제3항에 따라 미리 관계 행정기관의 장과 협의한 사항에 대하여는 그 인·허가등을 받은 것으로 본다(법 제61조 제1항).

1. 「공유수면 관리 및 매립에 관한 법률」제8조에 따른 공유수면의 점용·사용허가, 같은 법 제17조에 따른 점용·사용 실시계획의 승인 또는 신고, 같은 법 제28조에 따른 공유수면의 매립면허 및 같은 법 제38조에 따른 공유수면매립실시계획의 승인
2. 「광업법」제42조에 따른 채굴계획의 인가
3. 「농어촌정비법」제23조에 따른 농업생산기반시설의 사용허가
4. 「농지법」제34조에 따른 농지전용의 허가 또는 협의, 같은 법 제35조에 따른 농지전용의 신고 및 같은 법 제36조에 따른 농지의 타용도 일시사용의 허가 또는 협의
5. 「도로법」제36조에 따른 도로관리청이 아닌 자에 대한 도로공사 시행의 허가, 같은 법 제52조에 따른 도로와 다른 시설의 연결허가 및 같은 법 제61조에 따른 도로의 점용 허가
6. 「장사 등에 관한 법률」제27조 제1항에 따른 무연분묘(無緣墳墓)의 개장(改葬) 허가
7. 「사도법」제4조에 따른 사도(私道) 개설(開設)의 허가
8. 「사방사업법」제14조에 따른 토지의 형질 변경 등의 허가 및 같은 법 제20조에 따른 사방지 지정의 해제
8의2. 「산업집적활성화 및 공장설립에 관한 법률」제13조에 따른 공장설립등의 승인
9. 「산지관리법」제14조·제15조에 따른 산지전용허가 및 산지전용신고, 같은 법 제15조의2에 따른 산지일시사용허가·신고, 같은 법 제25조 제1항에 따른 토석채취허가, 같은 법 제25조 제2항에 따른 토사채취신고 및 「산림자원의 조성 및 관리에 관한 법률」제36조 제1항·제4항에 따른 입목벌채(立木伐採) 등의 허가·신고
10. 「소하천정비법」제10조에 따른 소하천공사 시행의 허가 및 같은 법 제14조에 따른 소하천의 점용 허가
11. 「수도법」제52조에 따른 전용상수도 설치 및 같은 법 제54조에 따른 전용공업용수도설치의 인가
12. 「연안관리법」제25조에 따른 연안정비사업실시계획의 승인
13. 「체육시설의 설치·이용에 관한 법률」제12조에 따른 사업계획의 승인
14. 「초지법」제23조에 따른 초지전용의 허가, 신고 또는 협의
15. 「공간정보의 구축 및 관리 등에 관한 법률」제15조 제4항에 따른 지도등의 간행 심사
16. 「하수도법」제16조에 따른 공공하수도에 관한 공사시행의 허가 및 같은 법 제24조에 따른 공공하수도의 점용허가

17. 「하천법」 제30조에 따른 하천공사 시행의 허가 및 같은 법 제33조에 따른 하천 점용의 허가
18. 「도시공원 및 녹지 등에 관한 법률」 제24조에 따른 도시공원의 점용허가 및 같은 법 제38조에 따른 녹지의 점용허가

5. 준공검사

(1) 준공검사 대상

1) 다음 행위에 대한 개발행위허가를 받은 자는 그 개발행위를 마치면 국토교통부령이 정하는 바에 따라 특별시장·광역시장·특별자치시장·특별자치도지사·시장 또는 군수의 준공검사를 받아야 한다(법 제62조 제1항).

1. 건축물의 건축 또는 공작물의 설치
2. 토지의 형질변경(경작을 위한 토지의 형질변경 제외)
3. 토석의 채취

2) 위 제1호의 행위에 대하여 「건축법」 제22조에 따른 건축물의 사용승인을 받은 경우에는 그러하지 아니하다(법 제62조 제1항 단서).

(2) 준공검사 시 관계법령의 의제 및 통합고시

① 개발행위에 대한 준공검사를 받은 경우에는 특별시장·광역시장·특별자치시장·특별자치도지사·시장 또는 군수가 법 제61조에 따라 의제되는 인·허가등에 따른 준공검사·준공인가 등에 관하여 따라 관계 행정기관의 장과 협의한 사항에 대하여는 그 준공검사·준공인가 등을 받은 것으로 본다(법 제62조 제2항).
② 앞의 ①에 따른 준공검사·준공인가 등의 의제를 받으려는 자는 위의 ①에 따른 준공검사를 신청할 때에 해당 법률에서 정하는 관련 서류를 함께 제출하여야 한다(법 제62조 제3항).
③ 특별시장·광역시장·특별자치시장·특별자치도지사·시장 또는 군수는 제1항에 따른 준공검사를 할 때에 그 내용에 제61조에 따라 의제되는 인·허가등에 따른 준공검사·준공인가 등에 해당하는 사항이 있으면 미리 관계 행정기관의 장과 협의하여야 한다(법 제62조 제4항).

④ 국토교통부장관은 위의 ②에 따라 의제되는 준공검사·준공인가 등의 처리 기준을 관계 중앙행정기관으로부터 제출받아 통합하여 고시하여야 한다(법 제62조 제5항).

6. 개발행위허가의 제한

(1) 의의

1) 국토교통부장관, 시·도지사, 시장 또는 군수는 개발행위허가를 제한할 수 있다 (법 제63조 제1항).

2) **제한이유 및 제한지역**(법 제63조 제1항, 영 제60조 제1항)

국토교통부장관, 시·도지사, 시장 또는 군수는 다음 각 호의 어느 하나에 해당되는 지역으로서 도시·군관리계획상 특히 필요하다고 인정되는 지역에 대해서는 대통령령으로 정하는 바에 따라 중앙도시계획위원회나 지방도시계획위원회의 심의를 거쳐 제한할 수 있다(법 제63조 제1항).

① 녹지지역이나 계획관리지역으로서 수목이 집단적으로 자라고 있거나 조수류 등이 집단적으로 서식하고 있는 지역 또는 우량 농지 등으로 보전할 필요가 있는 지역

② 개발행위로 인하여 주변의 환경·경관·미관·문화재 등이 크게 오염되거나 손상될 우려가 있는 지역

③ 도시·군기본계획이나 도시·군관리계획을 수립하고 있는 지역으로서 그 도시·군기본계획이나 도시·군관리계획이 결정될 경우 용도지역·용도지구 또는 용도구역의 변경이 예상되고 그에 따라 개발행위허가의 기준이 크게 달라질 것으로 예상되는 지역

④ 지구단위계획구역으로 지정된 지역

⑤ 기반시설부담구역으로 지정된 지역

3) 개발행위허가의 제한은 3년 이내의 기간 동안 1회에 한하여 할 수 있다.

대판 2009.9.24, 2009두8946(건축허가거부처분취소)

"건축허가권자는 건축허가신청이 건축법 등 관계 법규에서 정하는 어떠한 제한에 배치되지 않는 이상 당연히 같은 법조에서 정하는 건축허가를 하여야 하고, 중대한 공익상의 필요가 없는데도 관계 법령에서 정하는 제한사유 이외의 사유를 들어 요건을 갖춘 자에 대한 허가를 거부할 수는 없다."

다만, 위의 ③부터 ⑤까지에 해당하는 지역에 대해서는 중앙도시계획위원회나 지방도시계획위원회의 심의를 거치지 아니하고 1회에 한하여 2년 이내의 기간 동안 개발행위허가의 제한을 연장할 수 있다(법 제63조 제1항).

(2) 제한절차

1) 도시계획위원회의 심의

개발행위허가를 제한하고자 하는 자가 국토교통부장관인 경우에는 중앙도시계획위원회의 심의를 거쳐야 하며, 시·도지사 또는 시장·군수인 경우에는 당해 지방자치단체에 설치된 지방도시계획위원회의 심의를 거쳐야 한다(법 제63조 제1항, 영 제60조 제1항).

2) 관할 시장·군수의 의견청취

개발행위허가를 제한하고자 하는 자가 국토교통부장관 또는 시·도지사인 경우에는 제1항의 규정에 의한 중앙도시계획위원회 또는 시·도도시계획위원회의 심의전에 미리 제한하고자 하는 지역을 관할하는 시장 또는 군수의 의견을 들어야 한다(영 제60조 제2항).

3) 사전고시

국토교통부장관, 시·도지사, 시장 또는 군수는 제1항에 따라 개발행위허가를 제한하려면 국토교통부장관이 하는 경우에는 관보에, 시·도지사 또는 시장·군수가 하는 경우에는 당해 지방자치단체의 공보에 게재하는 방법에 따라 제한지역·제한사유·제한대상행위 및 제한기간을 미리 고시하여야 한다(법 제63조 제2항, 영 제60조 제3항).

국토교통부장관, 시·도지사, 시장 또는 군수가 개발행위허가를 제한하거나 개발행위허가 제한을 연장 또는 해제하는 경우 그 지역의 지형도면 고시, 지정의 효력, 주민의견 청취 등에 관하여는 「토지이용규제 기본법」 제8조에 따른다(법 제63조 제4항).

7. 개발행위허가 위반에 대한 조치

(1) 원상회복명령

특별시장·광역시장·특별자치시장·특별자치도지사·시장 또는 군수는 개발행위 허가를 받지 아니하고 개발행위를 하거나 허가내용과 다르게 개발행위를 하는 자에게 는 그 토지의 원상회복을 명할 수 있다(법 제60조 제3항).

(2) 행정대집행

특별시장·광역시장·특별자치시장·특별자치도지사·시장 또는 군수는 원상회복 의 명령을 받은 자가 원상회복을 하지 아니하는 때에는 「행정대집행법」에 따라 원상회 복을 할 수 있다. 이 경우 행정대집행에 필요한 비용은 개발행위허가를 받은 자가 예치 한 이행보증금을 사용할 수 있다(법 제60조 제4항).

(3) 행정형벌

3년 이하의 징역 또는 3천만원 이하의 벌금에 처한다.

8. 공공시설 등의 귀속

(1) 공공시설의 귀속 주체

1) 개발행위허가를 받은 자가 행정청인 경우
① 개발 행위 허가를 받은 자가 새로 공공시설을 설치한 경우: 「국유재산법」 및 「공유재산 및 물품 관리법」에도 불구하고 새로이 설치된 공공시설은 그 시설 을 관리할 관리청에 무상으로 귀속된다(법 제65조 제1항 전단).
② 기존의 공공시설에 대체되는 공공시설을 설치한 경우: 「국유재산법」 및 「공유 재산 및 물품 관리법」의 규정에도 불구하고 종래의 공공시설은 개발 행위 허가 를 받은 자에게 무상으로 귀속된다(법 제65조 제1항 후단).

2) 개발행위허가를 받은 자가 행정청이 아닌 경우
① 개발 행위 허가를 받은 자가 새로 설치한 공공시설: 그 시설을 관리할 관리청

에 무상으로 귀속(법 제65조 제2항 전단).

② 개발 행위로 용도가 폐지되는 공공시설: 「국유재산법」 및 「공유재산 및 물품 관리법」의 규정에 불구하고 새로이 설치한 공공시설의 설치비용에 상당하는 범위에서 개발 행위 허가를 받은 자에게 무상으로 이를 양도할 수 있다(법 제65 조 제2항 후단).

(2) 공공시설의 귀속 시기

1) 개발행위허가를 받은 자가 행정청인 경우

개발 행위가 끝나 준공검사를 마친 때에는 해당 시설의 관리청에 공공시설의 종류 및 토지의 세목을 통지한 날에 해당 시설을 관리할 관리청과 개발행위허가를 받은 자에 게 각각 귀속된 것으로 본다(법 제65조 제5항).

2) 개발행위허가를 받은 자가 행정청이 아닌 경우

관리청에 귀속되거나 그에게 양도될 공공시설에 관하여 이 공공시설은 준공검사 를 받음으로써 그 시설을 관리할 관리청과 개발행위 허가를 받은 자에게 각각 귀속되거 나 양도된 것으로 본다(법 제65조 제6항).

제 2 절 개발행위에 따른 기반시설의 설치

1. 개발밀도관리구역

(1) 의의

특별시장·광역시장·특별자치시장·특별자치도지사·시장 또는 군수는 주거·상업 또는 공업지역에서의 개발행위로 기반시설(도시·군계획시설을 포함)의 처리·공급 또는 수용능력이 부족할 것으로 예상되는 지역 중 기반시설의 설치가 곤란한 지역을 개발밀 도관리구역으로 지정할 수 있다.

개발밀도관리구역이란 일정한 지역이 개발됨으로 도로, 공원, 녹지 등의 기반시설 이 부족할 것이 예상되며 기반시설을 설치하기 곤란한 지역을 대상으로 건폐율 또는 용적률을 강화하여 적용하려고 지정하는 구역을 말한다(법 제66조 제1항).

예를 들어 단독주택으로 구성되어 있던 지역에 다세대주택, 아파트 등이 건축되는 경우와 같이 전보다 세대수나 거주 인구가 많아지어 그들에게 필요한 도로, 공원, 녹지, 주차장 등이 확장되지 아니하여 부족하게 될 것이 예상되나 그 기반 시설을 설치하기 곤란한 지역에서는 건축물을 넓게, 높게 건축하지 못하게 하려고 지정하는 지역이 개발밀도 관리 지역구역이다.

(2) 건폐율·용적률의 강화

특별시장·광역시장·특별자치시장·특별자치도지사·시장 또는 군수는 개발밀도 관리구역에서는 대통령령으로 정하는 범위(해당 용도지역에 적용되는 용적률의 최대한도 50퍼센트 범위)에서 건폐율 또는 용적률을 강화하여 적용한다(법 제66조 제2항, 영 제62조 제1항). 이는 기반시설을 추가적으로 설치하기 곤란한 기존의 시가지지역에서 기반시설을 적극적으로 설치하기 보다는 건폐율이나 용적률 등을 강화시켜 개발자체를 억제하려는데 특징이 있다.

(3) 개발밀도관리구역의 지정기준 등

개발밀도관리구역의 지정기준, 개발밀도관리구역의 관리 등에 관하여 필요한 사항은 대통령령이 정하는 바(영 제63조)에 따라 국토교통부장관이 정한다(법 제66조 제5항).

(4) 지정절차

1) 특별시장·광역시장·특별자치시장·특별자치도지사·시장 또는 군수는 개발밀도관리구역을 지정 또는 이를 변경하고자 하는 경우에는 다음 사항을 포함하여 해당 지방자치단체에 설치된 지방도시계획위원회의 심의를 거쳐야 한다(법 제66조 제3항).

---

1. 개발밀도관리구역의 명칭
2. 개발밀도관리구역의 범위
3. 건폐율 또는 용적률의 강화 범위

---

2) 특별시장·광역시장·특별자치시장·특별자치도지사·시장 또는 군수는 개발밀도관리구역을 지정하거나 변경한 경우에는 그 사실을 지방자치단체의 공보에 게재하는 방법에 의하여 고시하여야 하며(법 제66조 제4항, 영 제62조 제2항), 고시한 내용을 해당 기관의 인터넷 홈페이지에 게재하여야 한다.

2. 기반시설부담구역

(1) 의의

개발밀도관리구역 외의 지역으로서 개발로 인하여 도로, 공원, 녹지 등 다음에 정하는(영 제4조의2에 근거) 기반시설의 설치가 필요한 지역을 대상으로 기반시설을 설치하거나 그에 필요한 용지를 확보하게 하기 위하여 지정·고시(법 제67조에 근거)하는 구역을 말한다(법 제2조).

---

1. 도로(인근의 간선도로로부터 기반시설부담구역까지의 진입도로를 포함한다)
2. 공원
3. 녹지
4. 학교(「고등교육법」 제2조에 따른 학교는 제외한다)
5. 수도(인근의 수도로부터 기반시설부담구역까지 연결하는 수도를 포함한다)
6. 하수도(인근의 하수도로부터 기반시설부담구역까지 연결하는 하수도를 포함한다)
7. 폐기물처리시설
8. 그 밖에 특별시장·광역시장·특별자치시장·특별자치도지사·시장 또는 군수가 기반시설부담계획에서 정하는 시설(법 제68조 제2항 단서에 따른다)

---

(2) 지정 대상 및 절차

1) 지정대상

특별시장·광역시장·특별자치시장·특별자치도지사·시장 또는 군수는 다음의 어느 하나에 해당하는 지역에 대하여는 기반시설부담구역으로 지정하여야 한다(법 제67조 제1항).

---

1. 이 법 또는 다른 법령의 제정·개정으로 인하여 행위제한이 완화되거나 해제되는 지역
2. 이 법 또는 다른 법령에 따라 지정된 용도지역 등이 변경되거나 해제되어 행위제한이 완화되는 지역
3. 개발행위허가 현황 및 인구증가율 등을 고려하여 다음(영 제64조 제1항)으로 정하는 지역
   ① 해당 지역의 전년도 개발행위허가 건수가 전전년도 개발행위허가 건수보다 20퍼센트 이상 증가한 지역
   ② 해당 지역의 전년도 인구증가율이 그 지역이 속하는 특별시·광역시·특별자치시·특별자치도·시 또는 군(광역시의 관할 구역에 있는 군은 제외한다)의 전년도 인구증가율보다 20퍼센트 이상 높은 지역

다만, 개발행위가 집중되어 특별시장·광역시장·특별자치시장·특별자치도지사·시장 또는 군수가 해당 지역의 계획적 관리를 위하여 필요하다고 인정하는 경우에는 다음에 해당하지 아니하는 경우라도 기반시설부담구역으로 지정할 수 있다(법 제67조 제1항 단서).

2) 지정절차

특별시장·광역시장·특별자치시장·특별자치도지사·시장 또는 군수는 기반시설부담구역을 지정 또는 변경하려면 주민의 의견을 들어야 하며, 해당 지방자치단체에 설치된 지방도시계획위원회의 심의를 거쳐(법 제67조 제2항), 기반시설부담구역의 명칭·위치·면적 및 지정일자와 관계 도서의 열람방법을 해당 지방자치단체의 공보와 인터넷 홈페이지에 고시하여야 한다(영 제64조 제2항).

(3) 기반시설부담구역의 지정기준

1) 기반시설부담구역의 지정기준 등에 관하여 필요한 사항은 다음으로 정하는 바(영 제66조)에 따라 국토교통부장관이 정한다(법 제67조 제5항).

---
1. 기반시설부담구역은 기반시설이 적절하게 배치될 수 있는 규모로서 최소 10만㎡ 이상의 규모가 되도록 지정할 것
2. 소규모 개발행위가 연접하여 시행될 것으로 예상되는 지역의 경우에는 하나의 단위구역으로 묶어서 기반시설부담구역을 지정할 것
3. 기반시설부담구역의 경계는 도로, 하천, 그 밖의 특색 있는 지형지물을 이용하는 등 경계선이 분명하게 구분되도록 할 것
---

2) 기반시설부담구역의 지정고시일부터 1년이 되는 날까지 기반시설설치계획을 수립하지 아니하면 그 1년이 되는 날의 다음날에 기반시설부담구역의 지정은 해제된 것으로 본다(영 제65조 제4항).

3) 특별시장·광역시장·특별자치시장·특별자치도지사·시장 또는 군수는 기반시설부담구역이 지정된 경우에는 다음(영 제65조)으로 정하는 바에 따라 기반시설설치계획을 수립하여야 하며, 이를 도시·군관리계획에 반영하여야 한다(법 제67조 제4항).

1. 설치가 필요한 기반시설(제4조의2 각 호의 기반시설을 말한다)의 종류, 위치 및 규모
2. 기반시설의 설치 우선순위 및 단계별 설치계획
3. 그 밖에 기반시설의 설치에 필요한 사항

(4) 기반시설설치비용의 부과대상 및 산정기준

1) 기반시설부담구역 안에서 기반시설설치비용의 부과대상인 건축행위는 다음에 (법 제2조 제20호)에 따른 시설로서 200㎡(기존 건축물의 연적을 포함)를 초과하는 건축물의 신·증축행위로 한다. 다만, 기존 건축물을 철거하고 신축하는 경우에는 기존 건축물의 건축연면적을 초과하는 건축행위만 부과대상으로 한다(법 제68조 제1항).

대판 2010.4.29, 2009두13849(기반시설부담금부과처분취소)

"법률은 모든 건축행위에 대하여 일률적으로 기반시설부담금을 부과하는 것이 아니라 시·군·구별 평균 공시지가의 적용으로 지가 차이를 반영하고, 부담률을 건물의 규모, 당해 지역의 지가 수준, 지역특성 등을 감안하여 25/100 범위 내에서 가감할 수 있도록 하며, 용도지역에 따라 용지환산계수를 차등 적용할 뿐 아니라 건축물 용도별로 기반시설의 유발 정도를 반영한 유발계수를 도입하고, 기존 건축물을 철거하고 동일한 용도 범위 내에서 신축하는 경우에는 기존 건축물의 건축연면적을 초과하는 건축행위에 대하여만 기반시설부담금을 부과하도록 하는 등 건축행위가 기반시설의 설치를 유발하는 정도를 반영할 수 있도록 하고 있다."

---

2) 기반시설설치비용은 기반시설을 설치하는 데 필요한 기반시설 표준시설비용과 용지비용을 합산한 금액에 위의 1)에 따른 부과대상 건축연면적과 기반시설 설치를 위하여 사용되는 총 비용 중 국가·지방자치단체의 부담분을 제외하고 민간 개발사업자가 부담하는 부담률을 곱한 금액으로 한다(법 제68조 제2항).

기반시설설치비용 = (표준시설비용 + 용지비용) × 건축연면적 × 기반시설 설치를 위하여
사용되는 총비용(국가·지방자치단체의 부담분 제외)

---

(5) 납부의무자

기반시설부담구역에서 단독주택 및 숙박시설 등의 시설로서 200㎡를 초과하는 건축물의 신축·증축하는 행위를 하는 자(건축행위의 위탁자 또는 지위의 승계자 등을 포함한다)를 "납부의무자"라 하며, 이 납부의무자는 위의 "기반시설설치비용"을 납부하여야

한다(법 제69조 제1항).

이때에 특별시장·광역시장·특별자치시장·특별자치도지사·시장 또는 군수는 납부의무자가 국가 또는 지방자치단체로부터 건축허가(다른 법률에 따른 사업승인 등 건축허가가 의제되는 경우에는 그 사업승인)를 받은 날부터 2개월 이내에 기반시설설치비용을 부과하여야 하고, 납부의무자는 사용승인(다른 법률에 따라 준공검사 등 사용승인이 의제되는 경우에는 그 준공검사) 신청 시까지 이를 납부하여야 한다(법 제69조 제2항).

특별시장·광역시장·특별자치시장·특별자치도지사·시장 또는 군수는 납부의무자가 제2항에서 정한 때까지 기반시설설치비용을 내지 아니하는 경우에는 「지방행정제재·부과금의 징수 등에 관한 법률」에 따라 징수할 수 있다(법 제69조 제3항).

도시·군계획시설사업의 시행

제 6 장

제1절 도시·군계획시설

1. 기반시설과 도시·군계획시설의 의의

① 기반시설이라 함은 다음의 시설을 말하며, 당해 시설 그 자체의 기능발휘와 이용을 위하여 필요한 부대시설 및 편익시설을 포함한다(법 제2조 제6호, 영 제2조).

교통시설	도로·철도·항만·공항·주차장·자동차정류장·궤도·운하, 자동차 및 건설기계 검사시설, 자동차 및 건설기계운전학원
공간시설	광장·공원·녹지·유원지·공공공지
유통·공급시설	유통업무설비, 수도·전기·가스·열공급설비, 방송·통신시설, 공동구·시장, 유류저장 및 송유설비
공공·문화체육시설	학교·운동장·공공청사·문화시설·체육시설·도서관·연구시설·사회복지시설·공공직업훈련시설·청소년수련시설
방재시설	하천·유수지·저수지·방화설비·방풍설비·방수설비·사방설비·방조설비
보건위생시설	화장시설·공동묘지·봉안시설·자연장지·장례식장·도축장·종합의료시설
환경기초시설	하수도·폐기물처리시설·수질오염방지시설·폐차장

② 도시·군계획시설이란 '기반시설' 중 도시·군관리계획으로 결정된 시설을 말한다(법 제2조 제7호).

2. 도시·군계획시설의 설치 및 관리

(1) 도시·군계획시설의 설치

① 지상·수상·공중·수중 또는 지하에 기반시설을 설치하려면 그 시설의 종류·명칭, 위치·규모 등을 미리 도시·군관리계획으로 결정하여야 한다(법 제43조

제1항). 용도지역·기반시설의 특성 등을 고려하여 대통령령으로 정하는 경우 (영 제35조 제1항)에는 그러하지 아니하다.

② 도시·군관리계획의 결정이 없이 기반시설을 설치한 자는 2년 이하의 징역 또는 2천만원 이하의 벌금에 처한다(법 제141조 제1호).

(2) 도시·군계획시설의 결정·구조 및 설치기준 등

① 도시·군계획시설의 결정·구조 및 설치의 기준 등에 필요한 사항은 국토교통부령으로 정하고, 그 세부사항은 국토교통부령으로 정하는 범위에서 시·도의 조례로 정할 수 있다. 다만, 다른 법률에 특별한 규정이 있는 경우에는 그 법률에 따른다(법 제43조 제2항).

② 도시·군계획시설의 관리에 관하여 이 법 또는 다른 법률에 특별한 규정이 있는 경우를 제외하고는 다음과 같이 관리한다(법 제43조 제3항).

관리주체	관리방법
국가가 관리하는 경우 (영 제35조 제2항)	「국유재산법」(제2조 제11호)에 따른 중앙관서의 장이 관리한다.
지방자치단체가 관리하는 경우	지방자치단체의 조례로 도시·군계획시설의 관리에 관한 사항을 정한다.

③ 도시·군계획시설을 공중·수중·수상 또는 지하에 설치하는 경우 그 높이나 깊이의 기준과 그 설치로 인하여 토지나 건물의 소유권 행사에 제한을 받는 자에 대한 보상 등에 관하여는 따로 법률로 정한다(법 제46조).

3. 광역시설의 설치·관리

(1) 광역시설의 의의

'광역시설'이란 기반시설 중 광역적인 정비체계가 필요한 다음의 시설로서 대통령령이 정하는 시설을 말한다(법 제2조 제8호, 영 제3조).

2 이상의 특별시·광역시·시 또는 군 (광역시의 관할구역 안에 있는 군 제외)의 관할 구역에 걸치는 시설	도로·철도·운하·광장·녹지, 수도·전기·가스·열공급설비, 방송·통신시설, 공동구, 유류저장 및 송유설비, 하천·하수도 (하수종말처리시설 제외)
2 이상의 특별시·광역시·시 또는 군이 공동으로 이용하는 시설	항만·공항·자동차정류장·공원·유원지·유통업무설비·운동장·문화시설·공공필요성이 인정되는 체육시설·사회복지시설·공공직업훈련시설·청소년수련시설·유수지·화장장·공동묘지·봉안시설·도축장·하수도(하수종말처리시설에 한함)·폐기물처리시설·수질오염방지시설·폐차장

(2) 광역시설의 설치

1) 광역시설의 설치 및 관리는 일반적인 도시·군계획시설의 설치·관리(법 제43조)의 규정에 의한다(법 제45조 제1항).

2) 협약 또는 협의회가 성립된 경우에는 관계특별시장·광역시장·특별자치시장·특별자치도지사·시장 또는 군수는 협약을 체결하거나 협의회 등을 구성하여 광역시설을 설치·관리할 수 있으며, 협약 또는 협의회가 성립되지 아니하는 경우에는 그 시 또는 군이 동일한 도에 속하는 때에는 관할 도지사가 광역시설을 설치·관리할 수 있다(법 제45조 제2항).

3) 국가계획으로 설치하는 광역시설은 그 광역시설의 설치·관리를 사업목적 또는 사업종목으로 하여 다른 법률에 따라 설립된 법인이 설치·관리할 수 있다(법 제45조 제3항).

(3) 광역시설의 설치에 따른 지원

1) 지방자치단체는 환경오염이 심하게 발생하거나 해당 지역의 개발이 현저하게 위축될 우려가 있는 광역시설을 다른 지방자치단체의 관할 구역에 설치할 때에는 다음의 환경오염 방지를 위한 사업이나 해당 지역 주민의 편익을 증진시키기 위한 사업을 해당 지방자치단체와 함께 시행하거나 이에 필요한 자금을 해당 지방자치단체에 지원하여야 한다(법 제45조 제4항, 영 제40조).

① 환경오염의 방지를 위한 사업 : 녹지·하수도 또는 폐기물처리시설의 설치사업과 대기오염·수질오염·악취·소음 및 진동방지사업 등

② 지역주민의 편익을 위한 사업 : 도로·공원·수도공급설비·문화시설·도서관·사회복지시설·노인정·하수도·종합의료시설 등의 설치사업 등

2) 다만, 다른 법률에 특별한 규정이 있는 경우에는 그 법률에 따른다(법 제45조 제4항 단서).

4. 공동구의 설치·관리

(1) 공동구의 의의

'공동구'란 지하매설물(전기·가스·수도 등의 공급설비, 통신시설, 하수도시설 등)을 공동수용함으로써 ① 미관의 개선, ② 도로구조의 보전 및 ③ 교통의 원활한 소통을 기하기 위하여 지하에 설치하는 시설물을 말한다(법 제2조 제9호).

(2) 공동구의 설치

1) 설치대상지역

다음의 해당하는 지역·지구·구역 등(이하 이 조에서 "지역 등"이라 한다)이 200만㎡를 초과하는 경우에는 해당 지역 등에서 개발사업을 시행하는 자(이하 이 조에서 "사업시행자"라 한다)는 공동구를 설치하여야 한다(법 제44조 제1항, 영 제35조의2).
① 「도시개발법」에 따른 도시개발구역
② 「택지개발촉진법」에 따른 택지개발지구
③ 「경제자유구역의 지정 및 운영에 관한 특별법」에 따른 경제자유구역
④ 「도시 및 주거환경정비법」에 따른 정비구역
⑤ 「공공주택 특별법」에 따른 공공주택지구
⑥ 「도청이전을 위한 도시건설 및 지원에 관한 특별법」에 따른 도청이전신도시

2) 타당성 여부조사

「도로법」제23조에 따른 도로 관리청은 지하매설물의 빈번한 설치 및 유지관리 등의 행위로 인하여 도로구조의 보전과 안전하고 원활한 도로교통의 확보에 지장을 초래하는 경우에는 공동구 설치의 타당성을 검토하여야 한다. 이 경우 재정여건 및 설치 우선순위 등을 고려하여 단계적으로 공동구가 설치될 수 있도록 하여야 한다(법 제44조

제2항).

3) 수용 및 계획수립

① 공동구가 설치된 경우에는 대통령령으로 정하는 바에 따라 공동구에 수용하여
   야 할 시설이 모두 수용되도록 하여야 한다(법 제44조 제3항).

② 개발사업의 계획을 수립할 경우에는 공동구 설치에 관한 계획을 포함하여야 한
   다(법 제44조 제4항).

③ 이 경우 공동구에 수용되어야 할 시설을 설치하고자 공동구를 점용하려는 자
   ("공동구 점용예정자"라 한다)와 설치 노선 및 규모 등에 관하여 미리 협의한 후
   공동구 협의회의 심의를 거쳐야 한다.

4) 비용의 부담

① 공동구의 설치(개량하는 경우를 포함한다)에 필요한 비용은 이 법 또는 다른 법률
   에 특별한 규정이 있는 경우를 제외하고는 공동구점용예정자와 사업시행자가
   부담한다. 이 경우 공동구점용예정자는 해당 시설을 개별적으로 매설할 때 필
   요한 비용의 범위에서 대통령령으로 정하는 바에 따라 부담한다(법 제44조 제
   5항).

② 공동구 점용예정자와 사업시행자가 공동구 설치비용을 부담하는 경우 국가, 특
   별시장·광역시장·특별자치시장·특별자치도지사·시장 또는 군수는 공동구의
   원활한 설치를 위하여 그 비용의 일부를 보조 또는 융자할 수 있다(법 제44조
   제6항).

③ 공동구에 수용되어야 하는 시설물의 설치기준 등은 다른 법률에 특별한 규정이
   있는 경우를 제외하고는 국토교통부장관이 정한다(법 제44조 제7항).

(3) 공동구의 관리·운영 등

1) 공동구는 특별시장·광역시장·특별자치시장·특별자치도지사·시장 또는 군수
("공동구관리자"라 한다)가 관리한다. 다만, 공동구의 효율적인 관리·운영을 위하여 필요
하다고 인정하는 경우에는 대통령령으로 정하는 기관에 그 관리·운영을 위탁할 수 있
다(제44조의2 제1항).

2) 공동구관리자는 5년마다 해당 공동구의 안전 및 유지관리계획을 대통령령으로

정하는 바에 따라 수립·시행하여야 한다(제44조의2 제2항).

3) 공동구관리자는 다음에 정하는 바에 따라 1년에 1회 이상 공동구의 안전점검을 실시하여야 하며, 안전점검결과 이상이 있다고 인정되는 때에는 지체 없이 정밀안전진단·보수·보강 등 필요한 조치를 하여야 한다(제44조 제3항, 영 제39조 제5항).

① 정기점검: 매년 1월 1일을 기준으로 6개월에 1회 이상 실시한다.
② 정밀점검: 전 회의 정밀점검 또는 정밀안전진단 완료일을 기준으로 2년에 1회 이상 실시한다.
③ 긴급점검: 공동구관리자가 필요하다고 판단하는 때에 실시한다.

4) 공동구관리자는 공동구의 설치·관리에 관한 주요 사항의 심의 또는 자문을 하게 하기 위하여 공동구협의회를 둘 수 있다. 이 경우 공동구협의회의 구성·운영에 필요한 사항은 대통령령으로 정한다(제44조의2 제4항).

제 2 절   도시·군계획시설사업

1. 단계별집행계획

(1) 단계별집행계획의 의의 및 내용

도시·군계획시설사업은 도시·군관리계획에 따라 기반시설을 설치하는 사업으로, 이 사업은 사적인 개발행위와 균형있게 진행되어야 한다. 이때 배정된 예산을 개발행위의 진행 속도에 맞춰 적절히 필요한 곳에 배정하기 위해 단계별집행계획이 필요하다.

이와 같은 단계별 집행계획은 제1단계 집행계획과 제2단계 집행계획으로 구분하여 수립한다. 제1단계 집행계획은 3년 이내에 시행하는 도시·군 계획시설사업이 포함되며, 3년 후에 시행하는 도시·군 계획시설사업은 제2단계 집행계획에 포함된다(법 제85조 제3항). 이 경우, 단계별집행계획은 재원조달계획·보상계획 등을 포함하여 수립하여야 한다.

(2) 단계별집행계획의 수립

1) 수립권자(= 도시·군관리계획의 입안권자)

① 특별시장·광역시장·특별자치시장·특별자치도지사·시장 또는 군수는 도시·
군관리계획시설에 대하여 단계별집행계획을 수립하여야 한다(법 제85조 제1항).

② 국토교통부장관이나 도지사가 직접 입안한 도시·군관리계획인 경우 국토교통부
장관이나 도지사는 단계별집행계획을 수립하여 해당 특별시장·광역시장·특별자
치시장·특별자치도지사·시장 또는 군수에게 송부할 수 있다(법 제85조 제2항).

2) 단계별 집행계획의 수립

특별시장·광역시장·특별자치시장·특별자치도지사·시장 또는 군수는 도시·군계
획시설에 대하여 도시·군계획시설결정의 고시일부터 3개월 이내에 대통령령으로 정하
는 바에 따라 재원조달계획, 보상계획 등을 포함하는 단계별 집행계획을 수립하여야 한
다(법 제85조 제1항)

① 제1단계·제2단계집행계획의 구분수립

단계별집행계획은 제1단계집행계획과 제2단계집행계획으로 구분하여 수립하되, 3
년 이내에 시행하는 도시·군계획시설사업은 제1단계집행계획에, 3년 후에 시행하는 도
시·군계획시설사업은 제2단계집행계획에 포함되도록 하여야 한다(법 제85조 제3항).

② 매년 검토

특별시장·광역시장·특별자치시장·특별자치도지사·시장 또는 군수는 매년 제2단
계집행계획을 검토하여 3년 이내에 도시·군계획시설사업을 시행할 도시·군계획시설
은 이를 제1단계집행계획에 포함시킬 수 있다(영 제95조 제3항).

3) 단계별집행계획의 수립절차

① 관계행정기관장과 사전협의

특별시장·광역시장·특별자치시장·특별자치도지사·시장 또는 군수는 단계별집
행계획을 수립하고자 하는 때에는 미리 관계행정기관의 장과 협의하여야 하며, 해당 지
방의회의 의견을 들어야 한다(영 제95조 제1항).

② 공고

특별시장·광역시장·특별자치시장·특별자치도지사·시장 또는 군수는 직접 단계
별집행계획을 수립하거나 송부 받은 때에는 지체 없이 이를 지방자치단체의 공보공보

와 인터넷 홈페이지에 게재하는 방법으로 하며, 필요한 경우 전국 또는 해당 지방자치
단체를 주된 보급지역으로 하는 일간신문에 게재하는 방법이나 방송 등의 방법을 병행
할 수 있다(법 제85조 제4항, 영 제95조 제4항).

③ 단계별집행계획의 변경

공고된 단계별집행계획을 변경하는 경우에 수립절차를 준용한다. 다만, 대통령령
이 정하는 경미한 사항[영 제25조 제3항 각 호 및 제4항 각 호의 규정(= 도시·군관리계획결
정 시 경미한 경우로 협의심의절차가 생략되는 경우)에 따른 도시·군관리계획의 변경에 따라 단
계별집행계획을 변경하는 경우를 말한다]을 변경하는 경우에는 그러하지 아니하다(법 제85
조 제5항).

2. 도시·군계획시설사업의 시행자

(1) 특별시장·광역시장·특별자치시장·특별자치도지사·시장 또는 군수의 시행

① 특별시장·광역시장·특별자치시장·특별자치도지사·시장 또는 군수는 이 법
또는 다른 법률에 특별한 규정이 있는 경우 외에는 관할 구역의 도시·군계획
시설사업을 시행한다(법 제86조 제1항).

② 도시·군계획시설사업이 둘 이상의 특별시·광역시·특별자치시·특별자치도·
시 또는 군의 관할 구역에 걸쳐 시행되게 되는 경우에는 관계 특별시장·광역
시장·특별자치시장·특별자치도지사·시장 또는 군수가 서로 협의하여 시행자
를 정한다(법 제86조 제2항).

③ 협의가 성립되지 아니하는 경우 도시·군계획시설사업을 시행하고자 하는 구역
이 같은 도의 관할 구역에 속하는 때에는 관할 도지사가, 둘 이상의 시·도의
관할 구역에 걸치는 경우에는 국토교통부장관이 시행자를 지정한다(법 제86조
제3항).

(2) 국토교통부장관 또는 도지사의 시행

국토교통부장관은 국가계획과 관련되거나 그 밖에 특히 필요하다고 인정되는 경
우에는 관계 특별시장·광역시장·특별자치시장·특별자치도지사·시장 또는 군수의 의
견을 들어 직접 도시·군계획시설사업을 시행할 수 있으며, 도지사는 광역도시계획과

관련되거나 특히 필요하다고 인정되는 경우에는 관계 시장 또는 군수의 의견을 들어 직접 도시·군계획시설사업을 시행할 수 있다(법 제86조 제4항).

(3) 시행자의 지정(≒ 지정받은 자)

도시·군관리계획 입안권자 이외의 자로서 도시·군계획시설사업의 시행자가 되고자 하는 자는 국토교통부장관, 시·도지사, 시장 또는 군수로부터 시행자로 지정을 받고, 그 내용이 고시되어야 한다.

1) 도시·군관리계획 입안권자로 시행자가 될 수 있는 자 외의 자는 국토교통부장관, 시·도지사, 시장 또는 군수로부터 시행자로 지정을 받아 도시·군계획시설사업을 시행할 수 있다(법 제86조 제5항). 이때에 "시행자"로 지정받고자 하는 자는 ① 사업의 종류 및 명칭, ② 사업시행자의 성명 및 주소(법인인 경우에는 법인의 명칭 및 소재지와 대표자의 성명 및 주소), ③ 토지 또는 건물의 소재지·지번·지목 및 면적, 소유권과 소유권 외의 권리의 명세 및 그 소유자·권리자의 성명·주소, ④ 사업의 착수예정일 및 준공예정일, ⑤ 자금조달계획을 기재한 신청서를 국토교통부장관, 시·도지사 또는 시장·군수에게 제출하여야 한다(영 제96조 제1항).

2) 국토교통부장관, 시·도지사, 시장 또는 군수는 위의 법 제86조 제2항·제3항·제5항에 따라 도시·군계획시설사업의 시행자를 지정한 경우에는 국토교통부령이 정하는 바에 따라 그 지정내용을 고시하여야 한다(법 제86조 제6항).

3. 실시계획

(1) 실시계획의 의의

1) 실시계획이란 도시·군계획시설사업 시행자가 작성하는 사업시행에 필요한 구체적 사업계획서를 말한다. 실시계획은 도시·군 계획 내용을 구체적으로 실시 또는 실현하기 위한 계획으로, 실시계획에 관한 인가가 있기 전에 발생한 내용은 특별한 사정이 없는 한 실시계획의 적법성이나 타당성 여부에 영향을 미치지 아니한다.

2) 도시·군계획시설사업의 시행자는 다음 사항을 포함한 실시계획을 작성하여야 한다(법 제88조 제1항, 영 제97조 제1항).

① 사업의 종류 및 명칭

② 사업의 면적 또는 규모

③ 사업시행자의 성명 및 주소(법인인 경우에는 법인의 명칭 및 소재지와 대표자의 성명 및 주소)

④ 사업의 착수예정일 및 준공예정일

3) 실시계획에는 사업시행에 필요한 설계도서·자금계획 및 시행기간 그 밖에 대통령령(영 제97조 제6항)으로 정하는 다음의 사항을 자세히 밝히거나 첨부하여야 한다(법 제88조 제5항).

---

1. 사업시행지의 위치도 및 계획평면도
2. 공사설계도서(「건축법」 제29조에 따른 건축협의를 하여야 하는 사업인 경우에는 개략설계도서)
3. 수용 또는 사용할 토지 또는 건물의 소재지·지번·지목 및 면적, 소유권과 소유권외의 권리의 명세 및 그 소유자·권리자의 성명·주소
4. 도시·군계획시설사업의 시행으로 새로이 설치하는 공공시설 또는 기존의 공공시설의 조서 및 도면(행정청이 시행자인 경우에 한한다)
5. 도시·군계획시설사업의 시행으로 용도폐지되는 공공시설에 대한 둘 이상의 감정평가법인등의 감정평가서(행정청이 아닌 자가 시행자인 경우에 한정한다). 다만, 제2항에 따른 해당 도시·군계획시설사업의 실시계획 인가권자가 새로운 공공시설의 설치비용이 기존의 공공시설의 감정평가액보다 현저히 많은 것이 명백하여 이를 비교할 실익이 없다고 인정하거나 사업 시행기간 중에 제출하도록 조건을 붙이는 경우는 제외한다.
6. 도시·군계획시설사업으로 새로이 설치하는 공공시설의 조서 및 도면과 그 설치비용계산서(행정청이 아닌 자가 시행자인 경우에 한한다). 이 경우 새로운 공공시설의 설치에 필요한 토지와 종래의 공공시설이 설치되어 있는 토지가 같은 토지인 경우에는 그 토지가격을 뺀 설치비용만 계산한다.
7. 법 제92조 제3항의 규정에 의한 관계 행정기관의 장과의 협의에 필요한 서류
8. 제4항의 규정에 의한 특별시장·광역시장·특별자치시장·특별자치도지사·시장 또는 군수의 의견청취 결과

---

(2) 실시계획 인가

1) 도시·군계획시설사업의 시행자로 지정된 자는 특별한 사유가 없는 한 시행자 지정 시에 정한 기일까지 국토교통부장관, 시·도지사 또는 대도시 시장에게 국토교통부령이 정하는 실시계획인가신청서를 제출하여야 한다(영 제97조 제3항).

2) 도시·군계획시설사업의 시행자(국토교통부장관, 시·도지사와 대도시 시장을 제외한

다)는 실시계획을 작성한 때에는 대통령령(영 제97조 제2항)으로 정하는 바에 따라 국토교통부장관, 시·도지사 또는 대도시 시장의 인가를 받아야 한다(법 제88조 제2항, 영 제97조 제2항).

3) 국토교통부장관, 시·도지사 또는 대도시 시장은 도시·군계획시설사업의 시행자가 작성한 실시계획이 도시·군계획시설의 결정·구조 및 설치의 기준 등에 맞다고 인정하는 때에는 실시계획을 인가하여야 한다(법 제88조 제3항).

4) 인가를 받은 실시계획을 변경하거나 폐지하는 경우에 이를 준용한다(법 제88조 제4항). 다만, 국토교통부령이 정하는 경미한 사항을 변경하는 경우에는 그러하지 아니하다(법 제88조 제4항 단서).

(3) 의견청취

국토교통부장관, 시·도지사 또는 대도시 시장은 실시계획을 인가하려면 미리 국토교통부장관이 하는 경우에는 관보나 전국을 보급지역으로 하는 일간신문에, 시·도지사 또는 대도시 시장이 하는 경우에는 해당 시·도 또는 대도시의 공보나 해당 시·도 또는 대도시를 주된 보급지역으로 하는 일간신문에 게재하는 방법에 따라 그 사실을 공고하고, 관계 서류의 사본을 14일 이상 일반이 열람할 수 있도록 하여야 한다(법 제90조 제1항, 영 제99조).

1) 의견서의 제출 및 실시계획에의 반영

도시·군계획시설사업의 시행지구의 토지·건축물 등의 소유자 및 이해관계인은 열람기간 이내에 국토교통부장관, 시·도지사, 대도시 시장 또는 도시·군계획시설사업의 시행자에게 의견서를 제출할 수 있으며, 국토교통부장관, 시·도지사, 대도시 시장 또는 도시·군계획시설사업의 시행자는 제출된 의견이 타당하다고 인정되면 그 의견을 실시계획에 반영하여야 한다(법 제90조 제2항).

2) 국토교통부장관, 시·도지사 또는 대도시 시장이 실시계획을 작성하는 경우에
관하여 이를 준용한다(법 제90조 제3항).

(4) 실시계획의 조건부 인가 및 이행담보

1) 조건부 인가

실시계획인가 시 국토교통부장관, 시·도지사 또는 대도시 시장은 기반시설의 설치나 그에 필요한 용지의 확보, 위해 방지, 환경오염 방지, 경관 조성, 조경 등의 조치를 할 것을 조건으로 실시계획을 인가할 수 있다(법 제88조 제3항 후단).

2) 도시·군계획시설사업의 이행담보

① 이행보증금 예치대상

특별시장·광역시장·특별자치시장·특별자치도지사·시장 또는 군수는 기반시설의 설치나 그에 필요한 용지의 확보, 위해 방지, 환경오염 방지, 경관 조성, 조경 등을 위하여 필요하다고 인정되는 경우로서 대통령령(영 제98조)으로 정하는 경우에는 그 이행을 담보하기 위하여 도시·군계획시설사업의 시행자에게 이행보증금을 예치하게 할 수 있다(법 제89조 제1항).

  ㉠ 도시·군계획시설사업으로 인하여 도로·수도공급설비·하수도 등 기반시설의 설치가 필요한 경우

  ㉡ 도시·군계획시설사업으로 인하여 '개발행위 허가의 이행담보'(제59조 제1항 제2호~제5호의1)에 해당하는 경우

② 이행보증금 예치의 예외

다음에 해당하는 자에 대하여는 이행보증금을 예치하지 아니한다(법 제89조 제1항).

〈이행보증금 예치가 면제되는 시행자〉

1. 국가 또는 지방자치단체
2. 공기업(자산규모와 총수입액 중 자체수입액이 대통령령으로 정하는 기준 이상인 시장형 공기업과 시장형 공기업이 아닌 준공기업) 또는 위탁집행형 준정부기관(기금관리형 준정부기관이 아닌 준정부기관)
3. 지방공기업법에 의한 지방공사 및 지방공단

---

③ 이행보증금 예치금액의 산정과 예치방법

이행보증금 예치금액의 산정과 예치방법 등에 관하여 필요한 사항은 개발행위허가 시 이행보증금 규정에 의한 예치금액의 산정 및 예치방법 등에 관하여 이를 준용한

다(법 제89조 제2항, 영 제98조 제4항).

④ 원상회복

특별시장·광역시장·특별자치시장·특별자치도지사·시장 또는 군수는 실시계획의 인가를 받지 아니하고 도시·군계획시설사업을 하거나 그 인가내용과 다르게 도시·군계획시설사업을 하는 자에게 그 토지의 원상회복을 명할 수 있다(법 제89조 제3항).

⑤ 행정대집행

특별시장·광역시장·특별자치시장·특별자치도지사·시장 또는 군수는 원상회복의 명령을 받은 자가 원상회복을 하지 아니하는 경우에는 「행정대집행법」에 따른 행정대집행에 따라 원상회복을 할 수 있다. 이 경우 행정대집행에 필요한 비용은 도시·군계획시설사업의 시행자가 예치한 이행보증금으로 충당할 수 있다(법 제89조 제4항).

(5) 실시계획의 고시 및 통보

1) 국토교통부장관, 시·도지사 또는 대도시 시장은 실시계획을 작성하거나 인가한 때에는 국토교통부장관이 하는 경우에는 관보와 국토교통부의 인터넷 홈페이지에, 시·도지사 또는 대도시 시장이 하는 경우에는 해당 시·도 또는 대도시의 공보와 인터넷 홈페이지에 다음의 사항을 게재하는 방법에 의하여 그 내용을 고시하여야 한다(법 제91조, 영 제100조 제1항).

---

1. 사업시행지의 위치
2. 사업의 종류 및 명칭
3. 면적 또는 규모
4. 시행자의 성명 및 주소(법인인 경우에는 법인의 명칭 및 주소와 대표자의 성명 및 주소)
5. 사업의 착수예정일 및 준공예정일
6. 수용 또는 사용할 토지 또는 건물의 소재지·지번·지목 및 면적, 소유권과 소유권외의 권리의 명세 및 그 소유자·권리자의 성명·주소
7. 법 제99조의 규정에 의한 공공시설 등의 귀속 및 양도에 관한 사항

---

2) 국토교통부장관, 시·도지사 또는 대도시 시장은 실시계획을 고시하였으면 그 내용을 관계 행정기관의 장에게 통보하여야 한다(영 제100조 제2항).

(6) 관련 인·허가 등의 의제

국토교통부장관, 시·도지사 또는 대도시 시장이 실시계획의 작성 또는 인가를 함에 있어서 해당 실시계획에 대한 다음의 인·허가 등에 관하여 관계행정기관의 장과 협의한 사항에 대하여는 해당 인·허가 등을 받은 것으로 보며, 실시계획의 고시가 있은 때에는 관계 법률에 의한 인·허가 등의 고시·공고 등이 있은 것으로 본다(법 제92조 제1항).

---

1. 「건축법」에 따른 건축허가, 건축신고, 가설건축물건축의 허가 또는 신고
2. 「산업집적활성화 및 공장설립에 관한 법률」에 따른 공장설립 등의 승인
3. 「공유수면 관리 및 매립에 관한 법률」에 따른 공유수면의 점용·사용의 허가, 점용·사용 실시계획의 승인 또는 신고, 공유수면의 매립면허, 국가 등이 시행하는 매립의 협의 또는 승인 및 공유수면 매립실시계획의 승인, 협의 또는 승인
4. 삭제
5. 「광업법」에 따른 채굴계획의 인가
6. 「국유재산법」에 따른 사용·수익의 허가
7. 「농어촌정비법」에 따른 농업생산기반시설의 사용허가
8. 「농지법」에 따른 농지전용의 허가 또는 협의, 농지전용의 신고 및 농지의 타용도일시사용의 허가 또는 협의
9. 「도로법」에 따른 도로공사시행의 허가, 도로점용의 허가
10. 「장사 등에 관한 법률」에 따른 연고자가 없는 분묘의 개장허가
11. 「사도법」에 따른 사도개설의 허가
12. 「사방사업법」에 따른 토지의 형질변경 등의 허가 및 사방지지정의 해제
13. 「산지관리법」에 따른 산지전용허가 및 산지전용신고, 산지일시사용허가·신고, 토석채취허가, 토사채취신고 및 「산림자원의 조성 및 관리에 관한 법률」에 따른 입목벌채 등의 허가·신고
14. 「소하천정비법」에 따른 소하천공사시행의 허가 및 소하천의 점용허가
15. 「수도법」에 따른 일반수도사업 및 공업용수도사업의 인가, 전용상수도설치 및 전용공업용수도설치의 인가
16. 「연안관리법」에 따른 연안정비사업실시계획의 승인
17. 「에너지이용합리화법」에 따른 에너지사용계획의 협의
18. 「유통산업발전법」에 따른 대규모점포의 개설등록
19. 「공유재산 및 물품 관리법」에 따른 사용·수익의 허가
20. 「측량·수로조사 및 지적에 관한 법률」에 따른 사업의 착수·변경 또는 완료의 신고
21. 「집단에너지사업법」에 따른 집단에너지의 공급타당성에 관한 협의
22. 「체육시설의 설치·이용에 관한 법률」에 따른 사업계획의 승인

23. 「초지법」에 따른 초지전용의 허가, 신고 또는 협의
24. 「측량·수로조사 및 지적에 관한 법률」에 따른 지도 등의 간행 심사
25. 「하수도법」에 따른 공공하수도에 관한 공사시행의 허가 및 공공하수도의 점용허가
26. 「하천법」에 따른 하천공사시행의 허가, 하천점용의 허가
27. 「항만법」에 따른 항만공사시행의 허가 및 실시계획의 승인

(7) 준공검사 등

1) 공사완료보고서의 작성제출

도시·군계획시설사업의 시행자(국토교통부장관, 시·도지사와 대도시 시장은 제외)는 도시·군계획시설사업의 공사를 마친 때에는 국토교통부령으로 정하는 바(규칙 제17조 제1항)에 따라 공사를 완료한 날부터 7일 이내에 공사완료보고서를 작성하여 시·도지사나 대도시 시장의 준공검사를 받아야 한다(법 제98조 제1항).

2) 준공검사권자

① 시·도지사나 대도시 시장은 공사완료보고서를 받으면 지체 없이 준공검사를 하여야 한다(법 제98조 제2항).

② 국토교통부장관, 시·도지사 또는 대도시 시장인 도시·군계획시설사업의 시행자인 경우에는 준공검사 없이 바로 공사완료를 공고한다.

3) 공사완료공고

① 시·도지사나 대도시 시장은 준공검사를 한 결과 실시계획대로 완료되었다고 인정되는 경우에는 도시·군계획시설사업의 시행자에게 준공검사증명서를 발급하고 공사완료 공고를 하여야 한다(법 제98조 제3항).

② 국토교통부장관, 시·도지사 또는 대도시 시장인 도시·군계획시설사업의 시행자는 도시·군계획시설사업의 공사를 마친 때 국토교통부장관이 하는 경우에는 관보에, 시·도지사가 하는 경우에는 공보에 게재하는 방법에 따라 공사완료 공고를 하여야 한다(법 제98조 제4항).

③ 공사완료 공고는 국토교통부장관이 하는 경우에는 관보와 국토교통부의 인터넷 홈페이지에, 시·도지사 또는 대도시 시장이 하는 경우에는 해당 시·도 또는 대도시의 공보와 인터넷 홈페이지에 게재하는 방법으로 한다(영 제102조 제2항).

4) 다른 법률에 의한 준공검사 등의 의제

① 의제대상

준공검사를 하거나 공사완료공고를 함에 있어서 국토교통부장관, 시·도지사 또는 대도시 시장이 실시계획 고시에 따라 의제되는 인·허가 등에 따른 준공검사·준공인가 등에 관하여 관계 행정기관의 장과 협의한 사항에 대하여는 해당 준공검사·준공인가 등을 받은 것으로 본다(법 제98조 제5항).

② 의제절차

㉠ 관련 서류의 제출

도시·군계획시설사업의 시행자는 준공검사·준공인가 등의 의제를 받으려면 1)의 규정에 따른 준공검사를 신청할 때에 해당 법률이 정하는 관련 서류를 함께 제출하여야 한다(법 제98조 제6항).

㉡ 관계 행정기관장과 협의 및 통합고시

국토교통부장관, 시·도지사 또는 대도시 시장은 준공검사를 하거나 공사완공공고를 할 때에 그 내용에(제 92조의 규정에 따라) 의제되는 인·허가 등에 따른 준공검사·준공인가 등에 해당하는 사항이 있으면 미리 관계 행정기관의 장과 협의하여야 한다(법 제98조 제7항).

㉢ 통합고시

국토교통부장관은 의제되는 준공검사·준공인가 등의 처리기준을 관계 중앙행정기관으로부터 제출받아 통합하여 고시하여야 한다(법 제98조 제8항).

4. 도시·군계획사업 시행자의 보호조치

(1) 도시·군계획시설사업의 분할시행

① 도시·군계획시설사업의 시행자는 도시·군계획시설사업을 효율적으로 추진하기 위하여 필요하다고 인정되면 사업시행대상지역을 둘 이상으로 분할하여 도시·군계획시설사업을 시행할 수 있다(법 제87조).

② 도시·군계획시설사업을 분할시행하는 때에는 분할된 지역별로 실시계획을 작성할 수 있다(영 제97조 제5항).

(2) 국·공유지의 처분제한

① 도시·군관리계획 결정을 고시한 경우에는 국공유지로서 도시·군계획시설사업
    에 필요한 토지는 그 도시·군관리계획으로 정하여진 목적 외의 목적으로 매각
    하거나 양도할 수 없다(법 제97조 제1항).

② 이를 위반한 행위는 무효로 한다.

(3) 토지등의 수용 및 사용

1) 수용 또는 사용의 인정

도시·군계획시설사업의 시행자는 도시·군계획시설사업에 필요한 다음의 물건 또
는 권리를 수용 또는 사용할 수 있다(법 제95조 제1항).

대판 2007.1.25, 2005두9583(토지수용재결처분취소)

"국토의 계획 및 이용에 관한 법률(이하 '국토계획법'이라 한다)은 제95조 제1항에서 도시계획시설
사업의 시행자는 도시계획시설사업에 필요한 다음 각 호의 물건 또는 권리를 수용 또는 사용할 수
있다고 하면서, 제1호에서 '토지·건축물 또는 그 토지에 정착된 물건'이라고 규정하고 있는바, 건축
물을 '그 토지에 정착된 물건'의 한 예시로 보아 그에 포함되는 것으로 해석할 수는 없다. 이와 같은
취지에서, 위 규정상의 건축물이 '그 토지의 정착물'에 포함됨을 전제로 건축물에 대한 수용은 오로
지 토지와 함께 수용되거나 혹은 토지와 함께 그 건축물 자체가 공익사업에 필요로 하는 경우에 한하
여 허용된다."

※ 수용 또는 사용의 대상

① 토지·건축물 또는 그 토지에 정착된 물건

② 토지·건축물 또는 그 토지에 정착된 물건에 관한 소유권 외의 권리

2) 「공익사업을 위한 토지 등의 취득 및 보상에 관한 법률」의 준용

도시·군계획시설사업에 필요한 수용 및 사용에 관하여는 이 법에 특별한 규정이
있는 경우를 제외하고는 「공익사업을 위한 토지 등의 취득 및 보상에 관한 법률」을 준
용한다(법 제96조 제1항).

3) 「공익사업을 위한 토지 등의 취득 및 보상에 관한 법률」의 특례

① 사업인정의 의제

「공익사업을 위한 토지 등의 취득 및 보상에 관한 법률」을 준용할 때 이 법에 의한 실시계획을 고시한 경우에는 「공익사업을 위한 토지 등의 취득 및 보상에 관한 법률」에 의한 사업인정 및 그 고시가 있었던 것으로 본다(법 제96조 제2항).

② 재결신청 기간의 연장

재결신청은 「공익사업을 위한 토지 등의 취득 및 보상에 관한 법률」의 규정(사업인정고시 1년 이내)에 불구하고 실시계획에서 정한 도시·군계획시설사업의 시행기간 이내에 하여야 한다(법 제96조 제2항 단서).

③ 도시·군계획시설에 인접지에 대해 일시 사용권

도시·군계획시설사업의 시행자는 특히 필요하다고 인정되면 도시·군계시설에 인접한 다음의 물건 또는 권리를 일시 사용할 수 있다(법 제95조 제2항).

㉠ 토지·건축물 또는 그 토지에 정착된 물건

㉡ 토지·건축물 또는 그 토지에 정착된 물건에 관한 소유권의 권리

5. 공공시설 등의 귀속(= 개발행위 허가 시 공공시설 등의 귀속의 규정을 준용)

① 도시·군계획시설사업에 의하여 새로 공고시설을 설치한 경우에는 개발행위 허가 시 공공시설 등의 귀속(법 제65조)의 규정을 준용한다(법 제99조).

② 이 경우 제65조 제5항 중 "준공검사를 마친 때"는 "준공검사를 마친 때(시행자가 국토교통부장관, 시·도지사 또는 대도시 시장인 경우에는 공사완료공고를 한 때를 말한다)"로 보고, "준공검사를 받았음을 증명하는 서면"은 "준공검사증명서(시행자가 국토교통부장관, 시·도지사 또는 대도시 시장인 경우에는 공사완료공고를 하였음을 증명하는 서면을 말한다)"로 본다.

대판 2014.3.27, 2013다212127(원인무효로인한소유권이전등기말소등)

"국토의 계획 및 이용에 관한 법률 제99조에 의하여 준용되는 같은 법 제65조 제1항에 의하면, 도시계획시설사업에 의하여 새로 설치된 공공시설은 그 시설을 관리할 관리청에 무상으로 귀속된다고 할 것이나, 위 규정은 어디까지나 사업시행자가 도시계획시설사업의 시행으로 새로 설치할 공공시설에 필요한 토지를 사법상의 계약이나 공법상의 절차에 따른 방법 등으로 취득하여 여기에 공공시설을

설치하고 사업을 완료한 경우에 한하여 적용되는 것이지, 사업시행자가 공공시설에 필요한 토지를 적법하게 취득하지 아니한 채 여기에 공공시설을 설치하여 국가 또는 지방자치단체가 이를 점유·사용하고 있는 경우에까지 적용되는 것은 아니다."

제 3 절 개발행위 및 매수청구

1. 도시·군계획시설부지에서의 개발행위 허가

(1) 원칙적 금지

특별시장·광역시장·특별자치시장·특별자치도지사·시장 또는 군수는 도시·군계획시설의 설치 장소로 결정된 지상·수상·공중·수중 또는 지하는 그 도시·군계획시설이 아닌 건축물의 건축이나 공작물의 설치를 허가하여서는 아니 된다(법 제64조 제1항).

(2) 위치상 지장이 없는 경우

① 지상·수상·공중·수중 또는 지하에 일정한 공간적 범위를 정하여 도시·군계획시설이 결정되어 있고, 그 도시·군계획시설의 설치·이용 및 장래의 확장 가능성에 지장이 없는 범위에서 도시·군계획시설이 아닌 건축물 또는 공작물을 그 도시·군계획시설인 건축물 또는 공작물의 부지에 설치하는 경우

② 도시·군계획시설과 도시·군계획시설이 아닌 시설을 같은 건축물 안에 설치한 경우 (「도시·계획법」 개정법률에 따라 개정되기 전에 설치한 경우)로서 실시계획 인가를 받아 다음의 어느 하나에 해당하는 경우

　　㉠ 건폐율이 증가하지 아니하는 범위 안에서 해당 건축물을 증축 또는 대수선하여 도시·군계획시설이 아닌 시설을 설치하는 경우

　　㉡ 도시·군계획시설의 설치·이용 및 장래의 확장 가능성에 지장이 없는 범위 안에서 도시·군계획시설을 도시·군계획시설이 아닌 시설로 변경하는 경우

③ 「도로법」 등 도시·군계획시설의 설치 및 관리에 관하여 규정하고 있는 다른 법률에 따라 점용허가를 받아 건축물 또는 공작물을 설치하는 경우

④ 도시·군계획시설의 설치·이용 및 장래의 확장 가능성에 지장이 없는 범위에서 「신에너지 및 재생에너지 개발·이용·보급 촉진법」 제2조 제3호에 따른 신·재

생에너지 설비 중 태양에너지 설비 또는 연료전지 설비를 설치하는 경우

(3) 시기상 지장이 없는 경우

특별시장·광역시장·특별자치시장·특별자치도지사·시장 또는 군수는 ① 도시·군계획시설 결정의 고시일부터 2년이 지날 때까지 그 시설의 설치에 관한 사업이 시행되지 아니한 도시·군계획시설 중 단계별집행계획이 수립되지 아니하거나 ② 단계별집행계획에서 제1단계 집행계획(단계별집행계획을 변경한 경우에는 최초의 단계별집행계획을 말한다)에 포함되지 아니한 도시·군계획시설의 부지에 대하여는 다음의 개발행위를 허가할 수 있다(법 제64조 제2항).

① 가설건축물의 건축과 이에 필요한 범위 안에서의 토지의 형질변경
② 도시·군계획시설의 설치에 지장이 없는 공작물의 설치와 이에 필요한 범위 안에서의 토지의 형질변경
③ 건축물의 개축 또는 재축과 이에 필요한 범위 안에서의 토지의 형질변경(「건축법」에 따라 신고하고 설치할 수 있는 건축물의 개축·증축 또는 재축과 이에 필요한 범위 안에서의 토지의 형질변경에 해당하는 경우는 제외)

(4) 원상회복

특별시장·광역시장·특별자치시장·특별자치도지사·시장 또는 군수는 제2항 제1호 또는 제2호에 따라 가설건축물의 건축이나 공작물의 설치를 허가한 토지에서 도시·군계획시설사업이 시행되는 경우에는 그 시행예정일 3개월 전까지 가설건축물이나 공작물 소유자의 부담으로 그 가설건축물이나 공작물의 철거 등 원상회복에 필요한 조치를 명하여야 한다. 다만, 원상회복이 필요하지 아니하다고 인정되는 경우에는 그러하지 아니하다(법 제64조 제3항).

2. 도시·군계획시설부지의 매수청구

(1) 법령의 제정 취지

도시·군계획시설의 지정조항이 도시·군계획시설에 대한 도시·군관리계획의 결정·고시일부터 도시·군계획사업이 장기간(10년) 미집행되는 경우 개인의 재산권 행사

를 과도하게 제한한다는 헌법재판소의 헌법불합치결정에 따라 제정된 법령으로 사권보호제도이다.

(2) 매수청구사유

도시·군계획시설에 대한 도시·군관리계획의 결정의 고시일부터 10년 이내에 그 도시·군계획시설의 설치에 관한 도시·군계획시설사업이 시행되지 아니하는 경우이다.

도시·군계획시설사업에 의한 실시계획의 인가 또는 그에 상당하는 절차가 행하여진 경우를 제외한다(법 제47조 제1항).

(3) 매수청구절차

그 도시·군계획시설의 부지로 되어 있는 토지 중 지목이 대인 토지(그 토지에 있는 건축물 및 정착물을 포함한다)의 소유자는 특별시장·광역시장·특별자치시장·특별자치도지사·시장 또는 군수에게 그 토지의 매수를 청구할 수 있다. 이하 다음에 해당하는 자("매수의무자"라 한다)에게 그 토지의 매수를 청구할 수 있다(법 제47조 제1항).

① 이 법에 따라 해당 도시·군계획시설사업의 시행자가 정하여진 경우에는 그 시행자

② 이 법 또는 다른 법률에 따라 도시·군계획시설을 설치하거나 관리하여야 할 의무가 있는 자가 있는 경우에는 그 의무가 있는 자

다만, 도시·군계획시설의 설치의무자와 관리의무자가 서로 다른 경우에는 설치하여야 할 의무가 있는 자에게 매수청구하여야 한다.

(4) 매수방법

1) 매수가격 및 매수절차
① 매수가격 및 매수절차에 관한 타 법률의 준용

매수청구된 토지의 매수가격·매수절차 등에 관하여 이 법에 특별한 규정이 있는 경우 외에는 「공익사업을 위한 토지 등의 취득 및 보상에 관한 법률」을 준용한다(법 제47조 제4항).

② 매수절차(영 제41조 제1항)

㉠ 토지의 매수를 청구하고자 하는 자는 국토교통부령이 정하는 도시·군계획시설 부지매수청구서(전자문서로 된 청구서를 포함한다)에 대상 토지 및 건물에 대한 등기부등본을 첨부하여 매수의무자에게 제출하여야 한다. 다만, 매수의무자는

전자정부법(제36조 제1항)에 따른 행정정보의 공동이용을 통하여 대상 토지 및 건물에 대한 등기부 등본을 확인할 수 있는 경우에는 그 확인으로 첨부서류를 갈음하여야 한다.

ⓛ 매수 여부의 통지의무 및 매수기한 : 매수의무자는 매수청구를 받은 날부터 6월 이내에 매수 여부를 결정하여 토지소유자와 특별시장·광역시장·특별자치시장·특별자치도지사·시장 또는 군수(매수의무자가 특별시장·광역시장·특별자치시장·특별자치도지사·시장 또는 군수인 경우를 제외한다)에게 알려야 하며, 매수하기로 결정한 토지는 매수결정을 알린 날부터 2년 이내에 매수하여야 한다(법제47조 제6항).

2) 대금지급방법
① 원칙(현금지급)

매수의무자는 위의 규정에 따라 매수청구를 받은 토지를 매수하는 때에는 현금으로 그 대금을 지급한다(법 제47조 제2항).

② 예외(도시·군계획시설채권의 발행)

㉠ 발행요건(법 제47조 제2항 단서, 영 제41조 제4항): 다음에 의하는 경우로서 매수의무자가 지방자치단체인 경우에는 도시·군계획시설채권을 발행하여 지급할 수 있다.

---

1. 토지소유자가 원하는 경우
2. 대통령령으로 정하는 부재부동산소유자의 토지 또는 비업무용토지로서 매수대금이 3,000만원을 초과하는 경우 그 초과하는 금액에 대하여 지급하는 경우

㉡ 상환기간 및 이율: 도시·군계획시설채권의 상환기간은 10년 이내로 하며, 그 이율은 채권 발행 당시 「은행법」에 따른 인가를 받은 은행 중 전국을 영업으로 하는 은행이 적용하는 1년 만기 정기예금금리의 평균 이상이어야 하며, 구체적인 상환기간과 이율은 특별시·광역시·특별자치시·특별자치도·시 또는 군의 조례로 정한다(법 제47조 제3항).

㉢ 도시·군계획시설채권의 발행절차 등: 도시·군계획시설채권의 발행절차나 그 밖에 필요한 사항에 관하여 이 법에 특별한 규정이 있는 경우 외에는 「지방재정법」에서 정하는 바에 따른다(법 제47조 제5항).

(5) 매수하지 아니하기로 결정한 경우 등의 규제완화

매수청구를 한 토지의 소유자는 아래에 해당하는 경우 개발행위허가(법 제56조)에 의한 대통령령으로 정하는 건축물 또는 공작물을 설치할 수 있다(법 제47조 제7항 전단).

이 경우 지구단위계획구역에서의 건축(법 제54조), 개발행위허가의 기준(법 제58조) 및 도시·군계획시설부지에서의 개발행위 원칙적 금지(법 제64조)의 규정은 이를 적용하지 아니한다(법 제47조 제7항 후단).

1) 예외적 허용사유

매수 청구를 한 토지의 소유자는 매수의무자가 매수하지 아니하기로 결정한 경우 또는 매수결정을 알린 날부터 2년이 지날 때까지 해당 토지를 매수하지 아니하는 경우, 허가를 받아 대통령령으로 정하는 건축물 또는 공작물을 설치할 수 있다(법 제47조 제7항).

2) 예외적 허용대상

다음 각 호의 것을 말한다. 다만, 다음 각호에 규정된 범위 안에서 특별시·광역시·시 또는 군의 도시계획조례로 따로 허용범위를 정하는 경우에는 그에 한한다(영 제41조 제5항).

① 단독주택으로서 3층 이하인 것
② 제1종 근린생활시설로서 3층 이하인 것
③ 제2종 근린생활시설(다만, 150㎡ 미만의 단란주점, 안마시술소, 노래연습장, 500㎡ 미만의 다중생활시설은 제외한다)로서 3층 이하인 것.
④ 공작물

(6) 도시·군계획시설결정의 실효 등

1) 도시·군계획시설결정의 실효
① 실효사유

도시·군계획시설결정이 고시된 도시·군계획시설에 대하여 그 고시일부터 20년이 지날 때까지 그 시설의 설치에 관한 도시·군계획시설사업이 시행되지 아니하는 경우 그 도시·군계획시설결정은 그 고시일부터 20년이 되는 날의 다음날에 그 효력을 잃는다(법 제48조 제1항).

② 실효고시

도시·군계획시설결정이 효력을 잃으면, 도시·군계획시설결정의 실효고시를 국토
교통부장관이 하는 경우에는 관보에, 시·도지사 또는 대도시 시장이 하는 경우에는 해
당 시·도 또는 대도시의 공보에 지체 없이 그 사실을 고시하여야 한다(법 제48조 제2항,
영 제42조).

2) 도시·군계획시설결정의 해제

① 해제사유

특별시장·광역시장·특별자치시장·특별자치도지사·시장 또는 군수는 도시·군계
획시설결정이 고시된 도시·군계획시설(국토교통부장관이 결정·고시한 도시·군계획시설은
제외한다)을 설치할 필요성이 없어진 경우 또는 그 고시일부터 10년이 지날 때까지 해당
시설의 설치에 관한 도시·군계획시설사업이 시행되지 아니하는 경우에는 대통령령으
로 정하는 바에 따라 그 현황과 단계별 집행계획을 해당 지방의회에 보고하여야 한다
(법 제48조 제3항).

② 해제권고

보고를 받은 지방의회는 대통령령으로 정하는 바에 따라 해당 특별시장·광역시
장·특별자치시장·특별자치도지사·시장 또는 군수에게 도시·군계획시설결정의 해제
를 권고할 수 있다(법 제48조 제4항).

③ 해제결정

도시·군계획시설결정의 해제를 권고받은 특별시장·광역시장·특별자치시장·특
별자치도지사·시장 또는 군수는 특별한 사유가 없으면 대통령령으로 정하는 바에 따라
그 도시·군계획시설결정의 해제를 위한 도시·군관리계획을 결정하거나 도지사에게 그
결정을 신청하여야 한다. 이 경우 신청을 받은 도지사는 특별한 사유가 없으면 그 도시·
군계획시설결정의 해제를 위한 도시·군관리계획을 결정하여야 한다(법 제48조 제5항).

제 7 장

보칙 등

제1절 비 용

1. 비용부담의 원칙(= 시행자부담의 원칙)

광역도시계획 및 도시·군계획의 수립과 도시·군계획시설사업에 관한 비용은 이 법 또는 다른 법률에 특별한 규정이 있는 경우 외에는 국가가 하는 경우에는 국가예산 에서, 지방자치단체가 하는 경우에는 해당 지방자치단체가, 행정청이 아닌 자가 하는 경우에는 그 자가 부담함을 원칙으로 한다(법 제101조).

2. 지방자치단체의 비용부담

① 국토교통부장관이나 시·도지사는 그가 시행한 도시·군계획시설사업으로 현저 히 이익을 받는 시·도, 시 또는 군이 있으면 대통령령으로 정하는 바에 따라 그 도시·군계획시설사업에 든 비용의 일부를 그 이익을 받는 시·도, 시 또는 군에 부담시킬 수 있다. 이 경우 국토교통부장관은 시·도, 시 또는 군에 비용을 부담시키기 전에 행정안전부장관과 협의하여야 한다(법 제102조 제1항).

② 시·도지사는 제1항에 따라 그 시·도에 속하지 아니하는 특별시·광역시·특별 자치시·특별자치도·시 또는 군에 비용을 부담시키려면 해당 지방자치단체의 장과 협의하되, 협의가 성립되지 아니하는 경우에는 행정안전부장관이 결정하 는 바에 따른다.

③ 시장이나 군수는 그가 시행한 도시·군계획시설사업으로 현저히 이익을 받는 다른 지방자치단체가 있으면 대통령령으로 정하는 바에 따라 그 도시·군계획 시설사업에 든 비용의 일부를 그 이익을 받는 다른 지방자치단체와 협의하여 그 지방자치단체에 부담시킬 수 있다.

④ 위의 ③에 따른 협의가 성립되지 아니하는 경우 다른 지방자치단체가 같은 도

에 속할 때에는 관할 도지사가 결정하는 바에 따르며, 다른 시·도에 속할 때에는 행정안전부장관이 결정하는 바에 따른다.

제 2 절 도시계획위원회

1. 중앙도시계획위원회

(1) 국토교통부에 설치

다음의 업무를 수행하기 위하여 국토교통부에 중앙도시계획위원회를 둔다(법 제106조).

① 광역도시계획·도시·군계획·토지거래계약허가구역 등 국토교통부장관의 권한에 속하는 사항의 심의

② 다른 법률에서 중앙도시계획위원회의 심의를 거치도록 한 사항의 심의

③ 도시·군계획에 관한 조사·연구

(2) 중앙도시계획위원회의 조직

중앙도시계획위원회의 조직구성은 다음과 같다(법 제107조).

① 중앙도시계획위원회는 위원장·부위원장 각 1명을 포함한 25명 이상 30명 이하의 위원으로 구성한다.

② 중앙도시계획위원회의 위원장과 부위원장은 위원 중에서 국토교통부장관이 임명하거나 위촉한다.

③ 위원은 관계 중앙행정기관의 공무원과 토지 이용, 건축, 주택, 교통, 공간정보, 환경, 법률, 복지, 방재, 문화, 농림 등 도시·군계획과 관련된 분야에 관한 학식과 경험이 풍부한 자 중에서 국토교통부장관이 임명하거나 위촉한다.

④ 공무원이 아닌 위원의 수는 10명 이상으로 하고, 그 임기는 2년으로 한다.

⑤ 보궐위원의 임기는 전임자 임기의 남은 기간으로 한다.

2. 지방도시계획위원회

(1) 시·도도시계획위원회

다음 각호의 심의 또는 자문을 하게 하기 위하여 시·도에 시·도도시계획위원회를 둔다(법 제113조 제1항).

① 시·도지사가 결정하는 도시·군관리계획의 심의 등 시·도지사가 권한에 속하는 사항과 다른 법률에서 시·도도시계획위원회의 심의를 거치도록 한 사항의 심의

② 국토교통부장관의 권한에 속하는 사항 중 중앙도시계획위원회의 심의대상에 해당하는 사항이 시·도지사에게 위임된 경우 그 위임된 사항의 심의

③ 도시·군관리계획과 관련하여 시·도지사가 자문하는 사항에 대한 조언

④ 그 밖에 대통령령이 정하는 사항에 관한 심의 또는 자문

(2) 시·군·구도시계획위원회

도시·군관리계획과 관련된 다음의 심의를 하게 하거나 자문에 응하게 하기 위하여 시·군(광역시의 관할 구역에 있는 군을 포함한다) 또는 구(자치구를 말한다)에 각각 시·군·구도시계획위원회를 둔다(법 제113조 제2항).

① 대도시 시장이 결정하는 도시·군관리계획의 심의와 국토교통부장관 또는 시·도지사의 권한에 속하는 사항중 시·도도시계획위원회의 심의대상에 해당하는 사항이 시장·군수 또는 구청장(자치구의 구청장을 말한다. 이하 같다)에게 위임 또는 재위임된 경우 그 위임 또는 재위임된 사항의 심의

② 도시·군관리계획과 관련하여 시장·군수 또는 구청장이 자문하는 사항에 대한 조언

③ 개발행위의 허가 등에 관한 심의

④ 그 밖에 다음에 정하는 사항에 관한 심의 또는 자문(영 제110조 제2항)

   ㉠ 해당 시·군·구(자치구를 말한다)와 관련한 도시계획조례의 제정·개정과 관련하여 시장·군수·구청장(자치구의 구청장을 말한다)이 자문하는 사항에 대한 조언

   ㉡ 개발행위허가에 대한 심의(대도시에 두는 도시계획위원회에 한정한다)

ⓒ 개발행위허가와 관련하여 시장 또는 군수(특별시장·광역시장의 개발행위허가 권한이 조례로 군수 또는 구청장에게 위임된 경우에는 그 군수 또는 구청장을 포함한다)가 자문하는 사항에 대한 조언

ⓔ 시범도시사업계획의 수립에 관하여 시장·군수·구청장이 자문하는 사항에 대한 조언

제 3 절 시범도시의 지정·계획

1. 시범도시

(1) 시범도시의 지정

① 국토교통부장관은 도시의 경제·사회·문화적인 특성을 살려 개성 있고 지속가능한 발전을 촉진하기 위하여 필요하면 직접 또는 관계 중앙행정기관의 장이나 시·도지사의 요청에 의하여 경관·생태·정보통신·과학·문화·관광·교육·안전·교통·경제활력·도시재생 및 기후변화 분야로 시범도시(시범지구 또는 시범단지를 포함한다)를 지정할 수 있다(법 제127조 제1항).

② 국토교통부장관은 관계 중앙행정기관의 장 또는 시·도지사에게 시범도시의 지정 및 지원에 관하여 필요한 자료의 제출을 요청할 수 있다(법 제127조 제3항).

③ 시범도시의 지정 및 지원의 기준·절차 등에 관하여 필요한 사항은 대통령령으로 정한다(법 제127조 제4항).

(2) 지정기준

시범도시는 다음의 기준에 적합하여야 한다(영 제126조 제2항).

① 시범도시의 지정이 도시의 경쟁력 향상, 특화발전 및 지역균형발전에 기여할 수 있을 것

② 시범도시의 지정에 대한 주민의 호응도가 높을 것

③ 시범도시의 지정목적 달성에 필요한 사업(이하 "시범도시사업"이라 한다)에 주민이 참여할 수 있을 것

④ 시범도시사업의 재원조달계획이 적정하고 실현가능할 것

(3) 시범도시의 공모

① 국토교통부장관은 법 제127조 제1항의 규정에 의하여 직접 시범도시를 지정함에 있어서 필요한 경우에는 국토교통부령이 정하는 바에 따라 그 대상이 되는 도시를 공모할 수 있다.

② 공모에 응모할 수 있는 자는 특별시장·광역시장·시장·군수 또는 구청장으로 한다.

③ 국토교통부장관은 시범도시의 공모 및 평가 등에 관한 업무를 원활하게 수행하기 위하여 필요한 때에는 전문기관에 자문하거나 조사·연구를 의뢰할 수 있다.

(4) 시범도시사업계획의 수립·시행

1) 계획수립권자

시범도시를 관할하는 특별시장·광역시장·시장·군수 또는 구청장은 다음의 구분에 따라 시범도시사업의 시행에 관한 계획(이하 "시범도시사업계획"이라 한다)을 수립·시행하여야 한다(영 제128조 제1항).

① 시범도시가 시·군 또는 구의 관할 구역에 한정되어 있는 경우 : 관할 시장·군수 또는 구청장이 수립·시행

② 그 밖의 경우 : 특별시장 또는 광역시장이 수립·시행

2) 시범도시사업계획 사항

시범도시사업계획에는 다음의 사항이 포함되어야 한다(영 제128조 제2항).

① 시범도시사업의 목표·전략·특화발전계획 및 추진체제에 관한 사항

② 시범도시사업의 시행에 필요한 도시·군계획 등 관련계획의 조정·정비에 관한 사항

③ 시범도시사업의 시행에 필요한 도시·군계획사업에 관한 사항

④ 시범도시사업의 시행에 필요한 재원조달에 관한 사항

⑤ 주민참여 등 지역사회와의 협력체계에 관한 사항

⑥ 그 밖에 시범도시사업의 원활한 시행을 위하여 필요한 사항(영 제128조 제2항)

3) 국토교통부장관, 관계 중앙행정기관의 장 또는 시·도지사는 지정된 시범도시에 대하여 예산·인력 등 필요한 지원을 할 수 있다(법 제127조 제2항).

(5) 시범도시사업의 평가·조정

1) 시범도시를 관할하는 특별시장·광역시장·특별자치시장·특별자치도지사·시
장·군수 또는 구청장은 매년말까지 당해연도 시범도시사업계획의 추진실적을 국토교
통부장관과 당해 시범도시의 지정을 요청한 관계 중앙행정기관의 장 또는 시·도지사에
게 제출하여야 한다(영 제120조 제1항).

2) 국토교통부장관, 관계 중앙행정기관의 장 또는 시·도지사는 제1항의 규정에 의
하여 제출된 추진실적을 분석한 결과 필요하다고 인정하는 때에는 시범도시사업계획의
조정요청, 지원내용의 축소 또는 확대 등의 조치를 할 수 있다(영 제130조 제2항).

제4절 기 타

1. 전문기관에의 자문 등

① 국토교통부장관은 필요하다고 인정하는 경우에는 광역도시계획이나 도시·군
   기본계획의 승인, 그 밖에 도시·군계획에 관한 중요 사항에 대하여 도시·군계
   획에 관한 전문기관에 자문을 하거나 조사·연구를 의뢰할 수 있다(법 제129조
   제1항).
② 국토교통부장관은 자문을 구하거나 조사·연구를 의뢰하는 경우에는 그에 필요
   한 비용을 예상의 범위 안에서 해당 전문기관에 지급할 수 있다(법 제129조 제2항).

2. 토지에의 출입 등

국토교통부장관, 시·도지사, 시장 또는 군수나 도시·군계획시설사업의 시행자는
① 도시·군계획·광역도시계획에 관한 기초조사, ② 개발밀도관리구역, 기반시설부담
구역, 기반시설 설치계획에 관한 기초조사, ③ 지가의 동향 및 토지거래의 상황에 관한
조사 또는 ④ 도시·군계획시설사업에 관한 조사·측량 또는 시행을 위하여 필요한 때
에는 타인의 토지에 출입하거나 타인의 토지를 재료적치장 또는 임시통로로 일시 사용
할 수 있으며, 특히 필요한 때에는 나무·흙·돌, 그 밖의 장애물을 변경하거나 제거할

수 있다(법 제130조 제1항).

  이처럼 타인의 토지를 재료 적치장 또는 임시통로로 일시사용하거나 나무, 흙, 돌, 그 밖의 장애물을 변경 또는 제거하려는 자는 토지의 소유자·점유자 또는 관리인의 동의를 받아야 하는데, 토지나 장애물의 소유자·점유자 또는 관리인이 현장에 없거나 주소 또는 거소가 불분명하여 그 동의를 받을 수 없는 경우에는 행정청인 도시·군계획시설사업의 시행자는 관할 특별시장·광역시장·특별자치시장·특별자치도지사·시장 또는 군수에게 그 사실을 통지하여야 하며, 행정청이 아닌 도시·군계획시설사업의 시행자는 미리 관할 특별시장·광역시장·특별자치시장·특별자치도지사·시장 또는 군수의 허가를 받아야 한다(법 제130조 제3항·제4항).

  또한, 타인의 토지에 출입하려는 자는 특별시장·광역시장·특별자치시장·특별자치도지사·시장 또는 군수의 허가를 받아야 하며, 출입하려는 날의 7일 전까지 그 토지의 소유자·점유자 또는 관리인에게 그 일시와 장소를 알려야 한다. 다만, 행정청인 도시·군계획시설사업의 시행자는 허가를 받지 아니하고 타인의 토지에 출입할 수 있다(법 제130조 제2항).

3. 행정형벌

(1) 행정형벌 사유

3년 이하의 징역 또는 3천만원 이하의 벌금 (법 제140조)	1. 제56조 제1항 또는 제2항을 위반하여 허가 또는 변경허가를 받지 아니하거나, 속임수나 그 밖의 부정한 방법으로 허가 또는 변경허가를 받아 개발행위를 한 자 2. 시가화조정구역에서 허가를 받지 아니하고 제81조 제2항 각호의 어느 하나에 해당하는 행위를 한 자
3년 이하의 징역 또는 면탈·경감하였거나 면탈·경감하고자 한 기반시설설치비용의 3배 이하에 상당하는 벌금 (법 제140조의2)	기반시설설치비용을 면탈·경감할 목적 또는 면탈·경감하게 할 목적으로 거짓 계약을 체결하거나 거짓자료를 제출한 자
2년 이하의 징역 또는 2천만원 이하의 벌금(단, 제5호에	1. 도시·군관리계획의 결정이 없이 기반시설을 설치한 자 2. 공동구에 수용하여야 하는 시설을 공동구에 수용하지 아니한 자 3. 지구단위계획에 맞지 아니하게 건축물을 건축하거나 용도를 변경

해당하는 자는 계약체결 당시의 개별공시지가에 의한 해당 토지가격의 30/100에 상당하는 금액) (법 제141조)	한 자 4. 용도지역 또는 용도지구에서의 건축물이나 그 밖의 시설의 용도·종류 및 규모 등의 제한을 위반하여 건축물을 건축하거나 건축물의 용도를 변경한 자 5. 토지거래계약 허가 또는 변경허가를 받지 아니하고 토지거래계약을 체결하거나, 속임수나 그 밖의 부정한 방법으로 토지거래계약허가를 받은 자(⇨ 17. 1. 20부 삭제)
1년 이하의 징역 또는 1천만원 이하의 벌금 (법 제142조)	허가·인가 등의 취소, 공사의 중지, 공작물 등의 개축 또는 이전 등의 처분 또는 조치명령을 위반한 자

(2) 행정질서벌

1) 과태료 처분사유(법 제144조)

1천만원 이하의 과태료	1. 허가를 받지 아니하고 공동구를 점용하거나 사용한 자 2. 정당한 사유없이 타인토지출입 등의 규정에 의한 행위를 방해하거나 거부한 자(수인의무위반) 3. 타인토지출입 등의 규정에 따른 허가 또는 동의를 받지 아니하고 행위를 한 자 4. 도시·군계획시설사업의 시행의 검사를 거부·방해하거나 기피한 자
500만원 이하의 과태료	1. 개발행위 중 재해복구 또는 재난수습을 위한 응급조치로 신고를 하지 아니한 자 2. 도시·군계획시설사업의 시행에 대한 보고 또는 자료제출을 하지 아니하거나, 거짓된 보고 또는 자료제출 한 자

2) 과태료의 부과권자(법 제144조 제3항)

국토교통부장관, 시·도지사, 시장 또는 군수 (수산자원보호구역의 경우, 해양수산부장관)	1. 정당한 사유없이 타인토지출입 등의 규정에 의한 행위를 방해하거나 거부한 자(수인의무위반) 2. 도시·군계획시설사업의 시행의 검사를 거부·방해하거나 기피한 자 3. 도시·군계획시설사업의 시행에 대한 보고 또는 자료제출을 하지 아니하거나, 거짓된 보고 또는 자료제출을 한 자
특별시장·광역시장· 특별자치시장· 특별자치도지사·시장 또는 군수	1. 허가를 받지 아니하고 공동구를 점용하거나 사용한 자 2. 타인토지출입 등의 규정에 따른 허가 또는 동의를 받지 아니하고 행위를 한 자 3. 개발행위 중 재해복구 또는 재난수습을 위한 응급조치로 신고를 하지 아니한 자

대판 2011.7.14, 2011마364(국토의 계획 및 이용에 관한 법률 위반 이익)

"질서위반행위규제법은 과태료의 부과대상인 질서위반행위에 대하여도 책임주의 원칙을 채택하여 제7조에서 고의 또는 과실이 없는 질서위반행위는 과태료를 부과하지 아니한다고 규정하고 있으므로, 질서위반행위를 한 자가 자신의 책임 없는 사유로 위반행위에 이르렀다고 주장하는 경우 법원으로서는 그 내용을 살펴 행위자에게 고의나 과실이 있는지를 따져보아야 한다."

제 2 편

도시개발법

도시개발법

제 1 장

총 칙

제 1 절 제정목적

　'도시개발법'은 도시개발에 필요한 사항을 규정하여 계획적이고 체계적인 도시개발을 도모하고 쾌적한 도시환경의 조성과 공공복리의 증진에 이바지함을 목적으로 제정되었다(법 제1조).

　지금까지의 도시개발사업은 주택단지개발, 산업단지개발 등과 같이 단일 목적의 개발방식으로 추진되어 왔기 때문에, 신도시의 개발·조성이나 복합적인 기능을 갖는 도시를 개발하는데 있어 한계가 있었다. 또한 도시개발을 공영개발 방식으로 진행하였기에 민간 부문에서 도시개발사업에 적극적으로 참여하지 못하는 한계도 있었다. 이에 종전 도시계획법에 관한 부분과 토지구획정리사업의 내용을 통합·보완하여 도시개발에 관한 기본법으로서 2000년 1월 28일 '도시개발법'을 제정함으로써 도시개발을 위한 종합적이고 체계적인 법적기반을 마련하였다. 이 법의 제정으로 도시개발사업에 있어 민간부문의 참여가 활성화되어 현재는 공영개발은 물론 혼합적이고 다양한 형태의 도시개발이 가능하게 되었다.

　이후 13번의 일부개정을 거쳐 현재(법률 제18310호, 2021. 7. 20., 타법 개정, 시행 2022. 7. 21.)에 이르고 있는데, 가장 최근의 일부개정(법률 제18630호, 2021. 12. 21., 일부개정, 시행 2022. 6. 22.)에는 현행 도시개발사업을 시행하기 위해 설립된 민·관공동출자법

인의 공공시행자와 민간참여자 간의 이익배분, 적정 이윤율 등에 대해 따로 정하고 있
지 않아 민간참여자의 이익이 과도하게 발생할 수 있다는 문제가 제기되고 있으므로,
민간참여자의 이익을 합리적으로 제한하고 도시개발사업의 절차적 투명성 확보를 위해
민·관공동출자법인이 도시개발사업을 시행하고자 하는 경우 민간참여자의 이윤율 상
한을 사업의 특성, 민간참여자의 기여 정도 등을 고려하여 대통령령으로 정하도록 하
고, 민간참여자 선정 방법, 민간참여자와의 사업시행을 위한 협약 체결 절차, 협약 체결
시 지정권자의 승인 및 정부의 관리·감독 권한 등에 관한 사항을 규정하기 위하여 제
11조의2(법인의 설립과 사업시행 등) 규정이 신설되었다.

또한 민·관공동출자법인의 민간참여자에게 배분되어야 할 개발이익이 약정된 이
윤율을 초과할 경우 그 초과분을 도시개발특별회계의 재원, 주민생활편의증진을 위한
시설 비용, 기반시설의 설치를 위한 용지의 공급가격 인하, 임대주택의 건설·공급에
대한 비용으로 재투자하도록 하기 위하여 제53조의2(개발이익의 재투자) 규정이 마련되
었다.

제 2 절   용어의 정리

1. 도시개발사업

'도시개발사업'이란 도시개발구역에서 주거, 상업, 산업, 유통, 정보통신, 생태, 문
화, 보전 및 복지 등의 기능이 있는 단지 또는 시가지를 조성하기 위하여 시행하는 사업
을 말한다(법 제2조 제2항).

2. 도시개발구역

'도시개발구역'이란 도시개발사업을 시행하기 위하여 제3조(도시개발구역의 지정 등)
와 제9조(도시개발구역지정의 고시 등)에 따라 지정·고시된 구역을 말한다(법 제2조 제1항
제1호). 구체적으로는 주거, 상업, 산업, 유통, 보건, 복지 등의 기능을 가지는 단지나
시가지를 조성하는 사업을 시행할 구역을 말한다. 논이나 밭, 임야 등으로 이용하는 토
지를 도시기능을 갖는 시가지(토지)로 개발하려는 지역을 말한다.

3. 환지방식

'환지'란, 사업의 시행에 따라 토지의 형질, 면적 등에 변경이 발생하여 토지의 이용증진을 도모하기 위해 그 위에 존재하는 소유권, 그 밖의 권리관계에 변경을 가할 필요가 있을 때 종래의 토지 대신 교부되는 토지를 말한다. 특히 도시개발사업을 할 때 사업지구 내 토지소유자의 소유권 등 권리를 변동시지 않고 사업을 하며, 사업시행 전과 후의 토지 위치, 면적, 토질, 이용상황 및 환경을 고려하여 사업시행 후의 토지이용계획에 따라 종전의 소유권을 사업 후 정리된 대지에 이전시키는 방식을 '환지방식'이라 한다.

도시개발구역의 지정

제 2 장

제 1 절 도시개발구역의 지정

1. 도시개발구역의 지정권자

(1) 시·도지사 등

다음의 어느 하나에 해당하는 자는 계획적인 도시개발이 필요하다고 인정되는 때에는 도시개발구역을 지정할 수 있다(법 제3조 제1항).

① 특별시장·광역시장·도지사·특별자치도지사

② 「지방자치법」 제198조에 따른 서울특별시와 광역시를 제외한 인구 50만 이상의 대도시의 시장

③ (협의지정) 도시개발사업이 필요하다고 인정되는 지역이 둘 이상의 특별시·광역시·도·특별자치도 또는 「지방자치법」 제198조에 따른 서울특별시와 광역시를 제외한 인구 50만 이상의 대도시의 행정구역에 걸치는 경우에는 관계 시·도지사 또는 대도시 시장이 협의하여 도시개발구역을 지정할 자를 정한다(법 제3조 제2항).

(2) 국토교통부장관

국토교통부장관은 다음의 어느 하나에 해당하면 직접 도시개발구역을 지정할 수 있다(법 제3조 제3항, 영 제4조 제1항·제2항).

---

① 국가가 도시개발사업을 실시할 필요가 있는 경우
② 관계 중앙행정기관의 장이 요청한 경우
③ 공공기관의 장 또는 정부출연기관의 장이 30만㎡ 이상으로서 국가계획과 밀접한 관련이 있는 도시개발구역의 지정을 제안하는 경우
④ 2 이상의 시·도에 걸치는 경우로서 관계 시·도지사의 협의가 성립되지 아니하는 경우
⑤ 천재·지변 그 밖의 사유로 인하여 도시개발사업을 긴급하게 할 필요가 있는 경우

---

2. 도시개발구역의 지정

(1) 대상지역

이 법에 따라 도시계획구역으로 지정할 수 있는 대상 지역 및 규모는 다음 표와 같다(영 제2조 제1항).

구　　분	지　　역	면　　적
도시지역 안	주거지역 상업지역	1만㎡ 이상
	공업지역	3만㎡ 이상
	자연녹지지역	1만㎡ 이상
	생산녹지지역	1만㎡ 이상(도시개발구역 지정면적의 30/100 이하인 경우만 해당)
도시지역 외		30만㎡ 이상 ※ 다만, 공동주택 중 아파트 또는 연립주택의 건설계획이 포함되는 경우로서 다음 요건을 모두 갖춘 경우에는 10만㎡ 이상으로 한다. ① 도시개발구역에 초등학교용지를 확보(도시개발구역 내 또는 도시개발구역으로부터 통학이 가능한 거리에 학생을 수용할 수 있는 초등학교가 있는 경우를 포함한다)하여 관할 교육청과 협의한 경우 ② 도시개발구역에서 도로법(제12조~제15조)에 해당하는 도로 또는 국토교통부령으로 정하는 도로와 연결되거나 4차로 이상의 도로를 설치하는 경우

(2) 도시개발구역으로 지정할 수 있는 지역

자연녹지지역, 생산녹지지역 및 도시지역 외의 지역에 도시개발구역을 지정하는 경우에는 광역도시계획 또는 도시·군기본계획에 의하여 개발이 가능한 지역에서만 국토교통부장관이 정하는 기준에 따라 지정하여야 한다. 다만, 광역도시계획 및 도시·군기본계획이 수립되지 아니한 지역인 경우에는 자연녹지지역 및 계획관리지역에서만 도시개발구역을 지정할 수 있다(영 제2조 제2항).

(3) 지정의 특례

다음에 해당하는 지역으로서 도시개발구역의 지정권자가 계획적인 도시개발이 필요하다고 인정하는 지역에 대하여는 (1), (2)의 규정에 의한 제한을 적용하지 아니한다(영 제2조 제3항).

> 1. 취락지구 또는 개발진흥지구로 지정된 지역
> 2. 지구단위계획구역으로 지정된 지역
> 3. 국토교통부장관이 국가균형발전을 위하여 관계 중앙행정기관의 장과 협의하여 도시개발구역으로 지정하고자 하는 지역(자연환경보전지역을 제외한다)

3. 지정의 요청

시장(대도시 시장은 제외한다)·군수·구청장(자치구의 구청장을 말한다)은 시·도지사에게 도시개발구역의 지정을 요청할 수 있다(법 제3조 제4항).

이 경우 시장(대도시 시장 제외)·군수·구청장은 시·군·구도시계획위원회의 자문을 한 후 국토교통부령(규칙 제5조)이 정하는 서류[도시개발구역 조사서, 토지면적 및 토지소유자의 동의에 관한 서류(환지방식이 적용되는 지역만 해당한다), 개발계획의 내용에 관한 서류, 기초조사 등에 관한 서류, 주민 및 관계전문가 등의 의견청취 결과 및 이에 대한 검토의견서 등을 말한다]를 특별시장·광역시장·도지사에게 제출하여야 한다(영 제5조). 다만, 지구단위계획구역에서 이미 결정된 지구단위계획에 따라 도시개발사업을 시행하기 위하여 도시개발구역의 지정을 요청하는 경우에는 시·군·구도시계획위원회에 자문을 하지 아니할 수 있다(영 제5조 단서).

제 2 절 도시개발계획의 수립

1. 개발계획의 개념

(1) 의의

개발계획이란 도시개발구역의 지정권자가 그 구역 지정 시 수립하는 도시개발사업의 계획을 말한다.

(2) 개발계획

1) 수립

① 지정권자는 도시개발구역을 지정하려면 해당 도시개발구역에 대한 도시개발사

업의 계획(이하 "개발계획"이라 한다)을 수립하여야 한다(법 제4조 제1항).

대판 2012.9.27, 2010두16219(개발구역지정 및 개발계획수립 고시처분취소 등)

"도시개발구역을 지정하는 자(이하 '지정권자'라고 한다)는 도시개발구역을 지정하려면 해당 도시개발구역에 대한 개발계획을 수립하여야 하며, 직접 또는 도시개발사업의 시행자 등의 요청을 받아 개발계획을 변경할 수 있다고 정하고, 나아가 환지 방식의 도시개발사업에 대한 개발계획을 수립하려면 환지 방식이 적용되는 지역의 토지면적의 3분의 2 이상에 해당하는 토지소유자와 그 지역의 토지소유자 총수의 2분의 1 이상의 동의를 받아야 하고, 환지 방식으로 시행하기 위하여 개발계획을 변경하려는 경우에도 같다."

---

② 다음 어느 하나에 해당하는 지역에 도시개발구역을 지정할 때에는 도시개발구역을 지정한 후에 개발계획을 수립할 수 있다(법 제4조 제1항 단서, 영 제6조).

---

1. 자연녹지지역
2. 생산녹지지역(생산녹지지역이 도시개발구역 지정면적의 30/100 이하인 경우에 한한다)
3. 도시지역 외의 지역
4. 국토교통부장관이 국가균형발전을 위하여 관계 중앙행정기관의 장과 협의하여 도시개발구역으로 지정하고자 하는 지역(자연환경보전지역을 제외한다)
5. 해당 도시개발구역에 포함되는 주거지역·상업지역·공업지역의 면적의 합계가 전체 도시개발구역 지정 면적의 30/100 이하인 지역

---

2) 개발계획의 변경

지정권자는 직접 또는 관계 중앙행정기관의 장 또는 시장(대도시 시장 제외)·군수·구청장 또는 도시개발사업의 시행자의 요청을 받아 개발계획을 변경할 수 있다(법 제4조 제3항).

(3) 개발계획의 내용

개발계획에는 다음의 사항이 포함되어야 한다(법 제5조 제1항).

---

1. 도시개발구역의 명칭·위치 및 면적
2. 도시개발구역의 지정 목적과 도시개발사업의 시행기간
3. 제3조의2에 따라 도시개발구역을 둘 이상의 사업시행지구로 분할하거나 서로 떨어진 둘 이상의 지역을 하나의 구역으로 결합하여 도시개발사업을 시행하는 경우에는 그 분할이나 결합에 관한

사항
   4. 도시개발사업의 시행자에 관한 사항
   5. 도시개발사업의 시행방식
   6. 인구수용계획
   7. 토지이용계획
   7의2. 제25조의2에 따라 원형지로 공급될 대상 토지 및 개발 방향
   8. 교통처리계획
   9. 환경보전계획
  10. 보건의료시설 및 복지시설의 설치계획
  11. 도로, 상하수도 등 주요 기반시설의 설치계획
  12. 재원조달계획
  13. 도시개발구역 밖의 지역에 기반시설을 설치하여야 하는 경우에는 그 시설의 설치에 필요한 비용
      의 부담 계획
  14. 수용(收用) 또는 사용의 대상이 되는 토지·건축물 또는 토지에 정착한 물건과 이에 관한 소유
      권 외의 권리, 광업권, 어업권, 물의 사용에 관한 권리(이하 "토지등"이라 한다)가 있는 경우에
      는 그 세부목록
  15. 임대주택(「민간임대주택에 관한 특별법」에 따른 민간임대주택 및 「공공주택 특별법」에 따른 공
      공임대주택을 말한다)건설계획 등 세입자 등의 주거 및 생활 안정 대책
  16. 제21조의2에 따른 순환개발 등 단계적 사업추진이 필요한 경우 사업추진 계획 등에 관한 사항
  17. 그 밖에 대통령령으로 정하는 사항
   ※ 여기서 "대통령령으로 정하는 사항"이란 다음 각 호를 말한다(영 제8조 제1항).
      가. 학교시설계획
      나. 문화재 보호계획
      다. 초고속 정보통신망계획
      라. 공동구 등 지하매설물계획
      마. 존치하는 기존 건축물 및 공작물 등에 관한 계획
      바. 산업의 유치업종 및 배치계획
      사. 도시개발구역 밖의 지역에서 도시개발구역의 이용에 제공되는 「국토의 계획 및 이용에 관
          한 법률」 제2조 제6호에 따른 기반시설의 설치가 필요한 경우 도시개발구역 밖의 기반시설
          계획에 관한 사항
      아. 집단에너지 공급계획
      자. 전시장·공연장 등의 문화시설계획
      차. 어린이집계획,
      카. 저탄소 녹색도시 조성을 위한 계획
      파. 용적률 및 수용인구 등에 관한 개발밀도계획
      타. 도시·군관리계획의 수립 또는 변경에 관한 사항
      하. 그 밖에 국토교통부령으로 정하는 사항

   다만, 위의 박스 안의 13부터 16에 해당하는 사항은 도시개발구역의 지정 후에 이
를 개발계획에 포함시킬 수 있다(법 제5조 제1항 단서). 또한 도시지역 외의 지역이나 녹

지지역에 도시개발구역을 지정하는 경우 위의 내용 중 9.의 환경보전계획에는 환경성
검토 결과(「환경영향평가법」에 따른 전략환경영향평가를 실시하는 경우에는 전략환경영향평가
결과를 말한다)가 포함되어야 한다(영 제8조 제2항).

2. 수립의 작성 기준

(1) 토지소유자 동의

① 지정권자는 환지방식의 도시개발사업에 대한 개발계획을 수립하려면 환지방식
이 적용되는 지역의 토지면적의 2/3 이상에 해당하는 토지소유자와 그 지역의
토지 소유자 총수의 1/2 이상의 동의를 받아야 한다. 환지방식으로 시행하기
위하여 개발계획을 변경하려는 경우에도 또한 같다(법 제4조 제4항).

〈동의자 수의 산정방법 등(영 제6조 제4항)〉

1. 도시개발구역의 토지면적을 산정하는 경우: 국공유지를 포함하여 산정할 것
   ⇨ 국공유지를 제외한 전체 사유 토지면적 및 토지소유자에 대하여 동의 요건 이상으로 동의를
   받은 후에 그 토지면적 및 토지소유자의 수가 법적 동의 요건에 미달하게 된 경우에는 국공유지
   관리청의 동의를 받아야 한다.
2. 1필의 토지소유권을 여러 명이 공유하는 경우: 다른 공유자의 동의를 받은 대표 공유자 1명만을
   해당 토지소유자로 볼 것. 다만, 「집합건물의 소유 및 관리에 관한 법률」에 따른 구분소유자는
   각각을 토지소유자 1명으로 본다.
2의2. 1인이 둘 이상 필지의 토지를 단독으로 소유한 경우: 필지의 수에 관계없이 토지 소유자를
   1인으로 볼 것
2의3. 둘 이상 필지의 토지를 소유한 공유자가 동일한 경우: 공유자 여럿을 대표하는 1인을 토지
   소유자로 볼 것
3. 도시개발구역지정 시 주민의 공람·공고일 후에 「집합건물의 소유 및 관리에 관한 법률」에 따른
   구분소유권을 분할하게 되어 토지 소유자의 수가 증가하게 된 경우: 공람·공고일 전의 토지 소
   유자의 수를 기준으로 산정하고, 증가된 토지 소유자의 수는 토지 소유자 총수에 추가 산입하지
   말 것
4. 도시개발구역의 지정이 제안되기 전에 또는 도시개발구역에 대한 도시개발사업의 계획("개발계
   획"이라 한다)의 변경을 요청받기 전에 동의를 철회하는 사람이 있는 경우: 그 사람은 동의자
   수에서 제외할 것
5. 도시개발구역의 지정이 제안된 후부터 개발계획이 수립되기 전까지의 사이에 토지 소유자가 변
   경된 경우 또는 개발계획의 변경을 요청받은 후부터 개발계획이 변경되기 전까지의 사이에 토지
   소유자가 변경된 경우: 기존 토지 소유자의 동의서를 기준으로 할 것

다만, 토지소유자가 동의하거나 동의를 철회할 경우에는 국토교통부령으로 정하는 동의서 또는 동의철회서를 제출하여야 하며, 공유토지의 대표 소유자는 대표자지정 동의서와 대표 소유자 및 공유자의 신분을 증명할 수 있는 서류를 각각 첨부하여 함께 제출하여야 한다(영 제6조 제6항).

② 지정권자가 도시개발사업을 환지방식으로 시행하고자 개발계획을 수립 또는 변경하는 때에 도시개발사업의 시행자가 국가 또는 지방자치단체인 경우에는 위 규정에 불구하고 토지소유자의 동의를 받을 필요가 없다(법 제4조 제4항).

③ 지정권자가 도시개발사업의 전부를 환지방식으로 시행하고자 개발계획을 수립 또는 변경하는 때에 도시개발사업의 시행자가 조합에 해당하는 경우로서 조합이 성립된 후 총회에서 도시개발구역의 토지면적의 2/3 이상에 해당하는 조합원과 그 지역의 조합원 총수의 1/2 이상의 찬성으로 수립 또는 변경을 의결한 개발계획을 지정권자에게 제출한 경우에는 위 규정에 불구하고 토지소유자의 동의를 얻은 것으로 본다(법 제4조 제5항).

(2) 광역도시계획과 도시·군기본계획에 부합

「국토의 계획 및 이용에 관한 법률」에 따른 광역도시계획이나 도시·군기본계획이 수립되어 있는 지역에 대하여 개발계획을 수립하려면 개발계획의 내용이 해당 광역도시계획이나 도시·군기본계획에 들어맞도록 하여야 한다(법 제5조 제2항).

(3) 구역 지정 후, 개발계획의 수립

도시개발구역을 지정한 후에 개발계획을 수립하는 경우에는 도시개발구역을 지정할 때에 다음의 사항에 관한 계획을 수립하여야 한다(법 제5조 제3항, 영 제9조 제1항).

1. 도시개발구역의 명칭·위치 및 면적
2. 도시개발구역의 지정 목적
3. 도시개발사업의 시행 방식
4. 시행자에 관한 사항
5. 개략적인 인구수용 계획
6. 개략적인 토지이용계획

(4) 기능의 조화

330만㎡ 이상인 도시개발구역에 관한 개발계획을 수립할 때에는 해당 구역에서 주거, 생산, 교육, 유통, 위락 등의 기능이 서로 조화를 이루도록 노력하여야 한다(법 제5조 제4항, 영 제9조 제3항).

---

1. 도시개발구역의 규모 30만㎡ 이상(공공기관의 장 또는 정부출연기관의 장이 제안한 경우) : 국토교통부장관이 지정
2. 도시개발구역의 규모 100만㎡ 이상 : 국토교통부장관과 협의
3. 도시개발구역의 규모 330만㎡ 이상 : 개발계획수립 시 복합도시 기능을 갖도록 수립

---

(5) 작성기준 및 방법

개발계획의 작성기준 및 방법은 국토교통부장관이 정한다(법 제5조 제5항).

제 3 절 도시개발구역의 지정절차 등

1. 도시개발구역의 지정절차

(1) 기초조사

① 도시개발사업의 시행자나 시행자가 되려는 자는 도시개발구역을 지정하거나 도시개발구역의 지정을 요청 또는 제안하려고 할 때에는 도시개발구역으로 지정될 구역의 토지, 건축물, 공작물, 주거 및 생활실태, 주택수요, 그 밖에 필요한 사항에 관하여 대통령령으로 정하는 바에 따라 조사하거나 측량할 수 있다(법 제6조 제1항).

② 조사나 측량을 하려는 자는 관계 행정기관, 지방자치단체, 공공기관, 정부출연기관, 그 밖의 관계 기관의 장에게 필요한 자료의 제출을 요청할 수 있다(법 제6조 제2항).

(2) 주민 등의 의견청취

국토교통부장관, 시·도지사 또는 대도시 시장이 도시개발구역을 지정(대도시 시장이 아닌 시장·군수 또는 구청장의 요청에 의하여 지정하는 경우는 제외한다)하고자 하거나 대도시 시장이 아닌 시장·군수 또는 구청장이 도시개발구역의 지정을 요청하려고 하는 경우에는 공람이나 공청회를 통하여 주민이나 관계 전문가 등으로부터 의견을 들어야 하며, 공람이나 공청회에서 제시된 의견이 타당하다고 인정되면 이를 반영하여야 한다. 도시개발구역을 변경(대통령령으로 정하는 경미한 사항은 제외한다)하려는 경우에도 또한 같다(법 제7조).

1) 공람(영 제11조)

① 국토교통부장관 또는 특별시장·광역시장·도지사·특별자치도지사(이하 "시·도지사"라 한다)는 도시개발구역의 지정에 관한 주민의 의견을 청취하려면 관계 서류 사본을 시장·군수 또는 구청장에게 송부하여야 한다.

② 시장·군수 또는 구청장은 관계 서류 사본을 송부 받거나 주민의 의견을 청취하려는 경우에는 다음의 사항을 전국 또는 해당 지방을 주된 보급지역으로 하는 둘 이상의 일간신문과 해당 시·군 또는 구의 인터넷 홈페이지에 공고하고 14일 이상 일반인에게 공람시켜야 한다.

---

1. 입안할 도시개발구역의 지정 및 개발계획의 개요
2. 시행자 및 도시개발사업의 시행방식에 관한 사항
3. 공람기간
4. 그 밖에 국토교통부령으로 정하는 사항

다만, 도시개발구역의 면적이 10만㎡ 미만인 경우에는 일간신문에 공고하지 아니하고 공보와 해당 시·군 또는 구의 인터넷 홈페이지에 공고할 수 있다.

③ 공고된 내용에 관하여 의견이 있는 자는 공람기간에 도시개발구역의 지정에 관한 공고를 한 자에게 의견서를 제출할 수 있다.

④ 시장·군수 또는 구청장은 제출된 의견을 종합하여 국토교통부장관(국토교통부장관이 시장·군수·구청장에게 송부한 경우에만 해당한다), 시·도지사에게 제출하여야 하며, 제출된 의견이 없으면 그 사실을 국토교통부장관, 시·도지사에게 통

보하여야 한다.

다만, 대도시 시장이 지정권자인 경우에는 그러하지 아니하다.

⑤ 국토교통부자관, 시·도지사, 시장·군수 또는 구청장은 제출된 의견을 공고한 내용 반영할 것인지를 검토하여 그 결과를 공람기간이 끝난 날부터 30일 이내에 그 의견을 제출한 자에게 통보하여야 한다.

2) 공청회(영 제13조)

① 국토교통부장관, 시·도지사, 시장·군수 또는 구청장은 도시개발사업을 시행하고자 하는 구역의 면적이 100만㎡ 이상인 경우(도시개발계획의 변경 후의 면적이 100만㎡ 이상인 경우를 포함한다)에는 공람기간이 끝난 후에 공청회를 개최하여야 한다.

② 국토교통부장관, 시·도지사, 시장·군수 또는 구청장은 공청회를 개최하려면 ㉠ 공청회의 개최목적, ㉡ 공청회의 개최예정일시 및 장소, ㉢ 입안하고자 하는 도시개발구역지정 및 개발계획의 개요, ㉣ 의견발표의 신청에 관한 사항, ㉤ 그 밖에 국토교통부령으로 정하는 사항을 전국 또는 해당 지방을 주된 보급 지역으로 하는 일간신문과 인터넷 홈페이지에 공청회 개최 예정일 14일 전까지 1회 이상 공고하여야 한다.

③ 공청회가 국토교통부장관, 시·도지사, 시장·군수 또는 구청장이 책임질 수 없는 사유로 2회에 걸쳐 개최되지 못하거나 개최는 되었으나 정상적으로 진행되지 못한 경우에는 공청회를 생략할 수 있다. 이 경우 공청회를 생략하게 된 사유와 달리 의견을 제출할 수 있는 의견 제출의 시기 및 방법 등에 관한 사항을 공고함으로써 주민의 의견을 듣도록 하여야 한다.

④ 공청회는 공청회를 개최하는 자가 지명하는 자가 주재한다.

⑤ 위에서 규정된 것 외에 공청회의 개최에 필요한 사항은 그 공청회를 개최하는 주체에 따라 국토교통부장관이 정하거나 해당 지방자치단체의 조례로 정할 수 있다.

(3) 협의 및 심의

1) 협의

① 지정권자(시·도지사, 대도시 시장, 국토교통부장관)는 도시개발구역을 지정하거나

개발계획을 수립하려면 관계 행정기관의 장과 협의를 하여야 한다(법 제8조 제1
항 전단).

② 지정권자는 위 ①에 따라 관계 행정기관의 장과 협의하는 경우 "지정하려는 도
시개발구역 면적이 50만㎡ 이상인 경우 또는 개발계획이 국가계획을 포함하고
있거나, 그 국가계획과 관련되는 경우"에 해당하면 국토교통부장관과 협의하여
야 한다(영 제14조의2 제1항 및 제2항).

2) 심의

① 지정권자는 협의한 후 중앙도시계획위원회 또는 시·도도시계획위원회나 대도
시에 두는 대도시도시계획위원회의 심의를 거쳐야 한다. 변경의 경우에도 또한
같다(법 제8조 제1항 후단).

② 지구단위계획(「국토의 계획 및 이용에 관한 법률」의 규정에 따름)에 따라 도시개발
사업을 시행하기 위하여 도시개발구역을 지정하는 경우에는 중앙도시계획위원
회 또는 시·도도시계획위원회나 대도시에 두는 대도시도시계획위원회의 심의
를 거치지 아니한다(법 제8조 제2항).

(4) 고시

1) 고시·공람

지정권자는 도시개발구역을 지정하거나 개발계획을 수립한 경우에는 대통령령으
로 정하는 바에 따라 이를 관보나 공보에 고시하고, 대도시 시장인 지정권자는 관계
서류를 일반에게 공람시켜야 하며, 대도시 시장이 아닌 지정권자는 해당 도시개발구역
을 관할하는 시장(대도시 시장은 제외한다)·군수 또는 구청장에게 관계 서류의 사본을 보
내야 하며, 지정권자인 특별자치도지사와 관계 서류를 송부받은 시장(대도시 시장은 제외
한다)·군수 또는 구청장은 해당 관계 서류를 14일 이상 일반인에게 공람시켜야 한다.
변경하는 경우에도 또한 같다(법 제9조 제1항, 영 제15조 제14항).

2) 통보

시·도지사 또는 대도시 시장이 도시개발구역을 지정·고시한 경우에는 국토교통
부장관에게 그 내용을 통보하여야 한다(법 제9조 제3항).

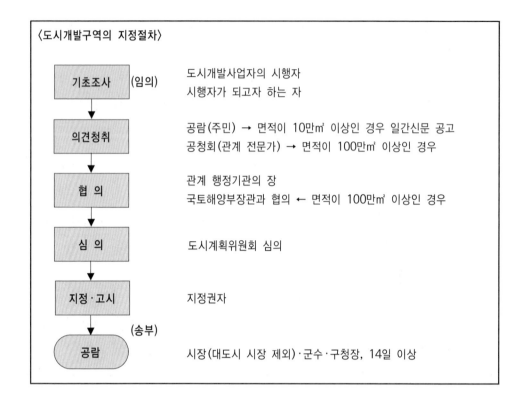

2. 도시개발구역 지정·고시의 효과

(1) 지정효과

도시개발구역이 지정·고시된 경우 해당 도시개발구역은 「국토의 계획 및 이용에 관한 법률」 제51조 제1항에 따른 지구단위계획구역으로 결정·고시된 것으로 본다. 다만, 「국토의 계획 및 이용에 관한 법률」에 따른 지구단위계획구역 및 취락지구로 지정된 지역인 경우에는 그러하지 아니하다(법 제9조 제2항, 영 제15조 제5항).

(2) 지형도면의 고시

도시개발구역이 지정·고시된 경우 해당 도시개발구역은 「국토의 계획 및 이용에 관한 법률」에 따른 도시지역과 지구단위계획구역으로 결정·고시된 것으로 보는 사항에 대하여 「국토의 계획 및 이용에 관한 법률」 제32조에 따른 도시·군관리계획에 관한 지형도면의 고시는 같은 법 규정(도시·군관리계획결정·고시 후, 2년 이내 지형도면의 고시)에 불구하고 도시개발사업의 시행기간에 할 수 있다(법 제9조 제4항).

3. 도시개발구역 안에서의 개발행위

(1) 허가대상행위

도시개발구역지정에 관한 주민 등의 의견청취를 위한 공고가 있는 지역 및 도시개발구역에서 건축물의 건축, 공작물의 설치, 토지의 형질 변경, 토석의 채취, 토지 분할, 물건을 쌓아놓는 행위, 죽목의 벌채 및 식재 등 대통령령으로 정하는 행위(영 제16조 제1항)를 하려는 자는 특별시장·광역시장·특별자치도지사·시장 또는 군수의 허가를 받아야 한다. 허가받은 사항을 변경하려는 경우에도 또한 같다(법 제9조의 제5항).

〈행위허가의 대상 등(영 제16조 제1항)〉

1. 건축물의 건축 등:「건축법」제2조 제1항 제2호에 따른 건축물(가설건축물을 포함한다)의 건축, 대수선(大修繕) 또는 용도 변경
2. 공작물의 설치: 인공을 가하여 제작한 시설물(「건축법」제2조 제1항 제2호에 따른 건축물은 제외한다)의 설치
3. 토지의 형질변경: 절토(땅깎기)·성토(흙쌓기)·정지·포장 등의 방법으로 토지의 형상을 변경하는 행위, 토지의 굴착 또는 공유수면의 매립
4. 토석의 채취: 흙·모래·자갈·바위 등의 토석을 채취하는 행위. 다만, 토지의 형질 변경을 목적으로 하는 것은 앞의 3에 따른다.
5. 토지분할
6. 물건을 쌓아놓는 행위: 옮기기 쉽지 아니한 물건을 1개월 이상 쌓아놓는 행위
7. 죽목(竹木)의 벌채 및 식재(植栽)

---

(2) 허가받지 아니하고 할 수 있는 행위

다음의 어느 하나에 해당하는 행위는 허가를 받지 아니하고 이를 할 수 있다(법 제9조의 제6항, 영 제16조의 제3항).

---

① 재해복구 또는 재난수습을 위한 응급조치
②「국토의 계획 및 이용에 관한 법률」에 따른 개발행위허가의 대상이 아닌 것을 말한다.
  ㉠ 농림수산물의 생산에 직접 이용되는 것으로서 국토교통부령으로 정하는 간이공작물(비닐하우스, 양잠장, 버섯 재배사, 종묘배양장 등)의 설치
  ㉡ 경작을 위한 토지의 형질변경
  ㉢ 도시개발구역의 개발에 지장을 주지 아니하고 자연경관을 훼손하지 아니하는 범위에서의 토석채취

> ② 도시개발구역에 남겨두기로 결정된 대지에서 물건을 쌓아놓는 행위
> ③ 관상용 죽목의 임시 식재(경작지에서의 임시 식재는 제외한다)

(3) 기득권의 보호

허가를 받아야 하는 행위로서 도시개발구역의 지정 및 고시 당시 이미 관계 법령에 따라 행위 허가를 받았거나 허가를 받을 필요가 없는 행위에 관하여 그 공사나 사업에 착수한 자는 도시개발구역의 지정·고시가 있는 날부터 30일 이내에 국토해양부령이 정하는 신고서에 그 공사 또는 사업의 진행상황과 시행계획을 첨부하여 관할 특별시장·광역시장·특별자치도지사·시장 또는 군수에게 제출하여 신고한 후 이를 계속 시행할 수 있다(법 제9조 제7항, 영 제16조 제4항).

4. 도시개발구역지정의 해제

(1) 도시개발구역지정 시 개발계획을 수립하는 경우

도시개발구역의 지정은 다음에 규정된 날의 다음 날에 해제된 것으로 본다(법 제10조 제1항).

> ① 도시개발구역이 지정·고시된 날부터 3년이 되는 날까지 도시개발사업에 관한 실시계획 인가를 신청하지 아니하는 경우에는 그 3년이 되는 날
> ② 도시개발사업의 공사완료의 공고일
> ③ 환지방식에 의한 도시개발사업인 경우 그 환지처분공고일

(2) 도시개발구역지정 후 개발계획을 수립하는 경우

> ① 도시개발구역이 지정·고시된 날부터 2년이 되는 날까지 개발계획을 수립·고시하지 아니하는 경우에는 그 2년이 되는 날
> ② 개발계획을 수립·고시한 날부터 3년이 되는 날까지 실시계획의 인가를 신청하지 아니하는 경우에는 그 3년이 되는 날

다만, 도시개발구역의 면적이 330만㎡ 이상인 경우에는 5년으로 한다(법 제10조 제2항).

(3) 해제의 효과

도시개발구역의 지정이 해제의제된 경우에는 그 도시개발구역에 대한「국토의 계획 및 이용에 관한 법률」에 따른 용도지역 및 지구단위계획구역은 해당 도시개발구역 지정 전의 용도지역 및 지구단위계획구역으로 각각 환원되거나 폐지된 것으로 본다. 다만, 위의 (1)의 ②, ③에 따라 도시개발구역의 지정이 해제 의제 된 경우에는 환원되거나 폐지된 것으로 보지 아니한다(법 제10조 제3항).

(4) 해제 의제사실의 고시 등

도시개발구역의 지정이 해제 의제되는 경우 지정권자는 이를 관보 또는 공보에 고시하고, 대도시 시장인 지정권자는 관계 행정기관의 장에게 통보하여야 하며 관계 서류를 일반에게 공람시켜야 하고, 대도시 시장이 아닌 지정권자는 관계 행정기관의 장과 도시개발구역을 관할하는 시장(대도시 시장 제외)·군수 또는 구청장에게 통보하여야 한다(법 제10조 제4항).

이 경우 지정권자인 특별자치도지사와 본문에 따라 통보를 받은 시장(대도시 시장을 제외한다)·군수 또는 구청장은 관계 서류를 일반인에게 14일 이상 공람시켜야 한다(영 제17조 제3항).

제 3 장

시행자 및 실시계획

제 1 절 시행자

1. 시행자 지정

도시개발사업의 시행자는 다음에 해당하는 자 중에서 지정권자가 지정한다(법 제 11조 제1항 전단).

대판 2006.10.12, 2006두8075(강일도시개발사업시행자지정처분무효확인)

"도시개발법 시행령 제15조 제1항의 규정 형식과 내용으로 볼 때 위 조항은 시행자로 지정받고자 하는 자에 대하여 시행자지정신청서의 제출의무를 부과하고 있는 것으로 해석할 수 있을 뿐이고, 도시개발법 제11조 제1항 본문이 '시행자는 같은 조 제1항 각 호의 자 중에서 지정권자가 이를 지정한 다.'라고 규정하고 있는 외에 달리 같은 법이나 같은 법 시행령에서 지정권자에 대하여 같은 조 제1 항 각 호의 자들 중에서 시행자지정신청을 하지 않은 자는 시행자로 지정할 수 없다고 정하는 취지의 규정이 없는 이상, 도시개발구역 지정권자로서는 시행자지정신청서의 제출 여부와 상관없이 자신의 판단에 의하여 같은 법 제11조 제1항 각 호의 자 중에서 시행자를 지정할 수 있다."

---

2. 시행자의 종류(법 제11조 제1항 각 호, 영 제18조)

① 국가 또는 지방자치단체(제1호)

② 공공기관(제2호,영 제18조 제1항)

---

1. 「한국토지주택공사법」에 의한 한국토지주택공사
2. 「한국수자원공사법」에 의한 한국수자원공사
3. 한국농어촌공사 및 농지관리기금에 의한 한국농어촌공사
4. 「한국관광공사법」에 의한 한국관광공사
5. 「한국철도공사법」에 의한 한국철도공사
6. 「혁신도시 조성 및 발전에 관한 특별법」 제43조 제3항에 따른 매입공공기관(같은 법 제2조 제6 호에 따른 종전부동산 및 그 주변을 개발하는 경우로 한정한다)

---

③ 정부출연기관(제3호, 영 제18조 제2항)

---

1. 「국가철도공단법」에 따른 국가철도공단(「역세권의 개발 및 이용에 관한 법률」제2조 제2호에 따른 역세권개발사업을 시행하는 경우에만 해당한다)
2. 「제주특별자치도 설치 및 국제자유도시 조성을 위한 특별법」에 따른 제주국제자유도시개발센터 (제주특별자치도에서 개발사업을 하는 경우에만 해당한다)

---

④ 「지방공기업법」에 의하여 설립된 지방공사(제4호)

⑤ 도시개발구역 안의 토지소유자(「공유수면 관리 및 매립에 관한 법률」에 따라 면허를 받은 자를 해당 공유수면을 소유한 자로 보고 그 공유수면을 토지로 보며, 수용 또는 사용방식의 경우에는 도시개발구역 안의 국·공유지를 제외한 토지면적의 2/3 이상을 소유한 자를 말한다)(제5호)

⑥ 도시개발구역 안의 토지소유자(「공유수면 관리 및 매립에 관한 법률」의 규정에 따라 면허를 받은 자를 해당 공유수면을 소유한 자로 보고 그 공유수면을 토지로 본다)가 도시개발을 위하여 설립한 조합(도시개발사업의 전부를 환지방식으로 시행하는 경우에 한하며, 이하 "조합"이라 한다)(제6호)

⑦ 「수도권정비계획법」에 의한 과밀억제권역에서 수도권 외의 지역으로 이전하는 법인 중 과밀억제권역의 사업기간 등 다음의 요건에 해당하는 법인(제7호, 영 제18조 제3항)

---

1. 「수도권정비계획법」의 규정에 의한 과밀억제권역 안에 3년 이상 계속하여 공장시설을 갖추고 사업을 영위하고 있거나 3년 이상 계속하여 본점 또는 주사무소를 두고 있는 법인으로서 그 공장시설의 전부 또는 본사를 수도권 외의 지역으로 이전하는 법인. 이 경우 공장시설 또는 본사의 이전에 따라 이전하는 종업원의 수(수개의 법인이 모여 지방으로 이전하는 경우에는 그 종업원 총수)가 500명 이상이어야 한다.
2. 과밀억제권역 안에서 대학(대학원대학을 제외)을 운영 중인 학교법인으로서 대학시설의 전부를 수도권 외의 지역으로 이전하는 학교법인

---

⑧ 「주택법」의 규정에 따라 등록한 자 중 도시개발사업을 시행할 능력이 있다고 인정되는 자로서 대통령령이 정하는 요건에 해당하는 자(「주택법」의 규정에 따른 주택단지와 그에 수반되는 기반시설을 조성하는 경우에 한한다)(제8호)

⑨ 「건설산업기본법」에 의한 토목공사업 또는 토목건축공사업의 면허를 받는 등

개발계획에 맞게 도시개발사업을 시행할 능력이 있다고 인정되는 자로서 대통령령이 정하는 요건에 해당하는 자(제9호)

⑨의2 「부동산개발업의 관리 및 육성에 관한 법률」 제4조 제1항에 따라 등록한 부동산개발업자로서 대통령령으로 정하는 요건(영 제18조 제6항)에 해당하는 자(회생절차가 진행 중인 법인은 제외한다)

---

1. 「부동산개발업의 관리 및 육성에 관한 법률」 제17조 제1호에 따라 국토교통부장관에게 보고한 최근 3년간 연평균 사업실적이 해당 도시개발사업에 드는 연평균 사업비 이상일 것
2. 시행자 지정 신청일 기준으로 최근 3년간 「부동산개발업의 관리 및 육성에 관한 법률」 제22조에 따른 시정조치 및 같은 법 제24조 제1항에 따른 영업정지를 받은 사실이 없을 것
3. 경영의 건전성이 국토교통부령으로 정하는 기준 이상일 것

---

⑩ 「부동산투자회사법」에 따라 설립된 부동산투자회사 또는 위탁관리부동산투자회사로서 대통령령이 정하는 요건(영 제18조 제7항)에 해당하는 자(제10호)

시행자 지정 신청일 당시 「부동산투자회사법」 제37조에 따라 공시된 투자보고서를 기준으로 재무제표상 부채가 자본금의 2배 미만이고, 최근 3년간 같은 법 제39조 제2항 제1호, 제2호 및 같은 법 시행령 제41조 제4항 제1호에 해당하는 조치를 받은 사실이 없는 자로서 다음 각 호의 어느 하나에 해당하는 자를 말한다. 다만, 「채무자 회생 및 파산에 관한 법률」에 따른 회생절차가 진행 중인 법인은 제외한다.

1. 최근 3년간 「부동산투자회사법」 제21조 제1항 제1호부터 제3호까지에서 규정한 사항에 대하여 같은 조 제2항 제1호 및 제2호에 해당하는 방법으로 투자·운용한 자산의 연평균 투자·운용실적(위탁관리 부동산투자회사의 경우에는 해당 부동산투자회사로부터 자산의 투자·운용업무를 위탁받은 자산관리회사가 투자·운용을 위탁받은 실적 총합계액의 연평균 금액을 말한다)이 해당 도시개발사업에 드는 연평균 사업비 이상인 자
2. 「부동산투자회사법」 제9조 제2항 제2호에 따른 사업계획상 자본금이 해당 도시개발사업에 드는 총사업비의 15/100 이상인 자

---

⑪ 제1호부터 제9호까지, 제9호의2 및 제10호에 해당하는 자(제6호에 따른 조합은 제외한다)가 도시개발사업을 시행할 목적으로 출자에 참여하여 설립한 법인으로서 대통령령으로 정하는 요건에 해당하는 법인(제11호)

3. 전부 환지방식의 경우

(1) 토지소유자나 조합

지정권자는 도시개발구역의 전부를 환지방식으로 시행하는 경우에는 토지소유자나 조합을 시행자로 지정한다(법 제11조 제1항 단서).

(2) 특칙

지정권자는 다음에 해당하는 사유가 있으면 지방자치단체나 대통령령(한국토지주택공사, 지방공사 및 신탁업자)이 정하는 자("지방자치단체 등"이라 한다)를 시행자로 지정할 수 있다.

이 경우 도시개발사업을 시행하는 자가 시·도지사 또는 대도시 시장인 경우에는 국토교통부장관이 지정한다(법 제11조 제2항, 영 제20조 제2항).

---

1. 토지소유자 또는 조합이 개발계획의 수립·고시일 부터 1년 이내에 시행자지정을 신청하지 아니한 경우 또는 신청된 내용이 위법 또는 부당하다고 인정한 경우
   다만, 지정권자가 시행자 지정신청기간의 연장이 불가피하다고 인정하여 6월의 범위 안에서 이를 연장한 경우에는 그 연장된 기간을 말한다.
2. 지방자치단체의 장이 집행하는 공공시설에 관한 사업과 병행하여 시행할 필요가 있다고 인정한 경우
3. 도시개발구역의 국공유지를 제외한 토지면적의 1/2 이상에 해당하는 토지소유자 및 토지소유자 총수의 1/2 이상이 지방자치단체 등의 시행에 동의한 경우

---

4. 시행자의 변경

지정권자는 다음에 해당하는 경우에는 시행자를 변경할 수 있다(법 제11조 제8항, 영 제24조).

---

1. 도시개발사업에 관한 실시계획의 인가를 받은 후 2년 이내에 사업을 착수하지 아니하는 경우
2. 행정처분으로 시행자의 지정이나 실시계획의 인가가 취소된 경우
3. 시행자의 부도·파산, 그 밖에 이와 유사한 사유로 도시개발사업의 목적을 달성하기 어렵다고 인정되는 경우
4. 제1항 단서에 따라 시행자로 지정된 자가 대통령령으로 정하는 기간(도시개발구역 지정의 고시

일부터 1년 이내. 다만, 지정권자가 실시계획의 인가신청기간의 연장이 불가피하다고 인정하여 6개월의 범위에서 연장한 경우에는 그 연장된 기간을 말한다)에 도시개발사업에 관한 실시계획의 인가를 신청하지 아니하는 경우

5. 규약 및 시행규정의 작성

(1) 규약의 작성

지정권자는 도시개발구역의 토지소유자 2인 이상이 도시개발사업을 시행하려고 할 때 또는 도시개발구역의 토지소유자가 같은 항 제7호 내지 제10호에 해당하는 자와 공동으로 도시개발사업을 시행하려고 할 때에는 도시개발사업에 관한 규약을 정하게 할 수 있다(법 제11조 제3항, 영 제21조).

(2) 시행규정의 작성

지방자치단체 등이 도시개발사업의 전부를 환지방식에 의하여 시행하려고 할 때와 위 시행자의 종류(법 제11조 제1항) 중 제1호 내지 제4호 또는 제11호(제1호 내지 제4호에 해당하는 자가 50/100을 초과하여 출자한 경우)에 해당하는 자가 도시개발사업의 일부를 환지방식으로 시행하려고 할 때에는 시행규정을 작성하여야 한다.

이 경우 제2호부터 제4호까지의 시행자는 대통령령으로 정하는 기준에 따라 사업관리 필요한 비용의 책정에 관한 사항을 시행규정에 포함할 수 있다(법 제11조 제4항, 영 제22조 제1항).

6. 도시개발구역의 지정제안

① 시행자 중 국가 또는 지방자치단체, 조합을 제외한 공공기관, 정부출연기관, 지방공사, 도시개발구역 안의 토지소유자(수용 또는 사용의 방식으로 제안하는 경우에는 도시개발구역 안의 국·공유지를 제외한 토지면적의 2/3 이상을 사용할 수 있는 토지사용승낙서 및 토지매매계약서를 가지고 1/2 이상을 소유한 자를 말한다) 또는 제7호 내지 제11호에 해당하는 자는 도시개발구역의 지정을 제안할 수 있다(법 제11조 제5항, 영 제23조).

② 특별자치도지사·시장·군수·구청장에게 도시개발구역의 지정을 제안할 수 있다(법 제11조 제5항). 다만, 공공기관의 장 또는 정부출연기관의 장이 30만㎡ 이상으로 도시개발구역의 지정을 제안하는 경우에는 국토교통부장관에게 직접 제안할 수 있다.

③ 제5호(토지소유자) 또는 제7호 내지 제11호에 해당하는 자(제11호의 시행자 중 제1호 내지 제4호에 해당하는 자가 50/100을 초과하여 출자한 경우는 제외)가 도시개발구역의 지정을 제안하고자하는 경우에는 대상구역의 토지면적의 2/3 이상에 해당하는 토지소유자(지상권자를 포함)의 동의를 받아야 한다(법 제11조 제6항, 영 제23조 제5항).

④ 특별자치도지사·시장·군수 또는 구청장은 제안자와 협의하여 도시개발구역의 지정을 위하여 필요한 비용의 전부 또는 일부를 제안자에게 부담시킬 수 있다(법 제11조 제7항).

⑤ 도시개발구역의 지정을 제안하는 경우의 도시개발구역의 규모, 제안의 절차, 제출서류, 기초조사 등에 관하여 필요한 사항은 도시개발구역지정 시 필요한 사항의 규정(법 제3조 제5항 및 제6조)을 준용한다(법 제11조 제9항).

도시개발구역의 지정제안	* 시행자, 시행자가 되고자 하는 자(국가, 지방자치단체, 조합 제외) ① 원칙 ⇨ 특별자치도지사·시장·군수·구청장 ② 공공기관의 장 또는 정부출연기관의 장(30만㎡ 이상) 　　⇨ 국토교통부장관
도시개발구역의 지정요청	① 시장(대도시 시장 제외)·군수·구청장 ⇨ 특별시장, 광역시장, 도지사 ② 중앙행정기관의 장 ⇨ 국토교통부장관

7. 시행업무의 위탁 및 신탁

(1) 시행의 위탁

1) 공공시설 등에 대한 위탁
시행자는 항만·철도, 그 밖에 대통령령(영 제26조)이 정하는 공공시설의 건설과 공유수면의 매립에 관한 업무를 국가·지방자치단체나 공공기관 및 정부출연기관 또는 지방공사에 위탁하여 시행할 수 있다(법 제12조 제1항).

2) 도시개발사업을 위한 위탁

시행자는 도시개발사업을 위한 기초조사, 토지매수업무, 손실보상업무, 주민 이주대책사업 등을 대통령령이 정하는 바에 따라 관할 지방자치단체나 대통령령으로 정하는 공공기관·정부출연기관·정부출자기관 또는 지방공사에 위탁할 수 있다. 다만, 정부출자기관에 대하여 주민이주대책사업을 위탁하는 경우에는 이주대책의 수립·실시 또는 이주정착금의 지급 그 밖에 보상과 관련된 부대업무만을 위탁할 수 있다(법 제12조 제2항).

(2) 신탁계약에 의한 시행

시행자는 지정권자의 승인을 받아 「자본시장과 금융투자업에 관한 법률」에 따른 신탁업자와 신탁계약을 체결한 경우에는 그 계약을 체결한 날부터 1개월 이내에 그 계약서 사본을 첨부하여 지정권자에게 그 사실을 통보하여야 하며, 도시개발사업을 시행할 수 있다(법 제12조 제4항, 영 제28조).

8. 조합의 설립

(1) 설립의 인가

① 조합을 설립하려면 도시개발구역의 토지 소유자 7명 이상이 대통령령으로 정하는 사항(영 제29조)을 포함한 정관을 작성하여 지정권자에게 조합 설립의 인가를 받아야 한다(법 제13조 제1항).

〈정관 기재사항(영 제29조 제1항)〉

1. 도시개발사업의 명칭
2. 조합의 명칭
3. 사업목적
4. 도시개발구역의 면적
5. 사업의 범위 및 사업기간
6. 주된 사무소의 소재지
7. 임원의 자격·수·임기·직무 및 선임방법
8. 회의에 관한 사항
9. 총회의 구성, 기능, 의결권의 행사방법, 그 밖에 회의운영에 관한 사항

---

10. 대의원회 또는 이사회를 두는 경우에는 그 구성, 기능, 의결권의 행사방법, 그 밖에 회의운영에 관한 사항
11. 비용부담에 관한 사항
12. 회계 및 계약에 관한 사항
13. 공공시설용지의 부담에 관한 사항
14. 공고의 방법
15. 토지평가협의회의 구성 및 운영에 관한 사항
16. 토지등 가액 평가방법에 관한 사항
17. 환지계획 및 환지예정지의 지정에 관한 사항
18. 보류지 및 체비지의 관리·처분에 관한 사항
19. 청산에 관한 사항
20. 건축물을 설치하는 경우에는 당해 건축물의 관리 및 처분에 관한 사항
21. 토지에 대한 소유권의 변동 등 시행자에게 통보하여야 할 사항
22. 그 밖에 국토교통부령으로 정하는 사항

② 조합이 인가를 받은 사항을 변경하려면 지정권자로부터 변경인가를 받아야 한다 (법 제13조 제2항). 다만, ㉠ 주된 사무소의 소재지를 변경하려는 경우, ㉡ 공고 방법을 변경하려는 경우 등과 같은 경미한 사항을 변경하려는 경우에는 신고하 여야 한다(법 제13조 제2항 단서, 영 제30조).

(2) 조합설립인가 신청에 따른 동의

조합 설립의 인가를 신청하려면 해당 도시개발구역의 토지면적의 2/3 이상에 해당 하는 토지소유자와 그 구역의 토지소유자 총수의 1/2 이상의 동의를 받아야 한다(법 제 13조 제3항).

〈동의자 수의 산정방법 등(영 제31조)〉

① 동의자 수의 산정방법 등에 관하여는 제6조 제4항부터 제7항까지(제4항 제4호 및 제5호는 제외 한다)의 규정을 준용한다.
  1. 도시개발구역의 토지면적을 산정하는 경우: 국공유지를 포함하여 산정할 것
  2. 1필지의 토지 소유권을 여럿이 공유하는 경우: 다른 공유자의 동의를 받은 대표 공유자 1인 을 해당 토지 소유자로 볼 것. 다만, 「집합건물의 소유 및 관리에 관한 법률」제2조 제2호에 따른 구분소유자는 각각을 토지 소유자 1인으로 본다.
  2의2. 1인이 둘 이상 필지의 토지를 단독으로 소유한 경우: 필지의 수에 관계없이 토지 소유자 를 1인으로 볼 것
  2의3. 둘 이상 필지의 토지를 소유한 공유자가 동일한 경우: 공유자 여럿을 대표하는 1인을 토

지 소유자로 볼 것

3. 제11조 제2항에 따른 공람·공고일 후에 「집합건물의 소유 및 관리에 관한 법률」 제2조 제1호에 따른 구분소유권을 분할하게 되어 토지 소유자의 수가 증가하게 된 경우: 공람·공고일 전의 토지 소유자의 수를 기준으로 산정하고, 증가된 토지 소유자의 수는 토지 소유자 총수에 추가 산입하지 말 것

4. 법 제11조 제5항에 따라 도시개발구역의 지정이 제안되기 전에 또는 법 제4조 제2항에 따라 도시개발구역에 대한 도시개발사업의 계획(이하 "개발계획"이라 한다)의 변경을 요청받기 전에 동의를 철회하는 사람이 있는 경우: 그 사람은 동의자 수에서 제외할 것

5. 법 제11조 제5항에 따라 도시개발구역의 지정이 제안된 후부터 법 제4조에 따라 개발계획이 수립되기 전까지의 사이에 토지 소유자가 변경된 경우 또는 법 제4조 제2항에 따라 개발계획의 변경을 요청받은 후부터 개발계획이 변경되기 전까지의 사이에 토지 소유자가 변경된 경우: 기존 토지 소유자의 동의서를 기준으로 할 것

② 토지소유자는 조합 설립인가의 신청 전에 동의를 철회할 수 있다. 이 경우 그 토지소유자는 동의자 수에서 제외한다.

③ 조합 설립인가에 동의한 자로부터 토지를 취득한 자는 조합의 설립에 동의한 것으로 본다. 다만, 토지를 취득한 자가 조합 설립인가 신청 전에 동의를 철회한 경우에는 그러하지 아니하다.

다만, 토지소유자가 동의하거나 동의를 철회할 경우에는 국토교통부령으로 정하는 동의서 또는 동의철회서를 제출하여야 하며, 공유토지의 대표 소유자는 공유자의 인감을 찍은 대표자지정 동의서와 해당 인감증명서를 첨부하여 함께 제출하여야 한다.

(3) 조합원 등

1) 조합원의 자격

조합의 조합원은 도시개발구역의 토지소유자(건축물 소유자나 지상권자는 토지소유자에 해당하지 아니한다)로 한다(법 제14조 제1항).

2) 임원

① 조합에는 조합장 1인, 이사 및 감사를 둔다(영 제33조 제1항).

② 조합의 임원은 그 조합의 다른 임원이나 직원을 겸할 수 없다(법 제14조 제2항).

③ 조합의 임원은 의결권을 가진 조합원이어야 하고, 정관으로 정한 바에 따라 총회에서 선임한다(영 제33조 제2항).

(4) 조합의 법적성격

① 조합은 법인(「주택법」상 주택조합은 비법인에 해당한다)으로 한다(법 제15조 제1항).

대판 2008.5.29, 2006다22494(손해배상)

"구 토지구획정리사업법(2000. 1. 28. 법률 제6252호로 폐지) 제25조, 제26조 제8호, 제27조, 제66조 제1항에 의하면, 토지구획정리조합이 체비지 등을 처분할 때에는 조합원으로 구성된 총회 또는 총회에 갈음하여 설치된 대의원회의 의결을 거치도록 규정하고 있는데, 이는 효력규정이므로 이를 위반하여 토지구획정리조합이 총회나 이에 갈음한 대의원회의 의결 없이 체비지를 처분한 행위는 효력이 없다."

② 조합의 설립인가를 받은 조합의 대표자는 설립인가를 받은 날부터 30일 이내에 주된 사무소의 소재지에서 설립등기를 하여야 한다(영 제32조 제1항).

⇨ 조합은 그 주된 사무소의 소재지에서 등기를 하면 성립한다(법 제15조 제2항).

③ 조합의 설립, 조합원의 권리·의무, 조합의 임원의 직무, 총회의 의결사항, 대의원회의 구성, 조합의 해산 또는 합병 등에 관하여 필요한 사항은 대통령령으로 정한다(법 제15조 제3항).

④ 조합에 관하여 이 법으로 규정한 것 외에는 「민법」 중 사단법인에 관한 규정을 준용한다(법 제15조 제4항).

(5) 조합원의 권리 및 의무 등

① 조합원의 권리 및 의무는 다음과 같다(영 제32조 제2항).

1. 보유토지의 면적과 관계없는 평등한 의결권. 다만, 다른 조합원으로부터 해당 도시개발구역에 그가 가지고 있는 토지 소유권 전부를 이전받은 조합원은 정관으로 정하는 바에 따라 본래의 의결권과는 별도로 그 토지 소유권을 이전한 조합원의 의결권을 승계할 수 있다.
2. 정관에서 정한 조합의 운영 및 도시개발사업의 시행에 필요한 경비의 부담
3. 그 밖에 정관에서 정하는 권리 및 의무

② 위 ①의 1을 적용할 때 공유 토지는 공유자의 동의를 받은 대표공유자 1명만 의결권이 있으며, 「집합건물의 소유 및 관리에 관한 법률」에 따른 구분소유자는 구분소유자별로 의결권이 있다. 다만, 제11조 제2항(도시개발구역지정 시 주민의 의견청취)에 따른 공람·공고일 후에 「집합건물의 소유 및 관리에 관한 법률」에 따른 구분소유권을 분할하여 구분소유권을 취득한 자는 의결권이 없다(영 제32조 제3항).

③ 조합은 환지계획을 작성하거나 그 밖에 사업을 시행하는 과정에서 조합원이 총
   회에서 의결하는 사항 등에 동의하지 아니하거나 소규모 토지소유자라는 이유
   로 차별해서는 아니 된다(영 제32조 제4항).

(6) 대의원회

① 의결권을 가진 조합원의 수가 50인 이상인 조합은 총회의 권한을 대행하게 하
   기 위하여 대의원회를 둘 수 있다(영 제36조 제1항).
② 대의원회에 두는 대의원의 수는 조합원 총수의 10/100 이상으로 하며, 조합원
   중에서 정관에서 정하는 바에 따라 선출한다(영 제36조 제2항).

(7) 조합원의 경비부담

조합은 그 사업에 필요한 비용을 조성하기 위하여 정관으로 정하는 바에 따라 조
합원에게 경비를 부과·징수할 수 있다(법 제16조 제1항).

제 2 절 실시계획

1. 실시계획의 의의

시행자는 대통령령이 정하는 바에 따라 도시개발사업에 관한 실시계획을 작성하
여야 하며(법 제17조 제1항), 이 경우 실시계획에는 지구단위계획이 포함되어야 한다. 실
시계획에는 사업시행에 필요한 설계도서, 자금계획(3년), 시행기간 및 그 밖에 대통령령
이 정하는 사항(사업비 및 자금조달계획서, 존치하려는 기존 공장이나 건축물 등의 명세서, 보
상계획서, 사업의 위탁 또는 신탁계획서, 각종 영향평가서 등)과 서류를 명시하거나 첨부하여
야 한다(법 제17조 제5항·규칙 제20조 제1항).

2. 실시계획의 인가·고시

(1) 인가

시행자(지정권자가 시행자인 경우는 제외)가 실시계획의 인가를 받으려는 경우에는

실시계획인가신청서에 국토교통부령으로 정하는 서류를 첨부하여 시장(대도시 시장은 제외)·군수 또는 구청장을 거쳐 지정권자에게 제출하여 인가를 받아야 한다(법 제17조 제2항). 다만, 국토교통부장관·특별자치도지사 또는 대도시 시장이 지정권자인 경우에는 국토교통부장관·특별자치도지사 또는 대도시 시장에게 직접 제출할 수 있다(영 제39조 단서).

(2) 의견청취

지정권자가 실시계획을 작성하거나 인가하는 경우 국토교통부장관이 지정권자이면 시·도지사 또는 대도시 시장의 의견을, 시·도지사가 지정권자이면 시장(대도시 시장은 제외한다)·군수 또는 구청장의 의견을 미리 들어야 한다(영 제17조 제3항).

(3) 고시

지정권자가 실시계획을 작성하거나 인가한 경우에는 대통령령으로 정하는 바에 따라 이를 관보나 공보에 고시하고 시행자에게 관계 서류의 사본을 송부하며, 대도시 시장인 지정권자는 일반에게 관계 서류를 공람시켜야 하고, 대도시 시장이 아닌 지정권자는 해당 도시개발구역을 관할하는 시장(대도시 시장은 제외한다)·군수 또는 구청장에게 관계 서류의 사본을 보내야 한다(법 제18조 제1항).

이 경우 지정권자인 특별자치도지사와 본문에 따라 관계 서류를 받은 시장(대도시 시장은 제외한다)·군수 또는 구청장은 이를 일반인에게 공람시켜야 한다(법 제18조 제1항 후단).

3. 실시계획 고시의 효과

(1) 도시·군관리계획의 결정, 고시의제

실시계획을 고시한 경우 그 고시된 내용 중 「국토의 계획 및 이용에 관한 법률」에 따라 도시·군관리계획(지구단위계획을 포함한다)으로 결정하여야 하는 사항은 같은 법에 따른 도시·군관리계획이 결정되어 고시된 것으로 본다. 이 경우 종전에 도시·군관리계획으로 결정된 사항 중 고시 내용에 저촉되는 사항은 고시된 내용으로 변경된 것으로 본다(법 제18조 제2항).

(2) 지형도면의 고시

도시·군관리계획으로 결정·고시된 사항에 대한 「국토의 계획 및 이용에 관한 법률」의 도시·군관리계획에 관한 지형도면의 고시에 대하여는 「국토의 계획 및 이용에 관한 법률」의 규정(도시·군관리계획결정·고시일로부터 2년 이내 지형도면의 고시)에 불구하고 도시개발사업의 시행기간 안에 할 수 있다(법 제18조 제3항).

(3) 관련 인·허가 등의 의제

1) 의제사항

실시계획을 작성하거나 인가할 때 지정권자가 해당 실시계획에 대한 다음 각 호의 허가·승인·심사·인가·신고·면허·등록·협의·지정·해제 또는 처분 등(이하 "인·허가 등"이라 한다)에 관하여 제3항에 따라 관계 행정기관의 장과 협의한 사항에 대하여는 해당 인·허가 등을 받은 것으로 보며, 실시계획을 고시한 경우에는 관계 법률에 따른 인·허가 등의 고시나 공고를 한 것으로 본다(법 제19조 제1항).

1. 「수도법」 제17조와 제49조에 따른 수도사업의 인가, 같은 법 제52조와 제54조에 따른 전용상수도설치의 인가
2. 「하수도법」 제16조에 따른 공공하수도 공사시행의 허가
3. 「공유수면 관리 및 매립에 관한 법률」 제8조에 따른 공유수면의 점용·사용허가, 같은 법 제28조에 따른 공유수면의 매립면허, 같은 법 제35조에 따른 국가 등이 시행하는 매립의 협의 또는 승인 및 같은 법 제38조에 따른 공유수면매립실시계획의 승인
4. 「하천법」 제30조에 따른 하천공사 시행의 허가, 같은 법 제33조에 따른 하천의 점용허가 및 같은 법 제50조에 따른 하천수의 사용허가
5. 「도로법」 제36조에 따른 도로공사 시행의 허가, 같은 법 제61조에 따른 도로점용의 허가
6. 「농어촌정비법」 제23조에 따른 농업생산기반시설의 사용허가
7. 「농지법」 제34조에 따른 농지전용의 허가 또는 협의, 같은 법 제35조에 따른 농지의 전용신고, 같은 법 제36조에 따른 농지의 타용도 일시사용허가·협의 및 같은 법 제40조에 따른 용도변경의 승인
8. 「산지관리법」 제14조·제15조에 따른 산지전용허가 및 산지전용신고, 같은 법 제15조의2에 따른 산지일시사용허가·신고, 같은 법 제25조에 따른 토석채취허가 및 「산림자원의 조성 및 관리에 관한 법률」 제36조 제1항·제4항과 제45조 제1항·제2항에 따른 입목벌채 등의 허가·신고
9. 「초지법」 제23조에 따른 초지(草地) 전용의 허가
10. 「사방사업법」 제14조에 따른 벌채 등의 허가, 같은 법 제20조에 따른 사방지(砂防地) 지정의 해제

11. 「공간정보의 구축 및 관리 등에 관한 법률」제15조 제4항에 따른 지도등의 간행 심사
12. 「광업법」제24조에 따른 불허가처분, 같은 법 제34조에 따른 광구감소처분 또는 광업권취소
    처분
13. 「장사 등에 관한 법률」제27조 제1항에 따른 연고자가 없는 분묘의 개장(改葬)허가
14. 「건축법」제11조에 따른 허가, 같은 법 제14조에 따른 신고, 같은 법 제16조에 따른 허가·
    신고 사항의 변경, 같은 법 제20조에 따른 가설건축물의 허가 또는 신고
15. 「주택법」제15조에 따른 사업계획의 승인
16. 「항만법」제9조 제2항에 따른 항만개발사업 시행의 허가 및 같은 법 제10조 제2항에 따른 항만
    개발사업실시계획의 승인
17. 「사도법」제4조에 따른 사도(私道)개설의 허가
18. 「국유재산법」제30조에 따른 사용허가
19. 「공유재산 및 물품 관리법」제20조 제1항에 따른 사용·수익의 허가
20. 「관광진흥법」제52조에 따른 관광지의 지정(도시개발사업의 일부로 관광지를 개발하는 경우만
    해당한다), 같은 법 제54조에 따른 조성계획의 승인, 같은 법 제55조에 따른 조성사업시행의
    허가
21. 「체육시설의 설치·이용에 관한 법률」제12조에 따른 사업계획의 승인
22. 「유통산업발전법」제8조에 따른 대규모 점포의 개설등록
23. 「산업집적활성화 및 공장설립에 관한 법률」제13조에 따른 공장설립 등의 승인
24. 「물류시설의 개발 및 운영에 관한 법률」제22조에 따른 물류단지의 지정(도시개발사업의 일부
    로 물류단지를 개발하는 경우만 해당한다) 및 같은 법 제28조에 따른 물류단지개발실시계획의
    승인
25. 「산업입지 및 개발에 관한 법률」제6조, 제7조 및 제7조의2에 따른 산업단지의 지정(도시개발
    사업의 일부로 산업단지를 개발하는 경우만 해당한다), 같은 법 제17조, 제18조 및 제18조의2
    에 따른 실시계획의 승인
26. 「공간정보의 구축 및 관리 등에 관한 법률」제86조 제1항에 따른 사업의 착수·변경 또는 완료
    의 신고
27. 「에너지이용 합리화법」제10조에 따른 에너지사용계획의 협의
28. 「집단에너지사업법」제4조에 따른 집단에너지의 공급 타당성에 관한 협의
29. 「소하천정비법」제10조에 따른 소하천(小河川)공사시행의 허가, 같은 법 제14조에 따른 소하
    천 점용의 허가
30. 「하수도법」제34조 제2항에 따른 개인하수처리시설의 설치신고

2) 서류의 제출 및 협의

인·허가 등의 의제를 받으려는 자는 실시계획의 인가를 신청하는 때에 해당 법률
로 정하는 관계 서류를 함께 제출하여야 하며, 지정권자는 실시계획을 작성하거나 인가
할 때 그 내용에 의제사항이 있는 경우에는 미리 관계 행정기관의 장과 협의하여야 한
다. 이 경우, 관계 행정기관의 장은 협의 요청을 받은 날부터 20일 이내(영 제41조)에

의견을 제출하여야 하며, 그 기간 내에 의견을 제출하지 아니하면 협의한 것으로 본다 (법 제19조 제2항·제3항).

지정권자는 협의 과정에서 관계 행정기관 간에 이견이 있는 경우에 이를 조정하거나 협의를 신속하게 진행하기 위하여 필요하다고 인정하는 때에는 관계 행정기관과 협의회를 구성하여 운영할 수 있다(법 제19조 제4항). 이 경우 지정권자는 협의회 개최일의 7일 전까지 관계 행정기관의 장에게 그 사실을 통보하여야 하며, 관계 행정기관 소속의 5급 이상 공무원과 시행자를 포함하여야 하고 관계 행정기관의 장은 소속 공무원을 이 협의회에 참석하게 하여야 한다(영 제41조의2).

도시개발구역의 지정을 제안하는 자가 법 제19조 제1항에도 불구하고 도시개발구역의 지정과 동시에 농지전용 허가의 의제를 받고자 하는 경우에는 시장·군수·구청장 또는 국토교통부장관에게 도시개발구역의 지정을 제안할 때에 「농지법」으로 정하는 관계 서류를 함께 제출하여야 한다(법 제19조 제5항). 또한, 지정권자가 도시개발구역을 지정할 때, 농지전용 허가에 관하여 관계 행정기관의 장과 협의한 경우에는 도시개발구역 지정의 제안자가 시행자로 지정된 때에 해당 허가를 받은 것으로 본다(법 제19조 제6항).

순환용주택, 임대주택의 건설·공급 및 입체 환지를 시행하는 경우로서 시행자가 실시계획의 인가를 받은 경우에도 「주택법」 제4조에 따라 주택건설사업 등의 등록을 한 것으로 본다(법 제19조 제7항).

4. 도시개발사업에 관한 공사의 감리

지정권자는 실시계획을 인가하였을 때에는 「건설기술 진흥법」에 따른 건설기술 용역업자를 도시개발사업의 공사에 대한 감리를 할 자로 지정하고 지도·감독하여야 한다. 다만, 시행자가 국가, 지방자치단체, 공기업, 준정부기관, 지방공사, 지방공단 등의 공공사업시행자인 경우에는 그러하지 아니하다(법 제20조 제1항).

<**도시개발법상의 동의**>

구　　분	동의요건
환지방식으로의 개발계획수립요건	환지방식이 적용되는 지역의 토지면적의 2/3 이상에 해당하는 토지소유자와 그 지역의 토지소유자 총수의 1/2 이상의 동의
조합의 설립 인가	토지면적의 2/3 이상에 해당하는 토지소유자와 그 지역의 토지소유자 총수의 1/2 이상의 동의
도시개발구역의 지정	대상구역의 토지면적의 2/3 이상에 해당하는 토지소유자의 동의 (민간사업시행자)
지방자치단체 등을 시행자로 지정하는 사유	도시개발구역 안의 국공유지를 제외한 토지면적의 1/2 이상에 해당하는 토지소유자 및 토지소유자 총수의 1/2 이상이 지방자치단체 등의 시행에 동의한 때
민간사업주체의 토지 등의 수용·사용	토지면적의 2/3 이상에 해당하는 토지를 소유하고 토지소유자 총수의 1/2 이상에 해당하는 자의 동의

제 4 장

도시개발사업의 시행

제1절 시행방식

1. 시행방식의 지정

도시개발사업은 시행자가 도시개발구역의 토지 등을 수용 또는 사용하는 방식이나 환지 방식 또는 이를 혼용하는 방식으로 시행할 수 있는데, 시행자는 도시개발구역으로 지정하려는 지역에 대하여 다음에서 정하는 바에 따라 도시개발사업의 시행방식을 정함을 원칙으로 하되, 사업의 용이성·규모 등을 고려하여 필요하면 국토교통부장관이 정하는 기준에 따라 도시개발사업의 시행방식을 정할 수 있다(법 제21조, 영 제43조).

환지방식	대지로서의 효용증진과 공공시설의 정비를 위하여 토지의 교환·분할·합병, 그 밖의 구획변경, 지목 또는 형질의 변경이나 공공시설의 설치·변경이 필요한 경우	
	도시개발사업을 시행하는 지역의 지가가 인근의 다른 지역에 비하여 현저히 높아 수용 또는 사용방식으로 시행하는 것이 어려운 경우	
수용 또는 사용방식	계획적이고 체계적인 도시개발 등 집단적인 조성과 공급이 필요한 경우	
혼용방식	도시개발구역으로 지정하려는 지역이 부분적으로 환지방식 및 수용 또는 사용방식에 해당하는 경우	
	분할 혼용방식	수용 또는 사용 방식이 적용되는 지역과 환지 방식이 적용되는 지역을 사업시행지구별로 분할하여 시행하는 방식
	미분할 혼용방식	사업시행지구를 분할하지 아니하고 수용 또는 사용 방식과 환지 방식을 혼용하여 시행하는 방식(이 경우 환지에 대해서는 사업시행에 관한 규정을 적용하고, 그 밖의 사항에 대해서는 수용 또는 사용 방식에 관한 규정을 적용함)

2. 시행방식의 변경

지정권자는 도시개발구역지정 이후 다음의 어느 하나에 해당하는 경우에는 도시
개발사업의 시행방식을 변경할 수 있다(법 제21조 제2항, 영 제43조 제5항).

---

① 국가, 지방자치단체, 공공기관, 정부출연기관, 지방공사인 시행자가 영 제43조 제5항으로 정하
는 기준에 따라 도시개발사업의 시행방식을 수용 또는 사용방식에서 전부 환지방식으로 변경하
는 경우
② 국가, 지방자치단체, 공공기관, 정부출연기관, 지방공사인 시행자가 영 제43조 제5항으로 정하
는 기준에 따라 도시개발사업의 시행방식을 혼용방식에서 전부 환지방식으로 변경하는 경우
③ 법 제11조 제1호~제5호까지 및 제7호~제11호까지의 시행자가 영 제43조 제5항으로 정하는
기준에 따라 도시개발사업의 시행방식을 수용 또는 사용방식에서 혼용방식으로 변경하는 경우

---

3. 순환개발방식의 개발사업

① 시행자는 도시개발사업을 원활하게 시행하기 위하여 도시개발구역의 내외에
새로 건설하는 주택 또는 이미 건설되어 있는 주택에 그 도시개발사업의 시
행으로 철거되는 주택의 세입자 또는 소유자(주민 등의 의견을 듣기 위하여 공
람한 날 또는 공청회의 개최에 관한 사항을 공고한 날 이전부터 도시개발구역의 주택
에 실제로 거주하는 자에 한정하며, "세입자등"이라 한다)를 임시로 거주하게 하는
등의 방식으로 그 도시개발구역을 순차적으로 개발할 수 있다(법 제21조의2
제1항).
② 시행자는 위의 ①에 따른 방식으로 도시개발사업을 시행하는 경우에는 「주택
법」 제54조에도 불구하고 임시로 거주하는 주택('순환용주택')을 임시거주시설
로 사용하거나 임대할 수 있다(법 제21조의2 제2항).
③ 순환용주택에 거주하는 자가 도시개발사업이 완료된 후에도 순환용주택에 계
속 거주하기를 희망하는 때에는 대통령령으로 정하는 바에 따라 이를 분양하거
나 계속 임대할 수 있다. 이 경우 계속 거주하는 자가 환지 대상자이거나 이주
대책 대상자인 경우에는 대통령령으로 정하는 바에 따라 환지 대상에서 제외하
거나 이주대책을 수립한 것으로 본다(법 제21조의2 제3항).

4. 세입자 등을 위한 임대주택 건설용지의 공급 등

① 시행자는 도시개발사업에 따른 세입자 등의 주거안정 등을 위하여 제6조에 따른 주거 및 생활실태 조사와 주택수요 조사 결과를 고려하여 대통령령으로 정하는 바(영 제43조의3)에 따라 임대주택 건설용지를 조성·공급하거나 임대주택을 건설·공급하여야 한다(법 제21조의3 제1항).

② 공공적 시행자(법 제11조 제1항 제1호부터 제4호까지의 규정)에 해당하는 자 중 주택의 건설, 공급, 임대를 할 수 있는 자는 시행자가 요청하는 경우 도시개발사업의 시행으로 공급되는 임대주택 건설용지나 임대주택을 인수하여야 한다(법 제21조의3 제2항).

③ 임대주택 건설용지 또는 임대주택 인수의 절차와 방법 및 인수가격 결정의 기준 등은 대통령령(영 제43조의4)으로 정한다(법 제21조의3 제3항).

④ 시행자(임대주택 건설용지를 공급하는 경우에는 공급받은 자를 말하고, 인수한 경우에는 그 인수자를 말함)가 도시개발구역에서 임대주택을 건설·공급하는 경우에 임차인의 자격, 선정방법, 임대보증금, 임대료 등에 관하여는 「민간임대주택에 관한 특별법」 제42조 및 제44조, 「공공주택 특별법」 제48조, 제49조 및 제50조의3에도 불구하고 대통령령으로 정하는 범위(영 제43조의5)에서 그 기준을 따로 정할 수 있다. 이 경우 행정청이 아닌 시행자는 미리 시장·군수·구청장의 승인을 받아야 한다(법 제21조의3 제4항).

5. 도시개발사업분쟁조정위원회의 구성 등

① 도시개발사업으로 인한 분쟁을 조정하기 위하여 도시개발구역이 지정된 특별자치도 또는 시·군·구에 도시개발사업분쟁조정위원회(이하 "분쟁조정위원회"라 한다)를 둘 수 있다. 다만, 해당 지방자치단체에 「도시 및 주거환경정비법」 제116조에 따른 도시분쟁조정위원회가 이미 설치되어 있는 경우에는 대통령령으로 정하는 바(영 제43조의6)에 따라 분쟁조정위원회의 기능을 대신하도록 할 수 있다(법 제21조의4 제1항).

② 분쟁조정위원회의 구성, 운영, 분쟁조정의 절차 등에 관한 사항은 「도시 및 주거환경정비법」 제116조 및 제117조를 준용한다. 이 경우 '정비사업'은 '도시개

발사업'으로 본다(법 제21조의4 제2항).

6. 혼용방식으로 시행하는 경우 사업시행지구의 분할

① 시행자가 도시개발사업을 혼용방식으로 시행하려는 경우에는 "수용 또는 사용
   방식이 적용되는 지역과 환지 방식이 적용되는 지역을 사업시행지구별로 분할
   하여 시행하는 방식"인 분할 혼용방식과 "사업시행지구를 분할하지 아니하고
   수용 또는 사용 방식과 환지 방식을 혼용하여 시행하는 방식"인 미분할 혼용방
   식으로 도시개발사업을 시행할 수 있다(영 제43조 제2항).

② 사업시행지구를 분할하여 시행하는 경우에는 각 사업지구에서 부담하여야 하
   는 「국토의 계획 및 이용에 관한 법률」 제2조 제6호에 따른 기반시설의 설치비
   용 등을 명확히 구분하여 실시계획에 반영하여야 한다(영 제43조 제3항).

③ 사업시행의 방법 등에 관하여 필요한 세부적인 사항은 국토교통부장관이 정한
   다(영 제43조 제4항).

제 2 절 수용 또는 사용방식에 따른 사업시행

1. 토지 등의 수용 또는 사용

(1) 수용 또는 사용권의 인정

시행자는 도시개발사업에 필요한 토지 등을 수용하거나 사용할 수 있다(법 제22조
제1항). 다만, 시행자 중 비공공적 시행자[법 제11조 제1항 제5호 및 제7호부터 제11호까지
의 규정(제1호 내지 제4호에 해당하는 자가 50/100 비율을 초과하여 출자한 경우를 제외한다)]에
해당하는 시행자는 사업대상 토지면적의 2/3 이상에 해당하는 토지를 소유하고 토지
소유자 총수의 1/2 이상에 해당하는 자의 동의를 받아야 한다(법 제22조 제1항 단서).

법 제11조(시행자 등) ① 도시개발사업의 시행자(이하 "시행자"라 한다)는 다음 각 호의 자 중에서
지정권자가 지정한다. 다만, 도시개발구역의 전부를 환지 방식으로 시행하는 경우에는 제5호의 토지
소유자나 제6호의 조합을 시행자로 지정한다.

1. 국가나 지방자치단체
2. 대통령령으로 정하는 공공기관
3. 대통령령으로 정하는 정부출연기관
4. 「지방공기업법」에 따라 설립된 지방공사
5. 도시개발구역의 토지 소유자(「공유수면 관리 및 매립에 관한 법률」제28조에 따라 면허를 받은 자를 해당 공유수면을 소유한 자로 보고 그 공유수면을 토지로 보며, 제21조에 따른 수용 또는 사용 방식의 경우에는 도시개발구역의 국공유지를 제외한 토지면적의 2/3 이상을 소유한 자를 말한다)
6. 도시개발구역의 토지 소유자(「공유수면 관리 및 매립에 관한 법률」제28조에 따라 면허를 받은 자를 해당 공유수면을 소유한 자로 보고 그 공유수면을 토지로 본다)가 도시개발을 위하여 설립한 조합(도시개발사업의 전부를 환지 방식으로 시행하는 경우에만 해당하며, 이하 "조합"이라 한다)
7. 「수도권정비계획법」에 따른 과밀억제권역에서 수도권 외의 지역으로 이전하는 법인 중 과밀억제권역의 사업 기간 등 대통령령으로 정하는 요건에 해당하는 법인
8. 「주택법」제4조에 따라 등록한 자 중 도시개발사업을 시행할 능력이 있다고 인정되는 자로서 대통령령으로 정하는 요건에 해당하는 자(「주택법」제2조 제12호에 따른 주택단지와 그에 수반되는 기반시설을 조성하는 경우에만 해당한다)
9. 「건설산업기본법」에 따른 토목공사업 또는 토목건축공사업의 면허를 받는 등 개발계획에 맞게 도시개발사업을 시행할 능력이 있다고 인정되는 자로서 대통령령으로 정하는 요건에 해당하는 자
9의2. 「부동산개발업의 관리 및 육성에 관한 법률」제4조 제1항에 따라 등록한 부동산개발업자로서 대통령령으로 정하는 요건에 해당하는 자
10. 「부동산투자회사법」에 따라 설립된 자기관리부동산투자회사 또는 위탁관리부동산투자회사로서 대통령령으로 정하는 요건에 해당하는 자
11. 제1호부터 제9호까지, 제9호의2 및 제10호에 해당하는 자(제6호에 따른 조합은 제외한다)가 도시개발사업을 시행할 목적으로 출자에 참여하여 설립한 법인으로서 대통령령으로 정하는 요건에 해당하는 법인

이 경우 토지소유자의 동의요건 산정기준일은 도시개발구역지정 고시일을 기준으로 하며, 그 기준일 이후 시행자가 취득한 토지에 대하여는 동의 요건에 필요한 토지소유자의 총수에 포함하고 이를 동의한 자의 수로 산정한다(법 제22조 제1항 후단).

(2) 공익사업을 위한 토지 등의 취득 및 보상에 관한 법률의 준용 및 특례

토지 등의 수용 또는 사용에 관하여 이 법에 특별한 규정이 있는 경우 외에는 「공익사업을 위한 토지 등의 취득 및 보상에 관한 법률」을 준용한다(법 제22조 제2항).

1) 사업인정의 의제

수용 또는 사용의 대상이 되는 토지의 세부목록을 고시한 경우에는 「공익사업을 위한 토지 등의 취득 및 보상에 관한 법률」에 따른 사업인정 및 그 고시가 있었던 것으로 본다(법 제22조 제3항).

2) 재결신청기간의 특례

재결신청은 「공익사업을 위한 토지 등의 취득 등의 취득 및 보상에 관한 법률」 제23조 제1항과 제28조 제1항(≒ 사업인정고시일로부터 1년 이내) 규정에도 불구하고 개발계획에서 정한 도시개발사업의 시행 기간 종료일까지 하여야 한다.

2. 토지상환채권의 발행

(1) 채권의 발행

시행자는 토지소유자가 원하면 토지 등의 매수 대금의 일부를 지급하기 위하여 대통령령으로 정하는 바(영 제45조)에 따라 사업 시행으로 조성된 토지·건축물로 상환하는 채권(토지상환채권)을 발행할 수 있다.

다만, 시행자 중 비공공적 시행자에 해당하는 시행자(제11조 제1항 제5호부터 제11호까지의 규정)에 해당하는 시행자가 토지상환채권을 발행하기 위해서는 금융기관 등(「은행법」의 금융기관과 「보험업법」에 의한 보험사업자)으로부터 지급보증을 받은 경우에만 이를 발행할 수 있다(법 제23조 제1항, 영 제46조).

(2) 발행의 승인

시행자('지정권자가 시행자인 경우' 제외)는 토지상환채권을 발행하려면 대통령령으로 정하는 바(영 제47조)에 따라 토지상환채권의 발행계획을 작성하여 미리 지정권자의 승인을 받아야 한다(법 제23조 제2항).

(3) 발행조건 등

토지상환채권의 발행규모는 그 토지상환채권으로 상환할 토지·건축물이 해당 도시개발사업으로 조성되는 분양토지 또는 분양건축물 면적의 1/2을 초과하지 아니하도록 하여야 한다(영 제45조).

또한, 토지상환채권의 발행조건 등은 다음과 같이 정한다(영 제49조).

① 토지상환채권의 이율은 발행당시의 은행의 예금금리 및 부동산 수급상황을 고려하여 발행자가 정한다.

② 토지상환채권은 기명식 증권으로 한다.

(4) 이전 등

토지상환채권을 이전하는 경우 취득자는 그 성명과 주소를 토지상환채권원부에 기재하여 줄 것을 요청하여야 하며, 취득자의 성명과 주소가 토지상환채권에 기재되지 아니하면 취득자는 발행자 및 그 밖의 제3자에게 대항하지 못한다(영 제53조 제1항). 또한, 토지상환채권을 질권의 목적으로 하는 경우에는 질권자의 성명과 주소가 토지상환채권원부에 기재되지 아니하면 질권자는 발행자 및 그 밖의 제3자에게 대항하지 못하며(영 제53조 제2항), 발행자는 질권이 설정된 때에는 토지상환채권에 그 사실을 표시하여야 한다(영 제53조 제3항).

3. 선수금

시행자는 조성토지등과 도시개발사업으로 조성되지 아니한 상태의 토지(원형지)를 공급받거나 이용하려는 자로부터 대통령령으로 정하는 바(영 제55조)에 따라 해당 대금의 전부 또는 일부를 미리 받을 수 있다(법 제25조 제1항). 시행자(지정권자가 시행자인 경우는 제외)는 법 제25조 제1항에 따라 해당 대금의 전부 또는 일부를 미리 받으려면 지정권자의 승인을 받아야 한다(영 제55조 제1항).

4. 원형지의 공급과 개발

① 시행자는 도시를 자연친화적으로 개발하거나 복합적·입체적으로 개발하기 위하여 필요한 경우에는 대통령령으로 정하는 절차(영 제55조의2)에 따라 미리 지정권자의 승인을 받아 다음의 어느 하나에 해당하는 자에게 원형지를 공급하여 개발하게 할 수 있고, 이 경우 공급될 수 있는 원형지의 면적은 도시개발구역 전체 토지 면적의 1/3 이내로 한정한다(법 제25조의2 제1항).

---

1. 국가 또는 지방자치단체
2. 「공공기관의 운영에 관한 법률」 제4조에 따른 공공기관
3. 「지방공기업법」에 따라 설립된 지방공사
4. 국가 또는 지방자치단체가 복합개발 등을 위하여 실시한 공모에서 선정된 자
5. 원형지를 학교나 공장 등의 부지로 직접 사용하는 자

---

② 시행자는 원형지를 공급하기 위하여 지정권자에게 승인 신청을 할 때에는 원형지의 공급 계획을 작성하여 함께 제출하여야 한다. 작성된 공급 계획을 변경하는 경우에도 같다(법 제25조의2 제2항).

③ 원형지 공급계획에는 원형지를 공급받아 개발하는 자("원형지개발자")에 관한 사항과 원형지의 공급내용 등이 포함되어야 한다(법 제25조의2 제3항).

④ 시행자는 원형지로 공급될 대상 토지 및 개발 방향에 따른 승인내용 및 공급계획에 따라 원형지개발자와 공급계약을 체결한 후 원형지개발자로부터 세부계획을 제출받아 이를 실시계획의 내용에 반영하여야 한다(법 제25조의2 제4항).

⑤ 지정권자는 승인을 할 때에는 용적률 등 개발밀도, 토지용도별 면적 및 배치, 교통처리계획 및 기반시설의 설치 등에 관한 이행조건을 붙일 수 있다(법 제25조의2 제5항).

⑥ 원형지개발자(국가 및 지방자치단체는 제외)는 "10년의 범위에서 원형지에 대한 공사완료 공고일부터 5년" 또는 "원형지 공급 계약일부터 10년"의 기간 중 먼저 끝나는 기간(영 제55조의2 제3항) 안에는 원형지를 매각할 수 없으나(전매의 제한), 이주용 주택이나 공공·문화 시설 등 대통령령으로 정하는 경우(영 제55조의2 제4항)로서 미리 지정권자의 승인을 받은 경우에는 예외로 한다(법 제25조의2 제6항).

⑦ 지정권자는 다음의 어느 하나에 해당하는 경우에는 원형지 공급 승인을 취소하거나 시행자로 하여금 그 이행의 촉구, 원상회복 또는 손해배상의 청구, 원형지 공급계약의 해제 등 필요한 조치를 취할 것을 요구할 수 있다(법 제25조의2 제7항).

---

1. 시행자가 원형지의 공급 계획대로 토지를 이용하지 아니하는 경우
2. 원형지개발자가 세부계획의 내용대로 사업을 시행하지 아니하는 경우
3. 시행자 또는 원형지개발자가 이행조건을 이행하지 아니하는 경우

⑧ 시행자는 다음의 어느 하나에 해당하는 경우 대통령령으로 정하는 바에 따라 원형지 공급계약을 해제할 수 있다(법 제25조의2 제8항).

---

1. 원형지개발자가 세부계획에서 정한 착수 기한 안에 공사에 착수하지 아니하는 경우
2. 원형지개발자가 공사 착수 후 세부계획에서 정한 사업 기간을 넘겨 사업 시행을 지연하는 경우
3. 공급받은 토지의 전부나 일부를 시행자의 동의 없이 제3자에게 매각하는 경우
4. 그 밖에 공급받은 토지를 세부계획에서 정한 목적대로 사용하지 아니하는 등 공급계약의 내용을 위반한 경우

---

⑨ 원형지개발자의 선정기준, 원형지 공급의 절차와 기준 및 공급가격, 시행자와 원형지개발자의 업무범위 및 계약방법 등에 필요한 사항은 대통령령(영 제55조의 2)으로 정한다(법 제25조의2 제9항).

5. 이주대책

시행자는 「공익사업을 위한 토지 등의 취득 및 보상에 관한 법률」로 정하는 바에 따라 도시개발사업의 시행에 필요한 토지 등의 제공으로 생활의 근거를 상실하게 되는 자에 관한 이주대책 등을 수립·시행하여야 한다(법 제24조).

6. 조성토지 등의 공급계획

(1) 공급계획서의 제출

시행자는 조성토지등을 공급하려고 할 때에는 조성토지등의 공급계획을 작성하여야 하며, 지정권자가 아닌 시행자는 작성한 조성토지등의 공급 계획에 대하여 지정권자의 승인을 받아야 한다. 조성토지등의 공급 계획을 변경하려는 경우에도 또한 같다(법 제26조 제1항).

지정권자가 제1항에 따라 조성토지등의 공급 계획을 작성하거나 승인하는 경우 국토교통부장관이 지정권자이면 시·도지사 또는 대도시 시장의 의견을, 시·도지사가 지정권자이면 시장(대도시 시장은 제외한다)·군수 또는 구청장의 의견을 미리 들어야 한다(법 제26조 제2항).

(2) 공급방법

조성토지 등의 공급계획의 내용, 공급의 절차, 기준 및 조성토지 등의 가격평가 기타 필요한 사항은 대통령령으로 정한다(법 제26조 제4항, 영 제57조).

1) 원칙적 공급방법

① 시행자는 법 제26조 제1항에 따른 조성토지등의 공급 계획에 따라 조성토지등을 공급해야 한다. 이 경우 시행자는 「국토의 계획 및 이용에 관한 법률」에 따른 기반시설의 원활한 설치를 위하여 필요하면 공급대상자의 자격을 제한하거나 공급조건을 부여할 수 있다(영 제57조 제1항).

② 조성토지 등의 공급은 경쟁입찰의 방법에 따르며(영 제57조 제2항), 이 경우 최고가격으로 입찰한 자를 낙찰자로 한다(영 제57조 제7항).

2) 특례
① 추첨의 방법

시행자는 다음의 용지에 대하여는 추첨의 방법으로 분양할 수 있다(영 제57조 제3항, 규칙 제23조).

⊙ 국민주택규모(85㎡ 이하) 이하의 주택건설용지(임대주택을 포함)
ⓛ 「주택법」(제2조 제3호의2)에 따른 공공택지
ⓒ 국토교통부령이 정하는 면적(330㎡ 이하) 이하의 단독주택용지 및 공장용지

---

② 수의계약의 방법

시행자는 수의계약의 방법으로 조성 토지 등을 공급할 수 있다(영 제57조 제5항).

---

1. 학교용지, 공공청사용지 등 일반에게 분양할 수 없는 공공용지를 국가, 지방자치단체, 그 밖의 법령에 따라 해당 시설을 설치할 수 있는 자에게 공급하는 경우
1의2. 임대주택 건설용지를 다음 각 목에 해당하는 자가 단독 또는 공동으로 총지분의 50/100을 초과하여 출자한 「부동산투자회사법」 제2조 제1호에 따른 부동산투자회사에 공급하는 경우
   가. 국가나 지방자치단체
   나. 한국토지주택공사
   다. 주택사업을 목적으로 설립된 지방공사
2. 법 제18조 제1항 전단에 따라 고시한 실시계획에 따라 존치하는 시설물의 유지관리에 필요한

> 최소한의 토지를 공급하는 경우
> 3. 「공익사업을 위한 토지 등의 취득 및 보상에 관한 법률」에 따른 협의를 하여 그가 소유하는 도시개발구역 안의 조성토지등의 전부를 시행자에게 양도한 자에게 국토교통부령으로 정하는 기준에 따라 토지를 공급하는 경우
> 4. 토지상환채권에 의하여 토지를 상환하는 경우
> 5. 토지의 규모 및 형상, 입지조건 등에 비추어 토지이용가치가 현저히 낮은 토지로서, 인접 토지 소유자 등에게 공급하는 것이 불가피하다고 시행자가 인정하는 경우
> 6. 법 제11조 제1항 제1호부터 제4호까지의 규정에 해당하는 시행자가 도시개발구역에서 도시발전을 위하여 복합적이고 입체적인 개발이 필요하여 국토교통부령으로 정하는 절차와 방법에 따라 선정된 자에게 토지를 공급하는 경우
> 6의2. 산업통상자원부장관이 「외국인투자 촉진법」 제27조에 따른 외국인투자위원회의 심의를 거쳐 같은 법 제2조 제6호에 따른 외국인투자기업에게 수의계약을 통하여 조성토지등을 공급할 필요가 있다고 인정하는 경우. 다만, 2009년 7월 1일부터 2011년 6월 30일까지 공급되는 조성토지등만 해당한다
> 6의3. 대행개발사업자가 개발을 대행하는 토지를 해당 대행개발사업자에게 공급하는 경우
> 7. 제2항 및 제3항에 따른 경쟁입찰 또는 추첨의 결과 2회 이상 유찰된 경우
> 8. 그 밖에 관계 법령의 규정에 따라 수의계약으로 공급할 수 있는 경우

(3) 조성토지 등의 공급가격

1) 원칙

조성토지 등의 가격평가는 「부동산 가격공시 및 감정평가에 관한 법률」에 따른 감정평가업자가 평가한 금액("감정가격"이라 한다)으로 한다(영 제57조 제6항).

2) 주상복합건축물의 공급가격의 특례

경쟁 입찰의 경우 최고가격으로 입찰한 자를 낙찰자로 하고, 이 경우 경쟁 입찰 대상 토지가 공동주택과 주거용 외의 용도가 복합된 건축물(다수의 건축물이 일체적으로 연결된 하나의 건축물을 포함)을 건축하기 위한 토지인 때에는 경쟁 입찰 대상 토지의 면적에 주거용 외의 용도에 해당하는 비율(실시계획에 포함된 지구단위계획상의 비율로 건축물의 연면적 대비 비율로 산정)을 곱하여 산정된 면적(상업면적)에 대하여 최고가격으로 입찰한 자를 낙찰자로 하며, 상업면적에 대하여는 낙찰가격을, 상업면적 외에 대하여는 감정가격을 각각 적용하여 산정한 가격을 합한 가격을 해당 토지의 공급가격으로 한다(영 제57조 제7항).

3) 학교용지 등의 공급가격의 특례

시행자는 학교, 폐기물처리시설, 그 밖에 대통령령으로 정하는 시설(공공청사, 사회복지시설, 임대주택, 첨단업종의 공장, 지식산업센터, 도정공장, 식품공장, 호텔업 시설, 자동차정류장, 종합의료시설, 방송·통신시설, 시장 등)을 설치하기 위한 조성토지등과 이주단지의 조성을 위한 토지를 공급하는 경우에는 해당 토지의 가격을 「감정평가 및 감정평가사에 관한 법률」에 따른 감정평가업자가 감정 평가한 가격 이하로 정할 수 있다(법 제27조 제1항, 영 제58조 제1항·제3항).

제3절 환지방식에 의한 사업시행

1. 환지계획의 작성

(1) 환지계획

시행자는 도시개발사업의 전부 또는 일부를 환지방식으로 시행하려면 다음의 사항이 포함된 환지계획을 작성하여야 한다(법 제28조 제1항).

---

1. 환지설계(원칙-평가식, 예외-면적식)
2. 필지별로 된 환지 명세
3. 필지별과 권리별로 된 청산대상 토지 명세
4. 체비지 또는 보류지의 명세
5. 입체환지(평가식)를 계획하는 경우에는 입체환지용 건축물의 명세와 공급 방법·규모에 관한 사항
6. 그 밖에 국토교통부령으로 정하는 사항(수입지출계획서, 평균부담률 및 비례율과 그 계산서, 건축계획(입체 환지를 시행하는 경우로 한정한다), 토지평가협의회 심의결과 등)

☞ 다만, 청산대상 토지 명세이지 청산금 명세가 아니다. 환지예정지도·환지전후 대비도는 있어도 환지예정지 명세는 없다.

(2) 적응환지의 원칙

① 환지 계획은 종전의 토지와 환지의 위치·지목·면적·토질·수리(水利)·이용 상황·환경, 그 밖의 사항을 종합적으로 고려하여 합리적으로 정하여야 한다(법

제28조 제2항).

② 「공익사업을 위한 토지 등의 취득 및 보상에 관한 법률」 제4조 각 호의 어느 하나에 해당하는 공공시설의 용지에 대하여는 환지계획을 정함에 있어서 그 위치·면적 등에 관하여 적응환지의 원칙을 적용하지 아니할 수 있다(법 제33조 제1항).

(3) 환지계획의 기준

1) 토지면적을 고려한 환지(법 제31조 제1항)

① 증환지 : 시행자는 토지면적의 규모를 조정할 특별한 필요가 있으면 면적이 작은 토지는 과소 토지가 되지 아니하도록 면적을 늘려 환지를 정할 수 있다.

② 감환지 : 시행자는 토지면적의 규모를 조정할 특별한 필요가 있는 때에는 면적이 넓은 토지는 그 면적을 줄여서 환지를 정할 수 있다.

2) 환지부지정

① 동의 등에 의한 환지부지정(법 제30조 제1항) : 토지소유자가 신청하거나 동의하면 해당 토지의 전부 또는 일부에 대하여 환지를 정하지 아니할 수 있다. 다만, 해당 토지에 관하여 임차권자 등이 있는 경우에는 그 동의를 받아야 한다.

② 직권에 의한 환지부지정(법 제31조 제1항·제2항) : 시행자는 토지 면적의 규모를 조정할 특별한 필요가 있으면 면적이 작은 토지는 과소토지가 되지 아니하도록 환지대상에서 제외할 수 있다. 이 경우 과소토지의 기준면적은 대통령령이 정하는 범위(「건축법 시행령」 제80조에서 정하는 면적)에서 시행자가 규약, 정관 또는 시행규정으로 정한다.

---

1. 기존 건축물이 없는 경우
2. 환지로 지정할 토지의 필지수가 도시개발사업으로 조성되는 토지의 필지수보다 많은 경우
3. 환지 계획에 따라 도시개발사업으로 조성되는 토지에 대한 지구단위계획에서 정하는 획지(劃地)의 최소 규모가 제1항에 따른 면적보다 큰 경우
4. 제43조 제2항 제2호에 따른 미분할 혼용방식으로 사업을 시행하는 경우
5. 그 밖에 시행자가 환지 계획상 제1항에 따른 면적을 기준으로 하여 환지하기 곤란하다고 인정하는 토지

③ 불용이 되는 공공시설의 환지부지정(법 제33조 제2항):   시행자가 도시개발사업의 시행으로 국가 또는 지방자치단체가 소유한 공공시설과 대체되는 공공시설을 설치하는 경우 종전의 공공시설의 전부 또는 일부의 용도가 폐지되거나 변경되어 사용하지 못하게 될 토지는 환지를 정하지 아니하며, 이를 다른 토지에 대한 환지의 대상으로 하여야 한다.

3) 입체환지

① 의의(법 제32조 제1항):   시행자는 도시개발사업을 원활히 시행하기 위하여 특히 필요한 경우에는 토지 또는 건축물 소유자의 신청을 받아 건축물의 일부와 그 건축물이 있는 토지의 공유지분을 부여할 수 있다.

② 공고(법 제32조 제3항):   입체환지의 경우 시행자는 환지계획 작성 전에 실시계획의 내용, 환지계획 기준, 환지대상 필지 및 건축물의 명세, 환지신청 기간 등 대통령령으로 정하는 사항을 토지소유자(건축물 소유자를 포함)에게 통지하고 해당 지역에서 발행되는 일간신문에 공고하여야 한다.

③ 신청기간(법 제32조 제4항):   입체환지의 신청기간은 통지한 날부터 30일 이상 60일 이하로 하여야 한다. 다만, 시행자는 환지계획의 작성에 지장이 없다고 판단하는 경우에는 20일의 범위에서 그 신청기간을 연장할 수 있다.

④ 신청(법 제32조 제5항):   입체환지를 받으려는 토지소유자는 환지신청 기간 이내에 대통령령으로 정하는 방법 및 절차에 따라 시행자에게 환지신청을 하여야 한다.

⑤ 기준(법 제32조 제6항):   입체환지 계획의 작성에 관하여 필요한 사항은 국토교통부장관이 정할 수 있다.

4) 환지 지정 등의 제한

시행자는 주민 등의 의견청취를 위하여 공람 또는 공청회의 개최에 관한 사항을 공고한 날 또는 투기억제를 위하여 시행예정자(요청자 또는 제안자)의 요청에 따라 지정권자가 따로 정하는 날(기준일)의 다음날부터 다음의 어느 하나에 해당하는 경우에는 국토교통부령으로 정하는 바에 따라 해당 토지 또는 건축물에 대하여 금전으로 청산하거나 환지 지정을 제한할 수 있다(법 제32조의2 제1항).

1. 1필지의 토지가 여러 개의 필지로 분할되는 경우
2. 단독주택 또는 다가구주택이 다세대주택으로 전환되는 경우
3. 하나의 대지범위 안에 속하는 동일인 소유의 토지와 주택 등 건축물을 토지와 주택 등 건축물로 각각 분리하여 소유하는 경우
4. 나대지에 건축물을 새로 건축하거나 기존 건축물을 철거하고 다세대주택이나 그 밖의 「집합건물의 소유 및 관리에 관한 법률」에 따른 구분소유권의 대상이 되는 건물을 건축하여 토지 또는 건축물의 소유자가 증가되는 경우

5) 체비지·보류지

① 지정 : 시행자는 도시개발사업에 필요한 경비에 충당하거나 규약·정관·시행규정 또는 실시계획으로 정하는 목적을 위하여 일정한 토지를 환지로 정하지 아니하고 보류지로 정할 수 있으며, 그중 일부를 체비지로 정하여 도시개발사업에 필요한 경비에 충당할 수 있다(법 제34조 제1항).

② 체비지의 집단지정 : 특별자치도지사·시장·군수 또는 구청장은 「주택법」에 따른 공동주택의 건설을 촉진하기 위하여 필요하다고 인정하면 체비지 중 일부를 같은 지역에 집단으로 정하게 할 수 있다(법 제34조 제2항).

대판 2009.6.23, 2007두3275(취득세부과처분취소)

"도시개발법(2007.4.11. 법률 제8376호로 개정되기 전의 것, 이하 같다) 제27조 제1항 제4호, 제28조 제1항, 제33조 제1항, 제41조 제5항은 도시개발사업의 시행자로 하여금 도시개발사업에 필요한 경비에 충당하거나 규약·정관·시행규정 또는 실시계획이 정하는 목적을 위하여 환지계획에서 일정한 토지를 환지로 정하지 아니하고 이를 체비지 등으로 정할 수 있도록 규정하면서, 체비지는 사업시행자가, 보류지는 환지계획에서 정한 자가 각각 환지처분의 공고가 있는 날의 다음날에 그 소유권을 취득한다고 규정하고 있다."

6) 토지부담률

① 시행자는 면적식으로 환지 계획을 수립한 경우에는 다음 각 호의 기준에 따라 환지계획구역안의 토지 소유자가 도시개발사업을 위하여 부담하는 토지의 비율(이하 "토지부담률"이라 한다)을 산정하여야 한다(규칙 제29조 제1항).

1. 공공시설용지의 면적을 명확히 파악하고, 환지 전후의 지가변동률 및 인근 토지의 가격을 고려하여 체비지를 책정함으로써 토지부담률을 적정하게 할 것

2. 기존 시가지·주택밀집지역 등 토지의 이용도가 높은 지역과 저지대·임야 등 토지의 이용도가 낮은 지역에 대하여는 토지부담률을 차등하여 산정하되, 사업시행 전부터 도로·상하수도 등 기반시설이 갖추어져 있는 주택지에 대하여는 토지부담률을 최소화할 것
3. 지목상 전·답·임야이나 사실상 형질변경 등으로 대지가 된 토지와 도로 등 공공시설을 지방자치단체에 기부채납 또는 무상귀속시킨 토지는 그에 상당하는 비용을 고려하여 토지부담률을 산정할 것

② 환지계획구역의 평균 토지부담률은 50퍼센트를 초과할 수 없다. 다만, 해당 환지계획구역의 특성을 고려하여 지정권자가 인정하는 경우에는 60퍼센트까지로 할 수 있으며, 환지계획구역의 토지 소유자 총수의 2/3 이상이 동의(시행자가 조합인 경우에는 총회에서 의결권 총수의 2/3 이상이 동의한 경우를 말한다)하는 경우에는 60퍼센트를 초과하여 정할 수 있다(규칙 제29조 제2항).

③ 위의 ②에 따른 환지계획구역의 평균 토지부담률은 다음의 계산식에 따라 산정한다(규칙 제29조 제3항).

평균 토지부담률 = [(보류지 면적 − 이 법 제27조 제5항 각 호에 해당하는 토지의 면적)/ (환지계획구역 면적 − 이 법 제27조 제5항 각 호에 해당하는 토지의 면적)] × 100

④ 시행자는 사업시행 중 부득이한 경우를 제외하고는 토지 소유자에게 부담을 주는 토지부담률의 변경을 하여서는 아니 되며(규칙 제29조 제4항), 면적식으로 환지 계획을 수립하는 경우에는 환지 전 토지의 위치에 환지를 지정한다(규칙 제29조 제5항). 다만, 토지 소유자가 동의하거나 환지 전 토지가 보류지로 책정된 경우 또는 토지이용계획에 따라 필요한 경우에는 환지 전 토지와 다른 위치에 환지를 지정할 수 있다(규칙 제29조 제5항 단서).

⑤ 환지계획구역의 외부와 연결되는 환지계획구역안의 도로로서 너비 25m 이상의 간선도로는 토지 소유자가 도로의 부지를 부담하고, 관할 지방자치단체가 공사비를 보조하여 건설할 수 있다(규칙 제29조 제6항).

(4) 감정평가

① 시행자는 환지방식이 적용되는 도시개발구역에 있는 조성토지 등의 가격을 평가할 때에는 토지평가협의회의 심의를 거쳐 결정하되, 그에 앞서 감정평가업자

등이 평가하게 하여야 한다(법 제28조 제3항).

② 토지평가협의회의 구성 및 운영 등에 필요한 사항은 해당 규약·정관 또는 시행규정으로 정한다(법 제28조 제4항).

③ 환지계획의 작성에 따른 환지계획의 기준, 보류지(체비지·공공시설 용지)의 책정기준 등에 관하여 필요한 사항은 국토교통부령으로 정할 수 있다(법 제28조 제5항).

(5) 환지계획의 인가

1) 인가의 의의

행정청이 아닌 시행자가 환지계획을 작성한 경우에는 특별자치도지사·시장·군수·구청장의 인가를 받아야 하고(법 제29조 제1항), 인가받은 환지계획의 내용을 변경하고자 하는 경우에도 이를 준용한다(법 제29조 제2항). 다만, 대통령령(영 제60조)으로 정하는 다음의 경미한 사항을 변경하는 경우에는 그러하지 아니하다.

---

1. 종전 토지의 합필 또는 분필로 환지명세가 변경되는 경우
2. 토지 또는 건축물 소유자(체비지인 경우에는 시행자 또는 체비지 매수자를 말함)의 동의에 따라 환지 계획을 변경하는 경우(다만, 다른 토지 또는 건축물 소유자에 대한 환지 계획의 변경이 없는 경우로 한정)
3. 지적측량의 결과를 반영하기 위하여 환지 계획을 변경하는 경우
4. 환지로 지정된 토지나 건축물을 금전으로 청산하는 경우
5. 그 밖에 국토교통부령으로 정하는 경우

---

2) 인가의 절차
① 통지 및 공람

행정청이 아닌 시행자가 환지계획의 인가를 신청하려고 하거나 행정청인 시행자가 환지계획을 정하려고 하는 경우에는 토지소유자와 해당 토지에 대하여 임차권, 지상권, 그 밖에 사용하거나 수익할 권리를 가진 자("임차권 등"이라 함)에게 환지계획의 기준 및 내용 등을 인터넷 홈페이지 등을 이용하여 일반인에게 알리고 14일 이상 공람할 수 있게 하여야 한다. 다만, 위의 1)의 대통령령으로 정하는 경미한 사항을 변경하는 경우에는 그러하지 아니하다(법 제29조 제3항, 영 제61조 제2항).

② 의견의 제출

토지소유자나 임차권자 등은 공람기간에 시행자에게 의견서를 제출할 수 있으며,

시행자는 그 의견이 타당하다고 인정되면 환지계획에 이를 반영하여야 한다(법 제29조 제4항).다만, 행정청이 아닌 시행자가 환지계획 인가를 신청할 때에는 제출된 의견서를 첨부하여야 한다(법 제29조 제5항).

③ 결과의 통보

시행자는 제출된 의견에 대하여 공람기일이 종료된 날부터 60일 이내에 그 의견을 제출한 자에게 환지계획에의 반영 여부에 관한 검토 결과를 통보하여야 한다(법 제29조 제6항).

2. 환지예정지

(1) 의의

사업시행기간의 장기화로 인해 환지처분이 지연됨으로서 토지소유자 등의 사적 재산권이 많은 제한을 받게 되므로 그 제한을 최소화하고 시행자가 사업시행 시 사업비용을 미리 마련하기 위해 환지처분 전이라도 종전 토지에 대해 앞으로 있을 환지처분 효과 중 일부를 미리 부여하기 위하여 행하는 행정처분이다.

대판 2007.1.11, 2005다70151(부당이득금)

"환지처분의 내용은 모두 환지계획에 의하여 미리 결정되는 것이며 환지처분은 다만 환지계획구역에 대한 공사가 완료되기를 기다려서 환지계획에 정하여져 있는 바를 토지소유자에게 통지하고 그 뜻을 공고함으로써 효력이 발생되는 것이고, 따라서 환지계획과는 별도의 내용을 가진 환지처분은 있을 수 없는 것이므로(대법원 1993.5.27. 선고 92다14878 판결 참조), 이 사건에서 만일 관리처분계획의 변경이 있었다면 어떤 토지가 환지의 대상에 포함되는지 여부는 최종적으로 변경된 관리처분계획을 기준으로 판단하여야 할 것이고, 처음에는 재개발사업에 의한 환지의 대상에 포함된 토지라고 하더라도 도중에 관리처분계획이 변경되어 재개발사업구역에서 제외되었다면, 그 토지에 대하여는 분양처분의 고시에 따른 환지의 확정으로 인한 효력이 미칠 수 없다."

---

(2) 환지예정지의 지정

1) 지정

시행자는 도시개발사업의 시행을 위하여 필요하면 도시개발구역의 토지에 대하여 환지 예정지를 지정할 수 있다. 이 경우 종전의 토지에 대한 임차권자등이 있으면 해당 환지 예정지에 대하여 해당 권리의 목적인 토지 또는 그 부분을 아울러 지정하여야 한다(법 제35조 제1항).

2) 공람 등

① 행정청이 아닌 시행자(비공공적 시행자 : 법 제11조 제1항 제5호~제11호)가 제1항에 따라 환지 계획의 인가를 신청하려고 하거나 행정청인 시행자가 환지 계획을 정하려고 하는 경우에는 토지 소유자와 해당 토지에 대하여 임차권, 지상권, 그 밖에 사용하거나 수익할 권리("임차권등"이라 한다)를 가진 자에게 환지 계획의 기준 및 내용 등을 알려야 한다(법 제29조 제3항). 이때에 공람을 실시하려는 때에는 공람 장소·방법 등에 관한 사항을 인터넷 홈페이지 등을 이용하여 일반인에게 알리고 14일 이상 공람할 수 있게 하여야 한다(영 제61조 제2항).

② 토지소유자 또는 해당 토지에 대하여 임차권, 지상권, 그 밖에 사용하거나 수익할 권리("임차권등"이라 한다)를 가진 자는 공람기간에 시행자에게 의견서를 제출할 수 있으며, 시행자는 그 의견이 타당하다고 인정하면 환지계획에 이를 반영하여야 한다(법 제29조 제4항).

3) 지정의 통지

시행자가 환지 예정지를 지정하려면 관계 토지 소유자와 임차권자등에게 환지 예정지의 위치·면적과 환지 예정지 지정의 효력발생 시기를 알려야 한다(법 제35조 제3항).

(3) 환지예정지의 지정 효과

1) 사용·수익권의 이전
① 종전 토지 사용·수익의 이전

환지예정지가 지정되면 종전의 토지의 소유자와 임차권자 등은 환지예정지 지정의 효력발생일부터 환지처분이 공고되는 날까지 환지예정지나 해당 부분에 대하여 종전과 같은 내용의 권리를 행사할 수 있으며, 종전의 토지는 사용하거나 수익할 수 없다(법 제36조 제1항).

시행자는 환지예정지의 지정을 한 경우에 해당 토지를 사용하거나 수익하는 데에 장애가 될 물건이 그 토지에 있거나 그 밖에 특별한 사유가 있으면 그 토지의 사용 또는 수익을 시작할 날을 따로 정할 수 있다(법 제36조 제2항).

② 종전 토지소유자 등의 수인의무

환지예정지 지정의 효력이 발생하거나 그 토지의 사용 또는 수익을 시작하는 경우에 해당 환지예정지의 종전의 소유자 또는 임차권자 등은 위 ①에서 규정하는 기간에 이를 사용하거나 수익할 수 없으며, 위 ①에 따른 권리의 행사를 방해할 수 없다(법 제36조 제3항).

③ 체비지의 사용, 수익 및 처분

시행자는 체비지의 용도로 환지예정지가 지정된 경우에는 도시개발사업에 드는 비용을 충당하기 위하여 이를 사용 또는 수익하게 하거나 처분할 수 있다(법 제36조 제4항).

대판 2009.1.30, 2006다37465(손해배상)

"구 토지구획정리사업법(2000.1.28. 법률 제6252호로 폐지) 제54조, 제57조 제4항, 제62조 제6항의 규정에 의하여 환지처분 전에 구획정리사업시행자가 체비지 지정을 하여 이를 제3자에게 처분하는 경우, 매수인이 토지를 인도받거나 체비지대장에 소유자로 등재되면, 매수인은 다른 이중 양수인에게 그 권리취득을 대항할 수 있으므로, 체비지를 이중매매한 경우에는 매도인이 매수인 앞으로 체비지대장의 소유자 명의를 변경하여 준 시점에 매도인의 다른 매수인에 대한 체비지에 관한 매도인으로서의 의무는 이행불능으로 된다."

---

④ 임차권자 등의 권리조정

임차권 등의 목적인 토지에 환지예정지가 지정된 경우 임대료·지료, 그 밖의 사용료 등의 증감이나 권리의 표기 등에 관하여는 법 제48조(임대료 등의 증감청구)와 제49조(권리의 포기 등)를 준용한다(법 제36조 제5항).

2) 환지 예정지 지정 전 토지 사용

① 공공적 시행자(법 제11조 제1항 제1호~제4호 : 국가나 지방자치단체, 공공기관, 정부출연기관, 지방공사)는 다음의 어느 하나에 해당하는 경우에는 환지예정지를 지정하기 전이라도 실시계획 인가 사항의 범위에서 토지 사용을 하게 할 수 있다(법 제36조의2 제1항).

---

1. 순환개발을 위한 순환용주택을 건설하려는 경우
2. 「국방·군사시설 사업에 관한 법률」에 따른 국방·군사시설을 설치하려는 경우
3. 제7조 제1항에 따른 주민 등의 의견청취를 위한 공고일 이전부터 「주택법」 제4조에 따라 등록한 주택건설사업자가 주택건설을 목적으로 토지를 소유하고 있는 경우
4. 그 밖에 기반시설의 설치나 개발사업의 촉진에 필요한 경우 등 대통령령으로 정하는 경우

---

② 위 ①의 3 또는 4의 경우에는 다음에 모두 해당하는 경우에만 환지예정지를 지정하기 전에 토지를 사용할 수 있다(법 제36조의2 제2항).

---

1. 사용하려는 토지의 면적이 구역 면적의 5/100 이상(최소 1만m² 이상)이고 소유자가 동일할 것. 이 경우 국유지·공유지는 관리청과 상관없이 같은 소유자로 본다.
2. 사용하려는 종전 토지가 제17조 제2항에 따른 실시계획 인가로 정한 하나 이상의 획지(劃地) 또는 가구(街區)의 경계를 모두 포함할 것
3. 사용하려는 토지의 면적 또는 평가액이 구역 내 동일소유자가 소유하고 있는 전체 토지의 면적 또는 평가액의 60/100 이하이거나 대통령령으로 정하는 바에 따라 보증금을 예치할 것
4. 사용하려는 토지에 임차권자 등이 있는 경우 임차권자 등의 동의가 있을 것

---

③ 토지를 사용하는 자는 환지예정지를 지정하기 전까지 새로 조성되는 토지 또는 그 위에 건축되는 건축물을 공급 또는 분양하여서는 아니 된다(법 제36조의2 제3항).
④ 토지를 사용하는 자는 환지계획에 따라야 한다(법 제36조의2 제4항).
⑤ 위 규정의 시행에 필요한 구체적인 절차, 방법 및 세부기준 등은 대통령령으로 정할 수 있다(법 제36조의2 제5항).

3) 사용·수익의 정지
① 시행자는 환지를 정하지 아니하기로 결정된 토지소유자나 임차권자 등에게 날짜를 정하여 그날부터 해당 토지 또는 해당 부분의 사용 또는 수익을 정지시킬 수 있다(법 제37조 제1항).

대판 2007.6.14, 2005다1810(손해배상)

"토지구획정리사업의 시행자는 사업 목적의 달성을 위하여 필요한 경우에는 구 토지구획정리사업법 (1999. 2. 8. 법률 제5893호로 개정되기 전의 것) 제40조 제1항의 권능 등을 행사하여 건축물 등을 이전하거나 제거하여 공사를 완료한 후 환지처분을 함으로써 사업구역 내의 토지 소유자가 환지처분받은 토지의 사용수익을 방해받지 않도록 할 의무를 가지고, 만약 시행자가 그 의무를 태만한 과실로 토지소유자에게 손해를 입힌 경우에는 그 손해를 배상할 책임이 있다."

---

② 시행자가 사용 또는 수익을 정지하게 하려면 30일 이상의 기간을 두고 미리 해당 토지소유자 또는 임차권자 등에게 알려야 한다(법 제37조 제2항).

4) 토지의 관리 등

① 시행자의 관리

환지예정지의 지정이나 사용 또는 수익의 정지처분으로 이를 사용하거나 수익할 수 있는 자가 없게 된 토지 또는 해당 부분은 환지예정지의 지정일이나 사용 또는 수익의 정지처분이 있은 날부터 환지처분을 공고한 날까지 시행자가 관리한다(법 제39조 제1항).

대판 2007.1.11, 2005다70151(부당이득금)

"토지구획정리사업의 시행으로 인하여 생긴 공공시설의 용도에 제공된 토지는 특별한 사정이 없는 한 환지처분의 공고가 있은 날의 다음날에 그 관리자인 국가 또는 지방자치단체에 귀속하는 것인바, 이러한 법리에 따라 개인 소유이던 어떤 토지가 도시재개발사업(토지구획정리사업)에 의하여 도로용지가 되어 그 소유권이 지방자치단체에 귀속되었다고 하려면, 당해 토지가 재개발사업구역(토지구획정리사업구역) 내의 토지로서 관리처분계획(환지계획)에 따른 환지의 대상에 포함되는 것임이 전제되어야 할 것이다."

---

② 표지의 설치

㉠ 시행자는 환지예정지 또는 환지의 위치를 나타내려고 하는 경우에는 국토교통부령(규칙 제31조 [별표 5])으로 정하는 표지를 설치할 수 있다(법 제39조 제2항).

㉡ 누구든지 환지처분이 공고된 날까지는 시행자의 승낙 없이 설치된 표지를 이전하거나 훼손하여서는 아니 된다(법 제39조 제3항).

3. 환지처분

(1) 환지처분의 의의

'환지처분'이란 도시개발사업시행자가 사업을 완료한 후 작성된 환지계획에 따라 종전의 토지와 그 토지에 관한 권리에 갈음하여 새로운 토지와 그 토지에 관한 권리를 교환하고 그 과정상 발생되는 과부족을 금전으로 청산하는 행정처분을 말한다.

(2) 환지처분의 절차

1) 공사완료의 공고 및 공람

① 시행자는 환지방식으로 도시개발사업에 관한 공사를 끝낸 경우에는 지체 없이 이를 공고하고 공사 관계 서류를 일반에게 14일 이상 공람시켜야 한다(법 제40

조 제1항).

② 도시개발구역의 토지소유자나 이해관계인은 공람 기간에 시행자에게 의견서를 제출할 수 있으며, 의견서를 받은 시행자는 공사 결과와 실시계획 내용에 맞는 지를 확인하여 필요한 조치를 하여야 한다(법 제40조 제2항).

③ 시행자는 공람기간에 의견서의 제출이 없거나 제출된 의견서에 따라 필요한 조치를 한 경우에는 지정권자에 의한 준공검사를 신청하거나 도시개발사업의 공사를 끝내야 한다(법 제40조 제3항).

2) 환지처분

시행자는 지정권자에 의한 준공검사를 받은 때(지정권자가 시행자인 경우에는 공사완료공고가 있는 때)에는 60일 내에 환지처분을 하여야 한다(법 제40조 제4항, 영 제65조).

3) 환지처분의 공고

시행자는 환지처분을 하려는 경우에는 환지계획에서 정한 사항을 토지소유자에게 알리고, 사업의 명칭, 시행자, 시행기간, 환지처분일, 사업비 정산내역, 체비지 매각대금과 보조금, 사업비의 재원별 내역을 포함하여 관보 또는 공보의 방식으로 이를 공고하여야 한다(법 제40조 제5항, 영 제66조).

(3) 환지처분의 효과

1) 권리의 이전

① 환지계획에서 정하여진 환지는 그 환지처분이 공고된 날의 다음 날부터 종전의 토지로 보며, 환지계획에서 환지를 정하지 아니한 종전의 토지에 있던 권리는 그 환지처분이 공고된 날이 끝나는 때에 소멸한다(법 제42조 제1항).

② 행정·재판상의 처분: 행정상 처분이나 재판상의 처분으로서 종전의 토지에 전속하는 것에 관하여는 영향을 미치지 아니한다(법 제42조 제2항).

③ 지역권: 도시개발구역의 토지에 대한 지역권은 종전의 토지에 존속한다(법 제42조 제3항).다만, 도시개발사업의 시행으로 행사할 이익이 없어진 지역권은 환지처분이 공고된 날이 끝나는 때에 소멸한다(법 제42조 제3항 단서).

2) 입체환지의 효과

환지계획에 따라 환지처분을 받은 자는 환지처분이 공고된 날의 다음 날에 환지계획으로 정하는 바에 따라 건축물의 일부와 해당 건축물이 있는 토지의 공유지분을 취득한다. 이 경우 종전의 토지에 대한 저당권을 환지처분이 공고된 날의 다음 날부터 해당 건축물의 일부와 해당 건축물이 있는 토지의 공유지분에 존재하는 것으로 본다(법 제42조 제4항).

> **대판 2006.9.28, 2004다53050(공유물분할등)**
> "상호명의신탁 등기가 되어 있는 이른바 구분소유적 공유관계에 있는 토지가 환지된 경우에는, 특별한 사정이 없는 한 환지가 제자리 환지이고 위치 및 지형이 별로 변경이 됨이 없이 종전 토지의 위치와 지형을 유지하고 있다고 하여도, 종전의 상호명의신탁 관계는 환지처분에 의하여 종료되고 종전의 토지에 상응하는 비율로 종전의 소유자들이 환지에 대하여 순수한 공유지분을 취득하게 되는 것에 불과하다고 할 것이나, 환지 후에도 공유자들이 환지 중 일부분을 각 특정 소유하여 그 부분에 대하여 상호명의신탁 관계에 있다고 할 수 있거나 공유자들 상호간에 묵시적으로 각 종전의 사용 상태를 그대로 유지, 사용·수익하기로 하였다는 등의 특별한 사정이 있다면 환지 후에도 구분소유적 공유관계는 그대로 유지된다고 보아야 한다."

3) 체비지 및 보류지의 귀속 및 처분

체비지는 시행자가, 보류지는 환지 계획에서 정한 자가 각각 환지처분이 공고된 날의 다음 날에 해당 소유권을 취득한다. 다만, 제36조 제4항(시행자는 제34조에 따른 체비지의 용도로 환지 예정지가 지정된 경우에는 도시개발사업에 드는 비용을 충당하기 위하여 이를 사용 또는 수익하게 하거나 처분할 수 있다)에 따라 이미 처분된 체비지는 그 체비지를 매입한 자가 소유권 이전 등기를 마친 때에 소유권을 취득한다(법 제42조 제5항).

(4) 청산금 및 감가보상금

1) 청산금의 징수

시행자는 환지처분이 공고된 후에 확정된 청산금을 징수하거나 교부하여야 한다. 다만, 환지를 정하지 아니하는 토지에 대하여는 환지처분 전이라도 청산금을 교부할 수 있다(법 제46조 제1항).

2) 청산금의 산정

① 방법: 환지를 정하거나 그 대상에서 제외한 경우 그 과부족분은 종전의 토지(입체환지방식으로 사업을 시행하는 경우에는 환지대상 건축물을 포함한다) 및 환지의 위치, 지목, 면적, 토질, 수리, 이용상황, 환경, 그 밖의 사항을 종합적으로 고려

하여 금전으로 청산하여야 한다(법 제41조 제1항).

② 시기: 청산금은 환지처분을 하는 때에 결정하여야 한다. 다만, 환지대상에서 제외(제30조 또는 제31조에 따름)한 토지 등에 대하여는 청산금을 교부하는 때에 청산금을 결정할 수 있다(법 제41조 제2항).

③ 확정시기: 청산금은 환지처분이 공고된 날의 다음 날에 확정된다(법 제42조 제6항).

3) 청산금의 징수 및 교부

① 청산금을 분할징수하거나 분할교부하려는 경우에는 청산금액에 규약·정관 또는 시행규정에서 정하는 이자율을 곱하여 산출된 금액을 이자로 징수하거나 교부할 수 있다(법 제46조 제2항).

② 위 ①에서 규정한 사항 외에 청산금의 분할징수 또는 분할교부에 관하여 필요한 사항은 규약·정관 또는 시행규정이 정하는 바에 의한다(영 제68조 제2항).

③ 행정청인 시행자는 청산금을 내야 할 자가 이를 내지 아니하면 국세 또는 지방세 체납처분의 예에 따라 징수할 수 있으며, 행정청이 아닌 시행자는 특별자치도지사·시장·군수 또는 구청장에게 청산금의 징수를 위탁할 수 있다(법 제46조 제3항). 이때에 특별자치도지사·시장·군수 또는 구청장이 제4항에 따라 부과금이나 연체료의 징수를 위탁받으면 지방세 체납처분의 예에 따라 징수할 수 있는데, 이 경우 조합은 특별자치도지사·시장·군수 또는 구청장이 징수한 금액의 4/100에 해당하는 금액을 해당 특별자치도·시·군 또는 구(자치구의 구를 말한다.)에 지급하여야 한다(법 제16조 제5항).

4) 청산금의 공탁

① 청산금을 받을 자가 주소 불분명 등의 이유로 청산금을 받을 수 없거나 받기를 거부하면 그 청산금을 공탁할 수 있다(법 제46조 제4항).

② 청산금을 받을 권리나 징수할 권리를 5년간 행사하지 아니하면 시효로 소멸한다(법 제47조).

5) 감가보상금

행정청인 시행자는 도시개발사업의 시행으로 사업 시행 후의 토지 가액의 총액이 사업 시행 전의 토지 가액의 총액보다 줄어든 경우에는 그 차액에 해당하는 감가보상금을 대통령령으로 정하는 기준(영 제67조 : 도시개발사업 시행 후의 토지가액의 총액과 시행

전의 토지가액의 총액과의 차액을 시행 전의 토지가액의 총액으로 나누어 얻은 수치에 종전의
토지 또는 그 토지에 대하여 수익할 수 있는 권리의 시행 전의 가액을 곱한 금액으로 한다)에
따라 종전의 토지소유자나 임차권자 등에게 지급하여야 한다(법 제45조).

<감가보상금산정기준>

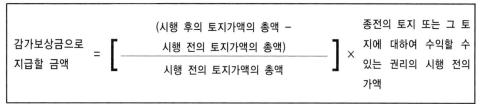

(5) 임대료 등의 증감청구

① 도시개발사업으로 임차권 등의 목적인 토지 또는 지역권에 관한 승역지의 이용
   이 증진되거나 방해를 받아 종전의 임대료·지료, 그 밖의 사용료 등이 불합리
   하게 되면 당사자는 계약 조건에도 불구하고 장래에 관하여 그 증감을 청구할
   수 있다. 도시개발사업으로 건축물이 이전된 경우 그 임대료에 관하여도 또한
   같다(법 제48조 제1항).

② 임대료 등의 증감청구를 받은 당사자는 해당 권리를 포기하거나 계약을 해지하
   여 그 의무를 지지 아니할 수 있다(법 제48조 제2항).

③ 환지처분이 공고된 날부터 60일이 지나면 임대료·지료, 그 밖의 사용료 등의
   증감을 청구할 수 없다(법 제48조 제3항).

(6) 손실보상

① 도시개발사업의 시행으로 지역권 또는 임차권 등을 설정한 목적을 달성할 수
   없게 되면 당사자는 해당 권리를 포기하거나 계약을 해지할 수 있다. 도시개발
   사업으로 건축물이 이전되어 그 임대의 목적을 달성할 수 없게 된 경우에도 또
   한 같다(법 제49조 제1항).

② 권리를 포기하거나 계약을 해지한 자는 그로 인한 손실을 보상하여 줄 것을
   시행자에게 청구할 수 있다(법 제49조 제2항).

③ 손실을 보상한 시행자는 해당 토지 또는 건축물의 소유자 또는 그로 인하여

이익을 얻는 자에게 이를 구상할 수 있다(법 제49조 제3항).

④ 환지처분이 공고된 날부터 60일이 지나면 권리를 포기하거나 계약을 해지할 수 없다(법 제49조 제4항).

⑤ 손실보상에 관하여는 타인 토지의 출입 등에 관한 손실보상의 방법 및 절차 등에 관한 규정을 준용하며, 손실보상금의 구상에 관하여는 조합원의 경비 부담 등에 관한 규정(법 제16조 제4항·제5항)을 준용한다(법 제49조 제5항·제6항).

4. 등 기

① 시행자는 환지처분이 공고되면 공고 후 14일 이내에 관할 등기소에 이를 알리고 토지와 건축물에 관한 등기를 촉탁하거나 신청하여야 한다(법 제43조 제1항).

② 환지처분이 공고된 날부터 등기가 있는 때까지는 다른 등기를 할 수 없다(법 제43조 제3항). 다만, 등기신청인이 확정일자가 있는 서류로 환지처분의 공고일 전에 등기원인이 생긴 것임을 증명하면 다른 등기를 할 수 있다(법 제43조 제3항 단서).

〈환지방식의 절차〉

실시계획 ⇨ 인가 ⇨ 환지계획 ⇨ 인가 ⇨ 사업의 시행 ⇨ 공사완료(공사관계 서류를 일반에게 14일 이상 공람) ⇨ 의견제출 ⇨ 준공검사 ⇨ 환지처분(60일 이내) ⇨ 등기(14일 이내)

제 4 절 준공검사

1. 준공검사

① 시행자(지정권자가 시행자인 경우 제외)가 도시개발사업의 공사를 끝낸 때에는 국토교통부령으로 정하는 바에 따라 공사완료 보고서를 작성하여 지정권자의 준공검사를 받아야 한다(법 제50조 제1항).

② 지정권자는 공사완료 보고서를 받으면 지체 없이 준공검사를 하여야 한다.이 경우 지정권자는 효율적인 준공검사를 위하여 필요하면 관계 행정기관·공공기

관·연구기관, 그 밖의 전문기관 등에 의뢰하여 준공검사를 할 수 있다(법 제50
조 제2항).

③ 지정권자는 공사완료 보고서의 내용에 포함된 공공시설을 인수하거나 관리하
게 될 국가기관·지방자치단체 또는 공공기관의 장 등에게 준공검사에 참여할
것을 요청할 수 있으며, 이를 요청받은 자는 특별한 사유가 없으면 요청에 따라
야 한다(법 제50조 제3항).

④ 시행자는 도시개발사업을 효율적으로 시행하기 위하여 필요하면 해당 도시개
발사업에 관한 공사가 전부 끝나기 전이라도 공사가 끝난 부분에 관하여 준공
검사(지정권자가 시행자인 경우, 시행자에 의한 공사 완료 공고를 말함)를 받을 수 있
다(법 제50조 제4항).

2. 공사완료의 공고

① 지정권자는 준공검사를 한 결과 도시개발사업이 실시계획대로 끝났다고 인정
되면 시행자에게 준공검사 증명서를 내어주고 공사완료 공고를 하여야 하며,
실시계획대로 끝나지 아니하였으면 지체 없이 보완 시공 등에 필요한 조치를
하도록 명하여야 한다(법 제51조 제1항).

② 지정권자가 시행자인 경우 그 시행자는 도시개발사업의 공사를 완료한 때에는
공사완료 공고를 하여야 한다(법 제51조 제2항).

3. 공사완료에 따른 관련 인허가 등의 의제

① 준공검사를 하거나 공사완료 공고를 할 때 지정권자가 의제되는 인·허가 등(면
허·협의 또는 승인 제외)에 따른 준공검사·준공인가 등에 대하여 관계 행정기관의
장과 협의한 사항에 대하여는 그 준공검사·준공인가 등을 받은 것으로 본다(법 제
52조 제1항).

② 시행자(지정권자인 시행자는 제외)가 준공검사·준공인가 등의 의제를 받으려면
준공검사를 신청할 때 해당 법률로 정하는 관계 서류를 함께 제출하여야 한다
(법 제52조 제2항).

③ 지정권자는 준공검사를 하거나 공사 완료 공고를 할 때 그 내용에 의제되는

인·허가 등에 따른 준공검사·준공인가 등에 해당하는 사항이 있으면 미리 관계 행정기관의 장과 협의하여야 한다(법 제52조 제3항).

4. 조성토지 등의 준공 전 사용

준공검사 전 또는 공사완료 공고 전에는 조성토지 등(체비지는 제외한다)을 사용할 수 없다. 다만, 사업 시행의 지장 여부를 확인받는 등 대통령령으로 정하는 바(영 제70조)에 따라 지정권자로부터 사용허가를 받은 경우에는 그러하지 아니하다(법 제53조).

제 5 장

비용의 부담 등

제1절 비용의 부담

1. 비용부담의 원칙

도시개발사업에 필요한 비용은 이 법이나 다른 법률에 특별한 규정이 있는 경우 외에는 시행자가 부담한다(법 제54조) 다만, 도시개발구역 안의 전기시설을 사업시행자가 지중선로로 설치할 것을 요청하는 경우에는 전기를 공급하는 자와 지중에 설치할 것을 요청하는 자가 각각 1/2의 비율로 그 설치비용을 부담(전부 환지방식으로 도시개발사업을 시행하는 경우에는 전기시설을 공급하는 자가 2/3, 지중에 설치할 것을 요청하는 자가 1/3의 비율로 부담)한다(법 제55조 제2항 단서).

2. 지방자치단체의 비용부담

(1) 지정권자가 시행자인 경우

지정권자가 시행자인 경우 그 시행자는 그가 시행한 도시개발사업으로 이익을 얻는 시·도·또는 시·군·구가 있으면 대통령령으로 정하는 바에 따라 그 도시개발사업에 든 비용의 일부를 그 이익을 얻는 시·도 또는 시·군·구에 부담시킬 수 있다. 이 경우 국토교통부장관은 행정자치부장관과 협의하여야 하고, 시·도지사 또는 대도시시장은 관할 외의 시·군·구에 비용을 부담시키려면 그 시·군·구를 관할하는 시·도지사와 협의하여야 하며, 시·도지사 간 또는 대도시 시장과 시·도지사 간의 협의가 성립되지 아니하는 경우에는 행정자치부장관의 결정에 따른다(법 제56조 제1항).

(2) 시·군·구청장이 시행자인 경우

시장(대도시 시장을 제외)·군수 또는 구청장은 그가 시행한 도시개발사업으로 이익을 얻는 다른 지방자치단체가 있으면 그 도시개발사업에 든 비용의 일부를 그 이익을 얻는 다른 지방자치단체와 협의하여 그 지방자치단체에 부담시킬 수 있다.

이 경우 협의가 성립되지 아니하면 관할 시·도지사의 결정에 따르며, 그 시·군·구를 관할하는 시·도지사가 서로 다른 경우에는 위의 1)의 후단을 준용한다(법 제56조 제2항).

3. 공공시설관리자의 비용부담

시행자는 공동구(共同溝)를 설치하는 경우에는 다른 법률에 따라 그 공동구에 수용될 시설을 설치할 의무가 있는 자에게 공동구의 설치에 드는 비용을 부담시킬 수 있다. 이 경우 공동구의 설치 방법·기준 및 절차와 비용의 부담 등에 관한 사항은 「국토의 계획 및 이용에 관한 법률」 제44조를 준용한다(법 제57조 제2항).

제 2 절 도시개발특별회계 및 도시개발채권

1. 도시개발특별회계의 설치

(1) 설치

시·도지사 또는 시장·군수(광역시에 있는 군의 군수는 제외)는 도시개발사업을 촉진하고 도시·군계획시설사업의 설치지원 등을 위하여 지방자치단체에 도시개발특별회계(특별회계)를 설치할 수 있다(법 제60조 제1항).

특별회계는 다음의 재원으로 조성된다(법 제60조 제2항).

---

1. 일반회계에서 전입된 금액
2. 정부의 보조금
2의2. 제53조의2 제1항 제1호에 따라 개발이익 재투자를 위하여 납입된 금액
3. 제62조에 따른 도시개발채권의 발행으로 조성된 자금
4. 제70조에 따른 수익금 및 집행 잔액
5. 제85조에 따라 부과·징수된 과태료
6. 「수도권정비계획법」 제16조에 따라 시·도에 귀속되는 과밀부담금 중 해당 시·도의 조례로 정하는 비율의 금액

7. 「개발이익환수에 관한 법률」제4조 제1항에 따라 지방자치단체에 귀속되는 개발부담금 중 해당 지방자치단체의 조례로 정하는 비율의 금액
8. 「국토의 계획 및 이용에 관한 법률」제65조 제8항에 따른 수익금
9. 「지방세법」제112조(같은 조 제1항 제1호는 제외한다)에 따라 부과·징수되는 재산세의 징수액 중 대통령령으로 정하는 비율의 금액
10. 차입금
11. 해당 특별회계자금의 융자회수금·이자수입금 및 그 밖의 수익금

(2) 특별회계의 운용

① 국가나 지방자치단체 등이 도시개발사업을 환지방식으로 시행하는 경우에는 회계의 구분을 위하여 사업별로 특별회계를 설치하여야 한다(법 제60조 제3항).
② 국토교통부장관은 필요한 경우에는 지방자치단체의 장에게 특별회계의 운용 상황을 보고하게 할 수 있다(법 제61조 제2항).

2. 도시개발채권의 발행

(1) 발행

① 지방자치단체의 장(시·도 조례가 정하는 바에 따라 시·도지사)은 도시개발사업 또는 도시·군계획시설사업에 필요한 자금을 조달하기 위하여 도시개발채권을 발행할 수 있다(법 제62조 제1항, 영 제82조 제1항).
② 시·도지사는 도시개발채권을 발행하려는 경우에는 행정안전부장관의 승인을 받아야 한다(영 제82조 제2항).
③ 도시개발채권의 소멸시효는 상환일부터 기산하여 원금은 5년, 이자는 2년으로 한다(법 제62조 제3항).

(2) 발행방법 등

① 도시개발채권은 「공사채등록법」에 따른 등록기관에 등록하여 발행하거나 무기명으로 발행할 수 있으며, 발행방법에 필요한 세부적인 사항은 시·도의 조례로 정한다(영 제83조 제1항).
② 도시개발채권의 이율은 채권의 발행 당시의 국채·공채 등의 금리와 특별회계

의 상황 등을 고려하여 해당 시·도의 조례로 정하되, 행정안전부장관의 승인을 받아야 한다(영 제83조 제2항).

③ 도시개발채권의 상황은 5년 내지 10년의 범위 안에서 지방자치단체의 조례로 정한다(영 제83조 제3항).

④ 도시개발채권의 매출 및 상환업무의 사무취급기관은 해당 시·도지사가 지정하는 금융기관 또는 「자본시장과 금융투자업에 관한 법률」에 따라 설립된 한국예탁결제원으로 한다(영 제83조 제4항).

⑤ 도시개발채권의 재발행·상환·매입필증의 교부 등 도시개발채권의 발행과 사무취급에 필요한 사항은 국토교통부령으로 정한다(영 제83조 제5항).

3. 도시개발채권의 매입

(1) 의무적 매입

다음 각 호의 어느 하나에 해당하는 자는 도시개발채권을 매입하여야 하며(법 제63조 제1항), 제1항을 적용할 때에는 다른 법률에 따라 제17조의 실시계획 인가 또는 「국토의 계획 및 이용에 관한 법률」제56조의 개발행위허가가 의제되는 협의를 거친 자를 포함한다(법 제63조 제2항).

---

1. 수용 또는 사용방식으로 시행하는 도시개발사업의 경우 제11조 제1항 제1호부터 제4호까지의 규정에 해당하는 자와 공사의 도급계약을 체결하는 자
2. 제1호에 해당하는 시행자 외에 도시개발사업을 시행하는 자
3. 「국토의 계획 및 이용에 관한 법률」제56조 제1항에 따른 허가를 받은 자 중 대통령령으로 정하는 자(영 제84조 제1항)
   ※ 여기서 "대통령령으로 정하는 자"란 토지의 형질변경허가를 받은 자를 말한다.

---

(2) 매입대상 및 그 금액

도시개발채권의 매입대상별 매입금액은 다음과 같다(영 [별표 1]).

매입대상	매입금액
가. 법 제11조 제1항 제1호부터 제4호까지의 규정에 해당하는 자와 도시개발사업의 시행을 위한 공사의 도급계약을 체결한 자	공사도급계약금액의 3/100
나. 법 제11조 제1항 제5호부터 제9호까지, 제9호의2, 제10호 및 제11호에 해당하는 자로서 도시개발사업을 시행하는 자	시행면적 3.3㎡당 20,000원
다. 「국토의 계획 및 이용에 관한 법률」 제56조에 따라 토지의 형질 변경허가를 받는 자	토지형질변형 허가면적 3.3㎡당 20,000원

제 6 장

보칙 및 벌칙

제1절 타인 토지의 출입 등

1. 타인토지의 출입

① 도시개발사업의 시행자는 도시개발구역의 지정, 도시개발사업에 관한 조사·측량 또는 사업의 시행을 위하여 필요하면 타인이 점유하는 토지에 출입하거나 타인의 토지를 재료를 쌓아두는 장소 또는 임시도로로 일시 사용할 수 있으며, 특히 필요하면 장애물 등을 변경하거나 제거할 수 있다(법 제64조 제1항).

② 타인의 토지에 출입하려는 자는 특별자치도지사·시장·군수 또는 구청장의 허가를 받아야 하며, 행정청이 아닌 도시개발사업의 시행자만 해당한다. 출입하려는 날의 3일 전에 그 토지의 소유자·점유자 또는 관리인에게 그 일시와 장소를 알려야 한다(법 제64조 제2항).

③ 타인의 토지를 재료를 쌓아두는 장소 또는 임시도로로 일시 사용하거나 장애물 등을 변경하거나 제거하려는 자는 미리 그 토지의 소유자·점유자 또는 관리인의 동의를 받아야 한다(법 제64조 제3항).

④ 토지나 장애물 등이 소유자·점유자 또는 관리인이 현장에 없거나 주소 또는 거소를 알 수 없어 그 동의를 받을 수 없으면 관할 특별자치도지사·시장·군수 또는 구청장에게 알려야 한다. 다만, 행정청이 아닌 도시개발사업의 시행자는 관할 특별자치도지사·시장·군수 또는 구청장의 허가를 받아야 한다(법 제64조 제4항).

⑤ 토지를 일시 사용하거나 장애물 등을 변경하거나 제거하려는 자는 토지를 사용하려는 날이나 장애물 등을 변경하거나 제거하려는 날의 3일 전까지 해당 토지나 장애물 등의 소유자·점유자 또는 관리인에게 토지의 일시 사용이나 장애물 등의 변경 또는 제거에 관한 사항을 알려 한다(법 제64조 제5항).

⑥ 일출 전이나 일몰 후에는 해당 토지의 점유자의 승낙 없이 택지 또는 담장과

울타리로 둘러싸인 타인의 토지에 출입할 수 없고(법 제64조 제6항), 토지의 점
유자는 정당한 사유 없이 시행자의 행위를 방해하거나 거절하지 못한다(법 제
64조 제7항).

⑦ 도시개발구역의 지정, 도시개발사업에 관한 조사·측량 또는 사업의 시행행위
를 하고자 하는 자는 그 권한을 표시하는 증표와 허가증을 지니고 이를 관계인
에게 내보여야 한다(법 제64조 제8항).

2. 손실보상

① 장애물 등의 이전과 제거(법 제38조 제1항)나 타인 토지의 출입(법 제64조 제1항)
에 따른 행위로 손실을 입은 자가 있으면 시행자가 그 손실을 보상하여야 한다
(법 제65조 제1항).

② 손실보상에 관하여는 그 손실을 보상할 자와 손실을 입은 자가 협의하여야 한
다(법 제65조 제2항).

③ 손실을 보상할 자나 손실을 입은 자는 협의가 성립되지 아니하거나 협의를 할
수 없으면 관할 토지수용위원회에 재결을 신청할 수 있다(법 제65조 제3항).

④ 관할 토지수용위원회의 재결 및 보상기준에 관하여는 「공익사업을 위한 토지
등의 취득 및 보상에 관한 법률」을 준용한다(제65조 제4항·제5항).

3. 공공시설의 귀속 및 관리

① 공공적 시행자(법 제11조 제1항 제1호~제4호)가 새로 공공시설을 설치하거나 기
존의 공공시설에 대체되는 공공시설을 설치한 경우에는 「국유재산법」과 「공유
재산 및 물품 관리법」 등에도 불구하고 종전의 공공시설은 시행자에게 무상으
로 귀속되고, 새로 설치된 공공시설은 그 시설을 관리할 행정청(관리청)에 무상
으로 귀속된다(법 제66조 제1항).

② 비공공적 시행자(법 제11조 제1항 제5호~제11호)가 새로 설치한 공공시설은 그
관리청에 무상으로 귀속되며, 도시개발사업의 시행으로 용도가 폐지되는 행정
청의 공공시설은 「국유재산법」과 「공유재산 및 물품 관리법」 등에도 불구하고
새로 설치한 공공시설의 설치비용에 상당하는 범위에서 시행자에게 무상으로

귀속시킬 수 있다(법 제66조 제2항).

③ 도시개발사업으로 도시개발구역에 설치된 공공시설은 준공 후 해당 공공시설의 관리청에 귀속될 때까지 이 법이나 다른 법률에 특별한 규정이 있는 경우 외에는 특별자치도지사·시장·군수 또는 구청장이 관리한다(법 제67조).

4. 국·공유지의 처분제한 등

① 도시개발구역에 국가나 지방자치단체 소유의 토지로서 도시개발사업에 필요한 토지는 해당 개발계획으로 정하여진 목적 외의 목적으로 처분할 수 없다(법 제68조 제1항).

② 도시개발구역에 있는 국가나 지방자치단체 소유의 재산으로서 도시개발사업에 필요한 재산은 「국유재산법」과 「공유재산 및 물품 관리법」에도 불구하고 시행자에게 수의계약의 방법으로 처분할 수 있다. 이 경우 그 재산의 용도폐지(행정 재산인 경우에만 해당)나 처분에 관하여는 지정권자가 미리 관계 행정기관의 장과 협의하여야 한다(법 제68조 제2항).

③ 관계 행정기관의 장은 협의요청을 받으면 그 요청을 받은 날부터 30일 이내에 협의에 필요한 조치를 하여야 한다(법 제68조 제3항).

제 2 절 위반자에 대한 행정처분 등

1. 법률 등의 위반자에 대한 행정처분

(1) 행정처분

지정권자나 시장(대도시 시장을 제외)·군수 또는 구청장은 다음의 어느 하나에 해당하는 자에 대하여 이 법에 따른 시행자 지정 또는 실시계획 인가 등을 취소하거나 공사의 중지, 건축물 등이나 장애물 등의 개축 또는 이전, 그 밖에 필요한 처분을 하거나 조치를 명할 수 있다(법 제75조).

1. 지정권자가 제4조·제11조·제13조·제17조 또는 제29조에 따른 수립·지정·인가 또는 승인 시 부과한 조건을 지키지 아니하거나 개발계획·실시계획대로 도시개발사업을 시행하지 아니한 자
2. 제9조 제5항에 따른 허가를 받지 아니하고 행위를 한 자
3. 거짓이나 그 밖의 부정한 방법으로 제11조·제13조·제17조·제22조·제23조 또는 제29조에 따른 시행자 지정, 조합 설립 인가, 실시계획 인가, 토지등의 수용재결 또는 사용재결, 토지상환 채권발행의 승인 또는 환지계획의 인가를 받은 자
4. 제11조 제3항·제4항 또는 제13조 제1항에 따라 정한 규약·시행규정 또는 정관을 위반한 자
5. 제13조 제2항 단서, 제35조, 제37조 제2항, 제38조 제2항, 제40조, 제43조, 제66조 제6항, 제70조 제2항 또는 제72조를 위반한 자
5의2. 제21조의3 제1항을 위반하여 세입자등에게 임대주택 건설용지를 조성·공급하지 아니하거나 임대주택을 건설·공급하지 아니한 자
6. 제23조에 따른 승인을 받지 아니하고 토지상환채권을 발행한 자
7. 제24조에 따른 이주대책 등을 수립하지 아니하거나 수립된 대책을 시행하지 아니한 자
8. 제25조를 위반하여 선수금을 받은 자
8의2. 제25조의2 제5항에 따른 승인 조건을 위반하거나 같은 조 제7항에 따른 조치를 이행하지 아니한 자
9. 제26조 제1항에 따른 조성토지등의 공급계획을 승인받지 아니하거나 공급계획과 다르게 조성토지등을 공급한 자
10. 제38조 제1항에 따른 허가를 받지 아니하고 장애물을 이전하거나 제거한 자
10의2. 제38조 제2항에 따른 건축물의 이전·제거 허가의 조건을 이행하지 아니한 자
11. 제50조 제1항에 따른 준공검사를 받지 아니한 자
12. 제53조 단서에 따른 사용허가 없이 조성토지등을 사용한 자

(2) 청문

지정권자나 특별자치도지사·시장(대도시 시장을 제외)·군수 또는 구청장은 이 법에 따른 허가·지정·인가 또는 승인을 취소하려면 청문을 하여야 한다(법 제76조).

(3) 행정심판

이 법에 따라 시행자가 행한 처분에 불복하는 자는 「행정심판법」에 따라 행정심판을 제기할 수 있다. 다만, 행정청이 아닌 시행자가 한 처분에 관하여는 다른 법률에 특별한 규정이 있는 경우 외에는 지정권자에게 행정심판을 제기하여야 한다(법 제77조).

제3절 벌 칙

1. 행정형벌

(1) 3년 이하의 징역 또는 3천만원 이하의 벌금(법 제80조)

① 도시개발구역 안에서 개발행위허가(법 제9조 제5항)를 받지 아니하고 행위를 한 자
② 부정한 방법으로 시행자의 지정을 받은 자
③ 부정한 방법으로 실시계획의 인가를 받은 자
④ 원형지 공급계획을 승인받지 아니하고 원형지를 공급하거나 부정한 방법으로 공급계획을 승인받은 자
⑤ 위반하여 원형지를 매각한 자

(2) 2년 이하의 징역 또는 2천만원 이하의 벌금(법 제81조)

① 실시계획의 인가를 받지 아니하고 사업을 시행한 자
② 조성토지 등의 공급계획을 제출하지 아니하고 조성토지 등을 공급한 자
③ 사용허가 없이 조성토지 등을 사용한 자

(3) 1년 이하의 징역 또는 1천만원 이하의 벌금(법 제82조)

① 고의나 과실로 감리업무를 게을리하여 위법한 도시개발사업의 공사를 시공함으로써 시행자 또는 조성토지 등을 분양받은 자에게 손해를 입힌 자
② 시정통지를 받고도 계속하여 도시개발사업의 공사를 시공한 시공자 및 시행자
③ 시행자 지정 또는 실시계획의 인가 등의 취소, 공사의 중지, 건축물 등이나 장애물 등의 개축 또는 이전 등의 처분이나 조치명령을 위반한 자

(4) 양벌규정

법인의 대표자나 법인 또는 개인의 대리인, 사용인, 그 밖의 종업원이 그 법인 또는 개인의 업무에 관하여 벌칙(제80조~제82조)에 해당하는 위반행위를 하면 그 행위자를 벌하는 외에 그 법인 또는 개인에게도 해당 조문의 벌금형을 과한다(법 제83조). 다만, 법인 또는 개인이 그 위반행위를 방지하기 위하여 해당 업무에 관하여 상당한 주의

와 감독을 게을리하지 아니한 경우에는 그러하지 아니하다(법 제83조 단서).

(5) 벌칙적용에 있어서 공무원 의제

조합의 임원 및 직원, 감리원은 「형법」 제129조 내지 제132조의 적용에 있어 이를 공무원으로 본다(법 제84조).

대판 2010.5.13, 2009도7040(특정범죄가중처벌등에관한법률위반(뇌물)·사전뇌물수수·뇌물공여)

구「도시개발법」(2005.1.14. 법률 제7335호로 일부 개정되기 전의 것.) 제82조는 "조합의 임원 및 직원은 「형법」 제129조 내지 제132조의 적용에 있어 이를 공무원으로 본다"라고 규정함으로써 「형법」 제129조 제1항(수뢰)은 물론 제2항(사전수뢰)의 경우에도 동일하게 의제하고 있다.

---

2. 과태료(행정질서벌)(법 제85조)

(1) 1천만원 이하의 과태료

① 조사 또는 측량을 위한 행위를 거부 또는 방해한 자

② 허가 또는 동의를 받지 아니하고 타인 토지 등에 출입 등의 행위를 한 자

③ 검사를 거부·방해 또는 기피한 자

(2) 500만원 이하의 과태료

① 조합이 도시개발사업이 아닌 다른 업무를 한 때

② 환지 또는 환지예정지의 관리를 위반한 자

③ 환지처분의 토지를 하지 아니한 자

④ 토지점유자의 승낙없이 또는 일출 전 일몰 후에 타인토지 등에 출입한 자

⑤ 도시·군계획사업에 관한 서류 또는 도면을 시장·군수 또는 구청장에게 넘기지 아니한 자

⑥ 도시개발사업에 관한 보고를 하지 아니하거나 허위의 보고를 한 자

⑦ 도시개발사업에 관한 자료의 제출을 하지 아니하거나 거짓된 자료를 제출한 자

(3) 과태료의 부과 절차

과태료는 국토교통부장관, 시·도지사, 시장·군수 또는 구청장이 부과·징수한다.

제 3 편

건 축 법

부 / 동 / 산 / 공 / 법 / 론

제 3 편

건축법

제 1 장

총 칙

제 1 절   제정목적

　　이 법은 건축물의 대지·구조 및 설비의 기준과 건축물의 용도 등을 정하여 건축물의 안전, 기능, 미관 및 환경을 향상시킴으로써 공공복리의 증진에 이바지함을 목적으로 한다(법 제1조). 즉, 이는 도시계획구역내의 건축물, 도시계획구역 외에 있어서의 일정한 규모이상의 건축물 및 학교, 병원 등 특수용도에 공하는 건축물에 관하여 그 대지, 구조, 설비의 기준과 용도, 건축, 대수선 및 주요변경에 관한 사항을 규정함으로써 건축 등을 도시계획 기타 국가시책에 부응하게 하여 공공복리의 향상을 기하려는 것이다.

　　최근 개정(법률 제18825호, 2022. 2. 3., 일부개정, 시행 2022. 2. 3.)에서는 도시 경관 및 고도 관리를 위하여 가로구역을 단위로 건축물의 높이를 지정·공고하여 관리할 수 있도록 규정하고 있는데, 현행법과 「녹색건축물 조성 지원법」 등 다른 법률에서는 특정 목적을 달성하기 위한 수단으로써 일정한 요건을 충족하는 경우 지정·공고된 건축물의 높이를 완화하여 적용할 수 있는 특례규정을 두고 있어 이러한 건축물의 높이 완화 규정을 중복하여 적용할 수 있는지 등에 관한 논란이 발생하고 있는바, 관련 특례규정을 중첩하여 적용할 수 있도록 명시하고, 그 중첩 적용의 기준과 허용 범위 등을 규정함으로써 건축물 높이의 완화에 관한 특례규정의 적용 및 집행과 관련된 논란을 해소하기 위하여 "허가권자는 제1항 및 제2항에도 불구하고 일조·통풍 등 주변 환경 및 도시미관에 미치는 영향이 크지 않다고 인정하는 경우에는 건축위원회의 심의를 거쳐 이 법 및 다른 법률에 따른 가로구역의 높이 완화에 관한 규정을 중첩하여 적용할 수 있다"는 제60조 제4항 규정이 신설되었다.

적용 범위	적용대상물	건축물, 대지, 건축설비, 공작물
	적용대상 행위	건축, 대수선, 용도변경, 공작물 축조
	적용대상 지역	도시지역, 지구단위계획구역, 동·읍(인구 50만 이상)
(일부)적용제외		① 지정 또는 임시지정문화재, 철도나 궤도의 선로 부지에 있는 시설(운전보안시설, 철도 선로의 위나 아래를 가로지르는 보행시설, 플랫폼, 해당 철도 또는 궤도사업용 급수·급탄·급유 시설), 고속도로 통행료 징수시설, 컨테이너를 이용한 간이창고(「산업집적활성화 및 공장설립에 관한 법률」제2조 제1호에 따른 공장의 용도로만 사용되는 건축물의 대지에 설치하는 것으로서 이동이 쉬운 것만 해당된다), 하천구역 내의 수문조작실 ② 도시지역 및 지구단위계획구역 외의 지역으로서 동이나 읍(동이나 읍에 속하는 섬의 경우에는 인구가 500명 이상인 경우만 해당된다)이 아닌 지역은 제44조부터 제47조까지, 제51조 및 제57조를 적용하지 아니한다. ③ 건축물이나 공작물을 도시·군계획시설로 결정된 도로의 예정지에 건축하는 경우에는 제45조부터 제47조까지의 규정을 적용하지 아니한다.

제 2 절 용어의 정의

1. 건축물

(1) 의의

'건축물'이란 토지에 정착하는 공작물 중 지붕과 기둥 또는 벽이 있는 것과 이에 딸린 시설물, 지하나 고가의 공작물에 설치하는 사무소·공연장·점포·차고·창고, 그 밖에 대통령령으로 정하는 것을 말한다(법 제2조 제2호).

1. 토지에 정착하는 공작물 중 지붕과 기둥 또는 벽이 있는 것
2. 건축물 딸린 시설물(담장, 대문 등)
3. 지하 또는 고가의 공작물에 설치하는 점포, 차고, 창고, 공연장, 사무소
4. 그 밖에 대통령령으로 정하는 것

(2) 건축법의 적용 제외

다음 각 호의 어느 하나에 해당하는 건축물에는 이 법을 적용하지 아니한다(법 제3조 제1항).

1. 「문화재보호법」에 따른 지정문화재나 가지정 문화재
2. 철도나 궤도의 선로 부지에 있는 다음 각 목의 시설
    ① 운전보안시설
    ② 철도 선로의 위나 아래를 가로지르는 보행시설
    ③ 플랫폼
    ④ 해당 철도 또는 궤도사업용 급수·급탄 및 급유 시설
3. 고속도로 통행료 징수시설
4. 컨테이너를 이용한 간이창고(「산업집적활성화 및 공장설립에 관한 법률」에 따른 공장의 용도로만 사용되는 건축물의 대지에 설치하는 것으로서 이동이 쉬운 것만 해당)
5. 「하천법」에 따른 하천구역 내의 수문조작실

2. 건축(행위)

(1) 건축

건축물을 신축·증축·개축·재축하거나 건축물을 이전하는 것을 말한다(법 제2조 제1항 제8호).

1) 신축

건축물이 없는 대지(기존 건축물이 철거되거나 멸실된 대지를 포함)에 새로 건축물을 축조하는 것(부속건축물만 있는 대지에 새로 주된 건축물을 축조하는 것을 포함하되, 개축 또는 재축하는 것은 제외)을 말한다(영 제2조 제1호).

2) 증축

① 기존 건축물이 있는 대지에서 건축물의 건축면적, 연면적, 층수 또는 높이를 늘리는 것을 말한다(영 제2조 제2호).

② 건축물의 높이를 단순히 증가시키는 것도 증축에 해당하며, 하나의 대지 안에서 기존 건축물에 붙여서 또는 별도로 떨어져서 건축물을 축조하는 것도 증축에 해당한다.

③ 주된 건축물이 있는 대지 안에서 부속건축물을 짓거나 담장 등 부수되는 시설을 짓는 것도 증축에 해당한다.

3) 개축

기존 건축물의 전부 또는 일부[내력벽·기둥·보·지붕틀(한옥의 경우, 지붕틀의 범위에서 서까래는 제외) 중 셋 이상이 포함되는 경우를 말함]를 철거하고 그 대지에 종전과 같은 규모의 범위에서 건축물을 다시 축조하는 것을 말한다(영 제2조 제3호).

4) 재축

건축물이 천재지변이나 그 밖의 재해로 멸실된 경우, 그 대지에 "① 연면적 합계는 종전 규모 이하로 할 것, ② 동수, 층수 및 높이가 모두 종전 규모 이하일 것, ③ 동수, 층수 또는 높이의 어느 하나가 종전 규모를 초과하는 경우에는 해당 동수, 층수 및 높이가 이 법, 이 영 또는 건축조례에 모두 적합할 것"의 세 가지 요건을 모두 갖추어 다시 축조하는 것을 말한다(영 제2조 제4호).

5) 이전

건축물의 주요 구조부를 해체하지 아니하고 같은 대지의 다른 위치로 옮기는 것을 말한다(영 제2조 제5호).

3. 대 지

(1) 원칙

'대지'란 「공간정보의 구축 및 관리 등에 관한 법률」에 따라 각 필지로 나눈 토지를 말한다. 다만, 대통령령으로 정하는 토지는 둘 이상의 필지를 하나의 대지로 하거나 하나 이상의 필지의 일부를 하나의 대지로 할 수 있다(법 제2조 제1항 제1호, 영 제3조).

(2) 예외

1) 둘 이상의 필지를 하나의 대지로 할 수 있는 토지(영 제3조 제1항)

1. 하나의 건축물을 두 필지 이상에 걸쳐 건축하는 경우: 그 건축물이 건축되는 각 필지의 토지를 합한 토지
2. 「공간정보의 구축 및 관리 등에 관한 법률」에 따라 합병이 불가능한 경우 중 다음 각 목의 어느 하나에 해당하는 경우: 그 합병이 불가능한 필지의 토지를 합한 토지. 다만, 토지의 소유자가 서로 다르거나 소유권 외의 권리관계가 서로 다른 경우는 제외한다.
   ① 각 필지의 지번부여지역이 서로 다른 경우
   ② 각 필지의 도면의 축척이 다른 경우
   ③ 서로 인접하고 있는 필지로서 각 필지의 지반이 연속되지 아니한 경우
3. 「국토의 계획 및 이용에 관한 법률」에 따른 도시·군계획시설에 해당하는 건축물을 건축하는 경우: 그 도시·군계획시설이 설치되는 일단의 토지
4. 「주택법」에 따른 사업계획승인을 받아 주택과 그 부대시설 및 복리시설을 건축하는 경우: 같은 법에 따른 주택단지
5. 도로의 지표 아래에 건축하는 건축물의 경우: 특별시장·광역시장·특별자치시장·특별자치도지사·시장·군수 또는 구청장(자치구의 구청장을 말함)이 그 건축물이 건축되는 토지로 정하는 토지
6. 사용승인을 신청할 때 둘 이상의 필지를 하나의 필지로 합칠 것을 조건으로 건축허가를 하는 경우: 그 필지가 합쳐지는 토지. 다만, 토지의 소유자가 서로 다른 경우는 제외한다.

2) 하나 이상의 필지의 일부를 하나의 대지로 할 수 있는 토지(영 제3조 제2항)

1. 하나 이상의 필지의 일부에 대하여 도시·군계획시설이 결정·고시된 경우: 그 결정·고시된 부분의 토지
2. 하나 이상의 필지의 일부에 대하여 「농지법」에 따른 농지전용허가를 받은 경우: 그 허가받은 부분의 토지
3. 하나 이상의 필지의 일부에 대하여 「산지관리법」에 따른 산지전용허가를 받은 경우: 그 허가받은 부분의 토지
4. 하나 이상의 필지의 일부에 대하여 「국토의 계획 및 이용에 관한 법률」에 따른 개발행위허가를 받은 경우: 그 허가받은 부분의 토지
5. 사용승인을 신청할 때 필지를 나눌 것을 조건으로 건축허가를 하는 경우: 그 필지가 나누어지는 토지

4. 건축설비

'건축설비'란 건축물에 설치하는 전기·전화 설비, 초고속 정보통신 설비, 지능형 홈네트워크 설비, 가스·급수·배수(配水)·배수(排水)·환기·난방·냉방·소화(消火)·배

연(排煙) 및 오물처리의 설비, 굴뚝, 승강기, 피뢰침, 국기 게양대, 공동시청 안테나, 유선방송 수신시설, 우편함, 저수조(貯水槽), 방범시설, 그 밖에 국토교통부령으로 정하는 설비를 말한다(법 제2조 제1항 제4호).

5. 대수선

'대수선'이라 함은 건축물의 기둥·보·내력벽·주계단 등의 구조 또는 외부형태를 수선·변경하거나 증설하는 것으로서(법 제2조 제1항 제9호), 다음의 어느 하나에 해당하는 것으로서 증축·개축 또는 재축에 해당하지 아니하는 것을 말한다(영 제3조의2).

---

1. 내력벽을 증설 또는 해체하거나 그 벽면적을 30㎡ 이상 수선 또는 변경하는 것
2. 기둥을 증설 또는 해체하거나 세 개 이상 수선 또는 변경하는 것
3. 보를 증설 또는 해체하거나 세 개 이상 수선 또는 변경하는 것
4. 지붕틀(한옥의 경우에는 지붕틀의 범위에서 서까래는 제외)을 증설 또는 해체하거나 세 개 이상 수선 또는 변경하는 것
5. 방화벽 또는 방화구획을 위한 바닥 또는 벽을 증설 또는 해체하거나 수선 또는 변경하는 것
6. 주계단·피난계단 또는 특별피난계단을 증설 또는 해체하거나 수선 또는 변경하는 것
7. 다가구주택의 가구 간 경계벽 또는 다세대주택의 세대 간 경계벽을 증설 또는 해체하거나 수선 또는 변경하는 것
8. 건축물의 외벽에 사용하는 마감재료를 증설 또는 해체하거나 벽면적 30㎡ 이상 수선 또는 변경하는 것

대판 2011.3.10, 2010두23316(이행 강제금 부과 예고 통보 취소).

이 사건 수선행위 당시에 시행되던 구 건축법(2005.11.8. 법률 제7696호로 개정되기 전의 것, 이하 '구 건축법'이라고 한다) 제2조 제1항 제10호는 '대수선'이라 함은 건축물의 주요구조부에 대한 수선 또는 변경 [(가)목], 건축물의 외부형태의 변경 [(나)목]에 해당하는 것으로서 대통령령이 정하는 것을 말한다고 규정하고 있고, 제2조 제1항 제6호 본문은 '주요 구조부'라 함은 내력벽·기둥·바닥·보·지붕틀 및 주계단을 말한다고 규정하고 있다.

한편 구 건축법 시행령(2006.5.8. 대통령령 제19466호로 개정되기 전의 것, 이하 '구 건축법 시행령'이라고 한다) 제3조의2(대수선의 범위)는 구 건축법 제2조 제1항 제10호 본문에서 '대통령령이 정하는 것'이라 함은 다음 각 호의 1에 해당하는 것으로서 증축·개축 또는 재축에 해당하지 아니하는 것을 말한다고 규정하면서, 그 제1호에서 '내력벽의 벽면적을 30㎡ 이상 해체하여 수선 또는 변경하는 것'을, 제8호에서 '다가구주택 및 다세대주택의 가구 및 세대 간 주요구조부인 경계벽의 수선 또는 변경'을 들고 있다.

6. 주요구조부

'주요구조부'란 내력벽(耐力壁), 기둥, 바닥, 보, 지붕틀 및 주계단(主階段)을 말한다. 다만, 사이 기둥, 최하층 바닥, 작은 보, 차양, 옥외 계단, 그 밖에 이와 유사한 것으로 건축물의 구조상 중요하지 아니한 부분은 제외한다(법 제2조 제1항 제7호).

제 3 절 건축법의 주요 개념

1. 지하층

'지하층'이란 건축물의 바닥이 지표면 아래에 있는 층으로서 바닥에서 지표면까지 평균높이가 해당 층높이의 1/2 이상인 것을 말한다(법 제2조 제1항 제5호).

2. 거 실

'거실'이란 건축물 안에서 거주, 집무, 작업, 집회, 오락, 그 밖에 이와 유사한 목적을 위하여 사용되는 방을 말한다(법 제2조 제1항 제6호). 거실은 장시간 지속적으로 머무르는 곳이기 때문에 위생, 방화 및 피난 등 관련법의 규제가 강화된다.

3. 재 료

(1) 내수재료

인조석·콘크리트 등 내수성을 가진 재료로서 국토교통부령으로 정하는 기준에 따라 "벽돌·자연석·인조석·콘크리트·아스팔트·도자기질재료·유리 및 그 밖에 이와 비슷한 내수성 건축재료"를 말한다(영 제2조 제6호 및 건축물의 피난·방화구조 등의 기준에 관한 규칙 제2조).

(2) 난연재료

불에 잘 타지 아니하는 성능을 가진 재료로서 국토교통부령으로 정하는 기준에 따라 "한국산업표준에 따라 시험한 결과 가스 유해성, 열방출량 등이 국토교통부장관이 정하여 고시하는 난연재료의 성능기준을 충족하는 것"을 말한다(영 제2조 제9호 및 건축물의 피난·방화구조 등의 기준에 관한 규칙 제5조).

(3) 불연재료

불에 타지 아니하는 성질을 가진 재료로서 국토교통부령으로 정하는 다음의 기준에 적합한 재료를 말한다(영 제2조 제10호 및 건축물의 피난·방화구조 등의 기준에 관한 규칙 제6조).

---

1. 콘크리트·석재·벽돌·기와·철강·알루미늄·유리·시멘트모르타르 및 회. 이 경우 시멘트모르타르 또는 회 등 미장재료를 사용하는 경우에는 「건설기술 진흥법」 제44조 제1항 제2호에 따라 제정된 건축공사표준시방서에서 정한 두께 이상인 것에 한한다.
2. 한국산업표준에 따라 시험한 결과 질량감소율 등이 국토교통부장관이 정하여 고시하는 불연재료의 성능기준을 충족하는 것
3. 그 밖에 제1호와 유사한 불연성의 재료로서 국토교통부장관이 인정하는 재료. 다만, 제1호의 재료와 불연성재료가 아닌 재료가 복합으로 구성된 경우를 제외한다.

---

(4) 준불연재료

불연재료에 준하는 성질을 가진 재료로서 국토교통부령으로 정하는 기준에 따라 "한국산업표준에 따라 시험한 결과 가스 유해성, 열방출량 등이 국토교통부장관이 정하여 고시하는 준불연재료의 성능기준을 충족하는 것"을 말한다(영 제2조 제11호 및 건축물의 피난·방화구조 등의 기준에 관한 규칙 제5조).

4. 구 조

'주요구조부'란 내력벽(耐力壁), 기둥, 바닥, 보, 지붕틀 및 주계단(主階段)을 말한다. 다만, 사이 기둥, 최하층 바닥, 작은 보, 차양, 옥외 계단, 그 밖에 이와 유사한 것으로 건축물의 구조상 중요하지 아니한 부분은 제외한다(법 제2조 제7호).

(1) 내화구조

화재에 견딜 수 있는 성능을 가진 구조로서 국토교통부령으로 정하는 기준에 적합

한 구조를 말한다(영 제2조 제7호).

(2) 방화구조

화염의 확산을 막을 수 있는 성능을 가진 구조로서 국토교통부령으로 정하는 기준에 적합한 구조를 말한다(영 제2조 제8호).

5. 리모델링

건축물의 노후화를 억제하거나 기능 향상 등을 위하여 대수선하거나 건축물의 일부를 증축 또는 개축하는 행위를 말한다(법 제2조 제1항 제10호).

6. 발코니

'발코니'란 건축물의 내부와 외부를 연결하는 완충공간으로서 전망이나 휴식 등의 목적으로 건축물 외벽에 접하여 부가적(附加的)으로 설치되는 공간을 말한다. 이 경우 주택에 설치되는 발코니로서 국토교통부장관이 정하는 기준에 적합한 발코니는 필요에 따라 거실·침실·창고 등의 용도로 사용할 수 있다(영 제2조 제14호).

7. 초고층 건축물

'초고층 건축물'이란 층수가 "50층 이상이거나 높이가 200m 이상"인 건축물을 말하며, '준초고층 건축물'은 "층수가 30층 이상이거나 높이가 120m 이상"인 고층건축물 중 초고층 건축물이 아닌 것을 말한다(영 제2조 제15호).

8. 한 옥

'한옥'이란 주요 구조가 기둥·보 및 한식지붕틀로 된 목구조로서 우리나라 전통양식이 반영된 건축물 및 그 부속건축물을 말한다(영 제2조 제16호).

9. 부속건축물

'부속건축물'이란 같은 대지에서 주된 건축물과 분리된 부속용도의 건축물로서 주된 건축물을 이용 또는 관리하는 데에 필요한 건축물을 말한다(영 제2조 제12호).

제 4 절 적용범위 및 지역

1. 건축법의 적용대상에서 제외되는 건축물(법 제3조 제1항)

(1) 문화재보호법에 따른 지정 또는 임시지정 문화재

> 대판 1995.1.20, 94도1381(건축법위반)
>
> 건축법 제3조 제1항 제3호에서 전통사찰보존법에 의한 전통사찰을 특별히 그 적용대상에서 제외시키고 있는 것은 전통사찰보존법 제2조 제1호, 제3조, 제6조와 비교하여 살펴볼 때, 전통사찰은 일반 건축물과 달리 민족문화의 유산으로서 역사적 의의를 지니는 특수한 건조물로서 그 경내지 내에 설치되는 모든 시설물이 전통사찰의 문화유산으로서의 모습을 훼손시키지 않도록 조화 있게 설치되어야 할 필요성 때문에 전통사찰 그 자체뿐만 아니라 그 경내지 내의 모든 시설물에 대하여 일반 건축물의 건축기준을 정하고 있는 건축법으로 규율할 것이 아니라 전통사찰보존법에 의하여 규율하려는 취지에서 비롯된 것임이 분명하므로, 사찰이 전통사찰보존법에 의하여 전통사찰로 등록을 마친 경우에는 같은 법 제6조의 규정에 따라 사찰의 경내지 안에 있는 사찰의 구성요소를 이루는 모든 건조물의 건축행위에 대하여 문화체육부장관의 허가를 얻어야 하는 것이지, 그 사찰 등록시에 작성 비치한 재산목록에 기재된 개개의 건조물에 한하여 전통사찰보존법이 적용되고 그 나머지 건조물에 관하여는 건축법의 소정 절차에 따라 관할 관청의 허가를 얻어야 한다고 해석할 수는 없는 일이다.

(2) 철도나 궤도의 부지에 있는 다음의 시설

① 운전보안시설

② 철도 선로의 위나 아래를 가로지르는 보행시설

③ 플랫폼

④ 해당 철도 또는 궤도사업용 급수(給水)·급탄(給炭) 및 급유(給油) 시설

〈공작물에의 준용(영 제118조)〉

1. 높이 6m를 넘는 굴뚝
2. 높이 4m를 넘는 장식탑, 기념탑, 첨탑, 광고탑, 광고판, 그 밖에 이와 비슷한 것
3. 높이 8m를 넘는 고가수조나 그 밖에 이와 비슷한 것
4. 높이 2m를 넘는 옹벽 또는 담장
5. 바닥면적 30㎡를 넘는 지하대피호
6. 높이 6m를 넘는 골프연습장 등의 운동시설을 위한 철탑, 주거지역·상업지역에 설치하는 통신용 철탑, 그 밖에 이와 비슷한 것
7. 높이 8m(위험을 방지하기 위한 난간의 높이는 제외한다) 이하의 기계식 주차장 및 철골 조립식 주차장(바닥면이 조립식이 아닌 것을 포함한다)으로서 외벽이 없는 것
8. 건축조례로 정하는 제조시설, 저장시설(시멘트사일로를 포함한다), 유희시설, 그 밖에 이와 비슷한 것
9. 건축물의 구조에 심대한 영향을 줄 수 있는 중량물로서 건축조례로 정하는 것
10. 높이 5m를 넘는 「신에너지 및 재생에너지 개발·이용·보급 촉진법」 제2조 제2호 가목에 따른 태양에너지를 이용하는 발전설비와 그 밖에 이와 비슷한 것

---

(3) 고속도로 통행료징수시설

(4) 컨테이너를 이용한 간이창고(「산업집적활성화 및 공장설립에 관한 법률」 제2조 제1호에 따른 공장의 용도로만 사용되는 건축물의 대지에 설치하는 것으로서 이동이 쉬운 것만 해당된다)

2. 건축법의 일부를 적용하지 않는 지역(법 제3조 제2항)

적용하지 않는 지역	적용하지 않는 규정	
도시지역 및 지구단위계획구역 외의 지역으로서 동 또는 읍의 지역(동 또는 읍에 속하는 섬의 경우에는 그 인구가 500인 이상인 경우에 한한다) 외 지역	법 제44조	대지와 도로와의 관계
	법 제45조	도로의 지정, 폐지, 변경
	법 제46조	건축선의 지정
	법 제47조	건축선에 따른 건축제한
	법 제51조	방화지구 안의 건축물
	법 제57조	대지의 분할 제한

제 5 절　건축법 적용의 특례

1. 건축법의 적용완화

(1) 건축관계자의 완화요청

건축관계자(건축주·설계자·공사시공자·공사감리자)는 업무를 수행할 때 이 법을 적용하는 것이 매우 불합리하다고 인정되는 대지나 건축물로서 대통령령(영 제6조 제1항)으로 정하는 것에 대하여는 이 법의 기준을 완화하여 적용할 것을 특별시장·광역시장·특별자치도지사 또는 시장·군수·구청장(이하 "허가권자"라 한다)에게 요청할 수 있다(법 제5조 제1항).

대통령령에 따라 완화하여 적용하는 건축물 및 기준은 다음과 같다(영 제6조 제1항).

---

1. 수면 위에 건축하는 건축물 등 대지의 범위를 설정하기 곤란한 경우
2. 거실이 없는 통신시설 및 기계·설비시설인 경우
3. 31층 이상인 건축물(건축물 전부가 공동주택의 용도로 쓰이는 경우는 제외한다)과 발전소, 제철소, 「산업집적활성화 및 공장설립에 관한 법률 시행령」 [별표 1] 제2호 마목에 따라 산업통상자원부령으로 정하는 업종의 제조시설, 운동시설 등 특수 용도의 건축물인 경우 : 법 제43조, 제49조부터 제52조까지, 제62조, 제64조, 제67조 및 제68조에 따른 기준
4. 전통사찰, 전통한옥 등 전통문화의 보존을 위하여 시·도의 건축조례로 정하는 지역의 건축물인 경우
5. 경사진 대지에 계단식으로 건축하는 공동주택으로서 지면에서 직접 각 세대가 있는 층으로의 출입이 가능하고, 위층 세대가 아래층 세대의 지붕을 정원 등으로 활용하는 것이 가능한 형태의 건축물과 초고층 건축물인 경우 : 법 제55조에 따른 기준
6. 다음의 어느 하나에 해당하는 건축물인 경우
   가. 허가권자가 리모델링 활성화가 필요하다고 인정하여 지정·공고한 구역(리모델링 활성화 구역 안의 건축물
   나. 사용승인을 받은 후 15년 이상이 되어 리모델링이 필요한 건축물인 경우
   다. 기존 건축물을 건축(증축, 일부 개축 또는 일부 재축으로 한정한다)하거나 대수선하는 경우로서 ① 기존 건축물이 건축 또는 대수선 당시의 법령상 건축물 전체에 대하여 지진이나 구조에 대한 안전 확인 또는 확인 서류 제출을 하여야 하는 건축물에 해당하지 아니할 것, ② 기존 건축물을 건축 또는 대수선하기 전과 후의 건축물 전체에 대한 구조 안전의 확인 서류를 제출할 것(다만, 기존 건축물을 일부 재축하는 경우에는 재축 후의 건축물에 대한 구조 안전의 확인 서류만 제출한다)의 요건을 모두 갖춘 건축물
7. 기존 건축물에 「장애인·노인·임산부 등의 편의증진 보장에 관한 법률」에 따른 편의시설을 설치하면 법 제55조 또는 법 제56조에 따른 기준에 적합하지 아니하게 되는 경우

7의2. 「국토의 계획 및 이용에 관한 법률」에 따른 도시지역 및 지구단위계획구역 외의 지역 중 동이나 읍에 해당하는 지역에 건축하는 건축물로서 건축조례로 정하는 건축물인 경우

8. 다음 각 목의 어느 하나에 해당하는 대지에 건축하는 건축물로서 재해예방을 위한 조치가 필요한 경우

가. 「국토의 계획 및 이용에 관한 법률」 제37조에 따라 지정된 방재지구(防災地區)

나. 「급경사지 재해예방에 관한 법률」 제6조에 따라 지정된 붕괴위험지역

9. 조화롭고 창의적인 건축을 통하여 아름다운 도시경관을 창출한다고 법 제11조에 따른 특별시장·광역시장·특별자치시장·특별자치도지사 또는 시장·군수·구청장("허가권자"라 한다)가 인정하는 건축물과 「주택법 시행령」 제10조 제1항에 따른 도시형 생활주택(아파트는 제외한다)인 경우 : 법 제60조 및 제61조에 따른 기준

10. 「공공주택 특별법」 제2조 제1호에 따른 공공주택인 경우: 법 제61조 제2항에 따른 기준

11. 다음 각 목의 어느 하나에 해당하는 공동주택에 「주택건설 기준 등에 관한 규정」 제2조 제3호에 따른 주민공동시설(주택소유자가 공유하는 시설로서 영리를 목적으로 하지 아니하고 주택의 부속용도로 사용하는 시설만 해당하며, 이하 "주민공동시설"이라 한다)을 설치하는 경우 : 법 제56조에 따른 기준

가. 「주택법」 제15조에 따라 사업계획 승인을 받아 건축하는 공동주택

나. 상업지역 또는 준주거지역에서 법 제11조에 따라 건축허가를 받아 건축하는 200세대 이상 300세대 미만인 공동주택

다. 건축허가를 받아 건축하는 「주택법 시행령」 제10조에 따른 도시형 생활주택

12. 건축협정을 체결하여 건축물의 건축·대수선 또는 리모델링을 하려는 경우

(2) 허가권자의 결정 및 통지

적용완화의 요청을 받은 허가권자는 건축위원회 심의를 거쳐 완화 여부와 적용범위를 결정하고 그 결과를 신청인에게 알려야 한다(제5조 제2항).

2. 기존 건축물의 특례

(1) 특례대상

허가권자는 법령의 제정·개정이나 그 밖에 대통령령으로 정하는 사유(영 제6조의2 제1항)로 대지나 건축물이 이 법에 맞지 아니하게 된 경우에는 대통령령으로 정하는 범위에서 해당 지방자치단체의 조례로 정하는 바에 따라 건축을 허가할 수 있다(법 제6조, 규칙 제3조).

1. 도시·군관리계획의 결정·변경 또는 행정구역의 변경이 있는 경우
2. 도시·군계획시설의 설치, 도시개발사업의 시행 또는 「도로법」에 따른 도로의 설치가 있는 경우
3. 「준공미필건축물 정리에 관한 특별조치법」, 「특정건축물 정리에 관한 특별조치법」, 「특정건축물 정리에 관한 특별조치법」, 「특정건축물 정리에 관한 특별조치법」 및 「특정건축물 정리에 관한 특별조치법」에 따라 준공검사필증 또는 사용승인서를 교부받은 사실이 건축물대장에 기재된 경우
4. 「도시 및 주거환경정비법」에 의한 주거환경개선사업의 준공인가증을 교부받은 경우
5. 「공유토지분할에 관한 특례법」에 의하여 분할된 경우
6. 대지의 일부 토지소유권에 대하여 「민법」제245조에 따라 소유권이전등기가 완료된 경우
7. 「지적재조사에 관한 특별법」에 따른 지적재조사사업으로 새로운 지적공부가 작성된 경우

(2) 특례범위

허가권자는 기존 건축물 및 대지가 법령의 제정·개정이나 위의 영 제6조의2 제1항 각 호의 사유로 법령 등에 부적합하더라도 다음 어느 하나에 해당하는 경우에는 건축을 허가할 수 있다(영 제6조의2 제2항).

1. 기존 건축물을 재축하는 경우
2. 증축하거나 개축하려는 부분이 법령 등에 적합한 경우
3. 기존 건축물의 대지가 도시·군계획시설의 설치 또는 「도로법」에 따른 도로의 설치로 해당 지방자치단체가 정하는 면적에 미달되는 경우로서 그 기존 건축물을 연면적 합계의 범위에서 증축하거나 개축하는 경우
4. 기존 건축물이 도시·군계획시설 또는 「도로법」에 따른 도로의 설치로 부적합하게 된 경우로서 화장실·계단·승강기의 설치 등 그 건축물의 기능을 유지하기 위하여 그 기존 건축물의 연면적 합계의 범위에서 증축하는 경우
5. 법률 제7696호 건축법 일부개정법률 제50조의 개정규정에 따라 최초로 개정한 해당 지방자치단체의 조례 시행일 이전에 건축된 기존 건축물의 건축선 및 인접 대지경계선으로부터의 거리가 그 조례로 정하는 거리에 미달되는 경우로서 그 기존 건축물을 건축 당시의 법령에 위반되지 않는 범위에서 수직으로 증축하는 경우
6. 기존 한옥을 개축하는 경우
7. 건축물 대지의 전부 또는 일부가 「자연재해대책법」에 따른 자연재해위험개선지구에 포함되고, 사용승인 후 20년이 지난 기존 건축물을 재해로 인한 피해 예방을 위하여 연면적의 합계 범위에서 개축하는 경우

3. 다른 법령의 배제

(1) 민법의 적용배제

건축물의 건축 등을 위하여 지하를 굴착하는 경우에는 "우물을 파거나 용수, 하수 또는 오물 등을 저치할 지하시설을 하는 때에는 경계로부터 2m 이상의 거리를 두어야 하며 저수지, 구거 또는 지하실공사에는 경계로부터 그 깊이의 반 이상의 거리를 두어야 하고, 이러한 공사를 함에는 토사가 붕괴하거나 하수 또는 오액이 이웃에 흐르지 아니하도록 적당한 조처를 하여야 한다"는 민법 제244조 제1항 및 제2항의 규정을 적용하지 아니한다. 다만, 필요한 안전조치를 하여 위해를 방지하여야 한다(법 제9조 제1항).

(2) 하수도법의 적용배제

건축물에 딸린 개인하수처리시설에 관한 설계의 경우에는 다음의 「하수도법」 제38조를 적용하지 아니한다(법 제9조 제2항).

〈개인하수처리시설의 설계·시공(하수도법 제38조)〉

① 개인하수처리시설을 설치 또는 변경하려는 자는 다음 각 호의 어느 하나에 해당하는 자에게 개인하수처리시설을 설계·시공하도록 하여야 한다.
  1. 제51조 제1항에 따라 개인하수처리시설을 설계·시공하는 영업의 등록을 한 자
  2. 「가축분뇨의 관리 및 이용에 관한 법률」 제34조에 따라 처리시설 설계·시공업의 등록을 한 자
  3. 「건설산업기본법」 제9조 제1항 본문에 따라 건설업의 등록을 한 자 중 산업·환경설비공사업의 등록을 한 자
  4. 「환경기술 및 환경산업 지원법」 제15조에 따른 환경전문공사업 중 수질 분야의 등록을 한 자
② 제1항에도 불구하고 다음 각 호의 어느 하나에 해당하는 경우에는 제1항 각 호에 해당하지 아니하는 자가 개인하수처리시설을 설치하거나 변경할 수 있다.
  1. 하수처리에 관한 연구를 목적으로 개인하수처리시설을 설치 또는 변경하는 경우
  2. 국내에서 처리기술상 일반화되어 있지 아니한 하수처리방법을 이용하는 경우로서 시험용 시설(국공립 시험기관 또는 대학부설 연구소, 그 밖에 환경부장관이 인정하는 연구·시험기관의 시험을 거친 경우로 한정한다)을 설치하는 경우
  3. 제52조 제1항에 따라 개인하수처리시설제조업의 등록을 한 자가 자신이 제조한 개인하수처리시설을 직접 설치 또는 변경하는 경우

---

(3) 경계선부근(맞벽)의 건축

「민법」상 건물을 축조함에는 특별한 관습이 없으면 경계로부터 0.5m 이상의 거리를 두어야 하며(민법 제242조 제1항), 인접지소유자는 이러한 규정을 위반한 자에 대하여 건물의 변경이나 철거를 청구할 수 있다. 그러나 건축에 착수한 후 1년을 경과하거나 건물이 완성된 후에는 손해배상만을 청구할 수 있다(민법 제242조 제2항).

제 2 장

건축물의 건축

제 1 절 건축허가절차

1. 건축허가의 의의

(1) 의의

"허가"는 행정청이 행정목적을 달성하기 위하여 부과한 일반적·상대적 금지를 일정한 경우에 해제하여 적법하게 일정한 행위를 할 수 있게 하는 행정행위로서, 이는 인간이 가진 자연적 자유를 위험방지, 질서유지 등의 행정목적(공익)을 위하여 일단 제한하지만(일반적·상대적 금지), 누구나 일정한 요건만 충족하면 그 자연적 자유를 회복시켜 주는 제도이다. 이러한 "허가"는 일정한 요건 하에 해제를 유보하는 '상대적 금지'를 해제하여 주는 것으로 "금지해제"라고도 한다.[1] 다만, 유의해야 할 점은 "허가"가 실정법상 허가 외에도 면허, 인가, 승인 등으로 규정되고 있기 때문에 허가여부는 법령상 용어가 아니라 해당 법령에 규정된 실질적인 내용을 가지고 판단하여야 한다.

결국 '건축허가'란 법령 등에 의거한 건축물의 건축, 대수선 또는 용도변경에 관하여 일반적인 금지를 특정한 경우에 해제하여 자연적인 권리를 회복시켜주는 행정기관의 의사표시를 말한다. 허가는 상대방이 신청한 내용이 허가요건을 충족하면 해당 법률효과인 허가를 발급해야 하므로 원칙적으로 기속행위이지만, 법령에 따라서 중대한 공익상의 필요가 인정되는 경우에는 예외적으로 재량행위로 보기도 하며, 대표적으로 "건축허가"와 같이 원래는 기속행위이지만 공익상 필요로 재량행위로 변경되는 경우도 있다.

---

1) 절대적 금지에 대한 허가는 불가하다. 금지와 관련하여 행정법상 전형적인 허가는 본래 허용된 행위를 예방적 목적에서 통제된 예방적 금지를 해제하여 주는 것이지만, 예외적 승인으로서 "원칙적으로 금지된 행위를 특정한 경우에만 예외적으로 허용하는 억제적 금지"의 해제는 가능하다. 이러한 예외적 승인은 '일정한 행위가 사회적으로 유해하거나 권장할 만하지 않아서 법령상 원칙적으로 금지하고, 단지 예외적인 경우에만 제한적으로 적법하게 해 주는 제도'로서 이는 주로 해제여부의 판단에 공익성을 가지기 때문에 재량행위에 해당한다.

(2) 법적성질

건축허가는 공익상 필요에 따라 제한되어진 권리를 회복시켜 주는 행위라는 점에서 상대적 금지의 해제이다. 또한 행정기관이 상대방에 대하여 특정한 의무를 과하거나 이미 과하여진 의무를 해제하는 명령적 행정행위이며, 행정기관이 허가처분을 함에 있어서 법규에 엄격한 구속을 받는 행위로서 기속행위이다. 이러한 건축허가의 법적성질은 다음과 같다.

〈건축허가의 법적성질〉

상대적 금지의 해제	공익상 필요에 따라 제한되어진 권리를 회복시키는 행위
명령적 행정행위	행정기관이 상대방에 대하여 특정한 의무를 과하거나 이미 과하여진 의무를 해제하는 행위(부작위하명의 해제)
기속행위	행정기관이 허가처분을 함에 있어서 법규에 엄격한 구속을 받는 행위로서 재량행위에 대응한 개념이다.
대물적 행정행위	이론구성의 편의상 인정되는 개념으로서 허가에는 이전성 (양도·이전)이 있다.
법률행위적 행정행위	의사표시를 요소로 한다.
쌍방적 행정행위	건축허가신청에 대하여 건축허가가 이루어진다.
요식적 행정행위	건축허가는 서면으로 하여야 한다.
수익적 행정행위	개인에게 수익의 효과를 주는 행정행위
이중효과적(복효적) 행정행위	건축허가를 받는 자에게는 수익적 행정행위로서 작용하고, 인근지역 거주자에게는 부담적 행정행위로 작용한다.
적법요건	상대적 금지를 특정한 경우에 해제하여 적법하게 일정한 사실행위 또는 법률행위를 할 수 있게 하는 행위

※ 형성적 행정행위, 보충적 행정행위, 설권적 행정행위 등은 학문적 의미의 '인가'를 설명하는 개념이다.

2. 건축 허가권자

(1) 원칙

건축물을 건축하거나 대수선하려는 자는 특별자치도지사 또는 시장·군수·구청장

의 허가를 받아야 한다(법 제11조 제1항). 허가를 받으려는 자는 허가신청서에 국토교통
부령으로 정하는 설계도서와 법 제11조 제3항에 따른 허가 등을 받거나 신고를 하기
위하여 관계 법령에서 제출하도록 의무화하고 있는 신청서 및 구비서류를 첨부하여 허
가권자에게 제출하여야 한다(법 제11조 제3항). 다만, 국토교통부장관이 관계 행정기관
의 장과 협의하여 국토교통부령으로 정하는 신청서 및 구비서류는 제21조에 따른 착공
신고 전까지 제출할 수 있다(법 제11조 제3항 단서).

(2) 예외

다음에 정하는 용도·규모의 건축물을 특별시나 광역시에 건축하려면 특별시장이
나 광역시장의 허가를 받아야 한다(영 제8조 제1항).

---

1. 21층 이상인 건축물
2. 연면적의 합계가 10만㎡ 이상인 건축물(연면적 3/10 이상의 증축으로 인하여 층수가 21층 이
   상으로 되거나 연면적의 합계가 10만㎡ 이상으로 되는 경우의 증축을 포함)
   ※ 다만, 다음의 어느 하나에 해당되는 건축물의 건축은 제외한다.
     ① 공장
     ② 창고
     ③ 지방건축위원회의 심의를 거친 건축물(특별시 또는 광역시의 건축조례로 정하는 바에 따라
        해당 지방건축위원회의 심의사항으로 할 수 있는 건축물에 한정하며, 50층 이상 또는
        200m 이상인 초고층 건축물은 제외)

---

3. 건축에 관한 입지 및 규모의 사전결정

(1) 신청

건축허가 대상 건축물을 건축하려는 자는 건축허가를 신청하기 전에 허가권자에
게 그 건축물을 해당 대지에 건축하는 것이 이 법이나 다른 법령에서 허용되는지에 대
한 사전결정을 신청할 수 있다(법 제10조 제1항). 사전결정을 신청하는 자(사전결정신청
자)는 건축위원회 심의와 「도시교통정비 촉진법」에 따른 교통영향분석·개선대책의 검
토를 동시에 신청할 수 있다(법 제10조 제2항).

대판 2006.11.9, 2006두1227(건축허가반려처분취소)

"건축허가권자는 건축허가신청이 건축법 등 관계 법규에서 정하는 어떠한 제한에 배치되지 않는 이상 당연히 같은 법조에서 정하는 건축허가를 하여야 하고, 중대한 공익상의 필요가 없음에도 불구하고, 요건을 갖춘 자에 대한 허가를 관계 법령에서 정하는 제한사유 이외의 사유를 들어 거부할 수는 없다."

(2) 협의 및 기간

허가권자는 사전결정이 신청된 건축물의 대지면적이 「환경정책기본법」 규정에 따른 사전환경성검토대상인 경우 환경부장관이나 지방환경관서의 장과 사전환경성검토에 관한 협의를 하여야 하며, 허가권자는 사전결정을 하려면 미리 관계 행정기관의 장과 협의하여야 하며, 협의를 요청받은 관계 행정기관의 장은 요청받은 날부터 15일 이내에 의견을 제출하여야 한다(법 제10조 제3항·제7항).

(3) 통지

허가권자는 사전결정신청을 받으면 입지, 건축물의 규모, 용도 등을 사전결정한 후 사전결정 신청자에게 알려야 한다(법 제10조 제4항).

(4) 건축허가신청기간 및 실효

사전결정신청자는 사전결정을 통지받은 날부터 2년 이내에 건축허가를 신청하여야 하며, 이 기간에 건축허가를 신청하지 아니하면 사전결정의 효력이 상실된다(법 제10조 제8항).

(5) 의제

사전결정을 통지받은 경우에는 다음의 허가를 받거나 신고 또는 협의를 한 것으로 본다(법 제10조 제6항).

1. 「국토의 계획 및 이용에 관한 법률」에 의한 개발행위허가
2. 「산지관리법」에 따른 산지전용허가 및 산지전용신고, 산지일시사용허가·신고
   (다만, 보전산지인 경우에는 도시지역만 해당)
3. 「농지법」에 의한 농지전용허가·신고 및 협의
4. 「하천법」에 의한 하천점용허가

4. 허가의 신청

건축물의 건축허가를 받으려는 자는 국토교통부령으로 정하는 바에 따라 건축허가 신청서에 관계 서류를 첨부하여 허가권자에게 제출하여야 한다. 다만, 「방위사업법」에 따른 방위산업시설의 건축허가를 받으려는 경우에는 건축 관계 법령에 적합한지 여부에 관한 설계자의 확인으로 관계 서류를 갈음할 수 있다(법 제11조 제3항, 영 제9조 제1항).

5. 도지사의 건축허가에 대한 사전승인

시장·군수는 다음의 어느 하나에 해당하는 건축물의 건축을 허가하려면 미리 건축계획서와 국토교통부령으로 정하는 건축물의 용도, 규모 및 형태가 표시된 기본설계도서를 첨부하여 도지사의 승인을 받아야 한다(법 제11조 제2항).

1) 대규모 건축물	① 21층 이상 건축물 ② 연면적 합계 10만㎡ 이상 건축물(공장, 창고 및 지방건축위원회 심의를 거친 건축물은 제외한다) ③ 연면적 3/10 이상의 증축으로 인하여 21층이 되거나 연면적 합계 10만㎡ 이상으로 되는 경우
2) 자연환경 또는 수질보호를 위한 건축물	자연환경이나 수질을 보호하기 위하여 도지사가 지정·공고한 구역에 건축하는 3층 이상 또는 연면적의 합계가 1,000㎡ 이상인 건축물로서 3층 이상 또는 연면적합계 1,000㎡ 이상의 위락시설, 숙박시설, 공동주택, 제2종 근린생활시설 중 일반음식점, 일반업무시설에 해당하는 건축물
3) 주거환경 또는 교육환경 등을 위한 건축물	주거환경이나 교육환경 등 주변 환경을 보호하기 위하여 필요하다고 인정하여 도지사가 지정·공고한 구역에 건축하는 위락시설 및 숙박시설에 해당하는 건축물

6. 건축불허가처분

① 허가권자는 위락시설이나 숙박시설에 해당하는 건축물의 건축을 허가하는 경우 해당 대지에 건축하는 건축물의 용도·규모 또는 형태가 주거환경이나 교육환경 등 주변 환경을 고려할 때 부적합하다고 인정하면 이 법이나 다른 법률에도 불구하고 건축위원회의 심의를 거쳐 건축허가를 하지 아니할 수 있다(법 제

11조 제4항 제1호).

② 「국토의 계획 및 이용에 관한 법률」에 따른 방재지구 및 「자연재해대책법」에 따른 자연재해위험개선지구 등 상습적으로 침수되거나 침수가 우려되는 지역에 건축하려는 건축물에 대하여 지하층 등 일부 공간을 주거용으로 사용하거나 거실을 설치하는 것이 부적합하다고 인정되면 이 법이나 다른 법률에도 불구하고 건축위원회의 심의를 거쳐 건축허가를 하지 아니할 수 있다(법 제11조 제4항 제2호).

7. 안전관리 예치금 등

① 건축허가를 받은 자는 건축물의 건축공사를 중단하고 장기간 공사현장을 방치할 경우 공사현장의 미관 개선과 안전관리 등 필요한 조치를 하여야 하며(법 제13조 제1항), 허가권자는 공사현장이 방치되어 도시미관을 저해하고 안전을 위해한다고 판단되면 건축허가를 받은 자에게 건축물 공사현장의 미관과 안전관리를 위해 안전울타리 설치 등 안전조치나 공사재개 또는 해체 등 개선을 명할 수 있다(법 제13조 제5항).

② 허가권자는 연면적이 1,000㎡ 이상인 건축물(「주택도시기금법」에 따른 주택도시보증공사가 분양보증을 한 건축물, 「건축물의 분양에 관한 법률」에 따른 분양보증이나 신탁계약을 체결한 건축물은 제외)로서 해당 지방자치단체의 조례로 정하는 건축물에 대하여는 착공신고를 하는 건축주(「한국토지주택공사법」에 따른 한국토지주택공사 또는 「지방공기업법」에 따라 건축사업을 수행하기 위하여 설립된 지방공사는 제외)에게 장기간 건축물의 공사현장이 방치되는 것에 대비하여 미리 미관 개선과 안전관리에 필요한 비용, 즉 '예치금'(대통령령으로 정하는 보증서 포함)을 건축공사비의 1퍼센트의 범위에서 예치하게 할 수 있고(법 제13조 제2항), 허가권자가 예치금을 반환할 때에는 대통령령으로 정하는 이율로 산정한 이자를 포함하여 반환하여야 한다(법 제13조 제3항). 다만, 보증서를 예치한 경우에는 그러하지 아니하다(법 제13조 제3항 단서).

③ 허가권자는 개선명령을 받은 자가 개선을 하지 아니하는 때에는 「행정대집행법」이 정하는 바에 따라 대집행을 할 수 있다. 이 경우 건축주가 예치한 예치금을 행정대집행에 필요한 비용에 사용할 수 있으며, 행정대집행에 필요한 비용

이 이미 납부한 예치금보다 많을 때에는 「행정대집행법」 규정에 따라 그 차액을 추가로 징수할 수 있다(법 제13조 제6항).

8. 건축허가의 효과

(1) 다른 허가·신고 등의 의제

건축물을 건축·대수선하고자 하는 자가 다음 각 호의 허가를 받으면 허가 등을 받거나 신고를 한 것으로 보며, 공장건축물의 경우에는 「산업집적활성화 및 공장설립에 관한 법률」 제13조의2와 제14조에 따라 관련 법률의 인·허가등이나 허가등을 받은 것으로 본다(법 제11조 제5항).

---

1. 제20조 제3항에 따른 공사용 가설건축물의 축조신고
2. 제83조에 따른 공작물의 축조신고
3. 「국토의 계획 및 이용에 관한 법률」 제56조에 따른 개발행위허가
4. 「국토의 계획 및 이용에 관한 법률」 제86조 제5항에 따른 시행자의 지정과 같은 법 제88조 제2항에 따른 실시계획의 인가
5. 「산지관리법」 제14조와 제15조에 따른 산지전용허가와 산지전용신고, 같은 법 제15조의2에 따른 산지일시사용허가·신고. 다만, 보전산지인 경우에는 도시지역만 해당된다.
6. 「사도법」 제4조에 따른 사도(私道)개설허가
7. 「농지법」 제34조, 제35조 및 제43조에 따른 농지전용허가·신고 및 협의
8. 「도로법」 제36조에 따른 도로관리청이 아닌 자에 대한 도로공사 시행의 허가, 같은 법 제52조 제1항에 따른 도로와 다른 시설의 연결 허가
9. 「도로법」 제61조에 따른 도로의 점용 허가
10. 「하천법」 제33조에 따른 하천점용 등의 허가
11. 「하수도법」 제27조에 따른 배수설비(配水設備)의 설치신고
12. 「하수도법」 제34조 제2항에 따른 개인하수처리시설의 설치신고
13. 「수도법」 제38조에 따라 수도사업자가 지방자치단체인 경우 그 지방자치단체가 정한 조례에 따른 상수도 공급신청
14. 「전기안전관리법」 제8조에 따른 자가용전기설비 공사계획의 인가 또는 신고
15. 「물환경보전법」 제33조에 따른 수질오염물질 배출시설 설치의 허가나 신고
16. 「대기환경보전법」 제23조에 따른 대기오염물질 배출시설설치의 허가나 신고
17. 「소음·진동관리법」 제8조에 따른 소음·진동 배출시설 설치의 허가나 신고
18. 「가축분뇨의 관리 및 이용에 관한 법률」 제11조에 따른 배출시설 설치허가나 신고
19. 「자연공원법」 제23조에 따른 행위허가
20. 「도시공원 및 녹지 등에 관한 법률」 제24조에 따른 도시공원의 점용허가

21. 「토양환경보전법」 제12조에 따른 특정토양오염관리대상시설의 신고
22. 「수산자원관리법」 제52조 제2항에 따른 행위의 허가
23. 「초지법」 제23조에 따른 초지전용의 허가 및 신고

(2) 다른 행정기관의 장과의 협의

허가권자는 위 의제대상 중 어느 하나에 해당하는 사항이 다른 행정기관의 권한에 속하면 그 행정기관의 장과 미리 협의하여야 하며, 협의 요청을 받은 관계 행정기관의 장은 요청을 받은 날부터 15일 이내에 의견을 제출하여야 한다. 이 경우 관계 행정기관의 장은 처리기준이 아닌 사유를 이유로 협의를 거부할 수 없고, 협의 요청을 받은 날부터 15일 이내에 의견을 제출하지 아니하면 협의가 이루어진 것으로 본다(법 제11조 제6항).

(3) 처리기준의 통보

중앙행정기관의 장은 그 처리기준을 국토교통부장관에게 통보하여야 한다. 처리기준을 변경한 경우에도 또한 같다(법 제11조 제8항). 국토교통부장관은 처리기준을 통보받은 때에는 이를 통합하여 고시하여야 한다(법 제11조 제9항).

(4) 건축위원회 심의의 효력이 상실

건축위원회의 심의를 받은 자가 심의 결과를 통지받은 날부터 2년 이내에 건축허가를 신청하지 아니하면 건축위원회 심의의 효력이 상실된다(법 제11조 제10항).

(5) 건축허가서의 교부

허가권자는 건축허가를 한 경우에는 국토교통부령이 정하는 바에 의하여 건축허가서를 신청인에게 교부하여야 한다.

9. 건축허가의 건축신고 특례

허가대상 건축물이라 하더라도 다음의 어느 하나에 해당하는 경우에는 미리 특별자치도지사 또는 시장·군수·구청장에게 신고를 하면 건축허가를 받은 것으로 본다(법 제14조, 영 제11조 제2항).

---

① 바닥면적의 합계가 85㎡ 이내의 증축·개축 또는 재축(다만, 3층 이상 건축물인 경우에는 증축·개축 또는 재축하려는 부분의 바닥면적의 합계가 건축물 연면적의 1/10 이내인 경우로 한정한다.)

② 관리지역·농림지역 또는 자연환경보전지역 안에서 연면적 200㎡ 미만이고 3층 미만인 건축물의 건축, 다만, 지구단위계획구역 또는 방재지구 등 재해취약지역으로서 대통령령으로 정하는 구역 안에서의 건축을 제외

③ 연면적이 200㎡ 미만이고 3층 미만인 건축물의 대수선

④ 주요구조부의 해체가 없는 등 다음에(영 제11조 제1항)정하는 대수선
　　㉠ 내력벽의 면적을 30㎡ 이상 수선하는 것
　　㉡ 기둥을 세 개 이상 수선하는 것
　　㉢ 보를 세 개 이상 수선하는 것
　　㉣ 지붕틀을 세 개 이상 수선하는 것
　　㉤ 방화벽 또는 방화구획을 위한 바닥 또는 벽을 수선하는 것
　　㉥ 주계단·피난계단 또는 특별피 난계단을 수선하는 것

⑤ 그 밖에 소규모 건축물로서 대통령령(영 제11조 제2항)으로 정하는 건축물의 건축
　　㉠ 연면적의 합계가 100㎡ 이하인 건축물
　　㉡ 건축물의 높이를 3m 이하의 범위에서 증축하는 건축물
　　㉢ 표준설계도서에 의하여 건축하는 건축물로서 그 용도·규모가 주위환경·미관에 지장이 없다고 인정하여 건축조례로 정하는 건축물
　　㉣ 공업지역, 지구단위계획구역(산업형에 한한다) 및 「산업입지 및 개발에 관한 법률」에 의한 산업단지 안에서 건축하는 2층 이하인 건축물로서 연면적의 합계가 500㎡ 이하인 공장
　　㉤ 농업이나 수산업을 경영하기 위하여 읍·면지역(특별자치도지사·시장·군수가 지역계획 또는 도시·군계획에 지장이 있다고 지정·공고한 구역은 제외)에서 건축하는 연면적 200㎡ 이하의 창고 및 농막과 연면적 400㎡ 이하의 축사·작물재배사

10. 허가·신고사항의 변경

(1) 변경의 허가·신고

건축주가 허가를 받았거나 신고한 사항을 변경하려면 변경하기 전에 허가권자의 허가를 받거나 특별자치도지사 또는 시장·군수·구청장에게 신고하여야 한다. 다만, 신축·증축·개축·재축·이전 또는 대수선에 해당하지 아니하는 변경은 그러하지 아니하다(법 제16조 제1항).

대판 2010.5.13, 2010두2296(건축관계자변경신고수리처분취소

"구 건축법(2008.3.21. 법률 제8974호로 전부 개정되기 전의 것) 제10조 제1항 및 구 건축법 시행령(2008.10.29. 대통령령 제21098호로 개정되기 전의 것) 제12조 제1항 제3호 각 규정의 문

언내용 및 형식, 건축허가는 대물적 성질을 갖는 것이어서 행정청으로서는 그 허가를 할 때에 건축주가 누구인가 등 인적 요소에 관하여는 형식적 심사만 하는 점, 건축허가는 허가대상 건축물에 대한 권리변동에 수반하여 자유로이 양도할 수 있는 것이고, 그에 따라 건축허가의 효과는 허가대상 건축물에 대한 권리변동에 수반하여 이전되며 별도의 승인처분에 의하여 이전되는 것이 아닌 점, 민사집행법에 따른 경매절차에서 매수인은 매각대금을 다 낸 때에 매각의 목적인 권리를 취득하는 점 등의 사정을 종합하면, 토지와 그 토지에 건축 중인 건축물에 대한 경매절차상의 확정된 매각허가결정서 및 그에 따른 매각대금 완납서류 등은 건축 관계자 변경신고에 관한 구 건축법 시행규칙(2007.12.13. 건설교통부령 제594호로 개정되기 전의 것) 제11조 제1항 제1호에 규정한 '권리관계의 변경사실을 증명할 수 있는 서류'에 해당한다고 봄이 상당하다."

1) 허가사항

바닥면적의 합계가 85㎡를 초과하는 부분에 대한 증축·개축에 해당하는 변경인 경우에는 허가를 받아야 한다.

2) 신고사항

1. 그[위 1) 재허가사항] 밖의 경우에는 신고할 것
2. 신고로써 허가를 갈음하는 건축물에 대하여는 변경 후 건축물의 연면적을 각각 신고로써 허가를 갈음할 수 있는 규모에서 변경하는 경우에는 신고할 것
3. 건축주를 변경하는 경우(규칙 제11조) ⇨ 7일 이내 신고
   ① 건축 또는 대수선 중인 건축물을 양수한 경우
   ② 허가를 받거나 신고를 한 건축주가 사망한 경우
   ③ 허가를 받거나 신고를 한 법인이 다른 법인과 합병을 한 경우

대판 2009.2.12, 2008다72844(건축주명의변경)

"건축공사가 완료되어 건축법상 최종적인 절차로서 건축 허가 상 건축주 명의로 사용검사승인까지 받아 소유권보존등기가 마쳐진 경우와는 달리, 비록 건축공사 자체는 독립한 건물로 볼 수 있을 만큼 완성되었으나 그 적법한 사용에 이르기까지 필요한 건축법상의 각종 신고나 신청 등의 모든 절차를 마치지 않은 채 소유권보존등기가 이루어진 경우에는, 그 건물의 원시취득자는 자신 앞으로 건축주 명의를 변경하여 그 명의로 건축법상 남아 있는 각종 신고나 신청 등의 절차를 이행함으로써 건축법 상 허가된 내용에 따른 건축을 완료할 수 있을 것이므로, 이러한 경우 그 건물의 정당한 원시취득자 임을 주장하여 건축주 명의변경 절차의 이행을 구하는 소는 그 소의 이익을 부정할 수 없다."

(2) 일괄신고

허가 또는 신고사항 중 다음 사항의 변경에 대하여는 사용승인을 신청할 때에 허

가권자에게 일괄하여 신고할 수 있다(법 제16조 제2항, 영 제12조 제3항).

① 건축물의 동수나 층수를 변경하지 아니하면서 변경되는 부분의 바닥면적의 합
계가 50㎡ 이하인 경우로서 다음 각 목의 요건을 모두 갖춘 경우

가. 변경되는 부분의 높이가 1m 이하이거나 전체 높이의 1/10 이하일 것
나. 허가를 받거나 신고를 하고 건축 중인 부분의 위치 변경범위가 1m 이내일 것
다. 법 제14조 제1항에 따라 신고를 하면 법 제11조에 따른 건축허가를 받은 것으로 보는 규모에
서 건축허가를 받아야 하는 규모로의 변경이 아닐 것

---

② 건축물의 동수나 층수를 변경하지 아니하면서 변경되는 부분이 연면적 합계의
1/10 이하인 경우(연면적이 5,000㎡ 이상인 건축물은 각 층의 바닥면적이 50㎡ 이하
의 범위에서 변경되는 경우만 해당한다). 다만, 제4호 본문 및 제5호 본문에 따른
범위의 변경인 경우만 해당한다.

③ 대수선에 해당하는 경우

④ 건축물의 층수를 변경하지 아니하면서 변경되는 부분의 높이가 1m 이하이거나
전체 높이의 1/10 이하인 경우. 다만, 변경되는 부분이 제1호 본문, 제2호 본문
및 제5호 본문에 따른 범위의 변경인 경우만 해당한다.

⑤ 허가를 받거나 신고를 하고 건축 중인 부분의 위치가 1m 이내에서 변경되는
경우. 다만, 변경되는 부분이 제1호 본문, 제2호 본문 및 제4호 본문에 따른 범
위의 변경인 경우만 해당한다.

11. 건축허가의 제한

(1) 제한권의 구분

1) 국토교통부장관의 제한

국토교통부장관은 국토관리를 위하여 특히 필요하다고 인정하거나 주무부장관이
국방, 문화재보존, 환경보전 또는 국민경제를 위하여 특히 필요하다고 인정하여 요청하
면 허가권자의 건축허가나 허가를 받은 건축물의 착공을 제한할 수 있다(법 제18조 제1항).

2) 시·도지사의 제한

시·도지사는 지역계획이나 도시·군계획에 특히 필요하다고 인정하면 시장·군수·

구청장의 건축허가나 허가를 받은 건축물의 착공을 제한할 수 있다(법 제18조 제2항).

시·도지사는 시장·군수·구청장의 건축허가나 건축물의 착공을 제한한 경우, 즉시 국토교통부장관에게 보고하여야 하며, 보고를 받은 국토교통부장관은 제한 내용이 지나치다고 인정하면 해제를 명할 수 있다(법 제18조 제5항).

(2) 제한방법

건축허가나 건축물의 착공을 제한하는 경우 제한기간은 2년 이내로 하며, 1회에 한하여 1년 이내의 범위에서 제한기간을 연장할 수 있다(법 제18조 제3항).

국토교통부장관이나 시·도지사는 건축허가나 건축물의 착공을 제한하는 경우 제한 목적·기간, 대상 건축물의 용도와 대상 구역의 위치·면적·경계 등을 상세하게 정하여 허가권자에게 통보하여야 하며, 통보를 받은 허가권자는 지체 없이 이를 공고하여야 한다(법 제18조 제4항).

12. 건축허가의 취소

허가권자는 허가를 받은 자가 다음의 어느 하나에 해당하면 허가를 취소하여야 한다(법 제11조 제7항). 다만, 제1호에 해당하는 경우로서 정당한 사유가 있다고 인정되면 1년의 범위에서 공사의 착수기간을 연장할 수 있다(법 제11조 제7항 단서).

---

1. 허가를 받은 날부터 2년(「산업집적활성화 및 공장설립에 관한 법률」 제13조에 따라 공장의 신설·증설 또는 업종변경의 승인을 받은 공장은 3년) 이내에 공사에 착수하지 아니한 경우
2. 제1호의 기간 이내에 공사에 착수하였으나 공사의 완료가 불가능하다고 인정되는 경우
3. 제21조에 따른 착공신고 전에 경매 또는 공매 등으로 건축주가 대지의 소유권을 상실한 때부터 6개월이 지난 이후 공사의 착수가 불가능하다고 판단되는 경우

---

13. 공용건축물에 대한 특례

(1) 허가관청과의 협의

국가나 지방자치단체는 건축물을 건축·대수선·용도변경하거나 가설건축물을 건축하거나 공작물을 축조하려는 경우에는 미리 건축물의 소재지를 관할하는 허가권자와

협의하여야 하며, 협의한 경우에는 건축허가를 받았거나 신고를 한 것으로 본다(법 제29조 제1항·제2항).

대판 2014.2.27, 2012두22980(건축협의취소처분취소)

"구 건축법(2011.5.30. 법률 제10755호로 개정되기 전의 것) 제29조 제1항, 제2항, 제11조 제1항 등의 규정 내용에 의하면, 건축협의의 실질은 지방자치단체 등에 대한 건축허가와 다르지 않으므로, 지방자치단체 등이 건축물을 건축하려는 경우 등에는 미리 건축물의 소재지를 관할하는 허가권자인 지방자치단체의 장과 건축협의를 하지 않으면, 지방자치단체라 하더라도 건축물을 건축할 수 없다. 그리고 구 지방자치법 등 관련 법령을 살펴보아도 지방자치단체의 장이 다른 지방자치단체를 상대로 한 건축협의 취소에 관하여 다툼이 있는 경우에 법적 분쟁을 실효적으로 해결할 구제수단을 찾기도 어렵다. 따라서 건축협의 취소는 상대방이 다른 지방자치단체 등 행정주체라 하더라도 '행정청이 행하는 구체적 사실에 관한 법집행으로서의 공권력 행사'(행정소송법 제2조 제1항 제1호)로서 처분에 해당한다고 볼 수 있고, 지방자치단체인 원고가 이를 다툴 실효적 해결 수단이 없는 이상, 원고는 건축물 소재지 관할 허가권자인 지방자치단체의 장을 상대로 항고소송을 통해 건축협의 취소의 취소를 구할 수 있다."

---

(2) 사용승인의 생략

협의한 건축물에는 사용승인의 규정을 적용하지 아니한다. 다만, 건축물의 공사가 끝난 경우에는 지체 없이 허가권자에게 통보하여야 한다(법 제29조 제3항).

제 2 절 건축공사의 절차

1. 착공신고 등

(1) 착공신고 대상

건축허가, 건축신고 또는 가설건축물의 허가를 받거나 신고를 한 건축물의 공사를 착수하려는 건축주는 국토교통부령으로 정하는 바에 따라 허가권자에게 공사계획을 신고하여야 한다(법 제21조 제1항).

대판 2011.6.10, 2010두7321(착공신고서처리불가처분취소)

"구 건축법(2008.3.21. 법률 제8974호로 전부 개정되기 전의 것)의 관련 규정에 따르면, 행정청은 착공신고의 경우에도 신고 없이 착공이 개시될 경우 건축주 등에 대하여 공사중지·철거·사용금지 등의 시정명령을 할 수 있고(제69조 제1항), 시정명령을 받고 이행하지 아니한 건축물에 대하여는 당해 건축물을 사용하여 행할 다른 법령에 의한 영업 기타 행위의 허가를 하지 않도록 요청할 수 있으며(제69조 제2항), 요청을 받은 자는 특별한 이유가 없는 한 이에 응하여야 하고(제69조 제3항), 나아가 행정청은 시정명령의 이행을 하지 아니한 건축주 등에 대하여는 이행강제금을 부과할 수 있으며(제69조의2 제1항 제1호), 또한 착공신고를 하지 아니한 자는 200만 원 이하의 벌금에 처해질 수 있다(제80조 제1호, 제9조). 이와 같이 건축주 등으로서는 착공신고가 반려될 경우, 당해 건축물의 착공을 개시하면 시정명령, 이행강제금, 벌금의 대상이 되거나 당해 건축물을 사용하여 행할 행위의 허가가 거부될 우려가 있어 불안정한 지위에 놓이게 된다. 따라서 착공신고 반려행위가 이루어진 단계에서 당사자로 하여금 반려행위의 적법성을 다투어 법적 불안을 해소한 다음 건축행위에 나아가도록 함으로써 장차 있을지도 모르는 위험에서 미리 벗어날 수 있도록 길을 열어 주고, 위법한 건축물의 양산과 철거를 둘러싼 분쟁을 조기에 근본적으로 해결할 수 있게 하는 것이 법치행정의 원리에 부합한다. 그러므로 행정청의 착공신고 반려행위는 항고소송의 대상이 된다고 보는 것이 옳다."

(2) 착공신고 시기

① 건축공사의 착공신고를 하려는 자는 착공신고서(전자문서로 된 신고서를 포함한다)에 다음 각 호의 서류 및 도서를 첨부하여 허가권자에게 제출해야 한다(규칙 제14조 제1항).

1. 법 제15조에 따른 건축관계자 상호간의 계약서 사본(해당사항이 있는 경우로 한정한다)
2. [별표 4의2]의 설계도서. 다만, 법 제11조 또는 제14조에 따라 건축허가 또는 신고를 할 때 제출한 경우에는 제출하지 않으며, 변경사항이 있는 경우에는 변경사항을 반영한 설계도서를 제출한다.
3. 법 제25조 제11항에 따른 감리 계약서(해당 사항이 있는 경우로 한정한다)
4. 「건축사법 시행령」 제21조 제2항에 따라 제출받은 보험증서 또는 공제증서의 사본

② 다만, 건축물의 철거를 신고할 때 착공 예정일을 기재한 경우에는 그러하지 아니하다.

(3) 착공신고의 방법

1) 감리자 및 시공자의 서명된 신고서

공사계획을 신고하거나 변경신고를 하는 경우 해당 공사감리자(제25조 제1항에 따른 공사감리자를 지정한 경우만 해당된다)와 공사시공자가 신고서에 함께 서명하여야 한다(법 제21조 제2항).

허가권자는 신고를 받은 날부터 3일 이내에 신고수리 여부 또는 민원 처리 관련 법령에 따른 처리기간의 연장 여부를 신고인에게 통지하여야 한다(법 제21조 제3항). 허가권자가 이 기간 내에 신고수리 여부 또는 민원 처리 관련 법령에 따른 처리기간의 연장 여부를 신고인에게 통지하지 아니하면 그 기간이 끝난 날의 다음 날에 신고를 수리한 것으로 본다(법 제21조 제4항).

2) 첨 부

허가를 받은 건축물의 건축주는 신고를 할 때에는 각 계약서의 사본을 첨부하여야 한다(법 제21조 제6항).

2. 건축시공

(1) 공사시공자의 일반적인 의무

1) 성실의무

공사시공자는 건축주와의 계약에 따라 성실하게 공사를 수행하여야 하며 건축법령에 의한 명령이나 처분, 그 밖의 관계 법령에 맞게 건축물을 건축하여 건축주에게 인도하여야 한다(법 제24조 제1항).

2) 설계도서

공사시공자는 건축물(건축허가나 용도변경허가 대상인 것만 해당된다)의 공사현장에 설계도서를 갖추어 두어야 한다(법 제24조 제2항).

3) 건축허가표지판

공사시공자는 건축물의 규모·용도·설계자·시공자 및 감리자 등을 표시한 건축허가표지판을 주민이 보기 쉽도록 해당건축공사 현장의 주요 출입구에 설치하여야 한다

(규칙 제18조).

(2) 설계변경요청

공사시공자는 설계도서가 이 법과 이 법에 따른 명령이나 처분, 그 밖의 관계 법령에 맞지 아니하거나 공사의 여건상 불합리하다고 인정되면 건축주와 공사감리자의 동의를 받아 서면으로 설계자에게 설계를 변경하도록 요청할 수 있다. 이 경우 설계자는 정당한 사유가 없으면 요청에 따라야 한다(법 제24조 제3항).

(3) 상세시공도면의 작성

공사시공자는 공사를 하는 데에 필요하다고 인정하거나 공사감리자로부터 상세시공도면을 작성하도록 요청을 받으면 상세시공도면을 작성하여 공사감리자의 확인을 받아야 하며, 이에 따라 공사를 하여야 한다(법 제24조 제4항).

3. 건축물의 공사감리

(1) 공사감리자의 지정

건축주는 다음에 정하는 바에 따라 공사감리자를 지정하여 공사감리를 하게 하여야 한다. 이 경우 시공에 관한 감리에 대하여 건축사를 공사감리자로 지정하는 때에는 공사시공자 본인 및 「독점규제 및 공정거래에 관한 법률」에 따른 계열회사를 공사감리자로 지정하여서는 아니 된다(법 제25조 제1항, 영 제19조 제1항).

1) 원칙: 건축사
㉠ 건축허가를 받아야 하는 건축물(건축신고 대상 건축물은 제외)을 건축하는 경우
㉡ 사용승인을 받은 후 15년 이상이 된 건축물을 리모델링하는 경우 등

2) 특칙
다중이용 건축물을 건축하는 경우에는 「건설기술 진흥법」에 따른 건설엔지니어링사업자(공사시공자 본인이거나 「독점규제 및 공정거래에 관한 법률」 제2조 제12호에 따른 계열회사인 건설엔지니어링사업자는 제외한다) 또는 건축사(「건설기술 진흥법 시행령」 제60조에 따라 건설사업관리기술인을 배치하는 경우만 해당한다)

(2) 부실시공 시 감리자의 조치

공사감리자는 공사감리를 할 때 이 법과 이 법에 따른 명령이나 처분, 그 밖의 관계 법령에 위반된 사항을 발견하거나 공사시공자가 설계도서대로 공사를 하지 아니하면 이를 건축주에게 알린 후 공사시공자에게 시정하거나 재시공하도록 요청하여야 하며, 공사시공자가 시정이나 재시공 요청에 따르지 아니하면 서면으로 그 건축공사를 중지하도록 요청할 수 있다. 이 경우 공사중지를 요청받은 공사시공자는 정당한 사유가 없으면 즉시 공사를 중지하여야 한다(법 제25조 제3항).

또한 공사감리자는 공사시공자가 시정이나 재시공 요청을 받은 후 이에 따르지 아니하거나 공사중지 요청을 받고도 공사를 계속하면 명시한 기간이 만료되는 날부터 7일 이내에 위법건축공사보고서를 허가권자에게 제출(전자문서로 제출하는 것을 포함한다)하여야 한다(법 제25조 제4항, 규칙 제19조 제1항).

4. 사용승인

(1) 사용승인의 신청대상

「건축법」상 사용승인을 받아야 할 건축물은 '건축허가·건축신고 또는 허가대상 가설건축물'에 한한다. 건축주는 건축물의 건축공사를 완료(하나의 대지에 2 이상의 건축물을 건축하는 경우 동별 공사를 완료한 경우를 포함)한 후 그 건축물을 사용하고자 하는 경우에는 공사감리자가 작성한 감리완료보고서(공사감리자를 지정한 경우에 한한다) 및 공사완료도서를 첨부하여 허가권자에게 사용승인을 신청하여야 한다(법 제22조 제1항).

대판 2009.3.12, 2008두18052(건축물사용승인반려처분취소)

"건축허가를 받게 되면 그 허가를 기초로 하여 일정한 사실관계와 법률관계를 형성하게 되므로, 수허가자가 입게 될 불이익과 건축행정상의 공익 및 제3자의 이익과 허가조건 위반의 정도를 비교·교량하여 개인적 이익을 희생시켜도 부득이하다고 인정되는 경우가 아니면 함부로 그 허가를 취소할 수 없는바, 건축주가 건축허가 내용대로 완공하였으나 건축허가 자체에 하자가 있어서 위법한 건축물이라는 이유로 허가관청이 사용승인을 거부하려면 건축허가의 취소에 있어서와 같은 조리상의 제약이 따르고, 만약 당해 건축허가를 취소할 수 없는 특별한 사정이 있는 경우라면 그 사용승인도 거부할 수 없다."

(2) 사용승인서의 교부

허가권자는 사용승인신청을 받은 경우에는 그 신청서를 받은 날부터 7일 이내(「주택법」상 사용검사는 15일 이내)에 사용승인을 위한 현장검사를 실시하여야 하며, 현장검사에 합격된 건축물에 대하여는 사용승인서를 신청인에게 발급하여야 한다(규칙 제16조 제3항). 다만, 해당 지방자치단체의 조례로 정하는 건축물은 사용승인을 위한 검사를 실시하지 아니하고 사용승인서를 내줄 수 있다(법 제22조 제2항 단서)

(3) 건축물의 사용

1) 원칙

건축주는 사용승인을 받은 후가 아니면 건축물을 사용하거나 사용하게 할 수 없다(법 제22조 제3항).

2) 예외

다음은 사용승인 없이 건축물을 사용할 수 있는 예외적인 경우이다(법 제22조 제3항 단서).

---

1. 허가권자가 사용승인신청의 접수 후 7일 이내에 사용승인서를 교부하지 아니한 경우
2. 사용승인서를 교부받기 전에 공사가 완료된 부분이 건폐율, 용적률, 설비, 피난·방화 등 국토교통부령으로 정하는 기준에 적합한 경우로서 기간을 정하여 건축주가 임시사용승인신청서를 허가권자에게 제출하여 허가권자가 임시로 사용의 승인을 한 경우

---

(4) 준공검사 등의 의제

건축주가 사용승인을 받은 경우에는 다음 각 호에 따른 사용승인·준공검사 또는 등록신청 등을 받거나 한 것으로 보며, 공장건축물의 경우에는 「산업집적활성화 및 공장설립에 관한 법률」 제14조의2에 따라 관련 법률의 검사 등을 받은 것으로 본다(법 제22조 제4항).

---

① 배수설비의 준공검사 및 개인하수처리시설의 준공검사(「하수도법」 제27조)
② 지적공부의 변동사항 등록신청(「공간정보의 구축 및 관리 등에 관한 법률」 제64조)
③ 승강기 설치검사(「승강기 안전관리법」 제28조)

---

④ 보일러 설치검사(「에너지이용 합리화법」 제39조)
⑤ 전기설비 사용전검사(「전기안전관리법」 제9조)
⑥ 정보통신공사의 사용전 검사(「정보통신공사업법」 제36조)
⑦ 도로점용 공사의 준공확인(「도로법」 제62조 제2항)
⑧ 개발행위의 준공검사(「국토의 계획 및 이용에 관한 법률」 제62조)
⑨ 도시·군계획시설사업의 준공검사(「국토의 계획 및 이용에 관한 법률」 제98조)
⑩ 수질오염물질 배출시설의 가동개시의 신고(「물환경보전법」 제37조)
⑪ 대기오염물질 배출시설의 가동개시의 신고(「대기환경보전법」 제30조)

(5) 임시사용승인

1) 임시사용의 승인신청

건축주는 사용승인서를 받기 전에 공사가 완료된 부분에 대한 임시사용의 승인을 받으려는 경우에는 임시사용승인신청서를 허가권자에게 제출(전자문서에 의한 제출을 포함한다)하여야 한다(영 제17조 제2항).

2) 임시사용의 승인

허가권자는 공사가 완료된 부분이 기준에 적합한 경우에만 임시사용을 승인할 수 있으며, 식수 등 조경에 필요한 조치를 하기에 부적합한 시기에 건축공사가 완료된 건축물은 허가권자가 지정하는 시기까지 식수 등 조경에 필요한 조치를 할 것을 조건으로 임시사용을 승인할 수 있다(영 제17조 제3항).

3) 임시사용의 승인기간

임시사용승인의 기간은 2년 이내로 한다. 다만, 허가권자는 대형 건축물 또는 암반공사 등으로 인하여 공사기간이 긴 건축물에 대하여는 그 기간을 연장할 수 있다(영 제17조 제4항).

4) 현장조사·검사 및 확인업무의 대행

허가권자는 이 법에 따라 건축조례로 정하는 건축물의 건축허가, 건축신고, 사용승인 및 임시사용승인과 관련되는 현장조사·검사 및 확인업무를 「건축사법」 제23조에 따라 건축사사무소개설신고를 한 자에게 대행하게 할 수 있으며(법 제27조 제1항), 업무를 대행하는 자는 현장조사·검사 또는 확인결과를 국토교통부령으로 정하는 바에 따라 허가권자에게 서면으로 보고하여야 한다(법 제27조 제2항). 이때에 업무를 대행할 건축

사는 해당 건축물의 설계자 또는 공사감리자가 아니거나 건축주의 추천을 받지 아니하
고 직접 선정된 자여야 한다(영 제20조 제1항).

5. 건축허가 등의 전산처리 등

(1) 전산정보처리시스템

① 허가권자는 건축 허가업무 등의 효율적인 처리를 위하여 전자정보처리시스템
을 이용하여 이 법에 규정된 업무를 처리할 수 있다(법 제32조 제1항).

② 전자정보처리시스템에 의하여 처리된 자료(이하 "전산자료"라 한다)를 이용하고
자 하는 자는 관계 중앙행정기관의 장의 심사를 거쳐 다음의 구분에 따라 국토
교통부장관, 시·도지사 또는 시장·군수·구청장의 승인을 받아야 한다(법 제32
조 제2항).

---

1. 전국 단위의 전산자료: 국토교통부장관
2. 특별시·광역시·특별자치시·도·특별자치도(이하 "시·도"라 한다) 단위의 전산자료: 시·도지사
3. 시·군 또는 구(자치구를 말한다) 단위의 전산자료: 시장·군수·구청장

---

③ 국토교통부장관, 시·도지사 또는 시장·군수·구청장이 승인신청을 받은 경우
에는 건축 허가업무 등의 효율적인 처리에 지장이 없고 건축주 등의 개인정보
보호기준을 위반하지 아니한다고 인정되는 경우에 한하여 이를 승인할 수 있
다. 이 경우 그 용도를 한정하여 승인할 수 있다(법 제32조 제3항).

④ 전자정보처리시스템의 운영에 관한 사항, 전산자료의 이용대상범위와 심사기
준, 승인절차 및 사용료 등에 관하여 필요한 사항은 대통령령으로 정한다(법
제32조 제6항).

(2) 전산자료의 이용자에 대한 지도·감독

국토교통부장관, 시·도지사 또는 시장·군수·구청장은 개인정보의 보호 및 전산
자료의 이용목적 외 사용 방지 등을 위하여 필요하다고 인정되면 전산자료의 보유 또는
관리 등에 관한 사항에 관하여 위 (1)의 규정에 따라 전산자료를 이용하는 자를 지도·
감독할 수 있다(법 제33조 제1항).

6. 건축종합민원실의 설치

특별자치시장·특별자치도지사 또는 시장·군수·구청장은 대통령령으로 정하는 바에 따라 건축허가, 건축신고, 사용승인 등 건축과 관련된 민원을 종합적으로 접수하여 처리할 수 있는 민원실을 설치·운영하여야 한다(법 제34조).

제3절 용도변경

1. 건축물의 용도

「건축법」에 의한 건축물의 용도란 건축물의 종류를 유사한 구조, 이용목적 및 형태별로 묶어 분류한 것이다.

(1) 용도별 건축물의 종류(영 제3조의5 [별표 1])

	단독주택 [단독주택의 형태를 갖춘 가정어린이집·공동생활가정·지역아동센터·공동육아나눔터(「아이돌봄 지원법」 제19조에 따른 공동육아나눔터를 말한다)·작은도서관(「도서관법」 제2조 제4호 가목에 따른 작은도서관을 말하며, 해당 주택의 1층에 설치한 경우만 해당한다) 및 노인복지시설(노인복지주택은 제외한다)을 포함한다]
	가. 단독주택
1. 단독주택	나. 다중주택 : 다음의 요건을 모두 갖춘 주택을 말한다. 1) 학생 또는 직장인 등 여러 사람이 장기간 거주할 수 있는 구조로 되어 있는 것 2) 독립된 주거의 형태를 갖추지 않은 것(각 실별로 욕실은 설치할 수 있으나, 취사시설은 설치하지 않은 것을 말한다) 3) 1개 동의 주택으로 쓰이는 바닥면적(부설 주차장 면적은 제외한다. 이하 같다)의 합계가 660㎡ 이하이고 주택으로 쓰는 층수(지하층은 제외한다)가 3개 층 이하일 것. 다만, 1층의 전부 또는 일부를 필로티 구조로 하여 주차장으로 사용하고 나머지 부분을 주택(주거 목적으로 한정한다) 외의 용도로 쓰는 경우에는 해당 층을 주택의 층수에서 제외한다. 4) 적정한 주거환경을 조성하기 위하여 건축조례로 정하는 실별 최소 면적, 창문의 설치 및 크기 등의 기준에 적합할 것
	다. 다가구주택 : 다음의 요건을 모두 갖춘 주택으로서 공동주택에 해당하지 아니하는 것을 말한다. 1) 주택으로 쓰는 층수(지하층은 제외한다)가 3개 층 이하일 것. 다만, 1층의 전부 또는 일부를 필로티 구조로 하여 주차장으로 사용하고 나머지 부분을

	주택(주거 목적으로 한정한다) 외의 용도로 쓰는 경우에는 해당 층을 주택의 층수에서 제외한다. 2) 1개 동의 주택으로 쓰이는 바닥면적의 합계가 660㎡ 이하일 것 3) 19세대(대지 내 동별 세대수를 합한 세대를 말한다) 이하가 거주할 수 있을 것
	라. 공관(公館)
2. 공동주택	공동주택 [공동주택의 형태를 갖춘 가정어린이집·공동생활가정·지역아동센터·공동육아나눔터·작은도서관·노인복지시설(노인복지주택은 제외한다) 및 「주택법 시행령」 제10조 제1항 제1호에 따른 소형 주택을 포함한다]. 다만, 가목이나 나목에서 층수를 산정할 때 1층 전부를 필로티 구조로 하여 주차장으로 사용하는 경우에는 필로티 부분을 층수에서 제외하고, 다목에서 층수를 산정할 때 1층의 전부 또는 일부를 필로티 구조로 하여 주차장으로 사용하고 나머지 부분을 주택(주거 목적으로 한정한다) 외의 용도로 쓰는 경우에는 해당 층을 주택의 층수에서 제외하며, 가목부터 라목까지의 규정에서 층수를 산정할 때 지하층을 주택의 층수에서 제외한다.
	가. 아파트 : 주택으로 쓰는 층수가 5개 층 이상인 주택
	나. 연립주택 : 주택으로 쓰는 1개 동의 바닥면적(2개 이상의 동을 지하주차장으로 연결하는 경우에는 각각의 동으로 본다) 합계가 660㎡를 초과하고, 층수가 4개 층 이하인 주택
	다. 다세대주택 : 주택으로 쓰는 1개 동의 바닥면적 합계가 660㎡ 이하이고, 층수가 4개 층 이하인 주택(2개 이상의 동을 지하주차장으로 연결하는 경우에는 각각의 동으로 본다)
	라. 기숙사 : 학교 또는 공장 등의 학생 또는 종업원 등을 위하여 쓰는 것으로서 1개 동의 공동취사시설 이용 세대 수가 전체의 50퍼센트 이상인 것(「교육기본법」 제27조 제2항에 따른 학생복지주택 및 「공공주택 특별법」 제2조 제1호의3에 따른 공공매입임대주택 중 독립된 주거의 형태를 갖추지 않은 것을 포함한다) ※ 「주택법」상 준주택에 해당함
3. 제1종 근린생활시설	가. 식품·잡화·의류·완구·서적·건축자재·의약품·의료기기 등 일용품을 판매하는 소매점으로서 같은 건축물(하나의 대지에 두 동 이상의 건축물이 있는 경우에는 이를 같은 건축물로 본다)에 해당 용도로 쓰는 바닥면적의 합계가 1,000㎡ 미만인 것 나. 휴게음식점, 제과점 등 음료·차(茶)·음식·빵·떡·과자 등을 조리하거나 제조하여 판매하는 시설(제4호 너목 또는 제17호에 해당하는 것은 제외한다)로서 같은 건축물에 해당 용도로 쓰는 바닥면적의 합계가 300㎡ 미만인 것 다. 이용원, 미용원, 목욕장, 세탁소 등 사람의 위생관리나 의류 등을 세탁·수선하는 시설(세탁소의 경우 공장에 부설되는 것과 「대기환경보전법」, 「물환경보전법」 또는 「소음·진동관리법」에 따른 배출시설의 설치 허가 또는 신고의 대상인 것은 제외한다) 라. 의원, 치과의원, 한의원, 침술원, 접골원(接骨院), 조산원, 안마원, 산후조리원

	등 주민의 진료·치료 등을 위한 시설
	마. 탁구장, 체육도장으로서 같은 건축물에 해당 용도로 쓰는 바닥면적의 합계가 500㎡ 미만인 것
	바. 지역자치센터, 파출소, 지구대, 소방서, 우체국, 방송국, 보건소, 공공도서관, 건강보험공단 사무소 등 주민의 편의를 위하여 공공업무를 수행하는 시설로서 같은 건축물에 해당 용도로 쓰는 바닥면적의 합계가 1,000㎡ 미만인 것
	사. 마을회관, 마을공동작업소, 마을공동구판장, 공중화장실, 대피소, 지역아동센터(단독주택과 공동주택에 해당하는 것은 제외한다) 등 주민이 공동으로 이용하는 시설
	아. 변전소, 도시가스배관시설, 통신용 시설(해당 용도로 쓰는 바닥면적의 합계가 1,000㎡ 미만인 것에 한정한다), 정수장, 양수장 등 주민의 생활에 필요한 에너지공급·통신서비스제공이나 급수·배수와 관련된 시설
	자. 금융업소, 사무소, 부동산중개사무소, 결혼상담소 등 소개업소, 출판사 등 일반업무시설로서 같은 건축물에 해당 용도로 쓰는 바닥면적의 합계가 30㎡ 미만인 것
	차. 전기자동차 충전소(해당 용도로 쓰는 바닥면적의 합계가 1,000㎡ 미만인 것으로 한정한다)
4. 제2종 근린생활시설	가. 공연장(극장, 영화관, 연예장, 음악당, 서커스장, 비디오물감상실, 비디오물소극장, 그 밖에 이와 비슷한 것을 말한다. 이하 같다)으로서 같은 건축물에 해당 용도로 쓰는 바닥면적의 합계가 500㎡ 미만인 것
	나. 종교집회장[교회, 성당, 사찰, 기도원, 수도원, 수녀원, 제실(祭室), 사당, 그 밖에 이와 비슷한 것을 말한다. 이하 같다]으로서 같은 건축물에 해당 용도로 쓰는 바닥면적의 합계가 500㎡ 미만인 것
	다. 자동차영업소로서 같은 건축물에 해당 용도로 쓰는 바닥면적의 합계가 1,000㎡ 미만인 것
	라. 서점(제1종 근린생활시설에 해당하지 않는 것)
	마. 총포판매소
	바. 사진관, 표구점
	사. 청소년게임제공업소, 복합유통게임제공업소, 인터넷컴퓨터게임시설제공업소, 가상현실체험 제공업소, 그 밖에 이와 비슷한 게임 및 체험 관련 시설로서 같은 건축물에 해당 용도로 쓰는 바닥면적의 합계가 500㎡ 미만인 것
	아. 휴게음식점, 제과점 등 음료·차(茶)·음식·빵·떡·과자 등을 조리하거나 제조하여 판매하는 시설(너목 또는 제17호에 해당하는 것은 제외한다)로서 같은 건축물에 해당 용도로 쓰는 바닥면적의 합계가 300㎡ 이상인 것
	자. 일반음식점
	차. 장의사, 동물병원, 동물미용실, 「동물보호법」 제32조 제1항 제6호에 따른 동물위탁관리업을 위한 시설, 그 밖에 이와 유사한 것
	카. 학원(자동차학원·무도학원 및 정보통신기술을 활용하여 원격으로 교습하는 것은 제외한다), 교습소(자동차교습·무도교습 및 정보통신기술을 활용하여 원격

	으로 교습하는 것은 제외한다), 직업훈련소(운전·정비 관련 직업훈련소는 제외한다)로서 같은 건축물에 해당 용도로 쓰는 바닥면적의 합계가 500㎡ 미만인 것 타. 독서실, 기원 파. 테니스장, 체력단련장, 에어로빅장, 볼링장, 당구장, 실내낚시터, 골프연습장, 놀이형시설(「관광진흥법」에 따른 기타유원시설업의 시설을 말한다.) 등 주민의 체육 활동을 위한 시설(제3호 마목의 시설은 제외한다)로서 같은 건축물에 해당 용도로 쓰는 바닥면적의 합계가 500㎡ 미만인 것 하. 금융업소, 사무소, 부동산중개사무소, 결혼상담소 등 소개업소, 출판사 등 일반업무시설로서 같은 건축물에 해당 용도로 쓰는 바닥면적의 합계가 500㎡ 미만인 것(제1종 근린생활시설에 해당하는 것은 제외한다) 거. 다중생활시설(「다중이용업소의 안전관리에 관한 특별법」에 따른 다중이용업 중 고시원업의 시설로서 국토교통부장관이 고시하는 기준과 그 기준에 위배되지 않는 범위에서 적정한 주거환경을 조성하기 위하여 건축조례로 정하는 실별 최소 면적, 창문의 설치 및 크기 등의 기준에 적합한 것을 말한다. 이하 같다)로서 같은 건축물에 해당 용도로 쓰는 바닥면적의 합계가 500㎡ 미만인 것 너. 제조업소, 수리점 등 물품의 제조·가공·수리 등을 위한 시설로서 같은 건축물에 해당 용도로 쓰는 바닥면적의 합계가 500㎡ 미만이고, 다음 요건 중 어느 하나에 해당하는 것 　　1) 「대기환경보전법」, 「물환경보전법」 또는 「소음·진동관리법」에 따른 배출시설의 설치 허가 또는 신고의 대상이 아닌 것 　　2) 「물환경보전법」 제33조 제1항 본문에 따라 폐수배출시설의 설치 허가를 받거나 신고해야 하는 시설로서 발생되는 폐수를 전량 위탁처리하는 것 더. 단란주점으로서 같은 건축물에 해당 용도로 쓰는 바닥면적의 합계가 150㎡ 미만인 것 러. 안마시술소, 노래연습장
5. 문화 및 집회시설	가. 공연장으로서 제2종 근린생활시설에 해당하지 아니하는 것 나. 집회장[예식장, 공회당, 회의장, 마권(馬券) 장외 발매소, 마권 전화투표소, 그 밖에 이와 비슷한 것을 말한다]으로서 제2종 근린생활시설에 해당하지 아니하는 것 다. 관람장(경마장, 경륜장, 경정장, 자동차 경기장, 그 밖에 이와 비슷한 것과 체육관 및 운동장으로서 관람석의 바닥면적의 합계가 1,000㎡ 이상인 것을 말한다) 라. 전시장(박물관, 미술관, 과학관, 문화관, 체험관, 기념관, 산업전시장, 박람회장, 그 밖에 이와 비슷한 것을 말한다) 마. 동·식물원(동물원, 식물원, 수족관, 그 밖에 이와 비슷한 것을 말한다)
6. 종교시설	가. 종교집회장으로서 제2종 근린생활시설에 해당하지 아니하는 것 나. 종교집회장(제2종 근린생활시설에 해당하지 아니하는 것을 말한다)에 설치하는 봉안당(奉安堂)
7. 판매시설	가. 도매시장(「농수산물유통 및 가격안정에 관한 법률」에 따른 농수산물도매시장, 농수산물공판장, 그 밖에 이와 비슷한 것을 말하며, 그 안에 있는 근린생활시설을 포함한다)

	나. 소매시장(「유통산업발전법」제2조 제3호에 따른 대규모 점포, 그 밖에 이와 비슷한 것을 말하며, 그 안에 있는 근린생활시설을 포함한다)
	다. 상점(그 안에 있는 근린생활시설을 포함한다)으로서 다음의 요건 중 어느 하나에 해당하는 것
	   1) 제3호 가목에 해당하는 용도(서점은 제외한다)로서 제1종 근린생활시설에 해당하지 아니하는 것
	   2) 「게임산업진흥에 관한 법률」제2조 제6호의2 가목에 따른 청소년게임제공업의 시설, 같은 호 나목에 따른 일반게임제공업의 시설, 같은 조 제7호에 따른 인터넷컴퓨터게임시설제공업의 시설 및 같은 조 제8호에 따른 복합유통게임제공업의 시설로서 제2종 근린생활시설에 해당하지 아니하는 것

8. 운수시설	가. 여객자동차터미널 나. 철도시설 다. 공항시설 라. 항만시설 마. 그 밖에 이와 비슷한 시설
9. 의료시설	가. 병원(종합병원, 병원, 치과병원, 한방병원, 정신병원 및 요양병원을 말한다) 나. 격리병원(전염병원, 마약진료소, 그 밖에 이와 비슷한 것을 말한다)
10. 교육연구시설	제2종 근린생활시설에 해당하는 것은 제외한다. 가. 학교(유치원, 초등학교, 중학교, 고등학교, 전문대학, 대학, 대학교, 그 밖에 이에 준하는 각종 학교를 말한다) 나. 교육원(연수원, 그 밖에 이와 비슷한 것을 포함한다) 다. 직업훈련소(운전 및 정비 관련 직업훈련소는 제외한다) 라. 학원(자동차학원·무도학원 및 정보통신기술을 활용하여 원격으로 교습하는 것은 제외한다), 교습소(자동차교습·무도교습 및 정보통신기술을 활용하여 원격으로 교습하는 것은 제외한다) 마. 연구소(연구소에 준하는 시험소와 계측계량소를 포함한다) 바. 도서관
11. 노유자(노인 및 어린이) 시설	가. 아동 관련 시설(어린이집, 아동복지시설, 그 밖에 이와 비슷한 것으로서 단독주택, 공동주택 및 제1종 근린생활시설에 해당하지 아니하는 것을 말한다) 나. 노인복지시설(단독주택과 공동주택에 해당하지 아니하는 것을 말한다) 다. 그 밖에 다른 용도로 분류되지 아니한 사회복지시설 및 근로복지시설
12. 수련시설	가. 생활권 수련시설(「청소년활동진흥법」에 따른 청소년수련관, 청소년문화의집, 청소년특화시설, 그 밖에 이와 비슷한 것을 말한다) 나. 자연권 수련시설(「청소년활동진흥법」에 따른 청소년수련원, 청소년야영장, 그 밖에 이와 비슷한 것을 말한다) 다. 「청소년활동진흥법」에 따른 유스호스텔 라. 「관광진흥법」에 따른 야영장 시설로서 제29호에 해당하지 아니하는 시설
13. 운동시설	가. 탁구장, 체육도장, 테니스장, 체력단련장, 에어로빅장, 볼링장, 당구장, 실내낚시

	터, 골프연습장, 놀이형 시설, 그 밖에 이와 비슷한 것으로서 제1종 근린생활시설 및 제2종 근린생활시설에 해당하지 아니하는 것 나. 체육관으로서 관람석이 없거나 관람석의 바닥면적이 1,000㎡ 미만인 것 다. 운동장(육상장, 구기장, 볼링장, 수영장, 스케이트장, 롤러스케이트장, 승마장, 사격장, 궁도장, 골프장 등과 이에 딸린 건축물을 말한다)으로서 관람석이 없거나 관람석의 바닥면적이 1,000㎡ 미만인 것
14. 업무시설	가. 공공업무시설: 국가 또는 지방자치단체의 청사와 외국공관의 건축물로서 제1종 근린생활시설에 해당하지 아니하는 것 나. 일반업무시설: 다음 요건을 갖춘 업무시설을 말한다. 1) 금융업소, 사무소, 결혼상담소 등 소개업소, 출판사, 신문사, 그 밖에 이와 비슷한 것으로서 제1종 근린생활시설 및 제2종 근린생활시설에 해당하지 않는 것 2) 오피스텔(업무를 주로 하며, 분양하거나 임대하는 구획 중 일부 구획에서 숙식을 할 수 있도록 한 건축물로서 국토교통부장관이 고시하는 기준에 적합한 것을 말한다)
15. 숙박시설	가. 일반숙박시설 및 생활숙박시설(「공중위생관리법」제3조 제1항 전단에 따라 숙박업 신고를 해야 하는 시설로서 국토교통부장관이 정하여 고시하는 요건을 갖춘 시설을 말한다) 나. 관광숙박시설(관광호텔, 수상관광호텔, 한국전통호텔, 가족호텔, 호스텔, 소형호텔, 의료관광호텔 및 휴양 콘도미니엄) 다. 다중생활시설(제2종 근린생활시설에 해당하지 아니하는 것을 말한다) 라. 그 밖에 이와 비슷한 시설
16. 위락시설	가. 단란주점으로서 제2종 근린생활시설에 해당하지 아니하는 것 나. 유흥주점이나 그 밖에 이와 비슷한 것 다. 「관광진흥법」에 따른 유원시설업의 시설, 그 밖에 이와 비슷한 시설(제2종 근린생활시설과 운동시설에 해당하는 것은 제외한다) 라. 무도장, 무도학원 마. 카지노영업소
17. 공장	물품의 제조·가공[염색·도장(塗裝)·표백·재봉·건조·인쇄 등을 포함한다] 또는 수리에 계속적으로 이용되는 건축물로서 제1종 근린생활시설, 제2종 근린생활시설, 위험물저장 및 처리시설, 자동차 관련 시설, 자원순환 관련 시설 등으로 따로 분류되지 아니한 것
18. 창고시설	위험물 저장 및 처리 시설 또는 그 부속용도에 해당하는 것은 제외한다 가. 창고(물품저장시설로서 「물류정책기본법」에 따른 일반창고와 냉장 및 냉동 창고를 포함한다) 나. 하역장 다. 「물류시설의 개발 및 운영에 관한 법률」에 따른 물류터미널 라. 집배송 시설

19. 위험물 저장 및 처리시설	「위험물안전관리법」, 「석유 및 석유대체연료 사업법」, 「도시가스사업법」, 「고압가스 안전관리법」, 「액화석유가스의 안전관리 및 사업법」, 「총포·도검·화약류 등 단속법」, 「유해화학물질 관리법」등에 따라 설치 또는 영업의 허가를 받아야 하는 건축물로서 다음 각 목의 어느 하나에 해당하는 것. 다만, 자가난방, 자가발전, 그 밖에 이와 비슷한 목적으로 쓰는 저장시설은 제외한다. 가. 주유소(기계식 세차설비를 포함한다) 및 석유 판매소 나. 액화석유가스 충전소·판매소·저장소(기계식 세차설비를 포함한다) 다. 위험물 제조소·저장소·취급소 라. 액화가스 취급소·판매소 마. 유독물 보관·저장·판매시설 바. 고압가스 충전소·판매소·저장소 사. 도료류 판매소 아. 도시가스 제조시설 자. 화약류 저장소 차. 그 밖에 이와 비슷한 시설
20. 자동차 관련 시설	건설기계 관련 시설을 포함한다. 가. 주차장 나. 세차장 다. 폐차장 라. 검사장 마. 매매장 바. 정비공장 사. 운전학원 및 정비학원(운전 및 정비 관련 직업훈련시설을 포함한다) 아. 「여객자동차 운수사업법」, 「화물자동차 운수사업법」 및 「건설기계관리법」에 따른 차고 및 주기장(駐機場) 자. 전기자동차 충전소로서 제1종 근린생활시설에 해당하지 않는 것
21. 동물 및 식물 관련 시설	가. 축사(양잠·양봉·양어·양돈·양계·곤충사육 시설 및 부화장 등을 포함한다) 나. 가축시설[가축용 운동시설, 인공수정센터, 관리사(管理舍), 가축용 창고, 가축시장, 동물검역소, 실험동물 사육시설, 그 밖에 이와 비슷한 것을 말한다] 다. 도축장 라. 도계장 마. 작물 재배사 바. 종묘배양시설 사. 화초 및 분재 등의 온실 아. 동물 또는 식물과 관련된 가목부터 사목까지의 시설과 비슷한 것(동·식물원은 제외한다)
22. 자원순환 관련 시설	가. 하수 등 처리시설 나. 고물상 다. 폐기물재활용시설

	라. 폐기물 처분시설 마. 폐기물 감량화시설
23. 교정 및 군사 시설	제1종 근린생활시설에 해당하는 것은 제외한다. 가. 교정시설(보호감호소, 구치소 및 교도소를 말한다) 나. 갱생보호시설, 그 밖에 범죄자의 갱생·보육·교육·보건 등의 용도로 쓰는 시설 다. 소년원 및 소년분류심사원 라. 국방·군사시설
24. 방송통신 시설	제1종 근린생활시설에 해당하는 것은 제외한다. 가. 방송국(방송프로그램 제작시설 및 송신·수신·중계시설을 포함한다) 나. 전신전화국 다. 촬영소 라. 통신용 시설 마. 그 밖에 가목부터 라목까지의 시설과 비슷한 것
25. 발전시설	발전소(집단에너지 공급시설을 포함한다)로 사용되는 건축물로서 제1종 근린생활시 설에 해당하지 아니하는 것
26. 묘지 관련 시설	가. 화장시설 나. 봉안당(종교시설에 해당하는 것은 제외한다) 다. 묘지와 자연장지에 부수되는 건축물 라. 동물화장시설, 동물건조장(乾燥葬)시설 및 동물 전용의 납골시설
27. 관광휴게 시설	가. 야외음악당 나. 야외극장 다. 어린이회관 라. 관망탑 마. 휴게소 바. 공원·유원지 또는 관광지에 부수되는 시설
28. 장례식장	가. 장례식장[의료시설의 부수시설(「의료법」 제36조 제1호에 따른 의료기관의 종류 　　에 따른 시설을 말한다)에 해당하는 것은 제외한다] 나. 동물 전용의 장례식장
29. 야영장시설	「관광진흥법」에 따른 야영장 시설로서 관리동, 화장실, 샤워실, 대피소, 취사시설 등의 용도로 쓰는 바닥면적의 합계가 300㎡ 미만인 것

위의 제3호 및 제4호에서 "해당 용도로 쓰는 바닥면적"이란 부설 주차장 면적을 제외한 실 사용면적에 공용부분 면적(복도, 계단, 화장실 등의 면적을 말한다)을 비례 배분한 면적을 합한 면적을 말하며, 이에 따라 바닥면적을 산정할 때 건축물의 내부를 여러 개의 부분으로 구분하여 독립한 건축물로 사용하는 경우에는 그 구분된 면적 단위로 바닥면적을 산정한다(영 제3조의5 [별표 1] 비고 제1호·제2호).

2. 용도변경

건축물의 축조와 달리 용도변경은 건축물의 사용용도를 변경하는 행위로서 원칙적으로 건축물의 용도변경은 변경하려는 용도의 건축기준에 맞게 하여야 한다(법 제19조 제1항). 이에 따른 용도변경을 할 때 국토교통부장관은 적용되는 건축기준을 고시할수 있다. 이 경우 다른 행정기관의 권한에 속하는 건축기준에 대하여는 미리 관계 행정기관의 장과 협의하여야 한다(영 제14조 제3항).

기존의 건축물 또는 대지가 법령의 제정·개정이나 영 제6조의2(기존의 건축물 등에 대한 특례) 제1항 각 호의 사유로 법령 등에 부적합하게 된 경우에는 건축조례로 정하는 바에 따라 용도변경을 할 수 있다(영 제14조 제6항).

(1) 9개 시설군

시설군 (법 제19조 제4항)	용도별 건축물의 종류 (영 제14조 제5항)	허가	신고
1. 자동차 관련 시설군	자동차 관련 시설		
2. 산업 등의 시설군	운수시설, 창고시설, 공장, 위험물저장 및 처리시설, 자원순환 관련 시설, 묘지 관련 시설, 장례시설		
3. 전기통신시설군	방송통신시설, 발전시설		
4. 문화 및 집회시설군	문화 및 집회시설, 종교시설, 위락시설, 관광휴게시설		
5. 영업시설군	판매시설, 운동시설, 숙박시설, 제2종 근린생활시설 중 다중생활시설	⇧	⇩
6. 교육 및 복지시설군	의료시설, 교육연구시설, 노유자시설, 수련시설, 야영장 시설		
7. 근린생활시설군	제1종 근린생활시설, 제2종 근린생활시설(다중생활시설은 제외한다)		
8. 주거업무시설군	단독주택, 공동주택, 업무시설, 교정 및 군사시설		
9. 그 밖의 시설군	동물 및 식물 관련 시설		

(2) 용도변경대상

사용승인을 받은 건축물의 용도를 변경하려는 자는 다음의 구분에 따라 특별자치도지사 또는 시장·군수·구청장의 허가를 받거나 신고를 하여야 한다(법 제19조 제2항).

① 허가대상 : 위의 어느 하나에 해당하는 시설군에 속하는 건축물의 용도를 상위
군(제4항 각 호의 번호가 용도변경하려는 건축물이 속하는 시설군보다 작
은 시설군을 말한다)에 해당하는 용도로 변경하는 경우

② 신고대상 : 위의 어느 하나에 해당하는 시설군에 속하는 건축물의 용도를 하위
군(제4항 각 호의 번호가 용도변경하려는 건축물이 속하는 시설군보다 큰
시설군을 말한다)에 해당하는 용도로 변경하는 경우

(3) 건축물대장 기재사항 변경신청의 의무화

시설군 중 같은 시설군 안에서 용도를 변경하려는 자는 국토교통부령으로 정하는
바에 따라 특별자치시장·특별자치도지사 또는 시장·군수·구청장에게 건축물대장 기
재내용의 변경을 신청하여야 한다(법 제19조 제3항). 다만, 다음에서 말하는 건축물(영
제14조 제4항) 상호 간의 용도변경의 경우에는 그러하지 아니하다(법 제19조 제3항 단서).

① [별표 1]의 같은 호에 속하는 건축물 상호간의 용도변경
② 「국토의 계획 및 이용에 관한 법률」이나 그 밖의 관계 법령에서 정하는 용도제
한에 적합한 범위에서 제1종 근린생활시설과 제2종 근린생활시설 상호간의 용
도변경

대판 2010.8.19, 2010두80721

"구 건축법(2005.11.8. 법률 제7696호로 개정되기 전의 것) 제14조 제4항은 용도변경신고의 대
상이 아닌 건축물의 용도를 변경하고자 하는 자는 시장·군수·구청장에게 건축물대장의 기재사항의
변경을 신청하여야 한다고 정하고 있다. 따라서 건축물에 관한 어떠한 용도변경이 건축물대장 기재사
항 변경신청의 대상이라고 하더라도 그에 관한 건축물대장 기재사항 변경신청이 실제로 이루어지지
아니한 이상 그 용도의 변경이 적법하다고 할 수 없다."

---

(4) 용도변경 시 건축기준의 준용

1) 사용승인에 관한 규정을 준용하는 경우

허가나 신고대상인 경우로서 용도변경하고자 하는 부분의 바닥면적의 합계가
100㎡ 이상인 용도변경은 사용승인에 관한 규정(법 제22조)을 준용한다(법 제19조 제5
항). 다만, 용도변경하려는 부분의 바닥면적의 합계가 500㎡ 미만으로서 대수선에 해
당되는 공사를 수반하지 아니하는 경우에는 그러하지 아니하다(법 제19조 제5항 단서).

대판 2009.1.30, 2007두7277(건축물표시변경신청불가처분취소)

"구 건축법(2005.11.8. 법률 제7696호로 개정되기 전의 것) 제14조 제4항의 규정은 건축물의 소유자에게 건축물대장의 용도변경신청권을 부여한 것이고, 한편 건축물의 용도는 토지의 지목에 대응하는 것으로서 건물의 이용에 대한 공법상의 규제, 건축법상의 시정명령, 지방세 등의 과세대상 등 공법상 법률관계에 영향을 미치고, 건물소유자는 용도를 토대로 건물의 사용·수익·처분에 일정한 영향을 받게 된다. 이러한 점 등을 고려해 보면, 건축물대장의 용도는 건축물의 소유권을 제대로 행사하기 위한 전제요건으로서 건축물 소유자의 실체적 권리관계에 밀접하게 관련되어 있으므로, 건축물대장 소관청의 용도변경신청 거부행위는 국민의 권리관계에 영향을 미치는 것으로서 항고소송의 대상이 되는 행정처분에 해당한다."

대판 2006.1.26, 2005두12565(반려처분등취소)

"건축법(2005.11.8. 법률 제7696호로 개정된 것)상 용도변경 신고에 대하여 행정청은 그 신고가 소정의 형식적 요건을 갖추어 적법하게 제출되었는지 여부만 심사하여 수리할 뿐 실질적인 심사를 하는 것이 아니므로 용도변경 신고내용대로 용도변경을 하였다고 하더라도 그 신고내용에 건축 관련 법규를 위반하는 내용이 포함되어 있었다면, 그 신고를 수리한 행정관청으로서는 사용승인을 거부할 수 있고, 그 사용승인을 거부함에 있어 건축허가의 취소에 있어서와 같은 조리상의 제약이 따른다고 할 수 없다."

---

2) 건축물의 설계에 관한 규정을 준용하는 경우

허가대상인 경우로서 용도변경하고자 하는 부분의 바닥면적의 합계가 500㎡ 이상인 용도변경의 설계는 건축물의 설계(법 제23조)에 관한 규정을 준용한다(법 제19조 제6항).

제4절 가설건축물

1. 가설건축물의 건축허가

(1) 가설건축물의 허가대상

도시·군계획시설 및 도시·군계획시설예정지에서 가설건축물을 건축하려는 자는 특별자치시장·특별자치도지사 또는 시장·군수·구청장의 허가를 받아야 한다.

도시·군계획시설 또는 도시·군계획시설예정지에 있어서 가설건축물의 건축을 다음

에 열거한 기준의 범위 안에서 해당 지방자치단체의 조례로 정하는 바에 따라 특별자치도
지사 또는 시장·군수·구청장의 허가를 받아야 한다(법 제20조 제1항, 영 제15조 제1항).

ⓐ 철근콘크리트조 또는 철골철근콘크리트조가 아닐 것
ⓑ 존치기간은 3년 이내일 것. 다만, 도시·군계획사업이 시행될 때까지 그 기간을 연장할 수 있다.
ⓒ 전기·수도·가스 등 새로운 간선 공급설비의 설치를 필요로 하지 아니할 것
ⓓ 공동주택·판매시설·운수시설 등으로서 분양을 목적으로 건축하는 건축물이 아닐 것

---

(2) 적용제외규정

① 가설건축물 중 시장의 공지 또는 도로에 설치하는 차양시설에 대하여는 ㉠ 건
    축선의 지정(제46조), ㉡ 건폐율(제55조) 규정을 적용하지 아니한다(영 제15조 제
    3항).

② 가설건축물을 도시·군계획예정도로 안에 건축하는 경우에는 ㉠ 도로의 폐지·변
    경(제45조), ㉡ 건축선의 지정(제46조), ㉢ 건축선에 의한 건축제한(제47조) 규정
    을 적용하지 아니한다(영 제15조 제4항).

2. 가설건축물의 건축신고

(1) 축조신고

허가를 받아 건축하는 가설건축물 외에 '재해복구·흥행·전람회·공사용 가설건축
물 등 신고하여야 하는 가설건축물을 축조하려는 자는 가설건축물축조신고서에 관계
서류를 첨부하여 특별자치도지사 또는 시장·군수·구청장에게 신고한 후 착공하여야
한다(법 제20조 제3항). 다만, 건축물의 건축허가를 신청할 때 건축물의 건축에 관한 사
항과 함께 공사용 가설건축물의 건축에 관한 사항을 제출한 경우에는 가설건축물 축조
신고서의 제출을 생략한다(영 제15조 제8항 단서).

가설건축물 건축허가신청서 또는 가설건축물 축조신고서를 제출받은 특별자치시
장·특별자치도지사 또는 시장·군수·구청장은 그 내용을 확인한 후 신청인 또는 신고인
에게 국토교통부령으로 정하는 바에 따라 가설건축물 건축허가서 또는 가설건축물 축조
신고필증을 주어야 한다(영 제15조 제9항). 이때에 신고하여야 하는 가설건축물의 존치기
간은 3년 이내로 한다(영 제15조 제7항).

(2) 가설건축물 대상(영 제15조 제5항)

① 재해가 발생한 구역 또는 그 인접구역으로서 특별자치도지사 또는 시장·군수·구청장이 지정하는 구역 안에서 일시사용을 위하여 건축하는 것

② 특별자치도지사 또는 시장·군수·구청장이 도시미관이나 교통소통에 지장이 없다고 인정하는 가설흥행장, 가설전람회장, 농·수·축산물 직거래용 가설점포 그 밖에 이와 비슷한 것

③ 공사에 필요한 규모의 범위 안의 공사용 가설건축물 및 공작물

④ 전시를 위한 견본주택 기타 이와 유사한 것

⑤ 특별자치시장·특별자치도지사 또는 시장·군수·구청장이 도로변 등의 미관정비를 위하여 지정·공고하는 구역에서 축조하는 가설점포(물건 등의 판매를 목적으로 하는 것을 말함)로서 안전·방화 및 위생에 지장이 없는 것

⑥ 조립식 구조로 된 경비용에 쓰이는 가설건축물로서 연면적이 10㎡ 이하인 것

⑦ 조립식 경량구조로 된 외벽이 없는 임시자동차차고

⑧ 컨테이너 또는 이와 비슷한 것으로 된 가설건축물로서 임시사무실·임시창고 또는 임시숙소로 사용되는 것(건축물의 옥상에 축조하는 것은 제외함. 다만, 2009년 7월 1일부터 2015년 6월 30일까지 및 2016년 7월 1일부터 2019년 6월 30일까지 공장의 옥상에 축조하는 것은 포함)

⑨ 도시지역 중 주거지역·상업지역 또는 공업지역에 설치하는 농업·어업용 비닐하우스로서 연면적이 100㎡ 이상인 것

⑩ 연면적이 100㎡ 이상인 간이축사용·가축운동용·가축의 비가림용 비닐하우스 또는 천막구조의 건축물

⑪ 농업·어업용 고정식 온실 및 간이작업장, 가축양육실

⑫ 물품저장용, 간이포장용, 간이수선작업용 등으로 쓰기 위하여 공장 또는 창고시설에 설치하거나 인접 대지에 설치하는 천막(벽 또는 지붕이 합성수지 재질로 된 것을 포함), 그 밖에 이와 비슷한 것

⑬ 유원지, 종합휴양업 사업지역 등에서 한시적인 관광· 문화행사 등을 목적으로 천막 또는 경량구조로 설치하는 것

⑭ 야외전시시설 및 촬영시설

⑮ 야외흡연실 용도로 쓰는 가설건축물로서 연면적이 50㎡ 이하인 것

⑯ 그 밖에 ①~⑭까지의 규정에 해당하는 것과 비슷한 것으로서 건축조례로 정하는 건축물

(3) 존치기간의 연장

특별자치도지사 또는 시장·군수·구청장은 존치기간 만료일 30일 전까지 해당 가설건축물의 건축주에게 존치기간 만료일과 존치기간 연장 가능 여부 및 존치기간이 연장될 수 있다는 사실을 알려야 하고(영 제15조의2 제1항), 존치기간을 연장하려는 건축주는 다음의 구분에 따라 특별자치도지사 또는 시장·군수·구청장에게 허가를 신청하거나 신고하여야 한다(영 제15조의2 제2항).

> ① 허가대상 가설건축물 : 존치기간 만료일 14일 전까지 허가 신청
> ② 신고대상 가설건축물 : 존치기간 만료일 7일 전까지 신고

(4) 가설건축물 대장

특별자치시장·특별자치도지사 또는 시장·군수·구청장은 가설건축물의 건축을 허가하거나 축조신고를 받은 경우 국토교통부령으로 정하는 바에 따라 가설건축물대장에 이를 기재하여 관리하여야 한다(법 제20조 제6항).

제 5 절 건축위원회

국토교통부장관, 시·도지사 및 시장·군수·구청장은 다음의 사항을 조사·심의·조정 또는 재정("심의 등")하기 위하여 각각 건축위원회를 두어야 한다(법 제4조 제1항).

> **대판 2007.10.11, 2007두1316(건축허가신청불허가처분취소)**
> "구 건축법(2007.1.3. 법률 제8219호로 개정되기 전의 것) 제4조 제1항이 건축위원회를 반드시 설치하여야 한다고 규정하고 있는 취지는 건축허가행정의 공정성·전문성을 도모하려는 데 있는 것으로 보이므로, 건축계획심의신청을 받은 행정청으로서는 해당 건축물에 대한 건축허가가 불가능함이 객관적으로 명백하지 아니한 이상 건축위원회의 심의에 회부하여야 하고 ….".

① 이 법과 조례의 제정·개정 및 시행에 관한 중요 사항
② 건축물의 건축등과 관련된 분쟁의 조정 또는 재정에 관한 사항. 다만, 시·도지사 및 시장·군수·구청장이 두는 건축위원회는 제외한다.
③ 건축물의 건축등과 관련된 민원에 관한 사항. 다만, 국토교통부장관이 두는 건축위원회는 제외한다.
④ 건축물의 건축 또는 대수선에 관한 사항
⑤ 다른 법령에서 건축위원회의 심의를 받도록 규정한 사항

1. 중앙건축위원회(영 제5조)

1) 설치장소	국토교통부
2) 조 직	위원장 및 부위원장 각 1명을 포함하여 70명 이내의 위원으로 구성
3) 위원장	임명 또는 위촉된 위원 중에서 국토교통부장관이 임명, 위촉
4) 위 원	임기는 2년으로 한 차례 연임 가능(공무원 제외)
5) 심의사항	① 법 제23조 제4항에 따른 표준설계도서의 인정에 관한 사항
	② 건축물의 건축·대수선·용도변경, 건축설비의 설치 또는 공작물의 축조(건축물의 건축등)와 관련된 분쟁의 조정 또는 재정에 관한 사항
	③ 법과 이 영의 제정·개정 및 시행에 관한 중요 사항
	④ 다른 법령에서 중앙건축위원회의 심의를 받도록 한 경우 해당 법령에서 규정한 심의사항
	⑤ 그 밖에 국토교통부장관이 중앙건축위원회의 심의가 필요하다고 인정하여 회의에 부치는 사항

2. 지방건축위원회(영 제5조의5)

1) 설치장소	특별시·광역시·특별자치시·도·특별자치도(시·도) 및 시·군·구(자치구)
2) 조직·위원장·위원	① 위원의 임명·위촉·제척·기피·회피·해촉·임기 등에 관한 사항, 회의 및 소위원회의 구성·운영 및 심의등에 관한 사항, 위원의 수당 및 여비 등에 관한 사항은 해당 지방자치단체의 건축조례로 정함 ② 위원장 및 부위원장 각 1명을 포함하여 25명 이상 150명 이하의 위원으로 성별을 고려하여 구성함 ③ 공무원이 아닌 위원의 임기는 3년 이내로 하되, 필요한 경우에는 연임할 수 있음
3) 심의사항	① 법 제46조 제2항에 따른 건축선(建築線)의 지정에 관한 사항
	② 법 또는 이 영에 따른 조례(해당 지방자치단체의 장이 발의하는 조례만 해당한다)의 제정·개정 및 시행에 관한 중요 사항
	③ 다중이용 건축물 및 특수구조 건축물의 구조안전에 관한 사항
	④ 다른 법령에서 지방건축위원회의 심의를 받도록 한 경우 해당 법령에서 규정한 심의사항
	⑤ 특별시장·광역시장·특별자치시장·도지사 또는 특별자치도지사(시·도지사) 및 시장·군수·구청장이 도시 및 건축 환경의 체계적인 관리를 위하여 필요하다고 인정하여 지정·공고한 지역에서 건축조례로 정하는 건축물의 건축등

	에 관한 것으로서 시·도지사 및 시장·군수·구청장이 지방건축위원회의 심의가 필요하다고 인정한 사항. 이 경우 심의 사항은 시·도지사 및 시장·군수·구청장이 건축 계획, 구조 및 설비 등에 대해 심의 기준을 정하여 공고한 사항으로 한정한다.
4) 심의에 관한 기준	① 「국토의 계획 및 이용에 관한 법률」 제30조 제3항 단서에 따라 건축위원회와 도시계획위원회가 공동으로 심의한 사항에 대해서는 심의를 생략할 것
	② 제1항 제4호에 관한 사항은 법 제21조에 따른 착공신고 전에 심의할 것. 다만, 법 제13조의2에 따라 안전영향평가 결과가 확정된 경우는 제외한다.
	③ 지방건축위원회의 위원장은 회의 개최 10일 전까지 회의 안건과 심의에 참여할 위원을 확정하고, 회의 개최 7일 전까지 회의에 부치는 안건을 각 위원에게 알릴 것. 다만, 대외적으로 기밀 유지가 필요한 사항이나 그 밖에 부득이한 사유가 있는 경우에는 그러하지 아니하다.
	④ 지방건축위원회의 위원장은 다목에 따라 심의에 참여할 위원을 확정하면 심의등을 신청한 자에게 위원 명단을 알릴 것
	⑤ 지방건축위원회의 회의는 구성위원(위원장과 위원장이 다목에 따라 회의 참여를 확정한 위원을 말한다) 과반수의 출석으로 개의(開議)하고, 출석위원 과반수 찬성으로 심의등을 의결하며, 심의등을 신청한 자에게 심의등의 결과를 알릴 것
	⑥ 지방건축위원회의 위원장은 업무 수행을 위하여 필요하다고 인정하는 경우에는 관계 전문가를 지방건축위원회의 회의에 출석하게 하여 발언하게 하거나 관계 기관·단체에 자료를 요구할 것
	⑦ 건축주·설계자 및 심의등을 신청한 자가 희망하는 경우에는 회의에 참여하여 해당 안건 등에 대하여 설명할 수 있도록 할 것
	⑧ 제1항 제4호, 제7호 및 제8호에 따른 사항을 심의하는 경우 심의등을 신청한 자에게 지방건축위원회에 간략설계도서(배치도·평면도·입면도·주단면도 및 국토교통부장관이 정하여 고시하는 도서로 한정하며, 전자문서로 된 도서를 포함한다)를 제출하도록 할 것
	⑨ 건축구조 분야 등 전문분야에 대해서는 분야별 해당 전문위원회에서 심의하도록 할 것(제5조의6 제1항에 따라 분야별 전문위원회를 구성한 경우만 해당한다)
	⑩ 지방건축위원회 심의 절차 및 방법 등에 관하여 국토교통부장관이 정하여 고시하는 기준에 따를 것

제 3 장

건축물의 유지 및 관리 등

1. 건축지도원

(1) 건축지도원의 지정

특별자치도지사 또는 시장·군수·구청장은 「건축법」 또는 이 법의 규정에 의한 명령이나 처분에 위반하는 건축물의 발생을 예방하고 건축물의 적법하게 유지·관리를 지도하기 위하여 "특별자치시장·특별자치도지사 또는 시장·군수·구청장이 특별자치시·특별자치도 또는 시·군·구에 근무하는 건축직렬의 공무원과 건축에 관한 학식이 풍부한 자로서 건축조례로 정하는 자격을 갖춘 자(영 제24조 제1항)" 중 건축지도원을 지정할 수 있다(법 제37조 제1항).

(2) 업무의 범위(영 제24조 제2항)

① 건축신고를 하고 건축 중에 있는 건축물의 시공 지도와 위법 시공 여부의 확인·지도 및 단속
② 건축물의 대지, 높이 및 형태, 구조 안전 및 화재 안전, 건축설비 등이 법령등에 적합하게 유지·관리되고 있는지의 확인·지도 및 단속
③ 허가를 받지 아니하거나 신고를 하지 아니하고 건축하거나 용도변경한 건축물의 단속

(3) 증표의 제시 등

건축지도원은 (2)의 업무를 수행할 때에는 권한을 나타내는 증표를 지니고 관계인에게 내보여야 하며(영 제24조 제3항), 건축지도원의 지정 절차, 보수 기준 등에 관하여 필요한 사항은 건축조례로 정한다(영 제24조 제4항).

2. 건축물대장 등

(1) 건축물대장의 기재 및 보관

특별자치도지사 또는 시장·군수·구청장은 건축물의 소유·이용 및 유지·관리 상태를 확인하거나 건축정책의 기초 자료로 활용하기 위하여 다음의 어느 하나에 해당하면 건축물대장에 건축물과 그 대지의 현황을 적어서 보관하여야 한다(법 제38조 제1항, 영 제25조).

① 사용승인서를 내준 경우

② 건축허가대상 건축물(신고 대상 건축물을 포함) 외의 건축물의 공사를 끝낸 후 기재를 요청한 경우

③ 그 밖에 대통령령(영 제25조)으로 정하는 경우

---

1. 「집합건물의 소유 및 관리에 관한 법률」제56조 및 제57조에 따른 건축물대장의 신규등록 및 변경등록의 신청이 있는 경우
2. 법 시행일 전에 법령등에 적합하게 건축되고 유지·관리된 건축물의 소유자가 그 건축물의 건축물관리대장이나 그 밖에 이와 비슷한 공부(公簿)를 법 제38조에 따른 건축물대장에 옮겨 적을 것을 신청한 경우
3. 그 밖에 기재내용의 변경 등이 필요한 경우로서 국토교통부령(규칙 제3조)으로 정하는 경우
   ① 건축물의 증축·개축·재축·이전·대수선 및 용도변경에 의하여 건축물의 표시에 관한 사항이 변경된 경우
   ② 건축물의 소유권에 관한 사항이 변경된 경우
   ③ 법 및 관계 법령에 따른 조사·점검 등에 따른 건축물의 현황과 건축물대장의 기재내용이 일치하지 않는 경우

---

(2) 등기촉탁

특별자치도지사 또는 시장·군수·구청장은 다음의 어느 하나에 해당하는 사유로 건축물대장의 기재 내용이 변경되는 경우(아래 ②의 경우 신규 등록은 제외한다) 관할 등기소에 그 등기를 촉탁할 수 있다. 이 경우 ①과 ④의 등기촉탁은 지방자치단체가 자기를 위하여 하는 등기로 본다(법 제39조 제1항).

① 지번이나 행정구역의 명칭이 변경된 경우
② 사용승인을 받은 건축물로서 사용승인 내용 중 건축물의 면적·구조·용도 및 층수가 변경된 경우
③ 건축물을 해체한 경우
④ 건축물의 멸실 후 멸실신고를 한 경우

(3) 공작물 대장

① 공작물을 축조하려는 자는 공작물 축조신고서와 국토교통부령으로 정하는 설
계도서를 특별자치시장·특별자치도지사 또는 시장·군수·구청장에게 제출(전
자문서에 의한 제출을 포함한다)하여야 한다(영 제118조 제2항).

1. 높이 6m를 넘는 굴뚝
2. 높이 4m를 넘는 장식탑, 기념탑, 첨탑, 광고탑, 광고판, 그 밖에 이와 비슷한 것
3. 높이 8m를 넘는 고가수조나 그 밖에 이와 비슷한 것
4. 높이 2m를 넘는 옹벽 또는 담장
5. 바닥면적 30㎡를 넘는 지하대피호
6. 높이 6m를 넘는 골프연습장 등의 운동시설을 위한 철탑, 주거지역·상업지역에 설치하는 통신
   용 철탑, 그 밖에 이와 비슷한 것
7. 높이 8m(위험을 방지하기 위한 난간의 높이는 제외한다) 이하의 기계식 주차장 및 철골 조립식
   주차장(바닥면이 조립식이 아닌 것을 포함한다)으로서 외벽이 없는 것
8. 건축조례로 정하는 제조시설, 저장시설(시멘트사일로를 포함한다), 유희시설, 그 밖에 이와 비슷
   한 것
9. 건축물의 구조에 심대한 영향을 줄 수 있는 중량물로서 건축조례로 정하는 것
10. 높이 5m를 넘는 「신에너지 및 재생에너지 개발·이용·보급 촉진법」 제2조 제2호 가목에 따른
    태양에너지를 이용하는 발전설비와 그 밖에 이와 비슷한 것

② 특별자치시장·특별자치도지사 또는 시장·군수·구청장은 공작물 축조신고를
받았으면 국토교통부령으로 정하는 바에 따라 공작물 관리대장에 그 내용을 작
성하고 관리하여야 한다(영 제118조 제5항).

제 4 장

건축물의 대지 및 도로

제 1 절 대 지

1. 대지의 안전

(1) 대지는 인접한 도로면보다 낮아서는 아니 된다. 다만, 대지의 배수에 지장이 없거나 건축물의 용도상 방습의 필요가 없는 경우에는 인접한 도로면보다 낮아도 된다(법 제40조 제1항).

(2) 습지·매립지

습한 토지, 물이 나올 우려가 많은 토지, 쓰레기, 그 밖에 이와 유사한 것으로 매립된 토지에 건축물을 건축하는 경우에는 성토, 지반 개량 등 필요한 조치를 하여야 한다(법 제40조 제2항).

(3) 배수시설의 설치

대지에는 빗물과 오수를 배출하거나 처리하기 위하여 필요한 하수관, 하수구, 저수탱크, 그 밖에 이와 유사한 시설을 하여야 한다(법 제40조 제3항).

(4) 옹벽의 설치

손궤(무너져 내림)의 우려가 있는 토지에 대지를 조성하려면 국토교통부령으로 정하는 바에 따라 옹벽을 설치하거나 그 밖에 필요한 조치를 하여야 한다(법 제40조 제4항, 규칙 제25조).

1. 성토 또는 절토하는 부분의 경사도가 1:1.5 이상으로서 높이가 1m 이상인 부분에는 옹벽을 설치할 것
2. 옹벽의 높이가 2m 이상인 경우에는 이를 콘크리트구조로 할 것. 다만, [별표 6]의 옹벽에 관한

278 부동산공법론

기술적 기준에 적합한 경우에는 그러하지 아니하다.

3. 옹벽의 외벽면에는 이의 지지 또는 배수를 위한 시설외의 구조물이 밖으로 튀어 나오지 아니하게 할 것

4. 옹벽의 윗가장자리로부터 안쪽으로 2m 이내에 묻는 배수관은 주철관, 강관 또는 흡관으로 하고, 이음부분은 물이 새지 아니하도록 할 것

5. 옹벽에는 3㎡마다 하나 이상의 배수구멍을 설치하여야 하고, 옹벽의 윗가장자리로부터 안쪽으로 2m 이내에서의 지표수는 지상으로 또는 배수관으로 배수하여 옹벽의 구조상 지장이 없도록 할 것

6. 성토부분의 높이는 법 제40조에 따른 대지의 안전 등에 지장이 없는 한 인접대지의 지표면보다 0.5m 이상 높게 하지 아니할 것. 다만, 절토에 의하여 조성된 대지 등 허가권자가 지형조건상 부득이하다고 인정하는 경우에는 그러하지 아니하다.

2. 토지의 굴착부분에 대한 조치

(1) 공사시공자의 조치의무

공사시공자는 대지를 조성하거나 건축공사를 하기 위하여 토지를 굴착하는 경우 그 굴착부분에는 국토교통부령으로 정하는 바에 따라 위험 발생의 방지, 환경 보존, 그 밖에 필요한 조치를 한 후 해당 공사현장에 그 사실을 게시하여야 한다(법 제41조 제1항).

(2) 의무이행의 명령

허가권자는 위반한 자에게 의무이행에 필요한 조치를 명할 수 있다(법 제41조 제1항).

3. 대지 안의 조경

(1) 원칙

면적 200㎡ 이상인 대지에 건축을 하는 건축주는 용도지역 및 건축물의 규모에 따라 해당 지방자치단체의 조례로 정하는 기준에 따라 대지에 조경이나 그 밖에 필요한 조치를 하여야 한다(법 제42조 전단, 영 제27조).

(2) 예외

다음에 해당하는 건축물의 경우에는 그러하지 아니하며 옥상조경 등 대통령령으

로 따로 기준을 정하는 경우에는 그 기준에 의한다(영 제27조 제1항).

1) 조경을 필요로 하지 아니하는 건축물

> 1) 녹지지역에 건축하는 건축물
> 2) 다음의 공장
>   ㉠ 면적 5,000㎡ 미만인 대지에 건축하는 공장
>   ㉡ 연면적의 합계가 1,500㎡ 미만인 공장
>   ㉢ 「산업집적활성화 및 공장설립에 관한 법률」에 의한 산업단지 안의 공장
> 3) 대지에 염분이 함유되어 있는 경우 또는 건축물의 용도의 특성상 조경 등의 조치를 하기가 곤란
>   하거나 조경 등의 조치를 하는 것이 불합리한 경우로서 건축조례가 정하는 건축물
> 4) 축사
> 5) 허가대상(법 제20조 제1항) 가설건축물
> 6) 연면적의 합계가 1,500㎡ 미만인 물류시설(주거지역 또는 상업지역에 건축하는 것을 제외함)
>   로서 국토교통부령이 정하는 것(즉, 「화물유통촉진법」의 규정에 의한 물류시설임)
> 7) 자연환경보전지역·농림지역·관리지역(지구단위계획구역으로 지정된 지역을 제외)안의 건축물
> 8) 다음의 어느 하나에 해당하는 건축물 중 건축조례로 정하는 건축물
>   ㉠ 관광지 또는 관광단지에 설치하는 관광시설
>   ㉡ 전문휴양업의 시설 또는 종합휴양업의 시설
>   ㉢ 관광·휴양형 지구단위계획구역에 설치하는 관광시설
>   ㉣ 골프장

2) 옥상조경(영 제27조 제3항)

건축물의 옥상에 국토교통부장관이 고시하는 기준에 따라 조경이나 그 밖에 필요한 조치를 하는 경우에는 옥상부분 조경면적의 2/3에 해당하는 면적을 대지의 조경면적으로 산정할 수 있다. 이 경우 조경면적으로 산정하는 면적의 조경면적의 50/100을 초과할 수 없다.

제 2 절 공개공지

1. 공개공지의 설치

다음의 어느 하나에 해당하는 지역의 환경을 쾌적하게 조성하기 위하여 대통령령으로 정하는 용도와 규모의 건축물은 일반이 사용할 수 있도록 대통령령으로 정하는

기준에 따라 소규모 휴식시설 등의 공개 공지(空地: 공터) 또는 공개 공간(이하 "공개공지 등"이라 한다)을 설치하여야 한다(법 제43조 제1항, 영 제27조의2 제1항).

대상지역	대상건축물
① 일반주거지역, 준주거지역 ② 상업지역 ③ 준공업지역 ④ 특별자치시장·특별자치도지사 또는 시장·군수·구청장이 도시화의 가능성이 크거나 노후 산업단지의 정비가 필요하다고 인정하여 지정·공고하는 지역	1) 아래 용도로 이용되는 바닥면적의 합계가 5,000㎡ 이상인 건축물 　① 문화 및 집회시설 　② 종교시설 　③ 판매시설(농수산물유통시설 제외) 　④ 업무시설 　⑤ 숙박시설 　⑥ 운수시설(여객용 시설만 해당)
	2) 그 밖에 다중이 이용하는 시설로서 건축 조례로 정하는 건축물

2. 공개공지 등의 설치기준

(1) 확보면적

공개공지등의 면적은 대지면적의 10/100 이하의 범위에서 건축조례로 정한다. 이 경우 법 제42조에 따른 조경면적과 「매장문화재 보호 및 조사에 관한 법률」 제14조 제1항 제1호에 따른 매장문화재의 현지보존 조치 면적을 공개공지등의 면적으로 할 수 있다(영 제27조의2 제2항).

(2) 설치시설

공개공지 등을 확보할 때에는 공중이 이용할 수 있도록 다음의 사항을 준수하여야 한다. 이 경우 공개공지는 필로티의 구조로 설치할 수 있다(영 제27조의2 제1항 후단).

① 공개공지등의 일정 공간을 점유하여 영업을 하지 말 것
② 공개공지등에 제3항에 따른 시설(긴 의자, 조경시설 등) 외의 시설물을 설치하는 행위 또는 공개공지등에 물건을 쌓아 놓는 행위를 하지 말 것
③ 울타리나 담장 등의 시설을 설치하거나 출입구를 폐쇄하는 등 공개공지등의 출입을 차단하지 말 것

④ 공개공지등과 그에 설치된 편의시설을 훼손하지 말 것
⑤ 모든 사람들이 환경친화적으로 편리하게 이용할 수 있도록 긴 의자 또는 조경
  시설 등 건축조례로 정하는 시설을 설치할 것

3. 건축기준의 완화

건축물(공개공지 대상 건축물과 대상이 아닌 건축물이 하나의 건축물로 복합된 경우를 포
함한다)에 공개공지 또는 공개공간을 설치하는 경우로서 법정된 사항을 완화하여 적용
하려는 경우에는 다음의 범위에서 건축조례가 정하는 바에 따른다(법 제43조 제2항, 영
제27조의2 제4항).

① 용적률	해당 지역에 적용하는 용적률의 1.2배 이하
② 건축물의 높이제한	해당 건축물에 적용하는 높이기준의 1.2배 이하

4. 완화규정의 적용확장

바닥면적 5,000㎡ 이상인 건축물로서 공개공지 또는 공개공간의 설치대상이 아닌
건축물(「주택법」에 따른 사업계획승인 대상인 공동주택은 제외)의 대지에 적합한 공개공지
를 설치하는 경우에는 완화규정을 적용한다(영 제27조의2 제5항).

5. 공개공지 등의 이용

공개공지 등에는 연간 60일 이내의 기간 동안 건축조례로 정하는 바에 따라 주민
들을 위한 문화행사를 열거나 판촉활동을 할 수 있다. 다만, 울타리를 설치하는 등 공중
이 해당 공개공지 등을 이용하는 데 지장을 주는 행위를 해서는 아니 된다(영 제27조의2
제6항).

제 3 절 도 로

1. 개 념

'도로'란 보행과 자동차 통행이 가능한 너비 4m 이상의 도로(지형적으로 자동차 통행이 불가능한 경우와 막다른 도로의 경우에는 대통령령으로 정하는 구조와 너비의 도로)로서 다음의 어느 하나에 해당하는 도로나 그 예정도로를 말한다(법 제2조 제1항 제11호).

① 「국토의 계획 및 이용에 관한 법률」, 「도로법」, 「사도법」, 그 밖의 관계 법령에 의하여 신설·변경에 관한 고시가 된 도로

② 건축허가 또는 신고 시에 특별시장·광역시장·도지사·특별자치도지사(이하 "시·도지사"라 한다) 또는 시장·군수·구청장(자치구의 구청장을 말한다)이 위치를 지정하여 공고한 도로

2. 도로의 소요폭

(1) 원칙적 도로

원칙적으로 너비 4m 이상의 도로를 말한다.

(2) 차량통행이 불가능한 도로

지형적 조건으로 차량통행을 위한 도로의 설치가 곤란하다고 인정하여 시장·군수·구청장이 지정·공고하는 구간 안의 경우 너비 3m 이상(길이 10m 미만인 막다른 도로인 경우에는 2m 이상)인 도로이어야 한다(영 제3조의3 제1호).

(3) 막다른 도로

막다른 도로의 경우에는 해당 도로의 너비가 그 길이에 따라 각각 다음 표에 정하는 기준 이상인 도로이어야 한다(영 제3조의3 제2호).

막다른 도로의 길이	도로의 너비
10m 미만	2m 이상
10m 이상 35m 미만	3m 이상
35m 이상	6m 이상(도시지역이 아닌 읍·면에서는 4m 이상)

3. 도로의 지정·폐지 또는 변경

(1) 도로의 지정

허가권자는 도로의 위치를 지정·공고하려면 국토교통부령으로 정하는 바에 따라 그 도로에 대한 이해관계인의 동의를 받아야 한다. 다만, 다음의 어느 하나에 해당하면 이해관계인의 동의를 받지 아니하고 건축위원회의 심의를 거쳐 도로를 지정할 수 있다 (법 제45조 제1항).

---

1. 허가권자가 이해관계인이 해외에 거주하는 등의 사유로 이해관계인의 동의를 받기가 곤란하다고 인정하는 경우
2. 주민이 오랫동안 통행로로 이용하고 있는 사실상의 통로로서 해당 지방자치단체의 조례로 정하는 것인 경우

---

(2) 도로의 폐지·변경

허가권자는 지정한 도로를 폐지하거나 변경하려면 그 도로에 대한 이해관계인의 동의를 반드시 받아야 한다. 그 도로에 편입된 토지의 소유자, 건축주 등이 허가권자에 지정된 도로의 폐지나 변경을 신청하는 경우에도 또한 같다(법 제45조 제2항).

(3) 도로관리대장

허가권자는 도로를 지정하거나 변경하면 국토교통부령으로 정하는 바에 따라 도로관리대장에 이를 적어서 보관하여야 한다(법 제45조 제3항).

4. 대지와 도로의 관계

(1) 원칙

건축물의 대지는 2m 이상을 도로(자동차전용도로는 제외)에 접하여야 한다(법 제44조 제1항).

대판 2014.3.27, 2011다107184(소유권이전등기)

"택지를 조성한 후 분할하여 분양하는 사업을 하는 경우에, 그 택지를 맹지로 분양하기로 약정하였다는 등의 특별한 사정이 없다면, 분양계약에 명시적인 약정이 없더라도 분양사업자로서는 수분양 택지에서의 주택 건축 및 수분양자의 통행이 가능하도록 조성·분양된 택지들의 현황에 적합하게 인접부지에 건축법 등 관계 법령의 기준에 맞는 도로를 개설하여 제공하고 수분양자에 대하여 도로를 이용할 수 있는 권한을 부여하는 것을 전제로 하여 분양계약이 이루어졌다고 추정하는 것이 거래상 관념에 부합되고 분양계약 당사자의 의사에도 합치된다."

---

(2) 예외

다음에 해당하는 경우에는 2m 이상을 도로에 접하지 아니하여도 된다(법 제44조 제1항 단서, 영 제28조 제1항).

---

① 해당 건축물의 출입에 지장이 없다고 인정되는 경우
② 건축물의 주변에 대통령령이 정하는 공지(광장·공원·유원지 기타 관계 법령에 의하여 건축이 금지되고 공중의 통행에 지장이 없는 공지로서 허가권자가 인정한 것)가 있는 경우
③ 「농지법」 제2조 제1호 나목에 따른 농막을 건축하는 경우

---

(3) 기준의 강화

연면적의 합계가 2,000㎡(공장은 3,000㎡) 이상인 건축물(축사, 작물 재배사, 그 밖에 이와 비슷한 건축물로서 건축조례로 정하는 규모의 건축물은 제외)의 대지는 너비 6m 이상의 도로에 4m 이상 접하여야 한다(영 제28조 제2항).

제 4 절 건축선

1. 건축선의 의의

'건축선'이란 대지와 도로의 경계선으로 인접대지경계선과 함께 대지의 범위를 결정하는 한계선으로서, 이러한 건축선의 지정목적은 ① 도시의 미관과 ② 기존도로의 확장을 예비하는 목적이 있다.

2. 건축선의 지정

(1) 원칙

도로와 접한 부분에 건축물을 건축할 수 있는 선(건축선)은 대지와 도로의 경계선으로 한다(법 제46조 제1항 전단).

(2) 예외

1) 소요너비에 미달되는 경우
대지가 소요너비에 못 미치는 너비의 도로인 경우 다음에 정하는 바에 의한다.

1. 원 칙	그 도로의 중심선으로부터 소요너비의 1/2의 수평거리만큼 물러난 선을 건축선으로 한다.
2. 예외(그 도로의 반대쪽에 경사지, 하천, 철도, 선로부지, 그 밖에 이와 유사한 것이 있는 경우에)	그 경사지 등이 있는 쪽의 도로경계선에서 소요 너비에 해당하는 수평거리의 선을 건축선으로 한다.

대판 2000.7.6, 98두8292(주택건설사업계획승인처분취소)

"구 건축법(1999.2.8. 법률 제5895호로 개정되기 전의 것) 제51조, 같은법시행령(1999.4.30. 대통령령 제16284호로 개정되기 전의 것) 제82조, 제84조의 각 규정에 의하면, 건축물의 각 부분의 높이는 그 부분으로부터 전면도로의 반대쪽 경계선까지의 수평거리를 기준으로 하여 제한하되, 반대측에 하천 등 건축이 금지된 공지가 있는 도로를 전면도로로 하는 대지 안의 건축물의 경우에는 건축이 금지된 공지의 반대쪽 경계선을 전면도로의 반대쪽의 경계선으로 보고, 너비 4m 이상의 통과도로에 둘러싸인 구역 안의 대지에 건축하는 건축물에 대하여 도로에 의한 높이제한을 적용하는 경우에는 그 도로에 둘러싸인 구역에 접한 모든 도로를 당해 건축물의 전면도로로 보므로, 같은법시행령 제82조 제1항, 서울특별시 건축조례(1996.8.10. 조례 제3320호로 전문 개정된 것) 제58조 제1항에 규정된, 2 이상의 전면도로에 접하는 대지 안의 건축물의 높이제한의 기준으로서 당해 도로에 대한 전면도로의 너비로 적용할 가장 넓은 도로의 너비는, 도로의 너비에 위와 같이 건축이 금지된 공지의 반대쪽 경계선까지의 거리를 포함한 가장 넓은 너비를 가리키는 것이고, 이 너비는 가장 넓은 도로측의 대지경계선으로부터 35m 이하인 부분에 대하여 뿐만 아니라 위 부분에 해당하지 아니하는 부분에 있어서 당해 전면도로의 중심선으로부터 10m 이하인 부분을 제외한 부분에 대하여도 높이제한을 적용하는 기준이 된다."

2) 도로 모퉁이에서의 건축선

교차각 120° 미만, 너비 4m 이상 8m 미만인 도로의 모퉁이에 위치한 대지의 도로 모퉁이 부분의 건축선은 그 대지에 접한 도로 경계선의 교차점으로부터 도로 경계선에 따라 다음의 표에 의한 거리를 각각 후퇴한 두 점을 연결한 선으로 한다(영 제31조 제1항).

도로의 교차각	해당 도로의 너비 (단 : 미터)		교차되는 도로의 너비
	6 이상 8 미만	4 이상 6 미만	
90° 미만	4	3	6 이상 8 미만
	3	2	4 이상 6 미만
90° 이상 120° 미만	3	2	6 이상 8 미만
	2	2	4 이상 6 미만

3) 별도의 건축선 지정

① 특별자치도지사 또는 시장·군수·구청장은 시가지 안에 있어서의 건축물의 위치나 환경을 정비하기 위하여 필요하다고 인정하면 「국토의 계획 및 이용에 관한 법률」규정에 의한 도시지역에는 4m 이하의 범위에서 건축선을 따로 지정할 수 있다(법 제46조 제2항, 영 제31조 제2항).

대판 2001.2.9, 98다52988(손해배상)

"건폐율에 관한 법령의 규정은 당해 토지와 인근 토지의 이용관계를 조절하며, 토지의 규모나 도로사정 등을 고려하여 토지의 적정한 이용을 확보하기 위한 것이고, 도시계획시설에 해당하는 건축물이 설치되는 일단의 토지는 여러 필지의 토지라도 하나의 대지로 보도록 되어 있으므로 건축허가의 대상이 된 도시계획시설이 설치될 일단의 토지 중 아직 소유권이나 사용권을 취득하지 못한 토지가 있다고 하더라도 이를 포함하여 건폐율을 산정하여야 할 것이다."

② 특별자치도지사 또는 시장·군수·구청장은 별도의 건축선을 지정하려면 미리 그 내용을 해당 지방자치단체의 공보, 일간신문 또는 인터넷 홈페이지 등에 30일 이상 공고하여야 하며, 공고한 내용에 대하여 의견이 있는 자는 공고기간에 특별자치도지사 또는 시장·군수·구청장에게 의견을 제출(전자문서에 의한 제출을 포함한다)할 수 있다(영 제31조 제3항).

3. 건축선에 따른 건축제한

① 건축물과 담장은 건축선의 수직면을 넘어서는 아니 된다. 다만, 지표아래 부분은 그러하지 아니하다(법 제47조 제1항).

② 도로면으로부터 높이 4.5m 이하에 있는 출입구, 창문, 그 밖에 이와 유사한 구조물은 열고 닫을 때 건축선의 수직면을 넘지 아니하는 구조로 하여야 한다(법 제47조 제2항).

제 5 장

건축물의 구조 및 재료

제1절 건축물의 피난시설 및 용도제한

1. 건축물의 구조 및 내진등급의 설정 등

(1) 구조내력

건축물은 고정하중, 적재하중(積載荷重), 적설하중(積雪荷重), 풍압(風壓), 지진, 그 밖의 진동 및 충격 등에 대하여 안전한 구조를 가져야 하며(법 제48조 제1항), 이 법 제11조 제1항에 따른 건축물을 건축하거나 대수선하는 경우에는 대통령령(영 제32조)으로 정하는 바에 따라 구조의 안전을 확인하여야 한다(법 제48조 제2항). 이에 따른 구조 안전 확인 대상 건축물에 대하여 지방자치단체의 장은 허가 등을 하는 경우 내진(耐震)성능 확보 여부를 확인하여야 한다(법 제48조 제3항).

또한 구조 안전을 확인한 건축물 중 다음의 박스 안의 각 호의 어느 하나에 해당하는 건축물의 건축주는 해당 건축물의 설계자로부터 구조 안전의 확인 서류를 받아 법 제21조에 따른 착공신고를 하는 때에 그 확인 서류를 허가권자에게 제출하여야 한다(영 제32조 제2항).

1. 층수가 2층[주요구조부인 기둥과 보를 설치하는 건축물로서 그 기둥과 보가 목재인 목구조 건축물(이하 "목구조 건축물"이라 한다)의 경우에는 3층] 이상인 건축물
2. 연면적이 200㎡(목구조 건축물의 경우에는 500㎡) 이상인 건축물. 다만, 창고, 축사, 작물 재배사 및 표준설계도서에 따라 건축하는 건축물은 제외한다.
3. 높이가 13m 이상인 건축물
4. 처마높이가 9m 이상인 건축물
5. 기둥과 기둥 사이의 거리가 10m 이상인 건축물
6. 건축물의 용도 및 규모를 고려한 중요도가 높은 건축물로서 국토교통부령으로 정하는 건축물
7. 국가적 문화유산으로 보존할 가치가 있는 건축물로서 국토교통부령으로 정하는 것
8. 제2조 제18호 가목 및 다목의 건축물
9. [별표 1] 제1호의 단독주택 및 같은 표 제2호의 공동주택

(2) 건축물 내진등급의 설정

국토교통부장관은 지진으로부터 건축물의 구조 안전을 확보하기 위하여 건축물의 용도, 규모 및 설계구조의 중요도에 따라 내진등급을 설정하여야 하며(법 제48조의2 제1항), 내진등급을 설정하기 위한 내진등급기준 등 필요한 사항은 국토교통부령으로 정한다(법 제48조의2 제2항).

(3) 건축물의 내진능력 공개

다음 박스안의 각 호의 어느 하나에 해당하는 건축물을 건축하고자 하는 자는 제22조에 따른 사용승인을 받는 즉시 건축물이 지진 발생 시에 견딜 수 있는 능력(내진능력)을 공개하여야 한다(법 제48조의3 제1항).

1. 층수가 2층[주요구조부인 기둥과 보를 설치하는 건축물로서 그 기둥과 보가 목재인 목구조 건축물(이하 "목구조 건축물"이라 한다)의 경우에는 3층] 이상인 건축물
2. 연면적이 200㎡(목구조 건축물의 경우에는 500㎡) 이상인 건축물
3. 그 밖에 건축물의 규모와 중요도를 고려하여 대통령령으로 정하는 건축물
   ※ 여기서 "대통령령으로 정하는 건축물"이란 다음의 어느 하나에 해당하는 건축물을 말한다(영 제32조의2 제2항).
   가. 높이가 13m 이상인 건축물
   나. 처마높이가 9m 이상인 건축물
   다. 기둥과 기둥 사이의 거리가 10m 이상인 건축물
   라. 건축물의 용도 및 규모를 고려한 중요도가 높은 건축물로서 국토교통부령으로 정하는 건축물
   마. 국가적 문화유산으로 보존할 가치가 있는 건축물로서 국토교통부령으로 정하는 것
   바. 제2조 제18호 가목 및 다목의 건축물
   사. [별표 1] 제1호의 단독주택 및 같은 표 제2호의 공동주택

다만, 제48조 제2항에 따른 구조안전 확인 대상 건축물이 아니거나 내진능력 산정이 곤란한 건축물로서 대통령령(영 제32조의2 제1항)으로 정하는 건축물은 공개하지 아니한다(법 제48조의3 제1항 단서).

2. 건축물의 피난시설 및 용도제한 등

대통령령으로 정하는 용도 및 규모의 건축물과 그 대지에는 국토교통부령으로 정하는 바에 따라 복도, 계단, 출입구, 그 밖의 피난시설과 소화전, 저수조, 그 밖의 소화

설비 및 대지 안의 피난과 소화에 필요한 통로를 설치하여야 한다(법 제49조 제1항).

이때에 건축물의 안전·위생 및 방화(防火) 등을 위하여 필요한 용도 및 구조의 제한, 방화구획(防火區劃), 화장실의 구조, 계단·출입구, 거실의 반자 높이, 거실의 채광·환기, 배연설비와 바닥의 방습 등에 관하여 필요한 사항은 국토교통부령으로 정한다(법 제49조 제2항). 다만, 대규모 창고시설 등 대통령령으로 정하는 용도 및 규모의 건축물에 대해서는 방화구획 등 화재 안전에 필요한 사항을 국토교통부령으로 별도로 정할 수 있다(법 제49조 제2항 단서).

또한 대통령령으로 정하는 건축물은 국토교통부령으로 정하는 기준에 따라 소방관이 진입할 수 있는 창을 설치하고, 외부에서 주야간에 식별할 수 있는 표시를 하여야 하며(법 제49조 제3항), 대통령령으로 정하는 용도 및 규모의 건축물에 대하여 가구·세대 등 간 소음 방지를 위하여 국토교통부령으로 정하는 바에 따라 경계벽 및 바닥을 설치하여야 한다(법 제49조 제4항).

한편, 「자연재해대책법」에 따른 자연재해위험개선지구 중 침수위험지구에 국가·지방자치단체 또는 「공공기관의 운영에 관한 법률」에 따른 공공기관이 건축하는 건축물은 침수 방지 및 방수를 위하여 다음의 기준에 따라야 한다(법 제49조 제5항).

---

1. 건축물의 1층 전체를 필로티(건축물을 사용하기 위한 경비실, 계단실, 승강기실, 그 밖에 이와 비슷한 것을 포함한다) 구조로 할 것
2. 국토교통부령으로 정하는 침수 방지시설을 설치할 것

---

(1) 직통계단까지의 보행거리

건축물의 피난층(직접 지상으로 통하는 출입구가 있는 층 및 제3항과 제4항에 따른 피난안전구역을 말한다) 외의 층에서는 피난층 또는 지상으로 통하는 직통계단(경사로를 포함한다)을 거실의 각 부분으로부터 계단(거실로부터 가장 가까운 거리에 있는 계단을 말한다)에 이르는 보행거리가 30m 이하가 되도록 설치하여야 한다(영 제34조 제1항).

다만, 건축물(지하층에 설치하는 것으로서 바닥면적의 합계가 300㎡ 이상인 공연장·집회장·관람장 및 전시장은 제외한다)의 주요구조부가 내화구조 또는 불연재료로 된 건축물은 그 보행거리가 50m(층수가 16층 이상인 공동주택은 40m) 이하가 되도록 설치할 수 있으며, 자동화 생산시설에 스프링클러 등 자동식 소화설비를 설치한 공장으로서 국토교통부령으로 정하는 공장인 경우에는 그 보행거리가 75m(무인화 공장인 경우에는 100m) 이

하가 되도록 설치할 수 있다(영 제34조 제1항 단서).

(2) 직통계단을 2개소 이상 설치해야 하는 건축물

피난층 외의 층이 다음의 어느 하나에 해당하는 용도 및 규모의 건축물에는 국토교통부령으로 정하는 기준에 따라 피난층 또는 지상으로 통하는 직통계단을 2개소 이상 설치하여야 한다(영 제34조 제2항).

---

1. 제2종 근린생활시설 중 공연장·종교집회장, 문화 및 집회시설(전시장 및 동·식물원은 제외한다), 종교시설, 위락시설 중 주점영업 또는 장례시설의 용도로 쓰는 층으로서 그 층에서 해당 용도로 쓰는 바닥면적의 합계가 200㎡(제2종 근린생활시설 중 공연장·종교집회장은 각각 300㎡) 이상인 것
2. 단독주택 중 다중주택·다가구주택, 제1종 근린생활시설 중 정신과의원(입원실이 있는 경우로 한정한다), 제2종 근린생활시설 중 인터넷컴퓨터게임시설제공업소(해당 용도로 쓰는 바닥면적의 합계가 300㎡ 이상인 경우만 해당한다)·학원·독서실, 판매시설, 운수시설(여객용 시설만 해당한다), 의료시설(입원실이 없는 치과병원은 제외한다), 교육연구시설 중 학원, 노유자시설 중 아동 관련 시설·노인복지시설·장애인 거주시설(장애인 거주시설 중 국토교통부령으로 정하는 시설을 말한다. 이하 같다) 및 장애인 의료재활시설, 수련시설 중 유스호스텔 또는 숙박시설의 용도로 쓰는 3층 이상의 층으로서 그 층의 해당 용도로 쓰는 거실의 바닥면적의 합계가 200㎡ 이상인 것
3. 공동주택(층당 4세대 이하인 것은 제외한다) 또는 업무시설 중 오피스텔의 용도로 쓰는 층으로서 그 층의 해당 용도로 쓰는 거실의 바닥면적의 합계가 300㎡ 이상인 것
4. 1부터 3까지의 용도로 쓰지 아니하는 3층 이상의 층으로서 그 층 거실의 바닥면적의 합계가 400㎡ 이상인 것
5. 지하층으로서 그 층 거실의 바닥면적의 합계가 200㎡ 이상인 것

---

(3) 피난안전구역

초고층 건축물(50층 또는 200m 이상)에는 피난층 또는 지상으로 통하는 직통계단과 직접 연결되는 피난안전구역(건축물의 피난·안전을 위하여 건축물 중간층에 설치하는 대피공간을 말한다)을 지상층으로부터 최대 30개 층마다 1개소 이상 설치하여야 한다(영 제34조 제3항).

또한 준초고층 건축물에는 피난층 또는 지상으로 통하는 직통계단과 직접 연결되는 피난안전구역을 해당 건축물 전체 층수의 1/2에 해당하는 층으로부터 상하 5개층 이내에 1개소 이상 설치하여야 한다(영 제34조 제4항). 다만, 국토교통부령으로 정하는 기준에 따라 피난층 또는 지상으로 통하는 직통계단을 설치하는 경우에는 그러하지 아

니하다(영 제34조 제4항 단서).

(4) 피난 및 특별 피난계단의 설치

① 5층 이상 또는 지하 2층 이하인 층에 설치하는 직통계단은 국토교통부령으로
정하는 기준에 따라 피난계단 또는 특별피난계단으로 설치하여야 한다. 다만,
건축물의 주요구조부가 내화구조 또는 불연재료로 되어 있는 경우로서 다음의
어느 하나에 해당하는 경우에는 그러하지 아니하다(영 제35조 제1항).

---

1. 5층 이상인 층의 바닥면적의 합계가 200㎡ 이하인 경우(영 제35조 제1항 제1호)
2. 5층 이상인 층의 바닥면적 200㎡ 이내마다 방화구획이 되어 있는 경우(영 제35조 제1항 제2호)

---

② 건축물(갓복도식 공동주택은 제외한다)의 11층(공동주택의 경우에는 16층) 이상인
층(바닥면적이 400㎡ 미만인 층은 제외한다) 또는 지하 3층 이하인 층(바닥면적이
400㎡ 미만인 층은 제외한다)으로부터 피난층 또는 지상으로 통하는 직통계단은
영 제35조 제1항에도 불구하고 특별피난계단으로 설치하여야 한다(영 제35조
제2항). 위의 ①에서 판매시설의 용도로 쓰는 층으로부터의 직통계단은 그 중
1개소 이상을 특별피난계단으로 설치하여야 한다(영 제35조 제3항).

③ 건축물의 5층 이상인 층으로서 문화 및 집회시설 중 전시장 또는 동·식물원,
판매시설, 운수시설(여객용 시설만 해당한다), 운동시설, 위락시설, 관광휴게시설
(다중이 이용하는 시설만 해당한다) 또는 수련시설 중 생활권 수련시설의 용도로
쓰는 층에는 제34조에 따른 직통계단 외에 그 층의 해당 용도로 쓰는 바닥면적
의 합계가 2,000㎡를 넘는 경우에는 그 넘는 2,000㎡ 이내마다 1개소의 피난계
단 또는 특별피난계단(4층 이하의 층에는 쓰지 아니하는 피난계단 또는 특별피난계단
만 해당한다)을 설치하여야 한다(영 제35조 제5항).

④ 건축물의 3층 이상인 층(피난층은 제외한다)으로서 다음 각 호의 어느 하나에 해
당하는 용도로 쓰는 층에는 제34조에 따른 직통계단 외에 그 층으로부터 지상
으로 통하는 옥외피난계단을 따로 설치하여야 한다(영 제36조).

1. 제2종 근린생활시설 중 공연장(해당 용도로 쓰는 바닥면적의 합계가 300㎡ 이상인 경우만 해당한다), 문화 및 집회시설 중 공연장이나 위락시설 중 주점영업의 용도로 쓰는 층으로서 그 층 거실의 바닥면적의 합계가 300㎡ 이상인 것
2. 문화 및 집회시설 중 집회장의 용도로 쓰는 층으로서 그 층 거실의 바닥면적의 합계가 1,000㎡ 이상인 것

(5) 지하층과 피난층 사이 개방공간의 설치

바닥면적의 합계가 3,000㎡ 이상인 공연장·집회장·관람장 또는 전시장을 지하층에 설치하는 경우에는 각 실에 있는 자가 지하층 각 층에서 건축물 밖으로 피난하여 옥외계단 또는 경사로 등을 이용하여 피난층으로 대피할 수 있도록 천장이 개방된 외부공간을 설치하여야 한다(영 제37조).

(6) 난간의 설치

① 옥상광장 또는 2층 이상인 층에 있는 노대(露臺)나 그 밖에 이와 비슷한 것의 주위에는 높이 1.2m 이상의 난간을 설치하여야 한다(영 제40조 제1항). 다만, 그 노대 등에 출입할 수 없는 구조인 경우에는 그러하지 아니하다(영 제40조 제1항 단서).

또한 5층 이상인 층이 제2종 근린생활시설 중 공연장·종교집회장·인터넷컴퓨터게임시설제공업소(해당 용도로 쓰는 바닥면적의 합계가 각각 300㎡ 이상인 경우만 해당한다), 문화 및 집회시설(전시장 및 동·식물원은 제외한다), 종교시설, 판매시설, 위락시설 중 주점영업 또는 장례시설의 용도로 쓰는 경우에는 피난 용도로 쓸 수 있는 광장을 옥상에 설치하여야 한다(영 제40조 제2항).

다음 각 호의 어느 하나에 해당하는 건축물은 옥상으로 통하는 출입문에 「화재예방, 소방시설 설치·유지 및 안전관리에 관한 법률」 제39조 제1항에 따른 성능인증 및 같은 조 제2항에 따른 제품검사를 받은 비상문자동개폐장치(화재 등 비상시에 소방시스템과 연동되어 잠김 상태가 자동으로 풀리는 장치를 말한다)를 설치해야 한다(영 제40조 제3항).

> 1. 제2항에 따라 피난 용도로 쓸 수 있는 광장을 옥상에 설치해야 하는 건축물
> 2. 피난 용도로 쓸 수 있는 광장을 옥상에 설치하는 다음 각 목의 건축물
>   가. 다중이용 건축물
>   나. 연면적 1,000㎡ 이상인 공동주택

② 층수가 11층 이상인 건축물로서 11층 이상인 층의 바닥면적의 합계가 1만㎡ 이상인 건축물의 옥상에는 다음 각 호의 구분에 따른 공간을 확보하여야 한다 (영 제40조 제4항).

> 1. 건축물의 지붕을 평지붕으로 하는 경우 : 헬리포트를 설치하거나 헬리콥터를 통하여 인명 등을 구조할 수 있는 공간
> 2. 건축물의 지붕을 경사지붕으로 하는 경우 : 경사지붕 아래에 설치하는 대피공간

이에 따라 헬리포트를 설치하거나 헬리콥터를 통하여 인명 등을 구조할 수 있는 공간 및 경사지붕 아래에 설치하는 대피공간의 설치기준은 국토교통부령으로 정한다 (영 제40조 제5항).

제 2 절 방화에 관한 규정

1. 방화구획의 설치기준

(1) 원칙

주요구조부가 내화구조 또는 불연재료로 된 건축물로서 연면적이 1,000㎡를 넘는 것은 국토교통부령으로 정하는 기준에 따라 내화구조로 된 바닥·벽 및 갑종 방화문(자동방화셔터를 포함한다)으로 구획하여야 하며, 이를 방화구획이라 한다(영 제46조 제1항).

건축물의 규모	구획 기준		비 고
3층 이상의 층 지하층	층마다 구획 〈제외〉 지하 1층에서 지상으로 직접 연결하는 경사로 부위		( ) 안의 면적은 스프링클러 기타 이와 유사한 자동식 소화설비를 설치한 경우이다.
10층 이하의 층	바닥면적 1,000㎡ (3,000㎡) 이내마다 구획		
11층 이상의 층	실내마감이 불연재료인 경우	바닥면적 500㎡ (1,500㎡) 이내마다 구획	
	실내마감이 불연재료가 아닌 경우	바닥면적 200㎡ (600㎡) 이내마다 구획	

(2) 공동주택 발코니

공동주택 중 아파트로서 4층 이상의 층의 각 세대가 2개 이상의 직통계단을 사용할 수 없는 경우에는 발코니에 인접세대와 공동으로 또는 각 세대별로 다음의 요건을 모두 갖춘 대피공간을 하나 이상 설치하여야 한다.

---

① 대피공간은 바깥의 공기와 접할 것
② 대피공간은 실내의 다른 부분과 방화구획으로 구획될 것
③ 대피공간의 바닥면적은 인접세대와 공동으로 설치하는 경우에는 3㎡ 이상, 각 세대별로 설치하는 경우에는 2㎡ 이상일 것
④ 국토교통부장관이 정하는 기준에 적합할 것

이 경우 인접세대와 공동으로 설치하는 대피공간은 인접세대를 통하여 2개 이상의 직통계단을 사용할 수 있는 위치에 우선 설치되어야 한다(영 제46조 제4항).

2. 방화에 장애가 되는 용도의 제한

(1) 기준

의료시설, 노유자시설(아동 관련 시설 및 노인복지시설만 해당한다), 공동주택, 장례시설 또는 제1종 근린생활시설(산후조리원만 해당한다)과 위락시설, 위험물저장 및 처리시설, 공장 또는 자동차 관련 시설(정비공장만 해당한다)은 같은 건축물에 함께 설치할 수 없다(영 제47조 제1항).

구 분	(가) 항	(나) 항
원 칙	① 노유자시설 중(아동관련시설, 노인복지시설) ② 공동주택 ③ 의료시설 ④ 장례식장	① 위락시설 ② 위험물 저장 및 처리시설 ③ 공장 ④ 자동차 관련 시설(정비공장)

다만, 다음 각 호의 어느 하나에 해당하는 경우로서 국토교통부령으로 정하는 경우에는 그러하지 아니하다(영 제47조 제1항 단서).

예 외	1. 공동주택(기숙사만 해당한다)과 공장이 같은 건축물에 있는 경우 2. 중심상업지역·일반상업지역 또는 근린상업지역에서 「도시 및 주거환경정비법」에 따른 재개발사업을 시행하는 경우 3. 공동주택과 위락시설이 같은 초고층 건축물에 있는 경우. 다만, 사생활을 보호하고 방범·방화 등 주거 안전을 보장하며 소음·악취 등으로부터 주거환경을 보호할 수 있도록 주택의 출입구·계단 및 승강기 등을 주택 외의 시설과 분리된 구조로 하여야 한다. 4. 「산업집적활성화 및 공장설립에 관한 법률」 제2조 제13호에 따른 지식산업센터와 「영유아보육법」 제10조 제4호에 따른 직장어린이집이 같은 건축물에 있는 경우

(2) 강화

다음의 어느 하나에 해당하는 용도의 시설은 같은 건축물에 함께 설치할 수 없다(영 제47조 제2항).

(가)항	(나)항
1. 노유자시설 중 아동 관련 시설 또는 노인복지시설	1. 판매시설 중 도매시장 또는 소매시장
2. 단독주택(다중주택, 다가구주택에 한정한다), 공동주택, 제1종 근린생활시설 중 조산원 또는 산후조리원	2. 제2종 근린생활시설 중 고시원

3. 방화지구 안의 건축물

① 「국토의 계획 및 이용에 관한 법률」에 따른 방화지구 안에서는 건축물의 주요구조부와 외벽을 내화구조로 하여야 한다(법 제51조 제1항).

② 방화지구 안의 공작물로서 간판, 광고탑, 그 밖에 대통령령으로 정하는 공작물 중 건축물의 지붕 위에 설치하는 공작물이나 높이 3m 이상의 공작물은 주요부

를 불연재료로 하여야 한다(법 제57조 제2항).

③ 방화지구 안의 지붕·방화문 및 인접 대지 경계선에 접하는 외벽은 국토교통부
령으로 정하는 구조 및 재료로 하여야 한다(법 제57조 제3항).

제 3 절　건축물의 내화구조

1. 내화구조

문화 및 집회시설, 의료시설, 공동주택 등 대통령령으로 정하는 건축물은 국토교
통부령으로 정하는 기준에 따라 주요구조부를 내화구조로 하여야 한다(법 제50조 제1
항). 이에 따라 다음의 어느 하나에 해당하는 건축물(2층 이하인 건축물은 지하층 부분만
해당한다)의 주요 구조부는 내화구조로 하여야 한다(영 제56조 제1항).

① 제2종 근린생활시설 중 공연장·종교집회장(해당 용도로 쓰는 바닥면적의 합계가
각각 300㎡ 이상인 경우만 해당한다), 문화 및 집회시설(전시장 및 동·식물원은 제외
한다), 종교시설, 위락시설 중 주점영업 및 장례시설의 용도로 쓰는 건축물로서
관람실 또는 집회실의 바닥면적의 합계가 200㎡(옥외관람석의 경우에는 1,000㎡)
이상인 건축물

② 문화 및 집회시설 중 전시장 또는 동·식물원, 판매시설, 운수시설, 교육연구시
설에 설치하는 체육관·강당, 수련시설, 운동시설 중 체육관·운동장, 위락시설
(주점영업의 용도로 쓰는 것은 제외한다), 창고시설, 위험물저장 및 처리시설, 자동
차 관련 시설, 방송통신시설 중 방송국·전신전화국·촬영소, 묘지 관련 시설 중
화장시설·동물화장시설 또는 관광휴게시설의 용도로 쓰는 건축물로서 그 용도
로 쓰는 바닥면적의 합계가 500㎡ 이상인 건축물

③ 공장의 용도로 쓰는 건축물로서 그 용도로 쓰는 바닥면적의 합계가 2,000㎡ 이
상인 건축물. 다만, 화재의 위험이 적은 공장으로서 국토교통부령으로 정하는
공장은 제외한다.

④ 건축물의 2층이 단독주택 중 다중주택 및 다가구주택, 공동주택, 제1종 근린생
활시설(의료의 용도로 쓰는 시설만 해당한다), 제2종 근린생활시설 중 다중생활시
설, 의료시설, 노유자시설 중 아동 관련 시설 및 노인복지시설, 수련시설 중 유

스호스텔, 업무시설 중 오피스텔, 숙박시설 또는 장례시설의 용도로 쓰는 건축물로서 그 용도로 쓰는 바닥면적의 합계가 400㎡ 이상인 건축물

⑤ 3층 이상인 건축물 및 지하층이 있는 건축물. 다만, 단독주택(다중주택 및 다가구주택은 제외한다), 동물 및 식물 관련 시설, 발전시설(발전소의 부속용도로 쓰는 시설은 제외한다), 교도소·소년원 또는 묘지 관련 시설(화장시설 및 동물화장시설은 제외한다)의 용도로 쓰는 건축물과 철강 관련 업종의 공장 중 제어실로 사용하기 위하여 연면적 50㎡ 이하로 증축하는 부분은 제외한다.

다만, 연면적이 50㎡ 이하인 단층의 부속건축물로서 외벽 및 처마 밑면을 방화구조로 한 것과 무대의 바닥은 그렇지 아니하다(영 제56조 제1항 단서).

2. 건축물의 마감재료

(1) 용도별 마감재료

대통령령으로 정하는 용도 및 규모의 건축물의 벽, 반자, 지붕(반자가 없는 경우에 한정한다) 등 내부의 마감재료[제52조의4 제1항의 복합자재의 경우 심재(心材)를 포함한다]는 방화에 지장이 없는 재료로 하되, 「실내공기질 관리법」제5조 및 제6조에 따른 실내공기질 유지기준 및 권고기준을 고려하고 관계 중앙행정기관의 장과 협의하여 국토교통부령으로 정하는 기준에 따른 것이어야 한다(법 제52조 제1항).

> **대판 2001.10.23, 2001다45195(건축공사금지등)**
>
> "건축법 제50조의2 제1항 제1호에서 말하는 '맞벽으로 하여 건축하는 경우'라 함은 서로 마주 보는 건축물의 벽이 존재하는 경우뿐만 아니라, 이 사건과 같이 상업지역에서 어느 일방 토지소유자가 나대지인 인접토지와의 경계선으로부터 50cm의 이격거리를 두지 아니하고 건축물을 건축하는 경우도 포함된다고 봄이 합목적적이라고 할 것이고, 토지소유자는 그 소유권이 미치는 토지 전부를 사용할 수 있음이 원칙이나 상린관계로 인하여 민법 제242조의 제한을 받게 된 것이므로 국민의 재산권 보장이라는 관점에서도 상업지역에서는 민법 제242조가 적용되지 아니한다고 해석함이 상당하다. 건축법시행령 제81조 제3항에서 "맞벽은 방화벽으로 축조하여야 한다"고 규정한 취지는 민법 제242조에 의한 이격거리의 제한을 폐지하는 대신 건축물의 유지·관리를 위한 방화목적을 고려하여 맞벽을 방화벽으로 건축하도록 제한을 가하고 있는 것으로 볼 것이어서 이에 위반한 경우 건축법에 따른 제재를 받는 것은 별론으로 하고 민법 제242조의 적용을 받게 되는 것은 아니다."

〈건축물의 마감재료(영 제61조 제1항)〉

1. 단독주택 중 다중주택·다가구주택
1의2. 공동주택
2. 제2종 근린생활시설 중 공연장·종교집회장·인터넷컴퓨터게임시설제공업소·학원·독서실·당구장·다중생활시설의 용도로 쓰는 건축물
3. 발전시설, 방송통신시설(방송국·촬영소의 용도로 쓰는 건축물로 한정한다)
4. 공장, 창고시설, 위험물 저장 및 처리 시설(자가난방과 자가발전 등의 용도로 쓰는 시설을 포함한다), 자동차 관련 시설의 용도로 쓰는 건축물
5. 5층 이상인 층 거실의 바닥면적의 합계가 500㎡ 이상인 건축물
6. 문화 및 집회시설, 종교시설, 판매시설, 운수시설, 의료시설, 교육연구시설 중 학교·학원, 노유자시설, 수련시설, 업무시설 중 오피스텔, 숙박시설, 위락시설, 장례시설
7. 「다중이용업소의 안전관리에 관한 특별법 시행령」 제2조에 따른 다중이용업의 용도로 쓰는 건축물

(2) 대통령령으로 정하는 건축물의 외벽에 사용하는 마감재료(두 가지 이상의 재료로 제작된 자재의 경우 각 재료를 포함한다)는 방화에 지장이 없는 재료로 하여야 한다(법 제52조 제2항, 영 제61조 제2항).

1. 상업지역(근린상업지역은 제외한다)의 건축물로서 다음 각 목의 어느 하나에 해당하는 것
    가. 제1종 근린생활시설, 제2종 근린생활시설, 문화 및 집회시설, 종교시설, 판매시설, 운동시설 및 위락시설의 용도로 쓰는 건축물로서 그 용도로 쓰는 바닥면적의 합계가 2,000㎡ 이상인 건축물
    나. 공장(국토교통부령으로 정하는 화재 위험이 적은 공장은 제외한다)의 용도로 쓰는 건축물로부터 6m 이내에 위치한 건축물
2. 의료시설, 교육연구시설, 노유자시설 및 수련시설의 용도로 쓰는 건축물
3. 3층 이상 또는 높이 9m 이상인 건축물
4. 1층의 전부 또는 일부를 필로티 구조로 설치하여 주차장으로 쓰는 건축물
5. 제1항 제4호에 해당하는 건축물

지역 및 지구 안의 건축물

제1절 건축물의 대지가 지역·지구 또는 구역에 걸친 경우

1. 원 칙

대지가 이 법이나 다른 법률에 따른 지역·지구(녹지지역과 방화지구는 제외한다. 이하 이 조에서 같다) 또는 구역에 걸치는 경우에는 대통령령으로 정하는 바에 따라 그 건축물과 대지의 전부에 대하여 대지의 과반이 속하는 지역·지구 또는 구역 안의 건축물 및 대지 등에 관한 이 법의 규정을 적용한다(법 제54조 제1항).

2. 특 례

① 건축물이 「국토의 계획 및 이용에 관한 법률」에 따른 미관지구(이하 "미관지구"라 한다)에 걸치는 경우, 당해 건축물과 대지의 전부에 대하여 미관지구 안의 건축물과 대지 등에 관한 이 법의 규정을 적용한다(법 제54조 제1항 단서).

② 하나의 건축물이 방화지구와 그 밖의 구역에 걸치는 경우에는 그 전부에 대하여 방화지구 안의 건축물에 관한 이 법의 규정을 적용한다(법 제54조 제2항). 다만, 건축물의 방화지구에 속한 부분과 그 밖의 구역에 속한 부분의 경계가 방화벽으로 구획되는 경우 그 밖의 구역에 있는 부분에 대하여는 그러하지 아니하다(법 제54조 제2항 단서).

③ 또한, 대지가 녹지지역과 그 밖의 지역·지구 또는 구역에 걸치는 경우에는 각 지역·지구 또는 구역 안의 건축물과 대지에 관한 이 법의 규정을 적용한다(법 제54조 제3항). 다만, 녹지지역 안의 건축물이 미관지구나 방화지구에 걸치는 경우에는 제54조 제1항 단서나 제2항에 따른다(법 제54조 제3항 단서).

④ 법 제54조 제1항에도 불구하고 해당 대지의 규모와 그 대지가 속한 용도지역·지구 또는 구역의 성격 등 그 대지에 관한 주변여건상 필요하다고 인정하여 해

당 지방자치단체의 조례로 적용방법을 따로 정하는 경우에는 그에 따른다(법 제54조 제4항).

제 2 절　건축물의 면적 산정

1. 대지면적

(1) 원칙

'대지면적'은 대지의 수평투영면적으로 한다(영 제119조 제1항 제1호).

(2) 예외(영 제119조 제1항 제1호 단서)

> 1. 법 제46조 제1항 단서에 따라 대지에 건축선이 정하여진 경우: 그 건축선과 도로 사이의 대지 면적
> 2. 대지에 도시·군계획시설인 도로·공원 등이 있는 경우: 그 도시·군계획시설에 포함되는 대지(「국토의 계획 및 이용에 관한 법률」제47조 제7항에 따라 건축물 또는 공작물을 설치하는 도시·군계획시설의 부지는 제외한다)면적

2. 건축면적

(1) 건축면적의 산정기준

① '건축면적'은 건축물의 외벽(외벽이 없는 경우에는 외곽 부분의 기둥을 말한다)의 중심선으로 둘러싸인 부분의 수평투영면적으로 한다.

② 다음의 건축물의 건축면적은 건축물의 외벽 중 내측 내력벽의 중심선을 기준으로 산정한다(영 제119조 제1항 제2호 나목, 규칙 제43조 제1항).

㉠ 태양열을 주된 에너지원으로 이용하는 주택

㉡ 창고 또는 공장 중 물품을 입출고하는 부위의 상부에 한쪽 끝은 고정되고 다른 쪽 끝은 지지되지 않는 구조로 설치된 돌출차양

㉢ 단열재를 구조체의 외기측에 설치하는 단열공법으로 건축된 건축물

(2) 별도의 산정기준

처마, 차양, 부연, 그 밖에 이와 비슷한 것으로서 그 외벽의 중심선으로부터 수평거리 1m 이상 돌출된 부분이 있는 건축물의 건축면적은 그 돌출된 끝부분으로부터 다음의 구분에 따른 수평거리를 후퇴한 선으로 둘러싸인 부분의 수평투영면적으로 한다(영 제119조 제1항 제2호 가목).

① 「전통사찰의 보존 및 지원에 관한 법률」 제2조 제1호에 따른 전통사찰: 4m 이하의 범위에서 외벽의 중심선까지의 거리

② 사료 투여, 가축 이동 및 가축 분뇨 유출 방지 등을 위하여 처마, 차양, 부연, 그 밖에 이와 비슷한 것이 설치된 축사: 3m 이하의 범위에서 외벽의 중심선까지의 거리(두 동의 축사가 하나의 차양으로 연결된 경우에는 6m 이하의 범위에서 축사 양 외벽의 중심선까지의 거리를 말한다)

③ 한옥: 2m 이하의 범위에서 외벽의 중심선까지의 거리

④ 「환경친화적자동차의 개발 및 보급 촉진에 관한 법률 시행령」 제18조의5에 따른 충전시설(그에 딸린 충전 전용 주차구획을 포함한다)의 설치를 목적으로 처마, 차양, 부연, 그 밖에 이와 비슷한 것이 설치된 공동주택(「주택법」 제15조에 따른 사업계획승인 대상으로 한정한다): 2m 이하의 범위에서 외벽의 중심선까지의 거리

⑤ 「신에너지 및 재생에너지 개발·이용·보급 촉진법」 제2조 제3호에 따른 신·재생에너지 설비(신·재생에너지를 생산하거나 이용하기 위한 것만 해당한다)를 설치하기 위하여 처마, 차양, 부연, 그 밖에 이와 비슷한 것이 설치된 건축물로서 「녹색건축물 조성 지원법」 제17조에 따른 제로에너지건축물 인증을 받은 건축물: 2m 이하의 범위에서 외벽의 중심선까지의 거리

⑥ 「환경친화적 자동차의 개발 및 보급 촉진에 관한 법률」 제2조 제9호의 수소연료공급시설을 설치하기 위하여 처마, 차양, 부연 그 밖에 이와 비슷한 것이 설치된 [별표 1] 제19호 가목의 주유소, 같은 호 나목의 액화석유가스 충전소 또는 같은 호 바목의 고압가스 충전소: 2m 이하의 범위에서 외벽의 중심선까지의 거리

⑦ 그 밖의 건축물: 1m

(3) 건축면적에 산입하지 않는 부분(영 제119조 제1항 제2호 다목)

① 지표면으로부터 1m 이하에 있는 부분(창고 중 물품을 입출고하기 위하여 차량을 접안시키는 부분의 경우에는 지표면으로부터 1.5m 이하에 있는 부분)

② 「다중이용업소의 안전관리에 관한 특별법 시행령」 제9조에 따라 기존의 다중이용업소(2004년 5월 29일 이전의 것만 해당한다)의 비상구에 연결하여 설치하는 폭 2m 이하의 옥외 피난계단(기존 건축물에 옥외 피난계단을 설치함으로써 법 제55조에 따른 건폐율의 기준에 적합하지 아니하게 된 경우만 해당한다)

③ 건축물 지상층에 일반인이나 차량이 통행할 수 있도록 설치한 보행통로나 차량통로

④ 지하주차장의 경사로

⑤ 건축물 지하층의 출입구 상부(출입구 너비에 상당하는 규모의 부분을 말한다)

⑥ 생활폐기물 보관시설(음식물쓰레기, 의류 등의 수거시설을 말한다. 이하 같다)

⑦ 「영유아보육법」 제15조에 따른 어린이집(2005년 1월 29일 이전에 설치된 것만 해당한다)의 비상구에 연결하여 설치하는 폭 2m 이하의 영유아용 대피용 미끄럼대 또는 비상계단(기존 건축물에 영유아용 대피용 미끄럼대 또는 비상계단을 설치함으로써 법 제55조에 따른 건폐율 기준에 적합하지 아니하게 된 경우만 해당한다)

⑧ 「장애인·노인·임산부 등의 편의증진 보장에 관한 법률 시행령」 [별표 2]의 기준에 따라 설치하는 장애인용 승강기, 장애인용 에스컬레이터, 휠체어리프트 또는 경사로

⑨ 「가축전염병 예방법」 제17조 제1항 제1호에 따른 소독설비를 갖추기 위하여 같은 호에 따른 가축사육시설(2015년 4월 27일 전에 건축되거나 설치된 가축사육시설로 한정한다)에서 설치하는 시설

⑩ 「매장문화재 보호 및 조사에 관한 법률」 제14조 제1항 제1호 및 제2호에 따른 현지보존 및 이전보존을 위하여 매장문화재 보호 및 전시에 전용되는 부분

⑪ 「가축분뇨의 관리 및 이용에 관한 법률」 제12조 제1항에 따른 처리시설(법률 제12516호 가축분뇨의 관리 및 이용에 관한 법률 일부개정법률 부칙 제9조에 해당하는 배출시설의 처리시설로 한정한다)

⑫ 「영유아보육법」 제15조에 따른 설치기준에 따라 직통계단 1개소를 갈음하여 건축물의 외부에 설치하는 비상계단(같은 조에 따른 어린이집이 2011년 4월 6일 이

전에 설치된 경우로서 기존 건축물에 비상계단을 설치함으로써 법 제55조에 따른 건폐율 기준에 적합하지 않게 된 경우만 해당한다)

3. 바닥면적

(1) 원칙

건축물의 각 층 또는 그 일부로서 벽, 기둥, 그 밖에 이와 비슷한 구획의 중심선으로 둘러싸인 부분의 수평투영면적으로 한다(영 제119조 제1항 제3호).

(2) 바닥면적에 산입하지 않는 부분

① 벽·기둥의 구획이 없는 건축물은 그 지붕 끝부분으로부터 수평거리 1m를 후퇴한 선으로 둘러싸인 수평투영면적으로 한다.

② 주택의 발코니 등 건축물의 노대나 그 밖에 이와 비슷한 것(이하 "노대 등"이라 한다)의 바닥은 난간 등의 설치 여부에 관계없이 노대 등의 면적(외벽의 중심선으로부터 노대 등의 끝부분까지의 면적을 말함)에서 노대 등이 접한 가장 긴 외벽에 접한 길이에 1.5m를 곱한 값을 뺀 면적을 바닥면적에 산입한다.

③ 필로티나 그 밖에 이와 비슷한 구조(벽면적의 1/2 이상이 그 층의 바닥면에서 위층 바닥 아래면까지 공간으로 된 것만 해당)의 부분은 그 부분이 공중의 통행이나 차량의 통행 또는 주차에 전용되는 경우와 공동주택의 경우에는 바닥면적에 산입하지 아니한다.

④ 승강기탑(옥상 출입용 승강장을 포함), 계단탑, 장식탑, 다락[층고가 1.5m(경사진 형태의 지붕인 경우에는 1.8m) 이하인 것만 해당], 건축물의 외부 또는 내부에 설치하는 굴뚝, 더스트슈트, 설비덕트, 그 밖에 이와 비슷한 것과 옥상·옥외 또는 지하에 설치하는 물탱크, 기름탱크, 냉각탑, 정화조, 도시가스 정압기, 그 밖에 이와 비슷한 것을 설치하기 위한 구조물과 건축물 간에 화물의 이동에 이용되는 컨베이어벨트만을 설치하기 위한 구조물은 바닥면적에 산입하지 아니한다.

⑤ 공동주택으로서 지상층에 설치한 기계실, 전기실, 어린이놀이터, 조경시설 및 생활폐기물 보관함의 면적은 바닥면적에 산입하지 아니한다.

⑥ 「다중이용업소의 안전관리에 관한 특별법 시행령」에 따라 기존의 다중이용업

소(2004년 5월 29일 이전의 것만 해당)의 비상구에 연결하여 설치하는 폭 1.5m 이하의 옥외 피난계단(기존 건축물에 옥외 피난계단을 설치함으로써 법 제56조에 따른 용적률에 적합하지 아니하게 된 경우만 해당)은 바닥면적에 산입하지 아니한다.

⑦ 건축물을 리모델링하는 경우로서 미관 향상, 열의 손실 방지 등을 위하여 외벽에 부가하여 마감재 등을 설치하는 부분은 바닥면적에 산입하지 아니한다.

⑧ 태양열을 주된 에너지원으로 이용하는 주택, 창고 중 물품을 입출고하는 부위의 상부에 한쪽 끝은 고정되고 다른 쪽 끝은 지지되지 아니한 구조로 설치된 돌출차양, 단열재를 구조체의 외기측에 설치하는 단열공법으로 건축된 건축물의 경우에는 단열재가 설치된 외벽 중 내측 내력벽의 중심선을 기준으로 산정한 면적을 바닥면적으로 한다.

⑨ 「영유아보육법」에 따른 어린이집(2005년 1월 29일 이전에 설치된 것만 해당)의 비상구에 연결하여 설치하는 폭 2m 이하의 영유아용 대피용 미끄럼대 또는 비상계단의 면적은 바닥면적에 산입하지 아니한다.

⑩ 「장애인·노인·임산부 등의 편의증진 보장에 관한 법률 시행령」에 따른 장애인용 승강기, 장애인용 에스컬레이터, 휠체어리프트, 경사로 또는 승강장은 바닥면적에 산입하지 아니한다.

⑪ 「가축전염병 예방법」에 따른 소독설비를 갖추기 위하여 같은 호에 따른 가축사육시설(2015년 4월 27일 전에 건축되거나 설치된 가축사육시설로 한정)에서 설치하는 시설은 바닥면적에 산입하지 아니한다.

⑫ 「매장문화재 보호 및 조사에 관한 법률 시행령」에 따른 현지보존 및 이전보존을 위하여 매장문화재 보호 및 전시에 전용되는 부분은 바닥면적에 산입하지 아니한다.

⑬ 「영유아보육법」 제15조에 따른 설치기준에 따라 직통계단 1개소를 갈음하여 건축물의 외부에 설치하는 비상계단의 면적은 바닥면적(같은 조에 따른 어린이집이 2011년 4월 6일 이전에 설치된 경우로서 기존 건축물에 비상계단을 설치함으로써 법 제56조에 따른 용적률 기준에 적합하지 않게 된 경우만 해당한다)에 산입하지 않는다.

⑭ 지하주차장의 경사로(지상층에서 지하 1층으로 내려가는 부분으로 한정한다)는 바닥면적에 산입하지 않는다.

4. 연면적

(1) 원칙

하나의 건축물의 각 층 바닥면적 합계로 한다(영 제119조 제1항 제4호).

(2) 용적률 산정 시의 연면적에서 제외되는 대상

① 지하층의 면적
② 지상층의 주차장(해당 건축물의 부속용도인 경우만 해당한다)으로 사용되는 면적
③ 초고층 건축물과 준초고층 건축물에 설치하는 피난안전구역의 면적
④ 건축물의 경사지붕 아래에 설치하는 대피공간의 면적

제 3 절 건축물 및 대지의 규모제한

1. 규모제한의 방법

구 분	건폐율	용적률
의 의	대지면적에 대한 건축면적 비율 건폐율 = $\dfrac{\text{건축면적}}{\text{대지면적}}$ × 100(%)	대지면적에 대한 건축물의 연면적 비율 용적률 = $\dfrac{\text{연면적}}{\text{대지면적}}$ × 100(%)
규제목적	- 대지안의 공지를 확보 - 피난, 소화, 일조, 통풍, 환기 등을 위함	- 대지 안의 밀도를 제한 - 주거환경 등을 위함.

2. 규모제한의 규정 근거

(1) 건폐율

대지면적에 대한 건축면적(대지에 건축물이 둘 이상 있는 경우에는 이들 건축면적의 합계로 한다)의 비율인 건폐율의 최대한도는 「국토의 계획 및 이용에 관한 법률」(제77조) 규정에 의한 건폐율의 기준에 의한다(법 제55조 제1항).

다만, 이 법에 의한 완화 또는 강화하여 적용하도록 규정한 경우에는 그에 의한다

(법 제55조 제1항 단서).

(2) 용적률

대지면적에 대한 연면적(대지에 건축물이 둘 이상 있는 경우에는 이들 연면적의 합계로 한다)의 비율인 용적률의 최대한도는 「국토의 계획 및 이용에 관한 법률」(제78조) 규정에 의한 용적률의 기준에 의한다(법 제56조).

다만, 이 법에 의한 완화 또는 강화하여 적용하도록 규정한 경우에는 그에 의한다(법 제56조 단서).

3. 대지의 분할제한

(1) 해당 용도지역의 대지의 분할금지

건축물이 있는 대지는 다음의 해당 용도지역의 규모 범위 안에서 해당 지방자치단체의 조례가 정하는 면적에 미달되게 분할할 수 없다(법 제57조, 영 제80조).

① 주거지역: 60㎡
② 상업지역: 150㎡
③ 공업지역: 150㎡
④ 녹지지역: 200㎡
⑤ 위 ①에서 ④까지의 용도지역에 해당하지 아니하는 지역: 60㎡

(2) 관계 규정에 의한 대지의 분할금지

건축물이 있는 대지는 다음에 정하는 범위에서 해당 지방자치단체의 조례로 정하는 면적에 못 미치게 분할할 수 없다(법 제57조 제1항).

① 대지와 도로와의 관계 미달	법 제44조
② 건폐율을 초과하는 분할	법 제55조
③ 용적률을 초과하는 분할	법 제56조
④ 대지 안의 공지	법 제58조
⑤ 건축물의 높이제한 위반	법 제60조
⑥ 일조 등이 확보를 위한 건축물의 높이제한 위반	법 제61조

제 4 절 건축물의 높이제한

1. 가로구역별 건축물의 최고 높이 지정

① 허가권자는 가로구역(도로로 둘러싸인 일단의 지역)을 단위로 다음 사항을 고려하여 건축물의 최고 높이를 지정·공고할 수 있다(법 제60조 제1항).

㉠ 도시·군관리계획 등의 토지이용계획
㉡ 해당 가로구역이 접하는 도로의 너비
㉢ 해당 가로구역이 상·하수도 등 간선시설의 수용능력
㉣ 도시미관 및 경관계획
㉤ 해당 도시의 장래 발전계획

---

② 특별자치도지사 또는 시장·군수·구청장은 가로구역의 최고 높이를 완화하여 적용할 필요가 있다고 판단되는 대지에 대하여는 건축위원회의 심의를 거쳐 최고 높이를 완화하여 적용할 수 있다(법 제60조 제1항 단서).

③ 특별시장이나 광역시장은 도시의 관리를 위하여 필요하면 가로구역별 건축물의 최고높이를 특별시나 광역시의 조례로 정할 수 있다(법 제60조 제2항).

④ 허가권자는 위의 ①부터 ③에도 불구하고 일조(日照)·통풍 등 주변 환경 및 도시미관에 미치는 영향이 크지 않다고 인정하는 경우에는 건축위원회의 심의를 거쳐 이 법 및 다른 법률에 따른 가로구역의 높이 완화에 관한 규정을 중첩하여 적용할 수 있다(법 제60조 제4항).

⑤ 허가권자는 같은 가로구역에서 건축물의 용도 및 형태에 따라 건축물의 높이를 다르게 정할 수 있다(영 제82조 제3항).

2. 일조 등의 확보를 위한 건축물의 높이제한

(1) 전용주거지역 및 일반주거지역 안의 건축물

① 전용주거지역과 일반주거지역 안에서 건축하는 건축물의 높이는 일조 등의 확보를 위하여 정북방향(正北方向)의 인접 대지경계선으로부터의 거리에 따라 대

통령령으로 정하는 높이 이하로 하여야 한다(법 제61조 제1항 및 영 제86조 제1항).

> ㉠ 높이 9m 이하인 부분: 인접 대지경계선으로부터 1.5m 이상
> ㉡ 높이 9m를 초과하는 부분: 인접 대지경계선으로부터 해당 건축물 각 부분 높이의 1/2 이상

---

② 다음에 해당하는 경우에는 ①의 규정에 불구하고 건축물의 높이를 정남방향의 인접대지경계선으로부터의 거리에 따라 ①에 의한 높이의 범위 안에서 시장·군수·구청장이 정하여 고시하는 높이 이하로 할 수 있다(법 제61조 제3항).

> 1. 「택지개발촉진법」에 따른 택지개발지구인 경우
> 2. 「주택법」에 따른 대지조성사업지구인 경우
> 3. 「지역 개발 및 지원에 관한 법률」에 따른 지역개발사업구역인 경우
> 4. 「산업입지 및 개발에 관한 법률」에 따른 국가산업단지, 일반산업단지, 도시첨단산업단지 및 농공단지인 경우
> 5. 「도시개발법」에 따른 도시개발구역인 경우
> 6. 「도시 및 주거환경정비법」에 따른 정비구역인 경우
> 7. 정북방향으로 도로, 공원, 하천 등 건축이 금지된 공지에 접하는 대지인 경우
> 8. 정북방향으로 접하고 있는 대지의 소유자와 합의한 경우나 그 밖에 대통령령으로 정하는 경우

---

③ 2층 이하로서 높이가 8m 이하인 건축물에는 해당 지방자치단체의 조례로 정하는 바에 따라 제1항부터 제3항까지의 규정을 적용하지 아니할 수 있다(법 제61조 제4항).

(2) 공동주택에 대한 일조권 높이제한

1) 적용의 범위

공동주택(일반상업지역과 중심상업지역에 건축하는 것은 제외한다)의 높이는 위 (1)에 따른 기준에 맞아야 할 뿐만 아니라 채광 등의 확보를 위하여 대통령령(영 제86조 제3항)으로 정하는 높이 이하로 하여야 한다(법 제61조 제2항).

2) 높이제한의 방법(영 제86조 제3항)
① 채광을 위한 개구부방향에 따른 높이제한

건축물(기숙사를 제외함)의 각 부분의 높이는 그 부분으로부터 채광을 위한 창문 등이 있는 벽면에서 직각 방향으로 인접대지경계선까지의 수평거리의 2배(근린상업지역·

준주거지역의 건축물의 4배) 이하로 할 것

② 같은 대지 안의 인동거리에 의한 높이제한

같은 대지에서 두 동 이상의 건축물이 서로 마주보고 있는 경우(한 동의 건축물 각 부분이 서로 마주고보 있는 경우를 포함한다)에 건축물 각 부분 사이의 거리는 다음의 거리 이상을 띄어 건축할 것. 다만, 그 대지의 모든 세대가 동지를 기준으로 9시에서 15시 사이에 2시간 이상을 계속하여 일조를 확보할 수 있는 거리 이상으로 할 수 있다.

가. 채광을 위한 창문 등이 있는 벽면으로부터 직각방향으로 건축물 각 부분 높이의 0.5배(도시형 생활주택의 경우에는 0.25배) 이상의 범위에서 건축조례로 정하는 거리 이상

나. 가목에도 불구하고 서로 마주보는 건축물 중 높은 건축물(높은 건축물을 중심으로 마주보는 두 동의 축이 시계방향으로 정동에서 정서 방향인 경우만 해당한다)의 주된 개구부(거실과 주된 침실이 있는 부분의 개구부를 말한다)의 방향이 낮은 건축물을 향하는 경우에는 10m 이상으로서 낮은 건축물 각 부분의 높이의 0.5배(도시형 생활주택의 경우에는 0.25배) 이상의 범위에서 건축조례로 정하는 거리 이상

다. 가목에도 불구하고 건축물과 부대시설 또는 복리시설이 서로 마주보고 있는 경우에는 부대시설 또는 복리시설 각 부분 높이의 1배 이상

라. 채광창(창넓이가 0.5㎡ 이상인 창을 말한다)이 없는 벽면과 측벽이 마주보는 경우에는 8m 이상

마. 측벽과 측벽이 마주보는 경우 [마주보는 측벽 중 하나의 측벽에 채광을 위한 창문 등이 설치되어 있지 아니한 바닥면적 3㎡ 이하의 발코니(출입을 위한 개구부를 포함한다)를 설치하는 경우를 포함한다]에는 4m 이상

---

(3) 적용의 특례 등

① 주택단지에 두 동 이상의 건축물이 도로를 사이에 두고 서로 마주보고 있는 경우에는 해당 도로의 중심선을 인접대지경계선으로 보아 위 규정을 적용한다.

② 2층 이하로서 높이가 8m 이하인 건축물에 대하여는 해당 지방자치단체의 조례가 정하는 바에 의하여 일조권에 의한 높이제한을 적용하지 아니할 수 있다(법 제61조 제4항).

③ 특별자치도지사 또는 시장·군수·구청장은 건축물의 높이를 고시하려면 국토교통부령으로 정하는 바에 따라 미리 해당 지역주민의 의견을 들어야 한다(영 제86조 제5항).

④ 위의 규정을 적용함에 있어서 건축물을 건축하고자 하는 대지와 다른 대지 사이에 공원(「도시공원 및 녹지 등에 관한 법률」에 따른 생활권공원으로서 면적이 10만

㎡ 미만인 공원을 제외한다. 다만, 10만㎡ 미만의 생활권공원으로서 건축위원회의 심의 또는 「도시 및 주거환경정비법」에 따라 지방도시계획위원회와 건축위원회의 공동 심의를 거쳐 허가권자가 공원의 일조 등을 확보할 수 있다고 인정하거나 공원의 일조를 확보할 것을 요구하는 것이 불합리하다고 인정하는 공원을 포함한다)·도로·철도·하천·광장·공공공지·녹지·유수지·자동차전용도로·유원지 기타 건축이 허용되지 아니하는 공지가 있는 경우에는 그 반대편의 대지경계선(공동주택은 인접대지경계선과 그 반대편 대지경계선의 중심선)을 인접 대지경계선으로 한다(영 제86조 제6항).

제 5 절 맞벽건축 및 연결복도

1. 맞벽건축 및 연결통로

(1) 맞벽건축

1) 대상

대통령령으로 정하는 지역에서 도시미관 등을 위하여 둘 이상의 건축물의 벽을 맞벽(대지경계선으로부터 50cm 이내)으로 하여 건축하는 경우(법 제59조 제1항 및 영 제81조 제1항).

---

1. 상업지역(다중이용 건축물 및 공동주택은 스프링클러나 그 밖에 이와 비슷한 자동식 소화설비를 설치한 경우로 한정한다)
2. 주거지역(건축물 및 토지의 소유자 간 맞벽건축을 합의한 경우에 한정한다)
3. 허가권자가 도시미관 또는 한옥 보전·진흥을 위하여 건축조례로 정하는 구역
4. 건축협정구역

---

2) 맞벽의 구조

맞벽은 방화벽으로 축조하여야 한다.

(2) 연결통로

1) 연결통로 대상

다음의 기준에 따라 인근 건축물과 연결복도 또는 연결통로를 설치하는 경우(법

제59조 제1항 및 영 제81조 제5항)

① 주요구조부가 내화구조일 것

② 마감재료가 불연재료일 것

③ 밀폐된 구조인 경우 벽면적의 1/10 이상에 해당하는 면적의 창문을 설치할 것 다만, 지하층으로서 환기설비를 설치하는 경우에는 그러하지 아니하다.

④ 너비 및 높이가 각각 5m 이하일 것. 다만, 허가권자가 건축물의 용도나 규모 등을 고려할 때 원활한 통행을 위하여 필요하다고 인정하면 지방건축위원회의 심의를 거쳐 그 기준을 완화하여 적용할 수 있다.

⑤ 건축물과 복도 또는 통로의 연결부분에 방화셔터 또는 방화문을 설치할 것

⑥ 연결복도가 설치된 대지 면적의 합계가 「국토의 계획 및 이용에 관한 법률 시행령」(제55조)에 따른 개발행위의 최대 규모 이하일 것. 다만, 지구단위계획구역에서는 그러하지 아니하다.

2) 연결통로의 안전 확인

연결복도나 연결통로는 건축사 또는 건축구조기술사(건축구조기술사)로부터 안전에 관한 확인을 받아야 한다(영 제81조 제6항).

(3) 관계규정의 적용배제

위 (1) 맞벽건축 및 (2) 연결통로에 해당하는 경우에는 제58조(대지 안의 공지), 제61조(일조등의 확보를 위한 건축물의 높이 제한) 및 민법 제242조(경계선 부근의 건축)의 규정에 적용하지 아니한다.

〈민법 제242조(경계선 부근의 건축)〉

건물을 축조함에는 특별한 관습이 없으면 경계로부터 0.5m 이상의 거리를 두어야 한다.

---

2. 대지 안의 공지

건축물을 건축하는 경우에는 「국토의 계획 및 이용에 관한 법률」에 따른 용도지역·용도지구, 건축물의 용도 및 규모 등에 따라 건축선 및 인접 대지경계선으로부터 6m 이내의 범위에서 대통령령(영 제80조의2)으로 정하는 바에 따라 해당 지방자치단체

의 조례로 정하는 거리 이상을 띄워야 한다(법 제58조).

  이에 따라 건축선(법 제46조 제1항에 따른 건축선을 말한다) 및 인접 대지경계선(대지
와 대지 사이에 공원, 철도, 하천, 광장, 공공공지, 녹지, 그 밖에 건축이 허용되지 아니하는 공지
가 있는 경우에는 그 반대편의 경계선을 말한다)으로부터 건축물의 각 부분까지 띄어야 하
는 거리의 기준은 "[별표 2] 대지의 공지 기준"와 같다(영 제80조의2).

〈대지의 공지 기준(영 제80조의2 [별표 2])〉

(1) 건축선으로부터 건축물까지 띄어야 하는 거리

대상 건축물	건축조례에서 정하는 건축기준
가. 해당 용도로 쓰는 바닥면적의 합계가 500㎡ 이상인 공장(전용공업지역, 일반 공업지역 또는 「산업입지 및 개발에 관한 법률」에 따른 산업단지에 건축하는 공장은 제외한다)으로서 건축조례로 정하는 건축물	· 준공업지역: 1.5m 이상 6m 이하 · 준공업지역 외의 지역: 3m 이상 6m 이하
나. 해당 용도로 쓰는 바닥면적의 합계가 500㎡ 이상인 창고(전용공업지역, 일반 공업지역 또는 「산업입지 및 개발에 관한 법률」에 따른 산업단지에 건축하는 창고는 제외한다)로서 건축조례로 정하는 건축물	· 준공업지역: 1.5m 이상 6m 이하 · 준공업지역 외의 지역: 3m 이상 6m 이하
다. 해당 용도로 쓰는 바닥면적의 합계가 1,000㎡ 이상인 판매시설, 숙박시설(일반숙박시설은 제외한다), 문화 및 집회시설(전시장 및 동·식물원은 제외한다) 및 종교시설	· 3m 이상 6m 이하
라. 다중이 이용하는 건축물로서 건축조례로 정하는 건축물	· 3m 이상 6m 이하
마. 공동주택	· 아파트: 2m 이상 6m 이하 · 연립주택: 2m 이상 5m 이하 · 다세대주택: 1m 이상 4m 이하
바. 그 밖에 건축조례로 정하는 건축물	· 1m 이상 6m 이하(한옥의 경우, 처마선 2m 이하, 외벽선 1m 이상 2m 이하)

(2) 인접 대지경계선으로부터 건축물까지 띄어야 하는 거리

대상 건축물	건축조례에서 정하는 건축기준
가. 전용주거지역에 건축하는 건축물 (공동주택은 제외한다)	· 1m 이상 6m 이하(한옥의 경우, 처마선 2m 이하, 외벽선 1m 이상 2m 이하)
나. 해당 용도로 쓰는 바닥면적의 합계가 500㎡ 이상인 공장(전용공업지역, 일반 공업지역 또는 「산업입지 및 개발에 관한 법률」에 따른 산업단지에 건축 하는 공장은 제외한다)으로서 건축조례로 정하는 건축물	· 준공업지역 : 1m 이상 6m 이하 · 준공업지역 외의 지역 : 1.5m 이상 6m 이하
다. 상업지역이 아닌 지역에 건축하는 건축물로서 해당 용도로 쓰는 바닥면적 의 합계가 1,000㎡ 이상인 판매시설, 숙박시설(일반숙박시설은 제외한다), 문화 및 집회시설(전시장 및 동·식물원은 제외한다) 및 종교시설	· 1.5m 이상 6m이하
라. 다중이 이용하는 건축물(상업지역에 건축하는 건축물로서 스프링클러나 그 밖에 이와 비슷한 자동식 소화설비를 설치한 건축물은 제외한다)로서 건축 조례로 정하는 건축물	· 1.5m 이상 6m 이하
마. 공동주택(상업지역에 건축하는 공동주택 으로서 스프링클러나 그 밖에 이와 비슷 한 자동식 소화설비를 설치한 공동주택은 제외한다)	· 아파트: 2m 이상 6m 이하 · 연립주택: 1.5m 이상 5m 이하 · 다세대주택: 0.5m 이상 4m 이하
바. 그 밖에 건축조례로 정하는 건축물	· 0.5m 이상 6m 이하(한옥의 경우에는 처마선 2m 이하, 외벽선 1m 이상 2m 이하)

제 6 절 지능형 건축물

1. 지능형건축물의 인증

(1) 지정 및 신청

국토교통부장관은 지능형건축물(Intelligent Building)의 건축을 활성화하기 위하여 지능형건축물 인증제도를 실시한다(법 제65조의2 제1항). 이에 따라 국토교통부장관은 지능형건축물의 인증을 위하여 인증기관을 지정할 수 있으며(법 제65조의2 제2항), 지능형건축물의 인증을 받으려는 자는 인증기관에 인증을 신청하여야 한다(법 제65조의2 제3항).

(2) 인증기준의 고시

국토교통부장관은 건축물을 구성하는 설비 및 각종 기술을 최적으로 통합하여 건축물의 생산성과 설비 운영의 효율성을 극대화할 수 있도록 ㉠ 인증기준 및 절차, ㉡ 인증표시 홍보기준, ㉢ 유효기간, ㉣ 수수료, ㉤ 인증등급 및 심사기준 등을 포함하여 지능형건축물 인증기준을 고시한다(법 제65조의2 제5항).

(3) 완 화

허가권자는 지능형건축물로 인증을 받은 건축물에 대하여 조경설치면적을 85/100 까지 완화하여 적용할 수 있으며, 용적률 및 건축물의 높이를 115/100의 범위에서 완화하여 적용할 수 있다(법 제65조의2 제6항).

2. 승강기의 설치

(1) 승용승강기

1) 설치대상

건축주는 6층 이상으로서 연면적이 2,000㎡ 이상인 건축물을 건축하려면 승강기를 설치하여야 한다. 이 경우 승강기의 규모 및 구조는 국토교통부령으로 정한다(법 제64조 제1항).

2) 예외

위의 1)의 규정에도 불구하고 "층수가 6층인 건축물로서 각 층 거실의 바닥면적 300㎡ 이내마다 1개소 이상의 직통계단을 설치한 건축물"을 건축하는 경우에는 승강기를 설치하지 아니하여도 된다(영 제89조).

(2) 비상용 승강기

1) 설치대상

높이 31m를 초과하는 건축물에는 승강기뿐만 아니라 비상용승강기를 추가로 설치하여야 한다(법 제64조 제2항).

2) 비상용 승강기의 설치

위의 1)에 따라 높이 31m를 넘는 건축물에는 다음 각 호의 기준에 따른 대수 이상의 비상용 승강기(비상용 승강기의 승강장 및 승강로를 포함한다)를 설치하여야 한다(영 제90조 제1항). 다만, 위의 법 제64조 제1항에 따라 설치되는 승강기를 비상용 승강기의 구조로 하는 경우에는 그러하지 아니하다(영 제90조 제1항 단서).

---

1. 높이 31m를 넘는 각 층의 바닥면적 중 최대 바닥면적이 1,500㎡ 이하인 건축물
   : 1대 이상
2. 높이 31m를 넘는 각 층의 바닥면적 중 최대 바닥면적이 1,500㎡를 넘는 건축물
   : 1대에 1,500㎡를 넘는 3,000㎡ 이내마다 1대씩 더한 대수 이상

---

3) 예외(「건축물의 설비기준 등에 관한 규칙」 제9조)

① 높이 31m를 넘는 각 층을 거실 이외의 용도로 사용할 경우
② 높이 31m를 넘는 각 층 바닥면적의 합계가 500㎡ 이하인 건축물
③ 높이 31m를 넘는 부분의 층수가 4개층 이하로서 해당 각 층 바닥면적의 합계 200㎡(벽 및 반자가 실내에 접하는 부분의 마감을 불연재료로 한 경우에는 500㎡) 이내마다 방화구획으로 구획한 건축물

(3) 피난용 승강기

고층건축물에는 건축물에 설치하는 승용승강기 중 1대 이상을 대통령령으로 정하는 바에 따라 피난용승강기로 설치하여야 한다(법 제64조 제3항).

특별건축구역

제 7 장

1. 개 념

'특별건축구역'이란 조화롭고 창의적인 건축물의 건축을 통하여 도시경관의 창출, 건설기술 수준향상 및 건축 관련 제도개선을 도모하기 위하여 이 법 또는 관계 법령에 따라 일부 규정을 적용하지 아니하거나 완화 또는 통합하여 적용할 수 있도록 특별히 지정하는 구역을 말한다(법 제2조 제2항 제18호).

2. 특별건축구역의 지정

(1) 원칙

국토교통부장관 또는 시·도지사는 다음 각 호의 구분에 따라 도시나 지역의 일부가 특별건축구역으로 특례 적용이 필요하다고 인정하는 경우에는 특별건축구역을 지정할 수 있다(법 제69조 제1항).

---

1. 국토교통부장관이 지정하는 경우
    가. 국가가 국제행사 등을 개최하는 도시 또는 지역의 사업구역
    나. 관계법령에 따른 국가정책사업으로서 대통령령으로 정하는 사업구역
2. 시·도지사가 지정하는 경우
    가. 지방자치단체가 국제행사 등을 개최하는 도시 또는 지역의 사업구역
    나. 관계법령에 따른 도시개발·도시재정비 및 건축문화 진흥사업으로서 건축물 또는 공간환경을 조성하기 위하여 대통령령으로 정하는 사업구역
    다. 그 밖에 대통령령으로 정하는 도시 또는 지역의 사업구역

---

① 관계 법령에 따른 국가정책사업으로서 조화롭고 창의적인 건축을 위하여 다음 (영 제105조 제1항)에서 정하는 사업구역

1. 「신행정수도 후속대책을 위한 연기·공주지역 행정중심복합도시 건설을 위한 특별법」에 따른 행
   정중심복합도시의 사업구역
2. 「혁신도시 조성 및 발전에 관한 특별법」에 따른 혁신도시의 사업구역
3. 「경제자유구역의 지정 및 운영에 관한 특별법」 제4조에 따라 지정된 경제자유구역
4. 「택지개발촉진법」에 따른 택지개발사업구역
5. 「공공주택 특별법」 제2조 제2호에 따른 공공주택지구
6. 「도시개발법」에 따른 도시개발구역
7. 「아시아문화중심도시 조성에 관한 특별법」에 따른 국립아시아문화전당 건설사업구역
8. 「국토의 계획 및 이용에 관한 법률」 제51조에 따른 지구단위계획구역 중 현상설계(懸賞設計)
   등에 따른 창의적 개발을 위한 특별계획구역

② 그 밖에 대통령령(영 제105조 제2항)으로 정하는 도시 또는 지역의 사업구역

1. 「경제자유구역의 지정 및 운영에 관한 특별법」 제4조에 따라 지정된 경제자유구역
2. 「택지개발촉진법」에 따른 택지개발사업구역
3. 「도시 및 주거환경정비법」에 따른 정비구역
4. 「도시개발법」에 따른 도시개발구역
5. 「도시재정비 촉진을 위한 특별법」에 따른 재정비촉진구역
6. 「제주특별자치도 설치 및 국제자유도시 조성을 위한 특별법」에 따른 국제자유도시의 사업구역
7. 「국토의 계획 및 이용에 관한 법률」 제51조에 따른 지구단위계획구역 중 현상설계(懸賞設計)
   등에 따른 창의적 개발을 위한 특별계획구역
8. 「관광진흥법」 제52조 및 제70조에 따른 관광지, 관광단지 또는 관광특구
9. 「지역문화진흥법」 제18조에 따른 문화지구

(2) 예외

다음의 어느 하나에 해당하는 지역·구역 등에 대하여는 위 (1)의 규정에도 불구하고 특별건축구역으로 지정할 수 없다(법 제69조 제2항).

① 「개발제한구역의 지정 및 관리에 관한 특별조치법」에 따른 개발제한구역
② 「자연공원법」에 따른 자연공원
③ 「도로법」에 따른 접도구역
④ 「산지관리법」에 따른 보전산지

3. 특별건축구역의 건축물

특별건축구역에서 건축기준 등의 특례사항을 적용하여 건축할 수 있는 건축물은 다음의 어느 하나에 해당되어야 한다(법 제70조 제1항).

① 국가 또는 지방자치단체가 건축하는 건축물

② 「공공기관의 운영에 관한 법률」에 따른 공공기관 중 다음에(영 제106조 제1항) 정하는 공공기관이 건축하는 건축물

---
① 한국토지주택공사, ② 한국수자원공사, ③ 한국도로공사, ④ 한국철도공사, ⑤ 국가철도공단,
⑥ 한국관광공사, ⑦ 한국농어촌공사

---

③ 그 밖에 대통령령(영 제106조 제2항 [별표 3])으로 정하는 용도·규모의 건축물로서 도시경관의 창출, 건설기술 수준향상 및 건축 관련 제도개선을 위하여 특례 적용이 필요하다고 허가권자가 인정하는 건축물

4. 특별건축구역의 지정절차 등

(1) 지정의 신청

중앙행정기관의 장, 특별건축구역의 사업구역을 관할하는 시·도지사 또는 시장·군수·구청장(지정신청기관)은 특별건축구역의 지정이 필요한 경우에는 다음의 자료를 갖추어 국토교통부장관에게 특별건축구역의 지정을 신청할 수 있다(법 제71조 제1항).

---
1. 특별건축구역의 위치·범위 및 면적 등에 관한 사항
2. 특별건축구역의 지정 목적 및 필요성
3. 특별건축구역 내 건축물의 규모 및 용도 등에 관한 사항
4. 특별건축구역의 도시·군관리계획에 관한 사항, 이 경우 도시·군관리계획의 세부 내용은 대통령령으로 정한다.
5. 건축물의 설계, 공사감리 및 건축시공 등의 발주방법 등에 관한 사항
6. 특별건축구역 전부 또는 일부를 대상으로 통합하여 적용하는 미술장식, 부설주차장, 공원 등의 시설에 대한 운영관리 계획서, 이 경우 운영관리 계획서의 작성방법, 서식, 내용 등에 관한 사항은 국토교통부령으로 정한다.
7. 그 밖에 특별건축구역의 지정에 필요한 대통령령으로 정하는 사항
---

(2) 중앙건축위원회의 심의

1) 심의

국토교통부장관 또는 특별시장·광역시장·도지사는 특별건축구역의 지정신청이 접수된 경우에는 특별건축구역 지정의 필요성, 타당성 및 공공성 등과 피난·방재 등의 사항을 검토하고, 지정 여부를 결정하기 위하여 지정신청을 받은 날부터 30일 이내에 국토교통부장관이 지정신청을 받은 경우에는 국토교통부장관이 두는 건축위원회(이하 "중앙건축위원회"라 한다), 특별시장·광역시장·도지사가 지정신청을 받은 경우에는 각각 특별시장·광역시장·도지사가 두는 건축위원회의 심의를 거쳐야 한다(법 제71조 제4항).

국토교통부장관 또는 특별시장·광역시장·도지사는 각각 중앙건축위원회 또는 특별시장·광역시장·도지사가 두는 건축위원회의 심의 결과를 고려하여 필요한 경우 특별건축구역의 범위, 도시·군관리계획 등에 관한 사항을 조정할 수 있다(법 제71조 제5항).

국토교통부장관 또는 시·도지사는 필요한 경우 직권으로 특별건축구역을 지정할 수 있다. 이 경우 제1항 각 호의 자료에 따라 특별건축구역 지정의 필요성, 타당성 및 공공성 등과 피난·방재 등의 사항을 검토하고 각각 중앙건축위원회 또는 시·도지사가 두는 건축위원회의 심의를 거쳐야 한다(법 제71조 제6항).

2) 고시 및 송부

국토교통부장관 또는 시·도지사는 특별건축구역을 지정하거나 변경·해제하는 경우에는 대통령령으로 정하는 바에 따라 주요 내용을 관보(시·도지사는 공보)에 고시하고, 국토교통부장관 또는 특별시장·광역시장·도지사는 지정신청기관에 관계 서류의 사본을 송부하여야 한다(법 제71조 제7항).

3) 지형도면의 승인신청

관계 서류의 사본을 받은 지정신청기관은 관계 서류에 도시·군관리계획의 결정사항이 포함되어 있는 경우에는 「국토의 계획 및 이용에 관한 법률」 제32조에 따라 지형도면의 승인신청 등 필요한 조치를 취하여야 한다(법 제71조 제8항).

지정신청기관은 특별건축구역 지정 이후 변경이 있는 경우 변경지정을 받아야 한다. 이 경우 변경지정을 받아야 하는 변경의 범위, 변경지정의 절차 등 필요한 사항은 대통령령으로 정한다(법 제71조 제9항).

4) 의제

특별건축구역을 지정하거나 변경한 경우에는 「국토의 계획 및 이용에 관한 법률」 제30조에 따른 도시·군관리계획의 결정(용도지역·지구·구역의 지정 및 변경은 제외한다)이 있는 것으로 본다(법 제71조 제11항).

5) 지정해제

국토교통부장관 또는 시·도지사는 다음 각 호의 어느 하나에 해당하는 경우에는 특별건축구역의 전부 또는 일부에 대하여 지정을 해제할 수 있다. 이 경우 국토교통부장관 또는 특별시장·광역시장·도지사는 지정신청기관의 의견을 청취하여야 한다(법 제71조 제10항).

---

1. 지정신청기관의 요청이 있는 경우
2. 거짓이나 그 밖의 부정한 방법으로 지정을 받은 경우
3. 특별건축구역 지정일부터 5년 이내에 특별건축구역 지정목적에 부합하는 건축물의 착공이 이루어지지 아니하는 경우
4. 특별건축구역 지정요건 등을 위반하였으나 시정이 불가능한 경우

---

5. 특별건축구역 내 건축물의 심의 등

(1) 특별건축구역에서의 건축허가의 신청

특별건축구역에서(제73조에 따라) 건축기준 등의 특례사항을 적용하여 건축허가를 신청하고자 하는 자(이하 "허가신청자"라 한다)는 다음 사항이 포함된 특례적용계획서를 첨부하여 해당 허가권자에게 건축허가를 신청하여야 한다(법 제72조 제1항).

---

1. 제5조에 따라 기준을 완화하여 적용할 것을 요청하는 사항
2. 제71조에 따른 특별건축구역의 지정요건에 관한 사항
3. 제73조 제1항의 적용배제 특례를 적용한 사유 및 예상효과 등
4. 제73조 제2항의 완화적용 특례의 동등 이상의 성능에 대한 증빙내용
5. 건축물의 공사 및 유지·관리 등에 관한 계획

---

(2) 건축허가의 심의

1) 심의

건축허가는 해당 건축물이 특별건축구역의 지정 목적에 적합한지의 여부와 특례 적용계획서 등 해당 사항에 대하여 시·도지사 및 시장·군수·구청장이 설치하는 건축 위원회(지방건축위원회)의 심의를 거쳐야 한다(법 제72조 제2항).

2) 교통영향분석·개선대책

허가신청자는 건축허가 시 「도시교통정비 촉진법」에 따른 교통영향분석·개선대 책의 검토를 동시에 진행하고자 하는 경우에는 같은 교통영향분석·개선대책에 관한 서 류를 첨부하여 허가권자에게 심의를 신청할 수 있다(법 제72조 제3항).

3) 의제

교통영향분석·개선대책에 대하여 지방건축위원회에서 통합 심의한 경우에는 「도 시교통정비 촉진법」에 따른 교통영향분석·개선대책의 심의를 한 것으로 본다(법 제72 조 제4항).

4) 변경

심의된 내용에 대하여 대통령령으로 정하는 변경사항이 발생한 경우에는 지방건축위 원회의 변경심의를 받아야 한다. 이 경우 변경심의는 위 규정을 준용한다(법 제72조 제5항).

5) 모니터링 대상물의 지정

국토교통부장관은 허가권자의 의견을 청취하여 건축허가를 받은 건축물 중에서 건축제도의 개선 및 건설기술의 향상을 위하여 모니터링(특례를 적용한 건축물에 대하여 해당 건축물의 건축시공, 공사감리, 유지·관리 등의 과정을 검토하고 실제로 건축물에 구현된 기능·미관·환경 등을 분석하여 평가하는 것을 말한다)하여 대상 건축물을 지정할 수 있다 (법 제72조 제6항).

6) 자료의 제출

허가권자는 건축허가를 받은 건축물의 특례적용계획서를 심의하는 데에 필요한 국토교통부령으로 정하는 자료를 특별시장·광역시장·특별자치시장·도지사·특별자치 도지사는 국토교통부장관에게, 시장·군수·구청장은 특별시장·광역시장·도지사에게 각각 제출하여야 한다(법 제72조 제7항).

7) 설계자의 참여

건축허가를 받은「건설기술 진흥법」제2조 제6호에 따른 발주청은 설계의도의 구현, 건축시공 및 공사감리의 모니터링, 그 밖에 발주청이 위탁하는 업무의 수행 등을 위하여 필요한 경우 설계자를 건축허가 이후에도 해당 건축물의 건축에 참여하게 할 수 있다. 이 경우 설계자의 업무내용 및 보수 등에 관하여는 대통령령으로 정한다(법 제72조 제8항).

6. 관계 법령의 적용 특례

(1) 법령적용의 배제

특별건축구역에 건축하는 건축물에 대하여는 다음의 규정을 적용하지 아니할 수 있다(법 제73조 제1항).

---

1. 제42조(대지안의 조경), 제55조(건축물의 건폐율), 제56조(건축물의 용적율), 제58조(대지 안의 공지), 제60조(건축물의 높이제한) 및 제61조(일조 등의 확보를 위한 건축물의 높이제한)
2. 「주택법」제21조(주택건설기준 등) 중 대통령령으로 정하는 규정

---

(2) 법령적용의 완화

1) 건축법

특별건축구역에 건축하는 건축물이 다음에 해당하는 때에는 해당 규정에서 요구하는 기준 또는 성능 등을 다른 방법으로 대신할 수 있는 것으로 지방건축위원회가 인정하는 경우에 한하여 해당 규정의 전부 또는 일부를 완화하여 적용할 수 있다(법 제73조 제2항).

제49조(건축물의 피난시설·용도제한 등), 제50조(건축물의 내화구조 및 방화벽), 제50조의2(실내 건축), 제51조(방화지구 안의 건축물), 제52조(건축물의 마감재료), 제53조(지하층), 제62조(건축설비기준 등), 제64조(승강기)

---

2)「소방시설설치유지 및 안전관리에 관한 법률」

「소방시설설치유지 및 안전관리에 관한 법률」에서 요구하는 기준 또는 성능을 법 정된 다른 방법으로 대신할 수 있는 경우 전부 또는 일부를 완화하여 적용할 수 있다(법 제73조 제3항).

이때, 허가권자가 「화재예방, 소방시설 설치·유지 및 안전관리에 관한 법률」 제9 조(특정소방대상물에 설치하는 소방시설 등의 유지·관리 등) 및 제11조(소방시설기준 적용의 특례)에 따른 기준 또는 성능 등을 완화하여 적용하려면 「소방시설공사업법」에 따른 지 압소방기술심의위원회의 심의를 거치거나 소방본부장 또는 소방서장과 협의를 하여야 한다(영 제109조 제2항).

7. 통합적용계획의 수립 및 시행

(1) 통합적용

특별건축구역에서는 다음 관계 법령의 규정에 대하여는 개별 건축물마다 적용하 지 아니하고 특별건축구역 전부 또는 일부를 대상으로 통합하여 적용할 수 있다(법 제 74조 제1항).

---

1. 「문화예술진흥법」 제9조에 따른 건축물에 대한 미술장식
2. 「주차장법」 제19조에 따른 부설주차장의 설치
3. 「도시공원 및 녹지 등에 관한 법률」에 따른 공원의 설치

---

(2) 통합적용계획 수립

지정신청기관은 관계 법령의 규정을 통합적용하고자 하는 경우에는 특별건축구역 전부 또는 일부에 미술장식, 부설주차장, 공원 등에 대한 수요를 개별법으로 정한 기준 이상으로 산정하여 파악하고 이용자의 편의성, 쾌적성 및 안정 등을 고려한 통합적용계 획을 수립하여야 한다(법 제74조 제2항).

(3) 통합적용계획 수립절차

1) 협의

지정신청기관이 통합적용계획을 수립하는 때에는 해당 구역을 관할하는 허가권자와 협의하여야 하며, 협의요청을 받은 허가권자는 요청받은 날부터 20일 이내에 지정신청기관에게 의견을 제출하여야 한다(법 제74조 제3항).

2) 송부

지정신청기관은 도시·군관리계획의 변경을 수반하는 통합적용계획이 수립된 때에는 관련 서류를 「국토의 계획 및 이용에 관한 법률」 제30조에 따른 도시·군관리계획 결정권자에게 송부하여야 하며, 이 경우 해당 도시·군관리계획 결정권자는 특별한 사유가 없으면 도시·군관리계획의 변경에 필요한 조치를 취하여야 한다(법 제74조 제4항).

8. 건축주 등 및 허가권자 등의 의무

(1) 건축주 등의 의무

1) 유지관리

특별건축구역에서 건축기준 등의 적용 특례사항을 적용하여 건축허가를 받은 건축물의 공사감리자, 시공자, 건축주 및 소유자는 시공 중이거나 건축물의 사용승인 이후에도 당초 허가를 받은 건축물의 형태, 재료, 색채 등이 원형을 유지하도록 필요한 조치를 하여야 한다(법 제75조 제1항).

2) 모니터링

국토교통부장관 및 허가권자는 모니터링 대상으로 지정된 건축물에 대하여 모니터링을 직접 시행하거나 분야별 전문가 또는 전문기관에 용역을 의뢰할 수 있다. 이 경우 해당 건축물의 건축주, 소유자 또는 관리자는 특별한 사유가 없는 한 모니터링에 필요한 사항에 대하여 협조하여야 한다(법 제77조 제2항).

(2) 허가권자 등의 의무

1) 건축물의 설계

허가권자는 특별건축구역의 건축물에 대하여 설계자의 창의성·심미성 등의 발휘와 제도 개선·기술발전 등이 유도될 수 있도록 노력하여야 한다(법 제76조 제1항).

2) 제도개선의 노력

허가권자는 특별건축구역 건축물의 모니터링보고서를 국토교통부장관에게 제출하여야 하며, 국토교통부장관은 해당 모니터링보고서와 검사 및 모니터링 결과 등을 분석하여 필요한 경우 이 법 또는 관계 법령의 제도개선을 위하여 노력하여야 한다(법 제76조 제2항).

9. 특별건축구역 건축물의 검사 등

국토교통부장관 및 허가권자는 특별건축구역의 건축물에 대하여 검사를 실시할 수 있으며, 필요한 경우 시정명령 등 필요한 조치를 취할 수 있다(법 제77조 제1항).

(1) 보고와 검사 등

① 국토교통부장관, 시·도지사, 시장·군수·구청장, 그 소속 공무원, 제27조에 따른 업무대행자 또는 제37조에 따른 건축지도원은 건축물의 건축주등, 공사감리자, 공사시공자 또는 관계전문기술자에게 필요한 자료의 제출이나 보고를 요구할 수 있으며, 건축물·대지 또는 건축공사장에 출입하여 그 건축물, 건축설비, 그 밖에 건축공사에 관련되는 물건을 검사하거나 필요한 시험을 할 수 있다(법 제87조 제1항). 이에 따라 검사나 시험을 하는 자는 그 권한을 표시하는 증표를 지니고 이를 관계인에게 내보여야 한다(법 제87조 제2항).

② 허가권자는 건축관계자등과의 계약 내용을 검토할 수 있으며, 검토결과 불공정 또는 불합리한 사항이 있어 부실설계·시공·감리가 될 우려가 있는 경우에는 해당 건축주에게 그 사실을 통보하고 해당 건축물의 건축공사 현장을 특별히 지도·감독하여야 한다(법 제87조 제3항).

(2) 시정명령

① 허가권자는 대지나 건축물이 이 법 또는 이 법에 따른 명령이나 처분에 위반되면 이 법에 따른 허가 또는 승인을 취소하거나 그 건축물의 건축주·공사시공자·현장관리인·소유자·관리자 또는 점유자("건축주등")에게 공사의 중지를 명하거나 상당한 기간을 정하여 그 건축물의 철거·개축·증축·수선·용도변경·사용금지·사용제한, 그 밖에 필요한 조치를 명할 수 있다(법 제79조 제1항).

② 이에 따라 허가권자는 허가나 승인이 취소된 건축물 또는 제1항에 따른 시정명령을 받고 이행하지 아니한 건축물에 대하여는 다른 법령에 따른 영업이나 그 밖의 행위를 허가·면허·인가·등록·지정 등을 하지 아니하도록 요청할 수 있다(법 제79조 제2항).

③ 허가권자는 제1항에 따른 시정명령을 하는 경우 국토교통부령으로 정하는 바에 따라 건축물대장에 위반내용을 적어야 하며(법 제79조 제4항), 허가권자는 이 법 또는 이 법에 따른 명령이나 처분에 위반되는 대지나 건축물에 대한 실태를 파악하기 위하여 조사를 할 수 있다(법 제79조 제5항).

제 8 장

보칙 등

제1절 감 독

1. 국토교통부장관의 감독

국토교통부장관은 시·도지사 또는 시장·군수·구청장이 행한 명령이나 처분이 위법하거나 부당하다고 인정하는 경우에는 해당 명령 또는 처분의 취소·변경 기타 필요한 조치를 명할 수 있으며, 시·도지사 또는 시장·군수·구청장은 그 시정결과를 국토교통부장관에게 지체없이 보고하여야 한다(법 제78조 제1항).

2. 시·도지사의 감독

시·도지사는 시장·군수·구청장이 행한 명령이나 처분이 위법하거나 부당하다고 인정하는 경우에는 해당 명령 또는 처분의 취소·변경 기타 필요한 조치를 명할 수 있다. 이 경우 시장·군수·구청장은 그 시정결과를 시·도지사에게 지체 없이 보고하여야 한다(법 제78조 제2항).

제2절 위반건축물에 대한 조치

1. 허가·승인의 취소 및 시정명령(1차적 조치)

허가권자는 대지 또는 건축물이 건축법령의 규정에 의한 명령이나 처분에 위반한 경우에는 허가 또는 승인을 취소하거나 그 건축물의 건축주·공사시공자·현장관리인·소유자·관리자·점유자에 대하여 그 공사의 중지를 명하거나 상당한 기간을 정하여 그 건축물의 철거·개축·증축·수선·용도변경·사용금지·사용제한 기타 필요한 조치를 명할 수 있다(법 제79조 제1항).

2. 관계 행정기관의 장에게 요청(2차적 조치)

① 허가권자는 상기 (1)에 의한 조치 또는 시정명령을 받고 이행하지 아니한 건축
   물에 대하여는 관계 행정기관의 장에게 해당 건축물을 사용하여 행할 다른 법령
   에 의한 영업 기타 행위의 허가를 하지 아니하도록 요청할 수 있다(법 제79조
   제2항).
② 위 ①의 규정에 의한 요청을 받은 자는 특별한 이유가 없는 한 이에 응하여야
   한다(법 제79조 제3항).
③ 허가권자가 기간을 정하여 그 사용 또는 영업 기타 행위를 허용한 주택과 대통
   령령이 정하는 경우에는 그러하지 아니하다(법 제79조 제2항 단서).

제 3 절 권한의 위임

(1) 국토교통부장관은 특별건축구역의 지정·변경 및 해제에 관한 권한을 시·도지
사에게 위임할 수 있다(법 제82조 제1항).

(2) 시·도지사는 이 법에 따른 권한의 일부를 시장(행정시의 시장을 포함)·군수·구
청장에게 위임할 수 있다(법 제82조 제2항).

(3) 시장·군수·구청장은 이 법에 따른 권한의 일부를 대통령령으로 정하는 바(영
제117조)에 따라 다음과 같이 구청장(자치구가 아닌 구의 구청장을 말한다)·동장·읍장 또
는 면장에게 위임할 수 있다(법 제82조 제3항).

(4) 국토교통부장관은 제31조 제1항과 제32조 제1항에 따라 건축허가 업무 등을
효율적으로 처리하기 위하여 구축하는 전자정보처리 시스템의 운영을 대통령령으로 정
하는 기관 또는 단체에 위탁할 수 있다(법 제82조 제4항).

① 구청장(자치구가 아닌 구의 구청장을 말한다)에게 위임할 수 있는 권한(영
   제117조 제3항)

> 1. 6층 이하로서 연면적 2,000㎡ 이하인 건축물의 건축·대수선 및 용도변경에 관한 권한
> 2. 기존 건축물 연면적의 3/10 미만의 범위에서 하는 증축에 관한 권한

② 동장·읍장 또는 면장에게 위임할 수 있는 권한(영 제117조 제4항)

> 1. 건축물의 건축 및 대수선에 관한 권한
> 2. 가설건축물의 축조 및 가설건축물의 존치기간 연장에 관한 권한
> 3. 옹벽 등의 공작물 축조 신고에 관한 권한

제 4 절 건축분쟁전문위원회

1. 조정사항

건축분쟁전문위원회는 건축물의 건축 등과 관련된 다음의 분쟁(「건설산업기본법」 제69조에 따른 조정의 대상이 되는 분쟁은 제외한다)의 조정(調停) 및 재정(裁定)을 하며, 국토교통부에 건축분쟁전문위원회를 둔다.(법 제88조 제1항, 법 제89조).

설치장소	분쟁조정사항	위원의 구성
국토교통부에 건축분쟁전문위원회를 둔다.	① 건축관계자와 해당 건축물의 건축 등으로 인하여 피해를 입은 인근주민 간의 분쟁 ② 관계 전문기술자와 인근주민 간의 분쟁 ③ 건축관계자와 관계 전문기술자 간의 분쟁 ④ 건축관계자 상호간의 분쟁 ⑤ 인근주민 상호간의 분쟁 ⑥ 관계전문기술자 상호간의 분쟁 ⑦ 기타 대통령령으로 정하는 사항	건축분쟁위원회는 위원장과 부위원장 각 1명을 포함한 15명 이내의 위원으로 구성한다.

2. 조정절차

(1) 위원의 제척·기피 및 회피

① 위원의 제척·기피·회피 및 위원회의 운영, 조정 등의 거부와 중지 등 그 밖에 필요한 사항은 대통령령으로 정한다(법 제89조 제8항). 이에 대통령령이 정하는

바에 따라 분쟁위원회의 위원이 다음의 어느 하나에 해당하면 그 직무의 집행
에서 제외된다(영 제119조의7 제1항).

---

1. 위원 또는 그 배우자나 배우자였던 자가 해당 분쟁사건의 당사자가 되거나 그 사건에 관하여
   당사자와 공동권리자 또는 의무자의 관계에 있는 경우
2. 위원이 해당 사건의 당사자와 친족이거나 친족이었던 경우
3. 위원이 해당 사건에 관하여 진술이나 감정을 한 경우
4. 위원이 해당 사건에 당사자의 대리인으로서 관여하였거나 관여한 경우
5. 위원이 해당 사건의 원인이 된 처분이나 부작위에 관여한 경우

---

② 분쟁위원회는 제척 원인이 있는 경우 직권이나 당사자의 신청에 따라 제척의
결정을 한다(영 제119조의7 제2항).

③ 당사자는 위원에게 공정한 직무집행을 기대하기 어려운 사정이 있으면 분쟁위
원회에 기피신청을 할 수 있으며, 분쟁위원회는 기피신청이 타당하다고 인정하
면 기피의 결정을 하여야 한다(영 제119조의7 제3항).

④ 위원은 제1항이나 제3항의 사유에 해당하면 스스로 그 사건의 직무집행을 회피
할 수 있다(영 제119조의7 제4항).

(2) 조정 등의 신청(법 제92조)

① 건축물의 건축등과 관련된 분쟁의 조정 또는 재정("조정등"이라 한다)을 신청하
려는 자는 분쟁위원회에 조정등의 신청서를 제출하여야 한다.

② 조정신청은 해당 사건의 당사자 중 1명 이상이 하며, 재정신청은 해당 사건 당
사자 간의 합의로 한다. 다만, 분쟁위원회는 조정신청을 받으면 해당 사건의 모
든 당사자에게 조정신청이 접수된 사실을 알려야 한다.

③ 분쟁위원회는 당사자의 조정신청을 받으면 60일 이내에, 재정신청을 받으면
120일 이내에 절차를 마쳐야 한다. 다만, 부득이한 사정이 있으면 분쟁위원회
의 의결로 기간을 연장할 수 있다.

(3) 조정 등의 신청에 따른 공사중지

시·도지사 또는 시장·군수·구청장은 위해 방지를 위하여 긴급한 상황이거나 그
밖에 특별한 사유가 없으면 조정 등의 신청이 있다는 이유만으로 해당 공사를 중지하게

하여서는 아니 된다(법 제93조 제3항).

3. 조정 및 재정의 효력

(1) 조정의 효력(법 제96조)

① 조정위원회는 조정안을 작성하면 지체 없이 각 당사자에게 조정안을 제시하여
야 한다.

② 조정안을 제시받은 당사자는 제시를 받은 날부터 15일 이내에 수락 여부를 조
정위원회에 알려야 한다.

③ 조정위원회는 당사자가 조정안을 수락하면 즉시 조정서를 작성하여야 하며, 조
정위원과 각 당사자는 이에 기명날인하여야 한다.

④ 당사자가 조정안을 수락하고 조정서에 기명날인하면 조정서의 내용은 재판상
화해와 동일한 효력을 갖는다. 다만, 당사자가 임의로 처분할 수 없는 사항에
관한 것은 그러하지 아니하다.

(2) 재정의 효력 등(법 제99조)

재정위원회가 재정을 한 경우 재정 문서의 정본이 당사자에게 송달된 날부터 60일
이내에 당사자 양쪽이나 어느 한쪽으로부터 그 재정의 대상인 건축물의 건축등의 분쟁
을 원인으로 하는 소송이 제기되지 아니하거나 그 소송이 철회되면 그 재정 내용은 재
판상 화해와 동일한 효력을 갖는다. 다만, 당사자가 임의로 처분할 수 없는 사항에 관한
것은 그러하지 아니하다.

4. 시효의 중단

당사자가 재정에 불복하여 소송을 제기한 경우 시효의 중단과 제소기간의 산정에
있어서는 재정신청을 재판상의 청구로 본다(법 제100조).

5. 조정에의 회부

건축분쟁전문위원회는 재정신청이 된 사건을 조정에 회부하는 것이 적합하다고 인정하면 직권으로 직접 조정할 수 있다(법 제101조).

6. 비용부담

① 분쟁의 조정 등을 위한 감정·진단·시험 등에 드는 비용은 당사자 간의 합의로 정하는 비율에 따라 당사자가 부담하여야 한다. 다만, 당사자 간에 비용부담에 대하여 합의가 되지 아니하면 조정위원회나 재정위원회에서 부담비율을 정한다(법 제102조 제1항).

② 조정위원회나 재정위원회는 필요하다고 인정하면 당사자에게 비용을 예치하게 할 수 있다(법 제102조 제2항).

③ 조정등의 당사자가 부담할 비용의 범위는 다음과 같다(법 제102조 제3항 및 규칙 제43조의5).

---

1. 감정·진단·시험에 소요되는 비용
2. 검사·조사에 소요되는 비용
3. 녹음·속기록·참고인 출석에 소요되는 비용, 그 밖에 조정등에 소요되는 비용. 다만, 다음 각 목의 어느 하나에 해당하는 비용을 제외한다.
   가. 분쟁위원회의 위원 또는 영 제119조의9 제2항에 따른 사무국(이하 "사무국"이라 한다) 소속 직원이 분쟁위원회의 회의에 출석하는데 소요되는 비용
   나. 분쟁위원회의 위원 또는 사무국 소속 직원의 출장에 소요되는 비용
   다. 우편료 및 전신료

---

7. 절차의 비공개

건축분쟁전문위원회가 행하는 조정 등의 절차는 법 또는 이 영에 특별한 규정이 있는 경우를 제외하고는 공개하지 아니한다(영 제119조의6).

제5절 이행강제금

이행강제금은 이 법을 위반한 자가 그 위반사항에 대한 시정명령을 받은 후 이를 이행하지 않을 경우, 그 시정명령이 이행될 때까지 반복하여 이행강제금을 부과·징수함으로써 1회만 부과·징수할 수 있는 벌금이나 과태료가 지닌 결함을 보완하여 행정처분의 실효성확보를 목적으로 마련된 제도이다.

1. 이행강제금의 부과대상

허가권자는 제79조 제1항에 따라 시정명령을 받은 후 시정기간 내에 시정명령을 이행하지 아니한 건축주등에 대하여는 그 시정명령의 이행에 필요한 상당한 이행기한을 정하여 그 기한까지 시정명령을 이행하지 아니하면 다음 각 호의 이행강제금을 부과한다(법 제80조 제1항).

2. 부과·징수의 특징

(1) 이행될 때까지 반복 부과·징수

허가권자는 최초의 시정명령이 있었던 날을 기준으로 하여 1년에 2회 이내의 범위에서 해당 지방자치단체의 조례로 정하는 횟수만큼 그 시정명령이 이행될 때까지 반복하여 이행강제금을 부과·징수할 수 있다(법 제80조 제5항).

(2) 시정명령이행 후 이행강제금

허가권자는 시정명령을 받은 자가 이를 이행하면 새로운 이행강제금의 부과를 즉시 중지하되, 이미 부과된 이행강제금은 징수하여야 한다(영 제80조 제6항).

3. 부과금액

허가권자는 이행강제금 부과대상자들이 상당한 이행기한까지 시정명령을 이행하지 아니하면 다음 각 호의 이행강제금을 부과한다(법 제80조 제1항).

다만, 연면적(공동주택의 경우에는 세대 면적을 기준으로 한다)이 85㎡ 이하인 주거용 건축물과 제2호 중 주거용 건축물로서 대통령령으로 정하는 경우에는 다음 각 호의 어느 하나에 해당하는 금액의 1/2의 범위에서 해당 지방자치단체의 조례로 정하는 금액을 부과(5회 이내)한다(법 제80조 제1항 단서).

---

1. 건축물이 제55조와 제56조에 따른 건폐율이나 용적률을 초과하여 건축된 경우 또는 허가를 받지 아니하거나 신고를 하지 아니하고 건축된 경우에는 「지방세법」에 따라 해당 건축물에 적용되는 1㎡의 시가표준액의 50/100에 해당하는 금액에 위반면적을 곱한 금액 이하의 범위에서 위반 내용에 따라 대통령령으로 정하는 비율을 곱한 금액
2. 건축물이 제1호 외의 위반 건축물에 해당하는 경우에는 「지방세법」에 따라 그 건축물에 적용되는 시가표준액에 해당하는 금액의 10/100의 범위에서 위반내용에 따라 대통령령으로 정하는 금액

---

4. 부과·징수절차

(1) 계고

허가권자는 이행강제금을 부과하기 전에 이행강제금을 부과·징수한다는 뜻을 미리 문서로써 계고하여야 한다(법 제80조 제3항).

(2) 부과방법

허가권자가 이행강제금을 부과하는 경우에는 이행강제금의 금액·이행강제금의 부과사유·이행강제금의 납부기한 및 수납기관·이의제기방법 및 이의제기기관 등을 명시한 문서로 행하여야 한다(법 제80조 제4항).

대판 2013.1.24, 2011두10164(이행강제금 부과처분 취소)

"이행강제금 부과 근거 규정인 건축법 제80조 제1항 제1호는 "건축물이 제55조와 제56조에 따른 건폐율이나 용적률을 초과하여 건축된 경우 또는 허가를 받지 아니하거나 신고를 하지 아니하고 건축된 경우에는 지방세법에 따라 해당 건축물에 적용되는 1㎡의 시가표준액의 50/100에 해당하는 금액에 위반면적을 곱한 금액 이하"의 이행강제금을 부과하도록 규정하고 있는바, 건축법이 이와 같이 건축물이 신고하지 않고 건축된 경우에도 이행강제금을 부과할 수 있도록 규정하고 있는 점에 비

추어 보면, 건축법상의 이행강제금은 허가 대상 건축물뿐만 아니라 신고 대상 건축물에 대해서도 부과할 수 있고, 한편 신고를 하지 않고 가설건축물을 축조한 경우에는 건축법 제80조 제1항 제1호에 따라 '지방세법에 따라 해당 건축물에 적용되는 1㎡의 시가표준액의 50/100에 해당하는 금액에 위반면적을 곱한 금액 이하'의 이행강제금을 부과하여야 할 것이지 같은 항 제2호에 따라 이행강제금을 부과할 것이 아니다."

(3) 이행강제금의 가중

허가권자는 영리목적을 위한 위반이나 상습적 위반 등 대통령령으로 정하는 경우에 제1항에 따른 금액을 100/100의 범위에서 해당 지방자치단체의 조례로 정하는 바에 따라 가중하여야 한다(법 제80조 제2항).

(4) 강제징수

허가권자는 이행강제금 부과처분을 받은 자가 이행강제금을 납부기한까지 내지 아니하면 「지방행정제재·부과금의 징수 등에 관한 법률」에 따라 징수한다(법 제80조 제7항).

5. 이행강제금 부과에 관한 특례

① 허가권자는 이행강제금을 다음 각 호에서 정하는 바에 따라 감경할 수 있다. 다만, 지방자치단체의 조례로 정하는 기간까지 위반내용을 시정하지 아니한 경우는 제외한다(법 제80조의2 제1항).

1. 축사 등 농업용·어업용 시설로서 500㎡(「수도권정비계획법」 제2조 제1호에 따른 수도권 외의 지역에서는 1,000㎡) 이하인 경우는 1/5을 감경
2. 그 밖에 위반 동기, 위반 범위 및 위반 시기 등을 고려하여 대통령령으로 정하는 경우(제80조 제2항에 해당하는 경우는 제외한다)에는 1/2의 범위에서 대통령령으로 정하는 비율을 감경

② 허가권자는 법률 제4381호 건축법개정법률의 시행일(1992년 6월 1일을 말한다) 이전에 이 법 또는 이 법에 따른 명령이나 처분을 위반한 주거용 건축물에 관하여는 대통령령으로 정하는 바에 따라 이행강제금을 감경할 수 있다(법 제80조의2 제2항).

제 6 절 행정형벌

1. 10년 이하의 징역 및 무기징역이나 3년 이상의 징역

설계·시공·공사감리 및 유지·관리와 건축자재의 제조 및 유통을 함으로써 건축물이 부실하게 되어 착공 후「건설산업기본법」에 따른 하자담보책임 기간에 건축물의 기초와 주요구조부에 중대한 손괴를 일으켜 일반인을 위험에 처하게 한 설계자·감리자·시공자·제조업자·유통업자·관계전문기술자 및 건축주는 10년 이하의 징역에 처한다(법 제106조 제1항). 또한 제1항의 죄를 범하여 사람을 죽거나 다치게 한 자는 무기징역이나 3년 이상의 징역에 처한다(법 제106조 제2항).

2. 5년 이하의 징역이나 금고 또는 5억원 이하의 벌금 및 10년 이하의 징역이나 금고 또는 10억원 이하의 벌금

업무상 과실로 앞의 제106조 제1항의 죄를 범한 자는 5년 이하의 징역이나 금고 또는 5억원 이하의 벌금에 처하고, 업무상 과실로 동조 제2항의 죄를 범한 자는 10년 이하의 징역이나 금고 또는 10억원 이하의 벌금에 처한다(법 제107조).

3. 3년 이하의 징역 또는 5억원 이하의 벌금

도시지역 안에서 다음 규정에 위반하여 건축물을 건축하거나 대수선 또는 용도변경한 건축주 및 공사시공자는 3년 이하의 징역 또는 5억원 이하의 벌금에 처한다(법 제108조 제1항). 이 경우에 징역과 벌금은 병과할 수 있다(법 제108조 제2항).

---

1. 도시지역에서 제11조 제1항, 제19조 제1항 및 제2항, 제47조, 제55조, 제56조, 제58조, 제60조, 제61조 또는 제77조의10을 위반하여 건축물을 건축하거나 대수선 또는 용도변경을 한 건축주 및 공사시공자
2. 제52조 제1항 및 제2항에 따른 방화에 지장이 없는 재료를 사용하지 아니한 공사시공자 또는 그 재료 사용에 책임이 있는 설계자나 공사감리자
3. 제52조의3 제1항을 위반한 건축자재의 제조업자 및 유통업자

> 4. 제52조의4 제1항을 위반하여 품질관리서를 제출하지 아니하거나 거짓으로 제출한 제조업자,
>   유통업자, 공사시공자 및 공사감리자
> 5. 제52조의5 제1항을 위반하여 품질인정기준에 적합하지 아니함에도 품질인정을 한 자

4. 2년 이하의 징역 또는 2억원 이하의 벌금

이 법에 의한 현장조사·검사 및 확인업무를 대행하는 자는 현장조사·검사 또는 확인결과를 국토교통부령이 정하는 바에 의하여 시장·군수·구청장에게 서면으로 보고하여야 하며, 보고를 허위로 한 자는 2년 이하의 징역 또는 2억원 이하의 벌금에 처한다(법 제109조).

5. 2년 이하의 징역 또는 1억원 이하의 벌금

다음에 해당하는 자는 2년 이하의 징역 또는 1억원 이하의 벌금에 처한다(법 제110조).

1) 도시지역 밖에서 다음에 열거한 규정에 위반하여 건축물을 건축하거나 대수선한 건축주 및 공사 시공자	㉠ 건축허가 ㉡ 건축선에 의한 건축제한 ㉢ 건폐율 ㉣ 용적률 ㉤ 건축물의 높이제한
2) 다음에 열거한 규정에 위반한 자	㉠ 허가·신고사항의 변경 ㉡ 「건설업법」 제4조 제2호의 규정에 의한 건축물의 공사 ㉢ 사용승인을 얻은 후 건축물의 사용 ㉣ 공사감리자에 대한 불이익금지
	㉠ 가설건축물·공작물의 건축허가 ㉡ 공사감리자 지정 및 감리중간보고서 제출 ㉢ 건축물의 유지·관리 ㉣ 도로의 폐지·변경 ㉤ 옹벽의 설치 ㉥ 구조내력 및 관계 전문기술자 ㉦ 건축설비기준 ㉧ 공사감리자의 요청, 감리완료서 보고제출

6. 5천만원 이하의 벌금

다음에 해당하는 자는 5천만원 이하의 벌금에 처한다(법 제111조).

---

1. 건축신고 또는 신청을 하지 아니하거나 거짓으로 신고하거나 신청한 자
2. 설계 변경을 요청받고도 정당한 사유 없이 따르지 아니한 설계자
3. 공사감리자로부터 상세시공도면을 작성하도록 요청받고도 이를 작성하지 아니하거나 시공도면에 따라 공사하지 아니한 자
4. 현장관리인을 지정하지 아니하거나 착공신고서에 이를 거짓으로 기재한 자 등

---

7. 양벌규정(법 제112조)

① 법인의 대표자, 대리인, 사용인, 그 밖의 종업원이 그 법인의 업무에 관하여 제106조의 위반행위를 하면 행위자를 벌할 뿐만 아니라 그 법인에도 10억원 이하의 벌금에 처한다. 다만, 법인이 그 위반행위를 방지하기 위하여 해당 업무에 관하여 상당한 주의와 감독을 게을리하지 아니한 때에는 그러하지 아니하다.

② 개인의 대리인, 사용인, 그 밖의 종업원이 그 개인의 업무에 관하여 제106조의 위반행위를 하면 행위자를 벌할 뿐만 아니라 그 개인에게도 10억원 이하의 벌금에 처한다. 다만, 개인이 그 위반행위를 방지하기 위하여 해당 업무에 관하여 상당한 주의와 감독을 게을리하지 아니한 때에는 그러하지 아니하다.

③ 법인의 대표자, 대리인, 사용인, 그 밖의 종업원이 그 법인의 업무에 관하여 제107조부터 제111조까지의 규정에 따른 위반행위를 하면 행위자를 벌할 뿐만 아니라 그 법인에도 해당 조문의 벌금형을 과한다. 다만, 법인이 그 위반행위를 방지하기 위하여 해당 업무에 관하여 상당한 주의와 감독을 게을리하지 아니한 때에는 그러하지 아니하다.

④ 개인의 대리인, 사용인, 그 밖의 종업원이 그 개인의 업무에 관하여 제107조부터 제111조까지의 규정에 따른 위반행위를 하면 행위자를 벌할 뿐만 아니라 그 개인에게도 해당 조문의 벌금형을 과한다. 다만, 개인이 그 위반행위를 방지하기 위하여 해당 업무에 관하여 상당한 주의와 감독을 게을리하지 아니한 때에는 그러하지 아니하다.

제 7 절 과태료(행정질서벌)

1. 과태료의 부과대상

① 다음에 해당하는 자에게는 200만원 이하의 과태료를 부과한다(법 제113조 제1항).

---

1. 건축물대장 기재내용의 변경을 신청하지 아니한 자
2. 공사현장에 설계도서를 갖추어 두지 아니한 자
3. 건축허가 표지판을 설치하지 아니한 자
4. 건축자재의 제조 및 유통에 관한 점검을 거부·방해 또는 기피한 자
5. 내진능력의 공개를 하지 아니한 자

---

② 다음에 해당하는 자에 대하여는 100만원 이하의 과태료에 처한다(법 제113조 제2항).

---

1. 제25조 제3항을 위반하여 보고를 하지 아니한 공사감리자
2. 제27조 제2항에 따른 보고를 하지 아니한 자
3. 제36조 제1항에 따른 신고를 하지 아니한 자
4. 제77조 제2항을 위반하여 모니터링에 필요한 사항에 협조하지 아니한 건축주, 소유자 또는 관리자
5. 제87조 제1항에 따른 자료의 제출 또는 보고를 하지 아니하거나 거짓 자료를 제출하거나 거짓 보고를 한 자 등

---

③ 공정 및 안전 관리 업무를 수행하지 아니하거나 공사 현장을 이탈한 현장관리인 50만원 이하의 과태료에 처한다(법 제113조 제3항).

2. 과태료의 부과권자

과태료는 대통령령으로 정하는 바에 따라 국토교통부장관, 시·도지사 또는 시장·군수·구청장이 부과·징수한다(법 제113조 제4항).

제 4 편

도시 및 주거환경정비법

부 / 동 / 산 / 공 / 법 / 론

제 4 편

도시 및 주거환경정비법

제 1 장

총 칙

제 1 절 제정목적

이 법은 도시기능의 회복이 필요하거나, 주거환경이 불량한 지역을 계획적으로 정비하고, 노후·불량건축물을 효율적으로 개량하기 위하여 필요한 사항을 규정함으로써 도시환경을 개선하고 주거생활의 질을 높이는 데 이바지함을 목적으로 한다(법 제1조).

1970년대 이후 산업화·도시화 과정에서 대량으로 공급된 주택들이 노후화됨에 따라 이들을 보다 체계적이고 효율적으로 정비할 필요성이 발생하게 되었고, 이에 따라서 현행 재개발사업, 재건축사업 및 주거환경개선사업이 각각의 개별법으로 운영되어 왔다. 그러나 이에 관한 제도적 뒷받침이 미흡하기에, 이를 보완하여 보다 효율적인 정비사업을 위한 일관성 있고 체계적으로 통합된 단일법을 제정하기 위한 것이다. 이 법의 제정으로 (구)도시재개발법, (구)도시저소득 주민의 주거환경 개선을 위한 임시조치법, (구)주택건설촉진법에 의한 재건축사업이 폐지되었으며, 이 법에 따라 정비사업은 주거환경개선사업, 주택재개발사업, 주택재건축사업, 도시환경정비사업으로 통합되어 체계적으로 규율되게 되었다.

이후 2012년 이 법의 일부개정을 통해 "주택재개발사업 등 정비사업이 부동산 경기침체, 사업성 저하 및 주민 갈등 등으로 지연·중단됨에 따라 공공의 역할 확대, 규제 완화 및 조합운영의 투명성 제고 등을 통한 정비사업의 원활한 추진을 지원하고, 전면

철거형 정비방식에서 벗어나 정비·보전·관리를 병행"할 수 있도록 '주거환경정비사업'
과 '가로주택정비사업' 방식을 새로이 도입하여 정비사업을 총 6가지로 나누어 시행함
으로써 도시 정비기능을 강화하고자 하였다.

　　그러나 2003년 이 법의 제정 이후 정비사업에 대한 사회적 수요가 급증하고 시장
상황 변화에 부응하기 위한 법률 개정이 빈번하게 이루어지면서 법조문도 제정 당시
88개조 273개항에서 117개조 423개항으로 크게 증가하였기에, 이로 인해 법률 규정이
지나치게 복잡하여 일반 국민이 이해하기가 어려울 뿐만 아니라 정비사업을 둘러싼 분
쟁이 다수 발생하고 있기 때문에 법률을 알기 쉽게 개편하고 불필요한 분쟁을 저감할
수 있도록 법률 규정을 정비할 필요성이 증대되었다. 이에 따라 복잡한 정비사업 유형
을 통합하여 단순화하고, 분쟁을 유발하는 불명확한 규정은 명확하게 개선하는 한편,
일반 국민들이 정비사업 제도를 알기 쉽게 정비하기 위해 2017년 전부개정(법률 제
14567호, 2017. 2. 8., 전부개정, 시행 2018. 2. 9.)을 통해 정비사업을 다시 주거환경개선사
업, 재개발사업, 재건축사업의 총 3가지로 구분하였다.

　　가장 최근 개정(법률 제18830호, 2022. 2. 3., 일부개정, 시행 2022. 2. 3.)에서는 재건축
사업구역이 조정대상지역 또는 투기과열지구로 지정될지 여부를 사전에 알기 어려운
상황에서 1주택을 공급받을 것으로 예상하고 사업구역 내 다물권자로부터 주택 또는
토지를 양수한 자의 신뢰를 보호하기 위하여 과밀억제권역 외의 재건축 사업구역이 속
한 지역이 조정대상지역 또는 투기과열지구로 지정되기 전에 1명의 토지등소유자로부
터 주택 등을 양수한 토지등소유자에 대해서는 1주택을 공급할 수 있도록 하는 한편,
정비사업 시행에 위법성 등이 인정되는 경우 특별자치시장, 특별자치도지사 및 자치구
의 구청장도 추진위원회, 주민대표회의, 사업시행자 또는 정비사업전문관리업자에 대
하여 정비사업의 적정한 시행을 위해 필요한 조치를 할 수 있도록 하기 위하여 제76조
(관리처분계획의 수립기준) 제1항 제7호에 "나목1) 단서에도 불구하고 과밀억제권역 외의
조정대상지역 또는 투기과열지구에서 조정대상지역 또는 투기과열지구로 지정되기 전
에 1명의 토지등소유자로부터 토지 또는 건축물의 소유권을 양수하여 여러 명이 소유
하게 된 경우에는 양도인과 양수인에게 각각 1주택을 공급할 수 있다"는 다목이 신설되
었다.

제 2 절　용어의 정의

이 법에서 사용하는 용어의 정의는 다음과 같다(법 제2조)

구분	내용		
정비구역	정비사업을 계획적으로 시행하기 위하여 「정비계획의 결정 및 정비구역」으로 지정·고시된 구역을 말한다.		
정비사업	이 법에서 정한 절차에 따라 도시기능을 회복하기 위하여 정비구역에서 정비기반시설을 정비하거나 주택 등 건축물을 개량 또는 건설하는 다음의 사업을 말한다.		
	(1) 주거환경개선사업	도시저소득 주민이 집단거주하는 지역으로서 정비기반시설이 극히 열악하고 노후·불량건축물이 과도하게 밀집한 지역의 주거환경을 개선하거나 단독주택 및 다세대주택이 밀집한 지역에서 정비기반시설과 공동이용시설 확충을 통하여 주거환경을 보전·정비·개량하기 위한 사업	
	(2) 재개발사업	정비기반시설이 열악하고 노후·불량건축물이 밀집한 지역에서 주거환경을 개선하거나 상업지역·공업지역 등에서 도시기능의 회복 및 상권활성화 등을 위하여 도시환경을 개선하기 위한 사업	
	(3) 재건축사업	정비기반시설은 양호하나 노후·불량건축물에 해당하는 공동주택이 밀집한 지역에서 주거환경을 개선하기 위한 사업	
노후·불량 건축물	(1) 건축물이 훼손되거나 일부가 멸실되어 붕괴 그 밖의 안전사고의 우려가 있는 건축물 (2) 내진성능이 확보되지 아니한 건축물 중 중대한 기능적 결함 또는 부실 설계·시공으로 인한 구조적 결함 등이 있는 건축물로서 대통령령으로 정하는 건축물 　㉠ 급수·배수·오수 설비 등의 설비 또는 지붕·외벽 등 마감의 노후화나 손상으로 그 기능을 유지하기 곤란할 것으로 우려되는 건축물 　㉡ 안전진단기관이 실시한 안전진단 결과 건축물의 내구성·내하력 등이 국토교통부장관이 정하여 고시하는 기준에 미치지 못할 것으로 예상되어 구조안전의 확보가 곤란할 것으로 우려되는 건축물 (3) 다음의 요건을 모두 충족하는 건축물로서 대통령령으로 정하는 바에 따라 특별시·광역시·특별자치시·도·특별자치도 또는 「지방자치법」 제198조에 따른 서울특별시·광역시 및 특별자치시를 제외한 인구 50만 이상 대도시의 조례로 정하는 건축물 　㉠ 주변 토지의 이용 상황 등에 비추어 주거환경이 불량한 곳에 위치할 것 　㉡ 건축물을 철거하고 새로운 건축물을 건설하는 경우 건설에 드는 비용과 비교하여 효용의 현저한 증가가 예상될 것		
	㉮ 「건축법」 제57조 제1항에 따라 해당 지방자치단체의 조례로 정하는 면적에 미치지 못하거나 「국토의 계획 및 이용에 관한 법률」 제2조 제7호에 따른 도시·군계획시설(도		

시·군계획시설)등의 설치로 인하여 효용을 다할 수 없게 된 대지에 있는 건축물

㉯ 공장의 매연·소음 등으로 인하여 위해를 초래할 우려가 있는 지역에 있는 건축물

㉰ 해당 건축물을 준공일 기준으로 40년까지 사용하기 위하여 보수·보강하는 데 드는 비용이 철거 후 새로운 건축물을 건설하는 데 드는 비용보다 클 것으로 예상되는 건축물

(4) 도시미관을 저해하거나 노후화된 건축물로서 대통령령으로 정하는 바에 따라 시·도 조례로 정하는 건축물

㉮ 준공된 후 20년 이상 30년 이하의 범위에서 시·도 조례로 정하는 기간이 지난 건축물

㉯ 「국토의 계획 및 이용에 관한 법률」 제19조 제1항 제8호의 규정에 의한 도시·군 기본 계획의 경관에 관한 사항에 저촉되는 건축물

정비 기반시설	도로·상하수도·구거(溝渠: 도랑)·공원·공용주차장·공동구(「국토의 계획 및 이용에 관한 법률」 제2조 제9호에 따른 공동구를 말한다), 그 밖에 주민의 생활에 필요한 열·가스 등의 공급시설로서 대통령령으로 정하는 시설을 말한다. ㉮ 녹지, ㉯ 하천, ㉰ 공공공지, ㉱ 광장, ㉲ 소방용수시설, ㉳ 비상대피시설, ㉴ 가스공급시설, ㉵ 지역난방시설, ㉶ 주거환경개선사업을 위하여 지정·고시된 정비구역에 설치하는 공동이용시설로서 법 제52조에 따른 사업시행계획서에 해당 특별자치시장·특별자치도지사·시장·군수 또는 자치구의 구청장(시장·군수 등)이 관리하는 것으로 포함된 시설
공동 이용시설	주민이 공동으로 사용하는 놀이터·마을회관·공동작업장과 공동으로 사용하는 구판장·세탁장·화장실·수도, 탁아소·어린이집·경로당 등 노유자 시설, 그 밖에 이와 유사한 용도의 시설로서 시·도 조례로 정하는 시설을 말한다.
대지	정비사업에 의하여 조성된 토지를 말한다.
주택단지	주택 및 부대시설·복리시설을 건설하거나 대지로 조성되는 일단의 토지로서 다음 각 목의 어느 하나에 해당하는 일단의 토지를 말한다. ㉮ 「주택법」 제15조에 따른 사업계획 승인을 받아 주택 및 부대시설·복리시설을 건설한 일단의 토지 ㉯ ㉮목에 따른 일단의 토지 중 「국토의 계획 및 이용에 관한 법률」 제2조 제7호에 따른 도시·군계획시설인 도로나 그 밖에 이와 유사한 시설로 분리되어 따로 관리되고 있는 각각의 토지 ㉰ ㉮목에 따른 일단의 토지 둘 이상이 공동으로 관리되고 있는 경우 그 전체 토지 ㉱ 제67조에 따라 분할된 토지 또는 분할되어 나가는 토지 ㉲ 「건축법」 제11조에 따라 건축허가를 받아 아파트 또는 연립주택을 건설한 일단의 토지

사업 시행자	정비사업을 시행하는 자를 말한다.

토지 등
소유자
	(1) 주거환경개선사업 및 재개발사업의 경우에는 정비구역에 위치한 토지 또는 건축물의 소유자 또는 그 지상권자
	(2) 재건축사업의 경우에는 정비구역에 위치한 건축물 및 그 부속토지의 소유자
	   ① 정비구역 안에 소재한 건축물 및 그 부속토지의 소유자
	   ② 정비구역이 아닌 구역 안에 소재한 대통령령이 정하는 주택 및 그 부속토지의 소유자와 부대·복리시설 및 그 부속토지의 소유자
	
	☞ 정비구역이 아닌 구역에서의 주택재건축사업의 대상(영 제6조)
	  법 제2조 제9호 나목에서 "대통령령이 정하는 주택"이란 「주택법」 제15조에 따른 사업계획승인 또는 「건축법」 제11조에 따른 건축허가(사업계획승인 등)를 받아 건설한 아파트 또는 연립주택(「건축법 시행령」 [별표 1] 제2호 가목에 따른 아파트 또는 같은 호 나목에 따른 연립주택을 말함)중 노후·불량건축물에 해당하는 것으로서 다음 각 호의 어느 하나에 해당하는 것을 말한다. 다만, 「건축법」 제11조에 따른 건축허가를 받아 주택외의 시설과 주택을 동일 건축물로 건축한 것은 제외한다.
	  ㉮ 기존 세대수가 20세대 이상인 것.
	   (다만, 지형여건 및 주변 환경으로 보아 사업시행 상 불가피하다고 시장·군수가 인정하는 경우에는 아파트 및 연립주택이 아닌 주택을 일부 포함할 수 있다.)
	  ㉯ 기존 세대수가 20세대 미만으로서 20세대 이상으로 재건축하고자 하는 것.
	   (이 경우 사업계획승인 등에 포함되어 있지 아니하는 인접대지의 세대수를 포함하지 아니한다.)

토지주택 공사 등	「한국토지주택공사법」에 따라 설립된 한국토지주택공사 또는 「지방공기업법」에 따라 주택사업을 수행하기 위하여 설립된 지방공사를 말한다.
정관 등	(1) 법 제40조(정관의 기재사항 등)에 따른 조합의 정관 (2) 사업시행자인 토지등소유자가 자치적으로 정한 규약 (3) 시장·군수등, 토지주택공사등 또는 신탁업자가 제53조에 따라 작성한 시행규정

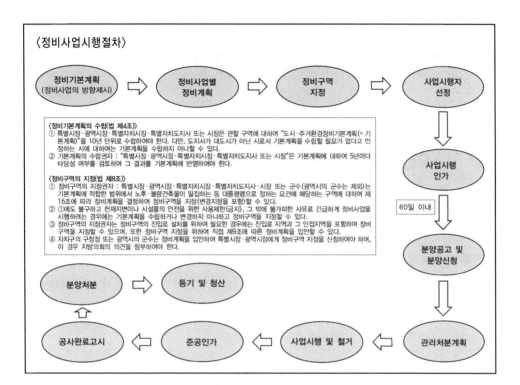

기본계획의 수립 및 정비구역의 지정 등

제 2 장

제 1 절 도시·주거환경정비 기본방침의 수립

국토교통부장관은 도시 및 주거환경을 개선하기 위하여 10년마다 ① 도시 및 주거환경 정비를 위한 국가 정책 방향, ② 도시·주거환경정비기본계획의 수립 방향, ③ 노후·불량 주거지 조사 및 개선계획의 수립, ④ 도시 및 주거환경 개선에 필요한 재정지원계획, ⑤ 그 밖에 도시 및 주거환경 개선을 위하여 필요한 사항으로서 대통령령으로 정하는 사항을 포함한 기본방침을 정하고, 5년마다 타당성을 검토하여 그 결과를 기본방침에 반영하여야 한다(법 제3조).

제 2 절 도시·주거환경정비계획의 수립

1. 수립권자

특별시장·광역시장·특별자치시장·특별자치도지사 또는 시장은 관할 구역에 대하여 도시·주거환경정비기본계획(이하 "기본계획"이라 한다)을 10년 단위로 수립하여야 하고(법 제4조 제1항), 이 기본계획에 대하여 5년마다 타당성 여부를 검토하여 그 결과를 기본계획에 반영하여야 한다(법 제4조 제2항).

2. 기본계획의 내용

기본계획의 수립권자인 "특별시장·광역시장·특별자치시장·특별자치도지사 또는 시장"은 기본계획에 다음의 사항을 포함하여야 한다(법 제5조 제1항, 영 제8조). 다만, 기본계획에 ① 생활권의 설정, 생활권별 기반시설 설치계획 및 주택수급계획, ② 생활권별 주거지의 정비·보전·관리의 방향을 포함하는 경우에는 아래 박스 안의 9와 10의 사항을 생략할 수 있다(법 제5조 제2항).

---

1. 정비사업의 기본방향
2. 정비사업의 계획기간
3. 인구·건축물·토지이용·정비기반시설·지형 및 환경 등의 현황
4. 주거지 관리계획
5. 토지이용계획·정비기반시설계획·공동이용시설설치계획 및 교통계획
6. 녹지·조경·에너지공급·폐기물처리 등에 관한 환경계획
7. 사회복지시설 및 주민문화시설 등의 설치계획
8. 도시의 광역적 재정비를 위한 기본방향
9. 정비구역으로 지정할 예정인 구역("정비예정구역")의 개략적 범위
10. 단계별 정비사업 추진계획(정비예정구역별 정비계획의 수립시기가 포함되어야 한다)
11. 건폐율·용적률 등에 관한 건축물의 밀도계획
12. 세입자에 대한 주거안정대책
13. 그 밖에 주거환경 등을 개선하기 위하여 필요한 사항으로서 대통령령(영 제5조)으로 정하는 사항
    ㉮ 도시관리·주택·교통정책 등「국토의 계획 및 이용에 관한 법률」제2조 제2호의 도시·군계획
       과 연계된 도시·주거환경정비의 기본방향
    ㉯ 도시·주거환경정비의 목표
    ㉰ 도심기능의 활성화 및 도심공동화 방지 방안
    ㉱ 역사적 유물 및 전통건축물의 보존계획
    ㉲ 정비사업의 유형별 공공 및 민간부문의 역할
    ㉳ 정비사업의 시행을 위하여 필요한 재원조달에 관한 사항

다만, 도지사가 기본계획을 수립할 필요가 없다고 인정하는 시(대도시가 아닌 지역)나 천재지변,「재난 및 안전관리 기본법」제27조 또는「시설물의 안전 및 유지관리에 관한 특별법」제23조에 따른 사용제한·사용금지, 그 밖의 불가피한 사유로 긴급하게 정비사업을 시행할 필요가 있다고 인정하는 때에 필요한 정비사업은 기본계획을 수립하지 아니할 수 있다(법 제4조 제1항 단서, 법 제8조 제2항).

3. 작성기준

(1) 수립단위

특별시장·광역시장·특별자치시장·특별자치도지사 또는 시장은 도시·주거환경정비기본계획(기본계획)을 10년 단위로 수립하여야 하며(법 제4조 제1항), 이에 대하여 5년마다 그 타당성 여부를 검토하여 그 결과를 기본계획에 반영하여야 한다(법 제4조 제2항).

(2) 작성기준

도시·주거환경정비기본계획의 작성기준 및 작성방법은 국토교통부장관이 정하여 고시한다(법 제5조 제3항).

4. 수립·변경절차

(1) 주민공람 및 지방의회의 의견청취와 지방도시계획위원회의 심의

특별시장·광역시장 또는 시장은 도시·주거환경정비기본계획을 수립하거나 변경하려는 경우에는 14일 이상 주민(세입자를 포함)에게 공람하여 의견을 들어야 하며, 이 공람과 함께 지방의회의 의견을 들어야 한다(이 경우 지방의회는 특별시장·광역시장 또는 시장이 기본계획을 통지한 날부터 60일 이내에 의견을 제시하여야 하며, 의견제시 없이 60일이 지난 경우 이의가 없는 것으로 본다).

다만, 대통령령(영 제6조 제4항)이 정하는 다음의 경미한 사항을 변경하는 경우에는 주민공람과 지방의회의 의견청취 절차를 거치지 아니할 수 있다(법 제6조 제3항).

---

1. 정비기반시설(제3조 제9호에 해당하는 시설은 제외한다. 이하 제8조 제3항·제13조 제4항·제 38조 및 제76조 제3항에서 같다)의 규모를 확대하거나 그 면적을 10퍼센트 미만의 범위에서 축소하는 경우
2. 정비사업의 계획기간을 단축하는 경우
3. 공동이용시설에 대한 설치계획을 변경하는 경우
4. 사회복지시설 및 주민문화시설 등에 대한 설치계획을 변경하는 경우
5. 구체적으로 면적이 명시된 법 제5조 제1항 제9호에 따른 "정비예정구역"의 면적을 20퍼센트 미만의 범위에서 변경하는 경우
6. 법 제5조 제1항 제10호에 따른 "단계별 정비사업 추진계획"을 변경하는 경우
7. 건폐율(「건축법」 제55조에 따른 건폐율을 말함) 및 용적률(「건축법」 제56조에 따른 용적률을 말함)을 각 20퍼센트 미만의 범위에서 변경하는 경우
8. 정비사업의 시행을 위하여 필요한 재원조달에 관한 사항을 변경하는 경우
9. 「국토의 계획 및 이용에 관한 법률」 제2조 제3호에 따른 도시·군기본계획의 변경에 따라 기본 계획을 변경하는 경우

기본계획의 수립권자(대도시의 시장이 아닌 시장은 제외한다)는 기본계획을 수립하거나 변경하려면 관계 행정기관의 장과 협의한 후 「국토의 계획 및 이용에 관한 법률」

제113조 제1항 및 제2항에 따른 지방도시계획위원회(이하 "지방도시계획위원회"라 한다)의 심의를 거쳐야 한다(법 제7조 제1항). 다만, 대통령령(영 제6조 제4항)으로 정하는 경미한 사항을 변경하는 경우에는 관계 행정기관의 장과의 협의 및 지방도시계획위원회의 심의를 거치지 아니한다(법 제7조 제1항 단서).

(2) 도지사의 승인

대도시의 시장이 아닌 시장은 기본계획을 수립하거나 변경하려면 도지사의 승인을 받아야 하며, 도지사가 이를 승인하려면 관계 행정기관의 장과 협의한 후 지방도시계획위원회의 심의를 거쳐야 한다(법 제7조 제2항). 다만, 앞의 대통령령(영 제6조 제4항)이 정하는 경미한 사항을 변경하는 경우에는 주민공람과 지방의회의 의견청취 절차를 거치지 아니할 수 있다(법 제7조 제2항 단서).

(3) 관계 행정기관의 장과 협의 및 심의

특별시장·광역시장·특별자치시장·도지사·특별자치도지사 또는 대도시의 시장은 지방도시계획위원회의 심의를 거치기 전에 관계 행정기관의 장과 협의하여야 한다(법 제7조 제1항·제2항).

(4) 고시 등

1) 고시

특별시장·광역시장·특별자치시장·특별자치도지사 또는 시장은 도시·주거환경정비기본계획을 수립하거나 변경한 때에는 지체 없이 이를 해당 지방자치단체의 공보에 고시하고 일반인이 열람할 수 있도록 하여야 한다(법 제7조 제3항).

2) 보고

특별시장·광역시장·특별자치시장·특별자치도지사 또는 시장은 기본계획을 고시한 때에는 국토교통부령으로 정하는 방법 및 절차에 따라 국토교통부장관에게 보고하여야 한다(법 제7조 제4항).

제3절 정비계획의 수립 및 정비구역의 지정

1. 정비계획의 수립대상 및 내용

(1) 정비계획의 수립

특별시장·광역시장·특별자치시장·특별자치도지사·시장 또는 군수(광역시의 군수는 제외하며, 이하 "정비구역의 지정권자"라 한다)는 기본계획에 적합한 범위에서 노후·불량건축물이 밀집하는 등 대통령령으로 정하는 요건에 해당하는 구역에 대하여 제16조에 따라 정비계획을 결정하여 정비구역을 지정(변경지정을 포함한다)할 수 있다(법 제8조제1항).

또한 정비구역의 지정권자는 정비구역 지정을 위하여 직접 정비계획을 입안할 수 있으며(법 제8조 제4항), 자치구의 구청장 또는 광역시의 군수(이하 제9조, 제11조 및 제20조에서 "구청장등"이라 한다)는 정비계획을 입안하여 특별시장·광역시장에게 지방의회의 의견을 첨부하여 정비구역의 지정을 신청하여야 한다(법 제8조 제5항).

(2) 정비계획의 내용

정비계획에는 다음의 사항이 포함된다(법 제9조 제1항).

---

1. 정비사업의 명칭
2. 정비구역 및 그 면적
2의2. 토지등소유자별 분담금 추산액 및 산출근거
3. 도시·군계획시설의 설치에 관한 계획
4. 공동이용시설(어린이집 등) 설치계획
5. 건축물의 주용도·건폐율·용적률·높이에 관한 계획
6. 환경보전 및 재난방지에 관한 계획
7. 정비구역 주변의 교육환경 보호에 관한 계획
8. 세입자 주거대책
9. 정비사업시행 예정시기
10. 정비사업을 통하여 「민간임대주택에 관한 특별법」 제2조 제4호에 따른 공공지원민간임대주택 (이하 "공공지원민간임대주택"이라 한다)을 공급하거나 같은 조 제11호에 따른 주택임대관리업 자(이하 "주택임대관리업자"라 한다)에게 임대할 목적으로 주택을 위탁하려는 경우에는 다음

각 목의 사항. 다만, 나목과 다목의 사항은 건설하는 주택 전체 세대수에서 공공지원민간임대주택 또는 임대할 목적으로 주택임대관리업자에게 위탁하려는 주택(이하 "임대관리 위탁주택"이라 한다)이 차지하는 비율이 20/100 이상, 임대기간이 8년 이상의 범위 등에서 대통령령으로 정하는 요건에 해당하는 경우로 한정한다.

가. 공공지원민간임대주택 또는 임대관리 위탁주택에 관한 획지별 토지이용 계획

나. 주거·상업·업무 등의 기능을 결합하는 등 복합적인 토지이용을 증진시키기 위하여 필요한 건축물의 용도에 관한 계획

다. 「국토의 계획 및 이용에 관한 법률」 제36조 제1항 제1호 가목에 따른 주거지역을 세분 또는 변경하는 계획과 용적률에 관한 사항

라. 그 밖에 공공지원민간임대주택 또는 임대관리 위탁주택의 원활한 공급 등을 위하여 대통령령으로 정하는 사항

11. 「국토의 계획 및 이용에 관한 법률」 제52조 제1항 각 호의 사항에 관한 계획(필요한 경우로 한정한다)

12. 그 밖에 정비사업의 시행을 위하여 필요한 사항으로서 대통령령으로 정하는 사항

위 박스 10의 다목 "「국토의 계획 및 이용에 관한 법률」 제36조 제1항 제1호 가목에 따른 주거지역을 세분 또는 변경하는 계획과 용적률에 관한 사항"을 포함하는 정비계획은 기본계획에서 정하는 제5조 제1항 제11호에 따른 "건폐율·용적률 등에 관한 건축물의 밀도계획"에도 불구하고 달리 입안할 수 있으며(법 제9조 제2항), 정비계획을 입안하는 특별자치시장, 특별자치도지사, 시장, 군수 또는 구청장등(이하 "정비계획의 입안권자"라 한다)이 법 제5조 제2항 각 호의 ① 생활권의 설정, 생활권별 기반시설 설치계획 및 주택수급계획, ② 생활권별 주거지의 정비·보전·관리의 방향을 포함하여 기본계획을 수립한 지역에서 정비계획을 입안하는 경우에는 그 정비구역을 포함한 해당 생활권에 대하여 그에 대한 세부 계획을 입안할 수 있다(법 제9조 제3항).

(3) 임대주택 및 주택규모별 건설비율

① 정비계획의 입안권자는 주택수급의 안정과 저소득 주민의 입주기회 확대를 위하여 정비사업으로 건설하는 주택에 대하여 다음 각 호의 구분에 따른 범위에서 국토교통부장관이 정하여 고시하는 임대주택 및 주택규모별 건설비율 등을 정비계획에 반영하여야 한다(법 제10조 제1항).

---

1. 「주택법」제2조 제6호에 따른 국민주택규모의 주택이 전체 세대수의 90/100 이하에서 대통령령으로 정하는 범위

   위 1에서 대통령령으로 정하는 범위(영 제9조 제1항)란 다음과 같다.

   가. 주거환경개선사업의 경우
   ① 「주택법」제2조 제6호에 따른 국민주택규모(이하 "국민주택규모"라 한다)의 주택: 건설하는 주택 전체 세대수의 90/100 이하
   ② 공공임대주택: 건설하는 주택 전체 세대수의 30/100 이하로 하며, 주거전용면적이 40㎡ 이하인 공공임대주택이 전체 공공임대주택 세대수의 50/100 이하

   나. 재개발사업(해당 정비구역이 「국토의 계획 및 이용에 관한 법률 시행령」제30조 제2호에 따른 상업지역인 경우는 제외)의 경우 : 건설하는 주택 전체 세대수의 80/100 이하

   다. 재건축사업의 경우 : 건설하는 주택 전체 세대수의 60/100 이하
   위 다목에도 불구하고 「수도권정비계획법」제6조 제1항 제1호에 따른 과밀억제권역에서 다음 각 호의 요건을 모두 갖춘 경우에는 국민주택규모의 주택 건설 비율을 적용하지 아니한다 (영 제9조 제2항).
   ① 재건축사업의 조합원에게 분양하는 주택은 기존 주택(재건축하기 전의 주택)의 주거전용면적을 축소하거나 30퍼센트의 범위에서 그 규모를 확대할 것
   ② 조합원 이외의 자에게 분양하는 주택은 모두 85㎡ 이하 규모로 건설할 것

2. 임대주택(「민간임대주택에 관한 특별법」에 따른 민간임대주택 및 「공공주택 특별법」에 따른 공공임대주택을 말한다)이 전체 세대수 또는 전체 연면적의 30/100 이하에서 대통령령으로 정하는 범위

   위 2에서 대통령령으로 정하는 범위(영 제9조 제1항)란 다음과 같다.

   가. 주거환경개선사업의 경우, 공공임대주택(「공공주택 특별법」에 따른 공공임대주택을 말함) : 건설하는 주택 전체 세대수의 30/100 이하로 하되, 주거전용면적이 40㎡ 이하인 공공임대주택이 전체 공공임대주택 세대수의 50/100 이하일 것

   나. 재개발사업(해당 정비구역이 「국토의 계획 및 이용에 관한 법률 시행령」제30조 제2호에 따른 상업지역인 경우는 제외함)의 경우, 임대주택(「민간임대주택에 관한 특별법」에 따른 민간임대주택과 공공임대주택을 말함) : 건설하는 주택 전체 세대수(법 제54조 제1항에 따라 정비계획으로 정한 용적률을 초과하여 건축함으로써 증가된 세대수는 제외)의 15/100 이하[법 제55조 제1항에 따라 공급되는 임대주택은 제외하며, 해당 임대주택 중 주거전용면적이 40㎡ 이하인 임대주택이 전체 임대주택 세대수(법 제55조 제1항에 따라 공급되는 임대주택은 제외)의 40/100 이하이어야 한다].

---

② 사업시행자는 제1항에 따라 고시된 내용에 따라 주택을 건설하여야 한다.

(4) 기본계획 및 정비계획 수립 시 용적률 완화

① 기본계획의 수립권자 또는 정비계획의 입안권자는 정비사업의 원활한 시행을 위하여 기본계획을 수립하거나 정비계획을 입안하려는 경우에는(기본계획 또는 정비계획을 변경하려는 경우에도 또한 같다) 「국토의 계획 및 이용에 관한 법률」 제36조에 따른 주거지역에 대하여는 같은 법 제78조에 따라 조례로 정한 용적

률에도 불구하고 같은 조 및 관계 법률에 따른 용적률의 상한까지 용적률을 정할 수 있다(법 제11조 제1항).

② 기본계획의 수립권자 또는 정비계획의 입안권자는 천재지변, 그 밖의 불가피한 사유로 건축물이 붕괴할 우려가 있어 긴급히 정비사업을 시행할 필요가 있다고 인정하는 경우에는 용도지역의 변경을 통해 용적률을 완화하여 기본계획을 수립하거나 정비계획을 입안할 수 있다. 이 경우 기본계획의 수립권자, 정비계획의 입안권자 및 정비구역의 지정권자는 용도지역의 변경을 이유로 기부채납을 요구하여서는 아니 된다(법 제11조 제2항).

② 구청장등 또는 대도시의 시장이 아닌 시장은 제1항에 따라 정비계획을 입안하거나 변경입안하려는 경우 기본계획의 변경 또는 변경승인을 특별시장·광역시장·도지사에게 요청할 수 있다(법 제11조 제3항).

2. 정비계획의 수립 및 정비구역의 지정·변경절차

(1) 정비계획의 수립 및 정비구역의 지정신청

1) 지정신청

시장·군수는 정비계획을 수립하여 이를 주민에게 서면으로 통보한 후 주민설명회를 하고 30일 이상 주민(세입자를 포함)에게 공람하며 지방의회의 의견을 들은 후(이 경우 지방의회는 시장·군수가 정비계획을 통지한 날부터 60일 이내에 의견을 제시하여야 하며, 의견제시 없이 60일이 지난 경우 이의가 없는 것으로 본다) 이를 첨부하여 특별시장·광역시장에게 정비구역지정을 신청하여야 한다(법 제4조 제1항).

〈대도시 시장의 정비구역지정 특례(법 제4조 제2항)〉

위 규정에 불구하고 대도시의 시장은 시·도지사에게 정비구역지정을 신청하지 아니하고 직접 정비구역을 지정한다.

---

2) 변경신청

정비계획의 내용을 변경할 필요가 있을 때에는 정비구역지정신청과 같은 절차를 거쳐 변경지정을 신청하여야 한다. 다만, 대통령령(영 제12조)이 정하는 경미한 사항을 변경하는 경우에는 주민에 대한 서면통보, 주민설명회, 주민공람 및 지방의회의 의견청취 절차를 거치지 아니할 수 있다(법 제4조 제1항 후단).

여기서 대통령령이 정하는 경미한 사항이란 다음과 같다(영 제13조).

---

1. 정비구역면적의 10퍼센트 미만의 변경인 경우
2. 정비기반시설의 위치를 변경하는 경우와 정비기반시설 규모의 10퍼센트 미만의 변경인 경우
3. 공동이용시설 설치계획의 변경인 경우
4. 재난방지에 관한 계획의 변경인 경우
5. 정비사업 시행예정시기를 1년의 범위안에서 조정하는 경우
6. 「건축법 시행령」 [별표 1] 각호의 1의 용도범위 안에서의 건축물의 주용도(당해 건축물 중 가장 넓은 바닥면적을 차지하는 용도를 말한다. 이하 같다)의 변경인 경우
7. 건축물의 건폐율 또는 용적률을 축소하거나 10퍼센트 미만의 범위안에서 확대하는 경우
7의2. 건축물의 최고 높이를 변경하는 경우
7의3. 법 제40조의2에 따라 용적률을 완화하여 변경하는 경우
8. 「국토의 계획 및 이용에 관한 법률」 제2조 제3호 및 동조 제4호의 규정에 의한 도시·군기본계획, 도시·군관리계획 또는 기본계획의 변경에 따른 변경인 경우
9. 정비구역이 통합 또는 분할되는 변경인 경우
10. 삭제 〈2009.8.11〉
11. 「도시교통정비 촉진법」에 따른 교통영향평가 등 관계 법령에 의한 심의결과에 따른 건축계획의 변경인 경우
12. 그 밖에 제1호부터 제7호까지, 제7호의2, 제8호, 제9호 및 제11호와 유사한 사항으로서 시·도 조례로 정하는 사항의 변경인 경우

---

(2) 정비계획의 입안 제안

1) 제안사유

토지등소유자(제5호의 경우에는 제26조 제1항 제1호 및 제27조 제1항 제1호에 따라 사업시행자가 되려는 자를 말한다)는 다음의 어느 하나에 해당하는 경우에는 정비계획의 입안권자에게 정비계획의 입안을 제안할 수 있다(법 제14조 제1항).

---

1. 제5조 제1항 제10호에 따른 단계별 정비사업 추진계획상 정비예정구역별 정비계획의 입안시기가 지났음에도 불구하고 정비계획이 입안되지 아니하거나 같은 호에 따른 정비예정구역별 정비계획의 수립시기를 정하고 있지 아니한 경우
2. 토지등소유자가 제26조 제1항 제7호 및 제8호에 따라 토지주택공사 등을 사업시행자로 지정 요청하려는 경우
3. 대도시가 아닌 시 또는 군으로서 시·도 조례로 정하는 경우
4. 정비사업을 통하여 공공지원민간임대주택을 공급하거나 임대할 목적으로 주택을 주택임대관리업자에게 위탁하려는 경우로서 제9조 제1항 제10호 각 목을 포함하는 정비계획의 입안을 요청

하려는 경우

5. 제26조 제1항 제1호 및 제27조 제1항 제1호에 따라 정비사업을 시행하려는 경우

6. 토지등소유자(조합이 설립된 경우에는 조합원을 말한다.)가 2/3 이상의 동의로 정비계획의 변경을 요청하는 경우. 다만, 제15조 제3항에 따른 경미한 사항을 변경하는 경우에는 토지등소유자의 동의절차를 거치지 아니한다.

2) 제안절차(영 제12조)

① 시장·군수에게 정비계획의 입안을 제안하려는 때에는 시·도 조례로 정하는 바에 따라 토지등소유자의 동의를 받은 후 제안서에 정비계획도서, 계획설명서, 그 밖의 필요한 서류를 첨부하여 시장·군수에게 제출하여야 한다.

② 시장·군수는 제안이 있는 경우에는 제안 일부터 60일 이내에 정비계획에의 반영 여부를 제안자에게 통보하여야 한다. 다만, 부득이한 사정이 있는 경우에는 한 차례만 30일을 연장할 수 있다.

③ 시장·군수는 제안을 정비계획에 반영하는 경우에는 제안서에 첨부된 정비계획도서와 계획설명서를 정비계획의 입안에 활용할 수 있다.

④ 위 ①에서 ③까지에서 규정된 사항 외에 정비계획 입안의 제안을 위하여 필요한 사항은 시·도 조례로 정할 수 있다.

[예시] 부산광역시 도시 및 주거환경정비 조례
　　　(부산광역시 조례 제5788호, 2018.7.11., 전부개정, 시행 2018.7.11.)
제9조 (정비계획의 입안제안)
① 법 제14조 제1항 제1호부터 제5호까지에 해당하여 영 제12조 제1항에 따라 구청장에게 정비계획의 입안을 제안하는 경우에는 해당 지역 토지등소유자의 60퍼센트 이상 및 토지면적의 1/2 이상의 동의를 받아야 한다.
② 제1항에도 불구하고 관리형 주거환경개선사업의 경우에는 해당 지역 토지등소유자의 과반수 및 토지면적의 1/3 이상의 동의를 받아 구청장에게 정비계획의 입안을 제안할 수 있다.
③ 토지등소유자가 제1항에 따라 정비계획의 입안을 제안하려는 때에는 다음 각 호의 서식을 구청장에게 제출하여야 한다.
　1. 별지 제3호 서식에 따른 정비계획 및 구역지정(변경)신청서
　2. 별지 제4호 서식에 따른 토지 및 건축물 조서
　3. 별지 제5호 서식에 따른 기초조사·확인 내역서
　4. 별지 제6호 서식에 따른 정비계획(변경)의 입안제안에 관한 동의서
　5. 별지 제7호 서식에 따른 동의 총괄표
④ 정비계획의 입안에 따른 토지등소유자의 동의자수의 산정방법 등은 영 제33조 규정에 따른다.

3) 정비계획 입안을 위한 주민의견청취 등

① 정비계획의 입안권자는 정비계획을 입안하거나 변경하려면 주민에게 서면으로 통보한 후 주민설명회 및 30일 이상 주민에게 공람하여 의견을 들어야 하며, 제시된 의견이 타당하다고 인정되면 이를 정비계획에 반영하여야 한다(법 제15조 제1항).

② 정비계획의 입안권자는 제1항에 따른 주민공람과 함께 지방의회의 의견을 들어야 한다. 이 경우 지방의회는 정비계획의 입안권자가 정비계획을 통지한 날부터 60일 이내에 의견을 제시하여야 하며, 의견제시 없이 60일이 지난 경우 이의가 없는 것으로 본다(법 제15조 제2항).

③ 제1항 및 제2항에도 불구하고 대통령령으로 정하는 경미한 사항을 변경하는 경우에는 주민에 대한 서면통보, 주민설명회, 주민공람 및 지방의회의 의견청취 절차를 거치지 아니할 수 있다(법 제15조 제3항). 여기서 "대통령령으로 정하는 경미한 사항"이란 다음 각 호의 어느 하나에 해당하는 경우를 말한다.

---

1. 정비구역의 면적을 10퍼센트 미만의 범위에서 변경하는 경우(법 제18조에 따라 정비구역을 분할, 통합 또는 결합하는 경우를 제외한다)
2. 정비기반시설의 위치를 변경하는 경우와 정비기반시설 규모를 10퍼센트 미만의 범위에서 변경하는 경우
3. 공동이용시설 설치계획을 변경하는 경우
4. 재난방지에 관한 계획을 변경하는 경우
5. 정비사업시행 예정시기를 3년의 범위에서 조정하는 경우
6. 「건축법 시행령」 [별표 1] 각 호의 용도범위에서 건축물의 주용도(해당 건축물의 가장 넓은 바닥면적을 차지하는 용도를 말한다)를 변경하는 경우
7. 건축물의 건폐율 또는 용적률을 축소하거나 10퍼센트 미만의 범위에서 확대하는 경우
8. 건축물의 최고 높이를 변경하는 경우
9. 법 제66조에 따라 용적률을 완화하여 변경하는 경우
10. 「국토의 계획 및 이용에 관한 법률」 제2조 제3호에 따른 도시·군기본계획, 같은 조 제4호에 따른 도시·군 관리계획 또는 기본계획의 변경에 따라 정비계획을 변경하는 경우
11. 「도시교통정비 촉진법」에 따른 교통영향평가 등 관계 법령에 의한 심의결과에 따른 변경인 경우
12. 그 밖에 제1호부터 제8호까지, 제10호 및 제11호와 유사한 사항으로서 시·도조례로 정하는 사항을 변경하는 경우

---

④ 정비계획의 입안권자는 제97조, 제98조, 제101조 등에 따라 정비기반시설 및 국유·공유재산의 귀속 및 처분에 관한 사항이 포함된 정비계획을 입안하려면

미리 해당 정비기반시설 및 국유·공유재산의 관리청의 의견을 들어야 한다(법 제15조 제4항).

(3) 지방도시계획위원회의 심의

특별시장, 광역시장, 특별자치시장, 특별자치도지사, 시장 또는 군수(정비구역의 지정권자)는 정비구역을 지정하거나 변경지정하려면 대통령령으로 정하는 바에 따라 지방도시계획위원회의 심의를 거쳐야 한다. 다만, 제15조 제3항에 따른 경미한 사항을 변경하는 경우에는 지방도시계획위원회의 심의를 거치지 아니할 수 있다(법 제16조 제1항).

(4) 고시 및 보고

특별시장, 광역시장, 특별자치시장, 특별자치도지사, 시장 또는 군수(정비구역의 지정권자)는 정비구역을 지정(변경지정을 포함한다)하거나 정비계획을 결정(변경결정을 포함한다)한 때에는 정비계획을 포함한 정비구역 지정의 내용을 해당 지방자치단체의 공보에 고시하여야 하며, 이 경우 지형도면 고시 등에 있어서는 「토지이용규제 기본법」 제8조에 따른다(법 제16조 제2항). 또한 정비구역의 지정권자는 정비계획을 포함한 정비구역을 지정·고시한 때에는 국토교통부령으로 정하는 방법 및 절차에 따라 국토교통부장관에게 그 지정의 내용을 보고하여야 하며, 관계 서류를 일반인이 열람할 수 있도록 하여야 한다(법 제16조 제3항).

(5) 의제 등

1) 지구단위계획구역 및 지구단위계획 결정·고시의 의제
정비구역의 지정·고시가 있는 경우 해당 정비구역 및 정비계획 중 「국토의 계획 및 이용에 관한 법률」 제52조 제1항 각 호의 어느 하나에 해당하는 사항은 같은 법 제50조에 따라 지구단위계획구역 및 지구단위계획으로 결정·고시된 것으로 본다(법 제17조 제1항).

2) 정비구역으로 지정·고시의 의제
「국토의 계획 및 이용에 관한 법률」에 따른 지구단위계획구역에 대하여 제9조 제1항(정비계획의 내용) 각 호의 사항을 모두 포함한 지구단위계획을 결정·고시(변경 결정·고시하는 경우를 포함한다)하는 경우 해당 지구단위계획구역은 정비구역으로 지정·고시된 것으로 본다(법 제17조 제2항).

3) 완화규정의 적용

정비계획을 통한 토지의 효율적 활용을 위하여 「국토의 계획 및 이용에 관한 법률」 제52조 제3항에 따른 건폐율·용적률 등의 완화규정은 제9조 제1항에 따른 정비계획에 준용한다. 이 경우 "지구단위계획구역"은 "정비구역"으로, "지구단위계획"은 "정비계획"으로 본다(법 제17조 제3항). 이러한 규정에도 불구하고 용적률이 완화되는 경우로서 사업시행자가 정비구역에 있는 대지의 가액 일부에 해당하는 금액을 현금으로 납부한 경우에는 대통령령으로 정하는 공공시설 또는 기반시설("공공시설 등"이라 한다)의 부지를 제공하거나 공공시설 등을 설치하여 제공한 것으로 본다(법 제17조 제4항).

여기서 현금납부 및 부과 방법 등에 필요한 사항은 대통령령으로 정하며, 그 내용은 다음과 같다(법 제17조 제5항).

〈용적률 완화를 위한 현금납부 방법 등(영 제14조)〉

① 법 제17조 제4항에서 "대통령령으로 정하는 공공시설 또는 기반시설"이란 「국토의 계획 및 이용에 관한 법률 시행령」 제46조 제1항에 따른 공공시설 또는 기반시설을 말한다.

② 사업시행자는 법 제17조 제4항에 따라 현금납부를 하려는 경우에는 토지등소유자(법 제35조에 따라 조합을 설립한 경우에는 조합원을 말한다) 과반수의 동의를 받아야 한다. 이 경우 현금으로 납부하는 토지의 기부면적은 전체 기부면적의 1/2을 넘을 수 없다.

③ 법 제17조 제4항에 따른 현금납부액은 시장·군수등이 지정한 둘 이상의 감정평가업자(「감정평가 및 감정평가사에 관한 법률」에 따른 감정평가업자를 말한다. 이하 같다)가 해당 기부토지에 대하여 평가한 금액을 산술평균하여 산정한다.

④ 제3항에 따른 현금납부액 산정기준일은 법 제50조 제7항에 따른 사업시행계획인가(현금납부에 관한 정비계획이 반영된 최초의 사업시행계획인가를 말한다) 고시일로 한다. 다만, 산정기준일부터 3년이 되는 날까지 법 제74조에 따른 관리처분계획인가를 신청하지 아니한 경우에는 산정기준일부터 3년이 되는 날의 다음 날을 기준으로 제3항에 따라 다시 산정하여야 한다.

⑤ 사업시행자는 착공일부터 준공검사일까지 제3항에 따라 산정된 현금납부액을 특별시장, 광역시장, 특별자치시장, 특별자치도지사, 시장 또는 군수(광역시의 군수는 제외한다)에게 납부하여야 한다.

⑥ 특별시장 또는 광역시장은 제5항에 따라 납부 받은 금액을 사용하는 경우에는 해당 정비사업을 관할하는 자치구의 구청장 또는 광역시의 군수의 의견을 들어야 한다.

⑦ 제3항부터 제6항까지에서 규정된 사항 외에 현금납부액의 구체적인 산정 기준, 납부 방법 및 사용 방법 등에 필요한 세부사항은 시·도 조례로 정할 수 있다.

4) 정비구역의 분할, 통합 및 결합

정비구역의 지정권자는 정비사업의 효율적인 추진 또는 도시의 경관보호를 위하여 필요하다고 인정하는 경우에는 다음의 방법에 따라 정비구역을 지정할 수 있는데, 이러한 규정에 따라 정비구역을 분할·통합하거나 서로 떨어진 구역을 하나의 정비구역으로 결합하여 지정하려는 경우 시행 방법과 절차에 관한 세부사항은 시·도 조례로 정한다(법 제18조 제1항 및 제2항).

> 1. 하나의 정비구역을 둘 이상의 정비구역으로 분할
> 2. 서로 연접한 정비구역을 하나의 정비구역으로 통합
> 3. 서로 연접하지 아니한 둘 이상의 구역(제8조 제1항에 따라 대통령령으로 정하는 요건에 해당하는 구역으로 한정한다) 또는 정비구역을 하나의 정비구역으로 결합

5) 의견청취

정비계획의 입안권자는 제97조, 제98조, 제101조 등에 따라 정비기반시설 및 국유·공유재산의 귀속 및 처분에 관한 사항이 포함된 정비계획을 입안하려면 미리 해당 정비기반시설 및 국유·공유재산의 관리청의 의견을 들어야 한다(법 제15조 제4항).

6) 작성기준

정비계획의 작성기준 및 작성방법은 국토교통부장관이 정하여 고시한다(법 제9조 제4항).

(6) 임대주택 및 주택규모별 건설비율

정비계획의 입안권자는 주택수급의 안정과 저소득 주민의 입주기회 확대를 위하여 정비사업으로 건설하는 주택에 대하여 다음 각 호의 구분에 따른 범위에서 국토교통부장관이 정하여 고시하는 임대주택 및 주택규모별 건설비율 등을 정비계획에 반영하여야 하며, 사업시행자는 그 고시된 내용에 따라 주택을 건설하여야 한다(법 제10조 제1항·제2항).

> 1. 「주택법」 제2조 제6호에 따른 국민주택규모의 주택이 전체 세대수의 90/100 이하에서 대통령령으로 정하는 범위
> 2. 임대주택(「민간임대주택에 관한 특별법」에 따른 민간임대주택 및 「공공주택 특별법」에 따른 공

> 공임대주택을 말한다. 이하 같다)이 전체 세대수 또는 전체 연면적의 30/100 이하에서 대통령령으로 정하는 범위

(7) 정비구역 등의 해제

1) 정비구역 해제 사유

정비구역의 지정권자는 다음의 어느 하나에 해당하는 경우에는 정비예정구역 또는 정비구역("정비구역 등")을 해제하여야 한다(법 제20조 제1항).

---

1. 정비예정구역에 대하여 기본계획에서 정한 정비구역 지정 예정일부터 3년이 되는 날까지 특별자치시장, 특별자치도지사, 시장 또는 군수가 정비구역을 지정하지 아니하거나 구청장등이 정비구역의 지정을 신청하지 아니하는 경우
2. 재개발사업·재건축사업(제35조에 따른 조합이 시행하는 경우로 한정한다)이 다음 각 목의 어느 하나에 해당하는 경우
   가. 토지등소유자가 정비구역으로 지정·고시된 날부터 2년이 되는 날까지 제31조에 따른 조합설립추진위원회("추진위원회")의 승인을 신청하지 아니하는 경우
   나. 토지등소유자가 정비구역으로 지정·고시된 날부터 3년이 되는 날까지 제35조에 따른 조합설립인가("조합설립인가")를 신청하지 아니하는 경우(제31조 제4항에 따라 추진위원회를 구성하지 아니하는 경우로 한정한다)
   다. 추진위원회가 추진위원회 승인일 부터 2년이 되는 날까지 조합설립인가를 신청하지 아니하는 경우
   라. 조합이 조합설립인가를 받은 날부터 3년이 되는 날까지 제50조에 따른 사업시행계획인가를 신청하지 아니하는 경우
3. 토지등소유자가 시행하는 재개발사업으로서 토지등소유자가 정비구역으로 지정·고시된 날부터 5년이 되는 날까지 사업시행계획인가를 신청하지 아니하는 경우

이러한 규정에도 불구하고, 정비구역의 지정권자는 다음의 어느 하나에 해당하는 경우에는 위 박스 안 1부터 3까지의 규정에 따른 해당 기간을 2년의 범위에서 연장하여 정비구역 등을 해제하지 아니할 수 있다(법 제20조 제6항).

---

1. 정비구역 등의 토지등소유자(조합을 설립한 경우에는 조합원을 말한다)가 30/100 이상의 동의로 위 박스 안 1부터 3까지의 규정에 따른 해당 기간이 도래하기 전까지 연장을 요청하는 경우
2. 정비사업의 추진 상황으로 보아 주거환경의 계획적 정비 등을 위하여 정비구역 등의 존치가 필요하다고 인정하는 경우

---

2) 정비구역 해제의 요청

구청장등은 제1항 각 호의 어느 하나에 해당하는 경우에는 특별시장·광역시장에게 정비구역등의 해제를 요청하여야 한다(법 제20조 제2항).

3) 공람 및 의견청취 등

특별자치시장, 특별자치도지사, 시장, 군수 또는 구청장등이 정비구역 등을 해제하거나 정비구역 등의 해제를 요청하는 경우에는 30일 이상 주민에게 공람하여 의견을 들어야 한다(법 제20조 제3항). 이에 따라 주민공람을 하는 경우에 특별자치시장, 특별자치도지사, 시장, 군수 또는 구청장등은 지방의회의 의견을 들어야 하며, 이 경우 지방의회는 특별자치시장, 특별자치도지사, 시장, 군수 또는 구청장등이 정비구역 등의 해제에 관한 계획을 통지한 날부터 60일 이내에 의견을 제시하여야 하며, 의견제시 없이 60일이 지난 경우 이의가 없는 것으로 본다(법 제20조 제4항).

4) 지방도시계획위원회의 심의 등

정비구역의 지정권자는 제1항부터 제4항까지의 규정에 따라 정비구역 등의 해제를 요청받거나 정비구역 등을 해제하려면 지방도시계획위원회의 심의를 거쳐야 한다. 다만, 「도시재정비 촉진을 위한 특별법」 제5조(재정비촉진지구의 지정)에 따른 재정비촉진지구에서는 같은 법 제34조에 따른 도시재정비위원회의 심의를 거쳐 정비구역 등을 해제하여야 한다(법 제20조 제5항).

5) 고시 및 열람

정비구역의 지정권자는 제5항에 따라 정비구역 등을 해제하는 경우(제6항에 따라 해제하지 아니한 경우를 포함한다)에는 그 사실을 해당 지방자치단체의 공보에 고시하고 국토교통부장관에게 통보하여야 하며, 관계 서류를 일반인이 열람할 수 있도록 하여야 한다(법 제20조 제7항).

(8) 정비구역 안에서의 행위제한 등

1) 행위제한

정비구역에서 다음 각 호의 어느 하나에 해당하는 행위를 하려는 자는 시장·군수 등의 허가를 받아야 한다. 허가받은 사항을 변경하려는 때에도 또한 같다(법 제19조 제1항).

〈행위허가의 대상 등(영 제15조)〉

1. 건축물의 건축 등 : 「건축법」 제2조 제1항 제2호에 따른 건축물(가설건축물을 포함한다)의
건축, 용도변경
2. 공작물의 설치 : 인공을 가하여 제작한 시설물(「건축법」 제2조 제1항 제2호에 따른 건축물을
제외한다)의 설치
3. 토지의 형질변경 : 절토·성토·정지·포장 등의 방법으로 토지의 형상을 변경하는 행위, 토지의
굴착 또는 공유수면의 매립
4. 토석의 채취 : 흙·모래·자갈·바위 등의 토석을 채취하는 행위. 다만, 토지의 형질변경을 목적
으로 하는 것은 제3호에 따른다.
5. 토지분할
6. 물건을 쌓아놓는 행위 : 이동이 쉽지 아니한 물건을 1개월 이상 쌓아놓는 행위
7. 죽목의 벌채 및 식재

시장·군수 등은 위 박스 안의 행위에 대한 허가를 하려는 경우로서 사업시행자가
있는 경우에는 미리 그 사업시행자의 의견을 들어야 한다(영 제15조 제2항).

2) 허가 없이 할 수 있는 행위

다음의 어느 하나에 해당하는 행위는 위 1)의 행위제한 내용에도 불구하고 허가를
받지 아니하고 할 수 있다(법 제19조 제2항).

---

1. 재해복구 또는 재난수습에 필요한 응급조치를 위한 행위
2. 그 밖에 대통령령으로 정하는 행위
   ※ 여기서 "대통령령으로 정하는 행위란 다음의 어느 하나에 해당하는 행위로서 「국토의
   계획 및 이용에 관한 법률」 제56조에 따른 개발행위허가의 대상이 아닌 것을 말한다.
   ① 농림수산물의 생산에 직접 이용되는 것으로서 국토교통부령으로 정하는 간이공작물(비닐하
   우스, 양잠장, 고추·잎담배·김 등 농림수산물의 건조장, 버섯재배사, 종묘배양장, 퇴비장,
   탈곡장 등)의 설치
   ② 경작을 위한 토지의 형질변경
   ③ 정비구역의 개발에 지장을 주지 아니하고 자연경관을 손상하지 아니하는 범위에서의 토석의
   채취
   ④ 정비구역에 존치하기로 결정된 대지에 물건을 쌓아놓는 행위
   ⑤ 관상용 죽목의 임시식재(경작지에서의 임시식재는 제외한다)

---

3) 기득권의 보호

허가를 받아야 하는 행위로서 정비구역의 지정 및 고시 당시 이미 관계 법령에 따
라 행위허가를 받았거나 허가를 받을 필요가 없는 행위에 관하여 그 공사 또는 사업에

착수한 자는 정비구역이 지정·고시된 날부터 30일 이내에 그 공사 또는 사업의 진행상황과 시행계획을 첨부하여 관할 시장·군수 등에게 신고한 후 이를 계속 시행할 수 있다(법 제19조 제3항, 영 제15조 제4항).

4) 원상회복명령

시장·군수 등은 위 1)의 행위제한 내용을 위반한 자에게 원상회복을 명할 수 있으며, 이 경우 명령을 받은 자가 그 의무를 이행하지 아니하는 때에는 시장·군수 등은 「행정대집행법」에 따라 대집행할 수 있다(법 제19조 제4항).

5) 준용 규정

위 1)의 행위제한 내용에 따른 허가에 관하여 이 법에 규정된 사항을 제외하고는 「국토의 계획 및 이용에 관한 법률」 제57조(개발행위허가의 절차)부터 제60조(개발행위허가의 이행 보증 등)까지 및 제62조(준공검사)를 준용하며, 허가를 받은 경우에는 「국토의 계획 및 이용에 관한 법률」 제56조(개발행위의 허가)에 따라 허가를 받은 것으로 본다(법 제19조 제5항·제6항).

6) 개발행위 허가의 제한
① 제한행위

국토교통부장관, 시·도지사, 시장, 군수 또는 구청장(자치구의 구청장을 말한다)은 비경제적인 건축행위 및 투기 수요의 유입을 막기 위하여 이 법 제6조 제1항에 따라 기본계획을 공람 중인 정비예정구역 또는 정비계획을 수립 중인 지역에 대하여 3년 이내의 기간(1년의 범위에서 한 차례만 연장할 수 있다)을 정하여 대통령령으로 정하는 방법과 절차에 따라 ① 건축물의 건축과 ② 토지의 분할 행위를 제한할 수 있다(법 제19조 제7항). 또한 정비예정구역 또는 정비구역("정비구역 등"이라 한다)에서는 「주택법」 제2조 제11호 가목에 따른 지역주택조합(서울특별시 등 각 지역에 거주하는 주민이 주택을 마련하기 위하여 설립한 조합)의 조합원을 모집해서는 아니 된다(법 제19조 제8항).

② 심의

행위를 제한하려는 자가 국토교통부장관인 경우에는 중앙도시계획위원회의 심의를 거쳐야 하며, 시·도지사, 시장·군수 또는 구청장인 경우에는 해당 지방자치단체에 설치된 지방도시계획위원회의 심의를 거쳐야 한다(영 제16조 제2항). 다만, 행위를 제한하려는 자가 국토교통부장관 또는 시·도지사인 경우에는 중앙도시계획위원회 또는 지방도시계획위원회의 심의 전에 미리 제한하려는 지역을 관할하는 시장·군수 등의 의견을 들어야 한다(영 제16조 제3항).

③ 고시

국토교통부장관, 시·도지사, 시장, 군수 또는 구청장(자치구의 구청장을 말한다)이 행위를 제한하려는 때에는 제한지역·제한사유·제한대상행위 및 제한기간을 미리 고시하여야 하며(영 제16조 제1항), 이에 따른 고시는 국토교통부장관이 하는 경우에는 관보에, 시·도지사, 시장, 군수 또는 구청장이 하는 경우에는 해당 지방자치단체의 공보에 게재하는 방법으로 한다(영 제16조 제4항).

(9) 정비구역 등의 직권해제

1) 정비구역 등의 해제

정비구역의 지정권자는 다음 각 호의 어느 하나에 해당하는 경우 지방도시계획위원회의 심의를 거쳐 정비구역 등을 해제할 수 있다. 이 경우 제1호 및 제2호에 따른 구체적인 기준 등에 필요한 사항은 시·도 조례로 정한다(법 제21조 제1항).

---

1. 정비사업의 시행으로 토지등소유자에게 과도한 부담이 발생할 것으로 예상되는 경우
2. 정비구역 등의 추진 상황으로 보아 지정 목적을 달성할 수 없다고 인정되는 경우
3. 토지등소유자의 30/100 이상이 정비구역 등(추진위원회가 구성되지 아니한 구역으로 한정한다)의 해제를 요청하는 경우
4. 제23조 제1항 제1호에 따른 방법으로 시행 중인 주거환경개선사업의 정비구역이 지정·고시된 날부터 10년 이상 경과하고, 추진 상황으로 보아 지정 목적을 달성할 수 없다고 인정되는 경우로서 토지등소유자의 2/3 이상이 정비구역의 해제에 동의하는 경우

---

2) 정비구역 등 해제의 절차

정비구역 등의 해제의 절차에 관하여는 이 법 제20조 제3항부터 제5항까지 및 제7항을 준용한다(법 제21조 제2항).

3) 정비구역 등 해제 비용의 보조

정비구역 등을 해제하여 추진위원회 구성승인 또는 조합설립인가가 취소되는 경우 정비구역의 지정권자는 해당 추진위원회 또는 조합이 사용한 비용의 일부를 대통령령으로 정하는 범위에서 시·도 조례로 정하는 바에 따라 보조할 수 있다(법 제21조 제3항). 여기서 해당 추진위원회 및 조합이 사용한 대통령령으로 정하는 범위의 비용이란

다음을 말한다.

〈추진위원회 및 조합비용의 보조(영 제17조)〉

① 법 제21조 제3항에서 "대통령령으로 정하는 범위"란 다음 각 호의 비용을 말한다.
  1. 정비사업전문관리 용역비
  2. 설계 용역비
  3. 감정평가비용
  4. 그 밖에 해당 법 제31조에 따른 조합설립추진위원회(추진위원회) 및 조합이 법 제32조(추진위원회의 기능), 제44조(총회의 소집) 및 제45조(총회의 의결)에 따른 업무를 수행하기 위하여 사용한 비용으로서 시·도 조례로 정하는 비용
② 제1항에 따른 비용의 보조 비율 및 보조 방법 등에 필요한 사항은 시·도 조례로 정한다.

---

4) 정비구역 등 해제의 효력

① 정비구역 등이 해제된 경우에는 정비계획으로 변경된 용도지역, 정비기반시설 등은 정비구역 지정 이전의 상태로 환원된 것으로 본다. 다만, 제21조 제1항 제4호의 경우(주거환경개선사업의 정비구역이 지정·고시된 날부터 10년 이상 경과하고, 추진 상황으로 보아 지정 목적을 달성할 수 없다고 인정되는 경우로서 토지등소유자의 2/3 이상이 정비구역의 해제에 동의하는 경우) 정비구역의 지정권자는 정비기반시설의 설치 등 해당 정비사업의 추진 상황에 따라 환원되는 범위를 제한할 수 있다(법 제22조 제1항).

② 정비구역 등(재개발사업 및 재건축사업을 시행하려는 경우로 한정한다)이 해제된 경우 정비구역의 지정권자는 해제된 정비구역 등을 제23조 제1항 제1호의 방법(주거환경개선사업의 시행자가 정비구역에서 정비기반시설 및 공동이용시설을 새로 설치하거나 확대하고 토지등소유자가 스스로 주택을 보전·정비하거나 개량하는 방법)으로 시행하는 주거환경개선구역(주거환경개선사업을 시행하는 정비구역을 말한다)으로 지정할 수 있다. 이 경우 주거환경개선구역으로 지정된 구역은 제7조에 따른 기본계획에 반영된 것으로 본다(법 제22조 제2항).

③ 정비구역 등이 해제·고시된 경우 추진위원회 구성승인 또는 조합설립인가는 취소된 것으로 보고, 시장·군수 등은 해당 지방자치단체의 공보에 그 내용을 고시하여야 한다(법 제22조 제3항).

3. 재건축사업의 안전진단 및 시행 여부 결정 등

(1) 재건축사업 정비계획 입안을 위한 안전진단

① 정비계획의 입안권자는 재건축사업 정비계획의 입안을 위하여 제5조 제1항 제10호에 따른 정비예정구역별 정비계획의 수립시기가 도래한 때에 안전진단을 실시하여야 한다(법 제12조 제1항). 다만 그럼에도 불구하고 다음 각 호의 어느 하나에 해당하는 경우에는 안전진단을 실시하여야 하며, 이 경우 정비계획의 입안권자는 안전진단에 드는 비용을 해당 안전진단의 실시를 요청하는 자에게 부담하게 할 수 있다(법 제12조 제2항).

---

1. 제14조에 따라 정비계획의 입안을 제안하려는 자가 입안을 제안하기 전에 해당 정비예정구역에 위치한 건축물 및 그 부속토지의 소유자 1/10 이상의 동의를 받아 안전진단의 실시를 요청하는 경우
2. 제5조 제2항에 따라 정비예정구역을 지정하지 아니한 지역에서 재건축사업을 하려는 자가 사업 예정구역에 있는 건축물 및 그 부속토지의 소유자 1/10 이상의 동의를 받아 안전진단의 실시를 요청하는 경우
3. 제2조 제3호 나목(내진성능이 확보되지 아니한 건축물 중 중대한 기능적 결함 또는 부실 설계 ·시공으로 구조적 결함 등이 있는 건축물로서 건축물을 건축하거나 대수선할 당시 건축법령에 따른 지진에 대한 안전 여부 확인 대상이 아닌 건축물)에 해당하는 건축물의 소유자로서 재건축 사업을 시행하려는 자가 해당 사업예정구역에 위치한 건축물 및 그 부속토지의 소유자 1/10 이상의 동의를 받아 안전진단의 실시를 요청하는 경우

---

② 재건축사업의 안전진단은 주택단지의 건축물을 대상으로 한다. 다만, 다음의 어느 하나에 해당하는 주택단지의 건축물(영 제10조 제3항)인 경우에는 안전진단 대상에서 제외할 수 있다(법 제12조 제3항).

---

1. 정비계획의 입안권자가 천재지변 등으로 주택이 붕괴되어 신속히 재건축을 추진할 필요가 있다고 인정하는 것
2. 주택의 구조안전상 사용금지가 필요하다고 정비계획의 입안권자가 인정하는 것
3. [별표 1] 제3호 라목에 따른 노후·불량건축물 수에 관한 기준을 충족한 경우 잔여 건축물
4. 정비계획의 입안권자가 진입도로 등 기반시설 설치를 위하여 불가피하게 정비구역에 포함된 것으로 인정하는 건축물
5. 「시설물의 안전 및 유지관리에 관한 특별법」 제2조 제1호의 시설물로서 같은 법 제16조에 따라 지정받은 안전등급이 D(미흡) 또는 E(불량)인 건축물

---

③ 정비계획의 입안권자는 현지조사 등을 통하여 해당 건축물의 구조안전성, 건축마감, 설비노후도 및 주거환경 적합성 등을 심사하여 안전진단의 실시 여부를 결정하여야 하며, 안전진단의 실시가 필요하다고 결정한 경우에는 대통령령으로 정하는 안전진단기관(한국건설기술연구원, 안전진단전문기관, 한국시설안전공단)에 안전진단을 의뢰하여야 한다(법 제12조 제4항 및 영 제10조 제4항). 정비계획의 입안권자는 현지조사의 전문성 확보를 위하여 한국건설기술연구원 또는 한국시설안전공단의 기관에 현지조사를 의뢰할 수 있으며, 이 경우 현지조사를 의뢰받은 기관은 의뢰를 받은 날부터 20일 이내에 조사결과를 정비계획의 입안권자에게 제출하여야 한다(영 제10조 제5항).

④ 안전진단을 의뢰받은 안전진단기관은 국토교통부장관이 정하여 고시하는 기준(건축물의 내진성능 확보를 위한 비용을 포함한다)에 따라 안전진단을 실시하여야 하며, 국토교통부령으로 정하는 방법 및 절차에 따라 안전진단 결과보고서를 작성하여 정비계획의 입안권자 및 안전진단의 실시를 요청한 자에게 제출하여야 한다(법 제12조 제5항). 이에 따른 재건축사업의 안전진단은 다음의 구분에 따른다(영 제10조 제6항).

---

1. 구조안전성 평가 : 제2조 제1항 각 호에 따른 노후·불량건축물을 대상으로 구조적 또는 기능적 결함 등을 평가하는 안전진단
2. 구조안전성 및 주거환경 중심 평가 : 제1호 외의 노후·불량건축물을 대상으로 구조적·기능적 결함 등 구조안전성과 주거생활의 편리성 및 거주의 쾌적성 등 주거환경을 종합적으로 평가하는 안전진단

정비계획의 입안권자는 안전진단의 결과와 도시계획 및 지역여건 등을 종합적으로 검토하여 정비계획의 입안 여부를 결정하여야 하며(법 제12조 제6항), 안전진단의 대상·기준·실시기관·지정절차 및 수수료 등에 필요한 사항은 대통령령으로 정한다(법 제12조 제7항).

[예시] 서울특별시 도시 및 주거환경정비 조례

(서울특별시조례 제6899호, 2018.7.19., 전부개정, 시행 2018.7.19.)

제9조(안전진단 절차 및 비용부담 등)

① 영 제10조 제7항에 따른 "안전진단의 요청절차 및 그 처리에 관하여 필요한 세부사항"은 다음 각 호와 같다.

  1. 영 제10조 제1항 후단 규정에 따라 구청장은 재건축사업의 시기를 조정할 필요가 있다고 인정하는 경우 안전진단 실시 시기를 조정할 수 있다.

  2. 안전진단 시기조정사유, 조정대상구역, 시기조정자료, 시기조정 절차 및 방법 등에 대해서는 제49조부터 제51조까지를 준용한다. 이 경우 "정비구역"은 "정비예정구역(정비예정구역이 아닌 경우 사업예정구역을 말한다)"으로, "사업시행계획인가 또는 관리처분계획인가"는 "안전진단"으로 본다.

  3. 서울특별시장은 관계 법령 및 이 조례에서 정하지 아니한 시기조정에 필요한 세부기준을 별도로 정할 수 있다.

② 법 제12조 제2항 각 호에 해당하는 자가 안전진단의 실시를 요청하는 경우 「도시 및 주거환경정비법 시행규칙」 제3조에서 정한 안전진단 요청서와 규칙에서 정한 서식을 첨부하여 구청장에게 제출하여야 하고, 이 경우 안전진단의 실시를 요청하는 자가 안전진단에 드는 비용의 전부를 부담해야 한다.

③ 안전진단의 실시를 요청한 자는 영 제10조 제1항에 따라 구청장이 안전진단의 실시 여부를 결정하여 통보한 경우 안전진단에 필요한 비용을 예치하여야 한다.

④ 구청장은 법 제13조 제1항에 따라 안전진단 결과보고서가 제출된 경우 예치된 금액에서 비용을 직접 지급한 후 나머지 비용은 안전진단의 실시를 요청한 자와 정산하여야 한다.

⑤ 제2항에 따른 비용 산정에 관한 사항은 「시설물의 안전 및 유지관리에 관한 특별법」 제37조를 준용한다.

---

(2) 안전진단 결과의 적정성 검토

① 정비계획의 입안권자(특별자치시장 및 특별자치도지사는 제외한다)는 제12조 제6항에 따라 정비계획의 입안 여부를 결정한 경우에는 지체 없이 특별시장·광역시장·도지사에게 결정내용과 해당 안전진단 결과보고서를 제출하여야 한다(법 제13조 제1항).

② 특별시장·광역시장·특별자치시장·도지사·특별자치도지사("시·도지사"라 한다)는 필요한 경우 「시설물의 안전 및 유지관리에 관한 특별법」에 따른 한국시설안전공단 또는 「과학기술분야 정부출연연구기관 등의 설립·운영 및 육성에 관한 법률」에 따른 한국건설기술연구원에 안전진단 결과의 적정성 여부에 대한 검토를 의뢰할 수 있다(법 제13조 제2항). 또한 국토교통부장관은 시·도지사에게 안전진단 결과보고서의 제출을 요청할 수 있으며, 필요한 경우 시·도

지사에게 안전진단 결과의 적정성 여부에 대한 검토를 요청할 수 있다(법 제13
조 제3항).

이에 따른 안전지단 결과의 적정성 여부에 따른 검토 비용은 적정성 여부에
대한 검토를 의뢰 또는 요청한 국토교통부장관 또는 시·도지사가 부담하며
(영 제11조 제2항), 안전진단 결과의 적정성 여부에 따른 검토를 의뢰받은 기관
은 적정성 여부에 따른 검토를 의뢰받은 날부터 60일 이내에 그 결과를 시·
도지사에게 제출하여야 한다. 다만, 부득이한 경우에는 30일의 범위에서 한
차례만 연장할 수 있다(영 제11조 제3항).

④ 시·도지사는 제2항 및 제3항에 따른 검토결과에 따라 정비계획의 입안권자에
게 정비계획 입안결정의 취소 등 필요한 조치를 요청할 수 있으며, 정비계획의
입안권자는 특별한 사유가 없으면 그 요청에 따라야 한다. 다만, 특별자치시장
및 특별자치도지사는 직접 정비계획의 입안결정의 취소 등 필요한 조치를 할
수 있다(법 제13조 제4항).

제 3 장

정비사업의 시행

제1절 정비사업의 시행

1. 시행방법

(1) 주거환경개선사업

주거환경개선사업은 다음의 어느 하나에 해당하는 방법 또는 이를 혼용하는 방법으로 한다(법 제23조 제1항).

---

1. 사업시행자가 정비구역에서 정비기반시설 및 공동이용시설을 새로 설치하거나 확대하고 토지등소유자가 스스로 주택을 보전·정비하거나 개량하는 방법
2. 사업시행자가 제63조에 따라 정비구역의 전부 또는 일부를 수용하여 주택을 건설한 후 토지등소유자에게 우선 공급하거나 대지를 토지등소유자 또는 토지등소유자 외의 자에게 공급하는 방법
3. 사업시행자가 제69조 제2항에 따라 환지로 공급하는 방법
4. 사업시행자가 정비구역에서 제74조에 따라 인가받은 관리처분계획에 따라 주택 및 부대시설·복리시설을 건설하여 공급하는 방법

---

(2) 재개발사업

재개발사업은 정비구역에서 제74조에 따라 인가받은 관리처분계획에 따라 건축물을 건설하여 공급하거나 제69조 제2항에 따라 환지로 공급하는 방법으로 한다(법 제23조 제2항).

(3) 재건축사업

재건축사업은 정비구역에서 제74조에 따라 인가받은 관리처분계획에 따라 주택, 부대시설·복리시설 및 오피스텔(「건축법」 제2조 제2항에 따른 오피스텔을 말한다)을 건설하여 공급하는 방법으로 한다. 다만, 주택단지에 있지 아니하는 건축물의 경우에는 지형여건·주변의 환경으로 보아 사업 시행 상 불가피한 경우로서 정비구역으로 보는 사

업에 한정한다(법 제23조 제3항).

오피스텔을 건설하여 공급하는 경우에는 「국토의 계획 및 이용에 관한 법률」에 따른 준주거지역 및 상업지역에서만 건설할 수 있으며, 이 경우 오피스텔의 연면적은 전체 건축물 연면적의 30/100 이하이어야 한다(법 제23조 제4항).

> **대판 2013.7.25, 2011다19768, 19775(소유권 이전등기등 청산금액 확인 청구)**
>
> "2002.12.30. 법률 제6852호로 제정되어 2003.7.1. 시행된 도시 및 주거환경정비법(이하 '도시정비법'이라고 한다) 부칙(2002.12.30.) 제7조 제1항은 '사업시행방식에 관한 경과조치'라는 표제로 "종전 법률에 의하여 사업계획의 승인이나 사업시행인가를 받아 시행 중인 것은 종전의 규정에 의한다."고 규정하고 있는데, 도시정비법이 시행되기 전의 재건축사업에 대하여 사업계획의 승인을 얻으면 원칙적으로 행정청의 관여는 종료되고 조합원은 이로써 분양받을 권리(입주자로 선정된 지위)를 취득하게 되며, 원래 재건축조합의 운영과 조합원 사이의 권리분배 및 신축된 건물 또는 대지의 소유권 이전 방식 등은 일반 민법 등에 의하여 자율적으로 이루어질 것이 예정되었던 것이어서, 이미 사업계획의 승인을 얻은 재건축조합에 대하여 도시정비법에 따른 절차나 방식에 따라 잔존 사업을 시행할 필요성이나 합리성이 있다고 볼 수 없다. 그리고 도시정비법 제6조는 '정비사업의 시행방법'이라는 표제로 그 제3항 본문에서 "주택 재건축사업은 정비구역 안 또는 정비구역이 아닌 구역에서 제48조의 규정에 의하여 인가받은 관리처분계획에 따라 공동주택 및 부대·복리시설을 건설하여 공급하는 방법에 의한다."고 규정하고 있는데, 위 조항은 도시정비법 부칙 제7조 제1항에 의하여 도시정비법의 적용이 배제되는 '사업시행방식'에 관한 규정이라고 볼 수 있고, 위와 같이 도시정비법에 핵심적인 조항이라고 할 수 있는 관리처분계획의 인가와 이를 기초로 한 이전고시에 관한 조항 등이 위 부칙 조항에 의하여 배제된다면 그 밖의 세부적인 도시정비법의 절차나 방식에 관한 규정들 역시 배제된다고 보는 것이 자연스러운 해석이다. 따라서 재건축조합의 경우 도시정비법 부칙 제7조 제1항에서 종전의 규정에 따르도록 한 '사업시행방식'은 특별한 사정이 없는 한 도시정비법 제3장 '정비사업의 시행'에서 규정하고 있는 방식이나 절차를 모두 포함한다고 할 것이므로 이러한 방식이나 절차에 관한 사항은 종전의 규정에 따라 규율되어야 한다."

2. 시행자

(1) 정비사업의 시행자

1) 주거환경개선사업의 시행자

① 원칙

제23조 제1항 제1호에 따른 방법(사업시행자가 정비구역에서 정비기반시설 및 공동이용시설을 새로 설치하거나 확대하고 토지등소유자가 스스로 주택을 보전·정비하거나 개량하는 방법)으로 시행하는 주거환경개선사업은 시장·군수 등이 직접 시행하되, 토지주택공사

등을 사업시행자로 지정하여 시행하게 하려는 경우에는 제15조 제1항에 따른 공람공고
일 현재 토지등소유자의 과반수의 동의를 받아야 한다(법 제24조 제1항).

　　또한 제23조 제1항 제2호부터 제4호까지의 규정에 따른 방법으로 시행하는 주거
환경개선사업은 시장·군수 등이 직접 시행하거나 다음 각 호에서 정한 자에게 시행하
게 할 수 있다(법 제24조 제2항).

---

1. 시장·군수 등이 다음 각 목의 어느 하나에 해당하는 자를 사업시행자로 지정하는 경우
　가. 토지주택공사 등
　나. 주거환경개선사업을 시행하기 위하여 국가, 지방자치단체, 토지주택공사 등 또는 「공공기관
　　의 운영에 관한 법률」 제4조에 따른 공공기관이 총지분의 50/100을 초과하는 출자로 설립
　　한 법인
2. 시장·군수 등이 제1호에 해당하는 자와 다음 각 목의 어느 하나에 해당하는 자를 공동시행자로
　지정하는 경우
　가. 「건설산업기본법」 제9조에 따른 건설업자
　나. 「주택법」 제7조 제1항에 따라 건설업자로 보는 등록사업자

　　위 법 제24조 제2항에 따라 시행하려는 경우에는 제15조 제1항에 따른 공람공고일
현재 해당 정비예정구역의 토지 또는 건축물의 소유자 또는 지상권자의 2/3 이상의 동
의와 세입자(제15조 제1항에 따른 공람공고일 3개월 전부터 해당 정비예정구역에 3개월 이상
거주하고 있는 자를 말한다) 세대수의 과반수의 동의를 각각 받아야 한다. 다만, 세입자의
세대수가 토지등소유자의 1/2 이하인 경우 등 대통령령으로 정하는 사유가 있는 경우에는
세입자의 동의절차를 거치지 아니할 수 있다(법 제24조 제3항). 여기서 대통령령으로 정하
는 사유란 다음 각 호의 어느 하나에 해당하는 것을 말한다.

〈세입자 동의의 예외(영 제18조)〉

1. 세입자의 세대수가 토지등소유자의 1/2 이하인 경우
2. 정비구역 지정고시일 현재 해당 지역이 속한 시·군·구에 공공임대주택 등 세입자가 입주 가능
　한 임대주택이 충분하여 임대주택을 건설할 필요가 없다고 시·도지사가 인정하는 경우
3. 법 제23조 제1항 제1호, 제3호 또는 제4호에 따른 방법으로 사업을 시행하는 경우

---

　　② 예외(동의절차의 생략)
　　시장·군수 등은 천재지변, 그 밖의 불가피한 사유로 건축물이 붕괴할 우려가 있어
긴급히 정비사업을 시행할 필요가 있다고 인정하는 경우에는 제1항 및 제3항에도 불구

하고 토지등소유자 및 세입자의 동의 없이 자신이 직접 시행하거나 토지주택공사 등을
사업시행자로 지정하여 시행하게 할 수 있다. 이 경우 시장·군수 등은 지체 없이 토지
등소유자에게 긴급한 정비사업의 시행 사유·방법 및 시기 등을 통보하여야 한다(법 제
24조 제4항).

2) 재개발사업·재건축사업의 시행자

① 조합의 단독시행

② 조합이 조합원 과반수의 동의를 얻어 시장·군수, 주택공사 등, 「건설산업기본
법」규정에 의한 건설업자(이하 건설업자라 한다), 「주택법」규정에 의하여 건설
업자로 보는 등록사업자(이하 등록업자라 한다), 「자본시장과 금융투자업에 관한
법률」에 따른 신탁업자 또는 「국유재산법」에 의한 주식회사 한국감정원과 공동
으로 이를 시행할 수 있다(법 제8조 제1항, 영 제14조 제1항).

3) 주택재건축사업의 시행자

① 조합의 단독시행

② 조합이 조합원의 과반수의 동의를 얻어 시장·군수, 주택공사등, 건설업자 또는
등록사업자와 공동으로 이를 시행할 수 있다(법 제8조 제2항).

4) 도시환경정비사업의 시행자

① 조합 또는 토지등소유자의 단독시행

> **대판 2010.2.11, 2009다79729(손해배상)**
> "민법상의 조합계약은 2인 이상이 상호 출자하여 공동으로 사업을 경영할 것을 약정하는 계약으로서
> 특정한 사업을 공동 경영하는 약정에 한하여 이를 조합계약이라고 할 수 있고, 공동의 목적달성이라
> 는 정도만으로는 조합의 성립요건을 갖추었다고 할 수 없다."

② 조합 또는 토지등소유자가 조합원 또는 토지등소유자의 과반수의 동의를 얻어
시장·군수, 주택공사 등 또는 한국토지주택공사법에 의한 한국토지주택공사
(공장이 포함된 구역에서의 도시환경정비사업의 경우를 제외한다), 건설산업기본법규
정에 의한 건설업자(이하 건설업자라 한다), 주택법규정에 의하여 건설업자로 보
는 등록사업자(이하 등록업자라 한다), 자본시장과 금융투자업에 관한 법률에 따
른 신탁업자 또는 국유재산법에 의한 주식회사 한국감정원과 공동으로 이를 시

행할 수 있다(법 제8조 제3항, 영 제14조 제1항).

5) 주거환경관리사업의 시행자

① 시장·군수가 직접 시행

② 주택공사등을 사업시행자로 지정하여 시행하게 하려는 경우에는 제4조 제1항
  에 따른 공람공고일 현재 토지등소유자 과반수의 동의를 받아야 한다(법 제8조
  제6항).

6) 가로주택정비사업의 시행자

① 조합이 시행

② 조합이 조합원 과반수의 동의를 받아 시장·군수, 주택공사등 또는 대통령령으
  로 정하는 요건을 갖춘 자와 공동으로 시행할 수 있다(법 제8조 제7항). 여기서
  대통령령으로 정하는 요건을 갖춘 자란 다음 각 호의 자를 말한다(영 제14조 제3항).

---

1. 「건설산업기본법」 제9조에 따른 건설업자
2. 「주택법」 제7조 제1항에 따라 건설업자로 보는 등록사업자
3. 「자본시장과 금융투자업에 관한 법률」 제8조 제7항에 따른 신탁업자

---

(2) 예외적 시행자

1) 시장·군수 또는 지정개발자 등이 시행자가 되는 경우

시장·군수는 정비사업이 다음에 해당하는 때에는 직접 정비사업(주거환경개선사업
을 제외)을 시행하거나, 시장·군수가 토지등소유자·사회기반시설에 대한 민간투자법에
따른 민관합동법인 또는 자본시장과 금융투자업에 관한 법률에 따른 신탁업자로서 대
통령령으로 정하는 요건을 갖춘 자(제1호 및 제2호의 경우에 한하며, 이하 "지정개발자"라
한다) 또는 주택공사 등을 사업시행자로 지정하여 정비사업을 시행하게 할 수 있다(법
제8조 제4항, 영 제14조 제2항).

---

1. 천재·지변 그 밖의 불가피한 사유로 인하여 긴급히 정비사업을 시행할 필요가 있고 인정되는 때
2. 정비구역지정 및 변경 시 고시된 정비계획에서 정한 정비사업시행 예정일부터 2년 이내에 사업
   시행인가를 신청하지 아니하거나 사업시행인가를 신정한 내용이 위법 또는 부당하다고 인정되는
   때(주택재건축사업의 경우를 제외한다)

2의2. 조합설립추진위원회(이하 "추진위원회")가 시장·군수의 구성 승인을 얻은 날부터 3년 이내
  에 조합의 설립인가를 신청하지 아니하거나, 조합이 조합의 설립인가를 얻은 날부터 3년 이내에
  사업시행인가를 신청하지 아니하는 경우(이 경우 시장·군수는 사업시행자 지정 고시일 다음날
  에 추진위원회의 구성 승인 또는 조합의 설립인가는 취소된 것으로 본다)
3. 지방자치단체의 장이 시행하는 도시·군계획사업과 병행하여 정비사업을 시행할 필요가 있다고
  인정되는 때
4. 순환정비방식에 의하여 정비사업을 시행할 필요가 있다고 인정되는 때
5. 사업시행인가가 취소된 때
6. 당해 정비구역 안의 국·공유지면적 또는 국·공유지와 주택공사 등이 소유한 토지를 합한 면적
  이 전체 토지면적의 1/2 이상으로서 토지등소유자의 과반수가 시장·군수 또는 주택공사 등을
  사업시행자로 지정하는 것에 동의하는 때
7. 당해 정비구역안의 토지면적 1/2 이상의 토지소유자와 토지등소유자의 2/3 이상에 해당하는
  자가 시장·군수 또는 주택공사등을 사업시행자로 지정할 것을 요청하는 때. 이 경우 제4조 제4
  항 제2호에 따라 토지등소유자가 정비계획의 수립에 대한 입안을 제안한 경우 입안제안에 동의
  한 토지등소유자는 주택공사등의 사업시행자 지정에 동의한 것으로 본다. 다만, 사업시행자의
  지정 요청 전에 시장·군수 및 제26조에 따른 주민대표회의에 사업시행자의 지정에 대한 반대의
  의사표시를 한 토지등소유자의 경우에는 그러하지 아니하다.
8. 주택재개발사업 및 주택재건축사업의 조합설립을 위한 동의요건 이상에 해당하는 자가 신탁업자
  를 주택재개발사업 또는 주택재건축사업의 사업시행자로 지정하는 것에 동의하는 때

2) 고시

시장·군수는 직접 정비사업을 시행하거나 지정개발자 또는 주택공사 등을 사업시
행자로 지정하는 때에는 정비사업 시행구역 등 토지등소유자에게 알릴 필요가 있는 사
항으로서 대통령령(영 제15조)이 정하는 사항을 해당 지방자치단체의 공보에 고시하여
야 한다(법 제8조 제5항).

<정비사업별 시행자 종류>

1. 주거환경개선사업	① 시장·군수의 단독시행, 주택공사 등의 지정시행 ② 토지등소유자 2/3 이상, 세입자 과반수의 동의 필요(다만, 생략 가능)	
2. 주택재개발사업	※ 원칙적 시행자	※ 예외적 시행자
3. 주택재건축사업	① 조합의 단독시행(의무사항) ② 공동시행(조합원 과반수의 동의 필요)	① 시장·군수의 단독시행과 주택공사 등의 지정시행
4. 도시환경정비사업	① 조합 또는 토지등소유자의 단독시행 ② 공동시행(조합원 과반수의 동의 필요)	② 지정개발자의 지정 시행
5. 주거환경관리사업	① 시장·군수가 직접 시행 ② 주택공사등의 지정시행(토지등소유자 과반수의 동의 필요)	

6. 가로주택정비사업	① 조합이 시행
	② 시장·군수, 주택공사등 또는 대통령령으로 정하는 요건을 갖춘 자와 공동으로 시행(조합원 과반수의 동의 필요)

(3) 재개발사업·재건축사업의 대행

1) 사업대행의 요건

시장·군수 등은 ① 장기간 정비사업이 지연되거나 권리관계에 관한 분쟁 등으로 해당 조합 또는 토지등소유자가 시행하는 정비사업을 계속 추진하기 어렵다고 인정하는 경우 또는 ② 토지등소유자(조합을 설립한 경우에는 조합원을 말한다)의 과반수 동의로 요청하는 경우 중 어느 하나에 해당하는 경우에는 해당 조합 또는 토지등소유자를 대신하여 직접 정비사업을 시행하거나 토지주택공사 등 또는 지정개발자에게 해당 조합 또는 토지등소유자를 대신하여 정비사업을 시행하게 할 수 있다(법 제28조 제1항).

2) 대행자의 권리

정비사업을 대행하는 시장·군수 등, 토지주택공사 등 또는 지정개발자(이하 "사업대행자"라 한다)는 사업시행자에게 청구할 수 있는 보수 또는 비용의 상환에 대한 권리로써 사업시행자에게 귀속될 대지 또는 건축물을 압류할 수 있다(법 제28조 제2항).

3) 사업대행 개시결정 및 고시

정비사업을 대행하는 경우 사업대행의 개시결정, 그 결정의 고시 및 효과, 사업대행자의 업무집행, 사업대행의 완료와 그 고시 등에 필요한 사항은 대통령령으로 정한다(법 제28조 제3항).

① 시장·군수 등은 법 제28조 제1항에 따라 정비사업을 직접 시행하거나 지정개발자 또는 토지주택공사 등에게 정비사업을 대행하도록 결정("사업대행개시결정"이라 한다)한 경우에는 "정비사업의 종류 및 명칭, 사업시행자의 성명 및 주소, 정비구역, 정비사업의 착수예정일 및 준공예정일, 사업대행개시결정을 한 날, 사업대행자, 대행사항"을 해당 지방자치단체의 공보 등에 고시하여야 하며, 시장·군수 등은 토지등소유자 및 사업시행자에게 고시한 내용을 통지하여야 한다(영 제22조 제1항·제2항).

② 사업대행자는 법 제28조 제1항에 따라 정비사업을 대행하는 경우 고시를 한 날의 다음 날부터 제23조에 따라 사업대행완료를 고시하는 날까지 자기의 이름

및 사업시행자의 계산으로 사업시행자의 업무를 집행하고 재산을 관리한다. 이 경우 법 또는 법에 따른 명령이나 정관 등으로 정하는 바에 따라 사업시행자가 행하거나 사업시행자에 대하여 행하여진 처분·절차 그 밖의 행위는 사업대행자가 행하거나 사업대행자에 대하여 행하여진 것으로 본다(영 제22조 제3항). 또한 시장·군수 등이 아닌 사업대행자는 재산의 처분, 자금의 차입 그 밖에 사업시행자에게 재산상 부담을 주는 행위를 하려는 때에는 미리 시장·군수 등의 승인을 받아야 한다(영 제22조 제4항). 사업대행자는 이에 따른 업무를 하는 경우 선량한 관리자로서의 주의의무를 다하여야 하며, 필요한 때에는 사업시행자에게 협조를 요청할 수 있고, 사업시행자는 특별한 사유가 없는 한 이에 응하여야 한다(영 제22조 제5항).

4) 사업대행의 완료

① 사업대행자는 법 제28조 제1항 각 호의 사업대행의 원인이 된 사유가 없어지거나 법 제88조 제1항에 따른 등기를 완료한 때에는 사업대행을 완료하여야 한다. 이 경우 시장·군수 등이 아닌 사업대행자는 미리 시장·군수 등에게 사업대행을 완료할 뜻을 보고하여야 한다(영 제23조 제1항).

② 시장·군수 등은 제1항에 따라 사업대행을 완료한 때에는 제22조 제1항 각 호의 사항과 사업대행완료일을 해당 지방자치단체의 공보 등에 고시하고, 토지등소유자 및 사업시행자에게 각각 통지하여야 한다(영 제23조 제2항).

③ 사업대행자는 제1항에 따른 사업대행의 완료 후 사업시행자에게 보수 또는 비용의 상환을 청구할 때에 그 보수 또는 비용을 지출한 날 이후의 이자를 청구할 수 있다(영 제23조 제5항).

(4) 사업시행자 등의 권리·의무의 승계

사업대행자는 사업대행완료의 고시가 있은 때에는 지체 없이 사업시행자에게 업무를 인계하여야 하며, 사업시행자는 정당한 사유가 없는 한 이를 인수하여야 한다(영 제23조 제3항). 이에 따른 인계·인수가 완료된 때에는 사업대행자가 정비사업을 대행할 때 취득하거나 부담한 권리와 의무는 사업시행자에게 승계된다(영 제23조 제4항).

3. 계약의 방법 및 시공자 선정

(1) 계약의 방법

추진위원장 또는 사업시행자(청산인을 포함한다)는 이 법 또는 다른 법령에 특별한 규정이 있는 경우를 제외하고는 계약(공사, 용역, 물품구매 및 제조 등을 포함한다)을 체결하려면 일반경쟁에 부쳐야 하며(법 제29조 제1항), 이에 따라 일반경쟁의 방법으로 계약을 체결하는 경우로서 대통령령으로 정하는 규모를 초과하는 계약은 「전자조달의 이용 및 촉진에 관한 법률」 제2조 제4호의 국가종합전자조달시스템("전자조달시스템"이라 한다)을 이용하여야 한다(법 제29조 제2항).

여기서 "일반경쟁의 방법으로 계약을 체결하는 경우로서 대통령령으로 정하는 규모를 초과하는 계약"이란 다음의 어느 하나에 해당하는 계약을 말한다(영 제24조 제2항).

---

1. 「건설산업기본법」에 따른 건설공사로서 추정가격이 6억원을 초과하는 공사의 계약
2. 「건설산업기본법」에 따른 전문공사로서 추정가격이 2억원을 초과하는 공사의 계약
3. 공사관련 법령(「건설산업기본법」은 제외한다)에 따른 공사로서 추정가격이 2억원을 초과하는 공사의 계약
4. 추정가격 2억원을 초과하는 물품 제조·구매, 용역, 그 밖의 계약

다만, 계약규모, 재난의 발생 등 대통령령으로 정하는 경우에는 입찰 참가자를 지명(指名)하여 경쟁에 부치거나 수의계약(隨意契約)으로 할 수 있다(법 제29조 제1항 단서). 여기서 "계약규모, 재난의 발생 등 대통령령으로 정하는 경우"란 다음의 구분에 따른 경우를 말한다(영 제24조 제1항).

---

1. 입찰 참가자를 지명(指名)하여 경쟁에 부치려는 경우 : 다음 각 목의 어느 하나에 해당하여야 한다.
   가. 계약의 성질 또는 목적에 비추어 특수한 설비·기술·자재·물품 또는 실적이 있는 자가 아니면 계약의 목적을 달성하기 곤란한 경우로서 입찰대상자가 10인 이내인 경우
   나. 「건설산업기본법」에 따른 건설공사(전문공사를 제외한다)로서 추정가격이 3억원 이하인 공사인 경우
   다. 「건설산업기본법」에 따른 전문공사로서 추정가격이 1억원 이하인 공사인 경우
   라. 공사관련 법령(「건설산업기본법」은 제외한다)에 따른 공사로서 추정가격이 1억원 이하인 공사인 경우
   마. 추정가격 1억원 이하의 물품 제조·구매, 용역, 그 밖의 계약인 경우

2. 수의계약을 하려는 경우 : 다음 각 목의 어느 하나에 해당하여야 한다.
  가. 「건설산업기본법」에 따른 건설공사로서 추정가격이 2억원 이하인 공사인 경우
  나. 「건설산업기본법」에 따른 전문공사로서 추정가격이 1억원 이하인 공사인 경우
  다. 공사관련 법령(「건설산업기본법」은 제외한다)에 따른 공사로서 추정가격이 8천만원 이하인
     공사인 경우
  라. 추정가격 5천만원 이하인 물품의 제조·구매, 용역, 그 밖의 계약인 경우
  마. 소송, 재난복구 등 예측하지 못한 긴급한 상황에 대응하기 위하여 경쟁에 부칠 여유가 없는
     경우
  바. 일반경쟁입찰이 입찰자가 없거나 단독 응찰의 사유로 2회 이상 유찰된 경우

위 내용에 따라 계약을 체결하는 경우 계약의 방법 및 절차 등에 필요한 사항은 국토교통부장관이 정하여 고시한다(법 제29조 제3항).

(2) 시공자의 선정

조합은 조합설립인가를 받은 후 조합총회에서 제1항에 따라 경쟁입찰 또는 수의계약(2회 이상 경쟁입찰이 유찰된 경우로 한정한다)의 방법으로 건설업자 또는 등록사업자를 시공자로 선정하여야 한다(법 제29조 제4항). 다만, 대통령령으로 정하는 규모 이하의 정비사업(조합원이 100인 이하인 정비사업)은 조합총회에서 정관으로 정하는 바에 따라 선정할 수 있다(법 제29조 제4항 단서 및 영 제24조 제3항).

(3) 시공자 선정의 특례

1) 재개발사업을 토지등소유자가 시행하는 경우

사업시행계획인가를 받은 후 제2조 제11호 나목에 따른 규약에 따라 건설업자 또는 등록사업자를 시공자로 선정하여야 한다(법 제29조 제5항).

2) 시장·군수 등이 직접 정비사업을 시행하거나 토지주택공사 등 또는 지정개발자를 사업시행자로 지정한 경우

사업시행자는 제26조 제2항 및 제27조 제2항에 따른 사업시행자 지정·고시 후 제1항에 따른 경쟁입찰 또는 수의계약의 방법으로 건설업자 또는 등록사업자를 시공자로 선정하여야 한다(법 제29조 제6항).

3) 주민대표회의 또는 토지등소유자 전체회의가 시공자를 추천한 경우

법 제29조 제6항에 따라 시공자를 선정하거나 제23조 제1항 제4호의 방법(사업시

행자가 정비구역에서 제74조에 따라 인가받은 관리처분계획에 따라 주택 및 부대시설·복리시설을 건설하여 공급하는 방법)으로 시행하는 주거환경개선사업의 사업시행자가 시공자를 선정하는 경우 주민대표회의 또는 토지등소유자 전체회의는 대통령령으로 정하는 경쟁입찰 또는 수의계약(2회 이상 경쟁입찰이 유찰된 경우로 한정한다)의 방법으로 시공자를 추천할 수 있다(법 제29조 제7항).

이때에 "대통령령으로 정하는 경쟁입찰"이란 다음 각 호의 요건을 모두 갖춘 입찰방법을 말한다(영 제24조 제4항).

> 1. 일반경쟁입찰·제한경쟁입찰 또는 지명경쟁입찰 중 하나일 것
> 2. 해당 지역에서 발간되는 일간신문에 1회 이상 제1호의 입찰을 위한 공고를 하고, 입찰 참가자를 대상으로 현장 설명회를 개최할 것
> 3. 해당 지역 주민을 대상으로 합동홍보설명회를 개최할 것
> 4. 토지등소유자를 대상으로 제출된 입찰서에 대한 투표를 실시하고 그 결과를 반영할 것

이에 따라, 주민대표회의 또는 토지등소유자 전체회의가 시공자를 추천한 경우 사업시행자는 추천받은 자를 시공자로 선정하여야 한다. 이 경우 시공자와의 계약에 관해서는 「지방자치단체를 당사자로 하는 계약에 관한 법률」 제9조 또는 「공공기관의 운영에 관한 법률」 제39조를 적용하지 아니한다(법 제29조 제8항).

4) 계약조건

사업시행자(사업대행자를 포함한다)는 제4항부터 제8항까지의 시공자 선정 규정에 따라 선정된 시공자와 공사에 관한 계약을 체결할 때에는 기존 건축물의 철거 공사(「석면안전관리법」에 따른 석면 조사·해체·제거를 포함한다)에 관한 사항을 포함시켜야 한다(법 제29조 제9항).

(4) 임대사업자의 선정

사업시행자는 공공지원민간임대주택을 원활히 공급하기 위하여 국토교통부장관이 정하는 경쟁입찰의 방법 또는 수의계약(2회 이상 경쟁입찰이 유찰된 경우로 한정한다)의 방법으로 「민간임대주택에 관한 특별법」 제2조 제7호에 따른 임대사업자("임대사업자"라 한다)를 선정할 수 있으며(법 제30조 제1항), 이에 따른 임대사업자의 선정절차 등에 필요한 사항은 국토교통부장관이 정하여 고시할 수 있다(법 제30조 제2항).

(5) 시공보증서의 제출

① 조합이 정비사업의 시행을 위하여 시장·군수등 또는 토지주택공사등이 아닌
   자를 시공자로 선정(제25조에 따른 공동사업시행자가 시공하는 경우를 포함한다)
   한 경우 그 시공자는 공사의 시공보증(시공자가 공사의 계약상 의무를 이행하지
   못하거나 의무이행을 하지 아니할 경우 보증기관에서 시공자를 대신하여 계약이행의
   무를 부담하거나 총 공사금액의 50/100 이하 대통령령으로 정하는 비율 이상의 범위
   에서 사업시행자가 정하는 금액을 납부할 것을 보증하는 것을 말한다)을 위하여 국
   토교통부령으로 정하는 기관의 시공보증서를 조합에 제출하여야 한다(법 제82
   조 제1항).
② 시장·군수는 「건축법」 제21조에 의한 착공신고를 받는 경우에는 시공보증서의
   제출 여부를 확인하여야 한다(법 제82조 제2항).

제 2 절   조합 및 주민대표회의

1. 조 합

(1) 조합설립추진위원회

1) 조합의 설립의무

시장·군수 등, 토지주택공사 등 또는 지정개발자가 아닌 자가 정비사업을 시행하
려는 경우에는 토지등소유자로 구성된 조합을 설립하여야 한다. 다만, 토지등소유자가
재개발사업을 시행하려는 경우에는 그러하지 아니하다(법 제35조 제1항).

2) 조합설립추진위원회의
① 추진위원회의 설립

조합을 설립하려는 경우에는 제16조에 따른 정비구역 지정·고시 후 ㉠ 추진위원
회 위원장("추진위원장"이라 한다)을 포함한 5명 이상의 추진위원회 위원("추진위원"이라
한다) 및 ㉡ 추진위원회의 운영규정에 대하여 토지등소유자 과반수의 동의를 받아 조합
설립을 위한 추진위원회를 구성하여 국토교통부령으로 정하는 방법과 절차에 따라 시

장·군수 등의 승인을 받아야 한다(법 제31조 제1항). 이에 따라 토지등소유자의 동의를 받으려는 자는 동의서에 추진위원장, 추진위원회 위원, 추진위원회의 업무 및 운영규정을 미리 쓴 후 토지등소유자의 동의를 받아야 한다(영 제25조 제1항).

대판 2014.2.27, 2011두2248(정비사업조합설립인가무효확인등)

"조합설립추진위원회(이하 '추진위원회'라 한다) 구성승인은 조합의 설립을 위한 주체인 추진위원회의 구성행위를 보충하여 효력을 부여하는 처분이므로, 시장·군수로부터 추진위원회 구성승인을 받은 추진위원회는 유효하게 설립된 비법인사단으로서 조합설립에 필요한 법률행위 등을 할 수 있다. 따라서 추진위원회가 구성승인을 받을 당시의 정비예정구역보다 정비구역이 확대되어 지정된 경우, 추진위원회가 구성 변경승인을 받기 전에 확대된 정비구역 전체에서 조합설립을 추진하여 조합설립인가신청을 하였다 하더라도 이는 유효하게 설립된 비법인사단의 법률행위이므로, 당초의 추진위원회 구성승인이 실효되었다는 등의 특별한 사정이 없는 한 변경승인 전의 행위라는 사정만으로 조합설립인가신청 자체가 무효라고 할 수는 없다."

---

② 조합설립동의의 의제

추진위원회의 구성에 동의한 토지등소유자("추진위원회 동의자"라 한다)는 제35조 제1항부터 제5항까지의 규정에 따른 조합의 설립에 동의한 것으로 본다. 다만, 조합설립인가를 신청하기 전에 시장·군수 등 및 추진위원회에 조합설립에 대한 반대의 의사표시를 한 추진위원회 동의자의 경우에는 그러하지 아니하다(법 제31조 제2항).

대판 2014.5.29, 2013두18773(조합설립변경인가처분취소)

"구 도시 및 주거환경정비법(2012.2.1. 법률 제11293호로 개정되기 전의 것, 이하 '구 도시정비법'이라 한다) 제14조 제3항, 제16조 제5항, 구 도시 및 주거환경정비법 시행령(2012.7.31. 대통령령 제24007호로 개정되기 전의 것, 이하 '구 도시정비법 시행령'이라 한다) 제22조의2 제1항, 제4항, 제5항, 제26조 제1항, 제2항의 내용과 취지에 비추어 보면, 종전의 조합설립인가처분의 위법 여부 또는 효력 유무 등에 관한 다툼이 있어 조합이 토지등소유자로부터 새로 법정사항이 포함된 동의서에 의한 동의를 받는 등 처음부터 다시 조합설립인가에 관한 절차를 밟아 조합설립변경인가처분을 받은 경우에 조합설립변경인가처분이 새로운 조합설립인가처분의 요건을 갖추었다고 보기 위해서는, 다른 특별한 사정이 없는 한 조합설립변경인가의 신청 전에 총회를 새로 개최하여 조합정관의 확정·조합임원의 선임 등에 관한 결의를 하는 등의 절차적 요건을 구비하여야 한다. 다만 이 경우 새로 개최된 총회의 의사결정은 종전의 조합설립인가의 신청 전에 이루어진 창립총회의 결의를 추인하는 결의를 하거나 총회의 진행 경과 등에 비추어 그러한 추인의 취지가 포함된 것으로 볼 수 있는 사정이 있으면 충분하다."

토지등소유자의 동의를 받으려는 자는 ㉠ 동의를 받으려는 사항 및 목적, ㉡ 동의로 인하여 의제되는 사항, ㉢ 동의의 철회 또는 반대의사 표시의 절차 및 방법을 설명·고지하여야 한다(법 제31조 제3항 및 영 제25조 제2항).

대판 2013.9.12, 2011두31284(동의서 제공신청 반려처분취소)

"정비사업을 원활하게 진행하기 위하여 추진위원회 제도를 도입하는 한편 1개의 정비구역 안에 복수의 추진위원회가 구성되는 것을 금지하는 등 그에 대하여 특별한 법적 지위를 부여하고 있는 도시 및 주거환경정비법의 입법 취지와 추진위원회 구성 승인처분이 다수의 이해관계인에게 미치는 파급효과 등에 비추어 보면, 일정한 정비예정구역을 전제로 추진위원회 구성 승인처분이 이루어진 후 정비구역이 정비예정구역과 달리 지정되었다는 사정만으로 승인처분이 당연히 실효된다고 볼 수 없고, 정비예정구역과 정비구역의 각 위치, 면적, 토지등소유자 및 동의자 수의 비교, 정비사업계획이 변경되는 내용과 정도, 정비구역 지정 경위 등을 종합적으로 고려하여 당초 승인처분의 대상인 추진위원회가 새로운 정비구역에서 정비사업을 계속 추진하는 것이 도저히 어렵다고 보여 그 추진위원회의 목적 달성이 사실상 불가능하다고 인정되는 경우에 한하여 그 실효를 인정함이 타당하다."

정비사업에 대하여 제118조에 따른 공공지원을 하려는 경우에는 추진위원회를 구성하지 아니할 수 있으며, 이 경우 조합설립 방법 및 절차 등에 필요한 사항은 대통령령으로 정한다(법 제31조 제4항).

③ 조합 규정의 준용

추진위원의 선출에 관한 선거관리는 제41조 제3항(조합은 총회 의결을 거쳐 조합임원의 선출에 관한 선거관리를 「선거관리위원회법」 제3조에 따라 선거관리위원회에 위탁할 수 있다)을 준용한다. 이 경우 "조합"은 "추진위원회"로, "조합임원"은 "추진위원"으로 본다(법 제33조 제2항).

또한 토지등소유자는 제34조에 따른 추진위원회의 운영규정에 따라 추진위원회에 추진위원의 교체 및 해임을 요구할 수 있으며, 추진위원장이 사임, 해임, 임기만료, 그 밖에 불가피한 사유 등으로 직무를 수행할 수 없는 때부터 6개월 이상 선임되지 아니한 경우 그 업무의 대행에 관하여는 제41조 제5항 단서를 준용한다. 이 경우 "조합임원"은 "추진위원장"으로 본다(법 제33조 제3항).

이에 따른 추진위원의 교체·해임 절차 등에 필요한 사항은 제34조 제1항에 따른 운영규정에 따르며(법 제33조 제4항), 추진위원의 결격사유는 제43조 제1항부터 제3항까지를 준용한다. 이 경우 "조합"은 "추진위원회"로, "조합임원"은 "추진위원"으로 본다(법 제33조 제5항).

3) 추진위원회의 기능

① 추진위원회의 업무범위

추진위원회는 다음의 업무를 수행할 수 있다(법 제32조 제1항 및 영 제26조).

---

1. 제102조에 따른 정비사업전문관리업자의 선정 및 변경
2. 설계자의 선정 및 변경
3. 개략적인 정비사업 시행계획서의 작성
4. 조합설립인가를 받기 위한 준비업무
5. 그 밖에 조합설립을 추진하기 위하여 대통령령으로 정하는 업무
   ① 추진위원회 운영규정의 작성
   ② 토지등소유자의 동의서의 접수
   ③ 조합의 설립을 위한 창립총회의 개최
   ④ 조합정관의 초안 작성
   ⑤ 그 밖에 추진위원회 운영규정이 정하는 사항

추진위원회가 정비사업전문관리업자를 선정하려는 경우에는 제31조에 따라 추진위원회 승인을 받은 후 제29조 제1항에 따른 경쟁입찰 또는 수의계약(2회 이상 경쟁입찰이 유찰된 경우로 한정한다)의 방법으로 선정하여야 한다(법 제32조 제2항).

② 창립총회 개최

추진위원회는 조합설립인가를 신청하기 전에 다음에 정하는 방법 및 절차(영 제27조)에 따라 조합설립을 위한 창립총회를 개최하여야 한다(법 제32조 제3항).

대판 2011.7.28, 2011두2842(추진위원회 승인처분 무효확인)

"구 도시 및 주거환경정비법(2008.2.29. 법률 제8852호로 개정되기 전의 것) 제13조 제2항에 의하면 정비사업을 시행하기 위하여 토지등소유자로 구성된 조합을 설립하고자 하는 경우에는 토지등소유자 2분의 1 이상의 동의를 얻어 위원장을 포함한 5인 이상의 위원으로 추진위원회를 구성하여 시장·군수의 승인을 얻어야 하고, 구 도시 및 주거환경정비법 시행규칙(2008.3.14. 건설교통부령 제4호로 개정되기 전의 것) 제6조 각호에 의하면, 추진위원회의 설립승인을 얻고자 하는 자는 [별지 제2호 서식] 승인신청서에 토지등소유자 명부, 동의서, 위원장 및 위원의 주소 및 성명, 위원선정을 증명하는 서류 등을 첨부하여 시장·군수에게 제출하여야 한다고만 하고 있으며, 달리 토지등소유자의 동의서 형식이나 동의시기, 추진위원회 위원장 및 위원의 자격이나 선정방식 등에 관하여 특별한 제한을 두고 있지 않으므로, 추진위원회 설립승인신청을 받은 시장·군수로서는 승인신청서에 첨부된 서류에 의하여 추진위원회 구성에 관하여 토지등소유자 2분의 1 이상의 동의가 있고 추진위원회가 위원장을 포함한 5인 이상의 위원으로 구성되어 있음을 확인할 수 있다면 추진위원회의 설립을 승인하여야 한다. 다만 추진위원회는 일정한 구역에서 실시되는 특정한 정비사업을 전제로 사업대상

·범위에 속하는 토지등소유자의 동의를 얻어 설립되므로, 토지소유자 등이 정비구역이 정해지기 전에 임의로 그 구역을 예상하여 추진위원회 설립에 동의하였다가 나중에 확정된 실제 사업구역이 동의 당시 예정한 사업구역과 동일성을 인정할 수 없을 정도로 달라진 때에는, 정비구역이 정해지기 전의 동의를 설립승인을 신청하는 추진위원회 구성에 관한 동의로 볼 수 없어 이에 기초한 설립승인처분은 위법하다."

⑦ 추진위원회(법 제31조 제4항 전단에 따라 추진위원회를 구성하지 아니하는 경우에는 토지등소유자를 말한다)는 법 제35조 제2항부터 제4항까지의 규정에 따른 동의를 받은 후 조합설립인가를 신청하기 전에 법 제32조 제3항에 따라 창립총회를 개최하여야 한다.

ⓛ 추진위원회(법 제31조 제4항 전단에 따라 추진위원회를 구성하지 아니하는 경우에는 조합설립을 추진하는 토지등소유자의 대표자를 말한다)는 창립총회 14일 전까지 회의목적·안건·일시·장소·참석자격 및 구비사항 등을 인터넷 홈페이지를 통하여 공개하고, 토지등소유자에게 등기우편으로 발송·통지하여야 한다.

ⓒ 창립총회는 추진위원장(법 제31조 제4항 전단에 따라 추진위원회를 구성하지 아니하는 경우에는 토지등소유자의 대표자를 말한다)의 직권 또는 토지등소유자 1/5 이상의 요구로 추진위원장이 소집한다. 다만, 토지등소유자 1/5 이상의 소집요구에도 불구하고 추진위원장이 2주 이상 소집요구에 응하지 아니하는 경우 소집요구한 자의 대표가 소집할 수 있다.

ⓔ 창립총회에서는 다음의 업무를 처리한다.

1. 조합 정관의 확정
2. 조합의 임원의 선임
3. 대의원의 선임
4. 그 밖에 필요한 사항으로서 사전에 통지한 사항

ⓜ 창립총회의 의사결정은 토지등소유자(재건축사업의 경우 조합설립에 동의한 토지등소유자로 한정한다)의 과반수 출석과 출석한 토지등소유자 과반수 찬성으로 결의한다. 다만, 조합임원 및 대의원의 선임은 제4항 제1호에 따라 확정된 정관에서 정하는 바에 따라 선출한다.

ⓗ 법 제118조에 따라 공공지원 방식으로 시행하는 정비사업 중 법 제31조 제4항

에 따라 추진위원회를 구성하지 아니하는 경우에는 제1항부터 제5항까지에서 규정한 사항 외에 제26조 제2호부터 제4호까지의 업무에 대한 절차 등에 필요한 사항을 시·도 조례로 정할 수 있다.

③ 토지 등 소유자의 동의

추진위원회가 수행하는 업무의 내용이 토지등소유자의 비용부담을 수반하거나 권리와 의무에 변동을 발생시키는 경우로서 대통령령으로 정하는 사항에 대하여는(정비사업의 시행범위를 확대 또는 축소하려는 때에는) 그 업무를 수행하기 전에 대통령령으로 정하는 비율 이상(토지등소유자의 과반수 또는 추진위원회의 구성에 동의한 토지등소유자의 2/3 이상)의 토지등소유자의 동의를 받아야 한다(법 제32조 제4항).

4) 추진위원회의 조직 및 운영
① 추진위원회의 조직구성

추진위원회는 추진위원회를 대표하는 추진위원장 1명과 감사를 두어야 한다(법 제33조 제1항).

② 추진위원회의 운영

국토교통부장관은 추진위원회의 공정한 운영을 위하여 다음 각 호의 사항을 포함한 추진위원회의 운영규정을 정하여 고시하여야 한다(법 제34조 제1항).

---

1. 추진위원의 선임방법 및 변경
2. 추진위원의 권리·의무
3. 추진위원회의 업무범위
4. 추진위원회의 운영방법
5. 토지등소유자의 운영경비 납부
6. 추진위원회 운영자금의 차입
7. 그 밖에 추진위원회의 운영에 필요한 사항으로서 대통령령으로 정하는 사항(영 제28조).
   ㉠ 추진위원회 운영경비의 회계에 관한 사항
   ㉡ 정비사업전문관리업자의 선정에 관한 사항
   ㉢ 그 밖에 국토교통부장관이 정비사업의 원활한 추진을 위하여 필요하다고 인정하는 사항

---

③ 사업의 공개

추진위원회는 추진위원회의 운영에 필요한 다음 각 호의 사항을 토지등소유자가 쉽게 접할 수 있는 일정한 장소에 게시하거나 인터넷 등을 통하여 공개하고, 필요한 경우에는 토지등소유자에게 서면통지를 하는 등 토지등소유자가 그 내용을 충분히 알

수 있도록 하여야 한다(영 제29조 제1항).

---

1. 안전진단의 결과
2. 정비사업전문관리업자의 선정에 관한 사항
3. 토지등소유자의 부담액 범위를 포함한 개략적인 사업시행계획서
4. 추진위원회 위원의 선정에 관한 사항
5. 토지등소유자의 비용부담을 수반하거나 권리·의무에 변동을 일으킬 수 있는 사항
6. 추진위원회의 업무에 관한 사항
7. 창립총회 개최의 방법 및 절차
8. 조합설립에 대한 동의철회(법 제31조 제2항 단서에 따른 반대의 의사표시를 포함한다) 및 방법
9. 조합설립 동의서에 포함되는 사항

다만, 위 박스 안의 제8호 및 제9호의 사항은 조합설립인가 신청일 60일 전까지 추진위원회 구성에 동의한 토지등소유자에게 등기우편으로 통지하여야 한다(영 제29조 제1항 단서).

④ 운영경비의 납부

추진위원회는 운영규정에 따라 운영하여야 하며, 토지등소유자는 운영에 필요한 경비를 운영규정에 따라 납부하여야 한다(법 제34조 제2항).

⑤ 추진위원회 위원의 교체 및 해임

㉠ 토지등소유자는 추진위원회의 운영규정이 정하는 바에 따라 추진위원회에 추진위원회 위원의 교체 및 해임을 요구할 수 있다(법 제15조 제6항).

㉡ 추진위원회 위원의 교체·해임절차 등에 관한 구체적인 사항은 운영규정이 정하는 바에 의한다(법 제15조 제7항).

5) 업무의 총회 보고

① 추진위원회는 수행한 업무를 총회에 보고하여야 하며, 그 업무와 관련된 권리와 의무는 조합이 포괄 승계된다(법 제34조 제3항).

대판 2013.6.13, 2010두10488, 10495(추진위원회 승인처분 취소·조합설립추진위원회 설립승인처분무효 확인)

"추진위원회 구성승인처분을 다투는 소송 계속 중에 조합설립인가처분이 이루어진 경우에는, 추진위원회 구성승인처분에 위법이 존재하여 조합설립인가 신청행위가 무효라는 점 등을 들어 직접 조합설

> 립인가처분을 다툼으로써 정비사업의 진행을 저지하여야 할 것이고, 이와는 별도로 추진위원회 구성
> 승인처분에 대하여 취소 또는 무효확인을 구할 법률상의 이익은 없다고 보아야 한다."

② 추진위원회는 사용경비를 기재한 회계장부 및 관계 서류를 조합설립인가일부
터 30일 이내에 조합에 인계하여야 한다(법 제34조 제4항).

③ 추진위원회는 추진위원회의 지출내역서를 매분기별로 토지등소유자가 쉽게 접
할 수 있는 일정한 장소에 게시하거나 인터넷 등을 통하여 공개하고, 토지등소
유자가 열람할 수 있도록 하여야 한다(영 제29조 제2항).

(2) 조합의 설립

1) 조합의 설립인가

① 설립인가

㉠ 재개발사업 추진위원회의 조합 설립

재개발사업의 추진위원회(제31조 제4항에 따라 추진위원회를 구성하지 아니하는 경우에
는 토지등소유자를 말한다)가 조합을 설립하려면 토지등소유자의 3/4 이상 및 토지면적의
1/2 이상의 토지소유자의 동의를 받아 ㉠ 정관, ㉡ 정비사업비와 관련된 자료 등 국토
교통부령으로 정하는 서류, ㉢ 그 밖에 시·도 조례로 정하는 서류를 첨부하여 시장·
군수 등의 인가를 받아야 한다(법 제35조 제2항).

㉡ 재건축사업 추진위원회의 조합 설립

재건축사업의 추진위원회(제31조 제4항에 따라 추진위원회를 구성하지 아니하는 경우에
는 토지등소유자를 말한다)가 조합을 설립하려는 때에는 주택단지의 공동주택의 각 동(복
리시설의 경우에는 주택단지의 복리시설 전체를 하나의 동으로 본다)별 구분소유자의 과반수
동의(공동주택의 각 동별 구분소유자가 5 이하인 경우는 제외한다)와 주택단지의 전체 구분
소유자의 3/4 이상 및 토지면적의 3/4 이상의 토지소유자의 동의를 받아 제2항 각 호의
사항을 첨부하여 시장·군수 등의 인가를 받아야 한다(법 제35조 제3항). 이러한 규정에
도 불구하고 주택단지가 아닌 지역이 정비구역에 포함된 때에는 주택단지가 아닌 지역
의 토지 또는 건축물 소유자의 3/4 이상 및 토지면적의 2/3 이상의 토지소유자의 동의
를 받아야 하며, 이 경우 인가받은 사항을 변경하려는 때에도 또한 같다(법 제35조 제4항).

② 인가받은 사항의 변경

설립된 조합이 인가받은 사항을 변경하고자 하는 때에는 총회에서 조합원의 2/3 이상의 찬성으로 의결하고, 제2항 각 호의 사항을 첨부하여 시장·군수 등의 인가를 받아야 한다(법 제35조 제5항).

대판 2012.11.29, 2011두518(조합원지위 부존재 확인 청구)

"도시 및 주거환경정비법(이하 '도시정비법'이라고 한다)상 주택재건축사업조합 설립인가처분이 판결에 의하여 취소되거나 무효로 확인된 경우에는 조합설립인가처분은 처분 당시로 소급하여 효력을 상실하고, 이에 따라 당해 주택재건축사업조합 역시 조합설립인가처분 당시로 소급하여 도시정비법상 주택재건축사업을 시행할 수 있는 행정주체인 공법인으로서의 지위를 상실한다. 다만 그 효력 상실로 인한 잔존사무의 처리와 같은 업무는 여전히 수행되어야 하므로 주택재건축사업조합은 청산사무가 종료될 때까지 청산의 목적범위 내에서 권리·의무의 주체가 되고, 조합원 역시 청산의 목적범위 내에서 종전 지위를 유지하며, 정관 등도 그 범위 내에서 효력을 가진다."

다만, 대통령령으로 정하는 경미한 사항을 변경하려는 때에는 총회의 의결 없이 시장·군수 등에게 신고하고 변경할 수 있는데(법 제35조 제5항 단서), 여기서 말하는 대통령령으로 정하는 경미한 사항이란 다음 각 호의 사항을 말한다(영 제31조).

1. 착오·오기 또는 누락임이 명백한 사항
2. 조합의 명칭 및 주된 사무소의 소재지와 조합장의 성명 및 주소(조합장의 변경이 없는 경우로 한정한다)
3. 토지 또는 건축물의 매매 등으로 조합원의 권리가 이전된 경우의 조합원의 교체 또는 신규가입
4. 조합임원 또는 대의원의 변경(법 제45조에 따른 총회의 의결 또는 법 제46조에 따른 대의원회의 의결을 거친 경우로 한정한다)
5. 건설되는 건축물의 설계 개요의 변경
6. 정비사업비의 변경
7. 현금청산으로 인하여 정관에서 정하는 바에 따라 조합원이 변경되는 경우
8. 법 제16조에 따른 정비구역 또는 정비계획의 변경에 따라 변경되어야 하는 사항. 다만, 정비구역 면적이 10퍼센트 이상의 범위에서 변경되는 경우는 제외한다.
9. 그 밖에 시·도 조례로 정하는 사항

토지등소유자에 대한 동의의 대상 및 절차, 조합설립 신청 및 인가 절차, 인가받은 사항의 변경 등에 필요한 사항은 대통령령으로 정한다(법 제35조 제7항).

2) 조합설립 시 동의

① 동의요건

재개발사업 및 재건축사업의 추진위원회가 조합을 설립하고자 하는 때에는 다음의 동의를 얻어야 한다.

정비사업의 종류	동의 요건
재개발사업	토지등소유자의 3/4 이상 및 토지면적의 1/2 이상의 토지소유자의 동의
재건축사업	1. 주택단지인 경우(법 제35조 제3항) 주택단지의 공동주택의 각 동(복리시설의 경우에는 주택단지 안의 복리시설 전체를 하나의 동으로 본다)별 구분소유자의 과반수 동의(공동주택의 각 동별 구분소유자가 5 이하인 경우는 제외한다)와 주택단지의 전체 구분소유자의 3/4 이상 및 토지면적의 3/4 이상의 토지소유자의 동의 2. 주택단지가 아닌 지역이 정비구역에 포함된 경우(법 제35조 제4항) 주택단지가 아닌 지역의 토지 또는 건축물 소유자의 3/4 이상 및 토지면적의 2/3 이상의 토지등소유자의 동의

② 토지 등 소유자의 동의방법 등

㉠ 동의(동의한 사항의 철회 또는 반대의 의사표시를 포함한다)는 서면동의서에 토지등소유자가 성명을 적고 지장을 날인하는 방법으로 하며, 주민등록증, 여권 등 신원을 확인할 수 있는 신분증명서의 사본을 첨부하여야 한다(법 제36조 제1항). 다만, 토지등소유자가 해외에 장기체류하거나 법인인 경우 등 불가피한 사유가 있다고 시장·군수 등이 인정하는 경우에는 토지등소유자의 인감도장을 찍은 서면동의서에 해당 인감증명서를 첨부하는 방법으로 할 수 있다(법 제36조 제2항).

㉡ 위 ㉠에 따라 서면동의서를 작성하는 경우 제31조 제1항 및 제35조 제2항부터 제4항까지의 규정에 해당하는 때에는 시장·군수 등이 대통령령으로 정하는 방법에 따라 검인한 서면동의서를 사용하여야 하며, 검인을 받지 아니한 서면동의서는 그 효력이 발생하지 아니한다(법 제36조 제3항).

〈동의서의 검인방법 등(영 제34조)〉

1. 법 제36조 제3항에 따라 동의서에 검인을 받으려는 자는 동의서에 기재할 사항을 기재한 후 관련 서류를 첨부하여 시장·군수 등에게 검인을 신청하여야 한다.
2. 신청을 받은 시장·군수 등은 동의서 기재사항의 기재 여부 등 형식적인 사항을 확인하고 해당

동의서에 연번을 부여한 후 검인을 하여야 한다.

3. 시장·군수 등은 제1항에 따른 신청을 받은 날부터 20일 이내에 신청인에게 검인한 동의서를 내주어야 한다.

ⓒ 토지등소유자의 동의자 수 산정방법 및 절차 등에 관하여 필요한 사항은 대통령령(영 제33조)으로 정한다(법 제36조 제4항).

ⓓ 추진위원회는 조합설립에 필요한 동의를 받기 전에 추정분담금 등 대통령령으로 정하는 정보("토지등소유자별 분담금 추산액 및 산출근거, 그 밖에 추정 분담금의 산출 등과 관련하여 시·도 조례로 정하는 정보"를 말한다)를 토지등소유자에게 제공하여야 한다(법 제35조 제8항).

대판 2014.4.24, 2012두21437(조합설립인가처분무효확인등)

"구 도시 및 주거환경정비법(2012.2.1. 법률 제11293호로 개정되기 전의 것)상의 재개발조합설립에 토지등소유자의 서면에 의한 동의를 요구하고 동의서를 재개발조합설립인가신청 시 행정청에 제출하도록 하는 취지는 서면에 의하여 토지등소유자의 동의 여부를 명확하게 함으로써 동의 여부에 관하여 발생할 수 있는 관련자들 사이의 분쟁을 사전에 방지하고 나아가 행정청으로 하여금 재개발조합설립인가신청 시에 제출된 동의서에 의하여서만 동의요건의 충족 여부를 심사하도록 함으로써 동의 여부의 확인에 행정력이 소모되는 것을 막기 위한 데 있는 점, 구 도시 및 주거환경정비법 시행령(2012.7.31. 대통령령 제24007호로 개정되기 전의 것) 제28조 제4항에서 토지등소유자는 '인가신청 전'에 동의를 철회하거나 반대의 의사표시를 할 수 있도록 규정하는 한편, 조합설립의 인가에 대한 동의 후에는 위 시행령 제26조 제2항 각 호의 사항이 변경되지 않으면 조합설립의 '인가신청 전'이라고 하더라도 동의를 철회할 수 없도록 규정하여 '인가신청 시'를 기준으로 동의 여부를 결정하도록 하고 있는 점, 인가신청 후 처분 사이의 기간에도 토지등소유자는 언제든지 자신의 토지 및 건축물 등을 처분하거나 분할, 합병하는 것이 가능한데, 대규모 지역의 주택재개발사업에 대한 조합설립인가신청의 경우 행정청이 처분일을 기준으로 다시 일일이 소유관계를 확인하여 정족수를 판단하기는 현실적으로 어려울 뿐만 아니라 처분시점이 언제이냐에 따라 동의율이 달라질 수 있는 점, 만일 처분일을 기준으로 동의율을 산정하면 인가신청 후에도 소유권변동을 통하여 의도적으로 동의율을 조작하는 것이 가능하게 되어 재개발사업과 관련한 비리나 분쟁이 양산될 우려가 있는 점 등을 종합적으로 고려하면, 조합설립인가를 위한 동의 정족수는 재개발조합설립인가신청 시를 기준으로 판단해야 한다."

---

③ **토지등소유자의 동의서 재사용의 특례**

㉠ 조합설립인가(변경인가를 포함한다)를 받은 후에 동의서 위조, 동의 철회, 동의율 미달 또는 동의자 수 산정방법에 관한 하자 등으로 다툼이 있는 경우로서 "조

합설립인가의 무효 또는 취소소송 중에 일부 동의서를 추가 또는 보완하여 조합설립변경인가를 신청하는 때" 또는 "법원의 판결로 조합설립인가의 무효 또는 취소가 확정되어 조합설립인가를 다시 신청하는 때"의 어느 하나에 해당하는 때에는 동의서의 유효성에 다툼이 없는 토지등소유자의 동의서를 다시 사용할 수 있다(법 제37조 제1항).

ⓛ 조합(제1항 제2호의 경우에는 추진위원회를 말한다)이 토지등소유자의 동의서를 다시 사용하려면 다음의 요건을 충족하여야 한다(법 제37조 제2항).

---

1. 토지등소유자에게 기존 동의서를 다시 사용할 수 있다는 취지와 반대 의사표시의 절차 및 방법을 설명·고지할 것
2. 제1항 제2호의 경우에는 다음 각 목의 요건
   가. 조합설립인가의 무효 또는 취소가 확정된 조합과 새롭게 설립하려는 조합이 추진하려는 정비사업의 목적과 방식이 동일할 것
   나. 조합설립인가의 무효 또는 취소가 확정된 날부터 3년의 범위에서 대통령령으로 정하는 기간 내에 새로운 조합을 설립하기 위한 창립총회를 개최할 것

또한, 토지등소유자의 동의서 재사용의 요건(정비사업의 내용 및 정비계획의 변경 범위 등을 포함한다), 방법 및 절차 등에 필요한 사항은 대통령령(영 제35조)으로 정한다(법 제37조 제3항).

3) 정관의 작성 및 변경

① 정관의 작성 : 추진위원회가 조합을 설립하고자 하는 때 정관을 작성하여야 한다.

② 표준정관의 작성·보급 : 국토교통부장관은 다음의 사항이 포함된 표준정관을 작성하여 보급할 수 있다(법 제40조 제1항·제2항).

---

1. 조합의 명칭 및 사무소의 소재지
2. 조합원의 자격
3. 조합원의 제명·탈퇴 및 교체
4. 정비구역의 위치 및 면적
5. 제41조에 따른 조합의 임원("조합임원"이라 한다)의 수 및 업무의 범위
6. 조합임원의 권리·의무·보수·선임방법·변경 및 해임
7. 대의원의 수, 선임방법, 선임절차 및 대의원회의 의결방법
8. 조합의 비용부담 및 조합의 회계

9. 정비사업의 시행연도 및 시행방법

10. 총회의 소집 절차·시기 및 의결방법

11. 총회의 개최 및 조합원의 총회소집 요구

12. 제73조 제3항에 따른 이자 지급

13. 정비사업비의 부담 시기 및 절차

14. 정비사업이 종결된 때의 청산절차

15. 청산금의 징수·지급의 방법 및 절차

16. 시공자·설계자의 선정 및 계약서에 포함될 내용

17. 정관의 변경절차

18. 그 밖에 정비사업의 추진 및 조합의 운영을 위하여 필요한 사항으로서 대통령령
    (영 제38조)으로 정하는 사항

③ 조합이 정관을 변경하려는 경우에는 총회를 개최하여 조합원 과반수의 찬성으로 시장·군수 등의 인가를 받아야 한다(법 제40조 제3항). 다만, 위 박스 안의 제2호·제3호·제4호·제8호·제13호 또는 제16호의 경우에는 조합원 2/3 이상의 찬성으로 한다(법 제40조 제3항 단서).

④ 위 ③의 규정에도 불구하고 대통령령으로 정하는 경미한 사항을 변경하려는 때에는 이 법 또는 정관으로 정하는 방법에 따라 변경하고 시장·군수 등에게 신고하여야 한다(법 제40조 제4항). 여기서 대통령령으로 정하는 경미한 사항이란 다음의 사항을 말한다(영 제39조).

1. 조합의 명칭 및 사무소의 소재지에 관한 사항

2. 조합임원의 수 및 업무의 범위에 관한 사항

3. 총회의 소집 절차·시기 및 의결방법에 관한 사항

4. 임원의 임기, 업무의 분담 및 대행 등에 관한 사항

5. 대의원회의 구성, 개회와 기능, 의결권의 행사방법, 그 밖에 회의의 운영에 관한 사항

6. 정비사업전문관리업자에 관한 사항

7. 공고·공람 및 통지의 방법에 관한 사항

8. 임대주택의 건설 및 처분에 관한 사항

9. 총회의 의결을 거쳐야 할 사항의 범위에 관한 사항

10. 조합직원의 채용 및 임원 중 상근임원의 지정에 관한 사항과 직원 및 상근임원의 보수에 관한
    사항

11. 착오·오기 또는 누락임이 명백한 사항

12. 정비구역 또는 정비계획의 변경에 따라 변경되어야 하는 사항

13. 그 밖에 시·도 조례로 정하는 사항

(3) 조합의 법적 지위

이 법에서 도시정비사업을 수행하는 주체는 토지등소유자로 구성된 정비조합으로서, 인적 구성상 사단법인의 성격과 도시정비사업의 사업시행계획·관리처분계획·분양처분·청산금부과처분 등을 권한을 행사하는 사업시행자이며 공익사업을 위한 공행정주체로서의 지위에 있다고 할 수 있다.

1) 성격에 따른 정비조합의 분류
① 사단법인으로서의 정비조합

이 법은 정비계획을 수립 및 정비구역의 지정을 통해 정비사업에 관련되는 토지등소유자의 범위를 한정하고, 이렇게 한정된 토지등소유자 중 일정 동의율을 충족하여 토지등소유자로 구성된 정비조합을 수립하도록 규정하고 있다. 재개발사업의 경우에는 조합설립의 동의 유무에 상관없이 강제로 조합원으로 의제되는 강제 가입제이며, 재건축사업의 경우에는 재건축사업에 동의한 자만이 조합원이 되는 임의 가입제를 채택하고 있다. 조합은 설립인가를 받고 등기함으로써 법인으로 성립하며, 이 법에 규정된 경우를 제외하고는 민법 중 사단법인에 관한 규정을 준용함으로서 공법인 도시정비법이 사단법인의 성격을 규정하고 있다고 할 수 있다(법 제18조·제27조).

여기서 조합원인 토지등소유자는 사유재산권자로서 사적 자치에 의해 일정부분 사익을 추구하는 주체로서 자발적인 의사에 의해 구성된 조합총회에서 조합원들의 의사에 합치한 조합설립에 동의함으로서 최종적인 결정을 하게 된다. 주택재개발·주택재건축조합의 법적 성격은 행정법상의 공행정주체의 일종인 공공조합에 해당한다고 할 수 있는데, 엄밀히 보아 공공조합은 그것의 실질에 비추어 다름 아닌 공법상 사단법인이다. 따라서 비록 그 구성원만을 인적 대상으로 하지만 국가로부터 공권력을 위임받는 셈인데, 행정청이 인가를 통해 보충적으로만 개입할 뿐이라는 것은 타당하지 않다[2]라고 주장한다.

그러나 여전히 토지등소유자로 구성된 조합은 공공성보다는 정비사업의 경제성이나 수익성인 사익을 추구하는 단체로서의 특성을 강하게 내포하고 있어 이러한 측면에서는 민법상의 사단법인이라고 할 수 있다.

2) 김중권, 행정법상 인가의 인정여부와 관련한 문제점에 관한 소고, 저스티스, 2006, 134면.

② 사업시행자로서의 정비조합

정비사업을 수행하기 위해서는 토지등소유자로 구성된 정비조합을 설립하여야 하는데, 설립인가를 받은 조합은 정비사업에 대한 구체적인 계획인 사업시행계획을 수립하고 대지 또는 건축물에 대한 분양을 받고자 하는 토지등소유자의 분양신청을 통해 조성된 대지 및 건축물의 처분 및 관리에 관한 구속적 계획을 수립하며, 공사완료 고시 이후에는 소유권이전에 관한 분양처분 및 청산금부과처분 등을 통해 정비사업의 전체적이고 구체적인 사업을 시행하는 사업시행자의 지위를 갖는다고 할 수 있다.

도시정비사업의 성패는 사업시행자인 정비조합이 적절한 분양에 따른 토지등소유자의 사익을 충족시켜 줄 수 있는 사업성과의 확보와 이를 위한 사업기간의 단축 등 제반 여러 사항을 고려한 정비사업의 원활한 수행에 있다 할 것이나, 정비사업은 공익적 사업으로서 사익과의 충돌이 발생할 수 있으므로 정부나 지방자치단체에 의한 감독이나 이해조절과 행정적·재정적 지원을 통해 공익과 사익의 조화를 이루는 것 역시 중요하다 할 것이다.

정비조합에 권력적 행정처분권을 부여하고 그 의사결정권을 주민들에게 부여함으로써, 국가 등의 행정주체는 도시를 정비하고 주거지부족문제를 해결하기 위한 정비사업을 원만하게 진행시킬 수 있게 되었으며, 주민들의 입장에서도 정비사업과정에서 객체가 아닌 주요한 의사결정권을 조합이 확보하게 됨으로써 서로에게 만족할 만한 타협점을 찾아낸 것이다.[3]

③ 행정주체로서의 정비조합

토지등소유자로 구성된 정비조합이 정비사업에 관한 구체적인 계획인 사업시행계획을 수립하여 시장·군수의 인가를 받게 되면 당해 정비사업은 도시·군관리계획에 따라 실시계획인가를 받은 것으로 의제된다. 그 결과로 정비조합에게는 사업시행인가에 따라 토지등을 수용할 수 있는 권리가 발생하고, 공권력적 후속 행정조치를 행할 수 있는 등 토지등소유자에게 직접적인 권리·의무에 영향을 미치게 되며, 관리처분계획 등을 수립할 수 있는 행정주체로서의 지위를 갖게 된다고 볼 수도 있다. 다시 말해, 현재의 정비조합은 국가 또는 지방자치단체를 대신하여 정비사업과 관련된 각종 권력적 행정처분권을 행사할 수 있는 공행정주체로서의 지위를 가진다고 할 것이다.

대법원은 "재건축조합이나 재개발조합에 대한 조합설립인가를 강학상 인가가 아

---

3) 김종보, 강학상 인가와 정비조합 설립인가, 행정법연구(9), 2003, 331면.

닌 설권적 행정행위로 판단함으로써 조합은 행정주체로서의 법적 지위를 갖게 된다"고 판시하였는데,[4] 이에 행정청이 그 설립을 인가하는 행위는 이들 조합에 대하여 도시정비법상 재개발 또는 재건축사업이라는 공무를 수행할 수 있는 법적 권능, 즉 공무수탁사인으로 인정하는 것이란 법적 해석도 가능할 수 있다. 이는 조합설립행위에 대한 시장·군수의 인가행위를 조합에 대한 공무수탁사인으로 보아 조합의 행정주체성을 인정할 수 있는 것이라 볼 것이나, 행정주체인 정비조합이 수립한 사업시행계획과 관리처분계획이라는 행정처분에 대하여 시장·군수의 인가라는 또 다른 처분이 중첩적으로 이루어지게 되는 점은 문제라고 지적할 수 있다.[5]

토지등소유자로 구성된 정비사업조합은 조합설립인가를 득한 후에 그 후속 절차인 사업시행계획·관리처분계획·분양처분 등 도시정비법이 예정한 행정행위를 법에 근거하여 발령할 수 있는데, 이러한 면에서 행정주체로서의 지위를 가진다 할 것이나, 도시정비법이 직접 개입하지 않는 조합원인 토지등소유자의 재산권 가치를 증가시킬 사적 목적으로 자율적인 의사에 따라 행한 정비사업에 관한 조합총회결의는 어디까지나 사법적인 법률행위로서의 사법적인 주체의 특성을 나타낸다고 할 수 있다.

2) 조합의 법인격 등

① 조합은 법인으로 한다(법 제38조 제1항).

② 조합은 조합설립인가를 받은 날부터 30일 이내에 주된 사무소의 소재지에서 대통령령으로 정하는 사항(설립목적, 조합의 명칭, 주된 사무소의 소재지, 설립인가일, 임원의 성명 및 주소, 임원의 대표권을 제한하는 경우에는 그 내용)을 등기하는 때에 성립한다(법 제38조 제2항 및 영 제36조).

③ 조합은 명칭에 "정비사업조합"이라는 문자를 사용하여야 한다(법 제38조 제3항).

3) 조합의 지위

조합이 이 법에 의한 정비사업을 시행하는 경우 「주택법」 제54조(주택의 공급) 규정을 적용할 때에는 조합을 「주택법」에 의한 사업주체로 보며, 조합설립인가일부터 주

---

4) 대판 2009.09.24., 2008다60568(재건축결의부존재확인).
5) 김해룡, 도시정비사업법제의 개선을 위한 쟁점, 부동산법학회 제17집, 2010, 95면.
   "또한 김해룡 교수의 의견에 따르면 시장·군수의 인가행위를 특허행위로 본다 하더라도 행정주체가 행한 행정처분에 대하여 다른 행정청이 권리설정적 의사표시인 특허를 한다는 것은 더욱 행정법학의 법이론에 부합하지 않는다고 할 것인바, 이와 같은 경우 조합과 시장·군수의 관계를 업무감독관계로 보고 피감독기관의 행정처분에 대한 감독기관의 승인 내지 재결에 해당되는 것으로 볼 수 있다고 한다."

택건설사업 등의 등록을 한 것으로 본다(법 제35조 제6항).

4) 조합원의 자격

① 조합원의 자격

정비사업의 조합원(사업시행자가 신탁업자인 경우에는 위탁자를 말한다)은 토지등소유자(재건축사업의 경우에는 재건축사업에 동의한 자만 해당한다)로 하되, 다음 각 호의 어느하나에 해당하는 때에는 그 여러 명을 대표하는 1명을 조합원으로 본다(법 제39조 제1항).

---

1. 토지 또는 건축물의 소유권과 지상권이 여러 명의 공유에 속하는 때
2. 여러 명의 토지등소유자가 1세대에 속하는 때. 이 경우 동일한 세대별 주민등록표 상에 등재되어 있지 아니한 배우자 및 미혼인 19세 미만의 직계비속은 1세대로 보며, 1세대로 구성된 여러 명의 토지등소유자가 조합설립인가 후 세대를 분리하여 동일한 세대에 속하지 아니하는 때에도 이혼 및 19세 이상 자녀의 분가(세대별 주민등록을 달리하고, 실거주지를 분가한 경우로 한정한다)를 제외하고는 1세대로 본다.
3. 조합설립인가(조합설립인가 전에 제27조 제1항 제3호에 따라 신탁업자를 사업시행자로 지정한 경우에는 사업시행자의 지정을 말한다) 후 1명의 토지등소유자로부터 토지 또는 건축물의 소유권이나 지상권을 양수하여 여러 명이 소유하게 된 때

다만, 「국가균형발전 특별법」 제18조에 따른 공공기관지방이전 및 혁신도시 활성화를 위한 시책 등에 따라 이전하는 공공기관이 소유한 토지 또는 건축물을 양수한 경우 양수한 자(공유의 경우 대표자 1명을 말한다)를 조합원으로 본다(법 제39조 제1항 단서).

② 재건축사업의 지위 이전에 대한 제한 및 특례

「주택법」 제63조 제1항에 따른 "투기과열지구"로 지정된 지역에서 재건축사업을 시행하는 경우에는 조합설립인가 후, 재개발사업을 시행하는 경우에는 관리처분계획의 인가 후 해당 정비사업의 건축물 또는 토지를 양수(매매·증여, 그 밖의 권리의 변동을 수반하는 일체의 행위를 포함하되, 상속·이혼으로 인한 양도·양수의 경우는 제외한다)한 자는 위의 ①의 규정에도 불구하고 조합원이 될 수 없다(법 제39조 제2항).

다만, 양도인이 다음 각 호의 어느 하나에 해당하는 경우 그 양도인으로부터 그 건축물 또는 토지를 양수한 자는 그러하지 아니하다(법 제39조 제2항 단서).

---

1. 세대원(세대주가 포함된 세대의 구성원을 말한다)의 근무상 또는 생업상의 사정이나 질병치료(「의료법」 제3조에 따른 의료기관의 장이 1년 이상의 치료나 요양이 필요하다고 인정하는 경우로

한정한다)·취학·결혼으로 세대원이 모두 해당 사업구역에 위치하지 아니한 특별시·광역시·특별자치시·특별자치도·시 또는 군으로 이전하는 경우

2. 상속으로 취득한 주택으로 세대원 모두 이전하는 경우
3. 세대원 모두 해외로 이주하거나 세대원 모두 2년 이상 해외에 체류하려는 경우
4. 1세대(법 제39조 제1항 제2호에 따라 1세대에 속하는 때를 말한다) 1주택자로서 양도하는 주택에 대한 소유기간 및 거주기간이 대통령령으로 정하는 기간(영 제37조 제1항) 이상인 경우
   ㉠ 소유기간 : 10년
   ㉡ 거주기간(주민등록표를 기준으로 하며, 소유자가 거주하지 아니하고 소유자의 배우자나 직계존비속이 해당 주택에 거주한 경우에는 그 기간을 합산한다) : 5년
5. 그 밖에 불가피한 사정으로 양도하는 경우로서 대통령령으로 정하는 경우(영 제37조 제2항)
   ㉠ 조합설립인가일부터 3년 이상 사업시행인가 신청이 없는 재건축사업의 건축물을 3년 이상 계속하여 소유하고 있는 자(소유기간을 산정할 때 소유자가 피상속인으로부터 상속받아 소유권을 취득한 경우에는 피상속인의 소유기간을 합산한다)가 사업시행인가 신청 전에 양도하는 경우
   ㉡ 사업시행계획인가일부터 3년 이내에 착공하지 못한 재건축사업의 토지 또는 건축물을 3년 이상 계속하여 소유하고 있는 자가 착공 전에 양도하는 경우
   ㉢ 착공일부터 3년 이상 준공되지 아니한 재건축사업의 토지를 3년 이상 계속하여 소유하고 있는 경우
   ㉣ 법률 제7056호 도시 및 주거환경정비법 일부개정법률 부칙 제2항에 따른 토지등소유자로부터 상속·이혼으로 인하여 토지 또는 건축물을 소유한 자
   ㉤ 국가·지방자치단체 및 금융기관에 대한 채무를 이행하지 못하여 재건축사업의 토지 또는 건축물이 경매 또는 공매되는 경우
   ㉥ 「주택법」 제63조 제1항에 따른 투기과열지구로 지정되기 전에 건축물 또는 토지를 양도하기 위한 계약(계약금 지급 내역 등으로 계약일을 확인할 수 있는 경우로 한정한다)을 체결하고, 투기과열지구로 지정된 날부터 60일 이내에 「부동산 거래신고 등에 관한 법률」 제3조에 따라 부동산 거래의 신고를 한 경우

③ 손실보상

사업시행자는 조합설립인가 후 해당 정비사업의 건축물 또는 토지를 양수한 자로서 조합원의 자격을 취득할 수 없는 자에 대하여는 손실보상(제73조의 규정을 준용)을 하여야 한다(법 제39조 제3항).

대판 2013.11.28, 2012다110477, 110484(소유권이전등기)

"조합원이 분양신청을 하지 아니하거나 철회하는 경우에는 조합원의 지위를 상실함으로써 현금청산 대상자가 되는데, 조합원이 재건축조합에서 제명되거나 탈퇴하는 등 후발적인 사정으로 그 지위를 상실하는 경우에도 처음부터 분양신청을 하지 아니하거나 철회하는 경우와 마찬가지로 현금청산 대상자가 된다."

(4) 조합의 조직

1) 조합의 임원

① 조합 임원의 직무 등

㉠ 조합장은 조합을 대표하고, 그 사무를 총괄하며, 총회 또는 제46조에 따른 대의
원회의 의장이 된다(법 제42조 제1항). 이때에 조합장이 대의원회의 의장이 되는
경우에는 대의원으로 본다(법 제42조 제2항).

㉡ 조합은 조합장 1명, 이사, 감사의 임원을 두며(법 제41조 제1항), 조합에 두는 이
사의 수는 3명 이상으로 하고, 감사의 수는 1명 이상 3명 이하로 한다. 다만,
토지등소유자의 수가 100인을 초과하는 경우에는 이사의 수를 5명 이상으로
한다(법 제41조 제2항, 영 제40조).

㉢ 조합은 총회 의결을 거쳐 조합임원의 선출에 관한 선거관리를 「선거관리위원
회법」 제3조에 따라 선거관리위원회에 위탁할 수 있다(법 제41조 제3항). 조합임
원의 임기는 3년 이하의 범위에서 정관으로 정하되, 연임할 수 있으며(법 제41
조 제4항), 조합임원의 선출방법 등은 정관으로 정한다(법 제41조 제5항).

　다만, 시장·군수 등은 조합임원이 사임, 해임, 임기만료, 그 밖에 불가피한 사
유 등으로 직무를 수행할 수 없는 때부터 6개월 이상 선임되지 아니한 경우
시·도 조례로 정하는 바에 따라 변호사·회계사·기술사 등으로서 대통령령으
로 정하는 요건을 갖춘 자(영 제41조 제1항)를 전문조합관리인으로 선정하여 조
합임원의 업무를 대행하게 할 수 있다(법 제41조 제5항 단서). 이때에 전문조합관
리인의 선정절차, 업무집행 등에 필요한 사항은 대통령령(영 제41조 제2항)으로
정한다(법 제41조 제6항).

㉣ 조합장 또는 이사가 자기를 위하여 조합과 계약이나 소송을 할 때에는 감사가
조합을 대표한다(법 제42조 제3항).

대판 2008.1.10, 2005도8426(특정경제범죄가중처벌등에관한법률위반(배임)·도시 및 주거환경정
비법위반)

"도시 및 주거환경 정비법 제24조 제3항 제5호는 '예산으로 정한 사항 외에 조합원의 부담이 될
계약'을 총회의 의결 사항으로 정하고 있는바, 예산으로 정한 사항 외의 조합원의 부담이 될 계약이
라면 그 계약에 따른 채무의 효력이 1회계연도에 한정되고 그 회계연도 내에 채무의 변제가 완료되
는 것이라도 위 조항에 따라 총회의 의결사항에 해당한다."

ⓜ 조합임원은 같은 목적의 정비사업을 하는 다른 조합의 임원 또는 직원을 겸할 수 없다(법 제42조 제4항).

② 조합임원의 결격사유 및 해임

㉠ 다음의 어느 하나에 해당하는 자는 조합임원이 될 수 없으며(법 제43조 제1항), 조합임원이 다음의 어느 하나에 해당하게 되거나 선임 당시 그에 해당하는 자였음이 판명된 때에는 당연 퇴임한다(법 제43조 제2항).

---

1. 미성년자·피성년후견인 또는 피한정후견인
2. 파산선고를 받고 복권되지 아니한 자
3. 금고 이상의 실형을 선고받고 그 집행이 종료(종료된 것으로 보는 경우를 포함한다)되거나 집행이 면제된 날부터 2년이 경과되지 아니한 자
4. 금고 이상의 형의 집행유예를 받고 그 유예기간 중에 있는 자
5. 이 법을 위반하여 벌금 100만원 이상의 형을 선고받고 5년이 지나지 아니한 자

위 ㉠의 규정에 따라 퇴임된 임원이 퇴임 전에 관여한 행위는 그 효력을 잃지 아니한다(법 제43조 제3항).

㉡ 조합임원은 제44조 제2항(총회는 조합장이 직권으로 소집하거나 조합원 1/5 이상 또는 대의원 2/3 이상의 요구로 조합장이 소집한다)에도 불구하고 조합원 1/10이상의 요구로 소집된 총회에서 조합원 과반수의 출석과 출석 조합원 과반수의 동의를 받아 해임할 수 있다. 이 경우 요구자 대표로 선출된 자가 해임 총회의 소집 및 진행을 할 때에는 조합장의 권한을 대행한다(법 제43조 제4항).

2) 총회

① 총회의 개최

㉠ 조합에는 조합원으로 구성되는 총회를 둔다(법 제44조 제1항).

㉡ 총회는 조합장이 직권으로 소집하거나 조합원 1/5 이상 또는 대의원 2/3 이상의 요구로 조합장이 소집한다(법 제44조 제2항). 이 규정에도 불구하고 조합임원의 사임, 해임 또는 임기만료 후 6개월 이상 조합임원이 선임되지 아니한 경우에는 시장·군수 등이 조합임원 선출을 위한 총회를 소집할 수 있다(법 제44조 제3항).

㉢ 총회의 소집절차·시기 및 의결방법 등에 관하여는 정관으로 정한다(법 제44조

제5항). 총회에서 의결을 하는 경우 조합원의 10/100 이상이 직접 출석하여야 한다(법 제45조 제6항). 다만, 창립총회, 사업시행계획서의 작성 및 변경, 관리처분계획의 수립 및 변경을 의결하는 총회 등 대통령령으로 정하는 총회의 경우에는 조합원의 20/100 이상이 직접 출석하여야 한다(법 제45조 제6항 단서).

② **총회 의결사항**

㉠ 다음 각 호의 사항은 총회의 의결을 거쳐야 한다(법 제45조 제1항).

---

1. 정관의 변경(제40조 제4항에 따른 경미한 사항의 변경은 이 법 또는 정관에서 총회의결사항으로 정한 경우로 한정한다)
2. 자금의 차입과 그 방법·이자율 및 상환방법
3. 정비사업비의 사용
4. 예산으로 정한 사항 외에 조합원에게 부담이 되는 계약
5. 시공자·설계자 또는 감정평가업자(제74조 제2항에 따라 시장·군수 등이 선정·계약하는 감정평가업자는 제외한다)의 선정 및 변경. 다만, 감정평가업자 선정 및 변경은 총회의 의결을 거쳐 시장·군수 등에게 위탁할 수 있다.
6. 정비사업전문관리업자의 선정 및 변경
7. 조합임원의 선임 및 해임
8. 정비사업비의 조합원별 분담내역
9. 제52조에 따른 사업시행계획서의 작성 및 변경(제50조 제1항 본문에 따른 정비사업의 중지 또는 폐지에 관한 사항을 포함하며, 같은 항 단서에 따른 경미한 변경은 제외한다)
10. 제74조에 따른 관리처분계획의 수립 및 변경(제74조 제1항 각 호 외의 부분 단서에 따른 경미한 변경은 제외한다)
11. 제89조에 따른 청산금의 징수·지급(분할징수·분할지급을 포함한다)과 조합 해산 시의 회계보고
12. 제93조에 따른 비용의 금액 및 징수방법
13. 그 밖에 조합원에게 경제적 부담을 주는 사항 등 주요한 사항을 결정하기 위하여 대통령령 또는 정관으로 정하는 사항

위 박스 안의 총회의 의결을 거쳐야 하는 사항 중 이 법 또는 정관에 따라 조합원의 동의가 필요한 사항은 총회에 상정하여야 한다(법 제45조 제2항). 총회의 의결은 이 법 또는 정관에 다른 규정이 없으면 조합원 과반수의 출석과 출석 조합원의 과반수 찬성으로 하며(법 제45조 제3항), 위 박스 안의 총회의 의결사항 중 제9호 및 제10호의 경우에는 조합원 과반수의 찬성으로 의결한다(법 제45조 제4항).

다만, 정비사업비가 10/100(생산자물가상승률분, 제73조에 따른 손실보상 금액은 제외한다) 이상 늘어나는 경우에는 조합원 2/3 이상의 찬성으로 의결하여야 한다(법 제45조 제4항).

> **대판 2014.5.29, 2011두33051(관리처분계획안수립결의무효)**
>
> "구 도시 및 주거환경정비법(2007.12.21. 법률 제8785호로 개정되기 전의 것)과 구 도시 및 주거환경정비법 시행령(2008.12.17. 대통령령 제21171호로 개정되기 전의 것)이 변경인가사항과 신고사항을 구분하는 이유는 중요한 사항 변경은 인가절차를, 경미한 사항 변경은 신고절차를 거치도록 하는 등 변경 대상의 중요도에 따라 처분의 형식을 달리하고자 하는 데 있을 뿐이므로, 경미한 사항의 변경이어서 신고절차를 거치면 족한 경우에도 법령이나 정관에서 조합 총회의 결의대상으로 규정한 때에는 신고에 앞서 그러한 조합 총회의 결의를 거쳐야 한다고 해석함이 타당하다. 그리고 조합 총회결의의 효력 여부는 특별한 사정이 없는 이상 결의 내용이 강행법규에 위반되는지 여부 등 실체적 요건과 법령 또는 정관의 해석상 해당 안건의 결의에 필요한 의결정족수를 갖추었는지 등 절차적 요건을 모두 충족하였는지에 따라 판단해야 한다."

3) 대의원회

① 구성 및 기능

㉠ 조합원의 수가 100인 이상인 조합은 대의원회를 두어야 한다(법 제46조 제1항).

㉡ 대의원회는 총회의 의결사항 중 대통령령이 정하는 사항 외에는 총회의 권한을 대행할 수 있다(법 제46조 제4항).

> **〈대의원회가 총회의 권한을 대행할 수 없는 사항(영 제43조)〉**
>
> 1. 정관의 변경에 관한 사항(법 제40조 제4항에 따른 경미한 사항의 변경은 법 또는 정관에서 총회 의결사항으로 정한 경우로 한정한다)
> 2. 자금의 차입과 그 방법·이자율 및 상환방법에 관한 사항
> 3. 예산으로 정한 사항 외에 조합원에게 부담이 되는 계약에 관한 사항
> 4. 시공자·설계자 또는 감정평가업자(법 제74조 제2항에 따라 시장·군수 등이 선정·계약하는 감정평가업자는 제외한다)의 선정 및 변경에 관한 사항
> 5. 정비사업전문관리업자의 선정 및 변경에 관한 사항
> 6. 조합임원의 선임 및 해임과 제42조 제1항 제2호에 따른 대의원의 선임 및 해임에 관한 사항. 다만, 정관으로 정하는 바에 따라 임기 중 궐위된 자(조합장은 제외한다)를 보궐 선임하는 경우를 제외한다.
> 7. 사업시행계획서의 작성 및 변경에 관한 사항(법 제50조 제1항 본문에 따른 정비사업의 중지 또는 폐지에 관한 사항을 포함하며, 같은 항 단서에 따른 경미한 변경은 제외한다)
> 8. 관리처분계획의 수립 및 변경에 관한 사항(법 제74조 제1항 각 호 외의 부분 단서에 따른 경미한 변경은 제외한다)
> 9. 총회에 상정하여야 하는 사항
> 10. 조합의 합병 또는 해산에 관한 사항. 다만, 사업완료로 인한 해산의 경우는 제외한다.
> 11. 건설되는 건축물의 설계 개요의 변경에 관한 사항
> 12. 정비사업비의 변경에 관한 사항

② **구성방법**

㉠ 대의원회는 조합원의 1/10 이상으로 하되 조합원의 1/10이 100인을 넘는 경우에는 조합원의 1/10 범위에서 100인 이상으로 구성할 수 있다(법 제46조 제2항).

㉡ 조합장 아닌 조합임원(= 이사·감사)은 대의원이 될 수 없으며(법 제46조 제3항), 대의원의 수, 선임방법, 선임절차 및 대의원회의 의결방법 등은 대통령령으로 정하는 범위에서 정관으로 정한다(법 제46조 제5항).

㉢ 대의원회는 재적대의원 과반수의 출석과 출석대의원 과반수의 찬성으로 의결한다. 다만, 그 이상의 범위에서 정관으로 달리 정하는 경우에는 그에 따른다(영 제44조 제8항).

2. 주민대표회의

(1) 주민대표회의의 성립

1) 성립요건

토지등소유자가 시장·군수 등 또는 토지주택공사 등의 사업시행을 원하는 경우에는 정비구역 지정·고시 후 주민대표기구("주민대표회의"라 한다)를 구성하여야 한다(법 제47조 제1항).

2) 구성원 수

주민대표회의는 위원장을 포함, 5명 이상 25명 이하로 구성한다(법 제47조 제2항).

3) 임원

주민대표회의에는 위원장과 부위원장 각 1명과 1명 이상 3명 이하의 감사를 둔다(영 제45조 제1항).

4) 동의 및 승인

주민대표회의는 토지등소유자의 과반수의 동의를 받아 구성하며(이 경우 주민대표회의의 구성에 동의한 자는 사업시행자의 지정에 동의한 것으로 본다. 다만, 사업시행자의 지정 요청 전에 시장·군수 등 및 주민대표회의에 사업시행자의 지정에 대한 반대의 의사표시를 한 토지등소유자의 경우에는 그러하지 아니하다), 이를 구성할 때에는 국토교통부령으로 정하는 방법 및 절차에 따라 시장·군수 등의 승인을 받아야 한다(법 제47조 제3항).

(2) 주민대표회의의 의견제시

주민대표회의 또는 세입자(상가세입자를 포함한다)는 사업시행자가 다음 각 호의 사항에 관하여 시행규정을 정하는 때에 의견을 제시할 수 있으며, 이 경우 사업시행자는 주민대표회의 또는 세입자의 의견을 반영하기 위하여 노력하여야 한다(법 제47조 제5항).

---

1. 건축물의 철거
2. 주민의 이주(세입자의 퇴거에 관한 사항을 포함한다)
3. 토지 및 건축물의 보상(세입자에 대한 주거이전비 등 보상에 관한 사항을 포함한다)
4. 정비사업비의 부담
5. 세입자에 대한 임대주택의 공급 및 입주자격
6. 그 밖에 정비사업의 시행을 위하여 필요한 사항으로서 대통령령으로 정하는 사항

---

(3) 주민대표회의의 운영

시장·군수 등 또는 토지주택공사 등은 주민대표회의의 운영에 필요한 경비의 일부를 해당 정비사업비에서 지원할 수 있으며(영 제45조 제3항), 주민대표회의의 위원의 선출·교체 및 해임, 운영방법, 운영비용의 조달 그 밖에 주민대표회의의 운영에 필요한 사항은 주민대표회의가 정한다(영 제45조 제4항).

제 3 절 사업시행계획 등

1. 사업시행인가

(1) 사업시행인가 절차(법 제28조)

1) 시장·군수의 인가

사업시행자(제25조 제1항 및 제2항에 따른 공동시행의 경우를 포함하되, 사업시행자가 시장·군수등인 경우는 제외한다)는 정비사업을 시행하려는 경우에는 제52조에 따른 사업시행계획서("사업시행계획서"라 한다)에 정관등과 그 밖에 국토교통부령으로 정하는 서류

(규칙 제10조 제2항)를 첨부하여 시장·군수 등에게 제출하고 사업시행계획인가를 받아야 한다(법 제50조 제1항).

2) 인가받은 내용의 변경 등

인가받은 사항을 변경하거나 정비사업을 중지 또는 폐지하려는 경우에도 또한 같다(법 제50조 제1항 후단). 다만, 대통령령으로 정하는 경미한 사항을 변경하려는 때에는 시장·군수 등에게 신고하여야 한다(법 제50조 제1항 단서). 여기서 "대통령령으로 정하는 경미한 사항"이란 다음의 어느 하나에 해당하는 때를 말한다(영 제46조).

1. 정비사업비를 10퍼센트의 범위에서 변경하거나 관리처분계획의 인가에 따라 변경하는 때. (다만, 국민주택을 건설하는 사업인 경우에는 「주택도시기금법」에 따른 주택도시기금의 지원금액이 증가되지 아니하는 경우만 해당한다.)
2. 건축물이 아닌 부대시설·복리시설의 설치규모를 확대하는 때(위치가 변경되는 경우는 제외한다)
3. 대지면적을 10퍼센트의 범위에서 변경하는 때
4. 세대수와 세대당 주거전용면적(바닥 면적에 산입되는 면적으로서 사업시행자가 공급하는 주택의 면적을 말한다)을 변경하지 아니하고 세대당 주거전용면적의 10퍼센트의 범위에서 세대 내부구조의 위치 또는 면적을 변경하는 때
5. 내장재료 또는 외장재료를 변경하는 때
6. 사업시행계획인가의 조건으로 부과된 사항의 이행에 따라 변경하는 때
7. 건축물의 설계와 용도별 위치를 변경하지 아니하는 범위에서 건축물의 배치 및 주택단지 안의 도로선형을 변경하는 때
8. 「건축법 시행령」 제12조 제3항 각 호의 어느 하나에 해당하는 사항을 변경하는 때
9. 사업시행자의 명칭 또는 사무소 소재지를 변경하는 때
10. 정비구역 또는 정비계획의 변경에 따라 사업시행계획서를 변경하는 때
11. 조합설립변경 인가에 따라 사업시행계획서를 변경하는 때
12. 그 밖에 시·도 조례로 정하는 사항을 변경하는 때

시장·군수 등은 특별한 사유가 없으면 위의 제1항의 규정에 따라 사업시행계획서의 제출이 있은 날부터 60일 이내에 인가 여부를 결정하여 사업시행자에게 통보하여야 한다(법 제50조 제2항).

3) 정비사업의 변경 등의 고시

시장·군수 등은 사업시행계획인가(시장·군수 등이 사업시행계획서를 작성한 경우를 포함한다)를 하거나 정비사업을 변경·중지 또는 폐지하는 경우에는 국토교통부령(규칙 제10조 제3항)으로 정하는 방법 및 절차에 따라 그 내용을 해당 지방자치단체의 공보에 고

시하여야 한다(법 제50조 제7항). 다만, 위의 제1항 단서에 따른 경미한 사항을 변경하려는 경우에는 그러하지 아니하다(법 제50조 제7항 단서).

4) 사업시행계획인가신청 시 동의
① 원칙

사업시행자(시장·군수 등 또는 토지주택공사 등은 제외한다)는 사업시행계획인가를 신청하기 전에 미리 총회의 의결을 거쳐야 하며, 인가받은 사항을 변경하거나 정비사업을 중지 또는 폐지하려는 경우에도 또한 같다. 다만, 앞의 제1항 단서에 따른 경미한 사항의 변경은 총회의 의결을 필요로 하지 아니한다(법 제50조 제3항).

지정개발자가 정비사업을 시행하려는 경우에는 사업시행계획인가를 신청하기 전에 토지등소유자의 과반수의 동의 및 토지면적의 1/2 이상의 토지소유자의 동의를 받아야 한다(법 제50조 제5항).

다만, 위의 제1항 단서에 따른 경미한 사항의 변경인 경우에는 토지등소유자의 동의를 필요로 하지 아니하며(법 제50조 제5항 단서), 법 제26조 제1항 제1호 및 제27조 제1항 제1호(천재지변, 「재난 및 안전관리 기본법」 제27조 또는 「시설물의 안전 및 유지관리에 관한 특별법」 제23조에 따른 사용제한·사용금지, 그 밖의 불가피한 사유로 긴급하게 정비사업을 시행할 필요가 있다고 인정하는 때)에 따른 사업시행자나 는 위의 제5항 규정에도 불구하고 토지등소유자의 동의를 필요로 하지 아니한다(법 제50조 제6항).

② 특례

토지등소유자가 재개발사업을 시행하려는 경우에는 사업시행계획인가를 신청하기 전에 사업시행계획서에 대하여 토지등소유자의 3/4 이상 및 토지면적의 1/2 이상의 토지소유자의 동의를 받아야 한다(법 제50조 제4항).

다만, 인가받은 사항을 변경하려는 경우에는 규약으로 정하는 바에 따라 토지등소유자의 과반수의 동의를 받아야 하며, 앞의 제1항 단서에 따른 경미한 사항의 변경인 경우에는 토지등소유자의 동의를 필요로 하지 아니한다(법 제50조 제4항 단서).

③ 기반시설의 기부채납 기준

시장·군수 등은 사업시행계획을 인가하는 경우 사업시행자가 제출하는 사업시행계획에 해당 정비사업과 직접적으로 관련이 없거나 과도한 정비기반시설의 기부채납을 요구하여서는 아니 되며(법 제51조 제1항), 국토교통부장관은 정비기반시설의 기부채납과 관련하여 ㉠ 정비기반시설의 기부채납 부담의 원칙 및 수준, ㉡ 정비기반시설의 설치기준 등의 사항이 포함된 운영기준을 작성하여 고시할 수 있다(법 제51조 제2항). 또한 시장·군수 등은 이에 따른 운영기준의 범위에서 지역여건 또는 사업의 특성 등을 고려하여 따로 기준을 정할 수 있으며, 이 경우 사전에 국토교통부장관에게 보고하여야 한다(법 제51조 제3항).

5) 사업시행계획의 작성 및 내용

사업시행자는 정비계획에 따라 다음 각 호의 사항을 포함하는 사업시행계획서를 작성하여야 한다(법 제52조 제1항).

---

1. 토지이용계획(건축물배치계획을 포함한다)
2. 정비기반시설 및 공동이용시설의 설치계획
3. 임시거주시설을 포함한 주민이주대책
4. 세입자의 주거 및 이주 대책
5. 사업시행기간 동안 정비구역 내 가로등 설치, 폐쇄회로 텔레비전 설치 등 범죄예방대책
6. 제10조에 따른 임대주택의 건설계획(재건축사업의 경우는 제외한다)
7. 제54조 제4항에 따른 소형주택의 건설계획(주거환경개선사업의 경우는 제외한다)
8. 공공지원민간임대주택 또는 임대관리 위탁주택의 건설계획(필요한 경우로 한정한다)
9. 건축물의 높이 및 용적률 등에 관한 건축계획
10. 정비사업의 시행과정에서 발생하는 폐기물의 처리계획
11. 교육시설의 교육환경 보호에 관한 계획(정비구역부터 200m 이내에 교육시설이 설치되어 있는 경우로 한정한다)
12. 정비사업비
13. 그 밖에 사업시행을 위한 사항으로서 대통령령으로 정하는 바(영 제47조 제1항)에 따라 시·도 조례로 정하는 사항
    ① 정비사업의 종류·명칭 및 시행기간, ② 정비구역의 위치 및 면적
    ③ 사업시행자의 성명 및 주소, ④ 설계도서, ⑤ 자금계획
    ⑥ 철거할 필요는 없으나 개·보수할 필요가 있다고 인정되는 건축물의 명세 및 개·보수계획
    ⑦ 정비사업의 시행에 지장이 있다고 인정되는 정비구역의 건축물 또는 공작물 등의 명세
    ⑧ 토지 또는 건축물 등에 관한 권리자 및 그 권리의 명세
    ⑨ 공동구의 설치에 관한 사항
    ⑩ 정비사업의 시행으로 용도가 폐지되는 정비기반시설의 조서·도면과 새로 설치할 정비기반시설의 조서·도면(토지주택공사 등이 사업시행자인 경우만 해당한다)
    ⑪ 정비사업의 시행으로 용도가 폐지되는 정비기반시설의 조서·도면 및 그 정비기반시설에 대한 둘 이상의 감정평가업자의 감정평가서와 새로 설치할 정비기반시설의 조서·도면 및 그 설치비용 계산서
    ⑫ 사업시행자에게 무상으로 양여되는 국·공유지의 조서
    ⑬ 「물의 재이용 촉진 및 지원에 관한 법률」에 따른 빗물처리계획
    ⑭ 기존주택의 철거계획서(석면을 함유한 건축자재가 사용된 경우에는 그 현황과 해당 자재의

> 철거 및 처리계획을 포함한다)
> ⑮ 정비사업 완료 후 상가세입자에 대한 우선 분양 등에 관한 사항

사업시행자가 사업시행계획서에 「공공주택 특별법」 제2조 제1호에 따른 공공주택("공공주택"이라 한다) 건설계획을 포함하는 경우에는 공공주택의 구조·기능 및 설비에 관한 기준과 부대시설·복리시설의 범위, 설치기준 등에 필요한 사항은 같은 법 제37조에 따른다(법 제52조 제2항).

(2) 일부 건축물의 존치 또는 리모델링이 포함된 사업시행계획인가 시 특례

① 특례 인정사유 및 특례사항

사업시행자는 일부 건축물의 존치 또는 리모델링(「주택법」 제2조 제25호 또는 「건축법」 제2조 제1항 제10호에 따른 리모델링을 말한다)에 관한 내용이 포함된 사업시행계획서를 작성하여 사업시행계획인가를 신청할 수 있다(법 제58조 제1항).

이 경우 시장·군수 등은 존치 또는 리모델링하는 건축물 및 건축물이 있는 토지가 「주택법」 및 「건축법」에 따른 건축 관련 기준(㉠ 주택단지의 범위, ㉡ 부대시설 및 복리시설의 설치기준, ㉢ 대지와 도로의 관계, ㉣ 건축선의 지정, ㉤ 일조 등의 확보를 위한 건축물의 높이 제한)에 적합하지 아니하더라도 대통령령(영 제50조)으로 정하는 다음의 기준에 따라 사업시행계획인가를 할 수 있다(법 제58조 제2항).

---

1. 대지와 도로의 관계는 존치 또는 리모델링되는 건축물의 출입에 지장이 없다고 인정되는 경우 적용하지 아니할 수 있다.
2. 건축선의 지정은 존치 또는 리모델링되는 건축물에 대해서는 적용하지 아니할 수 있다.
3. 일조 등의 확보를 위한 건축물의 높이 제한은 리모델링되는 건축물에 대해서는 적용하지 아니할 수 있다.
4. 「주택법」 제2조 제12호에도 불구하고 존치 또는 리모델링(건축물의 노후화를 억제하거나 기능 향상 등을 위하여 대수선하거나 건축물의 일부를 증축 또는 개축하는 행위를 말한다)되는 건축물도 하나의 주택단지에 있는 것으로 본다.
5. 「주택법」 제35조에 따른 부대시설·복리시설의 설치기준은 존치 또는 리모델링되는 건축물을 포함하여 적용할 수 있다.

---

② 존치 또는 리모델링되는 건축물 소유자의 동의

사업시행자가 사업시행계획서를 작성하려는 경우에는 존치 또는 리모델링하는 건

축물 소유자의 동의(「집합건물의 소유 및 관리에 관한 법률」 제2조 제2호에 따른 구분소유자가 있는 경우에는 구분소유자의 2/3 이상의 동의와 해당 건축물 연면적의 2/3 이상의 구분소유자의 동의로 한다)를 받아야 한다(법 제58조 제3항). 다만, 정비계획에서 존치 또는 리모델링하는 것으로 계획된 경우에는 그러하지 아니한다(법 제58조 제3항 단서).

(3) 재건축사업 등의 용적률 완화 및 소형주택 건설비율 등

1) 완화

사업시행자는 다음 각 호의 어느 하나에 해당하는 정비사업(재정비촉진지구에서 시행되는 재개발사업 및 재건축사업은 제외한다)을 시행하는 경우 정비계획(이 법에 따라 정비계획으로 의제되는 계획을 포함한다)으로 정하여진 용적률에도 불구하고 지방도시계획위원회의 심의를 거쳐 「국토의 계획 및 이용에 관한 법률」 제78조 및 관계 법률에 따른 용적률의 상한("㉠ 건축물의 층수제한, 높이제한, ㉡ 일조 등의 확보를 위한 건축물의 높이제한, ㉢ 장애물 제한표면구역 내 건축물의 높이제한, ㉣ 비행안전구역 내 건축물의 높이제한, ㉤ 건설공사 시 문화재 보호를 위한 건축제한, ㉥ 그 밖에 시장·군수 등이 건축 관계 법률의 건축제한으로 용적률의 완화가 불가능하다고 근거를 제시하고, 지방도시계획위원회 또는 시·도에 두는 건축위원회가 심의를 거쳐 용적률 완화가 불가능하다고 인정한 경우"를 말한다. 이하 이 조에서 "법적상한용적률"이라 한다)까지 건축할 수 있다(법 제54조 제1항·제3항).

---

1. 「수도권정비계획법」 제6조 제1항 제1호에 따른 '과밀억제권역'에서 시행하는 재개발사업 및 재건축사업(「국토의 계획 및 이용에 관한 법률」 제78조에 따른 주거지역으로 한정한다)
2. 위의 1의 사업 외의 경우, 시·도 조례로 정하는 지역에서 시행하는 재개발사업 및 재건축사업

이에 따라, 사업시행자가 정비계획으로 정하여진 용적률을 초과하여 건축하려는 경우에는 「국토의 계획 및 이용에 관한 법률」 제78조에 따라 특별시·광역시·특별자치시·특별자치도·시 또는 군의 조례로 정한 용적률 제한 및 정비계획으로 정한 허용세대수의 제한을 받지 아니한다(법 제54조 제2항).

2) 소형주택의 건설 의무

사업시행자는 법적상한용적률에서 정비계획으로 정하여진 용적률을 뺀 용적률(이하 "초과용적률"이라 한다)의 다음 각 호에 따른 비율에 해당하는 면적에 주거전용면적 60㎡ 이하의 소형주택을 건설하여야 한다(법 제54조 제4항).

다만, "천재지변, 「재난 및 안전관리 기본법」 제27조 또는 「시설물의 안전 및 유지관리에 관한 특별법」 제23조에 따른 사용제한·사용금지, 그 밖의 불가피한 사유로 긴급하게 정비사업을 시행할 필요가 있다고 인정하는 때"에 따른 정비사업을 시행하는 경우에는 그러하지 아니하다(법 제54조 제4항 단서).

---

1. 과밀억제권역에서 시행하는 재건축사업은 초과용적률의 30/100 이상 50/100 이하로서 시·도 조례로 정하는 비율
2. 과밀억제권역에서 시행하는 재개발사업은 초과용적률의 50/100 이상 75/100 이하로서 시·도 조례로 정하는 비율
3. 과밀억제권역 외의 지역에서 시행하는 재건축사업은 초과용적률의 50/100 이하로서 시·도 조례로 정하는 비율
4. 과밀억제권역 외의 지역에서 시행하는 재개발사업은 초과용적률의 75/100 이하로서 시·도 조례로 정하는 비율

---

3) 인수자에게의 공급
① 공급

사업시행자는 제54조 제4항에 따라 건설한 소형주택을 국토교통부장관, 시·도지사, 시장, 군수, 구청장 또는 토지주택공사등(이하 이 조에서 "인수자"라 한다)에 공급하여야 한다(법 제55조 제1항). 이때에 소형주택의 공급가격은 국토교통부장관이 고시하는 공공건설임대주택의 표준건축비로 하며, 부속 토지는 인수자에게 기부채납 한 것으로 본다(법 제55조 제2항).

사업시행자는 정비계획상 용적률을 초과하여 건축하려는 경우에는 사업시행계획인가를 신청하기 전에 미리 소형주택에 관한 사항을 인수자와 협의하여 사업시행계획서에 반영하여야 한다(법 제55조 제3항).

② 활용

위의 ①의 규정에 따른 소형주택의 인수를 위한 절차와 방법 등에 필요한 사항은 대통령령으로 정할 수 있으며, 인수된 소형주택은 대통령령(영 제48조 제4항)으로 정하는 장기공공임대주택(공공임대주택으로서 임대의무기간이 20년 이상인 것을 말한다)으로 활용하여야 한다(법 제55조 제4항).

다만, 토지등소유자의 부담 완화 등 대통령령으로 정하는 요건에 해당하는 경우에는 인수된 소형주택을 장기공공임대주택이 아닌 임대주택으로 활용할 수 있다(법 제55

조 제4항 단서). 여기서 "토지등소유자의 부담 완화 등 대통령령으로 정하는 요건에 해당하는 경우"란 다음의 어느 하나에 해당하는 경우를 말한다(영 제48조 제5항).

---

1. 가목의 가액을 나목의 가액으로 나눈 값이 80/100 미만인 경우. 이 경우 가목 및 나목의 가액은 사업시행계획인가 고시일을 기준으로 하여 산정하되 구체적인 산정방법은 국토교통부장관이 정하여 고시한다.
   가. 정비사업 후 대지 및 건축물의 총 가액에서 총사업비를 제외한 가액
   나. 정비사업 전 토지 및 건축물의 총 가액
2. 시·도지사가 정비구역의 입지, 토지등소유자의 조합설립 동의율, 정비사업비의 증가규모, 사업기간 등을 고려하여 토지등소유자의 부담이 지나치게 높다고 인정하는 경우

또한 위의 요건에 해당하여 인수된 소형주택을 장기공공임대주택이 아닌 임대주택으로 활용하는 임대주택의 인수자는 임대의무기간에 따라 감정평가액의 50/100 이하의 범위에서 대통령령(영 제48조 제6항)으로 정하는 가격으로 부속 토지를 인수하여야 한다(법 제55조 제5항).

---

1. 임대의무기간이 10년 이상인 경우: 감정평가액(시장·군수등이 지정하는 둘 이상의 감정평가업자가 평가한 금액을 산술평균한 금액을 말한다. 이하 제2호에서 같다)의 30/100에 해당하는 가격
2. 임대의무기간이 10년 미만인 경우: 감정평가액의 50/100에 해당하는 가격

---

2. 사업시행인가 시 인가권자의 조치사항

(1) 관계 서류의 공람과 의견청취

1) 관계 서류의 공람

시장·군수 등은 사업시행계획인가를 하거나 사업시행계획서를 작성하려는 경우에는 관계 서류의 사본을 14일 이상 일반인이 공람할 수 있게 하여야 한다(법 제56조 제1항). 이때에 시장·군수 등은 그 요지와 공람장소를 해당 지방자치단체의 공보 등에 공고하고, 토지등소유자에게 공고내용을 통지하여야 한다(영 제49조). 다만, 경미한 사항(영 제46조)을 변경하려는 경우에는 그러하지 아니하다(법 제56조 제1항 단서).

2) 의견의 제출

토지등소유자 또는 조합원, 그 밖에 정비사업과 관련하여 이해관계를 가지는 자는 위의 ①의 규정의 공람기간 이내에 시장·군수 등에게 서면으로 의견을 제출할 수 있고 (법 제56조 제2항), 이에 따라 제출된 의견을 시장·군수 등은 심사하여 채택할 필요가 있다고 인정하는 때에는 이를 채택하고, 그러하지 아니한 경우에는 의견을 제출한 자에게 그 사유를 알려주어야 한다(법 제56조 제3항).

(2) 지정개발자의 정비사업비의 예치 등

1) 예치

시장·군수 등은 재개발사업의 사업시행계획인가를 하는 경우 해당 정비사업의 사업시행자가 지정개발자(지정개발자가 토지등소유자인 경우로 한정한다)인 때에는 정비사업비를 예치하게 할 수 있다(법 제60조 제1항).

2) 예치금액

① 정비사업비의 20/100의 범위에서 시·도 조례로 정하는 금액을 예치하게 할 수 있다(법 제60조 제1항 후단).

② 예치금은 청산금의 지급이 완료된 때에 이를 반환한다(법 제60조 제2항).

③ 예치 및 반환 등에 필요한 사항은 시·도 조례로 정한다(법 제60조 제3항).

3. 사업시행인가의 효과(다른 법률의 인·허가 등의 의제)

(1) 의제사항

사업시행자가 사업시행계획인가를 받은 때(시장·군수 등이 직접 정비사업을 시행하는 경우에는 사업시행계획서를 작성한 때를 말한다)에는 다음 각 호의 인가·허가·승인·신고·등록·협의·동의·심사·지정 또는 해제(이하 "인·허가등"이라 한다)가 있은 것으로 보며, 사업시행계획인가의 고시가 있은 때에는 다음 각 호의 관계 법률에 따른 인·허가 등의 고시·공고 등이 있은 것으로 본다(법 제57조 제1항).

1. 「주택법」 제15조에 따른 사업계획의 승인
2. 「공공주택 특별법」 제35조에 따른 주택건설사업계획의 승인
3. 「건축법」 제11조에 따른 건축허가, 같은 법 제20조에 따른 가설건축물의 건축허가 또는 축조신고 및 같은 법 제29조에 따른 건축협의
4. 「도로법」 제36조에 따른 도로관리청이 아닌 자에 대한 도로공사 시행의 허가 및 같은 법 제61조에 따른 도로의 점용 허가
5. 「사방사업법」 제20조에 따른 사방지의 지정해제
6. 「농지법」 제34조에 따른 농지전용의 허가·협의 및 같은 법 제35조에 따른 농지전용신고
7. 「산지관리법」 제14조·제15조에 따른 산지전용허가 및 산지전용신고, 같은 법 제15조의2에 따른 산지일시사용허가·신고와 「산림자원의 조성 및 관리에 관한 법률」 제36조 제1항·제4항에 따른 입목벌채 등의 허가·신고 및 「산림보호법」 제9조 제1항 및 같은 조 제2항 제1호에 따른 산림보호구역에서의 행위의 허가. 다만, 「산림자원의 조성 및 관리에 관한 법률」에 따른 채종림·시험림과 「산림보호법」에 따른 산림유전자원보호구역의 경우는 제외한다.
8. 「하천법」 제30조에 따른 하천공사 시행의 허가 및 하천공사실시계획의 인가, 같은 법 제33조에 따른 하천의 점용허가 및 같은 법 제50조에 따른 하천수의 사용허가
9. 「수도법」 제17조에 따른 일반수도사업의 인가 및 같은 법 제52조 또는 제54조에 따른 전용상수도 또는 전용공업용수도 설치의 인가
10. 「하수도법」 제16조에 따른 공공하수도 사업의 허가 및 같은 법 제34조 제2항에 따른 개인하수처리시설의 설치신고
11. 「공간정보의 구축 및 관리 등에 관한 법률」 제15조 제3항에 따른 지도 등의 간행 심사
12. 「유통산업발전법」 제8조에 따른 대규모점포 등의 등록
13. 「국유재산법」 제30조에 따른 사용허가(재개발사업으로 한정한다)
14. 「공유재산 및 물품 관리법」 제20조에 따른 사용·수익허가(재개발사업으로 한정한다)
15. 「공간정보의 구축 및 관리 등에 관한 법률」 제86조 제1항에 따른 사업의 착수·변경의 신고
16. 「국토의 계획 및 이용에 관한 법률」 제86조에 따른 도시·군계획시설 사업시행자의 지정 및 같은 법 제88조에 따른 실시계획의 인가
17. 「전기사업법」 제62조에 따른 자가용전기설비의 공사계획의 인가 및 신고
18. 「화재예방, 소방시설 설치·유지 및 안전관리에 관한 법률」 제7조 제1항에 따른 건축허가 등의 동의, 「위험물안전관리법」 제6조 제1항에 따른 제조소 등의 설치의 허가(제조소 등은 공장건축물 또는 그 부속시설에 관계된 것으로 한정한다)

(2) 공장 등이 포함된 구역에 대한 의제사항

사업시행자가 공장이 포함된 구역에 대하여 재개발사업의 사업시행계획인가를 받은 때에는 위의 (1)에 따른 인·허가등 외에 다음 각 호의 인·허가등이 있은 것으로 보며, 사업시행계획인가를 고시한 때에는 다음 각 호의 관계 법률에 따른 인·허가 등의 고시·공고 등이 있은 것으로 본다(법 제57조 제2항).

1. 「산업집적활성화 및 공장설립에 관한 법률」 제13조에 따른 공장설립 등의 승인 및 같은 법 제 15조에 따른 공장설립 등의 완료신고
2. 「폐기물관리법」 제29조 제2항에 따른 폐기물처리시설의 설치승인 또는 설치신고(변경승인 또는 변경신고를 포함한다)
3. 「대기환경보전법」 제23조, 「물환경보전법」 제33조 및 「소음·진동관리법」 제8조에 따른 배출 시설설치의 허가 및 신고
4. 「총포·도검·화약류 등의 안전관리에 관한 법률」 제25조 제1항에 따른 화약류저장소 설치의 허가

(3) 인·허가등의 의제 신청절차 등

① 사업시행자는 정비사업에 대하여 위의 (1)과 (2)에 따른 인·허가등의 의제를 받으려는 경우에는 사업시행계획인가를 신청하는 때에 해당 법률이 정하는 관계 서류를 함께 제출하여야 한다(법 제57조 제3항).

② 시장·군수 등은 사업시행계획인가를 하거나 사업시행계획서를 작성하려는 경우 위의 (1)과 (2)에 따라 의제되는 인·허가등에 해당하는 사항이 있는 때에는 미리 관계 행정기관의 장과 협의하여야 하고, 협의를 요청받은 관계 행정기관의 장은 요청받은 날(아래의 ⑤의 경우에는 서류가 관계 행정기관의 장에게 도달된 날을 말한다)부터 30일 이내에 의견을 제출하여야 한다. 이 경우 관계 행정기관의 장이 30일 이내에 의견을 제출하지 아니하면 협의된 것으로 본다(법 제57조 제4항).

③ 시장·군수 등은 사업시행계획인가(시장·군수 등이 사업시행계획서를 작성한 경우를 포함한다)를 하려는 경우 정비구역부터 200m 이내에 교육시설이 설치되어 있는 때에는 해당 지방자치단체의 교육감 또는 교육장과 협의하여야 하며, 인가받은 사항을 변경하는 경우에도 또한 같다(법 제57조 제5항).

④ 시장·군수 등은 위의 ②와 ③의 규정에도 불구하고 천재지변이나 그 밖의 불가피한 사유로 긴급히 정비사업을 시행할 필요가 있다고 인정하는 때에는 관계 행정기관의 장 및 교육감 또는 교육장과 협의를 마치기 전에 사업시행계획인가를 할 수 있다. 이 경우 협의를 마칠 때까지는 위의 (1)과 (2)에 따른 인·허가등을 받은 것으로 보지 아니한다(법 제57조 제6항).

⑤ 다만, 사업시행계획인가를 신청한 때에 시공자가 선정되어 있지 아니하여 관계 서류를 제출할 수 없거나 위의 ④의 규정에 따라 사업시행계획인가를 하는 경

우에는 시장·군수등이 정하는 기한까지 제출할 수 있다(법 제57조 제3항 단서).

⑥ 위의 (1)이나 (2)에 따라 인·허가등을 받은 것으로 보는 경우에는 관계 법률 또는 시·도 조례에 따라 해당 인·허가등의 대가로 부과되는 수수료와 해당 국·공유지의 사용 또는 점용에 따른 사용료 또는 점용료를 면제한다(법 제57조 제7항).

제 4 절 정비사업의 시행을 원활히 하기 위한 조치 등

1. 정비구역의 분할, 통합 및 결합

(1) 정비구역의 지정권자는 정비사업의 효율적인 추진 또는 도시의 경관보호를 위하여 필요하다고 인정하는 경우에는 다음 각 호의 방법에 따라 정비구역을 지정할 수 있다(법 제18조 제1항).

---

1. 하나의 정비구역을 둘 이상의 정비구역으로 분할
2. 서로 연접한 정비구역을 하나의 정비구역으로 통합
3. 서로 연접하지 아니한 둘 이상의 구역(제8조 제1항에 따라 대통령령으로 정하는 요건에 해당하는 구역으로 한정한다) 또는 정비구역을 하나의 정비구역으로 결합

---

(2) 정비구역을 분할·통합하거나 서로 떨어진 구역을 하나의 정비구역으로 결합하여 지정하려는 경우 시행 방법과 절차에 관한 세부사항은 시·도 조례로 정한다(법 제18조 제2항).

2. 순환정비방식의 정비사업

(1) 순환정비방식

사업시행자는 정비구역의 안과 밖에 새로 건설한 주택 또는 이미 건설되어 있는 주택의 경우 그 정비사업의 시행으로 철거되는 주택의 소유자 또는 세입자(정비구역에서 실제 거주하는 자로 한정한다)를 임시로 거주하게 하는 등 그 정비구역을 순차적으로 정비하여 주택의 소유자 또는 세입자의 이주대책을 수립하여야 한다(법 제59조 제1항).

(2) 순환용주택의 사용

① 사업시행자는 순환정비방식으로 정비사업을 시행하는 경우에는 임시로 거주하는 주택(이하 "순환용주택"이라 한다)을 「주택법」제54조(주택의 공급)에 관한 규정에도 불구하고 임시거주시설로 사용하거나 임대할 수 있으며, 대통령령(영제51조)으로 정하는 방법과 절차에 따라 토지주택공사등이 보유한 공공임대주택을 순환용주택으로 우선 공급할 것을 요청할 수 있다(법 제59조 제2항).

② 토지주택공사등은 위의 ①의 규정에 따라 사업시행자로부터 공공임대주택의 공급 요청을 받은 경우에는 그 요청을 받은 날부터 30일 이내에 사업시행자에게 다음의 내용(㉠ 해당 정비구역 인근에서 공급 가능한 공공임대주택의 주택 수, 주택 규모 및 공급가능 시기, ㉡ 임대보증금 등 공급계약에 관한 사항, ㉢ 그 밖에 토지주택공사등이 필요하다고 인정하는 사항)을 통지하여야 한다(영 제51조 제2항).

③ 토지주택공사등은 세대주로서 해당 세대 월평균 소득이 전년도 도시근로자 월평균 소득의 70퍼센트 이하인 거주자(우선 공급의 요청을 한 날 당시 해당 정비구역에 2년 이상 거주한 사람에 한정한다)에게 순환용주택을 공급하되, 다음 각 호의 순위에 따라 공급하여야 한다(영 제51조 제4항).

---

1. 1순위 : 정비사업의 시행으로 철거되는 주택의 세입자(정비구역에서 실제 거주하는 자로 한정한다)로서 주택을 소유하지 아니한 사람
2. 2순위 : 정비사업의 시행으로 철거되는 주택의 소유자(정비구역에서 실제 거주하는 자로 한정한다)로서 그 주택 외에는 주택을 소유하지 아니한 사람
※ 단, 같은 순위에서 경쟁이 있는 경우 월평균 소득이 낮은 사람에게 우선 공급한다.

---

④ 순사업시행자는 순환용주택에 거주하는 자가 정비사업이 완료된 후에도 순환용주택에 계속 거주하기를 희망하는 때에는 대통령령(영 제52조)으로 정하는 바에 따라 분양하거나 계속 임대할 수 있다. 이 경우 사업시행자가 소유하는 순환용주택은 제74조에 따라 인가받은 관리처분계획에 따라 토지등소유자에게 처분된 것으로 본다(법 제59조 제3항).

3. 임시거주시설·임시상가의 설치 등

(1) 임시 수용 등의 의무

사업시행자는 주거환경개선사업 및 재개발사업의 시행으로 철거되는 주택의 소유
자 또는 세입자에게 해당 정비구역 안과 밖에 위치한 임대주택 등의 시설에 임시로 거
주하게 하거나 주택자금의 융자를 알선하는 등 임시거주에 상응하는 조치를 하여야 한
다(법 제61조 제1항). 또한 재개발사업의 사업시행자는 사업시행으로 이주하는 상가세입
자가 사용할 수 있도록 정비구역 또는 정비구역 인근에 임시상가를 설치할 수 있다(법
제61조 제5항).

(2) 일시사용권 인정

사업시행자는 위의 (1)의 규정에 따라 임시거주시설의 설치 등을 위하여 필요한
때에는 국가·지방자치단체, 그 밖의 공공단체 또는 개인의 시설이나 토지를 일시 사용
할 수 있다(법 제61조 제2항). 이에 따라 국가 또는 지방자치단체는 사업시행자로부터
임시거주시설에 필요한 건축물이나 토지의 사용신청을 받은 때에는 대통령령으로 정하
는 사유가 없으면 이를 거절하지 못하며(법 제61조 제3항 전단), 이 경우 사용료 또는 대
부료는 면제한다(법 제61조 제3항 후단).

※ 여기서 "대통령령으로 정하는 사유"란 다음 각 호의 사유를 말한다.

1. '임시거주시설'의 설치를 위하여 필요한 건축물이나 토지에 대하여 제3자와 이미 매매계약을 체
   결한 경우
2. 사용신청 이전에 임시거주시설의 설치를 위하여 필요한 건축물이나 토지에 대한 사용계획이 확
   정된 경우
3. 제3자에게 이미 임시거주시설의 설치를 위하여 필요한 건축물이나 토지에 대한 사용허가를 한
   경우

---

(3) 임시거주시설 등의 원상회복

사업시행자는 정비사업의 공사를 완료한 때에는 완료한 날부터 30일 이내에 임시
거주시설을 철거하고, 사용한 건축물이나 토지를 원상회복하여야 한다(법 제61조 제4항).

(4) 손실보상

사업시행자는 임시거주시설 등의 설치에 따라 공공단체(지방자치단체는 제외한다) 또는 개인의 시설이나 토지를 일시 사용함으로써 손실을 입은 자가 있는 경우에는 손실을 보상하여야 하며, 손실을 보상하는 경우에는 손실을 입은 자와 협의하여야 한다(법 제62조 제1항). 이때에 사업시행자 또는 손실을 입은 자는 손실보상에 관한 협의가 성립되지 아니하거나 협의할 수 없는 경우에는 관할 토지수용위원회에 재결을 신청할 수 있다(법 제62조 제2항). 여기서의 손실보상은 이 법에 규정된 사항을 제외하고는 「공익사업을 위한 토지 등의 취득 및 보상에 관한 법률」을 준용한다(법 제62조 제3항).

4. 토지 등의 수용 또는 사용

(1) 수용 또는 사용권의 대상

사업시행자는 정비구역에서 정비사업("재건축사업의 경우에는 천재지변, 「재난 및 안전관리 기본법」 제27조 또는 「시설물의 안전 및 유지관리에 관한 특별법」 제23조에 따른 사용제한·사용금지, 그 밖의 불가피한 사유로 긴급하게 정비사업을 시행할 필요가 있다고 인정하는 때"에 해당하는 사업으로 한정한다)을 시행하기 위하여 「공익사업을 위한 토지 등의 취득 및 보상에 관한 법률」 제3조에 따른 토지·물건 또는 그 밖의 권리를 취득하거나 사용할 수 있다(법 제63조).

(2) 「공익사업을 위한 토지 등의 취득 및 보상에 관한 법률」의 준용

정비구역에서 정비사업의 시행을 위한 토지 또는 건축물의 소유권과 그 밖의 권리에 대한 수용 또는 사용은 이 법에 규정된 사항을 제외하고는 「공익사업을 위한 토지 등의 취득 및 보상에 관한 법률」을 준용한다(법 제65조 제1항). 다만, 정비사업의 시행에 따른 손실보상의 기준 및 절차에 관하여는 대통령령으로 따로 정할 수 있다(법 제65조 제1항 단서).

〈손실보상 등(영 제54조)〉

1. 제13조 제1항에 따른 공람공고일부터 계약체결일 또는 수용재결일까지 계속하여 거주하고 있지 아니한 건축물의 소유자는 「공익사업을 위한 토지 등의 취득 및 보상에 관한 법률 시행령」 제40조 제5항 제2호에 따라 이주대책대상자에서 제외한다. 다만, 같은 호 단서(같은 호 마목은 제외한다)에 해당하는 경우에는 그러하지 아니하다.
2. 정비사업으로 인한 영업의 폐지 또는 휴업에 대하여 손실을 평가하는 경우 영업의 휴업기간은 4개월 이내로 한다. 다만, 다음 각 호의 어느 하나에 해당하는 경우에는 실제 휴업기간으로 하되, 그 휴업기간은 2년을 초과할 수 없다.
   가. 해당 정비사업을 위한 영업의 금지 또는 제한으로 인하여 4개월 이상의 기간 동안 영업을 할 수 없는 경우
   나. 영업시설의 규모가 크거나 이전에 고도의 정밀성을 요구하는 등 해당 영업의 고유한 특수성으로 인하여 4개월 이내에 다른 장소로 이전하는 것이 어렵다고 객관적으로 인정되는 경우
3. 위의 2의 규정에 따라 영업손실을 보상하는 경우 보상대상자의 인정시점은 공람공고일로 본다.
4. 주거이전비를 보상하는 경우 보상대상자의 인정시점은 공람공고일로 본다.

5. 주거환경개선사업 시 특례

(1) 「주택도시기금법」의 적용 특례

주거환경개선사업에 따른 건축허가를 받은 때와 부동산등기(소유권 보존등기 또는 이전등기로 한정한다)를 하는 때에는 「주택도시기금법」 제8조의 국민주택채권의 매입에 관한 규정을 적용하지 아니한다(법 제68조 제1항).

(2) 도시·군계획시설의 결정·구조 및 설치의 기준

주거환경개선구역에서 「국토의 계획 및 이용에 관한 법률」 제43조 제2항에 따른 도시·군계획시설의 결정·구조 및 설치의 기준 등에 필요한 사항은 국토교통부령으로 정하는 바에 따른다(법 제68조 제2항).

(3) 건축법 적용의 특례

사업시행자는 주거환경개선구역에서 다음의 어느 하나에 해당하는 사항은 시·도 조례로 정하는 바에 따라 기준을 따로 정할 수 있다(법 제68조 제3항).
① 「건축법」에 따른 대지와 도로의 관계(소방활동에 지장이 없는 경우로 한정한다)
② 「건축법」에 따른 건축물의 높이 제한(사업시행자가 공동주택을 건설·공급하는 경우

로 한정한다)

(4) 주거지역 세분 지정의 의제

주거환경개선구역은 해당 정비구역의 지정·고시가 있은 날부터 「국토의 계획 및 이용에 관한 법률」 제36조 제1항 제1호 가목 및 같은 조 제2항에 따라 주거지역을 세분하여 정하는 지역 중 대통령령으로 정하는 지역으로 결정·고시된 것으로 본다(법 제69조 제1항).

※ 여기서 "대통령령으로 정하는 지역"이란 다음 각 호의 구분에 따른 용도지역을 말한다 (영 제58조)

1. 주거환경개선사업이 법 제23조 제1항 제1호 또는 제3호의 방법으로 시행되는 경우 : 「국토의 계획 및 이용에 관한 법률 시행령」 제30조 제1호 나목 (2)에 따른 제2종일반주거지역
2. 주거환경개선사업이 법 제23조 제1항 제2호 또는 제4호의 방법으로 시행되는 경우 : 「국토의 계획 및 이용에 관한 법률 시행령」 제30조 제1호 나목 (3)에 따른 제3종일반주거지역. 다만, 공공지원민간임대주택 또는 「공공주택 특별법」 제2조 제1호의2에 따른 공공건설임대주택을 200세대 이상 공급하려는 경우로서 해당 임대주택의 건설지역을 포함하여 정비계획에서 따로 정하는 구역은 「국토의 계획 및 이용에 관한 법률 시행령」 제30조 제1호 다목에 따른 준주거지역으로 한다.

다만, 다음의 어느 하나에 해당하는 경우에는 그러하지 아니하다.
① 해당 정비구역이 「개발제한구역의 지정 및 관리에 관한 특별조치법」 제3조 제1항에 따라 결정된 개발제한구역인 경우
② 시장·군수 등이 주거환경개선사업을 위하여 필요하다고 인정하여 해당 정비구역의 일부분을 종전 용도지역으로 그대로 유지하거나 동일면적의 범위에서 위치를 변경하는 내용으로 정비계획을 수립한 경우
③ 시장·군수 등이 제9조 제1항 제10호 다목의 사항(주거지역을 세분 또는 변경하는 계획과 용적률에 관한 사항)을 포함하는 정비계획을 수립한 경우

(5) 적용 배제

주거환경개선사업의 경우에는 「공익사업을 위한 토지 등의 취득 및 보상에 관한 법률」 제78조 제4항[이주대책의 내용에는 이주정착지(이주대책의 실시로 건설하는 주택단지를 포함한다)에 대한 도로, 급수시설, 배수시설, 그 밖의 공공시설 등 통상적인 수준의 생활기본시설

이 포함되어야 하며, 이에 필요한 비용은 사업시행자가 부담한다. 다만, 행정청이 아닌 사업시행자가 이주대책을 수립·실시하는 경우에 지방자치단체는 비용의 일부를 보조할 수 있다]을 적용하지 아니한다(법 제69조 제3항).

(6) 주거환경개선사업의 특례

사업시행자는 제26조 제1항 제1호 및 제27조 제1항 제1호에 따른 재건축구역(재건축사업을 시행하는 정비구역을 말한다)에서 다음 각 호의 어느 하나에 해당하는 사항에 대하여 대통령령으로 정하는 범위에서 「건축법」 제72조 제2항에 따른 지방건축위원회의 심의를 거쳐 그 기준을 완화받을 수 있다(법 제68조 제4항).

---

1. 「건축법」 제42조에 따른 대지의 조경기준
2. 「건축법」 제55조에 따른 건폐율의 산정기준
3. 「건축법」 제58조에 따른 대지 안의 공지 기준
4. 「건축법」 제60조 및 제61조에 따른 건축물의 높이 제한
5. 「주택법」 제35조 제1항 제3호 및 제4호에 따른 부대시설 및 복리시설의 설치기준
5의2. 「도시공원 및 녹지 등에 관한 법률」 제14조에 따른 도시공원 또는 녹지 확보기준
6. 제1호부터 제5호까지에서 규정한 사항 외에 제26조 제1항 제1호 및 제27조 제1항 제1호에 따른 재건축사업의 원활한 시행을 위하여 대통령령으로 정하는 사항

---

6. 재건축사업 시 특례

(1) 매도청구

재건축사업의 사업시행자는 사업시행계획인가의 고시가 있은 날부터 30일 이내에 다음 각 호의 자에게 조합설립 또는 사업시행자의 지정에 관한 동의 여부를 회답할 것을 서면으로 촉구하여야 한다(법 제64조 제1항).

---

1. 조합의 설립에 동의하지 아니한 자
2. 시장·군수등, 토지주택공사등 또는 신탁업자의 사업시행자 지정에 동의하지 아니한 자

위의 촉구를 받은 토지등소유자는 촉구를 받은 날부터 2개월 이내에 회답하여야 하는데(법 제64조 제2항), 이 기간 내에 회답하지 아니한 경우 그 토지등소유자는 조합설

립 또는 사업시행자의 지정에 동의하지 아니하겠다는 뜻을 회답한 것으로 본다(법 제64조 제3항). 이 기간이 지나면 사업시행자는 그 기간이 만료된 때부터 2개월 이내에 조합설립 또는 사업시행자 지정에 동의하지 아니하겠다는 뜻을 회답한 토지등소유자와 건축물 또는 토지만 소유한 자에게 건축물 또는 토지의 소유권과 그 밖의 권리를 매도할 것을 청구할 수 있다(법 제64조 제4항).

대판 2013.11.28, 2012다110477, 110484(소유권이전등기)

"조합원이 분양신청을 하지 아니하거나 철회하는 경우에는 조합원의 지위를 상실함으로써 현금청산 대상자가 되는데, 조합원이 재건축조합에서 제명되거나 탈퇴하는 등 후발적인 사정으로 그 지위를 상실하는 경우에도 처음부터 분양신청을 하지 아니하거나 철회하는 경우와 마찬가지로 현금청산 대상자가 된다."

---

(2) 재건축사업의 범위에 관한 특례

1) 토지분할의 청구

사업시행자 또는 추진위원회는 "㉠「주택법」제15조 제1항에 따라 사업계획승인을 받아 건설한 둘 이상의 건축물이 있는 주택단지에 재건축사업을 하는 경우, ㉡ 제35조 제3항에 따른 조합설립의 동의요건을 충족시키기 위하여 필요한 경우" 중 어느 하나에 해당하는 경우에는 그 주택단지 안의 일부 토지에 대하여「건축법」제57조(대지의 분할제한)에도 불구하고 분할하려는 토지면적이 같은 조에서 정하고 있는 면적에 미달되더라도 토지분할을 청구할 수 있다(법 제67조 제1항).

※ 여기서 「건축법」 제57조에서 정하고 있는 면적은 다음과 같다(「건축법 시행령」 제58조).

1. 주거지역 : 60㎡ 이상
2. 상업지역 : 150㎡ 이상
3. 공업지역 : 150㎡ 이상
4. 녹지지역 : 200㎡ 이상
5. 미세분 용도지역 : 60㎡ 이상

---

2) 토지분할의 협의
① 토지등소유자와 협의

사업시행자 또는 추진위원회는 제1항에 따라 토지분할 청구를 하는 때에는 토지분

할의 대상이 되는 토지 및 그 위의 건축물과 관련된 토지등소유자와 협의하여야 한다
(법 제67조 제2항).

② 법원에 토지분할의 청구

사업시행자 또는 추진위원회는 토지분할의 협의가 성립되지 아니한 경우에는 법
원에 토지분할을 청구할 수 있다(법 제67조 제3항).

3) 동의요건의 완화

분할되어 나가는 토지 및 그 위의 건축물이 다음 각 호의 요건을 충족하는 때에는
토지분할이 완료되지 아니하여 위의 1)에 따른 동의요건에 미달되더라도 「건축법」 제4
조에 따라 특별자치시·특별자치도·시·군·구(자치구를 말한다)에 설치하는 건축위원회
의 심의를 거쳐 조합설립인가와 사업시행계획인가를 할 수 있다(법 제67조 제4항).

---

1. 해당 토지 및 건축물과 관련된 토지등소유자의 수가 전체의 1/10 이하일 것
2. 분할되어 나가는 토지 위의 건축물이 분할선 상에 위치하지 아니할 것
3. 그 밖에 사업시행계획인가를 위하여 대통령령(영 제56조)으로 정하는 요건에 해당할 것

---

7. 재개발사업 등의 시행방식의 전환

(1) 전환의 승인(환지방식 =〉 관리처분계획)

시장·군수 등은 제28조 제1항에 따라 사업대행자를 지정하거나 토지등소유자의
4/5 이상의 요구가 있어 제23조 제2항에 따른 재개발사업의 시행방식의 전환이 필요하
다고 인정하는 경우에는 정비사업이 완료되기 전이라도 대통령령으로 정하는 범위에서
정비구역의 전부 또는 일부에 대하여 시행방식의 전환을 승인할 수 있다(법 제123조 제1
항). 이에 따라 시장·군수 등은 법 제69조 제2항(정비사업과 관련된 환지에 관하여는 「도시
개발법」 제28조부터 제49조까지의 규정을 준용한다. 이 경우 같은 법 제41조 제2항 본문에 따른
"환지처분을 하는 때"는 "사업시행계획인가를 하는 때"로 본다)의 규정에 따라 환지로 공급하
는 방법으로 실시하는 재개발사업을 위하여 정비구역의 전부 또는 일부를 인가받은 관
리처분계획에 따라 건축물을 건설하여 공급하는 방법으로 전환하는 것을 승인할 수 있
다(영 제93조).

(2) 동의 요건

사업시행자는 위의 (1)에 따라 시행방식을 전환하기 위하여 관리처분계획을 변경하려는 경우 토지면적의 2/3 이상의 토지소유자의 동의와 토지등소유자의 4/5 이상의 동의를 받아야 하며, 변경절차에 관하여는 제74조 제1항의 관리처분계획 변경에 관한 규정을 준용한다(법 제123조 제2항).

(3) 정비구역 일부에 대한 시행방식 변경

사업시행자는 위의 (1)에 따라 정비구역의 일부에 대하여 시행방식을 전환하려는 경우에 재개발사업이 완료된 부분은 준공인가를 거쳐 해당 지방자치단체의 공보에 공사완료의 고시를 하여야 하며, 전환하려는 부분은 이 법에서 정하고 있는 절차에 따라 시행방식을 전환하여야 한다(법 제123조 제3항). 이에 따라 공사완료의 고시를 한 때에는 「공간정보의 구축 및 관리 등에 관한 법률」 제86조 제3항 규정(사업과 관련하여 토지의 이동은 토지의 형질변경 등의 공사가 준공된 때에 이루어진 것으로 본다)에도 불구하고 관리처분계획의 내용에 따라 소유권 이전이 된 것으로 본다(법 제123조 제4항).

또한 사업시행자는 정비계획이 수립된 주거환경개선사업을 제23조 제1항 제4호의 시행방법(사업시행자가 정비구역에서 제74조에 따라 인가받은 관리처분계획에 따라 주택 및 부대시설·복리시설을 건설하여 공급하는 방법)으로 변경하려는 경우에는 토지등소유자의 2/3 이상의 동의를 받아야 한다(법 제123조 제5항).

8. 소유자의 확인이 곤란한 건축물 등에 대한 처분

(1) 평가액의 공탁

1) 공탁

사업시행자는 다음 각 호에서 정하는 날 현재 건축물 또는 토지의 소유자의 소재 확인이 현저히 곤란한 때에는 전국적으로 배포되는 둘 이상의 일간신문에 2회 이상 공고하고, 공고한 날부터 30일 이상이 지난 때에는 그 소유자의 해당 건축물 또는 토지의 감정평가액에 해당하는 금액을 법원에 공탁하고 정비사업을 시행할 수 있다(법 제71조 제1항).

1. 조합이 사업시행자가 되는 경우에는 조합설립인가일
2. 토지등소유자가 시행하는 재개발사업의 경우에는 사업시행계획인가일
3. 시장·군수등, 토지주택공사등이 정비사업을 시행하는 경우에는 고시일
4. 지정개발자를 사업시행자로 지정하는 경우에는 같은 조 제2항에 따른 고시일

2) 토지 또는 건축물의 감정평가

위의 1)에 따른 토지 또는 건축물의 감정평가는 아래 박스의 제74조 제2항 제1호를 준용한다(법 제71조 제4항).

1. 「감정평가 및 감정평가사에 관한 법률」에 따른 감정평가업자 중 다음 각 목의 구분에 따른 감정평가업자가 평가한 금액을 산술평균하여 산정한다. 다만, 관리처분계획을 변경·중지 또는 폐지하려는 경우 분양예정 대상인 대지 또는 건축물의 추산액과 종전의 토지 또는 건축물의 가격은 사업시행자 및 토지등소유자 전원이 합의하여 산정할 수 있다.
   가. 주거환경개선사업 또는 재개발사업 : 시장·군수 등이 선정·계약한 2인 이상의 감정평가업자
   나. 재건축사업 : 시장·군수 등이 선정·계약한 1인 이상의 감정평가업자와 조합총회의 의결로 선정·계약한 1인 이상의 감정평가업자
2. 시장·군수 등은 제1호에 따라 감정평가업자를 선정·계약하는 경우 감정평가업자의 업무수행능력, 소속 감정평가사의 수, 감정평가 실적, 법규 준수 여부, 평가계획의 적정성 등을 고려하여 객관적이고 투명한 절차에 따라 선정하여야 한다. 이 경우 감정평가업자의 선정·절차 및 방법 등에 필요한 사항은 시·도 조례로 정한다.
3. 사업시행자는 제1호에 따라 감정평가를 하려는 경우 시장·군수 등에게 감정평가업자의 선정·계약을 요청하고 감정평가에 필요한 비용을 미리 예치하여야 한다. 시장·군수 등은 감정평가가 끝난 경우 예치된 금액에서 감정평가 비용을 직접 지불한 후 나머지 비용을 사업시행자와 정산하여야 한다.

(2) 조합소유의제

① 재건축사업을 시행하는 경우 조합설립인가일 현재 조합원 전체의 공동소유인 토지 또는 건축물은 조합 소유의 토지 또는 건축물로 본다(법 제71조 제2항).
② 조합 소유로 보는 토지 또는 건축물의 처분에 관한 사항은 관리처분계획에 이를 명시하여야 한다(법 제71조 제3항).

제5절 관리처분계획 등

1. 분양공고 및 분양신청

(1) 분양공고

1) 분양공고 방법

사업시행자는 사업시행계획인가의 고시가 있은 날(사업시행계획인가 이후 시공자를 선정한 경우에는 시공자와 계약을 체결한 날)부터 120일 이내에 다음의 사항을 토지등소유자에게 통지하고, 분양의 대상이 되는 대지 또는 건축물의 내역 등 대통령령으로 정하는 사항(영 제59조 제1항)을 해당 지역에서 발간되는 일간신문에 공고하여야 한다(법 제72조 제1항 전단). 다만, 토지등소유자 1인이 시행하는 재개발사업의 경우에는 그러하지 아니하다(법 제72조 제1항 단서).

---

1. 분양대상자별 종전의 토지 또는 건축물의 명세 및 사업시행계획인가의 고시가 있은 날을 기준으로 한 가격(사업시행계획인가 전에 제81조 제3항에 따라 철거된 건축물은 시장·군수 등에게 허가를 받은 날을 기준으로 한 가격)
2. 분양대상자별 분담금의 추산액
3. 분양신청기간
4. 그 밖에 대통령령으로 정하는 사항(영 제59조 제2항)
   가. 사업시행인가의 내용, 정비사업의 종류·명칭 및 정비구역의 위치·면적, 분양신청기간 및 장소, 분양대상 대지 또는 건축물의 내역, 분양신청자격, 분양신청방법, 분양을 신청하지 아니한 자에 대한 조치
   나. 분양신청서
   다. 그 밖에 시·도 조례로 정하는 사항

---

2) 분양신청기간

위의 1)의 규정에 따라 '분양공고'를 하는 경우에 '분양신청기간'은 통지한 날부터 30일 이상 60일 이내로 하여야 한다. 다만, 사업시행자는 관리처분계획의 수립에 지장이 없다고 판단하는 경우에는 분양신청기간을 20일의 범위에서 한 차례만 연장할 수 있다(법 제72조 제2항).

(2) 분양신청

1) 분양신청 대상 및 절차

대지 또는 건축물에 대한 분양을 받으려는 토지등소유자는 위의 2)에 따른 분양신청기간에 대통령령으로 정하는 방법 및 절차에 따라 사업시행자에게 대지 또는 건축물에 대한 분양신청을 하여야 한다(법 제72조 제3항).

〈분양신청의 절차 등〉

1. 법 제72조 제3항에 따라 분양신청을 하려는 자는 제2항 제2호에 따른 분양신청서에 소유권의 내역을 분명하게 적고, 그 소유의 토지 및 건축물에 관한 등기부등본 또는 환지예정지증명원을 첨부하여 사업시행자에게 제출하여야 한다. 이 경우 우편의 방법으로 분양신청을 하는 때에는 제1항 제3호에 따른 분양신청기간 내에 발송된 것임을 증명할 수 있는 우편으로 하여야 한다(영 제59조 제3항).

2. 재개발사업의 경우 토지등소유자가 정비사업에 제공되는 종전의 토지 또는 건축물에 따라 분양받을 수 있는 것 외에 공사비 등 사업시행에 필요한 비용의 일부를 부담하고 그 대지 및 건축물(주택을 제외한다)을 분양받으려는 때에는 제3항에 따른 분양신청을 하는 때에 그 의사를 분명히 하고, 법 제72조 제1항 제1호에 따른 가격의 10퍼센트에 상당하는 금액을 사업시행자에게 납입하여야 한다. 이 경우 그 금액은 납입하였으나 제62조 제3호에 따라 정하여진 비용부담액을 정하여진 시기에 납입하지 아니한 자는 그 납입한 금액의 비율에 해당하는 만큼의 대지 및 건축물(주택을 제외한다)만 분양을 받을 수 있다(영 제59조 제4항).

3. 위의 1에 따라 분양신청서를 받은 사업시행자는「전자정부법」제36조 제1항에 따른 행정정보의 공동이용을 통하여 첨부서류를 확인할 수 있는 경우에는 그 확인으로 첨부서류를 갈음하여야 한다(영 제59조 제5항).

---

2) 분양 재공고 및 재신청

또한 사업시행자는 분양신청기간 종료 후에 사업시행계획인가의 변경(경미한 사항의 변경은 제외한다)으로 세대수 또는 주택규모가 달라지는 경우 위의 규정에 따라 분양공고 등의 절차를 다시 거칠 수 있으며(법 제72조 제4항), 이에 따라 사업시행자는 정관 등으로 정하고 있거나 총회의 의결을 거친 경우 제73조 제1항 제1호(분양신청을 하지 아니한 자) 및 제2호(분양신청기간 종료 이전에 분양신청을 철회한 자)에 해당하는 토지등소유자에게 분양신청을 다시 하게 할 수 있다(법 제72조 제5항).

3) 분양신청 불가대상자

위의 1)과 2)의 규정에도 불구하고 투기과열지구의 정비사업에서 관리처분계획에 따라 법 제74조 제1항 제2호 또는 제1항 제4호 가목의 분양대상자 및 그 세대에 속한 자는 분양대상자 선정일(조합원 분양분의 분양대상자는 최초 관리처분계획 인가일을 말한다)부터 5년 이내에는 투기과열지구에서 분양신청을 할 수 없다(법 제72조 제6항). 다만, 상속, 결혼, 이혼으로 조합원 자격을 취득한 경우에는 분양신청을 할 수 있다(법 제72조 제6항 단서).

(3) 분양신청을 하지 아니한 자 등에 대한 조치

사업시행자는 관리처분계획이 인가·고시된 다음 날부터 90일 이내에 "㉠ 분양신청을 하지 아니한 자, ㉡ 분양신청기간 종료 이전에 분양신청을 철회한 자, ㉢ 제72조 제6항 본문에 따라 분양신청을 할 수 없는 자, ㉣ 제74조에 따라 인가된 관리처분계획에 따라 분양대상에서 제외된 자"와 토지, 건축물 또는 그 밖의 권리의 손실보상에 관한 협의를 하여야 한다(법 제73조 제1항). 다만, 사업시행자는 분양신청기간 종료일의 다음 날부터 협의를 시작할 수 있다(법 제73조 제1항 단서).

이에 따른 협의가 성립되지 아니하면 사업시행자는 그 기간의 만료일 다음 날부터 60일 이내에 수용재결을 신청하거나 매도청구소송을 제기하여야 하고(법 제73조 제2항), 이 기간을 넘겨서 사업시행자가 수용재결을 신청하거나 매도청구소송을 제기한 경우에는 해당 토지등소유자에게 지연일수에 따른 이자를 지급하여야 한다. 이 경우 이자는 15/100 이하의 범위에서 대통령령으로 정하는 이율을 적용하여 산정한다(법 제73조 제3항).

대판 2013.9.26, 2011다16127(소유권이전등기)

"조합원이 분양신청을 하지 아니하거나 철회하는 등 도시 및 주거환경정비법(이하 '도시정비법'이라고 한다) 제47조와 조합 정관에서 정한 요건에 해당하여 현금청산 대상자가 된 경우에는 조합원 지위를 상실하게 되어, 조합탈퇴자에 준하는 신분을 가지는 것이므로, 매도청구에 관한 도시정비법 제39조를 준용하여 재건축조합은 현금청산 대상자를 상대로 정비구역 내 부동산에 관한 소유권이전등기를 청구할 수 있다. 이러한 경우 현금청산 대상자에 대한 청산금 지급의무가 발생하는 시기는 특별한 사정이 없는 한 사업시행자가 정한 '분양신청기간의 종료일 다음날'이라고 하여야 할 것이지만, 분양신청기간을 전후하여 재건축조합과 조합원 사이에 분쟁이 있어서 조합원이 분양신청을 할 수 없었던 경우에는 그 후 추가로 분양신청을 할 수 있게 된 조합원이 최종적으로 분양신청을 하지 않는 등의 사유로 인하여 분양대상자의 지위를 상실하는 때에 현금청산 대상자가 된다고 봄이 타당하고, 현금청산에 따른 토지 등 권리의 가액을 평가하는 기준시점과 현금청산 대상자에 대한 매도청구권의 행사로 매매계약의 성립이 의제되는 날도 같은 날로 보아야 한다. 그와 같이 보는 이상 위 매도청구권의 행사에 관하여는 그 최고절차 및 행사기간에 대하여 도시정비법 제39조에서 준용하는 집합건물의 소유 및 관리에 관한 법률 제48조의 규율이 없다."

2. 관리처분계획

(1) 관리처분계획 수립 및 인가

사업시행자는 분양신청기간이 종료된 때에는 분양신청의 현황을 기초로 관리처분계획을 수립하여 시장·군수 등의 인가를 받아야 하며, 관리처분계획을 변경·중지 또는 폐지하려는 경우에도 또한 같다(법 제74조 제1항). 조합은 제45조 제1항 제10호의 사항[관리처분계획의 수립 및 변경(경미한 변경은 제외한다)]을 의결하기 위한 총회의 개최일부터 1개월 전에 아래의 관리처분계획의 내용 중 3부터 6까지의 규정에 해당하는 사항을 각 조합원에게 문서로 통지하여야 한다(법 제74조 제3항).

대판 2014.5.29, 2011두33051(관리처분계획안수립결의무효)

"구 도시 및 주거환경정비법(2007.12.21. 법률 제8785호로 개정되기 전의 것)과 구 도시 및 주거환경정비법 시행령(2008.12.17. 대통령령 제21171호로 개정되기 전의 것)이 변경인가사항과 신고사항을 구분하는 이유는 중요한 사항 변경은 인가절차를, 경미한 사항 변경은 신고절차를 거치도록 하는 등 변경 대상의 중요도에 따라 처분의 형식을 달리하고자 하는 데 있을 뿐이므로, 경미한 사항의 변경이어서 신고절차를 거치면 족한 경우에도 법령이나 정관에서 조합 총회의 결의대상으로 규정한 때에는 신고에 앞서 그러한 조합 총회의 결의를 거쳐야 한다고 해석함이 타당하다. 그리고 조합 총회결의의 효력 여부는 특별한 사정이 없는 이상 결의 내용이 강행법규에 위반되는지 여부 등 실체적 요건과 법령 또는 정관의 해석상 해당 안건의 결의에 필요한 의결정족수를 갖추었는지 등 절차적 요건을 모두 충족하였는지에 따라 판단해야 한다."

다만, 대통령령으로 정하는 경미한 사항을 변경하려는 경우에는 시장·군수 등에게 신고하여야 한다(법 제74조 제1항 단서).

〈관리처분계획의 경미한 변경(영 제61조)〉

1. 계산착오·오기·누락 등에 따른 조서의 단순정정인 경우(불이익을 받는 자가 없는 경우에만 해당한다)
2. 법 제40조 제3항에 따른 정관 및 법 제50조에 따른 사업시행계획인가의 변경에 따라 관리처분

계획을 변경하는 경우
3. 법 제64조에 따른 매도청구에 대한 판결에 따라 관리처분계획을 변경하는 경우
4. 법 제129조에 따른 권리·의무의 변동이 있는 경우로서 분양설계의 변경을 수반하지 아니하는 경우
5. 주택분양에 관한 권리를 포기하는 토지등소유자에 대한 임대주택의 공급에 따라 관리처분계획을 변경하는 경우
6. 「민간임대주택에 관한 특별법」 제2조 제7호에 따른 임대사업자의 주소(법인인 경우에는 법인의 소재지와 대표자의 성명 및 주소)를 변경하는 경우

(2) 관리처분계획의 내용

1) 관리처분계획의 내용(법 제74조 제1항 각 호)

1. 분양설계
2. 분양대상자의 주소 및 성명
3. 분양대상자별 분양예정인 대지 또는 건축물의 추산액(임대관리 위탁주택에 관한 내용을 포함한다)
4. 다음 각 목에 해당하는 보류지 등의 명세와 추산액 및 처분방법. 다만, 나목의 경우에는 제30조 제1항에 따라 선정된 임대사업자의 성명 및 주소(법인인 경우에는 법인의 명칭 및 소재지와 대표자의 성명 및 주소)를 포함한다.
   가. 일반 분양분
   나. 공공지원민간임대주택
   다. 임대주택
   라. 그 밖에 부대시설·복리시설 등
5. 분양대상자별 종전의 토지 또는 건축물 명세 및 사업시행계획인가 고시가 있는 날을 기준으로 한 가격(사업시행계획인가 전에 제81조 제3항에 따라 철거된 건축물은 시장·군수 등에게 허가를 받은 날을 기준으로 한 가격)
6. 정비사업비의 추산액(재건축사업의 경우에는 「재건축초과이익 환수에 관한 법률」에 따른 재건축부담금에 관한 사항을 포함한다) 및 그에 따른 조합원 분담규모 및 분담시기
7. 분양대상자의 종전 토지 또는 건축물에 관한 소유권 외의 권리명세
8. 세입자별 손실보상을 위한 권리명세 및 그 평가액
9. 그 밖에 정비사업과 관련한 권리 등에 관하여 대통령령으로 정하는 사항(영 제62조)
   가. 법 제73조에 따라 현금으로 청산하여야 하는 토지등소유자별 기존의 토지·건축물 또는 그 밖의 권리의 명세와 이에 대한 청산방법
   나. 법 제79조 제4항 전단에 따른 보류지 등의 명세와 추산가액 및 처분방법
   다. 제63조 제1항 제4호에 따른 비용의 부담비율에 따른 대지 및 건축물의 분양계획과 그 비용 부담의 한도·방법 및 시기. 이 경우 비용부담으로 분양받을 수 있는 한도는 정관 등에서 따로 정하는 경우를 제외하고는 기존의 토지 또는 건축물의 가격의 비율에 따라 부담할 수 있는 비용의 50퍼센트를 기준으로 정한다.
   라. 정비사업의 시행으로 인하여 새롭게 설치되는 정비기반시설의 명세와 용도가 폐지되는 정비

> 기반시설의 명세
> 마. 기존 건축물의 철거 예정시기
> 바. 그 밖에 시·도 조례로 정하는 사항

2) 관리처분계획의 일반적 기준(법 제76조 제1항)

① 작성의 대원칙

종전의 토지 또는 건축물의 면적·이용 상황·환경, 그 밖의 사항을 종합적으로 고려하여 대지 또는 건축물이 균형 있게 분양신청자에게 배분되고 합리적으로 이용되도록 한다.

② 규모의 조정

㉠ 지나치게 좁거나 넓은 토지 또는 건축물은 넓히거나 좁혀 대지 또는 건축물이 적정 규모가 되도록 한다.

㉡ 너무 좁은 토지 또는 건축물이나 정비구역 지정 후 분할된 토지를 취득한 자에게는 현금으로 청산할 수 있다.

㉢ 재해 또는 위생상의 위해를 방지하기 위하여 토지의 규모를 조정할 특별한 필요가 있는 때에는 너무 좁은 토지를 넓혀 토지를 갈음하여 보상을 하거나 건축물의 일부와 그 건축물이 있는 대지의 공유지분을 교부할 수 있다.

③ 분양설계 기준일

분양설계에 관한 계획은 제72조에 따른 분양신청기간이 만료하는 날을 기준으로 하여 수립한다.

④ 1주택 공급의 원칙

1세대 또는 1명이 하나 이상의 주택 또는 토지를 소유한 경우 1주택을 공급하고, 같은 세대에 속하지 아니하는 2명 이상이 1주택 또는 1토지를 공유한 경우에는 1주택만 공급한다(법 제76조 제1항 제6호). 다만, 이러한 규정에도 불구하고 다음 각 목의 경우에는 각 목의 방법에 따라 주택을 공급할 수 있다(법 제76조 제1항 제7호).

---

1. 2명 이상이 1토지를 공유한 경우로서 시·도 조례로 주택공급을 따로 정하고 있는 경우에는 시·도 조례로 정하는 바에 따라 주택을 공급할 수 있다.
2. 다음 어느 하나에 해당하는 토지등소유자에게는 소유한 주택 수만큼 공급할 수 있다.
   가. 과밀억제권역에 위치하지 아니한 재건축사업의 토지등소유자. 다만, 투기과열지구 또는 「주택법」 제63조의2 제1항 제1호에 따라 지정된 조정대상지역에서 사업시행계획인가(최초 사

> 업시행계획인가를 말한다)를 신청하는 재건축사업의 토지등소유자는 제외한다.
> 나. 근로자(공무원인 근로자를 포함한다) 숙소, 기숙사 용도로 주택을 소유하고 있는 토지등소
>   유자
> 다. 국가, 지방자치단체 및 토지주택공사등
> 3. 제74조 제1항 제5호에 따른 가격의 범위 또는 종전 주택의 주거전용면적의 범위에서 2주택을
>   공급할 수 있고, 이 중 1주택은 주거전용면적을 60㎡ 이하로 한다. 다만, 60㎡ 이하로 공급받은
>   1주택은 제86조 제2항에 따른 이전고시일 다음 날부터 3년이 지나기 전에는 주택을 전매(매
>   매·증여나 그 밖에 권리의 변동을 수반하는 모든 행위를 포함하되 상속의 경우는 제외한다)하거
>   나 전매를 알선할 수 없다.
> 4. 과밀억제권역에 위치한 재건축사업의 경우에는 토지등소유자가 소유한 주택수의 범위에서 3주
>   택까지 공급할 수 있다. 다만, 투기과열지구 또는 「주택법」 제63조의2 제1항 제1호에 따라 지
>   정된 조정대상지역에서 사업시행계획인가(최초 사업시행계획인가를 말한다)를 신청하는 재건축
>   사업의 경우에는 그러하지 아니하다.

위의 2)의 관리처분계획의 수립기준 등에 필요한 사항은 대통령령으로 정한다(법 제76조 제2항).

(3) 관리처분계획의 수립효과

정비사업의 시행으로 조성된 대지 및 건축물은 관리처분계획에 따라 처분 또는 관리하여야 한다(법 제79조 제1항).

(4) 관리처분계획 작성 시 평가방법

1) 재산평가방법

정비사업에서 위의 관리처분계획의 내용 제3호, 제5호 및 제8호에 따라 재산 또는 권리를 평가할 때에는 다음의 방법에 의한다(법 제74조 제2항).

① 「감정평가 및 감정평가사에 관한 법률」에 따른 감정평가업자 중 다음 각 호의 구분에 따른 감정평가업자가 평가한 금액을 산술평균하여 산정한다. 다만, 관리처분계획을 변경·중지 또는 폐지하려는 경우 분양예정 대상인 대지 또는 건축물의 추산액과 종전의 토지 또는 건축물의 가격은 사업시행자 및 토지등소유자 전원이 합의하여 산정할 수 있다.

1. 주거환경개선사업 또는 재개발사업
  : 시장·군수 등이 선정·계약한 2인 이상의 감정평가업자
2. 재건축사업
  : 시장·군수 등이 선정·계약한 1인 이상의 감정평가업자와 조합총회의 의결로 선정·계약한 1인 이상의 감정평가업자

② 시장·군수 등은 위의 ①에 따라 감정평가업자를 선정·계약하는 경우 감정평가업자의 업무수행능력, 소속 감정평가사의 수, 감정평가 실적, 법규 준수 여부, 평가계획의 적정성 등을 고려하여 객관적이고 투명한 절차에 따라 선정하여야 한다. 이 경우 감정평가업자의 선정·절차 및 방법 등에 필요한 사항은 시·도 조례로 정한다.

③ 사업시행자는 위의 ①에 따라 감정평가를 하려는 경우 시장·군수 등에게 감정평가업자의 선정·계약을 요청하고 감정평가에 필요한 비용을 미리 예치하여야 한다. 시장·군수 등은 감정평가가 끝난 경우 예치된 금액에서 감정평가 비용을 직접 지불한 후 나머지 비용을 사업시행자와 정산하여야 한다.

2) 잔여분의 조치

사업시행자는 제72조에 따른 분양신청을 받은 후 잔여분이 있는 경우에는 정관등 또는 사업시행계획으로 정하는 목적을 위하여 그 잔여분을 보류지(건축물을 포함한다)로 정하거나 조합원 또는 토지등소유자 이외의 자에게 분양할 수 있다(법 제79조 제4항 전단). 이에 따라 조합원 외의 자에게 분양하는 경우의 공고·신청절차·공급조건·방법 및 절차 등은 「주택법」 제54조를 준용한다. 이 경우 "사업주체"는 "사업시행자(토지주택공사등이 공동사업시행자인 경우에는 토지주택공사등을 말한다)"로 본다(영 제67조).

(5) 관리처분계획의 공람 및 인가절차 등

1) 공람 및 의견청취

사업시행자는 제74조에 따른 관리처분계획인가를 신청하기 전에 관계 서류의 사본을 30일 이상 토지등소유자에게 공람하게 하고 의견을 들어야 한다(법 제78조 제1항). 다만, 대통령령으로 정하는 경미한 사항(영 제61조)을 변경하려는 경우에는 토지등소유자의 공람 및 의견청취 절차를 거치지 아니할 수 있다(법 제78조 제1항 단서).

2) 인가 여부의 통보

시장·군수 등은 사업시행자의 관리처분계획인가의 신청이 있은 날부터 30일 이내에 인가 여부를 결정하여 사업시행자에게 통보하여야 한다. 다만, 시장·군수 등은 관리처분계획의 타당성 검증을 요청하는 경우에는 관리처분계획인가의 신청을 받은 날부터 60일 이내에 인가 여부를 결정하여 사업시행자에게 통지하여야 한다(법 제78조 제2항). 이에 따라 시장·군수 등이 관리처분계획을 인가하는 때에는 그 내용을 해당 지방자치단체의 공보에 고시하여야 한다(법 제78조 제4항).

3) 관리처분계획의 타당성 검증

시장·군수 등은 다음의 어느 하나에 해당하는 경우에는 대통령령으로 정하는 공공기관(토지주택공사등 및 한국감정원)에 관리처분계획의 타당성 검증을 요청하여야 하며, 이 경우 시장·군수 등은 타당성 검증 비용을 사업시행자에게 부담하게 할 수 있다(법 제78조 제3항).

1. 제74조 제1항 제6호에 따른 정비사업비가 제52조 제1항 제12호에 따른 정비사업비 기준으로 10/100 이상으로서 대통령령으로 정하는 비율(10/100) 이상 늘어나는 경우
2. 제74조 제1항 제6호에 따른 조합원 분담규모가 제72조 제1항 제2호에 따른 분양대상자별 분담금의 추산액 총액 기준으로 20/100 이상으로서 대통령령으로 정하는 비율(20/100) 이상 늘어나는 경우
3. 조합원 1/5 이상이 관리처분계획인가 신청이 있은 날부터 15일 이내에 시장·군수 등에게 타당성 검증을 요청한 경우
4. 그 밖에 시장·군수 등이 필요하다고 인정하는 경우

4) 분양신청자에게 통지

사업시행자는 위의 1)에 따라 공람을 실시하려거나 2)에 따른 시장·군수 등의 고시가 있은 때에는 대통령령으로 정하는 방법과 절차에 따라 토지등소유자에게는 공람계획을 통지하고, 분양신청을 한 자에게는 관리처분계획인가의 내용 등을 통지하여야 한다(법 제78조 제5항).

이에 따라 사업시행자가 공람을 실시하려는 경우 공람기간·장소 등 공람계획에 관한 사항과 개략적인 공람사항을 미리 토지등소유자에게 통지하여야 한다(영 제65조 제1항). 또한 사업시행자는 분양신청을 한 자에게 "㉠ 정비사업의 종류 및 명칭, ㉡ 정비사업 시행구역의 면적, ㉢ 사업시행자의 성명 및 주소, ㉣ 관리처분계획의 인가일,

ⓜ 분양대상자별 기존의 토지 또는 건축물의 명세 및 가격과 분양예정인 대지 또는 건축물의 명세 및 추산가액"을 통지하여야 하며, 관리처분계획 변경의 고시가 있는 때에는 변경내용을 통지하여야 한다(영 제65조 제2항).

3. 주택 등의 공급

(1) 관리처분계획에 의한 공급

사업시행자는 정비사업의 시행으로 건설된 건축물을 인가받은 관리처분계획에 따라 토지등소유자에게 공급하여야 한다(법 제79조 제2항).

대판 2013.9.13, 2013다200322(부당이득금)

"주택법 제38조의2, 구 도시 및 주거환경정비법(2009.2.6. 법률 제9444호로 개정되기 전의 것, 이하 '구 도시정비법'이라고 한다) 제50조 제2항, 제5항의 내용에 더하여 주거환경개선사업에 대하여는 사업시행비용 보조 등의 다양한 혜택이 부여되어 당해 사업으로 인하여 건설되는 주택의 분양가격은 주택건설업자가 그러한 보조 등이 없이 일반적으로 책정하게 되는 분양가보다 낮아질 뿐만 아니라, 구 도시정비법 제50조 제2항에 의하여 시장·군수의 승인을 얻어 책정되므로 분양가가 과도하게 책정될 우려가 크지 않다는 사정을 종합하여 보면, 구 도시정비법상의 사업시행자는 토지등소유자 등의 공급대상자에 대하여는 주택법 제38조가 아닌 구 도시정비법 제50조 제2항에 따라 주택을 공급하고, 공급하고 남은 주택이 있어 구 도시정비법 제50조 제5항에 따라 공급대상자 외의 일반인들에게 공급하는 경우에 주택법 제38조를 준용하게 되므로, 일반인에게 공급된 공동주택에 대하여만 주택법 제38조의2에 따른 분양가 상한제가 적용된다고 보아야 한다."

---

(2) 특칙

1) 분양주택의 공급기준

사업시행자[제23조 제1항 제2호(주거환경개선사업의 사업시행자가 제63조에 따라 정비구역의 전부 또는 일부를 수용하여 주택을 건설한 후 토지등소유자에게 우선 공급하거나 대지를 토지등소유자 또는 토지등소유자 외의 자에게 공급하는 방법에 따라 대지를 공급받아 주택을 건설하는 자를 포함한다)]는 정비구역에 주택을 건설하는 경우에는 입주자 모집 조건·방법·절차, 입주금(계약금·중도금 및 잔금을 말한다)의 납부 방법·시기·절차, 주택공급 방법·절차 등에 관하여 「주택법」 제54조에도 불구하고 대통령령(영 제66조)으로 정하는 범위에서 시장·군수 등의 승인을 받아 따로 정할 수 있다(법 제79조 제3항).

2) 임대주택의 인수

국토교통부장관, 시·도지사, 시장, 군수, 구청장 또는 토지주택공사등은 조합이 요청하는 경우 재개발사업의 시행으로 건설된 임대주택을 인수하여야 한다. 이 경우 재개발임대주택의 인수 절차 및 방법, 인수 가격 등에 필요한 사항은 대통령령(영 제68조)으로 정한다(법 제79조 제5항).

〈재개발임대주택 인수방법 및 절차 등(영 제68조)〉

1. 법 제79조 제5항에 따라 조합이 재개발사업의 시행으로 건설된 임대주택(이하 "재개발임대주택"이라 한다)의 인수를 요청하는 경우 시·도지사 또는 시장, 군수, 구청장이 우선하여 인수하여야 하며, 시·도지사 또는 시장, 군수, 구청장이 예산·관리인력의 부족 등 부득이한 사정으로 인수하기 어려운 경우에는 국토교통부장관에게 토지주택공사등을 인수자로 지정할 것을 요청할 수 있다.
2. 법 제79조 제5항에 따른 재개발임대주택의 인수 가격은 「공공주택 특별법 시행령」 제54조 제5항에 따라 정해진 분양전환가격의 산정기준 중 건축비에 부속토지의 가격을 합한 금액으로 하며, 부속토지의 가격은 사업시행계획인가 고시가 있는 날을 기준으로 감정평가법인등 둘 이상이 평가한 금액을 산술평균한 금액으로 한다. 이 경우 건축비 및 부속토지의 가격에 가산할 항목은 인수자가 조합과 협의하여 정할 수 있다.
3. 위의 1 및 2에서 정한 사항 외에 재개발임대주택의 인수계약 체결을 위한 사전협의, 인수계약의 체결, 인수대금의 지급방법 등 필요한 사항은 인수자가 따로 정하는 바에 따른다.

---

3) 임차인 자격의 결정

사업시행자는 정비사업의 시행으로 임대주택을 건설하는 경우에는 임차인의 자격·선정방법·임대보증금·임대료 등 임대조건에 관한 기준 및 무주택 세대주에게 우선 매각하도록 하는 기준 등에 관하여 「민간임대주택에 관한 특별법」 제42조 및 제44조, 「공공주택 특별법」 제48조, 제49조 및 제50조의3에도 불구하고 대통령령(영 제69조)으로 정하는 범위에서 시장·군수 등의 승인을 받아 따로 정할 수 있다(법 제79조 제6항). 다만, 재개발임대주택으로서 최초의 임차인 선정이 아닌 경우에는 대통령령으로 정하는 범위에서 인수자가 따로 정한다(법 제79조 제6항 단서).

〈임대주택의 공급 등(영 제69조)〉

1. 법 제79조 제6항 본문에 따라 임대주택을 건설하는 경우의 임차인의 자격·선정방법·임대보증금·임대료 등 임대조건에 관한 기준 및 무주택 세대주에게 우선 분양전환하도록 하는 기준 등에

관하여는 [별표 3]에 규정된 범위에서 시장·군수 등의 승인을 받아 사업시행자 및 법 제23조 제1항 제2호에 따라 대지를 공급받아 주택을 건설하는 자가 따로 정할 수 있다.
2. 법 제79조 제6항 단서에 따라 인수자는 다음 각 호의 범위에서 재개발임대주택의 임차인의 자격 등에 관한 사항을 정하여야 한다.
　가. 임차인의 자격은 무주택 기간과 해당 정비사업이 위치한 지역에 거주한 기간이 각각 1년 이상인 범위에서 오래된 순으로 할 것. 다만, 시·도지사가 법 제79조 제5항 및 이 영 제48조 제2항에 따라 임대주택을 인수한 경우에는 거주지역, 거주기간 등 임차인의 자격을 별도로 정할 수 있다.
　나. 임대보증금과 임대료는 정비사업이 위치한 지역의 시세의 90/100 이하의 범위로 할 것
　다. 임대주택의 계약방법 등에 관한 사항은 「공공주택 특별법」에서 정하는 바에 따를 것
　라. 관리비 등 주택의 관리에 관한 사항은 「공동주택관리법」에서 정하는 바에 따를 것
3. 시장·군수 등은 사업시행자 및 법 제23조 제1항 제2호에 따라 대지를 공급받아 주택을 건설하는 자가 요청하거나 임차인 선정을 위하여 필요한 경우 국토교통부장관에게 위의 1 및 2에 따른 임차인 자격 해당 여부에 관하여 주택전산망에 따른 전산검색을 요청할 수 있다.

4) 「주택법」의 준용

사업시행자는 위의 (1)에서 (2)까지의 규정에 따른 공급대상자에게 주택을 공급하고 남은 주택을 (1)에서 (2)까지의 규정에 따른 공급대상자 외의 자에게 공급할 수 있으며(법 제79조 제7항), 이에 따른 주택의 공급 방법·절차 등은 「주택법」 제54조를 준용한다(법 제79조 제8항).

다만, 사업시행자가 매도청구소송을 통하여 법원의 승소판결을 받은 후 입주예정자에게 피해가 없도록 손실보상금을 공탁하고 분양예정인 건축물을 담보한 경우에는 법원의 승소판결이 확정되기 전이라도 「주택법」 제54조에도 불구하고 입주자를 모집할 수 있으나, 준공인가 신청 전까지 해당 주택건설 대지의 소유권을 확보하여야 한다(법 제79조 제8항 단서).

5) 토지임대부 분양주택으로 전환

국토교통부장관, 시·도지사, 시장, 군수, 구청장 또는 토지주택공사등은 정비구역에 세입자와 대통령령으로 정하는 면적 이하의 토지 또는 주택을 소유한 자(영 제71조)의 요청이 있는 경우에는 위의 2)에 따라 인수한 임대주택의 일부를 「주택법」에 따른 토지임대부 분양주택으로 전환하여 공급하여야 한다(법 제80조 제2항).

〈소규모 토지 등의 소유자에 대한 토지임대부 분양주택 공급(영 제71조)〉

1. 법 제80조 제2항에서 "대통령령으로 정하는 면적 이하의 토지 또는 주택을 소유한 자"란 다음 각 호의 어느 하나에 해당하는 자를 말한다.
   가. 면적이 90㎡ 미만의 토지를 소유한 자로서 건축물을 소유하지 아니한 자
   나. 바닥면적이 40㎡ 미만의 사실상 주거를 위하여 사용하는 건축물을 소유한 자로서 토지를 소유하지 아니한 자
2. 위의 1에도 불구하고 토지 또는 주택의 면적은 위의 1의 각 호에서 정한 면적의 1/2 범위에서 시·도 조례로 달리 정할 수 있다.

---

(3) 주택 등 건축물의 분양받을 권리산정 기준일

1) 기준일

정비사업을 통하여 분양받을 건축물이 다음 각 호의 어느 하나에 해당하는 경우에는 제16조 제2항 전단[정비구역의 지정권자는 정비구역을 지정(변경지정을 포함한다)하거나 정비계획을 결정(변경결정을 포함한다)한 때에는 정비계획을 포함한 정비구역 지정의 내용을 해당 지방자치단체의 공보에 고시하여야 한다]에 따른 고시가 있은 날 또는 시·도지사가 투기를 억제하기 위하여 기본계획 수립 후 정비구역 지정·고시 전에 따로 정하는 날(이하 이 조에서 "기준일"이라 한다)의 다음 날을 기준으로 건축물을 분양받을 권리를 산정한다(법 제77조 제1항).

---

1. 1필지의 토지가 여러 개의 필지로 분할되는 경우
2. 단독주택 또는 다가구주택이 다세대주택으로 전환되는 경우
3. 하나의 대지 범위에 속하는 동일인 소유의 토지와 주택 등 건축물을 토지와 주택 등 건축물로 각각 분리하여 소유하는 경우
4. 나대지에 건축물을 새로 건축하거나 기존 건축물을 철거하고 다세대주택, 그 밖의 공동주택을 건축하여 토지등소유자의 수가 증가하는 경우

---

2) 고시

시·도지사는 위의 1)에 따라 기준일을 따로 정하는 경우에는 기준일·지정사유·건축물을 분양받을 권리의 산정 기준 등을 해당 지방자치단체의 공보에 고시하여야 한다(법 제77조 제2항).

(4) 지분형주택의 공급

사업시행자가 토지주택공사등인 경우에는 분양대상자와 사업시행자가 공동 소유하는 방식으로 주택(이하 "지분형주택"이라 한다)을 공급할 수 있다. 이 경우 공급되는 지분형주택의 규모, 공동 소유기간 및 분양대상자 등 필요한 사항은 대통령령(영 제70조)으로 정한다(법 제80조 제1항).

〈지분형주택의 공급(영 제70조)〉

1. 법 제80조에 따른 지분형주택(이하 "지분형주택"이라 한다)의 규모, 공동 소유기간 및 분양대상자는 다음 각 호와 같다.
   가. 지분형주택의 규모는 주거전용면적 60㎡ 이하인 주택으로 한정한다.
   나. 지분형주택의 공동 소유기간은 법 제86조 제2항에 따라 소유권을 취득한 날부터 10년의 범위에서 사업시행자가 정하는 기간으로 한다.
   다. 지분형주택의 분양대상자는 다음 각 목의 요건을 모두 충족하는 자로 한다.
      ① 법 제74조 제1항 제5호에 따라 산정한 종전에 소유하였던 토지 또는 건축물의 가격이 제1호에 따른 주택의 분양가격 이하에 해당하는 사람
      ② 세대주로서 제13조 제1항에 따른 정비계획의 공람 공고일 당시 해당 정비구역에 2년 이상 실제 거주한 사람
      ③ 정비사업의 시행으로 철거되는 주택 외 다른 주택을 소유하지 아니한 사람
2. 지분형주택의 공급방법·절차, 지분 취득비율, 지분 사용료 및 지분 취득가격 등에 관하여 필요한 사항은 사업시행자가 따로 정한다.

---

4. 건축물 등의 사용·수익의 중지 및 철거 등

(1) 사용·수익의 중지

종전의 토지 또는 건축물의 소유자·지상권자·전세권자·임차권자 등 권리자는 관리처분계획인가의 고시가 있은 때에는 제86조에 따른 이전고시가 있는 날까지 "㉠ 사업시행자의 동의를 받은 경우 또는 ㉡ 손실보상이 완료되지 아니한 경우"를 제외하고는 종전의 토지 또는 건축물을 사용하거나 수익할 수 없다(법 제81조 제1항).

(2) 철거

사업시행자는 관리처분계획인가를 받은 후 기존의 건축물을 철거하여야 한다(법 제81조 제2항). 다만, ㉠ 「재난 및 안전관리 기본법」, 「주택법」, 「건축법」 등 관계 법령

에서 정하는 기존 건축물의 붕괴 등 안전사고의 우려가 있는 경우 또는 ㉡ 폐공가(廢空家)의 밀집으로 범죄발생의 우려가 있는 경우 중 어느 하나에 해당하는 경우에는 기존 건축물 소유자의 동의 및 시장·군수 등의 허가를 받아 해당 건축물을 철거할 수 있다. 이 경우 건축물의 철거는 토지등소유자로서의 권리·의무에 영향을 주지 아니한다(법 제81조 제3항).

이에 따라 사업시행자는 건축물을 철거하기 전에 관리처분계획의 수립을 위하여 기존 건축물에 대한 물건조서와 사진 또는 영상자료를 만들어 이를 착공 전까지 보관하여야 한다(영 제72조 제1항).

(3) 철거의 제한

시장·군수 등은 사업시행자가 위의 (2)에 따라 기존의 건축물을 철거하는 경우 ㉠ 일출 전과 일몰 후, ㉡ 호우, 대설, 폭풍해일, 지진해일, 태풍, 강풍, 풍랑, 한파 등으로 해당 지역에 중대한 재해발생이 예상되어 기상청장이 특보를 발표한 때, ㉢「재난 및 안전관리 기본법」 제3조에 따른 재난이 발생한 때, ㉣ ㉠부터 ㉢까지의 규정에 준하는 시기로 시장·군수 등이 인정하는 시기 중 어느 하나에 해당하는 시기에는 건축물의 철거를 제한할 수 있다(법 제81조 제4항).

5. 시공보증

조합이 정비사업의 시행을 위하여 시장·군수 등 또는 토지주택공사등이 아닌 자를 시공자로 선정[제25조에 따른 공동사업시행자가 시공하는 경우를 포함한다)한 경우 그 시공자는 공사의 시공보증(시공자가 공사의 계약상 의무를 이행하지 못하거나 의무이행을 하지 아니할 경우 보증기관에서 시공자를 대신하여 계약이행의무를 부담하거나 총 공사금액의 50/100 이하 대통령령으로 정하는 비율(30/100) 이상의 범위에서 사업시행자가 정하는 금액을 납부할 것을 보증하는 것을 말한다]을 위하여 국토교통부령으로 정하는 기관의 시공보증서를 조합에 제출하여야 한다(법 제82조 제1항).

> ※ 여기서 "국토교통부령으로 정하는 기관의 시공보증서"란 조합원에게 공급되는 주택에 대한 다음
> 각 호의 어느 하나에 해당하는 보증서를 말한다.
>
> 1. 「건설산업기본법」에 따른 공제조합이 발행한 보증서
> 2. 「주택도시기금법」에 따른 주택도시보증공사가 발행한 보증서
> 3. 「은행법」 제2조 제1항 제2호에 따른 금융기관, 「한국산업은행법」에 따른 한국산업은행, 「한국
>   수출입은행법」에 따른 한국수출입은행 또는 「중소기업은행법」에 따른 중소기업은행이 발행한
>   지급보증서
> 4. 「보험업법」에 따른 보험사업자가 발행한 보증보험증권

이 경우에 시장·군수 등은 「건축법」 제21조에 따른 착공신고를 받는 경우에는 시공보증서의 제출 여부를 확인하여야 한다(법 제82조 제2항).

제 6 절   공사완료에 따른 조치

1. 정비사업의 준공인가

(1) 정비사업의 공사완료

1) 시장·군수의 준공인가

시장·군수 등이 아닌 사업시행자가 정비사업 공사를 완료한 때에는 대통령령(영 제74조)으로 정하는 방법 및 절차에 따라 시장·군수 등의 준공인가를 받아야 한다(법 제83조 제1항). 즉, 시장·군수 등이 아닌 사업시행자는 준공인가를 받으려는 때에는 '준공인가신청서'를 시장·군수 등에게 제출하여야 한다(영 제74조 제1항).

다만, 사업시행자(공동시행자인 경우를 포함한다)가 토지주택공사인 경우로서 「한국토지주택공사법」 제19조 제3항 및 같은 법 시행령 제41조 제2항에 따라 준공인가 처리 결과를 시장·군수 등에게 통보한 경우에는 그러하지 아니하다(영 제74조 제1항 단서). 사업시행자는 이 단서 규정에 따라 자체적으로 처리한 준공인가결과를 시장·군수 등에게 통보한 때 또는 준공인가증을 교부받은 때에는 그 사실을 분양대상자에게 지체없이 통지하여야 한다(영 제74조 제3항).

2) 준공검사의 실시

위의 1)에 따라 준공인가신청을 받은 시장·군수 등은 지체 없이 준공검사를 실시하여야 하며, 이 경우 시장·군수 등은 효율적인 준공검사를 위하여 필요한 때에는 관계행정기관·공공기관·연구기관, 그 밖의 전문기관 또는 단체에게 준공검사의 실시를 의뢰할 수 있다(법 제83조 제2항).

3) 공사완료 후 고시

시장·군수 등은 위의 2)에 따른 준공검사를 실시한 결과 정비사업이 인가받은 사업시행계획대로 완료되었다고 인정되는 때에는 준공인가를 하고 공사의 완료를 해당 지방자치단체의 공보에 고시하여야 한다(법 제83조 제3항). 이에 따라 시장·군수 등은 준공인가를 한 때에는 '준공인가증'에 ㉠ 정비사업의 종류 및 명칭, ㉡ 정비사업 시행구역의 위치 및 명칭, ㉢ 사업시행자의 성명 및 주소, ㉣ 준공인가의 내역의 사항을 기재하여 사업시행자에게 교부하여야 한다(영 제74조 제2항).

또한 시장·군수 등은 직접 시행하는 정비사업에 관한 공사가 완료된 때에는 그 완료를 해당 지방자치단체의 공보에 고시하여야 한다(법 제83조 제4항). 시장·군수 등은 이 3)의 규정에 따른 공사완료의 고시를 하는 때에는 위의 영 제74조 제2항에 규정된 사항을 포함하여야 한다(영 제74조 제4항).

4) 준공인가 전 사용허가

시장·군수 등은 위의 1)에 따른 준공인가를 하기 전이라도 완공된 건축물이 사용에 지장이 없는 등 대통령령으로 정하는 기준에 적합한 경우에는 입주예정자가 완공된 건축물을 사용할 수 있도록 사업시행자에게 허가할 수 있다(법 제83조 제5항). 다만, 시장·군수 등이 사업시행인 경우에는 허가를 받지 아니하고 입주예정자가 완공된 건축물을 사용하게 할 수 있다(법 제83조 제5항 단서).

(2) 준공인가 등에 따른 정비구역의 해제

정비구역의 지정은 준공인가의 고시가 있은 날(관리처분계획을 수립하는 경우에는 이전고시가 있은 때를 말한다)의 다음 날에 해제된 것으로 본다. 이 경우 지방자치단체는 해당 지역을 「국토의 계획 및 이용에 관한 법률」에 따른 지구단위계획으로 관리하여야 한다(법 제84조 제1항). 다만, 이에 따른 정비구역의 해제는 조합의 존속에 영향을 주지 아니한다(법 제84조 제2항).

(3) 공사완료에 따른 관련 인·허가 등의 의제

준공인가를 하거나 공사완료를 고시하는 경우 시장·군수 등이 제57조에 따라 의제되는 인·허가등에 따른 준공검사·준공인가·사용검사·사용승인 등(이하 "준공검사·인가등"이라 한다)에 관하여 관계 행정기관의 장과 협의한 사항은 해당 준공검사·인가등을 받은 것으로 본다.(법 제85조 제1항).

시장·군수 등이 아닌 사업시행자는 준공검사·인가등의 의제를 받으려는 경우에는 준공인가를 신청하는 때에 해당 법률이 정하는 관계 서류를 함께 제출하여야 하며(법 제85조 제2항), 시장·군수 등은 준공인가를 하거나 공사완료를 고시하는 경우 그 내용에 의제되는 인·허가등에 따른 준공검사·인가등에 해당하는 사항이 있는 때에는 미리 관계 행정기관의 장과 협의하여야 한다(법 제85조 제3항).

2. 분양처분

(1) 이전고시

1) 소유권 이전의 절차
① 원칙

사업시행자는 공사완료의 고시가 있는 때에는 지체 없이 대지확정측량을 하고 토지의 분할절차를 거쳐 관리처분계획에서 정한 사항을 분양받을 자에게 통지하고 대지 또는 건축물의 소유권을 이전하여야 한다(법 제86조 제1항 본문).

> **대판 2012.3.22, 2011두6400(관리처분계획무효확인)**
>
> "이전고시의 효력 발생으로 이미 대다수 조합원 등에 대하여 획일적·일률적으로 처리된 권리귀속관계를 모두 무효화하고 다시 처음부터 관리처분계획을 수립하여 이전고시 절차를 거치도록 하는 것은 정비사업의 공익적·단체법적 성격에 배치되므로, 이전고시가 효력을 발생하게 된 이후에는 조합원 등이 관리처분계획의 취소 또는 무효확인을 구할 법률상 이익이 없다고 봄이 타당하다."

② 예외

정비사업의 효율적인 추진을 위하여 필요한 경우에는 해당 정비사업에 관한 공사가 전부 완료되기 전이라도 완공된 부분은 준공인가를 받아 대지 또는 건축물별로 분양받을 자에게 소유권을 이전할 수 있다(법 제86조 제1항 단서).

2) 소유권이전의 고시

사업시행자는 위의 ①의 규정에 따라 대지 및 건축물의 소유권을 이전하려는 때에는 그 내용을 해당 지방자치단체의 공보에 고시한 후 시장·군수 등에게 보고하여야 한다. 이 경우 대지 또는 건축물을 분양받을 자는 고시가 있은 날의 다음 날에 그 대지 또는 건축물의 소유권을 취득한다(법 제86조 제2항).

대판 2013.9.12, 2011두1146(취득세 부과처분 취소)

"구 지방세법(2009.6.9. 법률 제9758호로 개정되기 전의 것, 이하 같다) 제105조 제10항, 제109조 제3항, 제273조의2, 도시 및 주거환경정비법 제55조 제2항의 입법 취지와 청산금의 성격 등을 종합해 보면, 주택재개발사업 및 도시환경정비사업(이하 '도시환경정비사업 등'이라 한다)에 의한 조합원의 신축 주택 취득은 '거래'를 원인으로 하는 주택의 취득이라고 볼 수 없고 조합원이 신축 주택을 취득하면서 청산금을 부담하였다고 하여 달리 볼 수도 없다. 따라서 도시환경정비사업 등에 의하여 신축 주택 등을 취득한 조합원이 부담하는 청산금에 대한 취득세에 대해서는 구 지방세법 제273조의2가 적용될 수 없다고 보아야 한다."

대판 2012.5.24, 2009두22140(관리처분계획변경처분 등 취소)

"이전고시의 효력 발생으로 이미 대다수 조합원 등에 대하여 획일적·일률적으로 처리된 권리귀속 관계를 모두 무효화하고 다시 처음부터 관리처분계획을 수립하여 이전고시 절차를 거치도록 하는 것은 정비사업의 공익적·단체법적 성격에 배치되므로, 이전고시가 효력을 발생한 후에는 조합원 등이 관리처분계획의 취소 또는 무효확인을 구할 법률상 이익이 없다고 보는 것이 타당하고, 이는 관리처분계획에 대한 인가처분의 취소 또는 무효확인을 구하는 경우에도 마찬가지이다."

---

(2) 대지 및 건축물에 대한 권리의 확정

1) 권리의 이전

대대지 또는 건축물을 분양받을 자에게 소유권을 이전한 경우 종전의 토지 또는 건축물에 설정된 지상권·전세권·저당권·임차권·가등기담보권·가압류 등 등기된 권리 및 「주택임대차보호법」상 대항요건을 갖춘 임차권은 소유권을 이전받은 대지 또는 건축물에 설정된 것으로 본다(법 제87조 제1항).

2) 환지 및 보류지 또는 체비지의 의제

위의 1)에 따라 취득하는 대지 또는 건축물 중 토지등소유자에게 분양하는 대지 또는 건축물은 환지로 보며(법 제87조 제2항), 이 법 제79조 제4항에 따른 보류지와 일반에게 분양하는 대지 또는 건축물은 「도시개발법」 제34조에 따른 보류지 또는 체비지로 본다(법 제87조 제3항).

(3) 등기절차 및 권리변동의 제한

1) 등기신청

① 사업시행자는 이전고시가 있은 때에는 지체 없이 대지 및 건축물에 관한 등기를 지방법원지원 또는 등기소에 촉탁 또는 신청하여야 한다(법 제88조 제1항).

대판 2011.4.14, 2010다96072(부동산 매매계약 무효확인)

"구 도시 및 주거환경정비법 부칙(2002.12.30.) 제7조 제1항은 '사업시행방식에 관한 경과조치'라는 표제로 "종전 법률에 의하여 사업계획의 승인이나 사업시행인가를 받아 시행 중인 것은 종전의 규정에 의한다고 규정하고 있으므로, 종전 법률인 구 주택건설촉진법(2002.12.30. 법률 제6852호로 개정되기 전의 것)에 따라 주택건설사업계획의 승인을 받은 재건축조합에 대하여는 도시 및 주거환경정비법에 의한 재건축사업의 시행방식인 관리처분계획의 인가와 이를 기초로 한 이전고시에 관한 조항 등은 물론 그 밖의 세부적인 도시 및 주거환경정비법의 절차나 방식에 관한 규정들 역시 배제되며, 원칙적으로 사업계획의 승인으로 행정청의 관여는 종료되고 조합원은 이로써 분양받을 권리를 취득하며, 재건축조합의 운영과 조합원 사이의 권리분배 및 신축된 건물 또는 대지의 소유권이전 방식 등은 일반 민법 등에 의하여 자율적으로 이루어질 것이 예정되어 있다.""

---

② 위의 ①의 등기에 관하여 필요한 사항은 대법원규칙으로 정한다(법 제88조 제2항).

2) 권리변동의 제한

정비사업에 관하여 이전고시가 있은 날부터 위의 ①에 따른 등기가 있을 때까지는 저당권 등의 다른 등기를 하지 못한다(법 제88조 제3항).

3. 청산금

(1) 청산금

1) 청산금의 개념
① 청산금의 의의

대지 또는 건축물을 분양받은 자가 종전에 소유하고 있던 토지 또는 건축물의 가격과 분양받은 대지 또는 건축물의 가격 사이에 차이가 있는 경우 사업시행자는 이전고시가 있은 후에 그 차액에 상당하는 금액(이하 "청산금"이라 한다)을 분양받은 자로부터 징수하거나 분양받은 자에게 지급하여야 한다(법 제89조 제1항).

② 청산금의 법적 성질

청산금은 시행자가 징수하는 경우에는 부당이득반환금, 시행자가 교부하는 경우에는 손실보상금으로서의 성질을 갖는다.

2) 청산금의 징수

사업시행자는 이전고시가 있은 후에 청산금을 분양받은 자로부터 징수하거나 분양받은 자에게 지급하여야 한다. 다만, 위의 ①의 규정에도 불구하고 정관등에서 분할징수 및 분할지급을 정하고 있거나 총회의 의결을 거쳐 따로 정한 경우에는 관리처분계획인가 후부터 이전고시가 있은 날까지 일정 기간별로 분할징수하거나 분할지급할 수 있다(법 제89조 제2항).

> **대판 2008.2.14, 2006다33470(대여금등ㆍ근저당권설정등기말소등기)**
>
> "행정처분에 하자가 있어 그 처분이 무효로 되기 위해서는 그 하자가 중대하고도 명백할 것이 요구되는바, 재개발조합의 청산금부과처분에 법령 위반의 하자가 있는 경우 중 부과대상이 아니거나 납부의무 없는 자에 대한 부과처분과 같이 부과처분을 하지 않았어야 함에도 잘못 부과처분을 한 경우에는 그 하자가 중대하고도 명백하다고 할 수 있으나, 단순히 청산금 산정방법이 잘못된 경우에는 그 하자가 중대하고도 명백하다고 할 수 없다."

3) 청산금 산정기준
① 산정기준

사업시행자는 종전에 소유하고 있던 토지 또는 건축물의 가격과 분양받은 대지 또는 건축물의 가격을 평가하는 경우 그 토지 또는 건축물의 규모ㆍ위치ㆍ용도ㆍ이용 상황·정비사업비 등을 참작하여 평가하여야 한다(법 제89조 제3항).

② 가격평가의 방법 및 절차

청산금의 산정시 가격평가의 방법 및 절차 등에 필요한 사항은 대통령령으로 정한다(법 제89조 제4항).

〈청산기준가격의 평가(영 제76조)〉

1. 대지 또는 건축물을 분양받은 자가 종전에 소유하고 있던 토지 또는 건축물의 가격은 법 제89조 제3항에 따라 다음 각 호의 구분에 따른 방법으로 평가한다.
    가. 법 제23조 제1항 제4호의 방법으로 시행하는 주거환경개선사업과 재개발사업의 경우에는 법 제74조 제2항 제1호 가목을 준용하여 평가할 것
    나. 재건축사업의 경우에는 사업시행자가 정하는 바에 따라 평가할 것. 다만, 감정평가법인등의 평가를 받으려는 경우에는 법 제74조 제2항 제1호 나목을 준용할 수 있다.
2. 분양받은 대지 또는 건축물의 가격은 법 제89조 제3항에 따라 다음 각 호의 구분에 따른 방법으로 평가한다.
    가. 법 제23조 제1항 제4호의 방법으로 시행하는 주거환경개선사업과 재개발사업의 경우에는 법 제74조 제2항 제1호 가목을 준용하여 평가할 것
    나. 재건축사업의 경우에는 사업시행자가 정하는 바에 따라 평가할 것. 다만, 감정평가법인등의 평가를 받으려는 경우에는 법 제74조 제2항 제1호 나목을 준용할 수 있다.
3. 위의 2의 각 호에 따른 평가를 할 때 다음 각 호의 비용을 가산하여야 하며, 법 제95조에 따른 보조금은 공제하여야 한다.
    가. 정비사업의 조사·측량·설계 및 감리에 소요된 비용
    나. 공사비
    다. 정비사업의 관리에 소요된 등기비용·인건비·통신비·사무용품비·이자 그 밖에 필요한 경비
    라. 법 제95조에 따른 융자금이 있는 경우에는 그 이자에 해당하는 금액
    마. 정비기반시설 및 공동이용시설의 설치에 소요된 비용(법 제95조 제1항에 따라 시장·군수 등이 부담한 비용은 제외한다)
    바. 안전진단의 실시, 정비사업전문관리업자의 선정, 회계감사, 감정평가, 그 밖에 정비사업 추진과 관련하여 지출한 비용으로서 정관등에서 정한 비용
4. 위의 1과 2에 따른 건축물의 가격평가를 할 때 층별·위치별 가중치를 참작할 수 있다.

---

4) 청산금의 징수방법

① 강제징수

시장·군수 등인 사업시행자는 청산금을 납부할 자가 이를 납부하지 아니하는 경우 지방세 체납처분의 예에 따라 징수(분할징수를 포함한다)할 수 있다(법 제90조 제1항 전단).

② 위탁에 의한 징수

시장·군수 등이 아닌 사업시행자는 시장·군수 등에게 청산금의 징수를 위탁할 수 있으며, 이 경우 사업시행자는 징수한 금액의 4/100에 해당하는 금액을 해당 시장·군

수 등에게 교부하여야 한다(법 제90조 제1항 후단 및 법 제93조 제5항).

③ 공탁

청산금을 지급받을 자가 받을 수 없거나 받기를 거부한 때에는 사업시행자는 그 청산금을 공탁할 수 있다(법 제90조 제2항).

④ 소멸시효

청산금을 지급(분할지급을 포함한다)받을 권리 또는 이를 징수할 권리는 이전고시일의 다음 날부터 5년간 행사하지 아니하면 소멸한다(법 제90조 제3항).

(2) 저당권의 물상대위

정비구역에 있는 토지 또는 건축물에 저당권을 설정한 권리자는 사업시행자가 저당권이 설정된 토지 또는 건축물의 소유자에게 청산금을 지급하기 전에 압류절차를 거쳐 저당권을 행사할 수 있다(법 제91조).

비용의 부담 및 정비사업전문관리업

제 4 장

제1절 비용부담

1. 비용부담의 원칙

(1) 사업시행자 부담의 원칙

정비사업비는 이 법 또는 다른 법령에 특별한 규정이 있는 경우를 제외하고는 사업시행자가 부담한다(법 제92조 제1항).

(2) 시장·군수의 부담

시장·군수는 시장·군수가 아닌 사업시행자가 시행하는 정비사업의 정비계획에 따라 설치되는 "㉠ 도시·군계획시설 중 대통령령이 정하는 주요 정비기반시설(도로, 상하수도, 공원, 공용주차장, 공동구, 녹지, 하천, 공공공지, 광장)과 ㉡ 임시수용시설"에 대하여는 그 건설에 소요되는 비용의 전부 또는 일부를 부담할 수 있다(법 제92조 제2항).

2. 비용의 조달

(1) 토지등소유자로부터 부과금으로 부과·징수

① 사업시행자는 토지등소유자로부터 비용과 정비사업의 시행과정에서 발생한 수입의 차액을 부과금으로 부과·징수할 수 있다(법 제93조 제1항).
② 사업시행자는 토지등소유자가 부과금의 납부를 태만히 한 때에는 연체료를 부과·징수할 수 있다(법 제93조 제2항).
③ 위의 ①과 ②의 규정에 따른 부과금 및 연체료의 부과·징수에 관하여 필요한 사항은 정관 등으로 정한다(법 제93조 제3항).

(2) 부과·징수의 위탁

시장·군수 등이 아닌 사업시행자는 부과금 또는 연체료를 체납하는 자가 있는 때에는 시장·군수 등에게 그 부과·징수를 위탁할 수 있으며(법 제93조 제4항), 이에 따라 시장·군수 등은 부과·징수를 위탁받은 경우에는 지방세 체납처분의 예에 따라 부과·징수할 수 있다(법 제93조 제5항 전단). 이 경우 사업시행자는 징수한 금액의 4/100에 해당하는 금액을 해당 시장·군수 등에게 교부하여야 한다(법 제93조 제5항 후단).

(3) 정비기반시설 관리자의 비용부담

시장·군수 등은 자신이 시행하는 정비사업으로 현저한 이익을 받는 정비기반시설의 관리자가 있는 경우에는 대통령령으로 정하는 방법 및 절차에 따라 해당 정비사업비의 일부를 그 정비기반시설의 관리자와 협의하여 그 관리자에게 부담시킬 수 있다(법 제94조 제1항).

(4) 공동구 비용부담

① 사업시행자는 정비사업을 시행하는 지역에 전기·가스 등의 공급시설을 설치하기 위하여 공동구를 설치하는 경우에는 다른 법령에 따라 그 공동구에 수용될 시설을 설치할 의무가 있는 자에게 공동구의 설치에 드는 비용을 부담시킬 수 있다(법 제94조 제2항).
② 위의 ①의 비용부담의 비율 및 부담방법과 공동구의 관리에 관하여 필요한 사항은 국토교통부령(규칙 제17조)으로 정한다(법 제94조 제3항).

3. 보조 및 융자 등

(1) 국가 또는 시·도로부터의 보조 및 융자

국가 또는 시·도는 시장, 군수, 구청장 또는 토지주택공사등이 시행하는 정비사업에 관한 기초조사 및 정비사업의 시행에 필요한 시설로서 대통령령으로 정하는 정비기반시설, 임시거주시설 및 주거환경개선사업에 따른 공동이용시설의 건설에 드는 비용의 일부를 보조하거나 융자할 수 있으며, 이 경우 국가 또는 시·도는 다음의 어느 하나에 해당하는 사업에 우선적으로 보조하거나 융자할 수 있다(법 제95조 제1항).

---

1. 시장·군수등 또는 토지주택공사등이 다음 각 목의 어느 하나에 해당하는 지역에서 시행하는 주거환경개선사업
   가. 제20조 및 제21조에 따라 해제된 정비구역등
   나. 「도시재정비 촉진을 위한 특별법」 제7조 제2항에 따라 재정비촉진지구가 해제된 지역
2. 국가 또는 지방자치단체가 도시영세민을 이주시켜 형성된 낙후지역으로서 대통령령으로 정하는 지역에서 시장·군수등 또는 토지주택공사등이 단독으로 시행하는 재개발사업
   ※ 여기서 "대통령령으로 정하는 지역"이란 다음의 지역을 말한다(영 제79조 제2항).
      가. 「공익사업을 위한 토지 등의 취득 및 보상에 관한 법률」 제4조에 따른 공익사업의 시행으로 다른 지역으로 이주하게 된 자가 집단으로 정착한 지역으로서 이주 당시 300세대 이상의 주택을 건설하여 정착한 지역
      나. 정비구역 전체 건축물 중 준공 후 20년이 지난 건축물의 비율이 50/100 이상인 지역

이에 따라 국가 또는 지방자치단체가 보조하거나 융자할 수 있는 금액은 기초조사비, 정비기반시설 및 임시거주시설의 사업비의 각 80퍼센트(주거환경개선사업을 시행하는 정비구역에서 시·도지사가 시장·군수 등에게 보조하거나 융자하는 경우에는 100퍼센트) 이내로 한다(영 제79조 제3항).

(2) 토지주택공사등에게 보조

시장·군수 등은 사업시행자가 토지주택공사등인 주거환경개선사업과 관련하여 위의 (1)에 따른 정비기반시설 및 공동이용시설, 임시거주시설을 건설하는 경우 건설에 드는 비용의 전부 또는 일부를 토지주택공사등에게 보조하여야 한다(법 제95조 제2항).

(3) 보조, 융자 또는 융자의 알선

1) 시장·군수 등이 아닌 사업시행자가 시행하는 정비사업

국가 또는 지방자치단체는 시장·군수 등이 아닌 사업시행자가 시행하는 정비사업에 드는 비용의 일부를 보조 또는 융자하거나 융자를 알선할 수 있다(법 제95조 제3항). 이 경우에 국가 또는 지방자치단체가 보조할 수 있는 금액은 기초조사비, 정비기반시설 및 임시거주시설의 사업비, 조합 운영경비의 각 50퍼센트 이내이며(영 제79조 제4항), 융자하거나 융자를 알선할 수 있는 금액은 필요한 비용(기초조사비, 정비기반시설 및 임시거주시설의 사업비, 세입자 보상비, 주민 이주비, 그 밖에 시·도 조례로 정하는 사항)의 각 80퍼센트 이내이다(영 제79조 제5항).

2) 순환정비방식의 정비사업

국가 또는 지방자치단체는 위의 (1) 및 (2)에 따라 정비사업에 필요한 비용을 보조 또는 융자하는 경우 순환정비방식의 정비사업에 우선적으로 지원할 수 있다. 이 경우 순환정비방식의 정비사업의 원활한 시행을 위하여 국가 또는 지방자치단체는 "㉠ 순환용주택의 건설비, ㉡ 순환용주택의 단열보완 및 창호교체 등 에너지 성능 향상과 효율개선을 위한 리모델링 비용, ㉢ 공가(空家)관리비"의 비용 일부를 보조 또는 융자할 수 있다(법 제95조 제4항).

3) 지방자치단체 또는 토지주택공사등

국가는 다음의 어느 하나에 해당하는 비용의 전부 또는 일부를 지방자치단체 또는 토지주택공사등에 보조 또는 융자할 수 있다(법 제95조 제5항).

---

1. 토지주택공사등이 보유한 공공임대주택을 순환용주택으로 조합에게 제공하는 경우 그 건설비 및 공가관리비 등의 비용
2. 시·도지사, 시장, 군수, 구청장 또는 토지주택공사등이 재개발임대주택을 인수하는 경우 그 인수 비용

---

4) 토지임대부 분양주택을 공급받는 자

국가 또는 지방자치단체는 토지임대부 분양주택을 공급받는 자에게 해당 공급비용의 전부 또는 일부를 보조 또는 융자할 수 있다(법 제95조 제6항).

제2절 정비기반시설의 설치 및 귀속

1. 정비기반시설의 설치

(1) 설치 의무

사업시행자는 관할 지방자치단체의 장과의 협의를 거쳐 정비구역에 정비기반시설(주거환경개선사업의 경우에는 공동이용시설을 포함한다)을 설치하여야 한다(법 제96조).

(2) 매수청구

정비구역의 국유·공유재산은 「국유재산법」 제9조 또는 「공유재산 및 물품 관리법」
제10조에 따른 국유재산종합계획 또는 공유재산관리계획과 「국유재산법」 제43조 및
「공유재산 및 물품 관리법」 제29조에 따른 계약의 방법에도 불구하고 사업시행자 또는
점유자 및 사용자에게 다른 사람에 우선하여 수의계약으로 매각 또는 임대될 수 있다
(법 제98조 제4항).

2. 정비기반시설 및 토지 등의 귀속

(1) 시장·군수등 또는 토지주택공사등이 시행자인 경우

시장·군수등 또는 토지주택공사등이 정비사업의 시행으로 새로 정비기반시설을
설치하거나 기존의 정비기반시설을 대체하는 정비기반시설을 설치한 경우에는 「국유
재산법」 및 「공유재산 및 물품 관리법」에도 불구하고 종래의 정비기반시설은 사업시행
자에게 무상으로 귀속되고, 새로 설치된 정비기반시설은 그 시설을 관리할 국가 또는
지방자치단체에 무상으로 귀속된다(법 제97조 제1항).

> 대판 2013.10.24, 2011두21157(사업시행인가처분 일부 취소)
>
> "도시 및 주거환경정비법 제65조 제2항 중 특히 후단 규정은, 민간 사업시행자에 의해 새로 설치된
> 정비기반시설이 전단 규정에 따라 관리청에 무상으로 귀속됨으로 말미암아 발생하는 사업시행자의
> 재산상 손실을 고려하여, 그 사업시행자가 새로 설치한 정비기반시설의 설치비용에 상당하는 범위
> 안에서 정비사업의 시행으로 용도가 폐지되는 국가 또는 지방자치단체 소유의 정비기반시설을 그 사
> 업시행자에게 무상으로 양도되도록 하여 위와 같은 재산상의 손실을 합리적인 범위 안에서 보전해
> 주고자 하는 데 입법 취지가 있다. 그리고 동일한 법령에서의 용어는 법령에 다른 규정이 있는 등
> 특별한 사정이 없는 한 동일하게 해석·적용되어야 하므로 용도 폐지되는 기존 정비기반시설이 사업
> 시행자에게 무상 양도될 수 있는 범위를 정하는 후단 규정의 '그가 새로이 설치한 정비기반시설'이란
> 전단 규정의 '사업시행자가 정비사업의 시행으로 새로이 설치한 정비기반시설'을 가리키는 것으로서
> 양자는 같은 것으로 보아야 한다."

(2) 시행자가 시장·군수등 또는 토지주택공사등이 아닌 경우

시장·군수등 또는 토지주택공사등이 아닌 사업시행자가 정비사업의 시행으로 새

로 설치한 정비기반시설은 그 시설을 관리할 국가 또는 지방자치단체에 무상으로 귀속되고, 정비사업의 시행으로 용도가 폐지되는 국가 또는 지방자치단체 소유의 정비기반시설은 사업시행자가 새로 설치한 정비기반시설의 설치비용에 상당하는 범위에서 그에게 무상으로 양도된다(법 제97조 제2항).

(3) 귀속시기

사업시행자는 관리청에 귀속될 정비기반시설과 사업시행자에게 귀속 또는 양도될 재산의 종류와 세목을 정비사업의 준공 전에 관리청에 통지하여야 하며, 해당 정비기반시설은 그 정비사업이 준공인가되어 관리청에 준공인가통지를 한 때에 국가 또는 지방자치단체에 귀속되거나 사업시행자에게 귀속 또는 양도된 것으로 본다(법 제97조 제5항). 이에 따른 정비기반시설의 등기에 있어서 정비사업의 시행인가서와 준공인가서(시장·군수 등이 직접 정비사업을 시행하는 경우에는 사업시행계획인가의 고시와 공사완료의 고시를 말한다)는 「부동산등기법」에 따른 등기원인을 증명하는 서류를 갈음한다(법 제97조 제6항).

(4) 대부료의 면제

정비사업의 시행으로 용도가 폐지되는 국가 또는 지방자치단체 소유의 정비기반시설의 경우 정비사업의 시행 기간 동안 해당 시설의 대부료는 면제된다(법 제97조 제7항).

제 3 절 국·공유재산의 처분 등

1. 국유·공유재산의 처분

(1) 관리청과 협의

① 시장·군수 등은 인가하려는 사업시행계획 또는 직접 작성하는 사업시행계획서에 국유·공유재산의 처분에 관한 내용이 포함되어 있는 때에는 미리 관리청과 협의하여야 한다(법 제98조 제1항 전단).

② 관리청이 불분명한 재산 중 도로·하천·구거 등은 국토교통부장관을, 그 외의 재산은 기획재정부장관을 관리청으로 본다(법 제98조 제1항 후단).

③ 협의를 받은 관리청은 20일 이내에 의견을 제시하여야 한다(법 제98조 제2항).

(2) 매각 등의 금지

정비구역 안의 국·공유재산은 정비사업 외의 목적으로 매각하거나 양도할 수 없다(법 제98조 제3항).

(3) 수의계약

정비구역의 국유·공유재산은「국유재산법」제9조 또는「공유재산 및 물품 관리법」제10조에 따른 국유재산종합계획 또는 공유재산관리계획과「국유재산법」제43조 및「공유재산 및 물품 관리법」제29조에 따른 계약의 방법에도 불구하고 사업시행자 또는 점유자 및 사용자에게 다른 사람에 우선하여 수의계약으로 매각 또는 임대될 수 있다(법 제98조 제4항).

(4) 용도폐지

위의 (3)의 규정에 따라 다른 사람에 우선하여 매각 또는 임대될 수 있는 국유·공유재산은「국유재산법」,「공유재산 및 물품 관리법」및 그 밖에 국·공유지의 관리와 처분에 관한 관계 법령에도 불구하고 사업시행계획인가의 고시가 있은 날부터 종전의 용도가 폐지된 것으로 본다(법 제98조 제5항).

(5) 국·공유지의 평가

위의 (3)의 규정에 따라 정비사업을 목적으로 우선하여 매각하는 국·공유지는 사업시행계획인가의 고시가 있은 날을 기준으로 평가하며, 주거환경개선사업의 경우 매각가격은 평가금액의 80/100으로 한다. 다만, 사업시행계획인가의 고시가 있은 날부터 3년 이내에 매매계약을 체결하지 아니한 국·공유지는「국유재산법」또는「공유재산 및 물품 관리법」에서 정한다(법 제98조 제6항).

2. 국유·공유재산의 임대

지방자치단체 또는 토지주택공사등은 주거환경개선구역 및 재개발구역(재개발사업을 시행하는 정비구역을 말한다)에서 임대주택을 건설하는 경우에는「국유재산법」제46조

제1항 또는 「공유재산 및 물품 관리법」 제31조에도 불구하고 국·공유지 관리청과 협의하여 정한 기간 동안 국·공유지를 임대할 수 있다(법 99조 제1항).

시장·군수 등은 이에 따라 임대하는 국·공유지 위에 공동주택, 그 밖의 영구시설물을 축조하게 할 수 있으며, 이 경우 해당 시설물의 임대기간이 종료되는 때에는 임대한 국·공유지 관리청에 기부 또는 원상으로 회복하여 반환하거나 국·공유지 관리청으로부터 매입하여야 한다(법 99조 제2항).

3. 공동이용시설 사용료의 면제

지방자치단체의 장은 마을공동체 활성화 등 공익 목적을 위하여 「공유재산 및 물품 관리법」 제20조에 따라 주거환경개선구역 내 공동이용시설에 대한 사용 허가를 하는 경우 같은 법 제22조에도 불구하고 사용료를 면제할 수 있다. 이에 따른 공익 목적의 기준, 사용료 면제 대상 및 그 밖에 필요한 사항은 시·도 조례로 정한다(법 제100조 제1항 및 제2항).

4. 국·공유지의 무상양여 등

(1) 무상양여

1) 원칙

"㉠ 주거환경개선구역 또는 ㉡ 국가 또는 지방자치단체가 도시영세민을 이주시켜 형성된 낙후지역으로서 대통령령으로 정하는 재개발구역(무상양여 대상에서 국유지는 제외하고, 공유지는 시장·군수등 또는 토지주택공사등이 단독으로 사업시행자가 되는 경우로 한정한다)" 중 어느 하나에 해당하는 구역에서 국가 또는 지방자치단체가 소유하는 토지는 사업시행계획인가의 고시가 있은 날부터 종전의 용도가 폐지된 것으로 보며, 「국유재산법」, 「공유재산 및 물품 관리법」 및 그 밖에 국·공유지의 관리 및 처분에 관하여 규정한 관계 법령에도 불구하고 해당 사업시행자에게 무상으로 양여된다(법 제101조 제1항).

2) 예외

「국유재산법」 제6조 제2항에 따른 행정재산 또는 「공유재산 및 물품 관리법」 제5조 제2항에 따른 행정재산과 국가 또는 지방자치단체가 양도계약을 체결하여 정비구역 지정 고시일 현재 대금의 일부를 수령한 토지에 대하여는 그러하지 아니하다(법 제101조 제1항 단서).

(2) 주거환경개선구역 안에서 국·공유토지 매각금지

주거환경개선구역 또는 재개발구역의 어느 하나에 해당하는 구역 안에서 국가 또는 지방자치단체가 소유하는 토지는 정비구역지정의 고시가 있은 날부터 정비사업 외의 목적으로 이를 양도하거나 매각할 수 없다(법 제101조 제2항).

(3) 다른 용도로의 사용제한

위의 (1)의 규정에 따라 무상양여된 토지의 사용수익 또는 처분으로 발생한 수입은 주거환경개선사업 또는 재개발사업 외의 용도로 사용할 수 없다(법 제101조 제3항).

(4) 양여된 토지의 관리처분

① 시장·군수 등은 무상양여의 대상이 되는 국·공유지를 소유 또는 관리하고 있는 국가 또는 지방자치단체와 협의를 하여야 한다(법 제101조 제4항).
② 사업시행자에게 양여된 토지의 관리처분에 필요한 사항은 국토교통부장관의 승인을 받아 해당 시·도조례 또는 토지주택공사등의 시행규정으로 정한다(법 제101조 제5항).

제4절 정비사업전문관리업

1. 정비사업전문관리업자의 등록

(1) 등록의무

다음 박스 안의 사항을 추진위원회 또는 사업시행자로부터 위탁받거나 이와 관련한 자문을 하려는 자는 대통령령(영 제81조 [별표 4])으로 정하는 자본·기술인력 등의 기준을 갖춰 시·도지사에게 등록 또는 변경(대통령령으로 정하는 경미한 사항의 변경은 제외한다)등록하여야 한다(법 제102조 제1항 본문).

1. 조합설립의 동의 및 정비사업의 동의에 관한 업무의 대행
2. 조합설립인가의 신청에 관한 업무의 대행
3. 사업성 검토 및 정비사업의 시행계획서의 작성
4. 설계자 및 시공자 선정에 관한 업무의 지원
5. 사업시행계획인가의 신청에 관한 업무의 대행
6. 관리처분계획의 수립에 관한 업무의 대행
7. 제118조 제2항 제2호에 따라 시장·군수등이 정비사업전문관리업자를 선정한 경우에는 추진위
   원회 설립에 필요한 다음 각 목의 업무
   가. 동의서 제출의 접수
   나. 운영규정 작성 지원
   다. 그 밖에 시·도조례로 정하는 사항

(2) 비등록정비사업전문관리업자

주택의 건설 등 정비사업 관련 업무를 하는 공공기관 등으로 대통령령으로 정하는 기관(한국토지주택공사, 한국감정원을 말한다)의 경우에는 위의 (1)의 등록의무가 없다(법 제102조 제1항 단서 및 영 제81조 제3항).

(3) 보 고

시·도지사는 정비사업전문관리업의 등록 또는 변경등록한 현황, 정비사업전문관리업의 등록취소 또는 업무정지를 명한 현황을 국토교통부령으로 정하는 방법 및 절차에 따라 국토교통부장관에게 보고하여야 한다(법 제102조 제3항).

대판 2009.9.24, 2007도6185(건설산업기본법위반·특정경제범죄가중처벌등에관한법률위반(횡령)·업무방해·도시및주거환경정비법위반)

"건설공사의 수주 및 시공과 관련하여 발주자, 수급인, 하수급인 또는 이해관계인이 부정한 청탁에 의한 금품을 수수하는 것을 금지하고 형사처벌하는 건설산업기본법 제38조의2와 제95조의2의 입법목적, 같은 법 제38조의2의 문언, 규정체계 등을 종합하여 볼 때, 같은 법 제38조의2의 '이해관계인'이란 건설공사를 도급 또는 하도급을 받을 목적으로 도급계약을 체결하기 위하여 경쟁하는 자로서 도급계약의 체결 여부에 직접적이고 법률적인 이해관계를 가진 자를 의미하고, 이러한 의미를 가진 '이해관계인' 규정이 죄형법정주의의 명확성의 원칙에 위배된다고 할 수 없다."

2. 정비사업전문관리업자의 업무제한 등

정비사업전문관리업자는 동일한 정비사업에 대하여 다음 각 호의 업무를 병행하여 수행할 수 없다(법 제103조).

---

1. 건축물의 철거
2. 정비사업의 설계
3. 정비사업의 시공
4. 정비사업의 회계감사
5. 그 밖에 정비사업의 공정한 질서유지에 필요하다고 인정하여 대통령령으로 정하는 업무
   ※ 여기서 "대통령령으로 정하는 업무"란 법 제12조에 따른 안전진단업무를 말한다(영 제83조 제2항).

---

3. 정비사업전문관리업자와 위탁자와의 관계

정비사업전문관리업자에게 업무를 위탁하거나 자문을 요청한 자와 정비사업전문관리업자의 관계에 관하여 이 법에 규정된 사항을 제외하고는 「민법」 중 위임에 관한 규정을 준용한다(법 제104조).

4. 결격사유로 인한 퇴직 등

(1) 다음 각 호의 어느 하나에 해당하는 자는 정비사업전문관리업의 등록을 신청할 수 없으며, 정비사업전문관리업자의 업무를 대표 또는 보조하는 임직원이 될 수 없다(법 제105조 제1항).

---

1. 미성년자(대표 또는 임원이 되는 경우로 한정한다)·피성년후견인 또는 피한정후견인
2. 파산선고를 받은 자로서 복권되지 아니한 자
3. 정비사업의 시행과 관련한 범죄행위로 인하여 금고 이상의 실형의 선고를 받고 그 집행이 종료(종료된 것으로 보는 경우를 포함한다)되거나 집행이 면제된 날부터 2년이 경과되지 아니한 자
4. 정비사업의 시행과 관련한 범죄행위로 인하여 금고 이상의 형의 집행유예를 받고 그 유예기간 중에 있는 자
5. 이 법을 위반하여 벌금형 이상의 선고를 받고 2년이 경과되지 아니한 자
6. 제106조에 따라 등록이 취소된 후 2년이 경과되지 아니한 자(법인인 경우 그 대표자를 말한다)

> 7. 법인의 업무를 대표 또는 보조하는 임직원 중 위의 1부터 6까지 중 어느 하나에 해당하는 자가 있는 법인

(2) 정비사업전문관리업자의 업무를 대표 또는 보조하는 임직원이 제1항 각 호의 어느 하나에 해당하게 되거나 선임 당시 그에 해당하는 자이었음이 판명된 때에는 당연 퇴직하며(법 제105조 제2항), 이에 따라 퇴직된 임직원이 퇴직 전에 관여한 행위는 효력을 잃지 아니한다(법 제105조 제3항).

5. 정비사업전문관리업의 등록취소

① 시·도지사는 정비사업전문관리업자가 다음 박스 안의 각 호의 어느 하나에 해당하는 때에는 그 등록을 취소하거나 1년 이내의 기간을 정하여 업무의 전부 또는 일부의 정지를 명할 수 있다(법 제106조 제1항). 다만, 제1호·제4호·제8호 및 제9호에 해당하는 때에는 그 등록을 취소하여야 한다(법 제106조 제1항 단서). 이에 따른 등록의 취소 및 업무의 정지처분에 관한 기준은 대통령령(영 제84조)으로 정한다(법 제106조 제2항).

> 1. 거짓, 그 밖의 부정한 방법으로 등록을 한 때
> 2. 제102조 제1항에 따른 등록기준에 미달하게 된 때
> 3. 추진위원회, 사업시행자 또는 시장·군수 등의 위탁이나 자문에 관한 계약 없이 제102조 제1항 각 호에 따른 업무를 수행한 때
> 4. 제102조 제1항 각 호에 따른 업무를 직접 수행하지 아니한 때
> 5. 고의 또는 과실로 조합에게 계약금액(정비사업전문관리업자가 조합과 체결한 총계약금액을 말한다)의 1/3 이상의 재산상 손실을 끼친 때
> 6. 제107조에 따른 보고·자료제출을 하지 아니하거나 거짓으로 한 때 또는 조사·검사를 거부·방해 또는 기피한 때
> 7. 제111조에 따른 보고·자료제출을 하지 아니하거나 거짓으로 한 때 또는 조사를 거부·방해 또는 기피한 때
> 8. 최근 3년간 2회 이상의 업무정지처분을 받은 자로서 그 정지처분을 받은 기간이 합산하여 12개월을 초과한 때
> 9. 다른 사람에게 자기의 성명 또는 상호를 사용하여 이 법에서 정한 업무를 수행하게 하거나 등록증을 대여한 때
> 10. 이 법을 위반하여 벌금형 이상의 선고를 받은 경우(법인의 경우에는 그 소속 임직원을 포함한다)
> 11. 그 밖에 이 법 또는 이 법에 따른 명령이나 처분을 위반한 때

② 정비사업전문관리업자는 이에 따라 등록취소처분 등을 받은 경우에는 해당 내용을 지체 없이 사업시행자에게 통지하여야 하며(법 제106조 제3항), 등록취소처분 등을 받기 전에 계약을 체결한 업무는 계속하여 수행할 수 있다(법 제106조 제4항 전단). 이 경우 정비사업전문관리업자는 해당 업무를 완료할 때까지는 정비사업전문관리업자로 본다(법 제106조 제4항 후단).

③ 다만, 정비사업전문관리업자는 ①의 규정에도 불구하고 다음 각 호의 어느 하나에 해당하는 경우에는 업무를 계속하여 수행할 수 없다(법 제106조 제5항).

---

1. 사업시행자가 등록취소처분의 통지를 받거나 처분사실을 안 날부터 3개월 이내에 총회 또는 대의원회의 의결을 거쳐 해당 업무계약을 해지한 경우
2. 정비사업전문관리업자가 등록취소처분 등을 받은 날부터 3개월 이내에 사업시행자로부터 업무의 계속 수행에 대하여 동의를 받지 못한 경우. 이 경우 사업시행자가 동의를 하려는 때에는 총회 또는 대의원회의 의결을 거쳐야 한다.
3. 법 제106조 제1항 각 호 외의 부분 단서에 따라 등록이 취소된 경우

---

6. 정비사업전문관리업자에 대한 감독

(1) 감독의 내용

국토교통부장관 또는 시·도지사는 정비사업전문관리업자에 대하여 업무의 감독상 필요한 때에는 그 업무에 관한 사항을 보고하게 하거나 자료의 제출, 그 밖의 필요한 명령을 할 수 있으며, 소속 공무원에게 영업소 등에 출입하여 장부·서류 등을 조사 또는 검사하게 할 수 있다(법 제107조 제1항).

(2) 증표의 제시

위의 (1)의 규정에 따른 출입·검사 등을 하는 공무원은 권한을 표시하는 증표를 지니고 관계인에게 내보여야 한다(법 제107조 제2항).

(3) 정비사업전문관리업 정보의 종합관리

국토교통부장관은 정비사업전문관리업자의 자본금·사업실적·경영실태 등에 관한 정보를 종합적이고 체계적으로 관리하고 추진위원회 또는 사업시행자 등에게 제공하기 위하여 정비사업전문관리업 정보종합체계를 구축·운영할 수 있다(법 제108조 제1항).

제 5 장

감독·유지·벌칙 등

제1절 감 독

1. 자료의 제출 등

(1) 추진실적의 보고

시·도지사는 국토교통부령으로 정하는 방법 및 절차에 따라 정비사업의 추진실적을 분기별로 국토교통부장관에게 보고하여야 하는데(법 제111조 제1항 전단), 이에 따라 시·도지사는 정비구역의 지정, 사업시행자의 지정 또는 조합설립인가, 사업시행계획인가, 관리처분계획인가 및 정비사업완료의 실적을 매 분기가 끝나는 날부터 15일 이내에 국토교통부장관에게 보고(전자문서에 의한 보고를 포함한다)하여야 한다(규칙 제21조 제1항).

시장, 군수 또는 구청장은 시·도 조례로 정하는 바에 따라 정비사업의 추진실적을 특별시장·광역시장 또는 도지사에게 보고하여야 한다(법 제111조 제1항 후단).

(2) 자료제출

① 국토교통부장관, 시·도지사, 시장, 군수 또는 구청장은 정비사업의 원활한 시행을 감독하기 위하여 필요한 경우로서 다음 각 호의 어느 하나에 해당하는 때에는 추진위원회·사업시행자·정비사업전문관리업자·설계자 및 시공자 등 이 법에 따른 업무를 하는 자에게 그 업무에 관한 사항을 보고하게 하거나 자료의 제출, 그 밖의 필요한 명령을 할 수 있으며, 소속 공무원에게 영업소 등에 출입하여 장부·서류 등을 조사 또는 검사하게 할 수 있다(법 제111조 제2항).

② 업무를 조사하는 공무원은 국토교통부령으로 정하는 방법 및 절차에 따라 조사 일시·목적 등을 미리 알려주어야 한다(법 제111조 제3항).

1. 위의 ①에 따라 국토교통부장관, 시·도지사, 시장·군수 또는 구청장으로부터 정비사업과 관련하여 보고 또는 자료의 제출을 요청받은 자는 그 요청을 받은 날부터 15일 이내에 보고(전자문서에 의한 보고를 포함한다)하거나 자료를 제출(전자문서에 의한 제출을 포함한다)하여야 한다(규칙 제21조 제2항).
2. 국토교통부장관, 시·도지사, 시장·군수 또는 구청장은 위의 ①에 따라 소속 공무원에게 업무를 조사하게 하려는 때에는 업무조사를 받을 자에게 조사 3일 전까지 조사의 일시·목적 등을 서면으로 통지하여야 하며(규칙 제21조 제3항), 업무를 조사하는 공무원은 그 권한을 나타내는 조사공무원증표를 지니고 이를 관계인에게 보여주어야 한다(규칙 제21조 제4항).

2. 회계감사

(1) 회계감사의 시행

시장·군수 등 또는 토지주택공사 등이 아닌 사업시행자는 대통령령으로 정하는 방법 및 절차에 따라 다음 각 호의 어느 하나에 해당하는 시기에 「주식회사 등의 외부감사에 관한 법률」 제2조 제7호 및 제9조에 따른 감사인의 회계감사를 받아야 하며, 그 감사결과를 회계감사가 종료된 날부터 15일 이내에 시장·군수 등 및 해당 조합에 보고하고 조합원이 공람할 수 있도록 하여야 한다(법 제112조 제1항). 다만, 지정개발자가 사업시행자인 경우 제2호 및 제3호에 해당하는 시기에 한정한다(법 제112조 제1항 단서).

1. 제34조 제4항에 따라 추진위원회에서 사업시행자로 인계되기 전까지 납부 또는 지출된 금액과 계약 등으로 지출될 것이 확정된 금액의 합이 대통령령으로 정한 금액 이상인 경우: 추진위원회에서 사업시행자로 인계되기 전 7일 이내
2. 제50조 제9항에 따른 사업시행계획인가 고시일 전까지 납부 또는 지출된 금액이 대통령령으로 정하는 금액 이상인 경우: 사업시행계획인가의 고시일부터 20일 이내
3. 제83조 제1항에 따른 준공인가 신청일까지 납부 또는 지출된 금액이 대통령령으로 정하는 금액 이상인 경우: 준공인가의 신청일부터 7일 이내
4. 토지등소유자 또는 조합원 1/5 이상이 사업시행자에게 회계감사를 요청하는 경우: 제4항에 따른 절차를 고려한 상당한 기간 이내

〈회계감사의 사유(영 제88조 각 호)〉

위의 (1)의 규정에 따라 시장·군수 등 또는 토지주택공사 등이 아닌 사업시행자 또는 추진위원회는 다음의 어느 하나에 해당하는 경우에는 회계감사를 받아야 한다.

1. 법 제112조 제1항 제1호의 경우 : 추진위원회에서 사업시행자로 인계되기 전까지 납부 또는 지출된 금액과 계약 등으로 지출될 것이 확정된 금액의 합이 3억 5천만원 이상인 경우
2. 법 제112조 제1항 제2호의 경우 : 사업시행계획인가 고시일 전까지 납부 또는 지출된 금액이 7억원 이상인 경우
3. 법 제112조 제1항 제3호의 경우 : 준공인가 신청일까지 납부 또는 지출된 금액이 14억원 이상인 경우

(2) 회계감사기관의 요청 및 감독

회계감사가 필요한 경우 사업시행자는 시장·군수 등에게 회계감사기관의 선정·계약을 요청하여야 하며, 시장·군수 등은 요청이 있는 경우 즉시 회계감사기관을 선정하여 회계감사가 이루어지도록 하여야 하며(법 제112조 제2항), 회계감사기관을 선정·계약한 경우 시장·군수 등은 공정한 회계감사를 위하여 선정된 회계감사기관을 감독하여야 하며, 필요한 처분이나 조치를 명할 수 있다(법 제112조 제3항).

(3) 회계감사 비용의 예치 및 정산

사업시행자는 회계감사기관의 선정·계약을 요청하려는 경우 시장·군수 등에게 회계감사에 필요한 비용을 미리 예치하여야 한다. 시장·군수등은 회계감사가 끝난 경우 예치된 금액에서 회계감사비용을 직접 지불한 후 나머지 비용은 사업시행자와 정산하여야 한다.

3. 감 독

(1) 처분의 취소 등

정비사업의 시행이 이 법 또는 이 법에 따른 명령·처분이나 사업시행계획서 또는 관리처분계획에 위반되었다고 인정되는 때에는 정비사업의 적정한 시행을 위하여 필요한 범위에서 국토교통부장관은 시·도지사, 시장, 군수, 구청장, 추진위원회, 주민대표회의, 사업시행자 또는 정비사업전문관리업자에게, 특별시장, 광역시장 또는 도지사는 시장, 군수, 구청장, 추진위원회, 주민대표회의, 사업시행자 또는 정비사업전문관리업자에게, 시장·군수는 추진위원회, 주민대표회의, 사업시행자 또는 정비사업전문관리업자에게 처분의 취소·변경 또는 정지, 공사의 중지·변경, 임원의 개선 권고, 그 밖의

필요한 조치를 취할 수 있다(법 제113조 제1항).

(2) 시정요구

국토교통부장관, 시·도지사, 시장, 군수 또는 구청장은 이 법에 따른 정비사업의 원활한 시행을 위하여 관계 공무원 및 전문가로 구성된 점검반을 구성하여 정비사업 현장조사를 통하여 분쟁의 조정, 위법사항의 시정요구 등 필요한 조치를 할 수 있다. 이 경우 관할 지방자치단체의 장과 조합 등은 대통령령으로 정하는 자료의 제공 등 점검반의 활동에 적극 협조하여야 한다(법 제113조 제2항).

(3) 시공자 선정 취소 명령 또는 과징금

① 시·도지사(해당 정비사업을 관할하는 시·도지사를 말한다)는 건설업자가 "㉠ 제132조(조합임원 등의 선임·선정 시 행위제한)를 위반한 경우 또는 ㉡ 제132조의2(건설업자의 관리·감독 의무)를 위반하여 관리·감독 등 필요한 조치를 하지 아니한 경우로서 용역업체의 임직원(건설업자가 고용한 개인을 포함한다)이 제132조를 위반한 경우" 중 어느 하나에 해당하는 경우 사업시행자에게 건설업자의 해당 정비사업에 대한 시공자 선정을 취소할 것을 명하거나 그 건설업자에게 사업시행자와 시공자 사이의 계약서상 공사비의 20/100 이하에 해당하는 금액의 범위에서 과징금을 부과할 수 있다. 이 경우 시공자 선정 취소의 명을 받은 사업시행자는 시공자 선정을 취소하여야 한다(법 제113조의2 제1항).

② 이에 따라 과징금을 부과하는 위반행위의 종류와 위반 정도 등에 따른 과징금의 금액 등에 필요한 사항은 대통령령으로 정하며(법 제113조의2 제2항), 시·도지사는 과징금의 부과처분을 받은 자가 납부기한까지 과징금을 내지 아니하면 「지방세외수입금의 징수 등에 관한 법률」에 따라 징수한다(법 제113조의2 제3항).

(4) 건설업자의 입찰참가 제한

① 시·도지사는 "㉠ 제132조(조합임원 등의 선임·선정 시 행위제한)를 위반한 경우 또는 ㉡ 제132조의2(건설업자의 관리·감독 의무)를 위반하여 관리·감독 등 필요한 조치를 하지 아니한 경우로서 용역업체의 임직원(건설업자가 고용한 개인을 포함한다)이 제132조를 위반한 경우" 중 어느 하나에 해당하는 건설업자에 대해

서는 2년 이내의 범위에서 대통령령으로 정하는 기간 동안 정비사업의 입찰참
가를 제한할 수 있다(법 제113조의3 제1항).

② 시·도지사는 위의 ①의 규정에 따라 건설업자에 대한 정비사업의 입찰참가를
제한하려는 경우에는 대통령령으로 정하는 바에 따라 대상, 기간, 사유, 그 밖
의 입찰참가 제한과 관련된 내용을 공개하고, 관할 구역의 시장, 군수 또는 구
청장 및 사업시행자에게 통보하여야 한다. 이 경우 통보를 받은 사업시행자는
해당 건설업자의 입찰 참가자격을 제한하여야 하며(법 제113조의3 제2항), 이때
에 사업시행자는 입찰참가를 제한받은 건설업자와 계약(수의계약을 포함한다)을
체결해서는 아니 된다(법 제113조의3 제3항).

4. 도시분쟁조정위원회

(1) 도시분쟁조정위원회의 구성 등

① 정비사업의 시행으로 발생한 분쟁을 조정하기 위하여 정비구역이 지정된 특별
자치시, 특별자치도, 또는 시·군·구(자치구를 말한다)에 도시분쟁조정위원회(이
하 "조정위원회"라 한다)를 둔다. 다만, 시장·군수 등을 당사자로 하여 발생한 정
비사업의 시행과 관련된 분쟁 등의 조정을 위하여 필요한 경우에는 시·도에
조정위원회를 둘 수 있다(법 제116조 제1항).

② 조정위원회는 부시장·부지사·부구청장 또는 부군수를 위원장으로 한 10명 이
내의 위원으로 구성하며(법 제116조 제2항), 조정위원회 위원은 정비사업에 대한
학식과 경험이 풍부한 사람으로서 다음의 어느 하나에 해당하는 사람 중에서
시장·군수 등이 임명 또는 위촉한다. 이 경우 ㉠, ㉢ 및 ㉣에 해당하는 사람이
각 2명 이상 포함되어야 한다(법 제116조 제3항).

1. 해당 특별자치시, 특별자치도 또는 시·군·구에서 정비사업 관련 업무에 종사하는 5급 이상 공무원
2. 대학이나 연구기관에서 부교수 이상 또는 이에 상당하는 직에 재직하고 있는 사람
3. 판사, 검사 또는 변호사의 직에 5년 이상 재직한 사람
4. 건축사, 감정평가사, 공인회계사로서 5년 이상 종사한 사람
5. 그 밖에 정비사업에 전문적 지식을 갖춘 사람으로서 시·도조례로 정하는 자

③ 조정위원회는 정비사업의 시행과 관련하여 "㉠ 매도청구권 행사 시 감정가액에 대한 분쟁, ㉡ 공동주택 평형 배정방법에 대한 분쟁, ㉢ 건축물 또는 토지 명도에 관한 분쟁, ㉣ 손실보상 협의에서 발생하는 분쟁, ㉤ 총회 의결사항에 대한 분쟁, ㉥ 그 밖에 시·도 조례로 정하는 사항에 대한 분쟁" 중 어느 하나에 해당하는 분쟁 사항을 심사·조정한다. 다만, 「주택법」, 「공익사업을 위한 토지 등의 취득 및 보상에 관한 법률」, 그 밖의 관계 법률에 따라 설치된 위원회의 심사대상에 포함되는 사항은 제외할 수 있다(법 제117조 제1항, 영 제91조).

④ 조정위원회에는 위원 3명으로 구성된 분과위원회를 두며, 분과위원회에는 위의 ②의 박스 안의 ㉠ 및 ㉢에 해당하는 사람이 각 1명 이상 포함되어야 한다(법 제116조 제4항).

(2) 조정위원회의 조정 등

① 시장·군수 등은 ㉠ 분쟁당사자가 정비사업의 시행으로 인하여 발생한 분쟁의 조정을 신청하는 경우 또는 ㉡ 시장·군수 등이 조정위원회의 조정이 필요하다고 인정하는 경우 중 어느 하나에 해당하는 경우 조정위원회를 개최할 수 있으며, 조정위원회는 조정신청을 받은 날(㉡의 경우 조정위원회를 처음 개최한 날을 말한다)부터 60일 이내에 조정절차를 마쳐야 한다. 다만, 조정기간 내에 조정절차를 마칠 수 없는 정당한 사유가 있다고 판단되는 경우에는 조정위원회의 의결로 그 기간을 한 차례만 연장할 수 있으며 그 기간은 30일 이내로 한다(법 제117조 제2항).

② 조정위원회의 위원장은 조정위원회의 심사에 앞서 분과위원회에서 사전 심사를 담당하게 할 수 있다(법 제117조 제3항). 다만, 분과위원회의 위원 전원이 일치된 의견으로 조정위원회의 심사가 필요없다고 인정하는 경우에는 조정위원회에 회부하지 아니하고 분과위원회의 심사로 조정절차를 마칠 수 있다(법 제117조 제3항 단서).

③ 조정위원회 또는 분과위원회는 조정절차를 마친 경우 조정안을 작성하여 지체 없이 각 당사자에게 제시하여야 한다. 이 경우 조정안을 제시받은 각 당사자는 제시받은 날부터 15일 이내에 수락 여부를 조정위원회 또는 분과위원회에 통보하여야 한다(법 제117조 제4항).

④ 당사자가 조정안을 수락한 경우 조정위원회는 즉시 조정서를 작성한 후, 위원장

및 각 당사자는 조정서에 서명·날인하여야 한다(법 제117조 제5항). 이에 따라 당사자가 강제집행을 승낙하는 취지의 내용이 기재된 조정서에 서명·날인한 경우 조정서의 정본은 집행력 있는 집행권원과 같은 효력을 가진다. 다만, 청구에 관한 이의의 주장에 대하여는 「민사집행법」 제44조 제2항[(이의는 그 이유가 변론이 종결된 뒤(변론 없이 한 판결의 경우에는 판결이 선고된 뒤)에 생긴 것이어야 한다)]을 적용하지 아니한다(법 제117조 제6항).

⑤ 이 밖에 조정위원회의 구성·운영 및 비용의 부담, 조정기간 연장 등에 필요한 사항은 시·도 조례로 정한다(법 제117조 제7항).

제 2 절 유지·관리 등

1. 정비구역 안에서의 건축물의 유지·관리

(1) 시장·군수는 정비사업으로 건축된 건축물에 대하여 기본계획 및 정비계획에 포함된 건축기준에 적합하게 유지·관리하여야 한다.

(2) 시장·군수는 공사완료의 고시가 된 후에 정비기반시설의 설치가 필요한 경우에는 위 (1)의 규정에 불구하고 「국토의 계획 및 이용에 관한 법률」의 규정에 의한 도시·군계획시설의 설치에 관한 규정을 적용하여 이를 설치할 수 있다.

(3) 토지등소유자는 자신이 소유하는 정비구역 내 토지 또는 건축물에 대하여 매매·전세·임대차 또는 지상권 설정 등 부동산 거래를 위한 계약을 체결하는 경우 다음의 사항을 거래 상대방에게 설명·고지하고, 거래 계약서에 기재 후 서명·날인하여야 한다(법 제122조 제1항).

---

1. 해당 정비사업의 추진단계
2. 퇴거예정시기(건축물의 경우 철거예정시기를 포함한다)
3. 제19조에 따른 행위제한
4. 제39조에 따른 조합원의 자격
5. 제70조 제5항에 따른 계약기간
6. 제77조에 따른 주택 등 건축물을 분양받을 권리의 산정 기준일
7. 그 밖에 거래 상대방의 권리·의무에 중대한 영향을 미치는 사항으로서 대통령령으로 정하는 사항

> ※ 여기서 "대통령령으로 정하는 사항"이란 다음 각 호를 말한다(영 제92조).
>   가. 분양대상자별 분담금의 추산액
>   나. 정비사업비의 추산액(재건축사업의 경우에는 「재건축초과이익 환수에 관한 법률」에 따른 재건축부담금에 관한 사항을 포함한다) 및 그에 따른 조합원 분담규모 및 분담시기

2. 도시·주거환경정비기금의 설치 등

(1) 설치의무

도시·주거환경정비기본계획을 수립하거나 승인하는 특별시장·광역시장·특별자치시장·도지사·특별자치도지사 또는 시장은 정비사업의 원활한 수행을 위하여 도시·주거환경정비기금(이하 "정비기금"이라 한다)을 설치하여야 한다(법 제126조 제1항). 다만, 기본계획을 수립하지 아니하는 시장 및 군수도 필요한 경우에는 정비기금을 설치할 수 있다(법 제126조 제1항 단서).

정비기금은 다음의 어느 하나에 해당하는 금액을 재원으로 조성한다(법 제126조 제2항).

(2) 정비기금의 조성 및 관리·운용

① 정비기금은 다음의 어느 하나에 해당하는 금액을 재원으로 조성한다(법 제126조 제2항).

> 1. 사업시행자가 현금으로 납부한 금액
> 2. 시·도지사, 시장, 군수 또는 구청장에게 공급된 소형주택의 임대보증금 및 임대료
> 3. 부담금 및 정비사업으로 발생한 「개발이익 환수에 관한 법률」에 따른 개발부담금 중 지방자치단체 귀속분의 일부
> 4. 정비구역(재건축구역은 제외한다) 안의 국·공유지 매각대금 중 대통령령(영 제95조 제1항)으로 정하는 일정 비율 이상(국유지 : 20 퍼센트, 공유지 : 30 퍼센트)의 금액
> 4의2. 과징금
> 5. 재건축부담금 중 지방자치단체 귀속분
> 6. 지방소비세 또는 재산세 중 대통령령(영 제95조 제2항)으로 정하는 일정 비율 이상(지방소비세 : 3 퍼센트, 재산세 : 10 퍼센트)의 금액
> 7. 그 밖에 시·도 조례로 정하는 재원

② 정비기금은 다음 각 호의 어느 하나의 용도 이외의 목적으로 사용하여서는 아니 된다(법 제126조 제3항).

---

1. 이 법에 따른 정비사업으로서 다음 각 목의 어느 하나에 해당하는 사항
   가. 기본계획의 수립
   나. 안전진단 및 정비계획의 수립
   다. 추진위원회의 운영자금 대여
   라. 그 밖에 이 법과 시·도 조례로 정하는 사항
2. 임대주택의 건설·관리
3. 임차인의 주거안정 지원
4. 「재건축초과이익 환수에 관한 법률」에 따른 재건축부담금의 부과·징수
5. 주택개량의 지원
6. 정비구역 등이 해제된 지역에서의 정비기반시설의 설치 지원
7. 「빈집 및 소규모주택 정비에 관한 특례법」 제44조에 따른 빈집정비사업 및 소규모주택정비사업
   에 대한 지원
8. 「주택법」 제68조에 따른 증축형 리모델링의 안전진단 지원
9. 제142조에 따른 신고포상금의 지급

---

③ 정비기금의 관리·운용과 개발부담금의 지방자치단체의 귀속분 중 정비기금으로 적립되는 비율 등에 필요한 사항은 시·도 조례로 정한다(법 제126조 제4항).

제3절 벌 칙

1. 행정형벌

(1) 5년 이하의 징역 또는 5천만원 이하의 벌금(법 제135조)

① 제36조에 따른 토지등소유자의 서면동의서를 위조한 자
② 제132조(조합임원 등의 선임·선정 시 행위제한) 각 호의 어느 하나를 위반하여 금품, 향응 또는 그 밖의 재산상 이익을 제공하거나 제공의사를 표시하거나 제공을 약속하는 행위를 하거나 제공을 받거나 제공의사 표시를 승낙한 자

(2) 3년 이하의 징역 또는 3천만원 이하의 벌금(법 제136조)

① 계약의 방법을 위반하여 계약을 체결한 추진위원장, 전문조합관리인 또는 조합임원(조합의 청산인 및 토지등소유자가 시행하는 재개발사업의 경우에는 그 대표자, 지정개발자가 사업시행자인 경우 그 대표자를 말한다)

② 제29조 제4항부터 제8항까지의 규정을 위반하여 시공자를 선정한 자 및 시공자로 선정된 자

③ 제29조 제9항을 위반하여 시공자와 공사에 관한 계약을 체결한 자

④ 제31조 제1항에 따른 시장·군수 등의 추진위원회 승인을 받지 아니하고 정비사업전문관리업자를 선정한 자

⑤ 제32조 제2항에 따른 계약의 방법을 위반하여 정비사업전문관리업자를 선정한 추진위원장(전문조합관리인을 포함한다)

⑥ 토지등소유자의 서면동의서를 매도하거나 매수한 자

⑦ 거짓 또는 부정한 방법으로 제39조 제2항을 위반하여 조합원 자격을 취득한 자와 조합원 자격을 취득하게 하여준 토지등소유자 및 조합의 임직원(전문조합관리인을 포함한다)

⑧ 제39조 제2항을 회피하여 제72조에 따른 분양주택을 이전 또는 공급받을 목적으로 건축물 또는 토지의 양도·양수 사실을 은폐한 자

⑨ 제76조 제1항 제7호 다목 단서[60㎡ 이하로 공급받은 1주택은 이전고시일 다음 날부터 3년이 지나기 전에는 주택을 전매(매매·증여나 그 밖에 권리의 변동을 수반하는 모든 행위를 포함하되 상속의 경우는 제외한다)하거나 전매를 알선할 수 없다]를 위반하여 주택을 전매하거나 전매를 알선한 자

(3) 2년 이하의 징역 또는 2천만원 이하의 벌금(법 제137조)

① 안전진단 결과보고서를 거짓으로 작성한 자

② 허가 또는 변경허가를 받지 아니하거나 거짓, 그 밖의 부정한 방법으로 허가 또는 변경허가를 받아 행위를 한 자

③ 추진위원회 또는 주민대표회의의 승인을 받지 아니하고 업무를 수행하거나 주민대표회의를 구성·운영한 자

④ 승인받은 추진위원회 또는 주민대표회의가 구성되어 있음에도 불구하고 임의로 추진위원회 또는 주민대표회의를 구성하여 이 법에 따른 정비사업을 추진한 자

⑤ 조합이 설립되었는데도 불구하고 추진위원회를 계속 운영한 자

⑥ 총회의 의결을 거치지 아니하고 같은 조 제1항 각 호의 사업(정관으로 정하는 사항은 제외한다)을 임의로 추진한 조합임원(전문조합관리인을 포함한다)

⑦ 사업시행계획인가를 받지 아니하고 정비사업을 시행한 자와 같은 사업시행계획서를 위반하여 건축물을 건축한 자

⑧ 관리처분계획의 인가를 받지 아니하고 소유권 이전을 한 자

⑨ 등록을 하지 아니하고 이 법에 따른 정비사업을 위탁받은 자 또는 거짓, 그 밖의 부정한 방법으로 등록을 한 정비사업전문관리업자

⑩ 등록이 취소되었음에도 불구하고 영업을 하는 자

⑪ 처분의 취소·변경 또는 정지, 그 공사의 중지 및 변경에 관한 명령을 받고도 이에 응하지 아니한 추진위원회, 사업시행자, 주민대표회의 및 정비사업전문관리업자

⑫ 서류 및 관련 자료를 거짓으로 공개한 추진위원장 또는 조합임원(토지등소유자가 시행하는 재개발사업의 경우 그 대표자)

⑬ 열람·복사 요청에 허위의 사실이 포함된 자료를 열람·복사해 준 추진위원장 또는 조합임원(토지등소유자가 시행하는 재개발사업의 경우 그 대표자)

(4) 1년 이하의 징역 또는 1천만원 이하의 벌금(법 제138조)

① 제19조 제8항(정비예정구역 또는 정비구역에서는 지역주택조합의 조합원을 모집해서는 아니 된다)을 위반하여 지역주택조합의 조합원을 모집한 자

② 추진위원회의 회계장부 및 관계 서류를 조합에 인계하지 아니한 추진위원장(전문조합관리인을 포함한다)

③ 준공인가를 받지 아니하고 건축물 등을 사용한 자와 시장·군수 등의 사용허가를 받지 아니하고 건축물을 사용한 자

④ 다른 사람에게 자기의 성명 또는 상호를 사용하여 이 법에서 정한 업무를 수행하게 하거나 등록증을 대여한 정비사업전문관리업자

⑤ 제102조 제1항 각 호에 따른 업무를 다른 용역업체 및 그 직원에게 수행하도록 한 정비사업전문관리업자

⑥ 회계감사를 받지 아니한 자

⑦ 정비사업시행과 관련한 서류 및 자료를 인터넷과 그 밖의 방법을 병행하여 공개하지 아니하거나 조합원 또는 토지등소유자의 열람·복사 요청에 응하지 아니하는 추진위원장, 전문조합관리인 또는 조합임원(조합의 청산인 및 토지등소유자가 시행하는 재개발사업의 경우에는 그 대표자, 지정개발자가 사업시행자인 경우 그

대표자를 말한다)

⑧ 속기록 등을 만들지 아니하거나 관련 자료를 청산 시까지 보관하지 아니한 추진위원장, 전문조합관리인 또는 조합임원(조합의 청산인 및 토지등소유자가 시행하는 재개발사업의 경우에는 그 대표자, 지정개발자가 사업시행자인 경우 그 대표자를 말한다)

(5) 양벌규정

법인의 대표자나 법인 또는 개인의 대리인, 사용인, 그 밖의 종업원이 그 법인 또는 개인의 업무에 관하여 위의 (1)부터 (4)까지의 어느 하나에 해당하는 위반행위를 하면 그 행위자를 벌하는 외에 그 법인 또는 개인에게도 해당 조문의 벌금에 처한다. 다만, 법인 또는 개인이 그 위반행위를 방지하기 위하여 해당 업무에 관하여 상당한 주의와 감독을 게을리하지 아니한 경우에는 그러하지 아니하다(법 제139조).

(6) 벌칙 적용에 있어서의 공무원 의제

추진위원장·조합임원·청산인·전문조합관리인 및 정비사업전문관리업자의 대표자(법인인 경우에는 임원을 말한다)·직원 및 위탁지원자는 「형법」 제129조부터 제132조까지의 규정을 적용할 때에는 공무원으로 본다(법 제134조).

2. 행정질서벌(법 제140조)

(1) 1천만원의 과태료

① 점검반의 현장조사를 거부·기피 또는 방해한 자
② 계약의 체결과 관련하여 시공과 관련 없는 사항을 제안한 자
③ 사실과 다른 정보 또는 부풀려진 정보를 제공하거나, 사실을 숨기거나 축소하여 정보를 제공한 자

(2) 500만원 이하의 과태료

① 전자조달시스템을 이용하지 아니하고 계약을 체결한 자
② 통지를 게을리한 자

③ 보고 또는 자료의 제출을 게을리한 자

④ 자금차입에 관한 사항을 신고하지 아니하거나 거짓으로 신고한 자

⑤ 관계 서류의 인계를 게을리한 자

(3) 과태료 부과절차

다음의 과태료는 대통령령으로 정하는 방법 및 절차에 따라 국토교통부장관, 시·도지사, 시장, 군수 또는 구청장이 부과·징수한다.

3. 기 타

(1) 자수자에 대한 특례

금품, 향응 또는 그 밖의 재산상 이익을 제공하거나 제공의사를 표시하거나 제공을 약속하는 행위를 하거나 제공을 받거나 제공의사 표시를 승낙한 자가 자수하였을 때에는 그 형벌을 감경 또는 면제한다(법 제141조).

(2) 금품·향응 수수행위 등에 대한 신고포상금

시·도지사 또는 대도시의 시장은 "금품, 향응 또는 그 밖의 재산상 이익을 제공하거나 제공의사를 표시하거나 제공을 약속하는 행위" 등의 행위사실을 신고한 자에게 시·도조례로 정하는 바에 따라 포상금을 지급할 수 있다(법 제142조).

제 5 편

주택법

제 5 편

주택법

제 1 장 총 칙

제1절 목 적

이 법은 쾌적하고 살기 좋은 주거환경 조성에 필요한 주택의 건설·공급 및 주택시장의 관리 등에 관한 사항을 정함으로써 국민의 주거안정과 주거수준의 향상에 이바지함을 목적으로 한다(법 제1조).

1970년 이전까지는 주로 대한주택공사를 포함한 국가 등 공공부문에서 대단위의 아파트를 포함한 주택을 저소득층을 대상으로 건설, 공급하여 왔던 것을 산업의 발전과 그에 따른 인구이동, 핵가족화 등으로 주택수요가 높아졌는데도 주택공급능력인 주택을 건설, 분양할 능력은 제자리걸음 또는 주택수용에 밑돌기 때문에 주택부족현상이 사회문제로 대두되면서 주택건설 및 공급에 민간건설업체가 참여할 수 있도록 함은 물론 공공부문에서도 더욱 많은 주택을 건설, 공급할 수 있도록 법적 뒷받침을 할 필요성에서 1972년 12월 30일 주택건설촉진법이 제정되었고, 2003년 5월 29일 주택법으로 개정되었다.

지난 2016년에는 「주택법」에서 일부 기능이 분리되어 「주택도시기금법」, 「주거기본법」 및 「공동주택관리법」이 제정되는 등 주택 관련 법률 체계 개편에 맞추어 「주택법」이 주택의 건설·공급 및 주택시장의 관리에 관한 기본법으로 기능하도록 전부개정(법률 제13805호, 2016. 1. 19. 공포, 2016. 8. 12. 시행)됨에 따라, 이의 시행에 필요한 체계와 조문을 정비, 공동주택의 관리에 관한 규정의 삭제 그리고 「토지임대부 분양주택 공급촉진을 위한 특별조치법 시행령」에서 정하던 토지임대부 분양주택의 토지임대료 산정기준을 이관하는 등 법률에서 위임된 사항과 그 시행에 필요한 사항을 정하는 한편, 주택조합의 회계감사를 강화하고, 리모델링 허가기준을 완화하는 등 현행 제도의 운영상 나타난 일부 미비점을 개선·보완하기 위하여 2016년 8월 「주택법 시행령」이 전부개정(대통령령 제27444호, 2016. 8. 11., 전부개정, 2016. 8. 12. 시행)되었다.

또한 이에 따라 공동주택의 관리에 관한 규정을 삭제하고, 「토지임대부 분양주택 공급촉진을 위한 특별조치법 시행규칙」에서 정하던 토지임대부 분양주택의 토지임대료 산정을 위한 감정평가 기준을 이관하는 등 법령에서 위임된 사항과 그 시행에 필요한 사항을 정하는 한편, 주택건설 사업계획승인시 리모델링 허가절차를 함께 처리할 수 있도록 사업계획승인 신청서류에 리모델링 허가 신청서류도 함께 제출하도록 하는 등 현행 제도의 운영상 나타난 일부 미비점을 개선·보완하기 위하여 2016년 8월 「주택법 시행규칙」이 전부개정(국토교통부령 제353호, 2016. 8. 12., 전부개정, 2016. 8. 12. 시행)되었다.

이후에는 현행 주택건설공사 감리제도에서 감리자가 사업주체로부터 공사감리비를 지급 받는 경우에는 사업주체와의 상하종속관계 형성으로 인해 공사 감리업무가 제대로 이루어지기 어려워 공정한 감리업무 수행의 저해요소로 작용하고 있고, 공동주택의 부실시공 및 품질저하 원인이 되고 있으므로 공사감리비 지급절차를 개선하고, 「건설기술 진흥법」상의 부실벌점제도 등을 활용하여 국토교통부령으로 정하는 기준에 미달하는 사업주체에 대하여는 입주자모집 시기를 제한할 수 있도록 하는 '선분양 제한제도'를 도입하여 아파트 부실시공 및 하자로 인해 피해 받는 입주민을 보호하고, 품질이 보증된 안전한 공동주택을 보급하며, 국토교통부장관이 투기과열지구를 지정·해제하기 위하여 해당 시·도지사의 의견을 들은 경우 그 의견에 대한 검토의견을 회신하도록 하여, 국토교통부장관에 의한 투기과열지구 지정·해제 과정에 지방자치단체의 의견을 충분히 반영하고자 2018년 3월 「주택법」이 일부개정되어 2018년 9월 14일 시행(법률 제15459호, 2018. 3. 13., 일부개정)되었다.

가장 최근 개정(법률 제18834호, 2022. 2. 3., 일부개정, 시행 2022. 8. 4.)에서는 현행법에서 층간소음 방지를 위하여 바닥충격음 차단구조의 성능등급에 대한 사전인정제도를 운영하고 있으나, 2019년 아파트 층간소음 저감제도의 운영실태를 감사한 결과 현행 제도로는 층간소음 방지라는 정책목표를 달성하기 어려워 층간소음 차단성능을 시공

후에도 확인할 수 있는 방안을 마련할 필요가 있다는 지적이 제기되었기에 사업계획승인을 받아 시행하는 주택건설사업의 경우 사업주체가 사용검사를 받기 전에 바닥충격음 성능검사기관으로부터 바닥충격음 차단구조의 성능을 검사받아 그 결과를 사용검사권자에게 제출하도록 하고, 사용검사권자는 결과가 성능검사기준에 미달하는 경우 사업주체에게 보완 시공, 손해배상 등의 조치를 권고할 수 있도록 하며, 조치를 권고 받은 사업주체는 대통령령으로 정하는 기간 내에 권고사항에 대한 조치결과를 사용검사권자에게 제출하도록 하기 위하여 제41조의2(바닥충격음 성능검사 등)에 관한 규정이 신설되었다.

제 2 절 용어의 정의

1. 주 택

(1) 주택의 정의

'주택'이란 세대의 구성원이 장기간 독립된 주거생활을 할 수 있는 구조로 된 건축물의 전부 또는 일부 및 그 부속토지를 말하며, 단독주택과 공동주택으로 구분한다(법 제2조 제1호).

(2) 주택의 종류

1) 주거형태에 따른 분류
① 단독주택

'단독주택'이란 1세대가 하나의 건축물 안에서 독립된 주거생활을 할 수 있는 구조로 된 주택을 말하며, 그 종류와 범위는 대통령령으로 정한다(법 제2조 제2호). 이러한 규정에 의한 공동주택의 종류와 범위는 「건축법 시행령」 [별표 1] 제1호의 주택을 말하며, 여기서 「건축법 시행령」 [별표 1] 제1호의 규정이 정하는 단독주택이라 함은 단독주택, 다중주택, 다가구주택, 공관을 말한다(영 제2조).

공동주택의 종류와 범위〈건축법 시행령 [별표 1] 제1호〉

1. 단독주택
2. 다중주택 : 다음의 요건을 모두 갖춘 주택을 말한다.
   가. 학생 또는 직장인 등 여러 사람이 장기간 거주할 수 있는 구조로 되어 있는 것
   나. 독립된 주거의 형태를 갖추지 아니한 것(각 실별로 욕실은 설치할 수 있으나, 취사시설은 설치하지 아니한 것을 말한다)
   다. 1개 동의 주택으로 쓰이는 바닥면적의 합계가 330㎡ 이하이고 주택으로 쓰는 층수(지하층은 제외한다)가 3개 층 이하일 것
3. 다가구주택 : 다음의 요건을 모두 갖춘 주택으로서 공동주택에 해당하지 아니하는 것을 말한다.
   가. 주택으로 쓰는 층수(지하층은 제외한다)가 3개 층 이하일 것. 다만, 1층의 전부 또는 일부를 필로티 구조로 하여 주차장으로 사용하고 나머지 부분을 주택 외의 용도로 쓰는 경우에는 해당 층을 주택의 층수에서 제외한다.
   나. 1개 동의 주택으로 쓰이는 바닥면적(부설 주차장 면적은 제외한다)의 합계가 660㎡ 이하일 것
   다. 19세대(대지 내 동별 세대수를 합한 세대를 말한다) 이하가 거주할 수 있을 것
4. 공관(公館)

---

② 공동주택

'공동주택'이란 건축물의 벽·복도·계단이나 그 밖의 설비 등의 전부 또는 일부를 공동으로 사용하는 각 세대가 하나의 건축물 안에서 각각 독립된 주거생활을 할 수 있는 구조로 된 주택을 말하며, 그 종류와 범위는 대통령령으로 정한다(법 제2조 제3호).

공동주택의 종류와 범위〈건축법 시행령 [별표 1] 제2호〉

1. 아파트: 주택으로 쓰는 층수가 5개 층 이상인 주택
2. 연립주택: 주택으로 쓰는 1개 동의 바닥면적(2개 이상의 동을 지하주차장으로 연결하는 경우에는 각각의 동으로 본다) 합계가 660㎡를 초과하고, 층수가 4개 층 이하인 주택
3. 다세대주택: 주택으로 쓰는 1개 동의 바닥면적 합계가 660㎡ 이하이고, 층수가 4개 층 이하인 주택(2개 이상의 동을 지하주차장으로 연결하는 경우에는 각각의 동으로 본다)
4. 기숙사: 학교 또는 공장 등의 학생 또는 종업원 등을 위하여 쓰는 것으로서 1개 동의 공동취사시설 이용 세대 수가 전체의 50퍼센트 이상인 것(「교육기본법」 제27조 제2항에 따른 학생복지주택을 포함한다)

---

③ 세대구분형 공동주택

'세대구분형 공동주택'이란 공동주택의 주택 내부 공간의 일부를 세대별로 구분하여 생활이 가능한 구조로 하되, 그 구분된 공간의 일부를 구분소유 할 수 없는 주택으로서 대통령령으로 정하는 건설기준, 설치기준, 면적기준 등에 적합한 주택을 말한다(법

제2조 제19호).

〈세대구분형 공동주택(영 제9조 제1항)〉

1. 세대별로 구분된 각각의 공간마다 별도의 욕실, 부엌과 현관을 설치할 것
2. 하나의 세대가 통합하여 사용할 수 있도록 세대 간에 연결문 또는 경량구조의 경계벽 등을 설치할 것
3. 세대구분형 공동주택의 세대수가 해당 주택단지 안의 공동주택 전체 세대수의 1/3을 넘지 아니할 것
4. 세대별로 구분된 각각의 공간의 주거전용면적(주거의 용도로만 쓰이는 면적으로서 법 제2조 제6호 후단에 따른 방법으로 산정된 것을 말한다) 합계가 해당 주택단지 전체 주거전용면적 합계의 1/3을 넘지 아니하는 등 국토교통부장관이 정하여 고시하는 주거전용면적의 비율에 관한 기준을 충족할 것

---

2) 건설자금에 따른 분류

① 국민주택

'국민주택'이란 다음 어느 하나에 해당하는 주택으로서 국민주택규모 이하인 주택을 말한다(법 제2조 제5호).

---

1. 국가·지방자치단체, 「한국토지주택공사법」에 따른 한국토지주택공사 또는 「지방공기업법」 제49조에 따라 주택사업을 목적으로 설립된 지방공사가 건설하는 주택
2. 국가·지방자치단체의 재정 또는 「주택도시기금법」에 따른 주택도시기금으로부터 자금을 지원받아 건설되거나 개량되는 주택

여기서 '국민주택규모'란 주거의 용도로만 쓰이는 면적(이하 "주거전용면적"이라 한다)이 1호(戶) 또는 1세대당 85㎡ 이하인 주택(「수도권정비계획법」 제2조 제1호에 따른 수도권을 제외한 도시지역이 아닌 읍 또는 면 지역은 1호 또는 1세대당 주거전용면적이 100㎡ 이하인 주택을 말한다)을 말한다. 이 경우 주거전용면적의 산정방법은 국토교통부령으로 정한다(법 제2조 제6호).

〈주거전용면적의 산정방법(규칙 제2조)〉

1. 단독주택의 경우 : 그 바닥면적(「건축법 시행령」 제119조 제1항 제3호에 따른 바닥면적을 말한다)에서 지하실(거실로 사용되는 면적은 제외한다), 본 건축물과 분리된 창고·차고 및 화장실의 면적을 제외한 면적. 다만, 그 주택이 「건축법 시행령」 [별표 1] 제1호 다목의 다가구주택에

해당하는 경우 그 바닥면적에서 본 건축물의 지상층에 있는 부분으로서 복도, 계단, 현관 등 2세대 이상이 공동으로 사용하는 부분의 면적도 제외한다.

2. 공동주택의 경우 : 외벽의 내부선을 기준으로 산정한 면적. 다만, 2세대 이상이 공동으로 사용하는 부분으로서 다음 각 목의 어느 하나에 해당하는 공용면적은 제외하며, 이 경우 바닥면적에서 주거전용면적을 제외하고 남는 외벽면적은 공용면적에 가산한다.

　가. 복도, 계단, 현관 등 공동주택의 지상층에 있는 공용면적

　나. 가목의 공용면적을 제외한 지하층, 관리사무소 등 그 밖의 공용면적

② 민영주택

'민영주택'이란 국민주택을 제외한 주택을 말한다(법 제2조 제7호).

3) 준주택

'준주택'이란 주택 외의 건축물과 그 부속토지로서 주거시설로 이용 가능한 시설 등을 말하며, 그 범위와 종류는 대통령령으로 정한다(법 제2조 제4호).

〈준주택의 종류와 범위(영 제4조)〉

1. 「건축법 시행령」 [별표 1] 제2호 라목에 따른 기숙사
2. 「건축법 시행령」 [별표 1] 제4호 가목 및 제15호 다목에 따른 다중생활시설
   (바닥면적의 합계 500㎡ 미만 : 제2종 근린시설 / 숙박시설)
3. 「건축법 시행령」 [별표 1] 제11호 나목에 따른 노인복지시설 중 「노인복지법」 제32조 제1항 제3호의 노인복지주택
4. 「건축법 시행령」 [별표 1] 제14호 나목에 따른 오피스텔(일반업무시설)

4) 도시형 생활주택

'도시형 생활주택'이란 300세대 미만의 국민주택규모(85㎡)에 해당하는 주택으로서 대통령령으로 정하는 주택을 말한다(법 제2조 제20호). 여기서 "대통령령으로 정하는 주택"이란 「국토의 계획 및 이용에 관한 법률」에 제36조 제1항 제1호에 따른 도시지역에 건설하는 다음의 주택을 말한다(영 제10조).

〈도시형 생활주택(영 제10조)〉

1. 소형 주택 : 다음 각 목의 요건을 모두 갖춘 공동주택
   가. 세대별 주거전용면적은 60㎡ 이하일 것
   나. 세대별로 독립된 주거가 가능하도록 욕실 및 부엌을 설치할 것
   다. 주거전용면적이 30㎡ 미만인 경우에는 욕실 및 보일러실을 제외한 부분을 하나의 공간으로

> 구성할 것
> 라. 주거전용면적이 30㎡ 이상인 경우에는 욕실 및 보일러실을 제외한 부분을 세 개 이하의 침실(각각의 면적이 7㎡ 이상인 것을 말한다. 이하 이 목에서 같다)과 그 밖의 공간으로 구성할 수 있으며, 침실이 두 개 이상인 세대수는 소형 주택 전체 세대수(제2항 단서에 따라 소형 주택과 함께 건축하는 그 밖의 주택의 세대수를 포함한다)의 1/3을 초과하지 않을 것
> 마. 지하층에는 세대를 설치하지 아니할 것
> 2. 단지형 연립주택 : 소형 주택이 아닌 연립주택. 다만, 「건축법」 제5조 제2항에 따라 같은 법 제4조에 따른 건축위원회의 심의를 받은 경우에는 주택으로 쓰는 층수를 5개층까지 건축할 수 있다.
> 3. 단지형 다세대주택 : 원룸형 주택이 아닌 다세대주택. 다만, 「건축법」 제5조 제2항에 따라 같은 법 제4조에 따른 건축위원회의 심의를 받은 경우에는 주택으로 쓰는 층수를 5개층까지 건축할 수 있다.

하나의 건축물에는 ① 원룸형 주택과 주거전용면적이 85㎡를 초과하는 주택 1세대를 함께 건축하는 경우, ②「국토의 계획 및 이용에 관한 법률 시행령」 제30조 제1호 다목에 따른 준주거지역 또는 같은 조 제2호에 따른 상업지역에서 원룸형 주택과 도시형 생활주택 외의 주택을 함께 건축하는 경우를 제외하고는 도시형 생활주택과 그 밖의 주택을 함께 건축할 수 없으며(영 제10조 제2항), 또한 하나의 건축물에는 단지형 연립주택 또는 단지형 다세대주택과 원룸형 주택을 함께 건축할 수 없다(영 제10조 제3항).

2. 주택단지, 부대·복리·간선시설

(1) 주택단지

'주택단지'란 제15조에 따른 주택건설사업계획 또는 대지조성사업계획의 승인을 받아 주택과 그 부대시설 및 복리시설을 건설하거나 대지를 조성하는 데 사용되는 일단(一團)의 토지를 말한다. 다만, 다음 각 목의 시설로 분리된 토지는 각각 별개의 주택단지로 본다(법 제2조 제12호).

> 1. 철도·고속도로·자동차전용도로
> 2. 폭 20m 이상인 일반도로
> 3. 폭 8m 이상인 도시계획예정도로
> 4. 위의 1부터 3까지의 시설에 준하는 것으로서 대통령령으로 정하는 시설
>   ※ 여기서 "대통령령으로 정하는 시설"이란 보행자 및 자동차의 통행이 가능한 도로로서 다음

의 어느 하나에 해당하는 도로를 말한다(영 제5조).

　㉠ 「국토의 계획 및 이용에 관한 법률」 제2조 제7호에 의한 도시·군계획시설인 도로로서 국토교통부령이 정하는 도로(주간선도로, 보조간선도로, 집산도로 및 폭 8m 이상인 국지도로)

　㉡ 「도로법」 제10조에 의한 일반국도·특별시도·광역시도 또는 지방도

　㉢ 그 밖에 관계 법령에 의하여 설치된 도로로서 위의 ㉠ 및 ㉡에 준하는 도로

(2) 부대시설

'부대시설'이란 주택에 딸린 다음의 시설 또는 설비를 말한다(법 제2조 제13호).

1. 주차장, 관리사무소, 담장 및 주택단지 안의 도로
2. 「건축법」 제2조 제1항 제4호에 따른 건축설비
3. 위의 1과 2의 시설·설비에 준하는 것으로서 대통령령으로 정하는 시설 또는 설비(영 제6조)
　가. 보안등, 대문, 경비실 및 자전거보관소
　나. 조경시설, 옹벽 및 축대
　다. 안내표지판 및 공중화장실
　라. 저수시설, 지하양수시설 및 대피시설
　마. 쓰레기 수거 및 처리시설, 오수처리시설, 정화조
　바. 소방시설, 냉난방공급시설(지역난방공급시설은 제외한다) 및 방범설비
　사. 「환경친화적 자동차의 개발 및 보급 촉진에 관한 법률」 제2조 제3호에 따른 전기자동차에 전기를 충전하여 공급하는 시설
　아. 「전기통신사업법」 등 다른 법령에 따라 거주자의 편익을 위해 주택단지에 의무적으로 설치해야 하는 시설로서 사업주체 또는 입주자의 설치 및 관리 의무가 없는 시설
　자. 그 밖에 위의 가목에서 아목까지의 시설 또는 설비와 비슷한 것으로서 국토교통부령으로 정하는 시설 또는 설비

(3) 복리시설

'복리시설'이란 주택단지의 입주자 등의 생활복리를 위한 다음 각 목의 공동시설을 말한다(법 제2조 제14호).

1. 어린이놀이터, 근린생활시설, 유치원, 주민운동시설 및 경로당
2. 그 밖에 입주자 등의 생활복리를 위하여 대통령령으로 정하는 공동시설(영 제7조)
　가. 「건축법 시행령」 [별표 1] 제3호에 따른 제1종 근린생활시설
　나. 「건축법 시행령」 [별표 1] 제4호에 따른 제2종 근린생활시설(총포판매소, 장의사, 다중생활시설, 단란주점 및 안마시술소는 제외한다)
　다. 「건축법 시행령」 [별표 1] 제6호에 따른 종교시설

> 라. 「건축법 시행령」 [별표 1] 제7호에 따른 판매시설 중 소매시장 및 상점
> 마. 「건축법 시행령」 [별표 1] 제10호에 따른 교육연구시설
> 바. 「건축법 시행령」 [별표 1] 제11호에 따른 노유자시설
> 사. 「건축법 시행령」 [별표 1] 제12호에 따른 수련시설
> 아. 「건축법 시행령」 [별표 1] 제14호에 따른 업무시설 중 금융업소
> 자. 「산업집적활성화 및 공장설립에 관한 법률」 제2조 제13호에 따른 지식산업센터
> 차. 「사회복지사업법」 제2조 제5호에 따른 사회복지관
> 카. 공동작업장
> 파. 주민공동시설
> 타. 도시·군계획시설인 시장
> 하. 그 밖에 가목부터 타목까지의 시설과 비슷한 시설로서 국토교통부령으로 정하는 공동시설
>   또는 사업계획승인권자(법 제15조 제1항에 따른 사업계획승인권자를 말한다)가 거주자의
>   생활복리 또는 편익을 위하여 필요하다고 인정하는 시설

(4) 간선시설

'간선시설'이란 도로·상하수도·전기시설·가스시설·통신시설 및 지역난방시설 등 주택단지(둘 이상의 주택단지를 동시에 개발하는 경우에는 각각의 주택단지를 말한다) 안의 기간시설을 그 주택단지 밖에 있는 같은 종류의 기간시설에 연결시키는 시설을 말한다(법 제2조 제17호). 다만, 가스시설·통신시설 및 지역난방시설의 경우에는 주택단지 안의 기간시설을 포함한다(법 제2조 제17호 단서).

(5) 공공택지

'공공택지'란 다음 각 목의 어느 하나에 해당하는 공공사업에 의하여 개발·조성되는 공동주택이 건설되는 용지를 말한다(법 제2조 제24호).

> 1. 제24조 제2항에 따른 국민주택건설사업 또는 대지조성사업
> 2. 「택지개발촉진법」에 따른 택지개발사업. 다만, 같은 법 제7조 제1항 제4호에 따른 주택건설등
>   사업자가 같은 법 제12조 제5항에 따라 활용하는 택지는 제외한다.
> 3. 「산업입지 및 개발에 관한 법률」에 따른 산업단지개발사업
> 4. 「공공주택 특별법」에 따른 공공주택지구조성사업
> 5. 「민간임대주택에 관한 특별법」에 따른 공공지원민간임대주택 공급촉진지구 조성사업(같은 법
>   제23조 제1항 제2호에 해당하는 시행자가 같은 법 제34조에 따른 수용 또는 사용의 방식으로
>   시행하는 사업만 해당한다)
> 6. 「도시개발법」에 따른 도시개발사업 [같은 법 제11조 제1항 제1호부터 제4호까지의 시행자 또는
>   같은 항 제11호에 해당하는 시행자(같은 법 제11조 제1항 제1호부터 제4호까지의 시행자가

50/100을 초과하여 출자한 경우에 한정한다)가 같은 법 제21조에 따른 수용 또는 사용의 방식으로 시행하는 사업과 혼용방식 중 수용 또는 사용의 방식이 적용되는 구역에서 시행하는 사업만 해당한다]

7. 「경제자유구역의 지정 및 운영에 관한 특별법」에 따른 경제자유구역개발사업(수용 또는 사용의 방식으로 시행하는 사업과 혼용방식 중 수용 또는 사용의 방식이 적용되는 구역에서 시행하는 사업만 해당한다)

8. 「혁신도시 조성 및 발전에 관한 특별법」에 따른 혁신도시개발사업

9. 「신행정수도 후속대책을 위한 연기·공주지역 행정중심복합도시 건설을 위한 특별법」에 따른 행정중심복합도시건설사업

10. 「공익사업을 위한 토지 등의 취득 및 보상에 관한 법률」 제4조에 따른 공익사업으로서 대통령령으로 정하는 사업

3. 사업주체 등

(1) 사업주체

'사업주체'란 제15조에 따른 주택건설사업계획 또는 대지조성사업계획의 승인을 받아 그 사업을 시행하는 다음 각 목의 자를 말한다(법 제2조 제10호).

1. 국가·지방자치단체
2. 한국토지주택공사 또는 지방공사
3. 제4조에 따라 등록한 주택건설사업자 또는 대지조성사업자
4. 그 밖에 이 법에 따라 주택건설사업 또는 대지조성사업을 시행하는 자

(2) 주택조합

'주택조합'이란 많은 수의 구성원이 제15조에 따른 사업계획의 승인을 받아 주택을 마련하거나 제66조에 따라 리모델링하기 위하여 결성하는 다음 각 목의 조합을 말한다(법 제2조 제11호).

구 분	내 용
지역주택조합	특별시·광역시·특별자치시·특별자치도·시 또는 군(광역시의 관할 구역에 있는 군은 제외한다)에 거주하는 주민이 주택을 마련하기 위하여 설립한 조합 예) 서울특별시·인천광역시 및 경기도, 대전광역시·충청남도 및

	세종특별자치시, 충청북도, 광주광역시 및 전라남도, 전라북도, 대구광역시 및 경상북도, 부산광역시·울산광역시 및 경상남도, 강원도, 제주특별자치도
직장주택조합	같은 직장의 근로자가 주택을 마련하기 위하여 설립한 조합
리모델링주택조합	공동주택의 소유자가 그 주택을 리모델링하기 위하여 설립한 조합

(3) 입주자

'입주자'란 다음 각 목의 구분에 따른 자를 말한다(법 제2조 제27호).

1. 제8조(주택건설사업의 등록말소)·제54조(주택의 공급)·제88조(주택정책 관련 자료 등의 종합 관리)·제91조(체납된 분양대금 등의 강제징수) 및 제104조(벌칙)의 경우 : 주택을 공급받는 자
2. 제66조(리모델링의 허가 등)의 경우 : 주택의 소유자 또는 그 소유자를 대리하는 배우자 및 직계존비속

(4) 사용자

'사용자'란 「공동주택관리법」 제2조 제6호에 따라 공동주택을 임차하여 사용하는 사람(임대주택의 임차인은 제외)등을 말한다(법 제2조 제28호).

(5) 관리주체

'관리주체'란 「공동주택관리법」 제2조 제10호에 따라 공동주택를 관리하는 ① 자치관리구구의 대표자인 공동주택의 관리사무소장, ② 관리업무를 인계하기 전의 사업주체, ③ 주택관리업자, ④ 임대사업자, ⑤ 「민간임대주택에 관한 특별법」 제2조 제11호에 따른 주택임대관리업자(시설물 유지·보수·개량 및 그 밖의 주택관리 업무를 수행하는 경우에 한정한다)를 말한다(법 제2조 제29호).

대판 2002.10.25, 2000다18073(건설산업기본법위반·특정경제범죄가중처벌등에관한법률위반 (횡령)·업무방해·도시및주거환경정비법위반)

"입주자대표회의 및 관리주체가 종전에 아파트 전체에 일괄하여 체결하였던 화재보험의 계약기간 만료 후 새로운 계약을 체결하지 않은 동안 화재가 발생함으로써 개별입주자가 보험혜택을 받지 못한 경우, 구 주택건설촉진법(1996.12.30. 법률 제5230호로 개정되기 전의 것)과 구 공동주택관리령 (1997.7.10. 대통령령 제15433호로 개정되기 전의 것)의 관련 규정 및 아파트관리규약 등에 따르

면 아파트 입주자를 위하여 화재보험계약을 체결하는 업무 자체는 관리주체에 부여된 것이지만, 관리주체가 계약을 체결하려면 먼저 입주자대표회의의 결의로 계약을 체결할 보험회사를 선정하여야 하므로, 입주자대표회의는 적정한 보험회사를 선정하여 관리주체로 하여금 입주자를 위하여 화재보험계약을 체결하도록 지도, 감독할 의무가 있고, 관리주체는 화재보험 계약기간이 만료되기 전에 입주자대표회의로 하여금 화재보험에 가입하도록 적극적으로 주의를 환기시키고, 나아가 화재보험계약에 관한 조언이나 정보를 제공함으로써 입주자대표회의로 하여금 화재보험기간이 만료되기 전에 보험회사를 선정하는 결의를 할 수 있도록 적절한 조치를 취할 의무가 있음에도 이러한 주의의무를 소홀히 함으로써 화재보험계약이 체결되지 않고 있던 중 화재가 발생하였고, 이로 인하여 개별입주자가 화재보험금을 수령할 수 없게 되었으므로, 입주자대표회의 및 관리주체가 그 입주자에 대하여 손해배상의무가 있다.”

4. 기 타

(1) 공 구

‘공구’란 하나의 주택단지에서 대통령령으로 정하는 기준에 따라 둘 이상으로 구분되는 일단의 구역으로, 착공신고 및 사용검사를 별도로 수행할 수 있는 구역을 말한다(법 제2조 제18호).

〈공구의 구분기준(영 제8조)〉

1. 다음 각 목의 어느 하나에 해당하는 시설을 설치하거나 공간을 조성하여 6m 이상의 너비로 공구 간 경계를 설정할 것
   가. 「주택건설기준 등에 관한 규정」 제26조에 따른 주택단지 안의 도로
   나. 주택단지 안의 지상에 설치되는 부설주차장
   다. 주택단지 안의 옹벽 또는 축대
   라. 식재·조경이 된 녹지
   마. 그 밖에 어린이놀이터 등 부대시설이나 복리시설로서 사업계획 승인권자가 적합하다고 인정하는 시설
2. 공구별 세대수는 300세대 이상으로 할 것

---

(2) 에너지절약형 친환경주택

‘에너지절약형 친환경주택’이란 저에너지 건물 조성기술 등 대통령령으로 정하는 기술을 이용하여 에너지 사용량을 절감하거나 이산화탄소 배출량을 저감할 수 있도록 건설된 주택을 말하며, 그 종류와 범위는 대통령령으로 정한다(법 제2조 제21호). 이에

따른 에너지절약형 친환경주택의 종류·범위 및 건설기준은 「주택건설기준 등에 관한 규정」으로 정한다(영 제11조).

(3) 건강친화형 주택

'건강친화형 주택'이란 건강하고 쾌적한 실내환경의 조성을 위하여 실내공기의 오염물질 등을 최소화할 수 있도록 대통령령으로 정하는 기준에 따라 건설된 주택을 말한다(법 제2조 제22호). 이에 따른 건강친화형 주택의 건설기준은 「주택건설기준 등에 관한 규정」으로 정한다(영 제12조).

(4) 장수명 주택

'장수명 주택'이란 구조적으로 오랫동안 유지·관리될 수 있는 내구성을 갖추고, 입주자의 필요에 따라 내부 구조를 쉽게 변경할 수 있는 가변성과 수리 용이성 등이 우수한 주택을 말한다(법 제2조 제23호).

(5) 리모델링

'리모델링'이란 제66조(리모델링의 허가 등) 제1항 및 제2항에 따라 건축물의 노후화 억제 또는 기능 향상 등을 위한 다음 각 목의 어느 하나에 해당하는 행위를 말한다(법 제2조 제25호).

---

1. 대수선
2. 제49조에 따른 사용검사일(주택단지 안의 공동주택 전부에 대하여 임시사용승인을 받은 경우에는 그 임시사용 승인 일을 말한다) 또는 「건축법」 제22조에 따른 사용 승인 일부터 15년[15년 이상 20년 미만의 연수 중 특별시·광역시·특별자치시·도 또는 특별자치도(이하 "시·도"라 한다)의 조례로 정하는 경우에는 그 연수로 한다]이 경과된 공동주택을 각 세대의 주거전용면적(「건축법」 제38조에 따른 건축물대장 중 집합건축물대장의 전유부분의 면적을 말한다)의 30퍼센트 이내(세대의 주거전용면적이 85㎡ 미만인 경우에는 40퍼센트 이내)에서 증축하는 행위. 이 경우 공동주택의 기능 향상 등을 위하여 공용부분에 대하여도 별도로 증축할 수 있다.
3. 위의 2에 따른 각 세대의 증축 가능 면적을 합산한 면적의 범위에서 기존 세대수의 15퍼센트 이내에서 세대수를 증가하는 증축 행위(이하 "세대수 증가형 리모델링"이라 한다). 다만, 수직으로 증축하는 행위(이하 "수직증축형 리모델링"이라 한다)는 다음의 요건을 모두 충족하는 경우로 한정한다.
   가. 최대 3개층 이하로서 대통령령으로 정하는 범위(영 제13조 제1항)에서 증축할 것
      ㉠ 수직으로 증축하는 행위(이하 "수직증축형 리모델링"이라 한다)의 대상이 되는 기존

건축물의 층수가 15층 이상인 경우 : 3개층
        ⓒ 수직증축형 리모델링의 대상이 되는 기존 건축물의 층수가 14층 이하인 경우 : 2개층
나. 리모델링 대상 건축물의 구조도 보유 등 대통령령으로 정하는 요건(수직증축형 리모델링의
    대상이 되는 기존 건축물의 신축 당시 구조도를 보유하고 있는 것을 말한다)을 갖출 것(영
    제13조 제2항)

또한 '리모델링 기본계획'이란 세대수 증가형 리모델링으로 인한 도시과밀, 이주수
요 집중 등을 체계적으로 관리하기 위하여 수립하는 계획을 말한다(법 제2조 제26호).

5. 다른 법률과의 관계

주택의 건설 및 공급에 관하여 다른 법률에 특별한 규정이 있는 경우를 제외하고
는 이 법에서 정하는 바에 따른다(법 제3조).

제 2 장

주택의 건설 등

제 1 절 주택건설사업자 등

1. 사업주체의 개념

(1) 사업주체의 의의

'사업주체'란 주택건설사업계획 또는 대지조성사업계획의 승인을 받아 그 사업을 시행하는 국가, 지방자치단체, 한국토지주택공사 또는 지방공사, 주택건설사업자 또는 대지조성사업자, 그 밖에 이 법에 따라 주택건설사업 또는 대지조성사업을 시행하는 자를 말한다(법 제2조 제10호).

(2) 사업주체의 종류

1) 등록사업자

연간 대통령령으로 정하는 호수[단독주택의 경우 : 20호, 공동주택의 경우 : 20세대(다만, 도시형 생활주택의 경우와 원룸형 주택과 주거전용면적이 85㎡를 초과하는 주택 1세대를 함께 건축하는 경우에는 30세대로 한다)] 이상의 주택건설사업을 시행하려는 자 또는 연간 1만㎡ 이상의 대지조성사업을 시행하려는 자는 국토교통부장관에게 등록하여야 한다(법 제4조 제1항, 영 제14조 제1항·제2항).

대판 2007.10.12, 2007도6519(주택법위반)

"구 주택법(2005.7.13. 법률 제7600호로 개정되기 전의 것) 제9조 제1항, 제97조 제1호는 '연간 대통령령이 정하는 호수 이상의 주택건설사업을 시행하고자 하는 자'가 건설부장관에게 등록하지 않고 사업을 하는 경우를 처벌하도록 규정하고 있고, 구 주택법 시행령(2006.2.24. 대통령령 제19356호로 개정되기 전의 것) 제10조 제1항은 위 '대통령령이 정하는 호수'를 '단독주택의 경우에는 20호, 공동주택의 경우에는 20세대'를 말한다고 규정하고 있는바, 그 문언에 비추어 볼 때 위 시행령에서 정한 두 가지 기준 중 어느 한 가지 기준 이상으로 주택건설사업을 시행하고자 하는 자가 법에 따른 등록 없이 사업을 영위한 경우에는 형사처벌을 한다는 뜻으로 해석함이 상당하고, 단독주

택과 공동주택에 대한 위 각 기준에는 미달하지만 단독주택과 공동주택을 '합하여' 20호(또는 세대) 이상의 주택건설사업을 시행하고자 하는 자의 경우에까지 위 규정을 적용하는 것은 형벌법규를 지나치게 확장해석하여 죄형법정주의의 원칙에 어긋나 허용될 수 없다."

2) 미등록사업자

위의 1)의 규정에도 불구하고 다음에 해당하는 사업주체의 경우에는 국토교통부장관에게 주택건설사업 등의 등록을 안 하여도 된다(법 제4조 제1항 단서).

1. 국가·지방자치단체
2. 한국토지주택공사
3. 지방공사
4. 「공익법인의 설립·운영에 관한 법률」 제4조에 따라 주택건설사업을 목적으로 설립된 공익법인
5. 제11조에 따라 설립된 주택조합(제5조 제2항에 따라 등록사업자와 공동으로 주택건설사업을 하는 주택조합만 해당한다)
6. 근로자를 고용하는 자(제5조 제3항에 따라 등록사업자와 공동으로 주택건설사업을 시행하는 고용자만 해당하며, 이하 "고용자"라 한다)

3) 위의 1)의 규정에 따라 등록하여야 할 사업자의 자본금과 기술인력 및 사무실 면적에 관한 등록의 기준·절차·방법 등에 필요한 사항은 대통령령으로 정한다(법 제4조 제2항).

(3) 사업주체의 등록기준

주택건설사업 또는 대지조성사업의 등록을 하려는 자는 다음 각 호의 요건을 모두 갖추어야 한다(영 제14조 제3항).

1. 자본금 : 3억원(개인인 경우에는 자산평가액 6억원) 이상
2. 기술인력 : 주택건설사업의 경우 「건설기술 진흥법 시행령」 [별표 1]에 따른 건축분야기술자 1명 이상, 대지조성사업의 경우 같은 표에 따른 토목분야기술자 1명 이상
3. 사무실 면적 : 사업의 수행에 필요한 사무장비를 갖출 수 있는 면적

또한 다음 각 호의 어느 하나에 해당하는 경우에는 해당 각 호의 자본금, 기술인력 또는 사무실 면적을 위의 박스 안의 각 호의 기준에 포함하여 산정한다(영 제14조 제4항).

1. 「건설산업기본법」제9조에 따라 건설업(건축공사업 또는 토목건축공사업만 해당한다)의 등록을 한 자가 주택건설사업 또는 대지조성사업의 등록을 하려는 경우 : 이미 보유하고 있는 자본금, 기술인력 및 사무실면적
2. 위탁관리 부동산투자회사(「부동산투자회사법」제2조 제1호 나목에 따른 위탁관리 부동산투자회사를 말한다)가 주택건설사업의 등록을 하려는 경우 : 같은 법 제22조의2 제1항에 따라 해당 부동산투자회사가 자산의 투자·운용업무를 위탁한 자산관리회사(같은 법 제2조 제5호에 따른 자산관리회사를 말한다)가 보유하고 있는 기술인력 및 사무실면적

주택건설사업을 등록한 자가 대지조성사업을 함께 영위하기 위하여 등록하는 경우에는 이 규정에 따른 대지조성사업의 등록기준에 적합한 기술자를, 대지조성사업을 등록한 자가 주택건설사업을 함께 영위하기 위하여 등록하는 경우에는 주택건설사업의 등록기준에 적합한 기술자를 각각 확보하여야 한다(영 제14조 제3항).

또한 토지소유자·주택조합(세대수를 증가하지 아니하는 리모델링주택조합은 제외한다) 또는 고용자("토지소유자 등"이라 한다)와 등록사업자[주택조합의 경우에는 지방자치단체, 한국토지주택공사 및 주택건설사업을 목적으로 설립된 지방공사를 포함한다]가 공동으로 주택을 건설하려는 경우에는 다음 각 호의 요건을 모두 갖추어 법 제15조에 따른 사업계획승인을 신청하여야 한다(법 제5조, 영 제16조 제1항·제2항).

1. 등록사업자가 시공권한이 있는 등록업자이거나 건설업(건축공사업 또는 토목건축공사업만 해당한다)의 등록을 한 자일 것. 다만, 지방자치단체·한국토지주택공사 및 지방공사의 경우에는 그러하지 아니하다(영 제16조 제2항 제1호).
2. 토지소유자등이 주택건설대지의 소유권(지역주택조합 또는 직장주택조합이 지구단위계획의 결정이 필요한 사업으로 등록사업자와 공동으로 사업을 시행하는 경우에는 95퍼센트 이상의 소유권을 말한다)을 확보하고 있을 것(영 제16조 제2항 제2호)
3. 다음의 요건(영 제16조 제1항 제2호 및 제3호)을 갖출 것. 이 경우 아래의 나목의 요건은 소유권을 확보한 대지에 대해서만 적용한다.
   가. 주택건설대지(토지소유자등이 소유권을 확보한 대지를 말한다)가 저당권·가등기담보권·가압류·전세권·지상권 등의 목적으로 되어 있는 경우에는 그 저당권 등을 말소할 것. 다만, 저당권 등의 권리자로부터 해당 사업의 시행에 대한 동의를 받은 경우는 예외로 한다(영 제16조 제1항 제2호).
   나. 토지소유자등과 등록사업자간에 ① 대지 및 주택(부대시설 및 복리시설을 포함한다)의 사용·처분, ② 사업비의 부담, ③ 공사기간, ④ 그 밖에 사업 추진에 따르는 각종 책임 등 사업 추진에 필요한 사항에 관하여 법 및 이 영이 정하는 범위 안에서 협약이 체결되어 있을 것(영 제16조 제1항 제3호)

ML:r

(4) 공동사업주체

다음의 경우, 등록사업자와 토지소유자, 주택조합 또는 고용자를 공동사업주체로 본다.

토지소유자와 등록사업자	토지소유자가 주택을 건설하는 경우에는 제4조 제1항에도 불구하고 대통령령으로 정하는 바에 따라 제4조에 따라 등록을 한 자("등록사업자"라 한다)와 공동으로 사업을 시행할 수 있다(법 제5조 제1항).
주택조합과 등록사업자	주택조합(세대수를 증가하지 아니하는 리모델링주택조합은 제외한다)이 그 구성원의 주택을 건설하는 경우에는 대통령령으로 정하는 바에 따라 등록사업자(지방자치단체·한국토지주택공사 및 지방공사를 포함한다)와 공동으로 사업을 시행할 수 있다(법 제5조 제2항).
고용자와 등록사업자	고용자가 그 근로자의 주택을 건설하는 경우에는 대통령령으로 정하는 바에 따라 등록사업자와 공동으로 사업을 시행하여야 한다(법 제5조 제3항).

위의 규정에 따른 공동사업주체 간의 구체적인 업무·비용 및 책임의 분담 등에 관하여는 대통령령으로 정하는 범위에서 당사자 간의 협약에 따른다(법 제5조 제4항).

2. 주택건설업자의 등록

(1) 등록기준 등

주택건설사업 또는 대지조성사업의 등록을 하려는 자는 다음 각 호의 요건을 갖추어야 한다. 이 경우 하나의 사업자가 주택건설사업과 대지조성사업을 함께 할 때에는 자본금 및 사무실면적 기준은 중복·적용하지 아니한다(영 제14조 제3항).

구분	자본금		기술자	사무실
	법인	개인		
주택건설사업자	3억원 이상	자산평가액 6억원 이상	건축분야 기술자 1명 이상	사업의 수행에 필요한 사무장비를 갖출 수 있는 면적
대지조성사업자			토목분야 기술자 1명 이상	

(2) 등록절차

① 법 제4조에 따라 주택건설사업 또는 대지조성사업의 등록을 하려는 자는 신청
   서에 국토교통부령으로 정하는 서류를 첨부하여 국토교통부장관에게 제출하여
   야 한다(영 제15조 제1항).

② 국토교통부장관은 법 제4조에 따라 주택건설사업 또는 대지조성사업의 등록을
   한 자(이하 "등록사업자"라 한다)를 등록부에 등재하고 등록증을 발급하여야 한다
   (영 제15조 제2항).

③ 등록사업자는 등록사항에 변경이 있으면 국토교통부령으로 정하는 바에 따라 변
   경 사유가 발생한 날부터 30일 이내에 국토교통부장관에게 신고하여야 한다(영
   제15조 제3항). 다만, 국토교통부령(규칙 제4조 제7항)으로 정하는 경미한 변경(자본
   금, 기술자의 수 또는 사무실 면적이 증가하거나 등록기준에 미달하지 아니하는 범위에
   서 감소한 경우를 말한다)에 대해서는 그러하지 아니하다(영 제15조 제3항 단서).

(3) 결격사유

다음의 어느 하나에 해당하는 자는 제4조에 따른 주택건설사업 등의 등록을 할 수
없다(법 제6조).

① 미성년자·피성년후견인 또는 피한정후견인

② 파산선고를 받은 자로서 복권되지 아니한 자

③ 「부정수표 단속법」또는 이 법을 위반하여 금고 이상의 실형을 선고받고 그 집
   행이 끝나거나(집행이 끝난 것으로 보는 경우를 포함한다) 집행이 면제된 날부터
   2년이 지나지 아니한 자

④ 「부정수표 단속법」또는 이 법을 위반하여 금고 이상의 형의 집행유예를 선고받
   고 그 유예기간 중에 있는 자

⑤ 제8조에 따라 등록이 말소(제6조 제1호 및 제2호에 해당하여 말소된 경우는 제외한
   다)된 후 2년이 지나지 아니한 자

⑥ 임원 중에 위의 ①부터 ⑤까지의 규정 중 어느 하나에 해당하는 자가 있는 법인

제 2 절 주택조합

1. 주택조합의 설립 등

(1) 주택조합의 정의

'주택조합'이란 많은 수의 구성원이 제15조에 따른 사업계획의 승인을 받아 주택을 마련하거나 제66조에 따라 리모델링하기 위하여 결성하는 다음 각 목의 조합을 말한다 (법 제2조 제11호).

구 분	내 용
지역주택조합	특별시·광역시·특별자치시·특별자치도·시 또는 군(광역시의 관할 구역에 있는 군은 제외한다)에 거주하는 주민이 주택을 마련하기 위하여 설립한 조합 예) 서울특별시·인천광역시 및 경기도, 대전광역시·충청남도 및 세종특별자치시, 충청북도, 광주광역시 및 전라남도, 전라북도, 대구광역시 및 경상북도, 부산광역시·울산광역시 및 경상남도, 강원도, 제주특별자치도
직장주택조합	같은 직장의 근로자가 주택을 마련하기 위하여 설립한 조합
리모델링주택조합	공동주택의 소유자가 그 주택을 리모델링하기 위하여 설립한 조합

(2) 조합원의 자격

주택조합의 조합원이 될 수 있는 사람은 다음의 구분에 따른 사람으로 한다(영 제 21조 제1항). 다만, 조합원의 사망으로 그 지위를 상속받는 자는 다음 각 호의 요건에도 불구하고 조합원이 될 수 있다(영 제21조 제1항 단서).

지역주택조합 조합원	지역주택조합 조합원 : 다음 각 목의 요건을 모두 갖춘 사람 1. 조합설립인가신청일(해당 주택건설대지가 투기과열지구 안에 있는 경우에는 조합설립인가신청일 1년 전의 날을 말한다)부터 해당 조합주택의 입주 가능일까지 주택을 소유(주택의 유형, 입주자 선정방법 등을 고려하여 국토교통부령이 정하는 지위에 있는 경우를 포함한다)하는지에 대하여 "① 국토교통부령으로 정하는 기준에 따라 세대주를 포함한 세대원[세대주와 동일한 세대별 주민등록표에 등재되어 있지 아니한 세대주의 배우자 및 그 배우자와 동일한 세대를 이루고 있는 사람을 포함한다] 전원이 주택을 소유하고 있지 아니한 세대의

	세대주일 것과 ② 국토교통부령으로 정하는 기준에 따라 세대주를 포함한 세대원 중 1명에 한정하여 주거전용면적 85㎡ 이하의 주택 1채를 소유한 세대의 세대주일 것" 중 어느 하나에 해당할 것 2. 조합설립인가신청일 현재 법 제2조 제11호 가목의 지역주택조합 지역에 6개월 이상 거주하여 온 자일 것
직장주택조합 조합원	직장주택조합 조합원 : 다음 각 목의 요건을 모두 갖춘 사람 1. 위의 지역주택조합원의 요건 1에 해당하는 자일 것. 다만, 국민주택을 공급받기 위한 직장주택조합의 경우에는 위의 지역주택조합원의 요건 1의 ①에 해당하는 세대주로 한정한다. 다만, 국민주택을 공급받기 위하여 관할 시장·군수·구청장에게 직장주택조합 설립 신고하고자 하는 자(법 제11조 제5항)는 무주택자에 한한다. 2. 조합설립인가 신청일 현재 동일한 특별시·광역시·특별자치시·특별자치도·시 또는 군(광역시의 관할구역에 있는 군은 제외한다) 안에 소재하는 동일한 국가기관·지방자치단체·법인에 근무하는 사람일 것
리모델링주택조합 조합원	리모델링주택조합 조합원 : 다음 각 목의 어느 하나에 해당하는 사람 1. 사업계획승인을 얻어 건설한 공동주택의 소유자 2. 복리시설을 함께 리모델링하는 경우에는 해당 복리시설의 소유자 3. 「건축법」 제11조에 따른 건축허가를 받아 분양을 목적으로 건설한 공동주택의 소유자와 그 건축물중 공동주택 외의 시설의 소유자 ※ 위의 3의 경우 해당 공동주택, 복리시설 또는 공동주택 외의 시설의 소유권이 여러 명의 공유(共有)에 속할 때에는 그 여러 명을 대표하는 1명을 조합원으로 본다.

(3) 지역·직장주택조합 조합원의 교체·신규가입 등

1) 원칙적 금지

지역주택조합 또는 직장주택조합은 설립인가를 받은 후에는 해당 조합원을 교체하거나 신규로 가입하게 할 수 없다(영 제22조 제1항).

2) 예외적 허용

다음의 경우에는 해당 조합원을 교체하거나 신규로 가입하게 할 수 있다(영 제22조 제1항 단서).

① 조합원수가 주택건설 예정 세대수를 초과하지 아니하는 범위에서 시장·군수·구청장으로부터 국토교통부령으로 정하는 바에 따라 조합원 추가모집의 승인을 받은 경우

② 다음의 어느 하나에 해당하는 사유로 결원이 발생한 범위에서 충원하는 경우

1. 조합원의 사망
2. 법 제15조에 따른 사업계획승인 이후[지역주택조합 또는 직장주택조합이 제16조 제2항 제2호 단서에 따라 해당 주택건설대지 전부의 소유권을 확보하지 아니하고 법 제15조에 따른 사업계획승인을 받은 경우에는 해당 주택건설대지 전부의 소유권(해당 주택건설대지가 저당권 등의 목적으로 되어 있는 경우에는 그 저당권 등의 말소를 포함한다)을 확보한 이후를 말한다]에 입주자로 선정된 지위(해당 주택에 입주할 수 있는 권리·자격 또는 지위 등을 말한다)가 양도·증여 또는 판결 등으로 변경된 경우. 다만, 법 제64조에 따라 전매가 금지되는 경우는 제외한다.
3. 조합원의 탈퇴 등으로 조합원수가 주택건설 예정 세대수의 50퍼센트 미만이 되는 경우
4. 조합원이 무자격자로 판명되어 자격을 상실하는 경우
5. 법 제15조에 따른 사업계획승인 등의 과정에서 주택건설 예정 세대수가 변경되어 조합원 수가 변경된 세대수의 50퍼센트 미만이 되는 경우

(4) 조합설립 인가(⇨ 건설을 위한 경우)

1) 조합설립 인가

많은 수의 구성원이 주택을 마련하거나 리모델링하기 위하여 주택조합을 설립하려는 경우(제5항에 따른 직장주택조합의 경우는 제외한다)에는 관할 특별자치시장, 특별자치도지사, 시장, 군수 또는 구청장(구청장은 자치구의 구청장을 말하며, 이하 "시장·군수·구청장"이라 한다)의 인가를 받아야 한다. 인가받은 내용을 변경하거나 주택조합을 해산하려는 경우에도 또한 같다(법 제11조 제1항).

2) 인가조건 등
① 제출

법 제11조 제1항에 따라 주택조합의 설립·변경 또는 해산의 인가를 받으려는 자는 신청서에 다음 각 호의 구분에 따른 서류를 첨부하여 주택건설대지(리모델링주택조합의 경우에는 해당 주택의 소재지를 말한다)를 관할하는 특별자치시장, 특별자치도지사, 시장, 군수 또는 구청장(구청장은 자치구의 구청장을 말하며, 이하 "시장·군수·구청장"이라 한다)에게 제출하여야 한다(영 제20조 제1항).

1. 설립인가신청: 다음 각 목의 구분에 따른 서류
   가. 지역주택조합 또는 직장주택조합의 경우
     1) 창립총회 회의록
     2) 조합장선출동의서
     3) 조합원 전원이 자필로 연명(連名)한 조합규약

4) 조합원 명부

5) 사업계획서

6) 해당 주택건설대지의 80퍼센트 이상에 해당하는 토지의 사용권원을 확보하였음을 증명하는 서류

7) 그 밖에 국토교통부령으로 정하는 서류

나. 리모델링 주택조합의 경우

1) 가목 1)부터 5)까지의 서류

2) 법 제11조 제3항 각 호의 결의를 증명하는 서류. 이 경우 결의서에는 [별표 4] 제1호 나목 1)부터 3)까지의 사항이 기재되어야 한다.

3) 「건축법」 제5조에 따라 건축기준의 완화 적용이 결정된 경우에는 그 증명서류

4) 해당 주택이 법 제49조에 따른 사용검사일(주택단지 안의 공동주택 전부에 대하여 같은 조에 따라 임시 사용승인을 받은 경우에는 그 임시 사용승인일을 말한다) 또는 「건축법」 제22조에 따른 사용승인일부터 다음의 구분에 따른 기간이 지났음을 증명하는 서류

가) 대수선인 리모델링 : 10년

나) 증축인 리모델링 : 법 제2조 제25호 나목에 따른 기간

2. 변경인가신청: 변경의 내용을 증명하는 서류

3. 해산인가신청: 조합원의 동의를 받은 정산서

이에 따라 주택을 마련하기 위하여 주택조합설립인가를 받으려는 자는 해당 주택건설대지의 80퍼센트 이상에 해당하는 토지의 사용권원을 확보하여야 하며(법 제11조 제2항), 또한 주택을 리모델링하기 위하여 주택조합을 설립하려는 경우에는 다음 각 호의 구분에 따른 구분소유자(「집합건물의 소유 및 관리에 관한 법률」 제2조 제2호에 따른 구분소유자를 말한다)와 의결권(「집합건물의 소유 및 관리에 관한 법률」 제37조에 따른 의결권을 말한다)의 결의를 증명하는 서류(① 주택단지 전체를 리모델링하고자 하는 경우에는 주택단지 전체의 구분소유자와 의결권의 각 2/3 이상의 결의 및 각 동의 구분소유자와 의결권의 각 과반수의 결의, ② 동을 리모델링하고자 하는 경우에는 그 동의 구분소유자 및 의결권의 각 2/3 이상의 결의)를 첨부하여 관할 시장·군수·구청장의 인가를 받아야 한다(법 제11조 제3항).

② 조합원 수

주택조합(리모델링주택조합은 제외한다)은 주택건설 예정 세대수(설립인가 당시의 사업계획서상 주택건설 예정 세대수를 말하되, 법 제20조에 따라 임대주택으로 건설·공급하는 세대수는 제외한다. 이하 같다)의 50퍼센트 이상의 조합원으로 구성하되, 조합원은 20명 이상이어야 한다. 다만, 법 제15조에 따른 사업계획승인 등의 과정에서 세대수가 변경된 경우에는 변경된 세대수를 기준으로 한다(영 제20조 제5항). 리모델링주택조합 설립에 동의한 자로부터 건축물을 취득한 자는 리모델링주택조합 설립에 동의한 것으로 본다(영 제20조 제6항).

③ 결정

시장·군수·구청장은 해당 주택건설대지에 대한 다음 각 호의 사항을 종합적으로 검토하여 주택조합의 설립인가 여부를 결정하여야 한다. 이 경우 그 주택건설대지가 이미 인가를 받은 다른 주택조합의 주택건설대지와 중복되지 아니하도록 하여야 한다(영 제20조 제7항).

1. 법 또는 관계 법령에 따른 건축기준 및 건축제한 등을 고려하여 해당 주택건설대지에 주택건설이 가능한지 여부
2. 「국토의 계획 및 이용에 관한 법률」에 따라 수립되었거나 해당 주택건설사업기간에 수립될 예정인 도시·군계획(같은 법 제2조 제2호에 따른 도시·군계획을 말한다)에 부합하는지 여부
3. 이미 수립되어 있는 토지이용계획
4. 주택건설대지 중 토지 사용에 관한 권원을 확보하지 못한 토지가 있는 경우 해당 토지의 위치가 사업계획서상의 사업시행에 지장을 줄 우려가 있는지 여부

④ 기타

주택조합의 설립·변경 또는 해산 인가에 필요한 세부적인 사항은 국토교통부령으로 정한다(영 제20조 제8항).

3) 주택조합의 사업계획승인 신청

① 기간

주택조합은 설립인가를 받은 날부터 2년 이내에 법 제15조에 따른 사업계획승인(30세대 이상 세대수가 증가하지 아니하는 리모델링의 경우에는 법 제66조 제2항에 따른 허가를 말한다. 이하 이 조 및 제23조에서 같다)을 신청하여야 한다(영 제23조 제1항).

② 제한

주택조합은 등록사업자가 소유하는 공공택지를 주택건설대지로 사용해서는 아니 된다. 다만, 경매 또는 공매를 통하여 취득한 공공택지는 예외로 한다(영 제23조 제2항).

(5) 조합설립 신고(⇨ 공급받기 위한 경우)

국민주택을 공급받기 위하여 직장주택조합을 설립하려는 자는 관할 시장·군수·구청장에게 신고하여야 한다. 신고한 내용을 변경하거나 직장주택조합을 해산하려는 경우에도 또한 같다(법 제11조 제5항). 직장주택조합설립을 신고하려는 자는 직장주택조합설립신고서에 다음 각 호의 서류를 첨부하여 관할 시장·군수·구청장에게 제출하여

야 한다. 이 경우 시장·군수·구청장은 「전자정부법」 제36조 제1항에 따른 행정정보의 공동이용을 통하여 주민등록표 등본을 확인하여야 하며, 신고인이 확인에 동의하지 아니하면 직접 제출하도록 하여야 한다(영 제24조 제1항).

---

1. 조합원의 명부
2. 조합원이 될 자가 해당 직장에 근무하는 자임을 증명할 수 있는 서류(그 직장의 장이 확인한 서류에 한한다)
3. 무주택자임을 증명하는 서류

---

(6) 주택의 공급(주택조합업무의 대행 등)

주택조합(리모델링주택조합은 제외한다) 및 그 조합의 구성원(주택조합의 발기인을 포함한다)은 조합원 가입 알선 등 주택조합의 업무를 공동사업주체인 등록사업자 또는 다음 각 호의 어느 하나에 해당하는 자에게만 대행하도록 하여야 한다(법 제11조의2 제1항).

---

1. 등록사업자
2. 「공인중개사법」 제9조에 따른 중개업자
3. 「도시 및 주거환경정비법」 제102조에 따른 정비사업전문관리업자
4. 「부동산개발업의 관리 및 육성에 관한 법률」 제4조에 따른 등록사업자
5. 「자본시장과 금융투자업에 관한 법률」에 따른 신탁업자
6. 그 밖에 다른 법률에 따라 등록한 자로서 대통령령으로 정하는 자

주택조합의 업무를 대행하는 자는 신의에 따라 성실하게 업무를 수행하여야 하고, 거짓 또는 과장 등의 방법으로 주택조합의 가입을 알선하여서는 아니 되며, 자신의 귀책사유로 조합 또는 조합원에게 손해를 입힌 경우에는 그 손해를 배상할 책임이 있다(법 제11조의2 제3항). 국토교통부장관은 주택조합의 원활한 사업추진 및 조합원의 권리보호를 위하여 공정거래위원회 위원장과 협의를 거쳐 표준업무대행계약서를 작성·보급할 수 있다(법 제11조의2 제4항).

(7) 주택조합의 설립에 관한 사항

1) 원칙
인가를 받는 주택조합의 설립방법·설립절차, 주택조합 구성원의 자격기준·제명·

탈퇴 및 주택조합의 운영·관리 등에 필요한 사항과 제5항에 따른 직장주택조합의 설립
요건 및 신고절차 등에 필요한 사항은 대통령령으로 정한다(법 제11조 제7항). 또한 앞서
언급한 바와 같이 법 제11조 제1항에 따라 주택조합의 설립·변경 또는 해산의 인가를
받으려는 자는 필요 서류를 구비하여 주택건설대지(리모델링주택조합의 경우에는 해당 주
택의 소재지를 말한다)를 관할하는 특별자치시장, 특별자치도지사, 시장, 군수 또는 구청
장(구청장은 자치구의 구청장을 말하며, 이하 "시장·군수·구청장"이라 한다)에게 제출하여야
한다(영 제20조 제1항).

설립인가의 신청 시에 조합원 전원이 자필로 연명(連名)한 조합규약에는 다음의 사
항이 포함되어야 한다(영 제20조 제2항).

---

1. 조합의 명칭 및 소재지
2. 조합원의 자격에 관한 사항
3. 주택건설대지의 위치 및 면적
4. 조합원의 제명·탈퇴 및 교체에 관한 사항
5. 조합임원의 수, 업무범위(권리·의무를 포함한다), 보수, 선임방법, 변경 및 해임에 관한 사항
6. 조합원의 비용부담 시기·절차 및 조합의 회계
6의2. 조합원의 제명·탈퇴에 따른 환급금의 산정방식, 지급시기 및 절차에 관한 사항
7. 사업의 시행시기 및 시행방법
8. 총회의 소집절차·소집시기 및 조합원의 총회소집요구에 관한 사항
9. 총회의 의결을 필요로 하는 사항과 그 의결정족수 및 의결절차
10. 사업이 종결되었을 때의 청산절차, 청산금의 징수·지급방법 및 지급절차
11. 조합비의 사용 명세와 총회 의결사항의 공개 및 조합원에 대한 통지방법
12. 조합규약의 변경 절차
13. 그 밖에 조합의 사업추진 및 조합 운영을 위하여 필요한 사항

이때에 "조합규약(위 박스 안 각 호의 사항만 해당)의 변경, 자금의 차입과 그 방법·
이자율 및 상환방법, 예산으로 정한 사항 외에 조합원에게 부담이 될 계약의 체결, 법
제11조의2 제1항에 따른 업무대행자의 선정·변경 및 업무대행계약의 체결, 시공자의
선정·변경 및 공사계약의 체결, 조합임원의 선임 및 해임, 사업비의 조합원별 분담 명
세, 조합해산의 결의 및 해산시의 회계 보고 등에 관한 사항"은 반드시 총회의 의결을
거쳐야 한다(영 제20조 제3항, 규칙 제7조 제5항).

총회의 의결을 하는 경우에는 조합원의 10/100 이상이 직접 출석하여야 하는데,
창립총회 또는 위의 규칙 제7조 5항으로 정하는 사항을 의결하는 총회의 경우에는 조

합원의 20/100 이상이 직접 출석하여야 한다(영 제20조 제4항).

2) 예외

투기과열지구에서 설립인가를 받은 지역주택조합이 구성원을 선정하는 경우에는 신청서의 접수 순서에 따라 조합원의 지위를 인정하여서는 아니 된다(법 제11조 제7항 단서).

2. 주택조합에 대한 감독 등

(1) 국가전산망의 이용

국토교통부장관 또는 시장·군수·구청장은 주택공급에 관한 질서를 유지하기 위하여 특히 필요하다고 인정되는 경우에는 국가가 관리하고 있는 행정전산망 등을 이용하여 주택조합 구성원의 자격 등에 관하여 필요한 사항을 확인할 수 있다(법 제14조 제1항).

(2) 설립인가의 취소

시장·군수·구청장은 주택조합 또는 그 조합의 구성원이 거짓이나 그 밖의 부정한 방법으로 설립인가를 받은 경우 또는 이 법 제94조에 따른 명령이나 처분을 위반한 경우에는 주택조합의 설립인가를 취소할 수 있다(법 제14조 제2항).

(3) 회계감사

주택조합은 대통령령으로 정하는 바에 따라 회계감사를 받아야 하며, 그 감사결과를 관할 시장·군수·구청장에게 보고하고, 인터넷에 게재하는 등 해당 조합원이 열람할 수 있도록 하여야 한다(법 제14조 제3항).

1) 회계감사 시기

주택조합은 법 제14조 제3항에 따라 다음 각 호의 어느 하나에 해당하는 날부터 30일 이내에 「주식회사의 외부감사에 관한 법률」에 따른 감사인의 회계감사를 받아야 한다(영 제26조 제1항).

1. 법 제11조에 따른 주택조합 설립인가를 받은 날로부터 3월이 경과한 날
2. 법 제15조에 따른 사업계획승인을 얻은 날부터 3월이 경과한 날
3. 법 제49조에 따른 사용검사 또는 임시사용승인을 신청한 날

2) 회계감사 절차

① 회계감사에 대해서는 「주식회사의 외부감사에 관한 법률」 제5조에 따른 회계감사기준을 적용한다(영 제26조 제2항).

② 회계감사를 한 자는 회계감사 종료일부터 15일 이내에 회계감사 결과를 관할 시장·군수·구청장과 해당 주택조합에 각각 통보하여야 한다(영 제26조 제3항).

③ 시장·군수·구청장은 제3항에 따라 통보받은 회계감사 결과의 내용을 검토하여 위법 또는 부당한 사항이 있다고 인정되는 경우에는 그 내용을 해당 주택조합에 통보하고 시정을 요구할 수 있다(영 제26조 제4항).

제 3 절 주택건설사업의 시행

1. 사업계획의 승인

(1) 승인권자

사업계획승인을 받으려는 자는 사업계획승인신청서에 주택과 그 부대시설 및 복리시설의 배치도, 대지조성공사 설계도서 등 대통령령으로 정하는 서류를 첨부하여 사업계획승인권자에게 제출하여야 한다(법 제15조 제2항).

1) 원칙

주택건설사업을 시행하려는 자 또는 대지조성사업을 시행하려는 자는 다음 각 호의 사업계획승인권자(국가 및 한국토지주택공사가 시행하는 경우와 대통령령으로 정하는 경우에는 국토교통부장관을 말한다)에게 사업계획승인을 받아야 한다(법 제15조 제1항).

① 주택건설사업 또는 대지조성사업으로서 해당 대지면적이 10만㎡ 이상인 경우

　　⇨ 특별시장·광역시장·특별자치시장·도지사 또는 특별자치도지사 또는 서울특별시·광역시 및 특별자치시를 제외한 인구 50만 이상의 대도시의 시장

② 주택건설사업 또는 대지조성사업으로서 해당 대지면적이 10만㎡ 미만인 경우
⇨ 특별시장·광역시장·특별자치시장·특별자치도지사 또는 시장·군수

2) 예외(영 제27조) (⇨ 국토교통부장관)

1. 국가·한국토지주택공사가 시행하는 경우
2. 330만㎡ 이상의 규모로 「택지개발촉진법」에 따른 택지개발사업 또는 「도시개발법」에 따른 도시개발사업을 추진하는 지역 중 국토교통부장관이 지정·고시하는 지역 안에서 주택건설사업을 시행하는 경우
3. 수도권·광역시 지역의 긴급한 주택난 해소가 필요하거나 지역균형개발 또는 광역적 차원의 조정이 필요하여 국토교통부장관이 지정·고시하는 지역 안에서 주택건설사업을 시행하는 경우
4. 다음 각 목에 해당하는 자가 단독 또는 공동으로 총지분의 50퍼센트를 초과하여 출자한 부동산투자회사(해당 부동산투자회사의 자산관리회사가 한국토지주택공사인 경우만 해당한다)가 주택건설사업을 시행하는 경우
   가. 국가   나. 지방자치단체   다. 한국토지주택공사   라. 지방공사

(2) 사업계획승인 대상

1) 승인대상(영 제14조 제1항)

① 단독주택의 경우에는 20호 이상
② 공동주택의 경우에는 20세대 이상(도시형 생활주택의 경우에는 30세대)
③ 대지조성사업부지의 경우에는 1만㎡ 이상

2) 예외

주택 외의 시설과 주택을 동일건축물로 건축하는 경우 등 다음에서 정하는 경우에는 이를 사업계획승인대상에서 제외한다(이 경우 「건축법」상의 허가대상이 된다. 법 제15조 제1항 단서, 영 제27조 제4항).

1. 「국토의 계획 및 이용에 관한 법률」에 따른 도시지역 중 상업지역(유통상업지역은 제외한다) 또는 준주거지역에서 300세대 미만의 주택과 주택 외의 시설을 동일 건축물로 건축하는 경우로서 해당 건축물의 연면적에 대한 주택연면적 합계의 비율이 90퍼센트 미만인 경우
2. 「농어촌정비법」 제2조 제10호에 따른 생활환경정비사업 중 「농업협동조합법」 제2조 제4호에 따른 농업협동조합중앙회가 조달하는 자금으로 시행하는 사업인 경우

(3) 주택건설사업의 분할 시행

주택건설사업을 시행하려는 자는 대통령령(영 제28조 제1항)으로 정하는 호수(세대수 600세대 이상인 주택단지) 이상의 주택단지를 공구별로 분할하여 주택을 건설·공급할 수 있다. 이 경우 사업계획승인신청서에 주택과 그 부대시설 및 복리시설의 배치도, 대지조성공사 설계도서 등(동법 제2항)에 따른 서류와 함께 ① 공구별 공사계획서, ② 입주자 모집계획서, ③ 사용검사계획서를 첨부하여 사업계획승인권자에게 제출하고 사업계획승인을 받아야 한다(법 제15조 제3항).

1) 소유권의 확보

주택건설사업계획의 승인을 받으려는 자는 해당 주택건설대지의 소유권을 확보하여야 한다. 다만, 다음 각 호의 어느 하나에 해당하는 경우에는 그러하지 아니하다(법 제21조 제1항).

---

1. 「국토의 계획 및 이용에 관한 법률」 제49조에 따른 지구단위계획의 결정(제19조 제1항 제5호에 따라 의제되는 경우를 포함한다)이 필요한 주택건설사업의 해당 대지면적의 80퍼센트 이상을 사용할 수 있는 권원[제5조 제2항에 따라 등록사업자와 공동으로 사업을 시행하는 주택조합(리모델링주택조합은 제외한다)의 경우에는 95퍼센트 이상의 소유권을 말한다]을 확보하고(국공유지가 포함된 경우에는 해당 토지의 관리청이 해당 토지를 사업주체에게 매각하거나 양여할 것을 확인한 서류를 사업계획승인권자에게 제출하는 경우에는 확보한 것으로 본다), 확보하지 못한 대지가 법 제22조 및 제23조에 따른 매도청구 대상이 되는 대지에 해당하는 경우
2. 사업주체가 주택건설대지의 소유권을 확보하지 못하였으나 그 대지를 사용할 수 있는 권원을 확보한 경우
3. 국가·지방자치단체·한국토지주택공사 또는 지방공사가 주택건설사업을 하는 경우

---

(4) 사업계획의 승인절차 등

1) 사업계획의 내용

사업계획은 쾌적하고 문화적인 주거생활을 하는 데에 적합하도록 수립되어야 하며, 그 사업계획에는 부대시설 및 복리시설의 설치에 관한 계획 등이 포함되어야 한다(법 제15조 제5항).

2) 사업계획의 승인절차

① 사업계획승인권자는 사업계획승인의 신청을 받은 때에는 정당한 사유가 없으면 그 신청을 받은 날부터 60일 이내에 사업주체에게 승인여부를 통보하여야 한다(영 제30조 제1항).

② 국토교통부장관은 주택건설사업계획의 승인을 하였을 때에는 지체 없이 관할 시·도지사에게 그 내용을 통보하여야 한다(영 제30조 제2항).

③ 사업계획승인권자는 「주택도시기금법」에 따른 주택도시기금("주택도시기금"이라 한다)을 지원받은 사업주체에게 사업계획의 변경승인을 하였을 때에는 그 내용을 해당 사업에 대한 융자를 취급한 기금수탁자에게 통지하여야 한다(영 제30조 제3항).

④ 주택도시기금을 지원받은 사업주체가 사업주체를 변경하기 위하여 사업계획의 변경승인을 신청하는 경우에는 기금수탁자의 사업주체 변경에 관한 동의서를 첨부하여야 한다(영 제30조 제4항).

⑤ 사업계획승인권자는 제1항 또는 제3항에 따라 사업계획을 승인하였을 때에는 이에 관한 사항을 고시하여야 한다. 이 경우 국토교통부장관은 관할 시장·군수·구청장에게, 특별시장, 광역시장 또는 도지사는 관할 시장, 군수 또는 구청장에게 각각 사업계획승인서 및 관계 서류의 사본을 지체 없이 송부하여야 한다(법 제15조 제6항). 사업계획승인권자가 사업계획승인의 고시를 할 때에는 다음 사항을 포함하여야 한다(영 제30조 제5항).

---

1. 사업의 명칭
2. 사업주체의 성명·주소(법인인 경우에는 법인의 명칭·소재지와 대표자의 성명·주소를 말한다)
3. 사업시행지의 위치·면적 및 건설주택의 규모
4. 사업시행기간
5. 법 제19조 제1항에 따라 고시가 의제되는 사항

---

2. 다른 법률에 의한 인·허가 등의 의제 등

(1) 인·허가 등의 의제

사업계획승인권자가 사업계획을 승인 또는 변경 승인할 때 허가·인가·결정·승인 또는 신고 등("인·허가등"이라 한다)에 관하여 관계 행정기관의 장과 협의한 사항에 대하여는 해당 인·허가등을 받은 것으로 보며, 사업계획의 승인고시가 있은 때에는 관계 법률에 따른 고시가 있은 것으로 본다(법 제19조 제1항).

1. 「건축법」 제11조에 따른 건축허가, 같은 법 제14조에 따른 건축신고, 같은 법 제16조에 따른 허가·신고사항의 변경 및 같은 법 제20조에 따른 가설건축물의 건축허가 또는 신고
2. 「공간정보의 구축 및 관리 등에 관한 법률」 제15조 제3항에 따른 지도등의 간행 심사
3. 「공유수면 관리 및 매립에 관한 법률」 제8조에 따른 공유수면의 점용·사용허가, 같은 법 제10조에 따른 협의 또는 승인, 같은 법 제17조에 따른 점용·사용 실시계획의 승인 또는 신고, 같은 법 제28조에 따른 공유수면의 매립면허, 같은 법 제35조에 따른 국가 등이 시행하는 매립의 협의 또는 승인 및 같은 법 제38조에 따른 공유수면매립실시계획의 승인
4. 「광업법」 제42조에 따른 채굴계획의 인가
5. 「국토의 계획 및 이용에 관한 법률」 제30조에 따른 도시·군관리계획(같은 법 제2조 제4호 다목의 계획 및 같은 호 마목의 계획 중 같은 법 제51조 제1항에 따른 지구단위계획구역 및 지구단위계획만 해당한다)의 결정, 같은 법 제56조에 따른 개발행위의 허가, 같은 법 제86조에 따른 도시·군계획시설사업시행자의 지정, 같은 법 제88조에 따른 실시계획의 인가 및 같은 법 제130조 제2항에 따른 타인의 토지에의 출입허가
6. 「농어촌정비법」 제23조에 따른 농업생산기반시설의 사용허가
7. 「농지법」 제34조에 따른 농지전용(農地轉用)의 허가 또는 협의
8. 「도로법」 제36조에 따른 도로공사 시행의 허가, 같은 법 제61조에 따른 도로점용의 허가
9. 「도시개발법」 제3조에 따른 도시개발구역의 지정, 같은 법 제11조에 따른 시행자의 지정, 같은 법 제17조에 따른 실시계획의 인가 및 같은 법 제64조 제2항에 따른 타인의 토지에의 출입허가
10. 「사도법」 제4조에 따른 사도(私道)의 개설허가
11. 「사방사업법」 제14조에 따른 토지의 형질변경 등의 허가, 같은 법 제20조에 따른 사방지(砂防地) 지정의 해제
12. 「산림보호법」 제9조 제1항 및 같은 조 제2항 제1호·제2호에 따른 산림보호구역에서의 행위의 허가·신고. 다만, 「산림자원의 조성 및 관리에 관한 법률」에 따른 채종림 및 시험림과 「산림보호법」에 따른 산림유전자원보호구역의 경우는 제외한다.
13. 「산림자원의 조성 및 관리에 관한 법률」 제36조 제1항·제4항에 따른 입목벌채 등의 허가·신고. 다만, 같은 법에 따른 채종림 및 시험림과 「산림보호법」에 따른 산림유전자원보호구역의 경우는 제외한다.
14. 「산지관리법」 제14조·제15조에 따른 산지전용허가 및 산지전용신고, 같은 법 제15조의2에 따른 산지일시사용허가·신고
15. 「소하천정비법」 제10조에 따른 소하천공사 시행의 허가, 같은 법 제14조에 따른 소하천 점용 등의 허가 또는 신고
16. 「수도법」 제17조 또는 제49조에 따른 수도사업의 인가, 같은 법 제52조에 따른 전용상수도 설치의 인가
17. 「연안관리법」 제25조에 따른 연안정비사업실시계획의 승인

18. 「유통산업발전법」제8조에 따른 대규모점포의 등록
19. 「장사 등에 관한 법률」제27조 제1항에 따른 무연분묘의 개장허가
20. 「지하수법」제7조 또는 제8조에 따른 지하수 개발·이용의 허가 또는 신고
21. 「초지법」제23조에 따른 초지전용의 허가
22. 「택지개발촉진법」제6조에 따른 행위의 허가
23. 「하수도법」제16조에 따른 공공하수도에 관한 공사 시행의 허가, 같은 법 제34조 제2항에 따른 개인하수처리시설의 설치신고
24. 「하천법」제30조에 따른 하천공사 시행의 허가 및 하천공사실시계획의 인가, 같은 법 제33조에 따른 하천의 점용허가 및 같은 법 제50조에 따른 하천수의 사용허가
25. 「부동산 거래신고 등에 관한 법률」제11조에 따른 토지거래계약에 관한 허가

(2) 절차

① 인·허가등의 의제를 받으려는 자는 사업계획승인을 신청할 때에 해당 법률에서 정하는 관계 서류를 함께 제출하여야 한다(법 제19조 제2항).

② 사업계획승인권자는 사업계획을 승인하려는 경우 그 사업계획에 법 제19조 제1항 각 호의 어느 하나에 해당하는 사항이 포함되어 있는 경우에는 해당 법률에서 정하는 관계 서류를 미리 관계 행정기관의 장에게 제출한 후 협의하여야 한다. 이 경우 협의 요청을 받은 관계 행정기관의 장은 사업계획승인권자의 협의 요청을 받은 날부터 20일 이내에 의견을 제출하여야 하며, 그 기간 내에 의견을 제출하지 아니한 경우에는 협의가 완료된 것으로 본다(법 제19조 제3항).

③ 위 ①에 따라 사업계획승인권자의 협의 요청을 받은 관계 행정기관의 장은 해당 법률에서 규정한 인·허가 등의 기준을 위반하여 협의에 응하여서는 아니된다(법 제19조 제4항).

3. 시행자의 보호조치 등

(1) 타인의 토지에의 출입

1) 토지에의 출입 등

국가·지방자치단체·한국토지주택공사 및 지방공사인 사업주체가 사업계획의 수립을 위한 조사 또는 측량을 하려는 경우와 국민주택사업을 시행하기 위하여 필요한 경우에는 다음의 행위를 할 수 있다(법 제24조 제1항).

1. 타인의 토지에 출입하는 행위
2. 특별한 용도로 이용되지 아니하고 있는 타인의 토지를 재료적치장 또는 임시도로로 일시 사용하는 행위
3. 특히 필요한 경우 죽목·토석이나 그 밖의 장애물을 변경하거나 제거하는 행위

2) 토지에의 출입 등에 따른 손실보상

① 토지에의 출입 등(제24조 제1항)에 따른 행위로 인하여 손실을 입은 자가 있는 경우에는 그 행위를 한 사업주체가 그 손실을 보상하여야 한다(법 제25조 제1항).

② 위 ①에 따른 손실보상에 관하여는 그 손실을 보상할 자와 손실을 입은 자가 협의하여야 한다(법 제25조 제2항).

③ 손실을 보상할 자 또는 손실을 입은 자는 제2항에 따른 협의가 성립되지 아니하거나 협의를 할 수 없는 경우에는 「공익사업을 위한 토지 등의 취득 및 보상에 관한 법률」에 따른 관할 토지수용위원회에 재결을 신청할 수 있다(법 제25조 제3항).

④ 제3항에 따른 관할 토지수용위원회의 재결에 관하여는 「공익사업을 위한 토지 등의 취득 및 보상에 관한 법률」 제83조부터 제87조까지의 규정을 준용한다(법 제25조 제1항).

(2) 매도청구

① 사업계획승인을 받은 사업주체는 해당 주택건설대지 중 해당 대지면적의 80퍼센터 이상을 사용할 수 있는 권원을 확보하지 못한 대지(건축물을 포함)의 소유자에게 그 대지를 시가로 매도할 것을 청구할 수 있다. 이 경우 매도청구 대상이 되는 대지의 소유자와 매도청구를 하기 전에 3개월 이상 협의를 하여야 한다(법 제22조 제1항).

1. 주택건설대지면적의 95퍼센트 이상의 사용권원을 확보한 경우: 사용권원을 확보하지 못한 대지의 모든 소유자에게 매도청구 가능
2. 제1호 외의 경우: 사용권원을 확보하지 못한 대지의 소유자 중 지구단위계획구역 결정고시일 10년 이전에 해당 대지의 소유권을 취득하여 계속 보유하고 있는 자(대지의 소유기간을 산정할 때 대지소유자가 직계존속·직계비속 및 배우자로부터 상속받아 소유권을 취득한 경우에는 피상속인의 소유기간을 합산한다)를 제외한 소유자에게 매도청구 가능

> **대판 2013.3.28, 2012다57231(소유권 이전 등기 등)**
>
> 구 주택법(2012.1.26. 법률 제11243호로 개정되기 전의 것) 제18조의2 제1항은 "제16조 제2항 제1호에 따라 사업계획승인을 받은 사업주체는 다음 각 호에 따라 해당 주택건설대지 중 사용할 수 있는 권원을 확보하지 못한 대지(건축물을 포함한다. 이하 이 조 및 제18조의3에서 같다)의 소유자에게 그 대지를 시가로 매도할 것을 청구할 수 있다. 이 경우 매도청구대상이 되는 대지의 소유자와 매도청구를 하기 전에 3개월 이상 협의를 하여야 한다."라고 규정하고 있다. 그런데 사업계획승인을 받은 사업주체가 매도청구대상이 되는 대지의 소유자를 상대로 위 조항에 의한 협의를 할 수 있는 것은 사업주체가 매도청구대상이 되는 대지의 소유자에게 사업계획승인의 효력을 주장할 수 있는 지위에 있음을 당연한 전제로 하므로, 위 조항에 의한 적법한 협의가 인정되기 위해서는, 적어도 사업주체의 협의 의사가 매도청구대상이 되는 대지의 소유자에게 도달하기 전에 사업계획승인의 효력이 발생하여 그 효력이 매도청구대상이 되는 대지의 소유자에게 미쳐야 한다.

② 인가를 받아 설립된 리모델링주택조합은 그 리모델링 결의(2/3)에 찬성하지 아니하는 자의 주택 및 토지에 대하여 매도청구를 할 수 있다(법 제22조 제2항).

③ 매도청구에 관하여는 「집합건물의 소유 및 관리에 관한 법률」 제48조를 준용한다. 이 경우 구분소유권 및 대지사용권은 주택건설사업 또는 리모델링사업의 매도청구의 대상이 되는 건축물 또는 토지의 소유권과 그 밖의 권리로 본다(법 제22조 제3항).

(3) 소유자의 확인이 곤란한 대지 등에 대한 처분

① 사업계획승인을 받은 사업주체는 해당 주택건설대지 중 사용할 수 있는 권원을 확보하지 못한 대지의 소유자가 있는 곳을 확인하기가 현저히 곤란한 경우에는 전국적으로 배포되는 둘 이상의 일간신문에 두 차례 이상 공고하고, 공고한 날부터 30일 이상이 지났을 때에는 매도청구 대상의 대지로 본다(법 제23조 제1항).

② 사업주체는 매도청구 대상 대지의 감정평가액에 해당하는 금액을 법원에 공탁하고 주택건설사업을 시행할 수 있다(법 제23조 제2항).

③ 대지의 감정평가액은 사업계획승인권자가 추천하는 「부동산 가격공시 및 감정평가에 관한 법률」에 따른 감정평가업자 2명 이상이 평가한 금액을 산술평균하여 산정한다(법 제23조 제3항).

(4) 사업촉진대책

1) 우선 매각 및 임대 대상

국가 또는 지방자치단체는 그가 소유하는 토지를 매각하거나 임대하는 경우에는 아래 박스 안의 어느 하나의 목적으로 그 토지의 매수 또는 임차를 원하는 자가 있으면 그에게 우선적으로 그 토지를 매각하거나 임대할 수 있다(법 제30조 제1항).

---

1. 국민주택규모의 주택을 대통령령으로 정하는 비율(50퍼센트) 이상으로 건설하는 주택의 건설
2. 주택조합이 건설하는 주택("조합주택")의 건설
3. 제1호 또는 제2호의 주택을 건설하기 위한 대지의 조성

---

2) 사업의 지연 시 조치사항

국가 또는 지방자치단체는 국가 또는 지방자치단체로부터 토지를 매수하거나 임차한 자가 그 매수일 또는 임차일부터 2년 이내에 국민주택규모의 주택 또는 조합주택을 건설하지 아니하거나 그 주택을 건설하기 위한 대지조성사업을 시행하지 아니한 경우에는 환매하거나 임대계약을 취소할 수 있다(법 제30조 제2항).

3) 환지방식에 의한 도시개발사업으로 조성된 대지의 활용

사업주체가 국민주택용지로 사용하기 위하여 도시개발사업시행자[「도시개발법」에 따른 환지방식에 의하여 사업을 시행하는 도시개발사업의 시행자를 말한다]에게 체비지의 매각을 요구한 경우 그 도시개발사업시행자는 체비지의 총면적의 50퍼센트의 범위에서 이를 우선적으로 사업주체에게 매각할 수 있다(법 제31조 제1항). 이에 따라 도시개발사업시행자(「도시개발법」에 따른 환지 방식에 의하여 사업을 시행하는 도시개발사업의 시행자)는 체비지(替費地)를 사업주체에게 국민주택용지로 매각하는 경우에는 경쟁 입찰로 하여야 한다. 다만, 매각을 요구하는 사업주체가 하나일 때에는 수의계약으로 매각할 수 있다(영 제42조).

(5) 수용권의 인정

사업주체(국가·지방자치단체·한국토지주택공사 및 지방공사)가 국민주택을 건설하거나 국민주택을 건설하기 위한 대지를 조성하는 경우에는 토지나 토지에 정착한 물건의 소유권 및 그 토지나 물건에 관한 소유권 외의 권리(이하 "토지등"이라 한다)를 수용하거

나 사용할 수 있다(법 제24조 제2항).

① 「공익사업을 위한 토지 등의 취득 및 보상에 관한 법률」의 준용

　　법 제24조 제2항에 따라 토지 등을 수용하거나 사용하는 경우 이 법에 규정된 것 외에는 「공익사업을 위한 토지 등의 취득 및 보상에 관한 법률」을 준용한다 (법 제27조 제1항).

② ①에 따라 「공익사업을 위한 토지 등의 취득 및 보상에 관한 법률」을 준용하는 경우에는 "「공익사업을 위한 토지 등의 취득 및 보상에 관한 법률」 제20조 제1항에 따른 사업인정"을 "제15조에 따른 사업계획승인"으로 본다. 다만, 재결신청은 「공익사업을 위한 토지 등의 취득 및 보상에 관한 법률」 제23조 제1항 및 제28조 제1항에도 불구하고 사업계획승인을 받은 주택건설사업 기간 이내에 할 수 있다(법 제27조 제2항).

(6) 토지매수업무 등의 위탁

① 국가 또는 한국토지주택공사인 사업주체는 주택건설사업 또는 대지조성사업을 위한 토지매수 업무와 손실보상 업무를 대통령령으로 정하는 바에 따라 관할 지방자치단체의 장에게 위탁할 수 있다(법 제26조 제1항).

② 사업주체가 제1항에 따라 토지매수 업무와 손실보상 업무를 위탁할 때에는 그 토지매수 금액과 손실보상 금액의 2퍼센트의 범위에서 대통령령으로 정하는 요율의 위탁수수료를 해당 지방자치단체에 지급하여야 한다(법 제26조 제2항).

4. 공사의 착수

(1) 공사착수 의무

사업주체는 제15조 제1항 또는 제3항에 따라 승인받은 사업계획대로 사업을 시행하여야 하고, 다음 각 호의 구분에 따라 공사를 시작하여야 한다.

---

1. 제15조 제1항에 따라 승인을 받은 경우: 승인받은 날부터 5년 이내
2. 제15조 제3항에 따라 승인을 받은 경우
　가. 최초로 공사를 진행하는 공구: 승인받은 날부터 5년 이내
　나. 최초로 공사를 진행하는 공구 외의 공구: 해당 주택단지에 대한 최초 착공신고일부터 2년 이내

다만, 사업계획승인권자는 대통령령으로 정하는 정당한 사유가 있다고 인정하는 경우에는 사업주체의 신청을 받아 그 사유가 없어진 날부터 1년의 범위에서 제1호 또는 제2호 가목에 따른 공사의 착수기간을 연장할 수 있다(법 제16조 제1항).

〈공사 착수기간의 연장(영 제31조)〉

1. 「매장문화재 보호 및 조사에 관한 법률」제11조에 따라 문화재청장의 매장문화재 발굴허가를 받은 경우
2. 해당 사업시행지에 대한 소유권 분쟁(소송절차가 진행 중인 경우만 해당한다)으로 인하여 공사 착수가 지연되는 경우
3. 법 제15조에 따른 사업계획승인의 조건으로 부과된 사항을 이행함에 따라 공사 착수가 지연되는 경우
4. 천재지변 또는 사업주체에게 책임이 없는 불가항력적인 사유로 인하여 공사 착수가 지연되는 경우
5. 공공택지의 개발·조성을 위한 계획에 포함된 기반시설의 설치 지연으로 공사 착수가 지연되는 경우
6. 해당 지역의 미분양주택 증가 등으로 사업성이 악화될 우려가 있거나 주택건설경기가 침체되는 등 공사에 착수하지 못할 부득이한 사유가 있다고 사업계획승인권자가 인정하는 경우

---

(2) 공사착수시 신고

사업계획승인을 받은 사업주체가 공사를 시작하려는 경우에는 국토교통부령으로 정하는 바에 따라 사업관계자 상호간 계약서 사본, 흙막이 구조도면(지하 2층 이상의 지하층을 설치하는 경우만 해당), 설계도서(국토교통부장관이 정하여 고시하는 도서만 해당), 감리계획서 및 감리의견서를 첨부하여 사업계획승인권자에게 신고하여야 한다(법 제16조 제2항, 규칙 제15조 제2항).

(3) 승인 취소

사업계획승인권자는 다음의 어느 하나에 해당하는 경우 그 사업계획의 승인을 취소(제2호 또는 제3호에 해당하는 경우 「주택도시기금법」 제26조에 따라 주택분양보증이 된 사업은 제외한다)할 수 있다(법 제16조 제3항).

---

1. 사업주체가 제1항(법 제16조 제1항 제2호 나목은 제외한다)을 위반하여 공사를 시작하지 아니한 경우
2. 사업주체가 경매·공매 등으로 인하여 대지소유권을 상실한 경우
3. 사업주체의 부도·파산 등으로 공사의 완료가 불가능한 경우

또한 사업계획승인권자는 사업계획 승인을 취소하고자 하는 경우에는 사업주체에게 사업계획 이행, 사업비 조달 계획 등 대통령령으로 정하는 내용이 포함된 사업 정상화 계획을 제출받아 계획의 타당성을 심사한 후 취소 여부를 결정하여야 한다(법 제16조 제4항).

5. 간선시설의 설치 및 비용의 상환

(1) 의의

'간선시설'이란 도로·상하수도·전기시설·가스시설·통신시설 및 지역난방시설 등 주택단지(둘 이상의 주택단지를 동시에 개발하는 경우에는 각각의 주택단지를 말한다) 안의 기간시설을 그 주택단지 밖에 있는 같은 종류의 기간시설에 연결시키는 시설을 말한다. 다만, 가스시설·통신시설 및 지역난방시설의 경우에는 주택단지 안의 기간시설을 포함한다(법 제2조 제17호).

(2) 설치대상

사업주체가 대통령령으로 정하는 호수[(단독주택 : 100호, 공동주택 : 100세대(리모델링의 경우에는 늘어나는 세대수를 기준으로 함)] 이상의 주택건설사업을 시행하는 경우 또는 대통령령으로 정하는 면적(16,500㎡) 이상의 대지조성사업을 시행하는 경우 다음 각 호에 해당하는 자는 각각 해당 간선시설을 설치하여야 한다(법 제28조 제1항, 영 제39조 제1항·제2항).

설치 의무자	간선시설의 종류
지방자치단체	도로 및 상하수도시설
해당 지역에 전기·통신·가스 또는 난방을 공급하는 자	전기시설·통신시설·가스시설 또는 지역난방시설
국가	우체통

간선시설은 특별한 사유가 없으면 제49조 제1항에 따른 사용검사일까지 설치를 완료하여야 한다(법 제28조 제2항).

(3) 비용부담의 원칙

법 제28조 제1항에 따른 간선시설의 설치 비용은 설치의무자가 부담한다. 이 경우 제1항 제1호에 따른 간선시설의 설치 비용은 그 비용의 50퍼센트의 범위에서 국가가 보조할 수 있다(법 제28조 제3항).

이러한 규정에도 불구하고 전기간선시설을 지중선로로 설치하는 경우에는 전기를 공급하는 자와 지중에 설치할 것을 요청하는 자가 각각 50퍼센트의 비율로 그 설치비용을 부담한다(법 제28조 제4항). 다만, 사업지구 밖의 기간시설로부터 그 사업지구 안의 가장 가까운 주택단지(사업지구 안에 1개의 주택단지가 있는 경우에는 그 주택단지를 말한다)의 경계선까지 전기간선시설을 설치하는 경우에는 전기를 공급하는 자가 부담한다(법 제28조 제4항 단서).

(4) 비용상환 등

간선시설 설치의무자가 동법 제2항의 기간(사용검사일)까지 간선시설의 설치를 완료하지 못할 특별한 사유가 있는 경우에는 사업주체가 그 간선시설을 자기부담으로 설치하고 간선시설 설치의무자에게 그 비용의 상환을 요구할 수 있다(법 제28조 제7항).

〈간선시설 설치비의 상환(영 제40조)〉

① 법 제28조 제7항에 따라 사업주체가 간선시설을 자기부담으로 설치하려는 경우 간선시설 설치의무자는 사업주체와 간선시설의 설치비 상환계약을 체결하여야 한다.
② 제1항에 따른 상환계약에서 정하는 설치비의 상환기한은 해당 사업의 사용검사일부터 3년 이내로 하여야 한다.
③ 간선시설 설치의무자가 제1항에 따른 상환계약에 따라 상환하여야 하는 금액은 다음 각 호의 금액을 합산한 금액으로 한다.
   1. 설치비용
   2. 상환 완료 시까지의 설치비용에 대한 이자. 이 경우 이자율은 설치비 상환계약 체결일 당시의 정기예금 금리(「은행법」에 따라 설립된 은행 중 수신고를 기준으로 한 전국 상위 6개 시중은행의 1년 만기 정기예금 금리의 산술평균을 말한다)로 하되, 상환계약에서 달리 정한 경우에는 그에 따른다.

6. 사용검사

(1) 사업주체의 사용검사

사업주체는 사업계획승인을 받아 시행하는 주택건설사업 또는 대지조성사업을 완료한 경우에는 주택 또는 대지에 대하여 국토교통부령으로 정하는 바에 따라 시장·군수·구청장(국가 또는 한국토지주택공사가 사업주체인 경우와 대통령령으로 정하는 경우에는 국토교통부장관을 말한다)의 사용검사를 받아야 한다(법 제49조 제1항). 다만, 법 제15조 제3항에 따라 사업계획을 승인받은 경우에는 완공된 주택에 대하여 공구별로 사용검사("분할 사용검사"라 한다)를 받을 수 있고, 사업계획승인 조건의 미이행 등 대통령령으로 정하는 사유가 있는 경우에는 공사가 완료된 주택에 대하여 동별로 사용검사("동별 사용검사"라 한다)를 받을 수 있다(법 제49조 제1항 단서).

(2) 사용검사의 시기

① 사용검사권자(이하 "사용검사권자"라 한다)는 사용검사의 대상인 주택 또는 대지가 사업계획의 내용에 적합한지를 확인하여야 한다(영 제54조 제3항).

② 위 사용검사는 그 신청일부터 15일 이내에 하여야 한다(영 제54조 제4항).

(3) 다른 법률의 의제

① 사업주체가 제1항에 따른 사용검사를 받았을 때에는 제19조 제1항에 따라 의제되는 인·허가 등에 따른 해당 사업의 사용승인·준공검사 또는 준공인가 등을 받은 것으로 본다(법 제49조 제2항 전단).

② 이 경우 사용검사를 행하는 시장·군수·구청장("사용검사권자"라 한다)은 미리 관계 행정기관의 장과 협의하여야 하며(법 제49조 제2항 후단), 이 규정에 따른 협의요청을 받은 관계 행정기관의 장은 정당한 사유가 없는 한 그 요청을 받은 날부터 10일 이내에 그 의견을 제시하여야 한다(영 제54조 제5항).

(4) 시공보증자 등의 사용검사

위의 법 제49조 제1항의 사용검사규정에도 불구하고 다음 각 호의 구분에 따라 해당 주택의 시공을 보증한 자, 해당 주택의 시공자 또는 입주예정자는 대통령령으로 정하는 바에 따라 사용검사를 받을 수 있다(법 제49조 제3항).

---

1. 사업주체가 파산 등으로 사용검사를 받을 수 없는 경우에는 해당 주택의 시공을 보증한 자 또는 입주예정자
2. 사업주체가 정당한 이유 없이 사용검사를 위한 절차를 이행하지 아니하는 경우에는 해당 주택의 시공을 보증한 자, 해당 주택의 시공자 또는 입주예정자. 이 경우 사용검사권자는 사업주체가 사용검사를 받지 아니하는 정당한 이유를 밝히지 못하면 사용검사를 거부하거나 지연할 수 없다.

---

① 사업주체가 파산 등으로 주택건설사업을 계속할 수 없는 경우에는 법 제49조 제3항 제1호에 따라 해당 주택의 시공을 보증한 자("시공보증자"라 한다)가 잔여공사를 시공하고 사용검사를 받아야 한다. 다만, 시공보증자가 없거나 시공보증자가 파산 등으로 시공을 할 수 없는 경우에는 입주예정자의 대표회의("입주예정자대표회의"라 한다)가 시공자를 정하여 잔여공사를 시공하고 사용검사를 받아야 한다(영 제55조 제1항). 이 경우에는 사용검사를 받은 자의 구분에 따라 시공보증자 또는 세대별 입주자의 명의로 건축물관리대장 등재 및 소유권보존등기를 할 수 있다(영 제55조 제2항).

② 법 제49조 제3항 제2호에 따라 시공보증자, 해당 주택의 시공자 또는 입주예정자가 사용검사를 신청하는 경우 사용검사권자는 사업주체에게 사용검사를 받지 아니하는 정당한 이유를 제출할 것을 요청하여야 한다. 사용검사권자의 이러한 요청이 있는 때에 사업주체는 요청을 받은 날부터 7일 이내에 의견을 통지하여야 한다(영 제55조 제4항).

(5) 임시사용시기

1) 원칙

사업주체 또는 입주예정자는 사용검사를 받은 후가 아니면 주택 또는 대지를 사용하게 하거나 이를 사용할 수 없다(법 제49조 제4항).

2) 임시사용승인의 조건
① 대상

위 1)의 원칙에도 불구하고 다음의 어느 하나에 해당하는 경우로서 사용검사권자의 임시 사용승인을 받은 경우에는 사업주체 또는 입주예정자가 주택 또는 대지를 사용

하게 하거나 사용할 수 있다(법 제49조 제4항 단서).

〈임시사용승인(영 제56조)〉

1. 주택건설사업의 경우: 건축물의 동별로 공사가 완료된 때
2. 대지조성사업의 경우: 구획별로 공사가 완료된 때

---

② 임시사용승인의 조건

임시사용승인을 얻고자 하는 자는 국토교통부령이 정하는 바에 따라 사용검사권자에게 임시 사용승인을 신청하여야 하며(영 제56조 제2항), 사용검사권자가 임시사용승인의 신청을 받은 때에는 임시사용승인대상인 주택 또는 대지가 사업계획의 내용에 적합하고 사용에 지장이 없는 경우에 한정하여 임시사용을 승인할 수 있다. 이 경우 임시사용승인의 대상이 공동주택인 경우에는 세대별로 임시사용승인을 할 수 있다(영 제56조 제3항).

제4절 공업화주택의 인정 등

1. 공업화주택의 인정

(1) 공업화주택의 의의

국토교통부장관은 다음 각 호의 어느 하나에 해당하는 부분을 국토교통부령으로 정하는 성능기준 및 생산기준에 따라 맞춤식 등 공업화공법으로 건설하는 주택(조립식 아파트)을 공업화주택으로 인정할 수 있다(법 제51조 제1항).

---

1. 주요 구조부의 전부 또는 일부
2. 세대별 주거 공간의 전부 또는 일부(거실·화장실·욕조 등 일부로서의 기능이 가능한 단위 공간을 말한다)

---

(2) 예외적 공업화 주택

국토교통부장관, 시·도지사 또는 시장·군수는 다음 각 호의 구분에 따라 주택을 건설하려는 자에 대하여 「건설산업기본법」 제9조 제1항에도 불구하고 대통령령으로 정하는 바에 따라 해당 주택을 건설하게 할 수 있다(법 제51조 제2항). 공업화주택의 인정

에 필요한 사항은 대통령령으로 정한다(법 제51조 제3항).

---

1. 국토교통부장관:「건설기술 진흥법」제14조에 따라 국토교통부장관이 고시한 새로운 건설기술을 적용하여 건설하는 공업화주택
2. 시·도지사 또는 시장·군수 : 공업화주택

---

(3) 공업화주택의 인정취소

국토교통부장관은 제51조 제1항에 따라 공업화주택을 인정받은 자가 다음 각 호의 어느 하나에 해당하는 경우에는 공업화주택의 인정을 취소할 수 있다. 다만, 제1호에 해당하는 경우에는 그 인정을 취소하여야 한다(법 제52조).

---

1. 거짓이나 그 밖의 부정한 방법으로 인정을 받은 경우
2. 인정을 받은 기준보다 낮은 성능으로 공업화주택을 건설한 경우

---

(4) 공업화주택의 건설 촉진

국토교통부장관, 시·도지사 또는 시장·군수는 사업주체가 건설할 주택을 공업화주택으로 건설하도록 사업주체에게 권고할 수 있다(법 제53조 제1항).

2. 공동주택성능등급의 표시

사업주체가 1,000세대 이상의 공동주택을 공급할 때에는 주택의 성능 및 품질을 입주자가 알 수 있도록 「녹색건축물 조성 지원법」에 따라 공동주택성능에 대한 등급을 발급(공동주택성능등급 인증서의 발급)받아 입주자 모집공고에 표시하여야 한다.

---

1. 경량충격음·중량충격음·화장실소음·경계소음 등 소음 관련 등급
2. 리모델링 등에 대비한 가변성 및 수리 용이성 등 구조 관련 등급
3. 조경·일조확보율·실내공기질·에너지절약 등 환경 관련 등급
4. 커뮤니티시설, 사회적 약자 배려, 홈네트워크, 방범안전 등 생활환경 관련 등급
5. 화재·소방·피난안전 등 화재·소방 관련 등급

3. 장수명 주택

국토교통부장관은 장수명 주택의 건설기준을 정하여 고시할 수 있으며(법 제38조 제2항), 장수명 주택의 공급 활성화를 유도하기 위하여 국토교통부장관이 고시하는 건설기준에 따라 장수명 주택 인증제도(최우수, 우수, 양호 및 일반의 네 가지 등급으로 나눈다)를 시행할 수 있다(법 제38조 제2항). 사업주체가 1,000세대 이상의 주택을 공급하고자 하는 때에는 제2항의 인증제도에 따라 "일반" 이상의 등급을 인정받아야 한다(법 제38조 제3항).

국가, 지방자치단체 및 공공기관의 장은 장수명 주택을 공급하는 사업주체 및 장수명 주택 취득자에게 법률 등에서 정하는 바에 따라 행정상·세제상의 지원을 할 수 있으며(법 제38조 제4항), 국토교통부장관은 인증제도를 시행하기 위하여 인증기관을 지정하고 관련 업무를 위탁할 수 있다(법 제38조 제5항).

인증제도의 운영과 관련하여 인증기준, 인증절차, 수수료 등은 국토교통부령으로 정하고(법 제38조 제6항), 이러한 인증제도에 따라 국토교통부령으로 정하는 기준 이상의 등급을 인정받은 경우 「국토의 계획 및 이용에 관한 법률」에도 불구하고 대통령령으로 정하는 범위에서 건폐율·용적률·높이제한을 완화할 수 있다(법 제38조 제7항).

4. 주택의 규모별 건설비율

국토교통부장관은 적정한 주택수급을 위하여 필요하다고 인정하는 경우에는 법제35조 제1항 제6호에 따라 사업주체가 건설하는 주택의 75퍼센트(법 제5조 제2항 및 제3항에 따른 주택조합이나 고용자가 건설하는 주택은 100퍼센트) 이하의 범위에서 일정 비율이상을 국민주택규모로 건설하게 할 수 있고(영 제46 제1항), 이에 따른 국민주택규모주택의 건설 비율은 주택단지별 사업계획에 적용한다(영 제46조 제2항).

5. 감리자의 지정 등

사업계획승인권자가 주택건설사업계획을 승인하였을 때와 시장·군수·구청장이 리모델링의 허가를 하였을 때에는 「건축사법」 또는 「건설기술 진흥법」에 따른 감리자격이 있는 자를 대통령령으로 정하는 바에 따라 해당 주택건설공사의 감리자로 지정하여야 한다(법 제43조 제1항).

(1) 감리자의 지정

법 제43조 제1항 본문에 따라 사업계획승인권자는 다음 각 호의 구분에 따른 자를 주택건설공사의 감리자로 지정하여야 한다. 이 경우 인접한 둘 이상의 주택단지에 대해서는 감리자를 공동으로 지정할 수 있다(영 제47조 제1항).

---

1. 300세대 미만의 주택건설공사: 다음 각 목의 어느 하나에 해당하는 자[해당 주택건설공사를 시공하는 자의 계열회사(「독점규제 및 공정거래에 관한 법률」 제2조 제3호에 따른 계열회사를 말한다)는 제외한다. 이하 제2호에서 같다]
   가. 「건축사법」 제23조 제1항에 따라 건축사사무소개설신고를 한 자
   나. 「건설기술 진흥법」 제26조 제1항에 따라 등록한 건설엔지니어링사업자
2. 300세대 이상의 주택건설공사: 「건설기술 진흥법」 제26조 제1항에 따라 등록한 건설엔지니어링사업자

---

(2) 감리자의 배치

이에 따라 지정된 감리자는 다음 각 호의 기준에 따라 감리원을 배치하여 감리를 하여야 하며(영 제47조 제4항), 착공신고를 하거나 감리업무의 범위에 속하는 각종 시험 및 자재확인 등을 하는 경우에는 서명 또는 날인을 하여야 한다(영 제47조 제5항).

---

1. 국토교통부령으로 정하는 감리자격이 있는 자를 공사현장에 상주시켜 감리할 것
2. 국토교통부장관이 정하여 고시하는 바에 따라 공사에 대한 감리업무를 총괄하는 총괄감리원 1명과 공사분야별 감리원을 각각 배치할 것
3. 총괄감리원은 주택건설공사 전기간(全期間)에 걸쳐 배치하고, 공사분야별 감리원은 해당 공사의 기간 동안 배치할 것
4. 감리원을 해당 주택건설공사 외의 건설공사에 중복하여 배치하지 아니할 것

---

(3) 예외

위 법 제43조 제1항 규정에 따라 감리자의 지정이 필요한 경우라도, 사업주체가 국가·지방자치단체·한국토지주택공사·지방공사 또는 대통령령으로 정하는 자인 경우와 「건축법」 제25조에 따라 공사감리를 하는 도시형 생활주택의 경우에는 감리자의 지정을 하지 않아도 된다(법 제43조 제1항 단서). 여기서 말하는 "대통령령으로 정하는 자"

란 다음의 요건을 모두 갖춘 위탁관리 부동산투자회사를 말한다(영 제47조 제7항).

---

1. 다음 각 목의 자가 단독 또는 공동으로 총지분의 50퍼센트를 초과하여 출자한 부동산투자회사
   일 것
   가. 국가
   나. 지방자치단체
   다. 한국토지주택공사
   라. 지방공사
2. 해당 부동산투자회사의 자산관리회사가 한국토지주택공사일 것
3. 사업계획승인 대상 주택건설사업이 공공주택건설사업일 것

---

(4) 감리자의 교체

사업계획승인권자는 감리자가 감리자의 지정에 관한 서류를 부정 또는 거짓으로 제출하거나, 업무 수행 중 위반 사항이 있음을 알고도 묵인하는 등 대통령령으로 정하는 다음의 사유에 해당하는 경우에는 감리자를 교체하고, 그 감리자에 대하여는 1년의 범위에서 감리업무의 지정을 제한할 수 있다(법 제43조 제2항, 영 제48조 제1항).

---

1. 감리업무 수행 중 발견한 위반 사항을 묵인한 경우
2. 법 제44조 제4항 후단에 따른 이의신청 결과 같은 조 제3항에 따른 시정 통지가 3회 이상 잘못된
   것으로 판정된 경우
3. 공사기간 중 공사현장에 1개월 이상 감리원을 상주시키지 아니한 경우. 이 경우 기간 계산은 제
   47조 제4항에 따라 감리원별로 상주시켜야 할 기간에 각 감리원이 상주하지 아니한 기간을 합
   산한다.
4. 감리자 지정에 관한 서류를 거짓이나 그 밖의 부정한 방법으로 작성·제출한 경우
5. 감리자 스스로 감리업무 수행의 포기 의사를 밝힌 경우

주택의 공급

제 3 장

제1절 주택공급의 원칙

1. 주택의 공급기준

(1) 사업주체의 의무

사업주체(「건축법」 제11조에 따른 건축허가를 받아 주택 외의 시설과 주택을 동일 건축물로 하여 동법에 따른 호수 이상으로 건설·공급하는 건축주와 사용검사를 받은 주택을 사업주체로부터 일괄하여 양수받은 자를 포함한다)는 다음 각 호에서 정하는 바에 따라 주택을 건설·공급하여야 한다. 이 경우 국가유공자, 보훈보상대상자, 장애인, 철거주택의 소유자, 그 밖에 국토교통부령으로 정하는 대상자에게는 국토교통부령으로 정하는 바에 따라 입주자 모집조건 등을 달리 정하여 별도로 공급할 수 있다(법 제54조 제1항).

---

1. 사업주체(공공주택사업자는 제외한다)가 입주자를 모집하려는 경우: 국토교통부령으로 정하는 바에 따라 시장·군수·구청장의 승인(복리시설의 경우에는 신고를 말한다)을 받을 것
2. 사업주체가 건설하는 주택을 공급하려는 경우
   가. 국토교통부령으로 정하는 입주자모집의 조건·방법·절차, 입주금(입주예정자가 사업주체에게 납입하는 주택가격을 말한다)의 납부 방법·시기·절차, 주택공급계약의 방법·절차 등에 적합할 것
   나. 국토교통부령으로 정하는 바에 따라 벽지·바닥재·주방용구·조명기구 등을 제외한 부분의 가격을 따로 제시하고, 이를 입주자가 선택할 수 있도록 할 것

---

(2) 주택을 공급받고자 하는 자의 의무

주택을 공급받으려는 자는 국토교통부령으로 정하는 입주자자격, 재당첨 제한 및 공급 순위 등에 맞게 주택을 공급받아야 한다(법 제54조 제2항).

2. 마감재 목록표 등 및 견본주택

(1) 마감재 목록표 등의 제출의무

① 사업주체가 시장·군수·구청장의 승인을 받으려는 경우(사업주체가 국가·지방자치단체·한국토지주택공사 및 지방공사인 경우에는 견본주택을 건설하는 경우를 말한다)에는 건설하는 견본주택에 사용되는 마감자재의 규격·성능 및 재질을 적은 목록표("마감자재 목록표"라 한다)와 견본주택의 각 실의 내부를 촬영한 영상물 등을 제작하여 승인권자에게 제출하여야 한다(법 제54조 제3항).

② 사업주체는 주택공급계약을 체결할 때 입주예정자에게 다음 각 호의 자료 또는 정보를 제공하여야 한다. 다만, 입주자 모집공고에 이를 표시(인터넷에 게재하는 경우를 포함한다)한 경우에는 그러하지 아니하다(법 제54조 제4항).

---

1. 제3항에 따른 견본주택에 사용된 마감자재 목록표
2. 공동주택 발코니의 세대 간 경계벽에 피난구를 설치하거나 경계벽을 경량구조로 건설한 경우 그에 관한 정보

---

③ 시장·군수·구청장은 받은 마감자재 목록표와 영상물 등을 사용검사가 있는 날부터 2년 이상 보관하여야 하며, 입주자가 열람을 요구하는 경우에는 이를 공개하여야 한다(법 제54조 제5항).

④ 사업주체가 마감자재 생산업체의 부도 등으로 인한 제품의 품귀 등 부득이한 사유로 인하여 사업계획승인 또는 마감자재 목록표의 마감자재와 다르게 마감자재를 시공·설치하려는 경우에는 당초의 마감자재와 같은 질 이상으로 설치하여야 한다(법 제54조 제6항).

⑤ 사업주체가 마감자재 목록표의 자재와 다른 마감자재를 시공·설치하려는 경우에는 그 사실을 입주예정자에게 알려야 한다(법 제54조 제7항).

(2) 견본주택의 건축기준

① 사업주체가 주택의 판매촉진을 위하여 견본주택을 건설하려는 경우 견본주택의 내부에 사용하는 마감자재 및 가구는 사업계획승인의 내용과 같은 것으로 시공·설치하여야 한다(법 제60조 제1항).

② 사업주체는 견본주택의 내부에 사용하는 마감자재를 사업계획승인 또는 마감
자재 목록표와 다른 마감자재로 설치하는 경우로서 ㉠ 분양가격에 포함되지
아니하는 품목을 견본주택에 전시하는 경우, ㉡ 마감자재 생산업체의 부도 등
으로 인한 제품의 품귀 등 부득이한 경우 중 어느 하나에 해당하는 경우에는
일반인이 그 해당 사항을 알 수 있도록 국토교통부령으로 정하는 바에 따라 그
공급가격을 표시하여야 한다(법 제60조 제2항). 이에 따라 마감자재의 공급가격
을 표시하는 경우에는 해당 자재 등에 공급가격 및 가격표시 사유를 기재한 가
로 25cm 세로 15cm 이상의 표지를 설치하여야 한다(규칙 제22조 제1항).

③ 견본주택에는 마감자재 목록표와 사업계획승인을 받은 서류 중 평면도와 시방
서를 갖춰 두어야 하며, 견본주택의 배치·구조 및 유지관리 등은 국토교통부령
으로 정하는 기준에 맞아야 한다(법 제60조 제3항).

---

1. 가설건축물인 견본주택은 인접 대지의 경계선으로부터 3m 이상 떨어진 곳에 건축하여야 한다.
   다만, 다음 각 호의 어느 하나에 해당하는 경우에는 1.5m 이상 떨어진 곳에 건축할 수 있다.
   ① 견본주택의 외벽(外壁)과 처마가 내화구조 및 불연재료로 설치되는 경우
   ② 인접 대지가 도로, 공원, 광장 그 밖에 건축이 허용되지 아니하는 공지인 경우
2. 견본주택의 각 세대에 설치하는 발코니를 거실 등으로 확장하여 설치하는 경우에는 일반인이
   알 수 있도록 발코니 부분을 표시하여야 한다.
3. 가설건축물인 견본주택은 다음 각 호의 요건을 모두 충족하여야 한다.
   ① 각 세대에서 외부로 직접 대피할 수 있는 출구를 한 군데 이상 설치하고 직접 지상으로 통하
      는 직통계단을 설치할 것
   ② 각 세대 안에는 「소방시설설치유지 및 안전관리에 관한 법률」 제9조 제1항에 따라 고시된
      화재안전기준에 적합한 능력단위 1 이상의 소화기 두 개 이상을 배치할 것
4. 국토교통부장관은 필요하다고 인정되면 사업주체에게 국토교통부장관이 정하여 고시하는 기준
   에 따른 사이버견본주택(인터넷을 활용하여 운영하는 견본주택을 말한다. 이하 같다)을 전시하
   게 할 수 있다.

---

3. 주택의 분양가격제한 등

(1) 분양가상한제 적용주택

사업주체가 일반인에게 공급하는 공동주택 중 다음의 어느 하나에 해당하는 지역
에서 공급하는 주택의 경우에는 이 조에서 정하는 기준에 따라 산정되는 분양가격 이하
로 공급(이에 따라 공급되는 주택을 "분양가상한제 적용주택"이라 한다)하여야 한다(법 제57조

제1항).

---

1. 공공택지
   ※ "공공택지"란 '국민주택건설사업, 대지조성사업, 택지개발사업, 산업단지개발사업, 공공주택지구조성사업, 기업형 임대주택 공급촉진지구 조성사업, 도시개발사업(시행자가 수용 또는 사용의 방식으로 시행하는 사업과 혼용방식 중 수용 또는 사용의 방식이 적용되는 구역에서 시행하는 사업만 해당), 경제자유구역개발사업(수용 또는 사용의 방식으로 시행하는 사업과 혼용방식 중 수용 또는 사용의 방식이 적용되는 구역에서 시행하는 사업만 해당), 혁신도시개발사업, 공익사업' 중 어느 하나에 해당하는 공공사업에 의하여 개발·조성되는 공동주택이 건설되는 용지를 말한다(법 제2조 제24호).
2. 공공택지 외의 택지에서 ① 「공공주택 특별법」에 따른 도심 공공주택 복합지구, ② 「도시재생 활성화 및 지원에 관한 특별법」에 따른 주거재생혁신지구, ③ 주택가격 상승 우려가 있어 국토교통부장관이 「주거기본법」에 따른 주거정책심의위원회(이하 "주거정책심의위원회"라 한다) 심의를 거쳐 지정하는 지역

다만, 이러한 규정에도 불구하고 다음의 어느 하나에 해당하는 경우에는 이를 적용하지 아니한다(법 제57조 제2항).

---

1. 도시형 생활주택
2. 「경제자유구역의 지정 및 운영에 관한 특별법」 제4조에 따라 지정·고시된 경제자유구역에서 건설·공급하는 공동주택으로서 같은 법 제25조에 따른 경제자유구역위원회에서 외자유치 촉진과 관련이 있다고 인정하여 이 조에 따른 분양가격 제한을 적용하지 아니하기로 심의·의결한 경우
3. 「관광진흥법」 제70조 제1항에 따라 지정된 관광특구에서 건설·공급하는 공동주택으로서 해당 건축물의 층수가 50층 이상이거나 높이가 150m 이상인 경우
4. 한국토지주택공사 또는 지방공사가 다음 각 목의 정비사업의 시행자(「도시 및 주거환경정비법」 제2조 제8호 및 「빈집 및 소규모주택 정비에 관한 특례법」 제2조 제5호에 따른 사업시행자를 말한다)로 참여하는 등 대통령령으로 정하는 공공성 요건을 충족하는 경우로서 해당 사업에서 건설·공급하는 주택
   가. 「도시 및 주거환경정비법」 제2조 제2호에 따른 정비사업으로서 면적, 세대수 등이 대통령령으로 정하는 요건에 해당되는 사업
   나. 「빈집 및 소규모주택 정비에 관한 특례법」 제2조 제3호에 따른 소규모주택정비사업
4의2. 「도시 및 주거환경정비법」 제2조 제2호 나목 후단에 따른 공공재개발사업에서 건설·공급하는 주택
5. 「도시재생 활성화 및 지원에 관한 특별법」에 따른 주거재생혁신지구에서 시행하는 혁신지구재생사업 중 대통령령으로 정하는 면적 또는 세대수 이하의 사업에서 건설·공급하는 주택

(2) 분양가격의 결정

분양가격은 택지비와 건축비로 구성(토지임대부 분양주택의 경우에는 건축비만 해당한다)되며, 구체적인 명세, 산정방식, 감정평가기관 선정방법 등은 국토교통부령으로 정한다(법 제57조 제3항).

1) 택지비

① 공공택지에서 주택을 공급하는 경우에는 해당 택지의 공급가격에 국토교통부령으로 정하는 택지와 관련된 비용을 가산한 금액(법 제57조 제3항 제1호)

② 공공택지 외의 택지에서 분양가상한제 적용주택을 공급하는 경우에는 「부동산가격공시 및 감정평가에 관한 법률」에 따라 감정평가한 가액에 국토교통부령으로 정하는 택지와 관련된 비용을 가산한 금액. 다만, 택지 매입가격이 다음의 어느 하나에 해당하는 경우에는 해당 매입가격(대통령령으로 정하는 범위로 한정한다)에 국토교통부령으로 정하는 택지와 관련된 비용을 가산한 금액을 택지비로 볼 수 있다. 이 경우 택지비는 주택단지 전체에 동일하게 적용하여야 한다(법 제57조 제3항 제2호).

---

1. 「민사집행법」, 「국세징수법」 또는 「지방세기본법」에 따른 경매·공매 낙찰가격
2. 국가·지방자치단체 등 공공기관으로부터 매입한 가격
3. 그 밖에 실제 매매가격을 확인할 수 있는 경우로서 대통령령으로 정하는 경우

---

2) 건축비

건축비는 국토교통부장관이 정하여 고시하는 건축비("기본형건축비"라 한다)에 국토교통부령으로 정하는 금액을 더한 금액으로 한다. 이 경우 기본형건축비는 시장·군수·구청장이 해당 지역의 특성을 고려하여 국토교통부령으로 정하는 범위에서 따로 정하여 고시할 수 있다(법 제57조 제4항).

(3) 분양가상한제 적용 지역의 지정 및 해제

1) 적용지역의 지정

국토교통부장관은 주택가격상승률이 물가상승률보다 현저히 높은 지역으로서 그 지역의 주택가격·주택거래 등과 지역 주택시장 여건 등을 고려하였을 때 주택가격이

급등하거나 급등할 우려가 있는 지역 중 대통령령으로 정하는 기준을 충족하는 지역은 주거정책심의위원회 심의를 거쳐 분양가상한제 적용 지역으로 지정할 수 있다(법 제58조 제1항).

〈분양가상한제 적용지역의 지정기준 등(영 제61조)〉

① 법 제58조 제1항에서 "대통령령으로 정하는 기준을 충족하는 지역"이란 투기과열지구 중 다음 각 호에 해당하는 지역을 말한다.
  1. 분양가상한제 적용 지역으로 지정하는 날이 속하는 달의 바로 전달(이하 이 항에서 "분양가상한제적용직전월"이라 한다)부터 소급하여 12개월간의 아파트 분양가격상승률이 물가상승률(해당 지역이 포함된 시·도 소비자물가상승률을 말한다)의 2배를 초과한 지역. 이 경우 해당 지역의 아파트 분양가격상승률을 산정할 수 없는 경우에는 해당 지역이 포함된 특별시·광역시·특별자치시·특별자치도 또는 시·군의 아파트 분양가격상승률을 적용한다.
  2. 분양가상한제적용직전월부터 소급하여 3개월간의 주택매매거래량이 전년 동기 대비 20퍼센트 이상 증가한 지역
  3. 분양가상한제적용직전월부터 소급하여 주택공급이 있었던 2개월 동안 해당 지역에서 공급되는 주택의 월평균 청약경쟁률이 모두 5대 1을 초과하였거나 해당 지역에서 공급되는 국민주택규모 주택의 월평균 청약경쟁률이 모두 10대 1을 초과한 지역
② 국토교통부장관이 제1항에 따른 지정기준을 충족하는 지역 중에서 법 제58조 제1항에 따라 분양가상한제 적용 지역을 지정하는 경우 해당 지역에서 공급되는 주택의 분양가격 제한 등에 관한 법 제57조의 규정은 법 제58조 제3항 전단에 따른 공고일 이후 최초로 입주자모집승인을 신청하는 분부터 적용한다.
③ 법 제58조 제6항에 따라 국토교통부장관은 분양가상한제 적용 지역 지정의 해제를 요청받은 경우에는 주거정책심의위원회의 심의를 거쳐 요청받은 날부터 40일 이내에 해제 여부를 결정하고, 그 결과를 시·도지사, 시장, 군수 또는 구청장에게 통보하여야 한다.

이에 따라 국토교통부장관이 분양가상한제 적용 지역을 지정하는 경우에는 미리 시·도지사의 의견을 들어야 하며(법 제58조 제2항), 분양가상한제 적용 지역을 지정하였을 때에는 지체 없이 이를 공고하고, 그 지정 지역을 관할하는 시장·군수·구청장에게 공고 내용을 통보하여야 한다. 이 경우 시장·군수·구청장은 사업주체로 하여금 입주자모집공고 시 해당 지역에서 공급하는 주택이 분양가상한제 적용주택이라는 사실을 공고하게 하여야 한다(법 제58조 제3항).

2) 적용지역의 해제

국토교통부장관은 분양가상한제 적용 지역으로 계속 지정할 필요가 없다고 인정하는 경우에는 주거정책심의위원회 심의를 거쳐 분양가상한제 적용 지역의 지정을 해제하여야 하며(법 제58조 제4항), 이 경우 지정은 "지정해제"로 본다(법 제58조 제5항). 분

양가상한제 적용 지역으로 지정된 지역의 시·도지사, 시장, 군수 또는 구청장은 분양가
상한제 적용 지역의 지정 후 해당 지역의 주택가격이 안정되는 등 분양가상한제 적용
지역으로 계속 지정할 필요가 없다고 인정하는 경우에는 국토교통부장관에게 그 지정
의 해제를 요청할 수 있으며(법 제58조 제6항), 이에 따른 분양가상한제 적용 지역 지정
의 해제를 국토부장관이 요청받은 경우에는 주거정책심의위원회의 심의를 거쳐 요청받
은 날부터 40일 이내에 해제 여부를 결정하고, 그 결과를 시·도지사, 시장, 군수 또는
구청장에게 통보하여야 한다(영 제61조 제3항).

(4) 분양가격의 공시

1) 원칙

사업주체는 분양가상한제 적용주택으로서 공공택지에서 공급하는 주택에 대하여
입주자모집 승인을 받았을 때에는 입주자 모집공고에 ① 택지비, ② 공사비, ③ 간접비,
④ 그 밖에 국토교통부령으로 정하는 비용[국토교통부령으로 정하는 세분류를 포함한다]에
대하여 분양가격을 공시하여야 한다(법 제57조 제5항).

2) 특칙

시장·군수·구청장이 제54조에 따라 공공택지 외의 택지에서 공급되는 분양가상
한제 적용주택 중 분양가 상승 우려가 큰 지역으로서 대통령령으로 정하는 기준에 해당
되는 지역에서 공급되는 주택의 입주자모집 승인을 하는 경우에는 ① 택지비, ② 직접
공사비, ③ 간접공사비, ④ 설계비, ⑤ 감리비, ⑥ 부대비, ⑦ 그 밖에 국토교통부령으
로 정하는 비용의 구분에 따라 분양가격을 공시하여야 한다(법 제57조 제6항). 이 경우
②부터 ⑥까지의 금액은 기본형건축비[특별자치시·특별자치도·시·군·구(구는 자치구의 구
를 말하며, "시·군·구"라 한다)별 기본형건축비가 따로 있는 경우에는 시·군·구별 기본형건축
비]의 항목별 가액으로 한다(법 제57조 제6항).

(5) 분양가심사위원회의 운영 등

1) 설치 및 운영

① 시장·군수·구청장은 제57조에 관한 사항(주택의 분양가격 제한 등)을 심의하기
    위하여 분양가심사위원회를 설치·운영하여야 한다(법 제59조 제1항).
② 시장·군수·구청장은 법 제15조에 따른 사업계획승인 신청(「도시 및 주거환경정

비법」제28조에 따른 사업시행인가 및 「건축법 제11조에 따른 건축허가를 포함한다)이 있는 날부터 20일 이내에 법 제59조 제1항에 따른 분양가심사위원회를 설치·운영하여야 한다(영 제62조 제1항).

③ 사업주체가 국가·지방자치단체·한국토지주택공사 또는 지방공사인 경우에는 해당 기관의 장이 위원회를 설치·운영하여야 한다(영 제62조 제2항).

2) 심의사항

분양가심사위원회는 다음의 사항을 심의한다(영 제63조).

---

1. 법 제57조 제1항에 따른 분양가격 및 발코니 확장비용 산정의 적정성 여부
2. 법 제57조 제4항 후단에 따른 시·군·구별 기본형건축비 산정의 적정성 여부
3. 법 제57조 제5항 및 제6항에 따른 분양가격 공시내용(같은 조 제7항에 따라 공시에 포함해야 하는 내용을 포함한다)의 적정성 여부
4. 분양가상한제 적용주택과 관련된 「주택도시기금법 시행령」 제5조 제1항 제2호에 따른 제2종국민주택채권 매입예정상한액 산정의 적정성 여부
5. 분양가상한제 적용주택의 전매행위 제한과 관련된 인근지역주택매매가격 산정의 적정성 여부

---

3) 심사의 효과

시장·군수·구청장은 입주자모집 승인을 할 때에는 분양가심사위원회의 심사결과에 따라 승인 여부를 결정하여야 한다(법 제59조 제2항).

4) 위원회의 구성 등

분양가심사위원회는 주택 관련 분야 교수, 주택건설 또는 주택관리 분야 전문직 종사자, 관계 공무원 또는 변호사·회계사·감정평가사 등 관련 전문가 10명 이내로 구성하되, 구성 절차 및 운영에 관한 사항은 대통령령으로 정한다(법 제59조 제3항). 민간위원의 임기는 2년으로 하되, 연임할 수 있다(영 제64조 제3항)

〈분양가심사위원회의 구성(영 제64조)〉

① 위원회는 민간위원을 6명 이상 포함하여야 한다.
② 위원회의 위원장은 시장·군수 또는 구청장이 민간위원 중에서 1명을 지명한다.
③ 시장·군수 또는 구청장은 주택건설 또는 주택관리 분야에 관한 학식과 경험이 풍부한 자로서 다음 각 호의 어느 하나에 해당하는 자를 민간위원으로 위촉한다. 이 경우 다음 각 호에 해당하는 위원은 1명 이상으로 한다.

1. 법학·경제학·부동산학 등 주택분야와 관련된 학문을 전공한 자로서 「고등교육법」에 따른 대학에서 조교수 이상으로 1년 이상 재직한 자
2. 변호사·회계사·감정평가사 또는 세무사의 직에 1년 이상 근무한 자
3. 토목·건축 또는 주택분야 업무에 5년 이상 종사한 자
4. 주택관리사로서 공동주택 관리사무소장의 직에 5년 이상 근무한 자
④ 시장·군수·구청장은 다음 각 호의 어느 하나에 해당하는 자를 민간위원 외의 위원("공공기관의 위원"이라 한다)으로 지명한다. 이 경우 다음 각 호에 해당하는 위원은 1명 이상으로 한다.
1. 국가 또는 지방자치단체에서 주택사업의 인·허가 등 관련 업무를 수행하는 5급 이상 공무원으로서 해당 기관의 장으로부터 추천을 받은 자. 다만, 해당 지방자치단체에 소속된 공무원의 경우에는 추천을 필요로 하지 아니한다.
2. 한국토지주택공사 또는 지방공사에서 주택사업 관련 업무에 종사하고 있는 임직원으로서 해당 기관의 장으로부터 추천을 받은 자

4. 주택건설사업 등에 의한 임대주택의 건설 등

(1) 사업주체가 사업계획승인신청서를 제출하는 경우

사업주체(리모델링을 시행하는 자는 제외한다)가 다음 각 호의 사항을 포함한 사업계획승인신청서(「건축법」 제11조 제3항의 허가신청서를 포함한다)를 제출하는 경우 사업계획승인권자(건축허가권자를 포함한다)는 「국토의 계획 및 이용에 관한 법률」 제78조의 용도지역별 용적률 범위에서 특별시·광역시·특별자치시·특별자치도·시 또는 군의 조례로 정하는 기준에 따라 용적률을 완화하여 적용할 수 있다(법 제20조 제1항).

1. 제15조 제1항에 따른 호수 이상의 주택과 주택 외의 시설을 동일 건축물로 건축하는 계획
2. 임대주택의 건설·공급에 관한 사항

(2) 용적률을 완화하여 적용하는 경우

용적률을 완화하여 적용하는 경우 사업주체는 완화된 용적률의 60퍼센트 이하의 범위에서 대통령령으로 정하는 비율 이상에 해당하는 면적을 임대주택으로 공급하여야 한다. 이 경우 사업주체는 임대주택을 국토교통부장관, 시·도지사, 한국토지주택공사 또는 지방공사("인수자"라 한다)에 공급하여야 하며 시·도지사가 우선 인수할 수 있다. 다만, 시·도지사가 임대주택을 인수하지 아니하는 경우 다음 각 호의 구분에 따라 국토교통부장관에게 인수자 지정을 요청하여야 한다(법 제20조 제2항).

1. 특별시장, 광역시장 또는 도지사가 인수하지 아니하는 경우: 관할 시장, 군수 또는 구청장이 제1
   항의 사업계획승인(「건축법」 제11조의 건축허가를 포함한다)신청 사실을 특별시장, 광역시장
   또는 도지사에게 통보한 후 국토교통부장관에게 인수자 지정 요청
2. 특별자치시장 또는 특별자치도지사가 인수하지 아니하는 경우: 특별자치시장 또는 특별자치도지
   사가 직접 국토교통부장관에게 인수자 지정 요청

(3) 임대주택의 공급가격

공급되는 임대주택의 공급가격은 「공공주택 특별법」 제50조의3 제1항에 따른 공공건설임대주택의 분양전환가격 산정기준에서 정하는 건축비로 하고, 그 부속토지는 인수자에게 기부채납한 것으로 본다(법 제20조 제3항).

제 2 절 입주자 모집 등

1. 입주자저축

(1) 가입대상

이 법에 따라 주택을 공급받으려는 자에게는 미리 입주금의 전부 또는 일부를 저축("입주자저축"이라 한다)하게 할 수 있으며(법 제56조 제1항), 국토교통부장관은 법 제56조 제3항에 따라 입주자저축에 관한 국토교통부령을 제정하거나 개정할 때에는 기획재정부장관과 미리 협의하여야 한다(영 제58조의3).

(2) 입주자저축의 종류

'입주자저축'이란 국민주택과 민영주택을 공급받기 위하여 가입하는 주택청약종합저축을 말한다(법 제56조 제2항).

2. 저당권 설정 등의 제한

(1) 사업주체의 금지행위

사업주체는 주택건설사업에 의하여 건설된 주택 및 대지에 대하여는 입주자 모집

공고 승인 신청일(주택조합의 경우에는 사업계획승인 신청일을 말한다) 이후부터 입주예정자가 그 주택 및 대지의 소유권이전등기를 신청할 수 있는 날("입주가능일"을 말한다) 이후 60일까지의 기간 동안 입주예정자의 동의 없이 다음 각 호의 어느 하나에 해당하는 행위를 하여서는 아니 된다(법 제61조 제1항).

1. 해당 주택 및 대지에 저당권 또는 가등기담보권 등 담보물권을 설정하는 행위
2. 해당 주택 및 대지에 전세권·지상권 또는 등기되는 부동산임차권을 설정하는 행위
3. 해당 주택 및 대지를 매매 또는 증여 등의 방법으로 처분하는 행위

(2) 부기등기의 의무

1) 원칙

저당권설정 등의 제한을 할 때 사업주체는 해당 주택 또는 대지가 입주예정자의 동의 없이는 양도하거나 제한물권을 설정하거나 압류·가압류·가처분 등의 목적물이 될 수 없는 재산임을 소유권등기에 부기등기하여야 한다(법 제61조 제3항).

2) 예외

사업주체가 국가·지방자치단체 및 한국토지주택공사 등 공공기관이거나 해당 대지가 사업주체의 소유가 아닌 경우 등 대통령령으로 정하는 경우에는 그러하지 아니하다(법 제61조 제3항 단서). 여기서 "사업주체가 국가·지방자치단체 및 한국토지주택공사 등 공공기관이거나 해당 대지가 사업주체의 소유가 아닌 경우 등 대통령령으로 정하는 경우"란 다음의 경우를 말한다(영 제72조 제2항).

① 대지의 경우

다음의 어느 하나에 해당하는 경우. 이 경우 4 또는 5에 해당되는 경우로서 법원의 판결이 확정되어 소유권을 확보하거나 권리가 말소되었을 때에는 지체 없이 부기등기를 하여야 한다(영 제72조 제2항 제1호).

1. 사업주체가 국가·지방자치단체·한국토지주택공사 또는 지방공사인 경우
2. 사업주체가 「택지개발촉진법」 등 관계 법령에 따라 조성된 택지를 공급받아 주택을 건설하는 경우로서 해당 대지의 지적정리가 되지 아니하여 소유권을 확보할 수 없는 경우. 이 경우 대지의 지적정리가 완료된 때에는 지체 없이 제1항에 따른 부기등기를 하여야 한다.
3. 조합원이 주택조합에 대지를 신탁한 경우

4. 해당 대지가 다음 1)부터 3)까지 중 어느 하나에 해당하는 경우. 다만, 2) 및 3)의 경우에는 법 제23조 제2항 및 제3항에 따른 감정평가액을 공탁하여야 한다.
　가. 법 제22조 또는 제23조에 따른 매도청구소송(이하 이 항에서 "매도청구소송"이라 한다)을 제기하여 법원의 승소판결(판결이 확정될 것을 요구하지 아니한다)을 받은 경우
　나. 해당 대지의 소유권 확인이 곤란하여 매도청구소송을 제기한 경우
　다. 사업주체가 소유권을 확보하지 못한 대지로서 법 제15조에 따라 최초로 주택건설사업계획승인을 받은 날 이후 소유권이 제3자에게 이전된 대지에 대하여 매도청구소송을 제기한 경우
5. 사업주체가 소유권을 확보한 대지에 저당권, 가등기담보권, 전세권, 지상권 및 등기되는 부동산 임차권이 설정된 경우로서 이들 권리의 말소소송을 제기하여 승소판결(판결이 확정될 것을 요구하지 아니한다)을 받은 경우.

② 주택의 경우

해당 주택의 입주자로 선정된 지위를 취득한 자가 없는 경우. 다만, 소유권보존등기 후 입주자모집공고의 승인을 신청하는 경우를 제외한다(영 제72조 제2항 제2호).

3) 등기시기

① 부기등기는 주택건설대지에 대하여는 입주자 모집공고 승인 신청(주택건설대지 중 주택조합이 사업계획승인 신청일까지 소유권을 확보하지 못한 부분이 있는 경우에는 그 부분에 대한 소유권이전등기를 말한다)과 동시에 하여야 하고, 건설된 주택에 대하여는 소유권보존등기와 동시에 하여야 한다(법 제61조 제4항).
② 이 경우 사업주체는 사업계획승인이 취소되거나 입주예정자가 소유권이전등기를 신청한 경우를 제외하고는 부기등기를 말소할 수 없다(영 제72조 제3항). 다만, 소유권이전등기를 신청할 수 있는 날부터 60일이 경과하였을 때에는 그러하지 아니하다(영 제68조 제3항 단서).

4) 부기등기의 효력

부기등기일 이후에 해당 대지 또는 주택을 양수하거나 제한물권을 설정받은 경우 또는 압류·가압류·가처분 등의 목적물로 한 경우에는 그 효력을 무효로 한다(법 제61조 제5항). 다만, 사업주체의 경영부실로 입주예정자가 그 대지를 양수받는 경우 등 대통령령으로 정하는 경우에는 그러하지 아니하다(법 제61조 제5항 단서). 여기서 "대통령령이 정하는 경우"라 함은 다음을 말한다(영 제72조 제4항).

1. 제71조 제1호 또는 제2호에 해당하여 해당 대지에 저당권, 가등기담보권, 전세권, 지상권 및 등기되는 부동산임차권을 설정하는 경우
2. 제71조 제3호에 해당하여 다른 사업주체가 해당 대지를 양수하거나 시공보증자 또는 입주예정자가 해당 대지의 소유권을 확보하거나 압류·가압류·가처분 등을 하는 경우

(3) 사용검사 후 매도청구 등

주택(복리시설을 포함한다)의 소유자들은 주택단지 전체 대지에 속하는 일부의 토지에 대한 소유권이전등기 말소소송 등에 따라 제49조의 사용검사(동별 사용검사를 포함한다. 이하 이 조에서 같다)를 받은 이후에 해당 토지의 소유권을 회복한 자("실소유자")에게 해당 토지를 시가로 매도할 것을 청구할 수 있다(법 제63조 제1항).

주택의 소유자들은 대표자를 선정하여 제1항에 따른 매도청구에 관한 소송을 제기할 수 있다. 이 경우 대표자는 주택의 소유자 전체의 3/4 이상의 동의를 받아 선정하며(법 제62조 제2항), 매도청구에 관한 소송에 대한 판결은 주택의 소유자 전체에 대하여 효력이 있다(법 제63조 제3항).

매도청구를 하려는 경우에는 해당 토지의 면적이 주택단지 전체 대지 면적의 5퍼센트 미만이어야 하며(법 제63조 제4항), 매도청구의 의사표시는 실소유자가 해당 토지 소유권을 회복한 날부터 2년 이내에 해당 실소유자에게 송달되어야 한다(법 제63조 제5항). 주택의 소유자들은 매도청구로 인하여 발생한 비용의 전부를 사업주체에게 구상(求償)할 수 있다(법 제62조 제6항).

제 3 절 공급질서 유지 방안

1. 공급질서 교란 금지

(1) 금지행위

누구든지 이 법에 따라 건설·공급되는 주택을 공급받거나 공급받게 하기 위하여 다음 각 호의 어느 하나에 해당하는 증서 또는 지위를 양도·양수(매매·증여나 그 밖에 권리 변동을 수반하는 모든 행위를 포함하되, 상속·저당의 경우는 제외한다) 또는 이를 알선하거나 양도·양수 또는 이를 알선할 목적으로 하는 광고(각종 간행물·유인물·전화·인터넷,

그 밖의 매체를 통한 행위를 포함한다)를 하여서는 아니 되며, 누구든지 거짓이나 그 밖의 부정한 방법으로 이 법에 따라 건설·공급되는 증서나 지위 또는 주택을 공급받거나 공급받게 하여서는 아니 된다(법 제65조 제1항).

---

1. 제11조에 따라 주택을 공급받을 수 있는 지위
2. 제56조에 따른 입주자저축 증서
3. 제80조에 따른 주택상환사채
4. 그 밖에 주택을 공급받을 수 있는 증서 또는 지위로서 대통령령으로 정하는 것(영 제74조 제1항)
   ㉠ 시장·군수·구청장이 발행한 무허가건물확인서·건물철거예정증명서 또는 건물철거확인서
   ㉡ 공공사업의 시행으로 인한 이주대책에 따라 주택을 공급받을 수 있는 지위 또는 이주대책대상자확인서

대판 2013.9.27, 2011도15744(주택법 위반)

"구 주택법(2009.2.3. 법률 제9405호로 개정되기 전의 것, 이하 같다) 제39조 제1항 제1호는 같은 법 제32조에 따라 주택을 공급받을 수 있는 지위의 양도 및 양수를 금지하고 있는데, 같은 법 제32조는 다수의 구성원이 주택을 마련하기 위해 설립하는 주택조합의 설립방법과 절차, 구성원의 자격기준 및 조합원에 대한 주택의 우선공급 등 주택조합의 조합원에 대한 주택공급에 관하여 규정하고 있는 점, 구 주택법 제39조 제1항 제2, 3, 4호와 주택법 시행령 제43조 제1항 각 호에서 정한 '주택을 공급받을 수 있는 증서'가 모두 공문서 또는 그에 준하는 공신력 있는 문서인 것과의 균형상 구 주택법 제39조 제1항 제1호에서 정한 '주택을 공급받을 수 있는 지위' 역시 그에 상응하는 효력이 있는 지위를 의미하는 것으로 봄이 타당한 점, 구 주택법 제39조 제2항이 위 '주택을 공급받을 수 있는 지위'가 유효한 것임을 전제로 같은 조 제1항을 위반한 경우 그 '지위'를 무효로 할 수 있다고 규정하고 있는 점, 죄형법정주의의 원칙상 형벌법규의 해석은 엄격하게 하여야 하는 점 등에 비추어 보면, 구 주택법 제39조 제1항 제1호에서 정한 '제32조의 규정에 의하여 주택을 공급받을 수 있는 지위'는 원칙적으로 설립인가를 받거나 신고를 마치고 적법하게 설립된 주택조합의 구성원인 조합원으로서 그 주택조합이 공급하는 주택을 공급받을 수 있는 지위를 의미하고, 이는 구 주택법 등에서 정한 조합원의 자격요건을 갖추고 조합원 가입절차 및 분양절차를 제대로 거쳐야 비로소 인정된다."

---

(2) 행위의 효과

1) 주택공급신청의 무효 및 공급계약의 취소

국토교통부장관 또는 사업주체는 다음의 어느 하나에 해당하는 자에 대하여는 그 주택 공급을 신청할 수 있는 지위를 무효로 하거나 이미 체결된 주택의 공급계약을 취소할 수 있다(법 제65조 제2항).

1. 제1항을 위반하여 증서 또는 지위를 양도하거나 양수한 자
2. 제1항을 위반하여 거짓이나 그 밖의 부정한 방법으로 증서나 지위 또는 주택을 공급받은 자

2) 주택의 환매

사업주체가 법 제65조 제1항(공급질서 교란금지)을 위반한 자에게 다음 각 호의 금액을 합산한 금액에서 감가상각비(「법인세법 시행령」 제26조에 따른 정액법에 준하는 방법으로 계산한 금액을 말한다)를 공제한 금액을 지급하였을 때에는 그 지급한 날에 해당 주택을 취득한 것으로 본다(영 제74조 제2항).

1. 입주금
2. 융자금의 상환원금
3. 제1호 및 제2호의 금액을 합산한 금액에 생산자물가상승률을 곱한 금액

3) 퇴거명령

사업주체가 매수인에게 주택가격을 지급하거나, 매수인을 알 수 없어 주택가격의 수령 통지를 할 수 없는 경우 등 대통령령으로 정하는 사유에 해당하는 경우로서 주택가격을 그 주택이 있는 지역을 관할하는 법원에 공탁한 경우에는 그 주택에 입주한 자에게 기간을 정하여 퇴거를 명할 수 있다(법 제65조 제4항). 여기서 "대통령령이 정하는 사유에 해당하는 경우"라 함은 다음 각 호의 어느 하나에 해당하는 경우를 말한다(영 제74조 제3항).

1. 매수인을 알 수 없어 주택가액 수령의 통지를 할 수 없는 경우
2. 매수인에게 주택가액의 수령을 3회 이상 통지(통지일부터 다음 통지일까지의 기간이 1월 이상 이어야 한다)하였으나 매수인이 수령을 거부한 경우
3. 매수인이 주소지에 3월 이상 살지 아니하여 주택가액의 수령이 불가능한 경우
4. 주택의 압류 또는 가압류로 인하여 매수인에게 주택가액을 지급할 수 없는 경우

4) 벌칙

① 국토교통부장관은 공급질서(제1항)를 위반한 자에 대하여 10년 이내의 범위에서 국토교통부령으로 정하는 바에 따라 주택의 입주자자격을 제한할 수 있다(법 제65조 제5항). 이때에 주택의 입주자자격 제한은 위반한 행위를 적발한 날

부터 10년까지로 한다(규칙 제56조 제1항).

② 주택의 공급질서 교란금지에 위반한 자에 대하여는 3년 이하의 징역 도는 3천
만원 이하의 벌금에 처한다(법 제101조 제3호).

2. 투기과열지구의 지정 등

(1) 지정권자 및 지정기준 등

① 국토교통부장관 또는 시·도지사는 주택가격의 안정을 위하여 필요한 경우에는
주거정책심의위원회(시·도지사의 경우에는 「주거기본법」 제9조에 따른 시·도 주거
정책심의위원회를 말한다. 이하 이 조에서 같다)의 심의를 거쳐 일정한 지역을 투기
과열지구로 지정하거나 이를 해제할 수 있다. 이 경우 투기과열지구는 그 지정
목적을 달성할 수 있는 최소한의 범위에서 시·군·구 또는 읍·면·동의 지역
단위로 지정하되, 택지개발지구(「택지개발촉진법」 제2조 제3호에 따른 택지개발지
구를 말한다) 등 해당 지역 여건을 고려하여 지정 단위를 조정할 수 있다(법 제63
조 제1항).

② 위 투기과열지구는 해당 지역의 주택가격상승률이 물가상승률보다 현저히 높
은 지역으로서 그 지역의 청약경쟁률·주택가격·주택보급률 및 주택공급계획
등과 지역 주택시장 여건 등을 고려하였을 때 주택에 대한 투기가 성행하고 있
거나 성행할 우려가 있는 지역 중 대통령령으로 정하는 기준을 충족하는 곳이
어야 한다(법 제63조 제2항).

〈투기과열지구의 지정 기준(영 제72조의2)〉

1. 직전월(투기과열지구로 지정하는 날이 속하는 달의 바로 전 달을 말한다. 이하 이 조에서 같다)
부터 소급하여 주택공급이 있었던 2개월 동안 해당 지역에서 공급되는 주택의 월평균 청약경쟁
률이 모두 5대 1을 초과하였거나 국민주택규모 주택의 월평균 청약경쟁률이 모두 10대 1을 초
과한 곳

2. 다음 각 목의 어느 하나에 해당하여 주택공급이 위축될 우려가 있는 곳
   가. 주택의 분양계획이 직전월보다 30퍼센트 이상 감소한 곳
   나. 법 제15조에 따른 주택건설사업계획의 승인이나 「건축법」 제11조에 따른 건축허가 실적이
      직전년도보다 급격하게 감소한 곳

3. 신도시 개발이나 주택의 전매행위 성행 등으로 투기 및 주거불안의 우려가 있는 곳으로서 다음

각 목의 어느 하나에 해당하는 곳

가. 시·도별 주택보급률이 전국 평균 이하인 경우

나. 시·도별 자가주택비율이 전국 평균 이하인 경우

다. 해당 지역의 주택공급물량이 법 제56조에 따른 입주자저축 가입자 중 「주택공급에 관한 규칙」 제27조 제1항 제1호 및 제28조 제1항 제1호에 따른 주택청약 제1순위자에 비하여 현저하게 적은 경우

③ 국토교통부장관 또는 시·도지사는 투기과열지구에서 제2항에 따른 지정 사유가 없어졌다고 인정하는 경우에는 지체 없이 투기과열지구 지정을 해제하여야 한다(법 제63조 제4항).

(2) 지정 및 해제 절차

1) 의견청취 및 협의

법 제63조 제1항에 따라 국토교통부장관이 투기과열지구를 지정하거나 해제할 경우에는 시·도지사의 의견을 들어야 하며, 시·도지사가 투기과열지구를 지정하거나 해제할 경우에는 국토교통부장관과 협의하여야 한다(법 제63조 제5항).

2) 공고, 통보

국토교통부장관 또는 시·도지사는 제1항에 따라 투기과열지구를 지정하였을 때에는 지체 없이 이를 공고하고, 국토교통부장관은 그 투기과열지구를 관할하는 시장·군수·구청장에게, 특별시장, 광역시장 또는 도지사는 그 투기과열지구를 관할하는 시장, 군수 또는 구청장에게 각각 공고 내용을 통보하여야 한다. 이 경우 시장·군수·구청장은 사업주체로 하여금 입주자 모집공고 시 해당 주택건설 지역이 투기과열지구에 포함된 사실을 공고하게 하여야 한다. 투기과열지구 지정을 해제하는 경우에도 또한 같다(법 제63조 제3항).

(3) 지정의 재검토

국토교통부장관은 반기마다 주거정책심의위원회의 회의를 소집하여 투기과열지구로 지정된 지역별로 해당 지역의 주택가격 안정 여건의 변화 등을 고려하여 투기과열지구 지정의 유지 여부를 재검토하여야 한다. 이 경우 재검토 결과 투기과열지구 지정의 해제가 필요하다고 인정되는 경우에는 지체 없이 투기과열지구 지정을 해제하고 이를

공고하여야 한다(법 제63조 제6항).

(4) 해제 요청

① 투기과열지구로 지정된 지역의 시·도지사, 시장, 군수 또는 구청장은 투기과열지구 지정 후 해당 지역의 주택가격이 안정되는 등 지정 사유가 없어졌다고 인정되는 경우에는 국토교통부장관 또는 시·도지사에게 투기과열지구 지정의 해제를 요청할 수 있다(법 제63조 제7항).

② 투기과열지구 지정의 해제를 요청받은 국토교통부장관 또는 시·도지사는 요청받은 날부터 40일 이내에 주거정책심의위원회의 심의를 거쳐 투기과열지구 지정의 해제 여부를 결정하여 그 투기과열지구를 관할하는 지방자치단체의 장에게 심의결과를 통보하여야 한다(법 제63조 제8항).

③ 국토교통부장관 또는 시·도지사는 심의결과 투기과열지구에서 그 지정 사유가 없어졌다고 인정될 때에는 지체 없이 투기과열지구 지정을 해제하고 이를 공고하여야 한다(법 제63조 제9항).

3. 전매행위 등의 제한 등

(1) 원칙

사업주체가 건설·공급하는 주택 또는 주택의 입주자로 선정된 지위(입주자로 선정되어 그 주택에 입주할 수 있는 권리·자격·지위 등을 말한다)로서 다음 각 호의 어느 하나에 해당하는 경우에는 10년 이내의 범위에서 대통령령으로 정하는 기간이 지나기 전에는 그 주택 또는 지위를 전매(매매·증여나 그 밖에 권리의 변동을 수반하는 모든 행위를 포함하되, 상속의 경우는 제외한다)하거나 이의 전매를 알선할 수 없다(법 제64조 제1항).

---

1. 투기과열지구에서 건설·공급되는 주택의 입주자로 선정된 지위
2. 조정대상지역에서 건설·공급되는 주택의 입주자로 선정된 지위. 다만, 제63조의2 제1항 제2호에 해당하는 조정대상지역 중 주택의 수급 상황 등을 고려하여 대통령령으로 정하는 지역에서 건설·공급되는 주택의 입주자로 선정된 지위는 제외한다.
3. 분양가상한제 적용주택 및 그 주택의 입주자로 선정된 지위. 다만, 「수도권정비계획법」 제2조 제1호에 따른 수도권(이하 이 조에서 "수도권"이라 한다) 외의 지역 중 주택의 수급 상황 및

투기 우려 등을 고려하여 대통령령으로 정하는 지역으로서 투기과열지구가 지정되지 아니하거나 제63조에 따라 지정 해제된 지역 중 공공택지 외의 택지에서 건설·공급되는 분양가상한제 적용주택 및 그 주택의 입주자로 선정된 지위는 제외한다.
4. 공공택지 외의 택지에서 건설·공급되는 주택 또는 그 주택의 입주자로 선정된 지위. 다만, 제57조 제2항 각 호의 주택 또는 그 주택의 입주자로 선정된 지위 및 수도권 외의 지역 중 주택의 수급 상황 및 투기 우려 등을 고려하여 대통령령으로 정하는 지역으로서 공공택지 외의 택지에서 건설·공급되는 주택 및 그 주택의 입주자로 선정된 지위는 제외한다.

(2) 제한기간 등

"전매제한기간"은 주택의 수급 상황 및 투기 우려 등을 고려하여 대통령령으로 지역별로 달리 정할 수 있는데(법 제64조 제1항 후단), 여기서 "전매제한기간"이라 함은 투기과열지구안에서 건설·공급되는 주택(법 제64조 제1항 제2호 및 제3호에 해당하는 경우의 주택은 제외한다)의 입주자모집을 하여 최초로 주택공급계약 체결이 가능한 날부터 다음 각 호의 어느 하나의 기간에 도달하였을 때를 말한다(영 제69조 제1항).

1. 「수도권정비계획법」 제2조 제1호에 따른 수도권("수도권"이라 한다), 충청권(대전광역시·세종특별자치시·충청남도 및 충청북도를 말한다)의 행정구역에 속하는 지역의 경우: 해당 주택(건축물에 대하여만 소유권이전등기를 하는 경우에는 해당 건축물)에 대한 소유권이전등기를 완료하였을 때. 이 경우 전매제한기간은 5년을 초과하지 아니한다.
2. 제1호 외의 지역의 경우: 1년

(3) 예외

법 제64조 제1항 각 호의 어느 하나에 해당하여 입주자로 선정된 자 또는 제1항 제2호 및 제3호에 해당하는 주택을 공급받은 자의 생업상의 사정 등으로 전매가 불가피하다고 인정되는 경우로서 대통령령으로 정하는 경우에는 제1항을 적용하지 아니한다(법 제64조 제2항). 여기서 "대통령령으로 정하는 경우"란 다음 각 호의 어느 하나에 해당되어 사업주체(법 제64조 제1항 제2호 및 제3호에 해당하는 주택의 경우에는 한국토지주택공사를 말한다. 다만, 사업주체가 지방공사인 경우에는 지방공사를 말한다)의 동의를 받은 경우를 말한다(영 제73조 제4항).

1. 세대원(세대주가 포함된 세대의 구성원을 말한다)이 근무 또는 생업상의 사정이나 질병치료·취학·결혼으로 인하여 세대원 전원이 다른 광역시, 특별자치시, 특별자치도, 시 또는 군(광역시의 관할구역에 있는 군을 제외한다)으로 이전하는 경우. 다만, 수도권으로 이전하는 경우를 제외한다.
2. 상속에 따라 취득한 주택으로 세대원 전원이 이전하는 경우
3. 세대원 전원이 해외로 이주하거나 2년 이상의 기간 해외에 체류하고자 하는 경우
4. 이혼으로 인하여 입주자로 선정된 지위 또는 주택을 그 배우자에게 이전하는 경우
5. 「공익사업을 위한 토지 등의 취득 및 보상에 관한 법률」 제78조 제1항에 따라 공익사업의 시행으로 주거용 건축물을 제공한 자가 사업시행자로부터 이주대책용 주택을 공급받은 경우(사업시행자의 알선으로 공급받은 경우를 포함한다)로서 시장·군수·구청장이 확인하는 경우
6. 분양가상한제 또는 주택공영개발지구 주택의 소유자가 국가·지방자치단체 및 금융기관에 대한 채무를 이행하지 못하여 경매 또는 공매가 시행되는 경우
7. 입주자로 선정된 지위 또는 주택의 일부를 그 배우자에게 증여하는 경우
8. 실직·파산 또는 신용불량으로 경제적 어려움이 발생한 경우

다만, 제1항, 제2호 및 제3호에 해당하는 주택을 공급받은 자가 전매하는 경우에는 한국토지주택공사(사업주체가 지방공사인 경우에는 지방공사를 말한다)가 그 주택을 우선 매입할 수 있다(법 제64조 제2항 단서).

(4) 전매행위 규제제도

1) 환매

법 제64조 제1항의 전매행위 제한 규정을 위반하여 주택의 입주자로 선정된 지위의 전매가 이루어진 경우, 사업주체가 이미 납부된 입주금에 대하여 「은행법」에 따른 은행의 1년 만기 정기예금 평균이자율을 합산한 금액("매입비용"이라 한다)을 그 매수인에게 지급한 경우에는 그 지급한 날에 사업주체가 해당 입주자로 선정된 지위를 취득한 것으로 보며, 이때 한국토지주택공사가 분양가상한제 적용주택을 우선 매입하는 경우의 매입비용에 관하여도 이를 준용한다(법 제64조 제3항).

2) 부기등기

사업주체가 분양가상한제 적용주택 및 수도권의 지역으로서 공공택지 외의 택지에서 건설·공급되는 주택에 해당하는 주택을 공급하는 경우에는 그 주택의 소유권을 제3자에게 이전할 수 없음을 소유권에 관한 등기에 부기등기하여야 한다(법 제64조 제4항).

이때 부기등기는 주택의 소유권보존등기와 동시에 하여야 하며, 부기등기에는 "이

주택은 최초로 소유권이전등기가 된 후에는 「주택법」 제64조 제1항에서 정한 기간이
지나기 전에 한국토지주택공사(제64조 제2항 단서에 따라 한국토지주택공사가 우선 매입한
주택을 공급받는 자를 포함한다) 외의 자에게 소유권을 이전하는 어떠한 행위도 할 수 없
음"을 명시하여야 한다(법 제64조 제5항).

3) 준용규정

주택을 공급받은 자가 전매하는 경우에는 한국토지주택공사가 그 주택을 우선 매
입할 수 있다는 제2항 단서에 따라 한국토지주택공사가 우선 매입한 주택을 공급하는
경우에는 제64조 제4항을 준용한다(법 제64조 제6항).

리모델링

제 4 장

제1절 리모델링의 허가 등

1. 리모델링의 허가

(1) 리모델링의 허가

공동주택(부대시설과 복리시설을 포함한다)의 입주자·사용자 또는 관리주체가 공동주택을 리모델링하려고 하는 경우에는 허가와 관련된 면적, 세대수 또는 입주자 등의 동의 비율에 관하여 대통령령으로 정하는 기준 및 절차 등에 따라 시장·군수·구청장의 허가를 받아야 한다(법 제66조 제1항).

(2) 예외

법 제66조 제1항에도 불구하고 대통령령으로 정하는 경우에는 리모델링주택조합이나 소유자 전원의 동의를 받은 입주자대표회의(「공동주택관리법」에 따른 입주자대표회의를 말하며, "입주자대표회의"라 한다)가 시장·군수·구청장의 허가를 받아 리모델링을 할 수 있다(법 제66조 제2항).

① 이 경우, 설립인가를 받은 리모델링주택조합의 총회 또는 소유자 전원의 동의를 받은 입주자대표회의에서 「건설산업기본법」에 따른 건설업자 또는 건설업자로 보는 등록사업자를 시공자로 선정하여야 한다(법 제66조 제3항).

② 시공자를 선정하는 경우에는 국토교통부장관이 정하는 경쟁 입찰의 방법으로 하여야 한다. 다만, 경쟁입찰의 방법으로 시공자를 선정하는 것이 곤란하다고 인정되는 경우 등 대통령령으로 정하는 경우(국토교통부장관이 정하는 경쟁입찰의 방법으로 2회 이상 경쟁입찰을 하였으나 입찰자의 수가 해당 경쟁입찰의 방법에서 정하는 최저 입찰자 수에 미달하여 경쟁입찰의 방법으로 시공자를 선정할 수 없게 된 경우를 말한다)에는 그러하지 아니하다(법 제66조 제4항, 영 제76조 제1항).

(3) 허가 등 진행절차

① 리모델링에 관하여 시장·군수·구청장이 관계 행정기관의 장과 협의하여 허가 받은 사항에 관하여는 법 제19조를 준용한다(법 제66조 제5항).

② 시장·군수·구청장이 세대수 증가형 리모델링(대통령령으로 정하는 세대수(50세대)이상으로 세대수가 증가하는 경우로 한정한다)을 허가하려는 경우에는 기반시설에의 영향이나 도시·군관리계획과의 부합 여부 등에 대하여 「국토의 계획 및 이용에 관한 법률」에 따라 설치된 시·군·구도시계획위원회("시·군·구도시계획위원회"라 한다)의 심의를 거쳐야 한다(법 제66조 제6항).

③ 공동주택의 입주자·사용자·관리주체·입주자대표회의 또는 리모델링주택조합이 법 제66조 제1항 또는 제2항에 따른 리모델링에 관하여 시장·군수·구청장의 허가를 받은 후 그 공사를 완료하였을 때에는 시장·군수·구청장의 사용검사를 받아야 한다(법 제66조 제7항).

④ 시장·군수·구청장은 공동주택의 입주자·사용자·관리주체·입주자대표회의 또는 리모델링주택조합 등이 거짓이나 그 밖의 부정한 방법으로 리모델링 허가를 받은 경우에는 행위허가를 취소할 수 있다(법 제66조 제8항).

⑤ 제71조에 따른 리모델링 기본계획 수립 대상지역에서 세대수 증가형 리모델링을 허가하려는 시장·군수·구청장은 해당 리모델링 기본계획에 부합하는 범위에서 허가하여야 한다(법 제66조 제9항).

2. 권리변동계획의 수립

세대수가 증가되는 리모델링을 하는 경우에는 기존 주택의 권리변동, 비용분담 등 대통령령으로 정하는 사항에 대한 계획("권리변동계획"이라 한다)을 수립하여 사업계획승인 또는 행위허가를 받아야 한다(법 제67조).

제2절 리모델링 안전성 진단 등

1. 증축형 리모델링의 안전진단(법 제68조)

① 법 제2조 제25호 나목 및 다목에 따라 증축하는 리모델링(이하 "증축형 리모델링"
이라 한다)을 하려는 자는 시장·군수·구청장에게 안전진단을 요청하여야 하며,
안전진단을 요청받은 시장·군수·구청장은 해당 건축물의 증축 가능 여부의 확
인 등을 위하여 안전진단을 실시하여야 한다.

② 시장·군수·구청장은 제1항에 따라 안전진단을 실시하는 경우에는 대통령령으
로 정하는 기관에 안전진단을 의뢰하여야 하며, 안전진단을 의뢰받은 기관은
리모델링을 하려는 자가 추천한 건축구조기술사(구조설계를 담당할 자를 말한다)
와 함께 안전진단을 실시하여야 한다.

③ 시장·군수·구청장이 제1항에 따른 안전진단으로 건축물 구조의 안전에 위험
이 있다고 평가하여 「도시 및 주거환경정비법」 제2조 제2호 다목에 따른 재건
축사업 및 「빈집 및 소규모주택 정비에 관한 특례법」 제2조 제1항 제3호 다목
에 따른 소규모재건축사업의 시행이 필요하다고 결정한 건축물은 증축형 리모
델링을 하여서는 아니 된다.

④ 시장·군수·구청장은 제66조 제1항에 따라 수직증축형 리모델링을 허가한 후
에 해당 건축물의 구조안전성 등에 대한 상세 확인을 위하여 안전진단을 실시
하여야 한다. 이 경우 안전진단을 의뢰받은 기관은 제2항에 따른 건축구조기술
사와 함께 안전진단을 실시하여야 하며, 리모델링을 하려는 자는 안전진단 후
구조설계의 변경 등이 필요한 경우에는 건축구조기술사로 하여금 이를 보완하
도록 하여야 한다.

⑤ 제2항 및 제4항에 따라 안전진단을 의뢰받은 기관은 국토교통부장관이 정하여
고시하는 기준에 따라 안전진단을 실시하고, 국토교통부령으로 정하는 방법 및
절차에 따라 안전진단 결과보고서를 작성하여 안전진단을 요청한 자와 시장·
군수·구청장에게 제출하여야 한다.

⑥ 시장·군수·구청장은 제1항 및 제4항에 따라 안전진단을 실시하는 비용의 전부
또는 일부를 리모델링을 하려는 자에게 부담하게 할 수 있다.

⑦ 그 밖에 안전진단에 관하여 필요한 사항은 대통령령으로 정한다.

2. 전문기관의 안전성 검토 등(법 제69조)

① 시장·군수·구청장은 수직증축형 리모델링을 하려는 자가 「건축법」에 따른 건축위원회의 심의를 요청하는 경우 구조계획상 증축범위의 적정성 등에 대하여 대통령령으로 정하는 전문기관에 안전성 검토를 의뢰하여야 한다.

② 시장·군수·구청장은 제66조 제1항에 따라 수직증축형 리모델링을 하려는 자의 허가 신청이 있거나 제68조 제4항에 따른 안전진단 결과 국토교통부장관이 정하여 고시하는 설계도서의 변경이 있는 경우 제출된 설계도서상 구조안전의 적정성 여부 등에 대하여 제1항에 따라 검토를 수행한 전문기관에 안전성 검토를 의뢰하여야 한다.

③ 제1항 및 제2항에 따라 검토의뢰를 받은 전문기관은 국토교통부장관이 정하여 고시하는 검토기준에 따라 검토한 결과를 대통령령으로 정하는 기간 이내에 시장·군수·구청장에게 제출하여야 하며, 시장·군수·구청장은 특별한 사유가 없는 경우 이 법 및 관계 법률에 따른 위원회의 심의 또는 허가 시 제출받은 안전성 검토결과를 반영하여야 한다.

④ 시장·군수·구청장은 제1항 및 제2항에 따른 전문기관의 안전성 검토비용의 전부 또는 일부를 리모델링을 하려는 자에게 부담하게 할 수 있다.

⑤ 국토교통부장관은 시장·군수·구청장에게 제3항에 따라 제출받은 자료의 제출을 요청할 수 있으며, 필요한 경우 시장·군수·구청장으로 하여금 안전성 검토결과의 적정성 여부에 대하여 「건축법」에 따른 중앙건축위원회의 심의를 받도록 요청할 수 있다.

⑥ 시장·군수·구청장은 특별한 사유가 없으면 제5항에 따른 심의결과를 반영하여야 한다.

⑦ 그 밖에 전문기관 검토 등에 관하여 필요한 사항은 대통령령으로 정한다.

3. 수직증축형 리모델링의 구조기준

수직증축형 리모델링의 설계자는 국토교통부장관이 정하여 고시하는 구조기준에 맞게 구조설계도서를 작성하여야 한다(법 제70조).

제 3 절 리모델링 계획의 수립 절차

1. 리모델링 기본계획의 수립권자 및 대상지역 등

① 특별시장·광역시장 및 대도시의 시장은 관할구역에 대하여 다음 각 호의
사항을 포함한 리모델링 기본계획을 10년 단위로 수립하여야 한다. 다만, 세
대수 증가형 리모델링에 따른 도시과밀의 우려가 적은 경우 등 대통령령으
로 정하는 경우에는 리모델링 기본계획을 수립하지 아니할 수 있다(법 제71
조 제1항).

---

1. 계획의 목표 및 기본방향
2. 도시기본계획 등 관련 계획 검토
3. 리모델링 대상 공동주택 현황 및 세대수 증가형 리모델링 수요 예측
4. 세대수 증가에 따른 기반시설의 영향 검토
5. 일시집중 방지 등을 위한 단계별 리모델링 시행방안
6. 그 밖에 대통령령으로 정하는 사항

---

② 대도시가 아닌 시의 시장은 세대수 증가형 리모델링에 따른 도시과밀이나 일시
집중 등이 우려되어 도지사가 리모델링 기본계획의 수립이 필요하다고 인정한
경우 리모델링 기본계획을 수립하여야 한다(법 제71조 제2항).
③ 리모델링 기본계획의 작성기준 및 작성방법 등은 국토교통부장관이 정한다(법
제71조 제3항).

2. 리모델링 기본계획 수립절차(법 제72조)

① 특별시장·광역시장 및 대도시의 시장(제71조 제2항에 따른 대도시가 아닌 시의 시
장을 포함한다. 이하 이 조부터 제74조까지에서 같다)은 리모델링 기본계획을 수립
하거나 변경하려면 14일 이상 주민에게 공람하고, 지방의회의 의견을 들어야

한다. 이 경우 지방의회는 의견제시를 요청받은 날부터 30일 이내에 의견을 제시하여야 하며, 30일 이내에 의견을 제시하지 아니하는 경우에는 이의가 없는 것으로 본다. 다만, 대통령령으로 정하는 경미한 변경인 경우에는 주민공람 및 지방의회 의견청취 절차를 거치지 아니할 수 있다(법 제72조 제1항).

② 특별시장·광역시장 및 대도시의 시장은 리모델링 기본계획을 수립하거나 변경하려면 관계 행정기관의 장과 협의한 후 「국토의 계획 및 이용에 관한 법률」 제113조 제1항에 따라 설치된 시·도도시계획위원회(이하 "시·도도시계획위원회"라 한다) 또는 시·군·구도시계획위원회의 심의를 거쳐야 한다(법 제72조 제2항).

③ 제2항에 따라 협의를 요청받은 관계 행정기관의 장은 특별한 사유가 없으면 그 요청을 받은 날부터 30일 이내에 의견을 제시하여야 한다.

④ 대도시의 시장은 리모델링 기본계획을 수립하거나 변경하려면 도지사의 승인을 받아야 하며, 도지사는 리모델링 기본계획을 승인하려면 시·도도시계획위원회의 심의를 거쳐야 한다.

3. 리모델링 기본계획의 고시 등(법 제73조)

① 특별시장·광역시장 및 대도시의 시장은 리모델링 기본계획을 수립하거나 변경한 때에는 이를 지체 없이 해당 지방자치단체의 공보에 고시하여야 한다.

② 특별시장·광역시장 및 대도시의 시장은 5년마다 리모델링 기본계획의 타당성 여부를 검토하여 그 결과를 리모델링 기본계획에 반영하여야 한다.

③ 그 밖에 주민공람 절차 등 리모델링 기본계획 수립에 필요한 사항은 대통령령으로 정한다.

4. 세대수 증가형 리모델링의 시기 조정(법 제74조)

① 국토교통부장관은 세대수 증가형 리모델링의 시행으로 주변 지역에 현저한 주택부족이나 주택시장의 불안정 등이 발생될 우려가 있는 때에는 주거정책심의위원회의 심의를 거쳐 특별시장, 광역시장, 대도시의 시장에게 리모델링 기본계획을 변경하도록 요청하거나, 시장·군수·구청장에게 세대수 증가형 리모델

링의 사업계획 승인 또는 허가의 시기를 조정하도록 요청할 수 있으며, 요청을 받은 특별시장, 광역시장, 대도시의 시장 또는 시장·군수·구청장은 특별한 사유가 없으면 그 요청에 따라야 한다.

② 시·도지사는 세대수 증가형 리모델링의 시행으로 주변 지역에 현저한 주택부족이나 주택시장의 불안정 등이 발생될 우려가 있는 때에는 「주거기본법」 제9조에 따른 시·도 주거정책심의위원회의 심의를 거쳐 대도시의 시장에게 리모델링 기본계획을 변경하도록 요청하거나, 시장·군수·구청장에게 세대수 증가형 리모델링의 사업계획 승인 또는 허가의 시기를 조정하도록 요청할 수 있으며, 요청을 받은 대도시의 시장 또는 시장·군수·구청장은 특별한 사유가 없으면 그 요청에 따라야 한다.

③ 제1항 및 제2항에 따른 시기조정에 관한 방법 및 절차 등에 관하여 필요한 사항은 국토교통부령 또는 시·도의 조례로 정한다.

5. 리모델링 결의

많은 수의 구성원이 리모델링하기 위하여 주택조합을 설립하려는 경우에는 관할 특별자치시장, 특별자치도지사, 시장, 군수 또는 구청장(구청장은 자치구의 구청장을 말하며, 이하 "시장·군수·구청장"이라 한다)의 인가를 받아야 하는데(법 제11조 제1항), 이에 따라 주택을 리모델링하기 위하여 주택조합을 설립하려는 경우에는 다음 각 호의 구분에 따른 구분소유자(「집합건물의 소유 및 관리에 관한 법률」 제2조 제2호에 따른 구분소유자를 말한다)와 의결권(「집합건물의 소유 및 관리에 관한 법률」 제37조에 따른 의결권을 말한다)의 결의를 증명하는 서류를 첨부하여 관할 시장·군수·구청장의 인가를 받아야 한다(법 제11조 제3항).

---

1. 주택단지 전체를 리모델링하고자 하는 경우에는 주택단지 전체의 구분소유자와 의결권의 각 2/3 이상의 결의 및 각 동의 구분소유자와 의결권의 각 과반수의 결의
2. 동을 리모델링하고자 하는 경우에는 그 동의 구분소유자 및 의결권의 각 2/3 이상의 결의

---

6. 매도청구

위의 법 제11조 제1항의 내용에 따라 인가를 받아 설립된 리모델링주택조합은 그 리모델링 결의에 찬성하지 아니하는 자의 주택 및 토지에 대하여 매도청구를 할 수 있으며(법 제22조 제2항), 이에 따른 매도청구에 관하여는 「집합건물의 소유 및 관리에 관한 법률」 제48조를 준용한다(법 제22조 제3항 전단). 이 경우 구분소유권 및 대지사용권은 리모델링사업의 매도청구의 대상이 되는 건축물 또는 토지의 소유권과 그 밖의 권리로 본다(법 제22조 제3항 후단).

제 4 절 리모델링 지원센터 등

1. 리모델링 지원센터의 설치·운영

① 시장·군수·구청장은 리모델링의 원활한 추진을 지원하기 위하여 리모델링 지원센터를 설치하여 운영할 수 있다.

② 리모델링 지원센터는 다음 각 호의 업무를 수행할 수 있다.

---

1. 리모델링주택조합 설립을 위한 업무 지원
2. 설계자 및 시공자 선정 등에 대한 지원
3. 권리변동계획 수립에 관한 지원
4. 그 밖에 지방자치단체의 조례로 정하는 사항

---

③ 리모델링 지원센터의 조직, 인원 등 리모델링 지원센터의 설치·운영에 필요한 사항은 지방자치단체의 조례로 정한다.

2. 공동주택 리모델링에 따른 특례(법 제76조)

① 공동주택의 소유자가 리모델링에 의하여 전유부분(「집합건물의 소유 및 관리에 관한 법률」 제2조 제3호에 따른 전유부분을 말한다. 이하 이 조에서 같다)의 면적이 늘거나 줄어드는 경우에는 「집합건물의 소유 및 관리에 관한 법률」 제12조 및

제20조 제1항에도 불구하고 대지사용권은 변하지 아니하는 것으로 본다. 다만, 세대수 증가를 수반하는 리모델링의 경우에는 권리변동계획에 따른다.

② 공동주택의 소유자가 리모델링에 의하여 일부 공용부분(「집합건물의 소유 및 관리에 관한 법률」 제2조 제4호에 따른 공용부분을 말한다. 이하 이 조에서 같다)의 면적을 전유부분의 면적으로 변경한 경우에는 「집합건물의 소유 및 관리에 관한 법률」 제12조에도 불구하고 그 소유자의 나머지 공용부분의 면적은 변하지 아니하는 것으로 본다.

③ 제1항의 대지사용권 및 제2항의 공용부분의 면적에 관하여는 제1항과 제2항에도 불구하고 소유자가 「집합건물의 소유 및 관리에 관한 법률」 제28조에 따른 규약으로 달리 정한 경우에는 그 규약에 따른다.

④ 임대차계약 당시 다음 각 호의 어느 하나에 해당하여 그 사실을 임차인에게 고지한 경우로서 제66조 제1항 및 제2항에 따라 리모델링 허가를 받은 경우에는 해당 리모델링 건축물에 관한 임대차계약에 대하여 「주택임대차보호법」 제4조 제1항 및 「상가건물 임대차보호법」 제9조 제1항을 적용하지 아니한다.

---

1. 임대차계약 당시 해당 건축물의 소유자들(입주자대표회의를 포함한다)이 제11조 제1항에 따른 리모델링주택조합 설립인가를 받은 경우
2. 임대차계약 당시 해당 건축물의 입주자대표회의가 직접 리모델링을 실시하기 위하여 제68조 제1항에 따라 관할 시장·군수·구청장에게 안전진단을 요청한 경우

---

3. 부정행위 금지

공동주택의 리모델링과 관련하여 ① 입주자, ② 사용자, ③ 관리주체, ④ 입주자대표회의 또는 그 구성원, ⑤ 리모델링주택조합 또는 그 구성원 중 어느 하나에 해당하는 자는 부정하게 재물 또는 재산상의 이익을 취득하거나 제공하여서는 아니 된다(법 제77조).

제 5 장

보칙 및 벌칙

제1절 보 칙

1. 토지임대부 분양주택 등

(1) 토지임대부 분양주택의 토지에 관한 임대차 관계(영 제78조)

① 토지임대부 분양주택의 토지에 대한 임대차기간은 40년 이내로 한다. 이 경우 토지임대부 분양주택 소유자의 75퍼센트 이상이 계약갱신을 청구하는 경우 40년의 범위에서 이를 갱신할 수 있다.

② 토지임대부 분양주택을 공급받은 자가 토지소유자와 임대차계약을 체결한 경우 해당 주택의 구분소유권을 목적으로 그 토지 위에 제1항에 따른 임대차기간 동안 지상권이 설정된 것으로 본다.

③ 토지임대부 분양주택의 토지에 대한 임대차계약을 체결하고자 하는 자는 국토교통부령으로 정하는 표준임대차계약서를 사용하여야 한다.

④ 토지임대부 분양주택을 양수한 자 또는 상속받은 자는 제1항에 따른 임대차계약을 승계한다.

⑤ 토지임대부 분양주택의 토지임대료는 해당 토지의 조성원가 또는 감정가격 등을 기준으로 산정하되, 구체적인 토지임대료의 책정 및 변경기준, 납부 절차 등에 관한 사항은 대통령령으로 정한다.

⑥ 제5항의 토지임대료는 월별 임대료를 원칙으로 하되, 토지소유자와 주택을 공급받은 자가 합의한 경우 대통령령으로 정하는 바에 따라 임대료를 보증금으로 전환하여 납부할 수 있다.

⑦ 제1항부터 제6항까지에서 정한 사항 외에 토지임대부 분양주택 토지의 임대차 관계는 토지소유자와 주택을 공급받은 자 간의 임대차계약에 따른다.

⑧ 토지임대부 분양주택에 관하여 이 법에서 정하지 아니한 사항은 「집합건물의 소유 및 관리에 관한 법률」, 「민법」 순으로 적용한다.

(2) 토지임대부 분양주택의 재건축(영 제79조)

① 토지임대부 분양주택의 소유자가 제78조 제1항에 따른 임대차기간이 만료되기 전에「도시 및 주거환경정비법」등 도시개발 관련 법률에 따라 해당 주택을 철거하고 재건축을 하고자 하는 경우「집합건물의 소유 및 관리에 관한 법률」제47조부터 제49조까지에 따라 토지소유자의 동의를 받아 재건축할 수 있다. 이 경우 토지소유자는 정당한 사유 없이 이를 거부할 수 없다.

② 제1항에 따라 토지임대부 분양주택을 재건축하는 경우 해당 주택의 소유자를「도시 및 주거환경정비법」제2조 제9호 나목에 따른 토지등소유자로 본다.

③ 제1항에 따라 재건축한 주택은 토지임대부 분양주택으로 한다. 이 경우 재건축한 주택의 준공인가일부터 제78조 제1항에 따른 임대차기간 동안 토지소유자와 재건축한 주택의 조합원 사이에 토지의 임대차기간에 관한 계약이 성립된 것으로 본다.

④ 제3항에도 불구하고 토지소유자와 주택소유자가 합의한 경우에는 토지임대부 분양주택이 아닌 주택으로 전환할 수 있다.

2. 주택상환사채

(1) 주택상환사채의 발행

① 한국토지주택공사와 등록사업자는 대통령령으로 정하는 바에 따라 주택으로 상환하는 사채(이하 "주택상환사채"라 한다)를 발행할 수 있다. 이 경우 등록사업자는 자본금·자산평가액 및 기술인력 등이 대통령령으로 정하는 기준(법인으로서 자본금 5억원 이상일 것, 건설업 등록을 한 자일 것, 최근 3년간 연평균 주택건설 실적이 300호 이상일 것)에 맞고 금융기관 또는 주택도시보증공사의 보증을 받은 경우에만 주택상환사채를 발행할 수 있다(법 제80조 제1항).

② 주택상환사채를 발행하려는 자는 대통령령으로 정하는 바에 따라 주택상환사채 발행계획을 수립하여 국토교통부장관의 승인을 받아야 한다(법 제80조 제2항).

〈주택상환사채의 발행 요건 등(법 제85조)〉

① 법 제80조 제2항에 따라 주택상환사채발행계획의 승인을 받으려는 자는 주택상환사채발행계획
  서에 다음 각 호의 서류를 첨부하여 국토교통부장관에게 제출하여야 한다. 다만, 제3호의 서류
  는 주택상환사채 모집공고 전까지 제출할 수 있다.
  1. 주택상환사채 상환용 주택의 건설을 위한 택지에 대한 소유권 또는 그 밖에 사용할 수 있는
    권리를 증명할 수 있는 서류
  2. 주택상환사채에 대한 금융기관 또는 주택도시보증공사의 보증서
  3. 금융기관과의 발행대행계약서 및 납입금 관리계약서
② 제1항에 따른 주택상환사채발행계획서에는 다음 각 호의 사항이 기재되어야 한다.
  1. 발행자의 명칭
  2. 회사의 자본금 총액
  3. 발행할 주택상환사채의 총액
  4. 여러 종류의 주택상환사채를 발행하는 경우에는 각 주택상환사채의 권종별 금액 및 권종별
    발행가액
  5. 발행조건과 방법
  6. 분납발행일 때에는 분납금액과 시기
  7. 상환 절차와 시기
  8. 주택의 건설위치·형별·단위규모·총세대수·착공예정일·준공예정일 및 입주예정일
  9. 주택가격의 추산방법
  10. 할인발행일 때에는 그 이자율과 산정 명세
  11. 중도상환에 필요한 사항
  12. 보증부 발행일 때에는 보증기관과 보증의 내용
  13. 납입금의 사용계획
  14. 그 밖에 국토교통부장관이 정하여 고시하는 사항
③ 국토교통부장관은 주택상환사채발행계획을 승인하였을 때에는 주택상환사채발행 대상지역을 관
  할하는 시·도지사에게 그 내용을 통보하여야 한다.
④ 주택상환사채발행계획을 승인받은 자는 주택상환사채를 모집하기 전에 국토교통부령으로 정하
  는 바에 따라 주택상환사채 모집공고안을 작성하여 국토교통부장관에게 제출하여야 한다.

③ 주택상환사채의 발행요건 및 상환기간 등은 대통령령으로 정한다(법 제80조 제3항).

(2) 발행책임과 조건 등

1) 주택의 상환

주택상환사채를 발행한 자는 발행조건에 따라 주택을 건설하여 사채권자에게 상환하여야 한다(법 제81조 제1항).

2) 권리변동의 대항력

주택상환사채는 기명증권으로 하고, 사채권자의 명의변경은 취득자의 성명과 주

소를 사채원부에 기록하는 방법으로 하며, 취득자의 성명을 채권에 기록하지 아니하면 사채발행자 및 제3자에게 대항할 수 없다(법 제81조 제2항).

3) 상환기간 등

① 주택상환사채의 상환기간은 3년을 초과할 수 없다. 이 경우 상환기간은 주택상환사채발행일부터 주택의 공급계약체결일까지의 기간으로 한다(영 제86조 제1항·제2항).

② 주택상환사채는 이를 양도하거나 중도에 해약할 수 없다. 다만, 해외이주 등 부득이한 사유가 있는 경우로서 국토교통부령이 정하는 경우에는 그러하지 아니하다(영 제86조 제3항).

(3) 사용방법 등

국토교통부장관은 사채의 납입금이 택지의 구입 등 사채발행 목적에 맞게 사용될 수 있도록 그 사용 방법·절차 등에 관하여 대통령령으로 정하는 바에 따라 필요한 조치를 하여야 한다(법 제81조 제3항).

〈납입금의 사용(제87조)〉

① 주택상환사채의 납입금은 다음 각 호의 용도로만 사용할 수 있다.
 1. 택지의 구입 및 조성
 2. 주택건설자재의 구입
 3. 건설공사비에의 충당
 4. 그 밖에 주택상환을 위하여 필요한 비용으로서 국토교통부장관의 승인을 받은 비용에의 충당
② 주택상환사채의 납입금은 해당 보증기관과 주택상환사채발행자가 협의하여 정하는 금융기관에서 관리한다.
③ 제2항에 따라 납입금을 관리하는 금융기관은 국토교통부장관이 요청하는 경우에는 납입금 관리 상황을 보고하여야 한다.

---

(4) 주택상환사채의 효력 등

1) 주택상환사채의 효력

제8조에 따라 등록사업자의 등록이 말소된 경우에도 등록사업자가 발행한 주택상환사채의 효력에는 영향을 미치지 아니한다(법 제82조).

2) 「상법」의 적용

주택상환사채의 발행에 관하여 이 법에서 규정한 것 외에는 「상법」 중 사채발행에 관한 규정을 적용한다. 다만, 한국토지주택공사가 발행하는 경우와 금융기관 등이 상환을 보증하여 등록사업자가 발행하는 경우에는 「상법」 제478조 제1항을 적용하지 아니한다(법 제83조).

3. 국민주택사업특별회계의 설치 등

(1) 국민주택사업특별회계의 설치 및 운용

지방자치단체는 국민주택사업을 시행하기 위하여 국민주택사업특별회계를 설치·운용하여야 한다(법 제84조 제1항).

(2) 국민주택사업특별회계의 재원

국민주택사업특별회계의 자금은 다음 각 호의 재원으로 조성한다(법 제84조 제2항).

```
1. 자체 부담금
2. 주택도시기금으로부터의 차입금
3. 정부로부터의 보조금
4. 농협은행으로부터의 차입금
5. 외국으로부터의 차입금
6. 국민주택사업특별회계에 속하는 재산의 매각 대금
7. 국민주택사업특별회계자금의 회수금·이자수입금 및 그 밖의 수익
8. 「재건축초과이익 환수에 관한 법률」에 따른 재건축부담금 중 지방자치단체 귀속분
```

(3) 운용상황 보고

지방자치단체는 대통령령으로 정하는 바에 따라 국민주택사업특별회계의 운용 상황을 국토교통부장관에게 보고하여야 한다(법 제84조 제3항).

4. 협회의 설립

(1) 협회의 설립 등

등록사업자는 주택건설사업 및 대지조성사업의 전문화와 주택산업의 건전한 발전을 도모하기 위하여 주택사업자단체를 설립할 수 있다(법 제85조 제1항). 여기서 단체는 '협회'라 하며, 법인으로 한다(법 제85조 제2항). 협회는 그 주된 사무소의 소재지에서 설립등기를 함으로써 성립한다(법 제85조 제3항).

이 법에 따라 국토교통부장관, 시·도지사 또는 대도시의 시장으로부터 영업의 정지처분을 받은 협회 회원의 권리·의무는 그 영업의 정지기간 중에는 정지되며, 등록사업자의 등록이 말소되거나 취소된 때에는 협회의 회원자격을 상실한다(법 제85조 제4항).

(2) 협회의 설립인가 등

1) 설립인가

협회를 설립하려면 회원자격을 가진 자 50인 이상을 발기인으로 하여 정관을 마련한 후 창립총회의 의결을 거쳐 국토교통부장관의 인가를 받아야 하고, 협회가 정관을 변경하려는 경우에도 또한 같다(법 86조 제1항). 국토교통부장관은 협회의 설립인가를 하였을 때에는 이를 지체 없이 공고하여야 한다(법 제86조 제2항).

2) 「민법」의 준용

협회에 관하여 이 법에서 규정한 것 외에는 「민법」 중 사단법인에 관한 규정을 준용한다(법 제87조).

3) 지도감독

국토교통부장관은 협회를 지도·감독한다(법 제95조).

(3) 청문

국토교통부장관 또는 지방자치단체의 장은 다음의 어느 하나에 해당하는 처분을 하려면 청문을 하여야 한다(법 제96조).

1. 제8조 제1항에 따른 주택건설사업 등의 등록말소
2. 제14조 제2항에 따른 주택조합의 설립인가취소
3. 제16조 제3항에 따른 사업계획승인의 취소
4. 제66조 제8항에 따른 행위허가의 취소

제 2 절 벌   칙

1. 하자의 발생

① 제33조, 제43조, 제44조, 제46조 또는 제70조를 위반하여 설계·시공 또는 감리를 함으로써 「공동주택관리법」 제36조 제2항에 따른 담보책임기간에 같은 법 제37조 제2항에 따른 공동주택의 내력구조부에 중대한 하자를 발생시켜 일반인을 위험에 처하게 한 설계자·시공자·감리자·건축구조기술사 또는 사업주체는 10년 이하의 징역에 처한다(법 제98조 제1항).

② 위의 ①의 죄를 범하여 사람을 죽음에 이르게 하거나 다치게 한 자는 무기징역 또는 3년 이상의 징역에 처한다(법 제98조 제2항).

2. 업무상 과실

① 업무상 과실로 제98조 제1항의 죄를 범한 자는 5년 이하의 징역이나 금고 또는 5천만원 이하의 벌금에 처한다(법 제99조 제1항).

② 업무상 과실로 제98조 제2항의 죄를 범한 자는 10년 이하의 징역이나 금고 또는 1억원 이하의 벌금에 처한다(법 제99조 제2항).

3. 5년 이하의 징역 또는 3천만원 이하의 벌금

국토교통부 소속 공무원 또는 소속 공무원이었던 사람과 사업주체의 소속 임직원은 주민등록 전산정보(주민등록번호·외국인등록번호 등 고유식별번호를 포함한다), 가족관계 등록사항, 국세, 지방세, 금융, 토지, 건물(건물등기부·건축물대장을 포함한다), 자동차,

건강보험, 국민연금, 고용보험 및 산업재해보상보험 등의 자료 또는 정보를 이 법에서 정한 목적 외의 다른 용도로 사용하거나 다른 사람 또는 기관에 제공하거나 누설하여서는 아니 된다(법 제55조 제1항, 제2항, 제5항). 이를 위반한 사람은 5년 이하의 징역 또는 3천만원 이하의 벌금에 처한다(법 제100조).

4. 3년 이하의 징역 또는 3천만원 이하의 벌금

다음 각 호의 어느 하나에 해당하는 자는 3년 이하의 징역 또는 3천만원 이하의 벌금에 처한다(법 제101조).

1. 제11조의2 제1항을 위반하여 조합업무를 대행하게 한 주택조합, 주택조합의 발기인 및 조합업무를 대행한 자
1의2. 고의로 제33조를 위반하여 설계하거나 시공함으로써 사업주체 또는 입주자에게 손해를 입힌 자
2. 제64조 제1항을 위반하여 주택을 전매하거나 이의 전매를 알선한 자
3. 제65조 제1항을 위반한 자
4. 제66조 제3항을 위반하여 리모델링주택조합이 설립인가를 받기 전에 또는 입주자대표회의가 소유자 전원의 동의를 받기 전에 시공자를 선정한 자 및 시공자로 선정된 자
5. 제66조 제4항을 위반하여 경쟁입찰의 방법에 의하지 아니하고 시공자를 선정한 자 및 시공자로 선정된 자

5. 2년 이하의 징역 또는 2천만원 이하의 벌금

다음 각 호의 어느 하나에 해당하는 자는 2년 이하의 징역 또는 2천만원 이하의 벌금에 처한다. 다만, 제5호 또는 제18호에 해당하는 자로서 그 위반행위로 얻은 이익의 50퍼센트에 해당하는 금액이 2천만원을 초과하는 자는 2년 이하의 징역 또는 그 이익의 2배에 해당하는 금액 이하의 벌금에 처한다(법 제102조).

1. 제4조에 따른 등록을 하지 아니하거나, 거짓이나 그 밖의 부정한 방법으로 등록을 하고 같은 조의 사업을 한 자
2. 제11조의3 제1항을 위반하여 신고하지 아니하고 조합원을 모집하거나 조합원을 공개로 모집하지 아니한 자
2의2. 제11조의5를 위반하여 조합원 가입을 권유하거나 조합원을 모집하는 광고를 한 자

2의3. 제11조의6 제1항을 위반하여 가입비등을 예치하도록 하지 아니한 자
2의4. 제11조의6 제4항을 위반하여 가입비등의 반환을 요청하지 아니한 자
3. 제12조 제2항에 따른 서류 및 관련 자료를 거짓으로 공개한 주택조합의 발기인 또는 임원
4. 제12조 제3항에 따른 열람·복사 요청에 대하여 거짓의 사실이 포함된 자료를 열람·복사하여 준 주택조합의 발기인 또는 임원
5. 제15조 제1항·제3항 또는 제4항에 따른 사업계획의 승인 또는 변경승인을 받지 아니하고 사업을 시행하는 자
6. 과실로 제33조를 위반하여 설계하거나 시공함으로써 사업주체 또는 입주자에게 손해를 입힌 자
7. 제34조 제1항 또는 제2항을 위반하여 주택건설공사를 시행하거나 시행하게 한 자
8. 제35조에 따른 주택건설기준등을 위반하여 사업을 시행한 자
9. 제39조를 위반하여 공동주택성능에 대한 등급을 표시하지 아니하거나 거짓으로 표시한 자
10. 제40조에 따른 환기시설을 설치하지 아니한 자
11. 고의로 제44조 제1항에 따른 감리업무를 게을리하여 위법한 주택건설공사를 시공함으로써 사업주체 또는 입주자에게 손해를 입힌 자
12. 제49조 제4항을 위반하여 주택 또는 대지를 사용하게 하거나 사용한 자(제66조 제7항에 따라 준용되는 경우를 포함한다
13. 제54조 제1항을 위반하여 주택을 건설·공급한 자(제54조의2에 따라 주택의 공급업무를 대행한 자를 포함한다)
14. 제54조 제3항을 위반하여 건축물을 건설·공급한 자
14의2. 제54조의2 제2항을 위반하여 주택의 공급업무를 대행하게 한 자
15. 제57조 제1항 또는 제5항을 위반하여 주택을 공급한 자
16. 제60조 제1항 또는 제3항을 위반하여 견본주택을 건설하거나 유지관리한 자
17. 제61조 제1항을 위반하여 같은 항 각 호의 어느 하나에 해당하는 행위를 한 자
18. 제77조를 위반하여 부정하게 재물 또는 재산상의 이익을 취득하거나 제공한 자
19. 제81조 제3항에 따른 조치를 위반한 자

6. 2년 이하의 징역 또는 1천만원 이하의 벌금

분양가심사위원회의 위원은 업무를 수행할 때에는 신의와 성실로써 공정하게 심사를 하여야 한다(법 제59조 제4항). 이를 위반하여 고의로 잘못된 심사를 한 자는 2년 이하의 징역 또는 1천만원 이하의 벌금에 처한다(법 제103조).

7. 1년 이하의 징역 또는 1천만원 이하의 벌금

다음의 어느 하나에 해당하는 자는 1년 이하의 징역 또는 1천만원 이하의 벌금에

처한다(법 제104조).

---

1. 제8조에 따른 영업정지기간에 영업을 한 자
1의2. 제11조의2 제4항을 위반하여 실적보고서를 제출하지 아니한 업무대행자
1의3. 제12조 제1항을 위반하여 실적보고서를 작성하지 아니하거나 제12조 제1항 각 호의 사항을 포함하지 않고 작성한 주택조합의 발기인 또는 임원
2. 제12조 제2항을 위반하여 주택조합사업의 시행에 관련한 서류 및 자료를 공개하지 아니한 주택조합의 발기인 또는 임원
3. 제12조 제3항을 위반하여 조합원의 열람·복사 요청을 따르지 아니한 주택조합의 발기인 또는 임원
4. 제14조 제4항에 따른 시정요구 등의 명령을 위반한 자
4의1. 제14조의2 제3항을 위반하여 총회의 개최를 통지하지 아니한 자
4의2. 제14조의3 제1항에 따른 회계감사를 받지 아니한 자
4의3. 제14조의3 제2항을 위반하여 장부 및 증빙서류를 작성 또는 보관하지 아니하거나 거짓으로 작성한 자
5. 과실로 제44조 제1항에 따른 감리업무를 게을리하여 위법한 주택건설공사를 시공함으로써 사업주체 또는 입주자에게 손해를 입힌 자
6. 제44조 제4항을 위반하여 시정 통지를 받고도 계속하여 주택건설공사를 시공한 시공자 및 사업주체
7. 제46조 제1항에 따른 건축구조기술사의 협력, 제68조 제5항에 따른 안전진단기준, 제69조 제3항에 따른 검토기준 또는 제70조에 따른 구조기준을 위반하여 사업주체, 입주자 또는 사용자에게 손해를 입힌 자
8. 제48조 제2항에 따른 시정명령에도 불구하고 필요한 조치를 하지 아니하고 감리를 한 자
9. 제57조의2 제1항 및 제7항을 위반하여 거주의무기간 중에 실제로 거주하지 아니하고 거주한 것으로 속인 자
10. 제66조 제1항 및 제2항을 위반한 자
11. 제90조를 위반하여 등록증의 대여 등을 한 자
12. 제93조 제1항에 따른 검사 등을 거부·방해 또는 기피한 자
13. 제94조에 따른 공사 중지 등의 명령을 위반한 자

---

8. 양벌규정

① 법인의 대표자나 법인 또는 개인의 대리인, 사용인, 그 밖의 종업원이 그 법인 또는 개인의 업무에 관하여 제98조의 위반행위를 하면 그 행위자를 벌하는 외에 그 법인 또는 개인에게도 10억원 이하의 벌금에 처한다. 다만, 법인 또는 개인이 그 위반행위를 방지하기 위하여 해당 업무에 관하여 상당한 주의와 감

독을 게을리하지 아니한 경우에는 그러하지 아니하다(법 제105조 제1항).

② 법인의 대표자나 법인 또는 개인의 대리인, 사용인, 그 밖의 종업원이 그 법인
또는 개인의 업무에 관하여 제99조, 제101조, 제102조 및 제104조의 어느 하나
에 해당하는 위반행위를 하면 그 행위자를 벌하는 외에 그 법인 또는 개인에게
도 해당 조문의 벌금형을 과한다. 다만, 법인 또는 개인이 그 위반행위를 방지
하기 위하여 해당 업무에 관하여 상당한 주의와 감독을 게을리하지 아니한 경
우에는 그러하지 아니하다(법 제105조 제2항).

9. 과태료

과태료는 대통령령으로 정하는 바에 따라 국토교통부장관 또는 지방자치단체의
장이 부과하며, 다음과 같다(법 제 106조)

(1) 2천만원 이하의 과태료

① 제48조의2 제1항을 위반하여 사전방문을 실시하게 하지 아니한 자
② 제48조의3 제3항을 위반하여 점검에 따르지 아니하거나 기피 또는 방해한 자
③ 제78조 제3항에 따른 표준임대차계약서를 사용하지 아니하거나 표준임대차계
약서의 내용을 이행하지 아니한 자
④ 제78조 제5항에 따른 임대료에 관한 기준을 위반하여 토지를 임대한 자

(2) 1천만원 이하의 과태료

① 제11조의2 제3항을 위반하여 자금의 보관 업무를 대행하도록 하지 아니한 자
② 제11조의3 제8항에 따른 주택조합 가입에 관한 계약서 작성 의무를 위반한 자
③ 제11조의4 제1항에 따른 설명의무 또는 같은 조 제2항에 따른 확인 및 교부,
보관 의무를 위반한 자
④ 제13조 제4항을 위반하여 겸직한 자
⑤ 제46조 제1항을 위반하여 건축구조기술사의 협력을 받지 아니한 자
⑥ 제54조의2 제3항에 따른 조치를 하지 아니한 자

(3) 500만원 이하의 과태료

① 제12조 제4항에 따른 서류 및 자료를 제출하지 아니한 주택조합의 발기인 또는 임원
② 제16조 제2항에 따른 신고를 하지 아니한 자
③ 제44조 제2항에 따른 보고를 하지 아니하거나 거짓으로 보고를 한 감리자
④ 제44조 제3항에 따른 보고를 하지 아니하거나 거짓으로 보고를 한 감리자
⑤ 제45조 제2항에 따른 보고를 하지 아니하거나 거짓으로 보고를 한 감리자
⑥ 제48조의2 제3항을 위반하여 보수공사 등의 조치를 하지 아니한 자
⑦ 제48조의2 제5항을 위반하여 조치결과 등을 입주예정자 및 사용검사권자에게 알리지 아니한 자
⑧ 제48조의3 제4항 후단을 위반하여 자료제출 요구에 따르지 아니하거나 거짓으로 자료를 제출한 자
⑨ 제48조의3 제7항을 위반하여 조치명령을 이행하지 아니한 자
⑩ 제54조 제2항을 위반하여 주택을 공급받은 자
⑪ 제54조 제8항을 위반하여 같은 항에 따른 사본을 제출하지 아니하거나 거짓으로 제출한 자
⑫ 제93조 제1항에 따른 보고 또는 검사의 명령을 위반한 자

(4) 300만원 이하의 과태료

① 제57조의2 제2항을 위반하여 한국토지주택공사(사업주체가 「공공주택 특별법」 제4조에 따른 공공주택사업자인 경우에는 공공주택사업자를 말한다)에게 해당 주택의 매입을 신청하지 아니한 자
② 제57조의3 제1항에 따른 서류 등의 제출을 거부하거나 해당 주택의 출입·조사 또는 질문을 방해하거나 기피한 자

제 6 편

농 지 법

제 6 편

농 지 법

총 칙

제 1 장

제 1 절 제정목적

1. 법의 목적

이 법은 농업의 국제경쟁력을 확보하고 농촌의 활력을 증진하기 위하여 1949년 농지개혁법의 제정 이후 영세·생계농 보호 위주로 운용되어 온 농지제도를 개편하여 다양한 농업 경영체의 육성을 지원하고 농지유동화를 촉진시킬 수 있도록 농지의 소유·거래 및 이용에 관한 각종 규제를 완화하는 등 농업 현실에 부응하고 그 구조개선을 효율적으로 뒷받침할 수 있는 농지제도로 발전시키는 한편, 농지개혁법·농지의 보전 및 이용에 관한 법률·농지임대차관리법·농어촌발전특별조치법등 여러 법률에 복잡하게 분산 규정되어 있는 농지관련 법률과 제도를 통합·정비함으로써 농지에 관한 종합적이고 기본적인 법률을 제정하고자 1994년 12월 22일 법률 제4817호에 따라 제정되었다.

이후 수차례의 일부(타법) 개정을 거쳐 현재에 이르고 있으며, 농지의 소유·이용·보전 등에 관한 내용을 중심으로 "농지의 소유·이용 및 보전 등에 필요한 사항을 정함으로써 농지를 효율적으로 이용하고 관리하여 농업인의 경영 안정과 농업 생산성 향상을 바탕으로 농업 경쟁력 강화와 국민경제의 균형 있는 발전 및 국토 환경 보전에 이바지하는 것"을 목적으로 한다(법 제1조).

농지는 기회가 있거나 여건만 되면 다른 용도로 거래하거나 이용·개발되기도 하고 농사를 짓는 것보다는 매매가 용이한 방향으로 용도를 변경하려 하기 때문에 농지로서의 본래 효용을 최대한으로 발휘하지 못하는 경우가 많다. 그 결과 농업생산력이 낮아지고 경쟁력도 약화되어 농지의 보전이 용이하지 않게 되어 국민 경제상 균형을 유지하기 어렵게 된다.

이에 이 법은 이와 같은 현상을 시정, 보완하고 앞으로 식량의 자원화 자급자족 가능한 부분만큼의 확보를 위하여 필요한 일정 면적의 농지를 최소한 온전하게 보존·이용하고 농업인이 농업생산력을 갖고 농업에 종사함에 자긍심을 갖게 하기 위하여 농지의 이용, 보존, 관리 등에 관련한 내용을 법으로 규정한 것이다.

한편 이 법은 지난 2021년 8월 17일 법률 제18401호에 따라 일부개정이 이루어졌는데, 이는 "① 농지에 대한 지속적인 규제 완화로 인해 비농업인의 농지소유 및 농지임대차가 증가하고 있는 현실과 ② 농지가 산업단지, 공공주택단지 등 대규모 개발지로 전용되면서, 개발 예정지 중심으로 농지 투기 행태가 발생하고 있는 현실"을 반영하여 농지투기 행위를 근절하여 헌법상의 경자유전의 원칙 및 농지는 투기 대상이 되어서는 안 된다는 이 법의 원칙을 실현하기 위해 관련 제도를 개선하기 위함이라는 것을 개정 이유에서 밝히고 있다.

> **대판 2000.5.12., 98두15382(농지전용불허가처분취소)**
>
> "농지법이 농지의 소유·이용 및 보전 등에 필요한 사항을 정함으로써 농지의 효율적인 이용·관리 등과 함께 국토의 환경보전에 이바지함을 그 목적으로 하면서(제1조) 농지가 국민의 식량공급과 국토환경보전의 기반으로서 소중히 보전되어야 함은 물론 공공복리에 적합하게 관리되어야 하고 그에 관한 권리의 행사에는 필요한 제한과 의무가 따른다는 것을 농지에 관한 기본이념으로 설정하고 있는 점(제3조 제1항), 구 농지법시행령(1999.4.19. 대통령령 제16254호로 개정되기 전의 것)에서 농지전용허가에 대한 심사기준에도 농어촌생활환경에 미치는 영향 등을 고려하도록 하고 있는 점 등에 비추어 볼 때, 농지전용행위에 대하여 허가관청은 구 농지법시행령이 정한 위의 심사기준에 부적합한 경우는 물론 대상 농지의 현상과 위치 및 주위의 상황 등을 종합적으로 고려하여 국토 및 자연의 유지와 환경의 보전 등 중대한 공익상 필요가 있다고 인정되는 경우에도 이를 불허가할 수 있다."

한편, 헌법 제121조 제1항에서 "국가는 농지에 관하여 경자유전의 원칙이 달성될 수 있도록 노력하여야 하며, 농지의 소작제도는 금지된다"는 규정과 헌법 제122조에서 "국가는 국민 모두의 생산 및 생활의 기반이 되는 국토의 효율적이고 균형 있는 이용·개발과 보전을 위하여 법률이 정하는 바에 의하여 그에 관한 필요한 제한과 의무를 과할 수 있다"는 규정에 따라 경자 유전의 기본원칙을 유지하면서 농지제도에 관한 효율적인 이용, 개발, 보전에 종합적이면서도 구체적인 법적 뒷받침이 필요하게 되었다.

2. 농지에 관한 기본이념

(1) 기본이념

농지는 국민에게 식량을 공급하고 국토 환경을 보전하는 데에 필요한 기반이며 농업과 국민경제의 조화로운 발전에 영향을 미치는 한정된 귀중한 자원이므로 소중히 보전되어야 하고 공공복리에 적합하게 관리되어야 하며, 농지에 관한 권리의 행사에는 필요한 제한과 의무가 따른다(법 제3조 제1항). 농지는 농업 생산성을 높이는 방향으로 소유·이용되어야 하며, 투기의 대상이 되어서는 아니 된다(법 제3조 제2항).

(2) 국가 등의 의무

1) 국가 및 지방자치단체의 의무

국가와 지방자치단체는 농지에 관한 기본 이념이 구현되도록 농지에 관한 시책을 수립하고 시행하여야 하며(법 제4조 제1항), 농지에 관한 시책을 수립할 때 필요한 규제와 조정을 통하여 농지를 보전하고 합리적으로 이용할 수 있도록 함으로써 농업을 육성하고 국민경제를 균형 있게 발전시키는 데에 이바지하도록 하여야 한다(법 제4조 제2항).

2) 국민의 의무

모든 국민은 농지에 관한 기본 이념을 존중하여야 하며, 국가와 지방자치단체가 시행하는 농지에 관한 시책에 협력하여야 한다(법 제5조).

제 2 절 용어의 정의

1. 농지

(1) 농지의 개념

농지란 다음의 ①, ② 중 어느 하나에 해당하는 토지를 말한다.

① 전·답·과수원, 그 밖에 법적 지목을 불문하고 실제로 농작물 경작지 또는 다년
   생식물 재배지로 이용되는 토지(법 제2조 제1호 가목).

〈다년생식물 재배지(영 제2조 제1항)〉
1. 목초·종묘·인삼·약초·잔디 및 조림용 묘목
2. 과수·뽕나무·유실수 그 밖의 생육기간이 2년 이상인 식물
3. 조경 또는 관상용 수목과 그 묘목(조경목적으로 식재한 것을 제외한다)

대판 2009.4.16, 2007도6703, 전원합의체(농지법위반)

"구 농지법(2005.1.14. 법률 제7335호로 개정되기 전의 것)상 어떠한 토지가 농지인지 여부는 공
부상의 지목 여하에 불구하고 당해 토지의 사실상의 현상에 따라 가려야 한다. 그러므로 공부상 지목
이 전(田)인 토지가 농지로서의 현상을 상실하고 그 상실한 상태가 일시적이라고 볼 수 없다면, 더
이상 '농지'에 해당하지 않게 되고, 그 결과 구 농지법에 따른 농지전용허가의 대상이 되는 것도 아니
다."

---

② 위 가목의 토지의 개량시설과 위 가목의 토지에 설치하는 농축산물 생산시설로서
   대통령령(영 제2조 제3항)으로 정하는 시설의 부지(법 제2조 제1호 나목).

---

1. 토지의 개량시설로서 다음의 어느 하나에 해당하는 시설
   가. 유지(溜池), 양·배수시설, 수로, 농로, 제방
   나. 그 밖에 농지의 보전이나 이용에 필요한 시설로서 농림축산식품부령으로 정하는 시설(토양
       의 침식이나 재해로 인한 농작물의 피해를 방지하기 위하여 설치한 계단·흙막이·방풍림과
       그 밖에 이에 준하는 시설을 말한다)
2. 토지에 설치하는 농축산물 생산시설로서 농작물 경작지 또는 다년생식물의 재배지에 설치한 다
   음의 어느 하나에 해당하는 시설
   가. 고정식온실·버섯재배사 및 비닐하우스와 농림축산식품부령으로 정하는 그 부속시설
   나. 축사·곤충사육사와 농림축산식품부령으로 정하는 그 부속시설

> 다. 간이퇴비장
> 라. 농막·간이저온저장고 및 간이액비저장조 중 농림축산식품부령으로 정하는 시설

(2) 농지에의 적용배제 토지

「초지법」에 따라 조성된 초지 등 대통령령으로 정하는 토지는 제외하며(법 제2조 제1호 단서), 여기서 말하는 "「초지법」에 따라 조성된 토지 등 대통령령으로 정하는 토지"란 다음의 토지를 말한다(영 제2조 제2항).

> 1. 「공간정보의 구축 및 관리 등에 관한 법률」에 따른 지목이 전·답, 과수원이 아닌 토지(지목이 임야인 토지는 제외한다)로서 농작물 경작지 또는 제1항 각 호에 따른 다년생식물 재배지로 계속하여 이용되는 기간이 3년 미만인 토지
> 2. 「공간정보의 구축 및 관리 등에 관한 법률」에 따른 지목이 임야인 토지로서 「산지관리법」에 따른 산지전용허가(다른 법률에 따라 산지전용허가가 의제되는 인가·허가·승인 등을 포함한다)를 거치지 아니하고 농작물의 경작 또는 다년생식물의 재배에 이용되는 토지
> 3. 「초지법」에 따라 조성된 초지

2. 농업인

농업인이란 농업에 종사하는 개인으로서 대통령령으로 정하는 자를 말하며(법 제2조 제2호), 여기서 "대통령령으로 정하는 자"란 다음의 어느 하나에 해당하는 자를 말한다(영 제3조).

> 1. 1,000㎡ 이상의 농지에서 농작물 또는 다년생식물을 경작 또는 재배하거나 1년 중 90일 이상 농업에 종사하는 자
> 2. 농지에 330㎡ 이상의 고정식온실·버섯재배사·비닐하우스, 그 밖의 농림축산식품부령으로 정하는 농업생산에 필요한 시설을 설치하여 농작물 또는 다년생식물을 경작 또는 재배하는 자
> 3. 대가축 2두, 중가축 10두, 소가축 100두, 가금 1천수 또는 꿀벌 10군 이상을 사육하거나 1년 중 120일 이상 축산업에 종사하는 자
> 4. 농업경영을 통한 농산물의 연간 판매액이 120만원 이상인 자

3. 농업법인

'농업법인'이란 「농어업경영체 육성 및 지원에 관한 법률」 제16조에 따라 설립된 영농조합법인과 같은 법 제19조에 따라 설립되고 업무집행권을 가진 자 중 1/3 이상이 농업인인 농업회사법인을 말한다(법 제2조 제3호).

4. 농업경영

'농업경영'이란 농업인이나 농업법인이 자기의 계산과 책임으로 농업을 영위하는 것을 말한다(제2조 제4호).

5. 자경

'자경(自耕)'이란 농업인이 그 소유 농지에서 농작물 경작 또는 다년생식물 재배에 상시 종사하거나 농작업의 1/2 이상을 자기의 노동력으로 경작 또는 재배하는 것과 농업법인이 그 소유 농지에서 농작물을 경작하거나 다년생식물을 재배하는 것을 말한다(법 제2조 제5호).

6. 위탁경영

'위탁경영'이란 농지 소유자가 타인에게 일정한 보수를 지급하기로 약정하고 농작업의 전부 또는 일부를 위탁하여 행하는 농업경영을 말한다(법 제2조 제6호).

7. 농지의 전용

'농지의 전용'이란 농지를 농작물의 경작이나 다년생식물의 재배 등 농업생산 또는 농지개량 외의 용도로 사용하는 것을 말한다. 다만, "토지의 개량시설과 토지에 설치하는 농축산물 생산시설 용도로 사용하는 경우"에는 전용으로 보지 아니한다(법 제2조 제7호).

대판 2012.10.25, 2010도5112(장사등에 관한 법률 위반·농지법 위반)

"구 농지법(2009.5.27. 법률 제9721호로 개정되기 전의 것) 제2조 제7호에서 규정하는 '농지의 전용'이란 농지의 형질을 변경시키거나, 농지로서 사용에 장해가 되는 유형물을 설치하는 등 농지를 농작물 경작이나 다년생식물의 재배 외의 용도로 사용하는 일체의 행위를 말하고, 위와 다른 용도로 농지를 일시 사용하는 것은 농지법 제36조에서 규정하는 용도를 위하여 일정기간 사용한 후 농지로 복구한다는 조건으로 시장 등 관할 관청으로부터 일시사용허가를 받은 경우에 한하여 가능하다고 규정하고 있는 점을 감안하면, 허가 없이 농지를 일시적이나마 농작물 경작이나 다년생식물의 재배 외의 용도로 사용한 경우에도 일시사용허가의 요건을 갖추지 아니하는 한 무허가 농지전용에 해당한다고 보아야 한다."

농지의 소유

제1절 농지의 소유원칙

1. 농지의 소유

(1) 농지소유의 원칙

농지는 자기의 농업경영에 이용하거나 이용할 자가 아니면 소유하지 못한다(법 제6조 제1항).

(2) 농지소유의 특례

1) 특례

이 법에서 허용된 경우 외에는 농지 소유에 관한 특례를 정할 수 없다(법 제6조 제4항).

2) 소유의 특례 사항

다음에 해당하는 경우에는 위 농지소유의 원칙 규정에도 불구하고 자기의 농업경영에 이용하지 아니할지라도 농지를 소유할 수 있다(법 제6조 제2항).

---

1. 국가나 지방자치단체가 농지를 소유하는 경우
2. 「초·중등교육법」 및 「고등교육법」에 따른 학교, 농림축산식품부령으로 정하는 공공단체·농업연구기관·농업생산자단체 또는 종묘나 그 밖의 농업 기자재 생산자가 그 목적사업을 수행하기 위하여 필요한 시험지·연구지·실습지·종묘생산지 또는 과수 인공수분용 꽃가루 생산지로 쓰기 위하여 농림축산식품부령으로 정하는 바에 따라 농지를 취득하여 소유하는 경우
3. 주말·체험영농(농업인이 아닌 개인이 주말 등을 이용하여 취미생활이나 여가활동으로 농작물을 경작하거나 다년생식물을 재배하는 것을 말한다)을 하려고 농지를 소유하는 경우(농업취득자격증명을 통해 1만㎡까지 소유 가능함)
4. 상속(상속인에게 한 유증을 포함한다)으로 농지를 취득하여 소유하는 경우
5. 대통령령으로 정하는 기간(8년) 이상 농업경영을 하던 자가 이농(離農)한 후에도 이농 당시 소유하고 있던 농지를 계속 소유하는 경우
6. 담보농지를 취득하여 소유하는 경우(유동화전문회사 등이 제13조 제1항 제1호부터 제4호까지

에 규정된 저당권자로부터 농지를 취득하는 경우를 포함한다)

7. 농지전용허가(다른 법률에 따라 농지전용허가가 의제되는 인가·허가·승인 등을 포함한다)를 받거나 농지전용신고를 한 자가 그 농지를 소유하는 경우

8. 농지전용협의를 마친 농지를 소유하는 경우

9. 「한국농어촌공사 및 농지관리기금법」 제24조 제2항에 따른 농지의 개발사업지구에 있는 농지로서 ㉠ 도·농간의 교류촉진을 위한 1,500㎡ 미만의 농원부지나 ㉡ 농어촌관광휴양지에 포함된 1,500㎡ 미만의 농지 중 어느 하나에 해당하는 농지(영 제5조)나 「농어촌정비법」 제98조 제3항에 따른 농지를 취득하여 소유하는 경우

9의2. 제28조에 따른 농업진흥지역 밖의 농지 중 최상단부부터 최하단부까지의 평균경사율이 15퍼센트 이상인 농지로서 대통령령으로 정하는 농지("영농여건불리농지")를 소유하는 경우

10. 다음 각 목의 어느 하나에 해당하는 경우

　가. 「한국농어촌공사 및 농지관리기금법」에 따라 한국농어촌공사가 농지를 취득하여 소유하는 경우

　나. 「농어촌정비법」에 따라 농지를 취득하여 소유하는 경우

　다. 「공유수면 관리 및 매립에 관한 법률」에 따라 매립농지를 취득하여 소유하는 경우

　라. 토지수용으로 농지를 취득하여 소유하는 경우

　마. 농림축산식품부장관과 협의를 마치고 「공익사업을 위한 토지 등의 취득 및 보상에 관한 법률」에 따라 농지를 취득하여 소유하는 경우

　바. 「공공토지의 비축에 관한 법률」 제2조 제1호 가목에 해당하는 토지 중 같은 법 제7조 제1항에 따른 공공토지비축심의위원회가 비축이 필요하다고 인정하는 토지로서 「국토의 계획 및 이용에 관한 법률」 제36조에 따른 계획관리지역과 자연녹지지역 안의 농지를 한국토지주택공사가 취득하여 소유하는 경우. 이 경우 그 취득한 농지를 전용하기 전까지는 한국농어촌공사에 지체 없이 위탁하여 임대하거나 무상사용하게 하여야 한다.

3) 특례 시 농지소유 조건

농지를 임대하거나 무상사용하게 하는 경우에는 위의 제6조 제1항(농지소유의 원칙) 또는 제2항(농지소유의 특례) 규정에도 불구하고 자기의 농업경영에 이용하지 아니할지라도 임대하거나 무상사용하게 하는 기간 동안 농지를 계속 소유할 수 있다(법 제6조 제3항).

(3) 담보농지의 취득

농지의 저당권자로서 다음 각 호의 어느 하나에 해당하는 자는 농지 저당권 실행을 위한 경매기일을 2회 이상 진행하여도 경락인이 없으면 그 후의 경매에 참가하여 그 담보 농지를 취득할 수 있다(법 제13조 제1항).

1. 「농업협동조합법」에 따른 지역농업협동조합, 지역축산업협동조합, 품목별·업종별 협동조합 및 그 중앙회와 농협은행, 「수산업협동조합법」에 따른 지구별 수산업협동조합, 업종별 수산업협동조합, 수산물가공 수산업협동조합 및 그 중앙회와 수협은행, 「산림조합법」에 따른 지역산림조합, 품목별·업종별산림조합 및 그 중앙회
2. 한국농어촌공사
3. 「은행법」에 따라 설립된 은행이나 그 밖에 대통령령으로 정하는 금융기관
4. 「금융회사부실자산 등의 효율적 처리 및 한국자산관리공사의 설립에 관한 법률」에 따라 설립된 한국자산관리공사
5. 「자산유동화에 관한 법률」 제3조에 따른 유동화전문회사 등
6. 「농업협동조합의 구조개선에 관한 법률」에 따라 설립된 농업협동조합자산관리회사

2. 농지의 소유상한

(1) 상속농지 또는 이농 당시의 소유 농지

① 상속으로 농지를 취득한 자로서 농업경영을 하지 아니하는 자는 그 상속 농지 중에서 총 1만㎡까지만 소유할 수 있다(법 제7조 제1항).

② 8년 이상 농업경영을 한 후 이농한 자는 이농 당시 소유 농지 중에서 총 1만㎡까지만 소유할 수 있다(법 제7조 제2항, 영 제4조).

③ 법 제23조 제1항 제7호("㉠ 상속으로 농지를 취득한 자로서 농업경영을 하지 아니하는 자가 소유 상한을 초과하여 소유하고 있는 농지 또는 ㉡ 대통령령으로 정하는 기간(8년) 이상 농업경영을 한 후 이농한 자가 소유 상한을 초과하여 소유하고 있는 농지"의 어느 하나에 해당하는 농지를 한국농어촌공사나 그 밖에 대통령령으로 정하는 자에게 위탁하여 임대하거나 무상사용하게 하는 경우)에 따라 농지를 임대하거나 무상사용하게 하는 경우에는 위의 ① 또는 ②에도 불구하고 임대하거나 무상사용하게 하는 기간 동안 소유 상한을 초과하는 농지를 계속 소유할 수 있다(법 제7조 제4항).

(2) 주말·체험영농 농지

주말·체험영농을 하려는 자는 총 1,000㎡ 미만의 농지를 소유할 수 있다. 이 경우 면적 계산은 그 세대원 전부가 소유하는 총 면적으로 한다(법 제7조 제3항).

제 2 절 농지취득자격증명

1. 농지취득자격증명의 발급대상 농지

(1) 발급대상의 원칙

농지를 취득하려는 자는 농지 소재지를 관할하는 시장(구를 두지 아니한 시의 시장을 말하며, 도농 복합 형태의 시는 농지 소재지가 동지역인 경우만을 말한다), 구청장(도농 복합 형태의 시의 구에서는 농지 소재지가 동지역인 경우만을 말한다), 읍장 또는 면장(이하 "시·구·읍·면의 장"이라 한다)에게서 농지취득자격증명을 발급받아야 한다(법 제8조 제1항).

(2) 발급대상의 예외

다음의 어느 하나에 해당하는 경우에는 농치쥐득자격증명을 발급받지 아니하고 농지를 취득할 수 있다(법 제8조 제1항 단서, 영 제6조).

〈농지취득자격증명발급대상의 예외〉

1. 국가나 지방자치단체가 농지를 소유하는 경우
2. 상속(상속인에게 한 유증을 포함한다)으로 농지를 취득하여 소유하는 경우
3. 담보농지를 취득하여 소유하는 경우(유동화전문회사 등이 지역농업협동조합, 한국농어촌공사, 한국자산관리공사 등 법 제13조 제1항 제1호부터 제4호까지에 규정된 저당권자로부터 농지를 취득하는 경우를 포함한다)
4. 농지전용협의를 완료한 농지를 소유하는 경우
5. 다음의 어느 하나에 해당하여 농지를 소유하는 경우
    가. 한국농어촌공사가 농지를 취득하여 소유하는 경우
    나. 「농어촌정비법」 제16조·제25조·제43조·제82조 또는 제100조에 따라 농지를 취득하여 농지를 취득하여 소유하는 경우다. 매립농지를 취득하여 소유하는 경우
    라. 토지수용으로 농지를 취득하여 소유하는 경우
    마. 농림축산수산부장관과 협의를 마치고 「공익사업을 위한 토지 등의 취득 및 보상에 관한 법률」에 따라 농지를 취득하여 소유하는 경우
    바. 「공공토지의 비축에 관한 법률」 제2조 제1호 가목에 해당하는 토지 중 같은 법 제7조 제1항에 따른 공공토지비축심의위원회가 비축이 필요하다고 인정하는 토지로서 「국토의 계획 및 이용에 관한 법률」 제36조에 따른 계획관리지역과 자연녹지지역 안의 농지를 한국토지주택공사가 취득하여 소유하는 경우(이 경우 그 취득한 농지를 전용하기 전까지는 한국농어촌공사에 지체 없이 위탁하여 임대하거나 무상사용하게 하여야 함)
6. 농업법인의 합병으로 농지를 취득하는 경우

7. 공유농지의 분할이나 그 밖에 대통령령으로 정하는 원인(영 제6조)으로 농지를 취득하는 경우
   가. 시효의 완성으로 농지를 취득하는 경우
   나. 「징발재산정리에 관한 특별조치법」 제20조, 「공익사업을 위한 토지 등의 취득 및 보상에 관한 법률」 제91조에 따른 환매권자가 환매권에 따라 농지를 취득하는 경우
   다. 「국가보위에 관한 특별조치법 제5조 제4항에 따른 동원대상지역 내의 토지의 수용·사용에 관한 특별조치령에 따라 수용·사용된 토지의 정리에 관한 특별조치법」 제2조 및 같은 법 제3조에 따른 환매권자 등이 환매권 등에 따라 농지를 취득하는 경우
   라. 법 제17조에 따른 농지이용증진사업 시행계획에 따라 농지를 취득하는 경우

대판 2012.11.29, 2010다68060(지료)

"농지취득자격증명은 농지를 취득하는 자에게 농지취득의 자격이 있다는 것을 증명하는 것으로, 농지를 취득하려는 자는 농지 소재지를 관할하는 시장, 구청장, 읍장 또는 면장에게서 농지취득자격증명을 발급받아야 하고, 농지취득자격증명을 발급받아 농지를 취득하는 자가 그 소유권에 관한 등기를 신청할 때에는 농지취득자격증명을 첨부하여야 한다(농지법 제8조 제1항, 제4항). 따라서 농지를 취득하려는 자가 농지에 대하여 소유권이전등기를 마쳤다 하더라도 농지취득자격증명을 발급받지 못한 이상 그 소유권을 취득하지 못하고, 이는 공매절차에 의한 매각의 경우에도 마찬가지라 할 것이므로, 공매부동산이 농지법이 정한 농지인 경우에는 매각결정과 대금납부가 이루어졌다고 하더라도 농지취득자격증명을 발급받지 못한 이상 소유권을 취득할 수 없고, 설령 매수인 앞으로 소유권이전등기가 경료되었다고 하더라도 달라지지 않으며, 다만 매각결정과 대금납부 후에 농지취득자격증명을 추완할 수 있을 뿐이다."

2. 농지취득자격증명의 발급절차

(1) 발급신청

1) 발급권자 및 신청내용

농지취득자격증명을 발급받으려는 자는 다음의 사항이 모두 포함된 농업경영계획서 또는 주말·체험영농계획서를 작성하고 농림축산식품부령으로 정하는 서류를 첨부하여 농지 소재지를 관할하는 시·구·읍·면의 장에게 발급신청을 하여야 한다(법 제8조 제2항).

1. 취득 대상 농지의 면적(공유로 취득하려는 경우 공유 지분의 비율 및 각자가 취득하려는 농지의 위치도 함께 표시한다)
2. 취득 대상 농지에서 농업경영을 하는 데에 필요한 노동력 및 농업 기계·장비·시설의 확보 방안
3. 소유 농지의 이용 실태(농지 소유자에게만 해당한다)
4. 농지취득자격증명을 발급받으려는 자의 직업·영농경력·영농거리

2) 농업경영계획서가 필요하지 않는 경우

농지취득자격증명을 발급받으려는 자는 위의 농업경영계획서를 작성하여 발급신청을 하여야 함에도 불구하고 이 법 제6조 제2항에서 규정하고 있는 다음 박스 안의 사유(제2호·제7호·제9호·제9호의2 또는 제10호 바목)에 따라 농지를 취득하는 자는 농업경영계획서를 작성하지 아니하고 농지취득자격증명의 발급신청을 할 수 있다(법 제8조 제2항 단서).

---

1. 「초·중등교육법」 및 「고등교육법」에 따른 학교, 농림축산식품부령으로 정하는 공공단체·농업연구기관·농업생산자단체 또는 종묘나 그 밖의 농업 기자재 생산자가 그 목적사업을 수행하기 위하여 필요한 시험지·연구지·실습지·종묘생산지 또는 과수 인공수분용 꽃가루 생산지로 쓰기 위하여 농림축산식품부령으로 정하는 바에 따라 농지를 취득하여 소유하는 경우(제2호)
2. 제34조 제1항에 따른 농지전용허가[다른 법률에 따라 농지전용허가가 의제되는 인가·허가·승인 등을 포함한다]를 받거나 제35조 또는 제43조에 따른 농지전용신고를 한 자가 그 농지를 소유하는 경우(제7호)
4. 「한국농어촌공사 및 농지관리기금법」 제24조 제2항에 따른 농지의 개발사업지구에 있는 농지로서 대통령령으로 정하는 1,500㎡ 미만의 농지나 「농어촌정비법」 제98조 제3항에 따른 농지를 취득하여 소유하는 경우(제9호)
5. 제28조에 따른 농업진흥지역 밖의 농지 중 최상단부부터 최하단부까지의 평균경사율이 15퍼센트 이상인 농지로서 대통령령으로 정하는 농지를 소유하는 경우(제9호의2)
6. 「공공토지의 비축에 관한 법률」 제2조 제1호 가목에 해당하는 토지 중 같은 법 제7조 제1항에 따른 공공토지비축심의위원회가 비축이 필요하다고 인정하는 토지로서 「국토의 계획 및 이용에 관한 법률」 제36조에 따른 계획관리지역과 자연녹지지역 안의 농지를 한국토지주택공사가 취득하여 소유하는 경우. 이 경우 그 취득한 농지를 전용하기 전까지는 한국농어촌공사에 지체 없이 위탁하여 임대하거나 무상사용하게 하여야 한다(제10호 바목).

---

(2) 확인요건 등

시·구·읍·면의 장은 농지취득자격증명의 발급신청을 받은 때에는 그 신청을 받은 날부터 7일(법 제8조 제2항 단서에 따라 농업경영계획서를 작성하지 아니하고 농지취득자격증명의 발급신청을 할 수 있는 경우에는 4일, 제3항에 따라 농지 투기가 성행하거나 성행할 우려가 있는 지역의 농지를 취득하려는 자 등의 농지취득자격증명 발급 신청이 농지위원회의 심의 대상의 경우에는 14일) 이내에 다음의 요건에 적합한지의 여부를 확인하여 이에 적합한 경우에는 신청인에게 농지취득자격증명을 발급하여야 한다(법 제8조 제3항 및 제4항, 영 제7조 제2항).

1) 확인요건

① 농지소유제한 규정(법 제6조 제1항이나 제2항 제2호·제3호·제7호·제9호·제9호의2 또는 제10호 바목)에 따른 취득요건에 적합할 것(영 제7조 제2항 제1호)

② 농업경영계획서를 제출하여야 하는 경우에는 그 계획서에 "㉠ 취득 대상 농지의 면적(공유로 취득하려는 경우 공유 지분의 비율 및 각자가 취득하려는 농지의 위치도 함께 표시), ㉡ 취득 대상 농지에서 농업경영을 하는 데에 필요한 노동력 및 농업 기계·장비·시설의 확보 방안, ㉢ 소유 농지의 이용 실태(농지 소유자에게만 해당), ㉣ 농지취득자격증명을 발급받으려는 자의 직업·영농경력·영농거리"의 사항이 모두 포함되어야 하고, 그 내용이 신청인의 농업경영능력 등을 참작할 때 실현가능하다고 인정될 것(영 제7조 제2항 제3호)

③ 신청인이 소유농지의 전부를 타인에게 임대 또는 무상사용하게 하거나 농작업의 전부를 위탁하여 경영하고 있지 않을 것(영 제7조 제2항 제4호)

2) 면적요건

① 농업인이 아닌 개인이 주말·체험영농에 이용하고자 농지를 취득하는 경우에는 신청 당시 소유하고 있는 농지의 면적에 취득하려는 농지의 면적을 합한 면적이 농지의 소유상한(1,000㎡ 미만, 이에 대한 면적 계산은 그 세대원 전부가 소유하는 총 면적으로 한다) 이내일 것(영 제7조 제2항 제2호)

② 신청당시 농업경영을 하지 아니하는 자가 자기의 농업경영에 이용하고자 하여 농지를 취득하는 경우에는 해당 농지의 취득 후 농업경영에 이용하려는 농지의 총면적이 다음의 어느 하나에 해당할 것(영 제7조 제2항 제5호)

---

1. 고정식온실·버섯재배사·비닐하우스·축사 그 밖의 농업생산에 필요한 시설로서 농림축산식품부령으로 정하는 시설이 설치되어 있거나 설치하려는 농지의 경우 : 330㎡ 이상
2. 곤충사육사가 설치되어 있거나 곤충사육사를 설치하려는 농지의 경우 : 165㎡ 이상
3. 위의 1과 2 외의 농지의 경우 : 1,000㎡ 이상

---

(3) 등기신청 시 첨부

농지취득자격증명을 발급받아 농지를 취득하는 자가 그 소유권에 관한 등기를 신청할 때에는 농지취득자격증명을 첨부하여야 한다(법 제8조 제6항).

> **대판 2006.2.24, 2005도8080(농지법위반)**
>
> "처음부터 이 사건 농지 전부를 자신이 자경하지 아니하고 현지인에게 위탁경영할 목적으로 매입하였고, 이 과정에서 자경을 하지 아니하면 농지의 소유가 불가능하다는 규정을 회피하기 위하여 이 사건 농지취득자격증명 신청서에 첨부된 농업경영계획서의 노동력확보방안 란에 '자기노동력' 또는 '자기노동력과 일부 고용'이라고 허위의 사실을 기재하여 농지취득자격증명을 발급받은 사실을 인정할 수 있으므로 이는 사위 기타 부정한 방법으로 농지취득자격증명을 발급받은 경우에 해당한다고 할 것이다."

제3절 농지의 위탁경영

1. 원 칙

농지 소유자는 원칙적으로 소유 농지를 위탁경영할 수 없다(법 제9조).

2. 위탁경영이 가능한 경우

농지 소유자는 소유 농지를 위탁경영할 수 없다는 원칙에도 불구하고 다음의 어느 하나에 해당하는 경우에는 소유 농지를 위탁경영할 수 있다. 이를 위반하여 소유 농지를 위탁경영한 자는 2천만원 이하의 벌금에 처한다(법 제61조 제1호).

〈농지의 위탁경영이 가능한 경우(법 제9조 및 영 제8조〉

1. 「병역법」에 따라 징집 또는 소집된 경우
2. 3개월 이상 국외 여행 중인 경우
3. 농업법인이 청산 중인 경우
4. 질병, 취학, 선거에 따른 공직취임 및 다음에서 정하는 사유로 자경할 수 없는 경우
   가. 부상으로 3월 이상의 치료가 필요한 경우
   나. 교도소·구치소 또는 보호감호시설에 수용 중인 경우
   다. 임신 중이거나 분만 후 6개월 미만인 경우
5. 제17조에 따른 농지이용증진사업 시행계획에 따라 위탁경영하는 경우
6. 농업인이 자기 노동력이 부족하여 농작업의 일부를 위탁하는 경우
   ※ "자기노동력이 부족한 경우"란 다음의 어느 하나에 해당하는 경우로서 통상적인 농업경영관

행에 따라 농업경영을 함에 있어서 자기 또는 세대원의 노동력으로는 해당 농지의 농업경영에 관련된 농작업의 전부를 행할 수 없는 경우로 한다(영 제8조 제2항).

　가. 작목별 주요 농작업의 1/3 이상을 자기 또는 세대원의 노동력에 의하는 경우

　　　㉠ 벼 : 이식 또는 파종, 재배관리 및 수확

　　　㉡ 과수 : 가지치기 또는 열매솎기, 재배관리 및 수확

　　　㉢ ㉠ 및 ㉡ 외의 농작물 또는 다년생식물 : 파종 또는 육묘, 이식, 재배관리 및 수확

　나. 자기의 농업경영에 관련된 농작업에 1년 중 30일 이상 직접 종사하는 경우

제 4 절 농지의 처분

1. 농지의 처분

(1) 농지처분사유

농지 소유자는 다음의 어느 하나에 해당하게 되면 그 사유가 발생한 날부터 1년 이내에 해당 농지(제6호의 경우에는 농지 소유 상한을 초과하는 면적에 해당하는 농지를 말한다)를 처분하여야 한다(법 제10조 제1항).

〈농업경영에 이용하지 아니하는 농지 등의 처분(법 제10조 제1항 각 호)〉

1. 소유 농지를 자연재해·농지개량·질병 등 대통령령으로 정하는 정당한 사유 없이 자기의 농업경영에 이용하지 아니하거나 이용하지 아니하게 되었다고 시장(구를 두지 아니한 시의 시장을 말한다)·군수 또는 구청장이 인정한 경우
2. 농지를 소유하고 있는 농업회사법인이 설립요건에 맞지 아니하게 된 후 3개월이 지난 경우
3. 학교·공공단체 등으로서 농지를 취득한 자가 그 농지를 해당 목적사업에 이용하지 아니하게 되었다고 시장·군수 또는 구청장이 인정한 경우
4. 자연재해·농지개량·질병 등 정당한 사유 없이 주말·체험영농에 이용하지 아니하게 되었다고 시장·군수 또는 구청장이 인정한 경우
4의2. 상속(상속인에게 한 유증을 포함한다)으로 농지를 취득하여 소유한 자가 농지를 임대하거나 한국농어촌공사에 위탁하여 임대하는 등 대통령령으로 정하는 정당한 사유 없이 자기의 농업경영에 이용하지 아니하거나 이용하지 아니하게 되었다고 시장·군수 또는 구청장이 인정한 경우
4의3. 대통령령으로 정하는 기간 이상 농업경영을 하던 사람이 이농(離農)한 후에도 이농 당시 소유하고 있던 농지를 계속 소유한 자가 농지를 임대하거나 한국농어촌공사에 위탁하여 임대하는 등 대통령령으로 정하는 정당한 사유 없이 자기의 농업경영에 이용하지 아니하거나, 이용하

지 아니하게 되었다고 시장·군수 또는 구청장이 인정한 경우
5. 농지전용허가를 받거나 신고를 하여 농지를 취득한 자가 취득한 날부터 2년 이내에 그 목적사업에 착수하지 아니한 경우
5의2. 농림축산수산부장관과의 협의를 마치지 아니하고 「공익사업을 위한 토지 등의 취득 및 보상에 관한 법률」에 따라 농지를 소유한 경우
5의3. 공공토지비축심의위원회가 비축이 필요하다고 인정하는 토지로서 계획관리지역과 자연녹지지역 안의 농지를 한국토지주택공사가 취득하여 소유하는 경우로서 소유한 농지를 한국농어촌공사에 지체 없이 위탁하지 아니한 경우
6. 농지 소유 상한을 초과하여 농지를 소유한 것이 판명된 경우
7. 자연재해·농지개량·질병 등 대통령령으로 정하는 정당한 사유없이 농업경영계획서 내용을 이행하지 아니하였다고 시장·군수 또는 구청장이 인정한 경우

(2) 농지의 처분통지

시장·군수 또는 구청장은 농지의 처분의무가 생긴 농지의 소유자에게 농림축산식품부령으로 정하는 바에 따라 처분 대상 농지, 처분의무 기간 등을 구체적으로 밝혀 그 농지를 처분하여야 함을 알려야 한다(법 제10조 제2항). 농지의 처분통지는 "농지처분의무통지서(규칙 제8조 별지 제7호 서식)에 따르며(규칙 제8조 제1항), 시장(구를 두지 아니한 시의 시장을 말한다)·군수 또는 구청장은 주소불명의 사유로 처분통지를 할 수 없는 때에는 그 내용을 시청·군청 또는 구청의 게시판에 14일 이상 공고함으로써 처분통지에 대신할 수 있다(규칙 제8조 제2항).

대판 2003.11.14, 2001두8742(농지처분의무토지처분취소)

"구 농지법(2002.1.14. 법률 제6597호로 개정되기 전의 것) 제10조 제1항 제7호, 제2항, 제11조에 의하면, 농지의 소유자가 정당한 사유 없이 같은 법 제8조 제2항의 규정에 의한 농업경영계획서의 내용을 이행하지 아니하였다고 시장 등이 인정한 때에는 그 사유가 발생한 날부터 1년 이내에 당해 농지를 처분하여야 하고, 시장 등은 농지의 처분의무가 생긴 농지의 소유자에게 농림부령이 정하는 바에 의하여 처분대상농지·처분의무기간 등을 명시하여 해당 농지를 처분하여야 함을 통지하여야 하며, 위 통지에서 정한 처분의무기간 내에 처분대상농지를 처분하지 아니한 농지의 소유자에 대하여는 6개월 이내에 당해 농지를 처분할 것을 명할 수 있는바, 시장 등 행정청은 위 제7호에 정한 사유의 유무, 즉 농지의 소유자가 위 농업경영계획서의 내용을 이행하였는지 여부 및 그 불이행에 정당한 사유가 있는지 여부를 판단하여 그 사유를 인정한 때에는 반드시 농지처분의무통지를 하여야 하는 점, 위 통지를 전제로 농지처분명령, 같은 법 제65조에 의한 이행강제금부과 등의 일련의 절차가 진행되는 점 등을 종합하여 보면, 농지처분의무통지는 단순한 관념의 통지에 불과하다고 볼 수는 없고, 상대방인 농지소유자의 의무에 직접 관계되는 독립한 행정처분으로서 항고소송의 대상이 된다."

2. 농지의 처분명령

(1) 처분명령

시장(구를 두지 아니한 시의 시장을 말한다)·군수 또는 구청장은 다음의 어느 하나에 해당하는 농지소유자에게 6개월 이내에 그 농지를 처분할 것을 명할 수 있다(법 제11조 제1항).

> 1. 거짓이나 그 밖의 부정한 방법으로 제8조 제1항에 따른 농지취득자격증명을 발급받아 농지를 소유한 것으로 시장·군수 또는 구청장이 인정한 경우
> 2. 제10조에 따른 처분의무 기간(1년 이내)에 처분 대상 농지를 처분하지 아니한 경우
> 3. 농업법인이 「농어업경영체 육성 및 지원에 관한 법률」 제19조의5를 위반하여 부동산업을 영위한 것으로 시장·군수 또는 구청장이 인정한 경우

(2) 이행강제금의 부과

1) 부과

시장(구를 두지 아니한 시의 시장)·군수 또는 구청장은 다음의 어느 하나에 해당하는 자에게 해당 「감정평가 및 감정평가사에 관한 법률」에 따른 감정평가법인등이 감정평가한 감정가격 또는 「부동산 가격공시에 관한 법률」 제10조에 따른 개별공시지가(해당 토지의 개별공시지가가 없는 경우에는 같은 법 제8조에 따른 표준지공시지가를 기준으로 산정한 금액을 말한다) 중 더 높은 가액의 25/100에 해당하는 이행강제금을 부과한다(법 제63조 제1항).

> 1. 제11조 제1항(제12조 제2항에 따른 경우를 포함한다)에 따라 처분명령을 받은 후 제11조 제2항에 따라 매수를 청구하여 협의 중인 경우 등 대통령령으로 정하는 정당한 사유(① 한국농어촌공사에 매수를 청구하여 협의 중인 경우 ② 법률 또는 법원의 판결 등에 따라 처분이 제한되는 경우)없이 지정기간까지 그 처분명령을 이행하지 아니한 자
> 2. 제42조에 따른 원상회복 명령을 받은 후 그 기간 내에 원상회복 명령을 이행하지 아니하여 시장·군수·구청장이 그 원상회복 명령의 이행에 필요한 상당한 기간을 정하였음에도 그 기한까지 원상회복을 아니한 자

시장·군수 또는 구청장은 이행강제금을 부과하기 전에 이행강제금을 부과·징수한다는 뜻을 미리 문서로 알려야 하며(법 제63조 제2항), 이행강제금의 금액, 부과사유,

납부기한, 수납기관, 이의제기 방법, 이의제기 기관 등을 명시한 문서로 하여야 한다(법 제63조 제3항).

2) 횟수

시장·군수 또는 구청장은 최초로 처분명령을 한 날을 기준으로 하여 그 처분명령이 이행될 때까지 이행강제금을 매년 1회 부과·징수할 수 있다(법 제63조 제4항).

3) 이행

시장·군수 또는 구청장은 처분명령을 받은 자가 처분명령을 이행하면 새로운 이행강제금의 부과는 즉시 중지하되, 이미 부과된 이행강제금은 징수하여야 한다(법 제63조 제5항).

4) 이의제기

시장(구를 두지 아니한 시의 시장을 말한다)·군수 또는 구청장은 이행강제금을 부과하는 때에는 10일 이상의 기간을 정하여 이행강제금 처분대상자에게 의견제출의 기회를 주어야 하며(영 제75조 제1항), 이행강제금 부과 처분에 불복하는 자는 그 처분을 고지 받은 날부터 30일 이내에 시장·군수 또는 구청장에게 이의를 제기할 수 있다(법 제63조 제6항).

5) 재판

이행강제금 부과 처분을 받은 자가 이의를 제기하면 시장·군수 또는 구청장은 지체 없이 관할 법원에 그 사실을 통보하여야 하며, 그 통보를 받은 관할 법원은 「비송사건절차법」에 따른 과태료 재판에 준하여 재판을 한다(법 제63조 제7항).

6) 강제징수

이행강제금이 부과 처분에 대한 이의 제기 기간에 이의를 제기하지 아니하고 제1항에 따른 이행강제금을 납부기한까지 내지 아니하면 「지방행정제재·부과금의 징수 등에 관한 법률」에 따라 징수한다(법 제63조 제8항).

3. 농지의 매수청구

① 농지 소유자는 농지의 처분명령(법 제11조 제1항)을 받으면 「한국농어촌공사 및 농지관리기금법」에 따른 한국농어촌공사에 그 농지의 매수를 청구할 수 있다

(법 제11조 제2항). 농지의 매수청구 시 농지 소유자는 '농지매수청구서'에 ㉠ 농지소유자의 성명(법인인 경우에는 그 명칭 및 대표자의 성명) 및 주소, ㉡ 농지의 표시 및 이용현황, ㉢ 해당 농지에 소유권 외의 권리가 설정된 때에는 그 종류·내용과 권리자의 성명(법인인 경우에는 그 명칭 및 대표자의 성명) 및 주소, ㉣ 농지에 설치한 농업용 시설 등에 관한 사항을 기재한 후 '농지의 처분명령서 사본'과 '해당 농지의 토지 등기사항증명서'를 첨부하여 한국농어촌공사에 제출하여야 한다(영 제10조 및 규칙 제9조 제2항).

② 한국농어촌공사는 매수 청구를 받으면 「부동산 가격공시에 관한 법률」에 따른 공시지가(해당 토지의 공시지가가 없으면 같은 법 제8조에 따라 산정한 개별 토지 가격을 말한다)를 기준으로 해당 농지를 매수할 수 있다. 이 경우 인근 지역의 실제 거래 가격이 공시지가보다 낮으면 실제 거래 가격을 기준으로 매수할 수 있다(법 제11조 제3항).

③ 한국농어촌공사가 농지를 매수하는 데에 필요한 자금은 「한국농어촌공사 및 농지관리기금법」에 따른 농지관리기금에서 융자한다(법 제11조 제4항).

4. 처분명령의 유예

① 시장(구를 두지 아니한 시의 시장을 말한다)·군수 또는 구청장은 처분의무 기간(6개월 이내)에 처분 대상 농지를 처분하지 아니한 농지 소유자가 다음 각 호의 어느 하나에 해당하면 처분의무 기간이 지난 날부터 3년간 처분명령을 직권으로 유예할 수 있다(법 제12조 제1항).

---

1. 해당 농지를 자기의 농업경영에 이용하는 경우
2. 한국농어촌공사나 그 밖에 대통령령으로 정하는 자와 해당 농지의 매도위탁계약을 체결한 경우

---

② 시장·군수 또는 구청장은 처분명령을 유예 받은 농지 소유자가 처분명령 유예 기간에 위의 ①의 각 호의 어느 하나에도 해당하지 아니하게 되면 지체 없이 그 유예한 처분명령을 하여야 한다(법 제12조 제2항).

③ 농지 소유자가 처분명령을 유예 받은 후 처분명령을 받지 아니하고 그 유예기간이 지난 경우에는 처분 의무에 대하여 처분명령이 유예된 농지의 그 처분의무만 없어진 것으로 본다(법 제12조 제3항).

농지의 이용

제 3 장

제1절 농지의 이용증진 등

1. 농지이용계획

(1) 농지이용계획의 수립권자

시장·군수 또는 자치구구청장[그 관할 구역의 농지가 대통령령으로 정하는 면적 이하(3천만㎡ 이하)인 시의 시장 또는 자치구의 구청장은 제외한다]은 관할 구역의 농지를 종합적으로 이용하기 위한 계획(이하 "농지이용계획"이라 한다)을 수립하여야 하며, 수립한 계획을 변경하려고 할 때에도 또한 같다(법 제14조 제1항 후단).

(2) 농지이용계획 수립절차

시장·군수 또는 자치구구청장은 농지를 효율적으로 이용하기 위하여 대통령령으로 정하는 바(영 제14조의 공청회를 통한 주민의 의견청취 규정)에 따라 지역 주민의 의견을 들은 후, 시·군·구 농업·농촌및식품산업정책심의회(이하 "시·군·구 농업·농촌및식품산업정책심의회"라 한다)의 심의를 거쳐 관할 구역의 농지를 종합적으로 이용하기 위한 계획("농지이용계획"이라 한다)을 수립 또는 변경하여야 한다(법 제14조 제1항 전단).

또한 시장·군수 또는 자치구구청장은 농지이용계획을 수립(변경한 경우를 포함한다)하면 관할 특별시장·광역시장 또는 도지사(이하 "시·도지사"라 한다)의 승인을 받아 그 내용을 확정하고 고시하여야 하며, 일반인이 열람할 수 있도록 하여야 한다(법 제14조 제3항). 이때에 농지이용계획의 고시는 농지이용계획의 목적, 내용 및 그 내용이 표시된 축척 1/25,000 이상의 지형도, 그리고 그 밖에 농림축산식품부장관이 정하는 사항을 포함하여야 한다(영 제15조 제1항).

이후 시·도지사, 시장·군수 또는 자치구구청장은 농지이용계획이 확정되면 농지이용계획대로 농지가 적정하게 이용되고 개발되도록 노력하여야 하고, 필요한 투자와 지원을 하여야 한다(법 제14조 제4항).

(3) 농지이용계획의 내용

농지이용계획에는 다음의 사항이 포함되어야 한다(법 제14조 제2항).

> 1. 농지의 지대별·용도별 이용계획
> 2. 농지를 효율적으로 이용하고 농업경영을 개선하기 위한 경영 규모 확대계획
> 3. 농지를 농업 외의 용도로 활용하는 계획

2. 농지이용증진사업

(1) 사업의 시행

시장·군수·자치구구청장, 한국농어촌공사, 그 밖에 대통령령으로 정하는 자(이하 "사업시행자"라 한다)는 농지이용계획에 따라 농지 이용을 증진하기 위하여 다음의 어느 하나에 해당하는 사업(이하 "농지이용증진사업"이라 한다)을 시행할 수 있다(법 제15조).

> 1. 농지의 매매·교환·분합 등에 의한 농지 소유권 이전을 촉진하는 사업
> 2. 농지의 장기 임대차, 장기 사용대차에 따른 농지 임차권(사용대차에 따른 권리를 포함한다) 설정을 촉진하는 사업
> 3. 위탁경영을 촉진하는 사업
> 4. 농업인이나 농업법인이 농지를 공동으로 이용하거나 집단으로 이용하여 농업경영을 개선하는 농업 경영체 육성사업

이러한 농지이용증진사업의 사업 시행자 중 시장·군수·자치구구청장, 한국농어촌공사를 제외한 "그 밖에 대통령령으로 정하는 자"는 ① 「농업협동조합법」에 따른 조합, ② 「엽연초생산협동조합법」에 따른 엽연초생산협동조합, ③ 농지의 공동이용 또는 집단이용을 목적으로 구성된 단체로서 농지의 공동이용 또는 집단이용에 관한 사항이 규약으로 정하여 지고 그 구성원인 농업인 또는 농업법인의 수가 10 이상인 단체를 말한다(영 제16조).

(2) 사업의 요건

농지이용증진사업은 ① 농업경영을 목적으로 농지를 이용할 것, ② 농지 임차권

설정, 농지 소유권 이전, 농업경영의 수탁·위탁이 농업인 또는 농업법인의 경영규모를 확대하거나 농지이용을 집단화하는 데에 기여할 것, ③ 기계화·시설자동화 등으로 농산물 생산 비용과 유통 비용을 포함한 농업경영 비용을 절감하는 등 농업경영 효율화에 기여할 것의 총 세 가지 요건을 모두 갖추어야 한다(법 제16조).

3. 농지이용증진사업 시행계획의 수립

(1) 시행계획의 수립권자

시장·군수 또는 자치구구청장이 시행사인 경우	농림축산식품부령으로 정하는 바에 따라 농지이용증진사업 시행계획을 수립하여 시·군·구 농업·농촌 및 식품산업정책 심의회의 심의를 거쳐 확정하여야 한다. 수립한 계획을 변경하려고 할 때에도 또한 같다(법 제17조 제1항).
시장·군수 또는 자치구구청장 외의 사업시행자가 시행자인 경우	**(농지인증시행사업계획의 수립 및 제출)** 농림축산식품부령으로 정하는 바에 따라 농지이용증진사업 시행계획을 수립하여 시장·군수 또는 자치구구청장에게 제출하여야 한다(법 제17조 제2항).
	(농지인증시행사업계획의 보완) 제출받은 농지이용증진사업 시행계획이 보완될 필요가 있다고 인정하면 그 사유와 기간을 구체적으로 밝혀 사업시행자에게 그 계획을 보완하도록 요구할 수 있다(법 제17조 제3항).

(2) 농지이용증진사업 시행계획의 포함 내용

농지이용증진사업 시행계획에는 다음 각 호의 사항이 포함되어야 한다(법 제17조 제4항).

1. 농지이용증진사업의 시행 구역
2. 농지 소유권이나 임차권을 가진 자, 임차권을 설정받을 자, 소유권을 이전받을 자 또는 농업경영
   을 위탁하거나 수탁할 자에 관한 사항
3. 임차권이 설정되는 농지, 소유권이 이전되는 농지 또는 농업경영을 위탁하거나 수탁하는 농지에
   관한 사항
4. 설정하는 임차권의 내용, 농업경영 수탁·위탁의 내용 등에 관한 사항
5. 소유권 이전 시기, 이전 대가, 이전 대가 지불 방법, 그 밖에 농림축산식품부령(규칙 제14조)으
   로 정하는 사항
   가. 임차권을 설정하는 경우에는 임차료 및 그 지불방법
   나. 농업경영을 위탁하거나 수탁하는 경우에는 보수 및 그 지불방법
   다. 소유권을 이전하는 농지에 다른 권리가 설정되어 있는 경우에는 그 권리에 관한 사항

(3) 농지이용증진사업 시행계획의 고시와 효력

고 시	시장·군수 또는 자치구구청장이 농지이용증진사업 시행계획을 확정하거나 같은 조 제2항에 따라 그 계획을 제출받은 경우(보완을 요구한 경우에는 그 보완이 끝난 때)에는 농림축산식품부령으로 정하는 바에 따라 지체 없이 이를 고시하고 관계인에게 열람하게 하여야 한다(법 제18조 제1항).
등 기	사업시행자는 농지이용증진사업 시행계획이 고시되면 대통령령으로 정하는 바에 따라 농지이용증진사업 시행계획에 포함된 자의 동의를 얻어 해당 농지에 관한 등기를 촉탁하여야 한다(법 제18조 제2항).
효 력	사업시행자가 등기를 촉탁하는 경우에는 농지이용증진사업 시행계획을 확정한 문서 또는 농지이용증진사업 시행계획이 고시된 문서와 동의서를 「부동산등기법」에 따른 등기원인을 증명하는 서면으로 본다(법 제18조 제3항).
특 례	농지이용증진사업 시행계획에 따른 등기의 촉탁에 대하여는 「부동산등기 특별조치법」 제3조(계약서등의 검인에 대한 특례)를 적용하지 아니한다(법 제18조 제4항).

제 2 절 대리경작제도

1970년대 이래 농경지 이용률이 하락하기 시작하며 90년대에 들어 농지의 유휴화가 급증하였다. 농지의 유휴화는 특히 대도시 주변과 산간벽지에서 심하게 나타나는 경향을 보이고 있으며, 이러한 휴경 농지의 발생 원인에는 ① 농업 인력의 부족이 가장큰 비중을 차지하였고, 이어서 ② 농지의 부재지주 소유, ③ 영농조건의 불량 순이었다. 이외에 농업 외적인 요인으로는 도시나 공단의 개발, 공공목적 등 비농업 용도로의 전

용이 기대하면서 농지의 유휴화가 진행되었다고 판단된다. 결국 이러한 유휴 농지의 증가는 성실한 농업경영분위기를 저해하고 식량생산에 악영향을 줄 수 있기 때문에 유휴 농지를 타인에게 대리하여 경작시켜야 할 필요성이 증가하고 있다 할 것이다.

1. 대리경작자의 지정 등

시장(구를 두지 아니한 시의 시장을 말한다)·군수 또는 구청장은 유휴농지(농작물 경작이나 다년생식물 재배에 이용되지 아니하는 농지로서 대통령령으로 정하는 농지를 말한다)에 대하여 대통령령으로 정하는 바에 따라 그 농지의 소유권자나 임차권자를 대신하여 농작물을 경작할 자(이하 "대리경작자"라 한다)를 직권으로 지정하거나 농림축산식품부령으로 정하는 바에 따라 유휴농지를 경작하려는 자의 신청을 받아 대리경작자를 지정할 수 있다(법 제20조 제1항). 여기서 말하는 "대통령령으로 정하는 농지"란 다음의 어느 하나에 해당하지 아니하는 농지를 말한다(영 제18조).

---

1. 지력의 증진이나 토양의 개량·보전을 위하여 필요한 기간 동안 휴경하는 농지
2. 연작으로 인하여 피해가 예상되는 작목의 경작 또는 재배 전후에 지력의 증진 또는 회복을 위하여 필요한 기간 동안 휴경하는 농지
3. 법 제34조 제1항에 따른 농지전용허가를 받거나 같은 조 제2항에 따른 농지전용협의(다른 법률에 따라 농지전용허가가 의제되는 협의를 포함한다)를 거친 농지
4. 법 제35조 또는 법 제43조에 따른 농지전용신고를 한 농지
5. 법 제36조에 따른 농지의 타용도 일시사용허가를 받거나 협의를 거친 농지
6. 법 제36조의2에 따른 농지의 타용도 일시사용신고를 하거나 협의를 거친 농지
7. 그 밖에 농림축산식품부장관이 정하는 제1호부터 제5호까지의 농지에 준하는 농지

시장·군수 또는 구청장은 대리경작자를 지정하려면 농림축산식품부령으로 정하는 바에 따라 그 농지의 소유권자 또는 임차권자에게 예고하여야 하며, 대리경작자를 지정하면 그 농지의 대리경작자와 소유권자 또는 임차권자에게 지정통지서를 보내야 한다(법 제20조 제2항). 이때에 시장(구를 두지 아니한 시의 시장을 말한다)·군수 또는 구청장은 법 제20조 제2항에 따른 대리경작자지정의 예고를 함에 있어서 해당 농지의 소유권 또는 임차권을 가진 자가 불분명하거나 주소불명 등으로 지정의 예고를 할 수 없는 때에는 그 내용을 시청·군청 또는 구청의 게시판에 14일 이상 공고함으로써 그 예고에 대신할 수 있다(규칙 제17조 제2항).

2. 대리경작자의 자격

시장(구를 두지 아니한 시의 시장을 말한다)·군수 또는 구청장은 대리경작자를 직권으로 지정하려는 경우에는 다음 각 호의 어느 하나에 해당하지 아니하는 농업인 또는 농업법인으로서 대리경작을 하려는 자 중에서 지정하여야 한다(영 제19조 제1항).

---

1. 법 제10조 제2항에 따라 농지 처분의무를 통지받고 그 처분 대상 농지를 처분하지 아니한 자(법 제12조 제3항에 따라 처분의무가 없어진 자는 제외한다)
2. 법 제11조 제1항 또는 법 제12조 제2항에 따라 처분명령을 받고 그 처분명령 대상 농지를 처분하지 아니한 자
3. 법 제57조부터 제60조까지의 규정에 따라 징역형을 선고받고 그 집행이 끝나거나 집행을 받지 않기로 확정된 후 1년이 지나지 않은 자
4. 법 제57조부터 제60조까지의 규정에 따라 징역형의 집행유예를 선고받고 그 유예기간 중에 있는 자
5. 법 제57조부터 제60조까지의 규정에 따라 징역형의 선고유예를 받고 그 유예기간 중에 있는 자
6. 법 제57조부터 제61조까지의 규정에 따라 벌금형을 선고받고 1년이 지나지 않은 자

시장·군수 또는 구청장은 대리경작자를 지정하기가 곤란한 경우에는 「농업·농촌 및 식품산업 기본법」 제3조 제4호에 따른 생산자단체(이하 "농업생산자단체"라 한다)·「초·중등교육법」 및 「고등교육법」에 따른 학교나 그 밖의 해당 농지를 경작하려는 자를 대리경작자로 지정할 수 있다(영 제19조 제2항).

3. 대리경작의 방법

(1) 대리경작 기간

대리경작 기간은 따로 정하지 아니하면 3년으로 한다(법 제20조 제3항).

(2) 대리경작자의 토지사용료 지급의무

대리경작자는 수확량의 10/100을 농림축산식품부령으로 정하는 바에 따라 그 농지의 소유권자나 임차권자에게 토지사용료로 지급하여야 하며, 그 수령을 거부하거나 지급이 곤란한 경우에는 토지사용료를 공탁할 수 있다(법 제20조 제4항).

〈토지사용료의 지급(규칙 제18조)〉

1. 대리경작자는 대리경작농지에서 경작한 농작물의 수확일부터 2월 이내에 토지사용료를 해당 농지의 소유권 또는 임차권을 가진 자에게 지급하여야 한다.
2. 대리경작자가 특별한 사유 없이 제1항의 기간에 토지사용료를 지급하지 아니한 때에는 토지사용료에 그 기간 만료일의 다음날부터 토지사용료를 지급하는 날까지의 기간에 연리12퍼센트로 계산한 금액을 가산하여 지급하여야 한다.
3. 토지사용료를 현금으로 지급하는 경우 그 금액은 지급 당시 해당 농작물의 농가판매가격(국가·지방자치단체 및 농업생산자단체에서 매입하는 작물의 경우에는 2등품의 매입가격을 말한다)을 기준으로 산정한 금액으로 한다. 다만, 해당 농지의 소유권 또는 임차권을 가진 자와 대리경작자가 토지사용료의 지급방법에 관하여 따로 합의한 경우에는 그에 따른다.

---

4. 대리경작자의 지정의 해지

(1) 기간 만료시 해지

대리경작 농지의 소유권자 또는 임차권자가 그 농지를 스스로 경작하려면 제3항의 대리경작 기간이 끝나기 3개월 전까지, 그 대리경작 기간이 끝난 후에는 대리경작자 지정을 중지할 것을 농림축산식품부령으로 정하는 바에 따라 시장·군수 또는 구청장에게 신청하여야 하며, 신청을 받은 시장·군수 또는 구청장은 신청을 받은 날부터 1개월 이내에 대리경작자 지정 중지를 그 대리경작자와 그 농지의 소유권자 또는 임차권자에게 알려야 한다(법 제20조 제5항).

(2) 기간 중도에 해지

시장·군수 또는 구청장은 다음의 어느 하나에 해당하면 대리경작 기간이 끝나기 전이라도 대리경작자 지정을 해지할 수 있다(법 제20조 제6항).

〈대리경작 중도해지 사유〉

1. 대리경작 농지의 소유권자나 임차권자가 정당한 사유를 밝히고 지정 해지신청을 하는 경우
2. 대리경작자가 경작을 게을리 하는 경우
3. 그 밖에 대통령령으로 정하는 사유(영 제21조)가 있는 경우
   가. 대리경작자로 지정된 자가 토지사용료를 지급 또는 공탁하지 아니하는 경우
   나. 대리경작자로 지정된 자가 대리경작자의 지정해지를 신청하는 경우

제 3 절 농지이용증진 방안

1. 농지이용증진사업에 대한 지원

국가와 지방자치단체는 농지이용증진사업을 원활히 실시하기 위하여 필요한 지도와 주선을 하며, 예산의 범위에서 사업에 드는 자금의 일부를 지원할 수 있다(법 제19조).

2. 토양의 개량·보전

(1) 국가와 지방자치단체는 농업인이나 농업법인이 환경보전적인 농업경영을 지속적으로 할 수 있도록 토양의 개량·보전에 관한 사업을 시행하여야 하고 토양의 개량·보전에 관한 시험·연구·조사 등에 관한 시책을 마련하여야 한다(법 제21조 제1항).

(2) 국가는 이러한 목적을 달성하기 위하여 토양을 개량·보전하는 사업 등을 시행하는 지방자치단체, 농림축산식품부령(규칙 제20조)으로 정하는 농업생산자단체(「농업협동조합법」에 따른 조합」 및 「엽연초생산협동조합법」에 따른 엽연초생산협동조합), 농업인 또는 농업법인에 대하여 예산의 범위에서 필요한 자금의 일부를 지원할 수 있다(법 제21조 제2항).

3. 농지 소유의 세분화 방지

(1) 일괄 상속 등

국가와 지방자치단체는 농업인이나 농업법인의 농지 소유가 세분화되는 것을 막기 위하여 농지를 어느 한 농업인 또는 하나의 농업법인이 일괄적으로 상속·증여 또는 양도받도록 필요한 지원을 할 수 있다(법 제22조 제1항).

(2) 농업생산기반정비사업이 시행된 농지

「농어촌정비법」에 따른 농업생산기반정비사업이 시행된 농지는 다음의 어느 하나에 해당하는 경우 외에는 분할할 수 없다(법 제22조 제2항).

1. 「국토의 계획 및 이용에 관한 법률」에 따른 도시지역의 주거지역·상업지역·공업지역 또는 도시·군계획시설부지에 포함되어 있는 농지를 분할하는 경우
2. 농지전용허가(다른 법률에 따라 농지전용허가가 의제되는 인가·허가·승인 등을 포함한다)를 받거나 농지전용신고를 하고 전용한 농지를 분할하는 경우
3. 분할 후의 각 필지의 면적이 2,000㎡를 넘도록 분할하는 경우
4. 농지의 개량, 농지의 교환·분합 등 대통령령으로 정하는 사유(영 제23조)로 분할하는 경우
   가. 농지를 개량하는 경우
   나. 인접 농지와 분합하는 경우
   다. 농지의 효율적인 이용을 저해하는 인접 토지와의 불합리한 경계를 시정하는 경우
   라. 「농어촌정비법」에 따른 농업생산기반 정비사업을 시행하는 경우
   마. 「농어촌정비법」 제43조에 따른 농지의 교환·분합을 시행하는 경우
   바. 법 제15조에 따른 농지이용증진사업을 시행하는 경우

제4절 농지의 임대차 등

1. 농지의 임대차 또는 사용대차

다음 어느 하나에 해당하는 경우 외에는 농지를 임대하거나 무상사용하게 할 수 없다(법 제23조 제1항).

1. 제6조 제2항 제1호·제4호부터 제9호까지·제9호의2 및 제10호의 규정에 해당하는 농지를 임대하거나 무상사용하게 하는 경우
2. 제17조에 따른 농지이용증진사업 시행계획에 따라 농지를 임대하거나 무상사용하게 하는 경우
3. 다음의 어느 하나에 해당하는 부득이한 사유로 인하여 일시적으로 농업경영에 종사하지 아니하게 된 자가 소유하고 있는 농지를 임대하거나 무상사용하게 하는 경우
   ㉠ 질병, 징집, 취학, 선거에 따른 공직취임(법 제23조 제1항 제3호)
   ㉡ 부상으로 3월 이상의 치료가 필요한 경우(영 제24조 제1항 제1호)
   ㉢ 교도소·구치소 또는 보호감호시설에 수용 중인 경우(영 제24조 제1항 제2호)
   ㉣ 3월 이상 국외여행을 하는 경우(영 제24조 제1항 제3호)
   ㉤ 농업법인이 청산 중인 경우(영 제24조 제1항 제4호)
   ㉥ 임신 중이거나 분만 후 6개월 미만인 경우(영 제24조 제1항 제5호)
4. 60세 이상이 되어 더 이상 농업경영에 종사하지 아니하게 된 자로서 대통령령으로 정하는 자(농업경영에 더 이상 종사하지 않게 된 사람 또는 농업인)가 소유하고 있는 농지 중에서 자기의 농업경영에 이용한 기간이 5년이 넘은 농지를 임대하거나 무상사용하게 하는 경우
5. 제6조 제1항에 따라 소유하고 있는 농지를 주말·체험영농을 하려는 자에게 임대하거나 사용대

하는 경우, 또는 주말·체험영농을 하려는 자에게 임대하는 것을 업으로 하는 자에게 임대하거나 무상사용하게 하는 경우

6. 제6조 제1항에 따라 개인이 소유하고 있는 농지를 한국농어촌공사나 그 밖에 대통령령으로 정하는 자에게 위탁하여 임대하거나 무상사용하게 하는 경우

7. 다음의 어느 하나에 해당하는 농지를 한국농어촌공사나 그 밖에 대통령령으로 정하는 자에게 위탁하여 임대하거나 무상사용하게 하는 경우

    ㉠ 상속으로 농지를 취득한 자로서 농업경영을 하지 아니하는 자가 제7조 제1항에서 규정한 소유상한을 초과하여 소유하고 있는 농지

    ㉡ 대통령령으로 정하는 기간 이상 농업경영을 한 후 이농한 자가 제7조 제2항에서 규정한 소유상한을 초과하여 소유하고 있는 농지

8. 자경 농지를 농림축산식품부장관이 정하는 이모작을 위하여 8개월 이내로 임대하거나 무상사용하게 하는 경우

9. 대통령령으로 정하는 농지 규모화, 농작물 수급 안정 등을 목적으로 한 사업(농산물(「농업·농촌 및 식품산업 기본법」 제3조 제6호 가목에 따른 농산물을 말한다)의 생산·가공·유통 및 수출 시설 단지를 조성·지원하는 사업으로서 농림축산식품부장관이 정하여 고시하는 사업을 말한다)을 추진하기 위하여 필요한 자경 농지를 임대하거나 무상사용하게 하는 경우

2. 임차인의 보호규정

(1) 임대차 계약방법과 사용대차 계약방법

① 임대차계약(농업경영을 하려는 자에게 임대하는 경우만 해당한다)과 사용대차계약(농업경영을 하려는 자에게 무상사용하게 하는 경우만 해당한다)은 서면계약을 원칙으로 한다(법 제24조 제1항).

② 임대차계약은 그 등기가 없는 경우에도 임차인이 농지소재지를 관할하는 시·구·읍·면의 장의 확인을 받고, 해당 농지를 인도받은 경우에는 그 다음 날부터 제삼자에 대하여 효력이 생긴다(법 제24조 제2항).

③ 시·구·읍·면의 장은 농지임대차계약 확인대장을 갖추어 두고, 임대차계약증서를 소지한 임대인 또는 임차인의 확인 신청이 있는 때에는 농림축산식품부령으로 정하는 바에 따라 임대차계약을 확인한 후 대장에 그 내용을 기록하여야 한다(법 제24조 제3항).

(2) 임대차 기간

① 자경 농지를 농림축산식품부장관이 정하는 이모작을 위하여 8개월 이내로 임

대하거나 무상사용하게 하는 경우(법 제23조 제1항 제8호)를 제외한 임대차 기간
은 3년 이상으로 하여야 하며(법 제24조의2 제1항), 임대차 기간을 정하지 아니
하거나 3년보다 짧은 경우에는 3년으로 약정된 것으로 본다(법 제24조의2 제2항).

② 임대인은 질병, 징집 등 대통령령으로 정하는 불가피한 사유가 있는 경우에는
임대차 기간을 3년 미만으로 정할 수 있다. 이 경우 임차인은 3년 미만으로 정
한 기간이 유효함을 주장할 수 있다(법 제24조의2 제3항).

③ 법 제24조의2 제1항부터 제3항까지의 규정은 임대차계약을 연장 또는 갱신하
거나 재계약을 체결하는 경우 그 임대차 기간에 대하여도 동일하게 적용한다
(법 제24조의2 제4항).

④ 임대차계약의 당사자는 임대차 기간, 임차료 등 임대차계약에 관하여 서로 협
의가 이루어지지 아니한 경우에는 농지소재지를 관할하는 시장·군수 또는 자
치구구청장에게 조정을 신청할 수 있다(법 제24조의3 제1항).

(3) 묵시의 갱신

임대인이 임대차 기간이 끝나기 3개월 전까지 임차인에게 임대차계약을 갱신하지
아니한다는 뜻이나 임대차계약 조건을 변경한다는 뜻을 통지하지 아니하면 그 임대차
기간이 끝난 때에 이전의 임대차계약과 같은 조건으로 다시 임대차계약을 한 것으로
본다(법 제25조).

(4) 임대인의 지위 승계

임대 농지의 양수인은 이 법에 따른 임대인의 지위를 승계한 것으로 보며(법 제26
조), 이 법에 위반된 약정으로서 임차인에게 불리한 것은 그 효력이 없다(법 제26조의2).

(5) 국유농지와 공유농지의 임대차 특례

「국유재산법」과 「공유재산 및 물품 관리법」에 따른 국유재산과 공유재산인 농지
에 대하여는 앞의 (1)부터 (4)까지의 규정을 적용하지 아니한다(법 제27조).

제 4 장

농지의 보전

제 1 절 농업진흥지역

1. 농업진흥지역의 지정

(1) 지정권자 및 지정목적

시·도지사는 농지를 효율적으로 이용하고 보전하기 위하여 농업진흥지역을 지정한다(법 제28조 제1항).

(2) 농업진흥지역의 지정대상지역

농업진흥지역 지정은 「국토의 계획 및 이용에 관한 법률」에 따른 녹지지역·관리지역·농림지역 및 자연환경보전지역을 대상으로 한다. 다만, 특별시의 녹지지역은 제외한다(법 제29조).

2. 농업진흥지역의 구분

농업진흥지역은 다음의 용도구역으로 구분하여 지정할 수 있다(법 제28조 제2항).

(1) 농업진흥구역

농업의 진흥을 도모하여야 하는 다음 각 목의 어느 하나에 해당하는 지역으로서 농림축산식품부장관이 정하는 규모로 농지가 집단화되어 농업 목적으로 이용할 필요가 있는 지역(법 제28조 제2항 제1호)

---

1. 농지조성사업 또는 농업기반정비사업이 시행되었거나 시행 중인 지역으로서 농업용으로 이용하고 있거나 이용할 토지가 집단화되어 있는 지역
2. 앞의 1에 해당하는 지역 외의 지역으로서 농업용으로 이용하고 있는 토지가 집단화되어 있는 지역

---

(2) 농업보호구역

농업진흥구역의 용수원 확보, 수질 보전 등 농업 환경을 보호하기 위하여 필요한 지역(법 제28조 제2항 제2호).

3. 지정절차

(1) 시·도지사는 「농업·농촌 및 식품산업 기본법」에 따른 시·도 농업·농촌및식품산업정책심의회("시·도 농업·농촌및식품산업정책심의회"라 한다)의 심의를 거쳐 농림축산식품부장관의 승인을 받아 농업진흥지역을 지정한다(법 제30조 제1항).

(2) 이에 따라 시·도지사가 농업진흥지역을 지정하면 지체 없이 이 사실을 고시하고 관계 기관에 통보하여야 하며, 시장·군수 또는 자치구구청장으로 하여금 일반인에게 열람하게 하여야 한다(법 제30조 제2항).

(3) 농림축산식품부장관은 「국토의 계획 및 이용에 관한 법률」에 따른 녹지지역이나 계획관리지역이 농업진흥지역에 포함되면 농업진흥지역 지정을 승인하기 전에 국토교통부장관과 협의하여야 한다(법 제30조 제3항).

4. 농업진흥지역 등의 변경·해제

(1) 변경·해제 사유

시·도지사는 대통령령으로 정하는 사유가 있으면 농업진흥지역 또는 용도구역을 변경하거나 해제할 수 있으며(법 제31조 제1항), 제1항에 따라 시·도지사가 농업진흥지역 또는 용도구역을 변경 또는 해제할 수 있는 경우는 다음과 같다(영 제28조 제1항).

---

1. 다음 각 목의 어느 하나에 해당하는 경우로서 농업진흥지역을 해제하는 경우
   가. 「국토의 계획 및 이용에 관한 법률」 제6조에 따른 용도지역을 변경하는 경우 (농지의 전용을 수반하는 경우에 한한다).
   나. 법 제34조 제2항 제1호에 해당하는 경우로서 미리 농지의 전용에 관한 협의를 하는 경우
   다. 해당 지역의 여건변화로 농업진흥지역의 지정요건에 적합하지 아니하게 된 경우. 이 경우 그 토지의 면적이 3만㎡이하인 때에 한한다.
2. 해당 지역의 여건변화로 농업진흥지역 밖의 지역을 농업진흥지역으로 편입하는 경우
3. 해당 지역의 여건변화로 농업보호구역의 전부 또는 일부를 농업진흥구역으로 변경하거나 농업진

흥구역 안의 3만㎡ 이하의 토지를 농업보호구역으로 변경하는 경우
4. 저수지의 계획홍수위선(計劃洪水位線)으로부터 상류 반경 500m 이내의 지역으로서 「농어촌
   정비법」에 따른 농업생산기반 정비사업이 시행되지 않은 지역 또는 저수지 부지의 어느 하나에
   해당하는 농업진흥구역 안의 토지를 농업보호구역으로 변경하는 경우

(2) 변경·해제 절차

농업진흥지역 또는 용도구역의 변경 절차나 해제 절차 등에 관하여는 제30조(농업
진흥지역의 지정 절차)를 준용한다(법 제31조 제2항). 다만, 원래의 농업진흥지역 또는 용도
구역으로 환원하거나 농업보호구역을 농업진흥구역으로 변경하는 경우 등 대통령령으로
정하는 사항의 변경은 대통령령으로 정하는 바에 따라 시·도 농업·농촌및식품산업정책
심의회의 심의나 농림축산식품부장관의 승인 없이 할 수 있다(법 제31조 제2항 단서).

(3) 주민의견청취

시·도지사는 농업진흥지역을 지정·변경 및 해제하려는 때에는 대통령령으로 정
하는 바에 따라 미리 해당 토지의 소유자에게 그 내용을 개별통지하고 해당 지역주민의
의견을 청취하여야 한다(법 제31조의2).

〈주민의견청취(영 제28조의2)〉

1. 해당 토지의 소유자에 대한 의견청취
   가. 시장·군수 또는 자치구구청장은 농업진흥지역의 지정·변경 또는 해제 계획안의 주요내용을
      서면으로 해당 토지의 소유자에게 개별 통지하여야 한다.
   나. 가목에 따라 개별 통지한 내용에 대하여 의견이 있는 해당 토지의 소유자는 서면으로 통보를
      받은 날부터 14일 이내에 시장·군수 또는 자치구구청장에게 의견서를 제출하여야 한다.
   다. 시장·군수 또는 자치구구청장은 나목에 따라 제출된 의견을 검토하여 그 결과를 해당 의견
      을 받은 날부터 60일 이내에 의견을 제출한 토지의 소유자에게 서면으로 통보하여야 한다.
2. 해당 지역주민에 대한 의견 청취
   가. 시장·군수 또는 자치구구청장은 농업진흥지역의 지정·변경 또는 해제 계획안의 주요내용을
      해당 시·군 또는 자치구를 주된 보급지역으로 하는 둘 이상의 일반 일간신문에 공고하고
      그 계획안을 14일 이상 열람할 수 있도록 하여야 한다.
   나. 가목에 따라 공고된 농업진흥지역의 지정·변경 또는 해제 계획안에 대하여 의견이 있는 자
      는 열람기간 내에 시장·군수 또는 자치구구청장에게 의견서를 제출하여야 한다.
   다. 시장·군수 또는 자치구구청장은 나목에 따라 제출된 의견을 농업진흥지역의 지정·변경 또
      는 해제 계획안에 반영할 것인지를 검토하여 그 결과를 열람기간이 종료된 날부터 60일 이
      내에 해당 의견을 제출한 자에게 서면으로 통보하여야 한다.

다만, ① 다른 법률에 따라 토지소유자에게 개별 통지한 경우, ② 통지를 받을 자를 알 수 없거나 그 주소·거소, 그 밖에 통지할 장소를 알 수 없는 경우 중 어느 하나에 해당하는 경우에는 그러하지 아니하다(법 제31조의2 단서).

5. 용도구역 안에서의 행위제한

(1) 농업진흥구역 안에서의 행위제한

1) 원칙

농업진흥구역에서는 농업 생산 또는 농지 개량과 직접적으로 관련되지 아니한 토지이용행위를 할 수 없다(법 제32조 제1항).

〈농업진흥구역에서 할 수 있는 행위(영 제29조 제1항)〉

1. 농작물의 경작
2. 다년생식물의 재배
3. 고정식온실·버섯재배사 및 비닐하우스와 농림축산식품부령으로 정하는 그 부속시설의 설치
4. 축사·곤충사육사와 농림축산식품부령으로 정하는 그 부속시설의 설치
5. 간이퇴비장의 설치
6. 농지개량사업 또는 농업용수개발사업의 시행
7. 농막·간이저온저장고 및 간이액비 저장조 중에서 농림축산식품부령으로 정하는 시설의 설치

---

2) 예외적 토지이용 허용행위

토지이용행위에 대한 위의 원칙에도 불구하고 다음 각 호의 토지이용행위는 가능하다.

〈용도구역에서의 행위제한(법 제32조 제1항 단서)〉

1. 대통령령으로 정하는 농수산물(농산물·임산물·축산물·수산물을 말한다)의 가공·처리 시설의 설치 및 농수산업(농업·임업·축산업·수산업을 말한다) 관련 시험·연구 시설의 설치
2. 어린이놀이터, 마을회관, 그 밖에 대통령령으로 정하는 농업인의 공동생활에 필요한 편의 시설 및 이용 시설의 설치
3. 농업인 주택, 어업인 주택이나 그 밖에 대통령령으로 정하는 농업용 시설, 축산업용 시설 또는 어업용 시설의 설치

---

4. 국방·군사 시설의 설치
5. 하천, 제방, 그 밖에 이에 준하는 국토 보존 시설의 설치
6. 문화재의 보수·복원·이전, 매장 문화재의 발굴, 비석이나 기념탑, 그 밖에 이와 비슷한 공작물의 설치
7. 도로, 철도, 그 밖에 대통령령으로 정하는 공공시설의 설치
8. 지하자원 개발을 위한 탐사 또는 지하광물 채광(採鑛)과 광석의 선별 및 적치(積置)를 위한 장소로 사용하는 행위
9. 농어촌 소득원 개발 등 농어촌 발전에 필요한 시설로서 대통령령으로 정하는 시설의 설치

(2) 농업보호구역 안에서의 행위제한

농업보호구역에서는 다음에 정하는 경우 이외의 토지이용행위를 할 수 없다(법 제32조 제2항).

1. 위 (1)의 2)의 농업진흥구역 안에서의 예외적 토지이용 허용행위는 농업보호구역 안에서도 그 행위가 허용된다.
2. 농업인 소득 증대에 필요한 시설로서 다음에 정하는 건축물·공작물, 그 밖의 시설의 설치
　가. 관광농원사업으로 설치하는 시설로서 그 부지가 2만㎡ 미만인 것
　나. 주말농원사업으로 설치하는 시설로서 그 부지가 3,000㎡ 미만인 것
　다. 태양에너지 발전설비로서 농업보호구역 안의 부지 면적이 1만㎡ 미만인 것
　라. 그 밖에 농촌지역 경제활성화를 통하여 농업인 소득증대에 기여하는 농수산업 관련 시설로서 농림축산식품부령으로 정하는 시설
3. 농업인의 생활여건 개선을 위하여 필요한 시설로서 다음에 정하는 건축물, 공작물 그 밖의 시설의 설치
　가. 다음에 해당하는 시설로서 그 부지가 1,000㎡ 미만인 것
　　① 단독주택: 「건축법 시행령」 [별표 1]의 단독주택 중 단독주택
　　② 제1종 근린생활시설: 슈퍼마켓·일용품·의원·치과의원·한의원·침술원·접골원·조산소·탁구장·체육도장·동사무소·경찰관파출소·소방서·우체국·전신전화국·방송국·보건소·공공도서관·지역건강보험조합·마을회관·마을공동작업소·마을공동구판장·지역아동센터 그 밖에 이와 유사한 것
　　③ 제2종 근린생활시설 : 기원·서점으로서 제1종 근린생활시설에 해당하지 아니하는 것, 테니스장·체력단련장·에어로빅장·볼링장·당구장·실내낚시터·종교집회장·공연장이나 비디오물감상실·비디오물소극장, 금융업소, 사무소, 부동산중개업소, 결혼상담소 등 소개업소, 출판사·게임제공업소, 멀티미디어 문화 컨텐츠 설비 제공업소, 복합유통·제공업소, 사진관·표구점·학원·직업훈련소·장의사·동물병원·독서실·총포판매사, 그 밖에 이와 유사한 것
　나. 「건축법 시행령」 [별표 1] 제3호 사목(공중화장실, 대피소, 그 밖에 이와 비슷한 것만 해당한다) 및 아목(변전소 및 도시가스배관시설은 제외한다)에 해당하는 시설로서 농업보호구역 안의 부지 면적이 3,000㎡ 미만인 것

(3) 기존 토지이용행위에 대한 특례

1) 기존건축물 등

농업진흥지역 지정 당시 관계 법령에 따라 인가·허가 또는 승인 등을 받거나 신고하고 설치한 기존의 건축물·공작물과 그 밖의 시설에 대하여는 위의 (1)과 (2)의 행위 제한 규정을 적용하지 아니한다(법 제32조 제3항).

2) 진행 중인 사업

농업진흥지역 지정 당시 관계 법령에 따라 다음의 행위에 대하여 인가·허가·승인 등을 받거나 신고하고 공사 또는 사업을 시행 중인 자(관계 법령에 따라 인가·허가·승인 등을 받거나 신고할 필요가 없는 경우에는 시행 중인 공사 또는 사업에 착수한 자를 말한다)는 그 공사 또는 사업에 대하여만 위의 (1)과 (2)의 행위 제한 규정을 적용하지 아니한다(법 제32조 제4항).

---

1. 건축물의 건축
2. 공작물이나 그 밖의 시설의 설치
3. 토지의 형질변경
4. 그 밖에 제1호부터 제3호까지의 행위에 준하는 행위

제2절 농지의 전용

1. 정 의

농지의 전용이란 농지를 농작물의 경작이나 다년생식물의 재배 등 농업생산 또는 농지개량 외의 용도로 사용하는 것을 말한다(법 제2조 제7호).

2. 농지전용허가

(1) 의의

농지를 전용하려는 자는 농림축산식품부장관의 허가를 받아야 하며, 허가받은 농

지의 면적 또는 경계 등 대통령령으로 정하는 중요 사항(영 제32조 제5항)을 변경하려는 경우에도 또한 같다(법 제34조 제1항).

---

1. 전용허가를 받은 농지의 면적 또는 경계
2. 전용허가를 받은 농지의 위치(동일 필지 안에서 위치를 변경하는 경우에 한한다)
3. 전용허가를 받은 자의 명의
4. 설치하려는 시설의 용도 또는 전용목적사업

---

(2) 농지전용허가 예외 대상

농지를 전용하려는 자는 다음의 어느 하나에 해당하는 경우 외에는 대통령령으로 정하는 바에 따라 농림축산식품부장관의 허가를 받아야 한다(법 제34조 제1항 전단). 허가받은 농지의 면적 또는 경계 등 대통령령으로 정하는 중요 사항을 변경하려는 경우에도 또한 같다(법 제34조 제1항 후단).

---

1. 다른 법률에 따라 농지전용허가가 의제되는 협의를 거쳐 농지를 전용하는 경우
2. 「국토의 계획 및 이용에 관한 법률」에 따른 도시지역 또는 계획관리지역에 있는 농지로서 제2항에 따른 협의를 거친 농지나 제2항 제1호 단서에 따라 협의 대상에서 제외되는 농지를 전용하는 경우
3. 제35조에 따라 농지전용신고를 하고 농지를 전용하는 경우
4. 「산지관리법」 제14조에 따른 산지전용허가를 받지 아니하거나 같은 법 제15조에 따른 산지전용신고를 하지 아니하고 불법으로 개간한 농지를 산림으로 복구하는 경우
5. 「하천법」에 따라 하천관리청의 허가를 받고 농지의 형질을 변경하거나 공작물을 설치하기 위하여 농지를 전용하는 경우

---

(3) 농지전용허가 절차

① 농지전용의 허가 또는 변경허가를 받으려는 자는 농지전용허가신청서에 농림축산식품부령으로 정하는 서류를 첨부하여 해당 농지의 소재지를 관할하는 시장·군수 또는 자치구구청장에게 제출하여야 한다(영 제32조).

② 시장·군수 또는 자치구구청장은 농지전용허가신청서 등을 제출받은 때에는 다음 각 호의 심사기준에 따라 심사한 후 농림축산식품부령으로 정하는 서류를 첨부하여 그 제출받은 날(신청서류의 보완 또는 보정을 요구한 경우에는 그 보완 또는 보정이 완료된 날을 말한다)부터 10일 이내에 시·도지사에게 보내야 하며,

시·도지사는 10일 이내에 이에 대한 종합적인 심사의견서를 첨부하여 농림축산식품부장관에게 제출하여야 한다.

〈농지전용허가의 심사기준(영 제33조 제1항)〉

1. 법 제32조(용도구역에서의 행위 제한) 및 법 제37조(농지전용허가 등의 제한)에 위배되지 아니할 것
2. 다음 각 목의 사항 등을 참작할 때 전용하려는 농지가 전용목적사업에 적합하게 이용될 수 있을 것으로 인정될 것
   가. 시설의 규모 및 용도의 적정성
   나. 건축물의 건축에 해당하는 경우에는 도로·수도 및 하수도의 설치 등 해당 지역의 여건
3. 다음 각 목의 사항 등을 참작할 때 전용하려는 농지의 면적이 전용목적사업의 실현을 위하여 적정한 면적일 것
   가. 「건축법」의 적용을 받는 건축물의 건축 또는 공작물의 설치에 해당하는 경우에는 건폐율 등 「건축법」의 규정
   나. 건축물 또는 공작물의 기능·용도 및 배치계획
4. 다음 각 목의 사항 등을 참작할 때 전용하려는 농지를 계속하여 보전할 필요성이 크지 아니할 것
   가. 경지정리 및 수리시설 등 농업생산기반정비사업 시행 여부
   나. 해당 농지가 포함된 지역농지의 집단화 정도
   다. 해당 농지의 전용으로 인하여 인근 농지의 연쇄적인 전용 등 농지잠식 우려가 있는지의 여부
   라. 해당 농지의 전용으로 인근농지의 농업경영 환경을 저해할 우려가 있는지의 여부
   마. 해당 농지의 전용으로 인하여 농지축(農地築)이 절단되거나 배수가 변경되어 물의 흐름에 지장을 주는지의 여부
6. 해당 농지의 전용이 용수의 취수를 수반하는 경우 그 시기·방법·수량 등이 농수산업 또는 농어촌생활환경유지에 피해가 없을 것. 다만, 그 피해가 예상되는 경우에는 그 피해방지계획이 타당하게 수립되어 있을 것
7. 사업계획 및 자금조달계획이 전용목적사업의 실현에 적합하도록 수립되어 있을 것
8. 농지를 전용하려는 자가 그 전용목적사업을 수행하는 것이 「농어업경영체 육성 및 지원에 관한 법률」 등 관련 법령에 저촉되지 않을 것
9. 농지를 전용하려는 자가 농지 소유자로부터 사용권을 제공받은 경우에는 그 사용권 제공이 「농어업경영체 육성 및 지원에 관한 법률」 등 관련 법령에 저촉되지 않을 것

---

③ 농림축산식품부장관은 제1항에 따른 심사기준에 적합하지 아니한 경우에는 농지의 전용허가를 하여서는 아니 된다(영 제33조 제2항).

④ 시·도지사 및 시장·군수 또는 자치구구청장이 위의 ③에 따라 심사하는 경우 신청인이 제출한 서류에 흠이 있으면 지체 없이 보완 또는 보정에 필요한 상당한 기간을 정하여 신청인에게 보완 또는 보정을 요구하여야 한다. 이 경우 보완 또는 보정의 요구는 문서·구술·전화 또는 팩스로 하되, 신청인이 특별히 요청

하는 때에는 문서로 하여야 한다(영 제33조 제3항).

⑤ 시·도지사 및 시장·군수 또는 자치구구청장은 신청인이 위의 ③에 따른 보완
또는 보정을 요구한 기간에 이를 보완 또는 보정하지 아니하는 때에는 신청서
류를 반려할 수 있다(영 제33조 제4항).

(4) 농지전용허가의 위임

농림축산식품부장관의 권한은 대통령령으로 정하는 바(영 제71조)에 따라 그 일부
를 시·도지사, 시장·군수 또는 구청장에게 위임할 수 있고(법 제51조 제1항), 이 법에
따른 업무의 일부를 대통령령으로 정하는 바에 따라 그 일부를 한국농어촌공사, 농업
관련 기관 또는 농업 관련 단체에 위탁할 수 있다(법 제51조 제2항).

3. 농지전용신고

(1) 농지전용신고 대상

농지를 다음의 어느 하나에 해당하는 시설의 부지로 전용하려는 자는 대통령령으
로 정하는 바에 따라 시장·군수 또는 자치구구청장에게 신고하여야 한다. 신고한 사항
을 변경하려는 경우에도 또한 같다(법 제35조 제1항).

---

1. 농업인 주택, 어업인 주택, 농축산업용 시설(제2조 제1호 나목에 따른 개량시설과 농축산물 생
   산시설은 제외한다), 농수산물 유통·가공 시설
2. 어린이놀이터·마을회관 등 농업인의 공동생활 편의 시설
3. 농수산 관련 연구 시설과 양어장·양식장 등 어업용 시설

시장·군수 또는 자치구구청장은 신고를 받은 경우 그 내용을 검토하여 이 법에
적합하면 신고를 수리하여야 한다(법 제35조 제2항).

(2) 농지전용신고 절차

① 농지전용의 신고 또는 변경신고를 하려는 자는 농지전용신고서에 농림축산식
품부령으로 정하는 서류를 첨부하여 해당 농지의 소재지를 관할하는 시장·군
수 또는 자치구구청장에게 제출하여야 한다(영 제35조 제1항).

② 시장·군수 또는 자치구구청장이 신고내용을 검토하는 경우 신고인이 제출한 서류의 흠의 보완 또는 보정이나 반려에 관하여는 다음의 제33조 제3항 및 제4항 규정을 준용한다(영 제35조 제3항).

    ㉠ 시·도지사 및 시장·군수 또는 자치구구청장이 제2항에 따라 심사하는 경우 신청인이 제출한 서류에 흠이 있으면 지체 없이 보완 또는 보정에 필요한 상당한 기간을 정하여 신청인에게 보완 또는 보정을 요구하여야 한다. 이 경우 보완 또는 보정의 요구는 문서·구술·전화 또는 팩스로 하되, 신청인이 특별히 요청하는 때에는 문서로 하여야 한다(영 제33조 제3항).

    ㉡ 보완 또는 보정을 요구한 기간에 이를 보완 또는 보정하지 아니하는 때에는 신청서류를 반려할 수 있다(영 제33조 제4항).

③ 시장·군수 또는 자치구구청장은 농지전용신고서 등을 제출받은 때에는 신고내용이 적합한지의 여부를 검토하여 적합하다고 인정하는 경우에는 농림축산식품부령으로 정하는 바에 따라 농지전용신고증을 신고인에게 내주어야 하며, 적합하지 아니하다고 인정하는 경우에는 그 사유를 구체적으로 밝혀 제출받은 서류를 반려하여야 한다(영 제35조 제4항).

4. 농지전용협의

(1) 농지전용협의 대상

주무부장관이나 지방자치단체의 장은 다음의 어느 하나에 해당하면 대통령령으로 정하는 바에 따라 농림축산식품부장관과 미리 농지전용에 관한 협의를 하여야 한다(법 제34조 제2항).

---

1. 「국토의 계획 및 이용에 관한 법률」에 따른 도시지역에 주거지역·상업지역 또는 공업지역을 지정하거나 도시·군계획시설을 결정할 때에 해당 지역 예정지 또는 시설 예정지에 농지가 포함되어 있는 경우. 다만, 이미 지정된 주거지역·상업지역·공업지역을 다른 지역으로 변경하거나 이미 지정된 주거지역·상업지역·공업지역에 도시·군계획시설을 결정하는 경우는 제외한다.

1의2. 「국토의 계획 및 이용에 관한 법률」에 따른 계획관리지역에 지구단위계획구역을 지정할 때에 해당 구역 예정지에 농지가 포함되어 있는 경우

2. 「국토의 계획 및 이용에 관한 법률」에 따른 도시지역의 녹지지역 및 개발제한구역의 농지에 대하여 같은 법 제56조에 따라 개발행위를 허가하거나 「개발제한구역의 지정 및 관리에 관한 특별

조치법」제12조 제1항 각 호 외의 부분 단서에 따라 토지의 형질변경허가를 하는 경우

(2) 농지전용협의 절차

① 주무부장관 또는 지방자치단체의 장이 농지의 전용에 관하여 협의(다른 법률에 따라 농지전용허가가 의제되는 협의를 포함한다)하려는 경우에는 농지전용협의요 청서에 농림축산식품부령으로 정하는 서류를 첨부하여 농림축산식품부장관에 게 제출하여야 한다(영 제34조 제1항).

② 농림축산식품부장관은 농지의 전용에 관한 협의요청이 있으면 심사를 한 후 그 동의 여부를 결정하여야 하며(영 제34조 제2항), 심사기준에 적합하지 아니한 경 우에는 동의를 하여서는 아니 된다(영 제34조 제3항).

5. 농지의 타용도 일시사용허가

(1) 대상 및 절차 등

① 허가신청

농지를 다음의 어느 하나에 해당하는 용도로 일시 사용하려는 자는 일정기간(영 제38조) 사용한 후 농지로 복구한다는 조건으로 시장·군수 또는 자치구구청장의 허가 를 받아야 한다(법 제36조 제1항).

1. 「건축법」에 따른 건축허가 또는 건축신고 대상시설이 아닌 간이 농수축산업용 시설(개량시설과 농축산물 생산시설은 제외한다)과 농수산물의 간이 처리 시설을 설치하는 경우
2. 주 목적사업(해당 농지에서 허용되는 사업만 해당한다)을 위하여 현장 사무소나 부대시설, 그 밖에 이에 준하는 시설을 설치하거나 물건을 적치하거나 매설하는 경우
3. 대통령령으로 정하는 토석과 광물을 채굴하는 경우
4. 「전기사업법」제2조 제1호의 전기사업을 영위하기 위한 목적으로 설치하는 「신에너지 및 재생 에너지 개발·이용·보급 촉진법」제2조 제2호 가목에 따른 태양에너지 발전설비(이하 "태양에 너지 발전설비"라 한다)로서 다음 각 목의 요건을 모두 갖춘 경우
   가. 「공유수면 관리 및 매립에 관한 법률」제2조에 따른 공유수면매립을 통하여 조성한 토지 중 토양 염도가 일정 수준 이상인 지역 등 농림축산식품부령으로 정하는 지역에 설치하는 시설일 것
   나. 설치 규모, 염도 측정방법 등 농림축산식품부장관이 별도로 정한 요건에 적합하게 설치하는 시설일 것

다만, 국가나 지방자치단체의 경우에는 시장·군수 또는 자치구구청장과 협의하여야 한다(법 제36조 제1항 단서).

(2) 농지의 타용도 일시사용허가의 절차

① 법 제36조 제1항에 따라 농지의 타용도 일시사용허가 또는 변경허가를 받으려는 자는 농지의 타용도 일시사용허가신청서에 농림축산식품부령으로 정하는 서류를 첨부하여 해당 농지의 소재지를 관할하는 시장·군수 또는 자치구구청장에게 제출하여야 한다(영 제37조 제1항).

② 시장·군수 또는 자치구구청장 신청 서류를 제출받은 때에는 다음의 심사기준에 따라 심사한 후 신청 받은 날(신청 서류의 보완 또는 보정을 요구한 경우에는 그 보완 또는 보정이 완료된 날을 말한다)부터 10일 이내에 그 결과를 신청인에게 문서로 알려야 한다(영 제37조 제2항).

③ 시장·군수 또는 자치구구청장이 제2항에 따라 심사를 하는 경우 신청인이 제출한 서류의 흠의 보완·보정 또는 반려에 관하여는 제33조 제3항 및 제4항을 준용한다(영 제37조 제3항). 이에 따라서 시장·군수 또는 자치구구청장이 신고 내용을 검토하는 경우 신고인이 제출한 서류에 흠이 있으면 지체 없이 보완 또는 보정에 필요한 상당한 기간을 정하여 신청인에게 보완 또는 보정을 요구하여야 하고, 신청인이 보완 또는 보정을 요구한 기간에 이를 보완 또는 보정하지 아니하는 때에는 신청서류를 반려할 수 있다.

④ 시장·군수 또는 자치구구청장은 심사기준에 적합하지 아니한 경우에는 농지의 타용도 일시사용허가를 하여서는 아니 된다(영 제37조 제4항).

(3) 농지의 타용도 일시사용허가의 기간 등

1) 원칙

법 제36조 제1항에 따른 허가·협의, 같은 조 제2항에 따른 협의, 법 제36조의2 제1항에 따른 신고·협의 및 같은 조 제2항에 따른 협의의 경우 농지의 타용도 일시사용기간은 다음과 같다(영 제38조 제1항).

> 1. 「건축법」에 따른 건축허가 또는 건축신고 대상 시설이 아닌 간이 농수축산업용 시설(개량시설과 농축산물 생산시설은 제외한다)과 농수산물의 간이 처리 시설을 설치하는 경우 : 7년 이내
> 2. 주목적사업(해당 농지에서 허용되는 사업)을 위하여 현장 사무소나 부대시설, 그 밖에 이에 준하는 시설을 설치하거나 물건을 적치하거나 매설하는 경우 : 그 주목적 사업의 시행에 필요한 기간 이내
> 3. 농지를 ⊙ 썰매장, 지역축제장 등으로 일시적으로 사용하는 경우, ⓒ 위의 1과 2에 해당하는 시설을 일시적으로 설치하는 경우 중 어느 하나에 해당하는 용도로 일시 사용하는 경우 및 시장·군수 또는 자치구구청장은 주무부장관이나 지방자치단체의 장이 다른 법률에 따른 사업 또는 사업계획 등의 인가·허가 또는 승인 등과 관련하여 농지의 타용도 일시사용 협의를 요청하는 경우 : 6개월 이내

2) 연장

시장·군수 또는 자치구구청장은 농지의 타용도 일시사용기간을 통산하여 다음 각 호의 기간을 초과하지 아니하는 범위에서 연장할 수 있다(영 제38조 제2항).

> 1. 「건축법」에 따른 건축허가 또는 건축신고 대상시설이 아닌 간이 농수축산업용 시설(개량시설과 농축산물 생산시설은 제외한다)과 농수산물의 간이 처리 시설을 설치하는 경우 : 5년
> 2. 「국토의 계획 및 이용에 관한 법률」 제2조 제7호에 따른 '도시·군계획시설'의 설치예정지 안의 농지에 대하여 타용도 일시사용허가를 한 경우: 그 도시·군계획시설의 설치시기 등을 고려하여 필요한 기간
> 3. 제1호 및 제2호 외의 경우 : 3년 이내

6. 농지전용허가 등의 제한

(1) 농지전용허가의 제한

농림축산식품부장관은 제34조 제1항에 따른 농지전용허가를 결정할 경우 다음 각 호의 어느 하나에 해당하는 시설의 부지로 사용하려는 농지는 전용을 허가할 수 없다. 다만, 「국토의 계획 및 이용에 관한 법률」에 따른 도시지역·계획관리지역 및 개발진흥지구에 있는 농지는 다음 각 호의 어느 하나에 해당하는 시설의 부지로 사용하더라도 전용을 허가할 수 있다(법 제37조 제1항).

1. 「대기환경보전법」 제2조 제9호에 따른 대기오염배출시설로서 대통령령(영 제44조 제1항)으로 정하는 시설
2. 「물환경보전법」 제2조 제10호에 따른 폐수배출시설로서 대통령령(영 제44조 제2항)으로 정하는 시설
3. 농업의 진흥이나 농지의 보전을 해칠 우려가 있는 시설로서 대통령령(영 제44조 제2항)으로 정하는 시설

(2) 농지의 타용도 일시사용허가의 제한

농림축산식품부장관, 시장·군수 또는 자치구구청장은 농지전용허가 및 협의(다른 법률에 따라 농지전용허가가 의제되는 협의를 포함한다)를 하거나 농지의 타용도 일시사용 허가 및 협의를 할 때 그 농지가 다음 각 호의 어느 하나에 해당하면 전용을 제한하거나 타용도 일시사용을 제한할 수 있다(법 제37조 제2항).

1. 전용하려는 농지가 농업생산기반이 정비되어 있거나 농업생산기반 정비사업 시행예정 지역으로 편입되어 우량농지로 보전할 필요가 있는 경우
2. 해당 농지를 전용하거나 다른 용도로 일시사용하면 일조·통풍·통작(通作)에 매우 크게 지장을 주거나 농지개량시설의 폐지를 수반하여 인근 농지의 농업경영에 매우 큰 영향을 미치는 경우
3. 해당 농지를 전용하거나 타용도로 일시 사용하면 토사가 유출되는 등 인근 농지 또는 농지개량 시설을 훼손할 우려가 있는 경우
4. 전용 목적을 실현하기 위한 사업계획 및 자금 조달계획이 불확실한 경우
5. 전용하려는 농지의 면적이 전용 목적 실현에 필요한 면적보다 지나치게 넓은 경우

한 필지의 농지에 「국토의 계획 및 이용에 관한 법률」에 따른 도시지역·계획관리 지역 및 개발진흥지구와 그 외의 용도지역 또는 용도지구(「국토의 계획 및 이용에 관한 법률」 제36조 제1항 또는 제37조 제1항에 따른 용도지역 또는 용도지구를 말한다)가 걸치는 경 우로서 해당 농지 면적에서 차지하는 비율이 가장 작은 용도지역 또는 용도지구가 대통 령령으로 정하는 면적 이하인 경우에는 해당 농지 면적에서 차지하는 비율이 가장 큰 용도지역 또는 용도지구를 기준으로 제37조 제1항을 적용한다(법 제37조의2).

7. 전용허가의 취소 등

농림축산식품부장관, 시장·군수 또는 자치구구청장은 농지전용허가 또는 농지의

타용도 일시사용허가를 받았거나 농지전용신고를 한 자가 다음 각 호의 어느 하나에 해당하면 농림축산식품부령으로 정하는 바에 따라 허가를 취소하거나 관계 공사의 중지, 조업의 정지, 사업규모의 축소 또는 사업계획의 변경, 그 밖에 필요한 조치를 명할 수 있다(법 제39조 제1항). 다만, 제7호에 해당하면 그 허가를 취소하여야 한다(법 제39조 제1항 단서).

1. 거짓이나 그 밖의 부정한 방법으로 허가를 받거나 신고한 것이 판명된 경우
2. 허가 목적이나 허가 조건을 위반하는 경우
3. 허가를 받지 아니하거나 신고하지 아니하고 사업계획 또는 사업 규모를 변경하는 경우
4. 허가를 받거나 신고를 한 후 농지전용 목적사업과 관련된 사업계획의 변경 등 대통령령(영 제57조)으로 정하는 정당한 사유 없이 2년 이상 대지의 조성, 시설물의 설치 등 농지전용 목적사업에 착수하지 아니하거나 농지전용 목적사업에 착수한 후 1년 이상 공사를 중단한 경우
5. 농지보전부담금을 내지 아니한 경우
6. 허가를 받은 자나 신고를 한 자가 허가취소를 신청하거나 신고를 철회하는 경우
7. 허가를 받은 자가 관계 공사의 중지 등 이 조 본문에 따른 조치명령을 위반한 경우(당연취소사유임)

8. 용도변경의 승인

농지전용허가, 농지전용협의, 농지전용신고 중 어느 하나에 해당하는 절차를 거쳐 농지전용 목적사업에 사용되고 있거나 사용된 토지를 대통령령으로 정하는 기간(5년)이내에 다른 목적으로 사용하려는 경우에는 시장·군수 또는 자치구구청장의 승인을 받아야 한다(법 제40조 제1항).

승인을 받아야 하는 자 중 농지보전부담금이 감면되는 시설의 부지로 전용된 토지를 농지보전부담금 감면 비율이 다른 시설의 부지로 사용하려는 자는 대통령령으로 정하는 바에 따라 그에 해당하는 농지보전부담금을 내야 한다(법 제40조 제2항).

9. 농지의 지목변경제한

다음의 어느 하나에 해당하는 경우 외에는 농지를 전·답·과수원 외의 지목으로 변경하지 못한다(법 제41조).

1. 농지전용허가(다른 법률에 따라 농지전용허가가 의제되는 협의를 포함한다)를 받거나 농지를 전용한 경우
2. 다음에 해당하는 목적으로 농지를 전용한 경우
   가. 「산지관리법」 제14조에 따른 산지전용허가를 받지 아니하거나 같은 법 제15조에 따른 산지전용신고를 하지 아니하고 불법으로 개간한 농지를 산림으로 복구하는 경우
   나. 「하천법」에 따라 하천관리청의 허가를 받고 농지의 형질을 변경하거나 공작물을 설치하기 위하여 농지를 전용하는 경우
3. 농지전용신고를 하고 농지를 전용한 경우
4. 「농어촌정비법」에 따른 농어촌용수의 개발사업이나 농업생산기반 개량사업의 시행으로 토지의 개량 시설의 부지로 변경되는 경우
5. 시장·군수 또는 자치구구청장이 천재지변이나 그 밖의 불가항력의 사유로 그 농지의 형질이 현저히 달라져 원상회복이 거의 불가능하다고 인정하는 경우

10. 원상회복 등

(1) 대상

농림축산식품부장관, 시장·군수 또는 자치구구청장은 다음 각 호의 어느 하나에 해당하면 그 행위를 한 자에게 기간을 정하여 원상회복을 명할 수 있다(법 제42조 제1항).

1. 제34조 제1항에 따른 농지전용허가 또는 제36조에 따른 농지의 타용도 일시사용허가를 받지 아니하고 농지를 전용하거나 다른 용도로 사용한 경우
2. 제35조 또는 제43조에 따른 농지전용신고 또는 제36조의2에 따른 농지의 타용도 일시사용신고를 하지 아니하고 농지를 전용하거나 다른 용도로 사용한 경우
3. 제39조에 따라 허가가 취소된 경우
4. 농지전용신고를 한 자가 제39조에 따른 조치명령을 위반한 경우

(2) 절차

농림축산식품부장관, 시장·군수 또는 자치구구청장은 앞의 제1항의 규정에 따른 원상회복명령을 위반하여 원상회복을 하지 아니하면 대집행으로 원상회복을 할 수 있으며(법 제42조 제2항), 대집행의 절차에 관하여는 「행정대집행법」을 적용한다(법 제42조 제3항).

11. 농지보전부담금

(1) 농지보전부담금 납부대상 및 조건부 허가 등

1) 납부대상

다음 각 호의 어느 하나에 해당하는 자는 농지의 보전·관리 및 조성을 위한 부담금("농지보전부담금"이라 한다)을 농지관리기금을 운용·관리하는 자에게 내야 한다(법 제38조 제1항).

---

1. 제34조 제1항에 따라 농지전용허가를 받는 자
2. 제34조 제2항 제1호에 따라 농지전용협의를 거친 지역 예정지 또는 시설 예정지에 있는 농지 (같은 호 단서에 따라 협의 대상에서 제외되는 농지를 포함한다)를 전용하려는 자
2의2. 제34조 제2항 제1호의2에 따라 농지전용에 관한 협의를 거친 구역 예정지에 있는 농지를 전용하려는 자
3. 제34조 제2항 제2호에 따라 농지전용협의를 거친 농지를 전용하려는 자
4. 다른 법률에 따라 농지전용허가가 의제되는 협의를 거친 농지를 전용하려는 자
5. 제35조나 제43조에 따라 농지전용신고를 하고 농지를 전용하려는 자

---

2) 조건부 허가 등

농림축산식품부장관이나 시장·군수 또는 자치구구청장은 농지전용의 허가·협의 또는 농지전용의 신고수리를 하려는 때에는 농지보전부담금(㎡당 개별공시지가의 30퍼센트, 최대 5만원)을 전부 또는 일부를 미리 납부하게 하여야 한다(영 제45조 제1항).

(2) 분할납부

1) 분할납부

농림축산식품부장관은 ① 「공공기관의 운영에 관한 법률」에 따른 공공기관과 「지방공기업법」에 따른 지방공기업이 산업단지의 시설용지로 농지를 전용하는 경우 등 대통령령으로 정하는 농지의 전용, ② 농지보전부담금이 농림축산식품부령(규칙 제45조 제4항)으로 정하는 금액(개인의 경우 건당 2천만원, 그 외의 경우 건당 4천만원) 이상인 경우 중 어느 하나에 해당하는 사유로 농지보전부담금을 한꺼번에 내기 어렵다고 인정되는 경우에는 대통령령(영 제50조 제2항)으로 정하는 바에 따라 농지보전부담금을 나누어 내게 할 수 있다(법 제38조 제2항).

납부하여야 할 농지보전부담금의 30/100을 해당 농지전용허가 또는 농지전용신고(다른 법률에 따라 농지전용허가 또는 농지전용신고가 의제되는 인가·허가·승인 등을 포함한다) 전에 납부하고, 그 잔액은 4년의 범위에서 농림축산식품부령으로 정하는 바에 따라 분할하여 납부하되, 최종납부일은 해당 목적사업의 준공일 이전이어야 한다(영 제50조 제2항). 다만, 농림축산식품부장관은 국가 또는 지방자치단체가 농지를 전용하는 경우로서 농지보전부담금 분할 잔액을 납부기한에 납부하기 어려운 사유가 있다고 인정되면 해당 목적사업의 준공일까지의 범위에서 그 납부기한을 연장할 수 있다(영 제50조 제2항 단서).

2) 납입보증보험증서 등의 예치

농림축산식품부장관은 위의 분할납부 규정에 따라 농지보전부담금을 나누어 내게 하려면 대통령령으로 정하는 바에 따라 농지보전부담금을 나누어 내려는 자에게 나누어 낼 농지보전부담금에 대한 납입보증보험증서 등을 미리 예치하게 하여야 한다(법 제38조 제3항). 다만, 농지보전부담금을 나누어 내려는 자가 국가나 지방자치단체, 그 밖에 대통령령으로 정하는 자인 경우에는 그러하지 아니하다(법 제38조 제3항 단서).

(3) 농지보전부담금의 환급

① 농지관리기금을 운용·관리하는 자는 ㉠ 농지보전부담금을 낸 자의 허가가 제39조에 따라 취소된 경우, ㉡ 농지보전부담금을 낸 자의 사업계획이 변경된 경우, ㉢ 농지보전부담금을 납부하고 허가를 받지 못한 경우, ㉣ 그 밖에 이에 준하는 사유로 전용하려는 농지의 면적이 당초보다 줄어든 경우 중 어느 하나에 해당하는 경우 대통령령(영 제52조)으로 정하는 바에 따라 그에 해당하는 농지보전부담금을 환급하여야 한다(법 제38조 제5항).

② 농림축산식품부장관은 납부의무자가 농지보전부담금으로 납부한 금액 중 과오납입한 금액이 있거나 환급하여야 할 금액이 있으면 지체 없이 그 과오납액 또는 환급금액을 농지보전부담금환급금으로 결정하고 이를 농지보전부담금납부자와 한국농어촌공사에 각각 통지하여야 한다(영 제51조 제1항).

(4) 농지보전부담금의 감면

농림축산식품부장관은 다음 각 호의 어느 하나에 해당하면 대통령령으로 정하는 바(영 제52조)에 따라 농지보전부담금을 감면할 수 있다(법 제38조 제6항).

① 국가나 지방자치단체가 공용 목적이나 공공용 목적으로 농지를 전용하는 경우

② 대통령령으로 정하는 중요 산업 시설을 설치하기 위하여 농지를 전용하는 경우

③ 농업인 주택, 어업인 주택, 농축산업용 시설(개량시설과 농축산물 생산시설 제외), 농수산물 유통·가공 시설, 농업인의 공동생활 편의시설, 농수산 관련 연구시설, 양어장·양식장 등의 어업용 시설 등(법 제35조 제1항) 농지전용의 신고대상인 시설을 설치하기 위하여 농지를 전용하는 경우

(5) 강제징수 등

① 농지보전부담금은 「부동산 가격공시에 관한 법률」에 따른 해당 농지의 개별공시지가의 범위에서 대통령령(영 제53조)으로 정하는 부과기준(농지보전부담금의 ㎡당 금액은 해당 농지의 개별공시지가의 30/100으로 한다)을 적용하여 산정한 금액으로 한다(법 제38조 제7항).

② 농림축산식품부장관은 농지보전부담금을 내야 하는 자가 납부기한까지 내지 아니하면 납부기한이 지난 후 10일 이내에 10일 이내의 기간을 정한 독촉장을 발급하여야 한다(법 제38조 제8항).

③ 농림축산식품부장관은 농지보전부담금을 내야 하는 자가 위의 ②에 따른 납부기한까지 부담금을 내지 아니한 경우에는 납부기한이 지난 날부터 체납된 농지보전부담금의 3/100에 상당하는 금액을 가산금으로 부과한다(법 제38조 제9항).

④ 농림축산식품부장관은 농지보전부담금을 체납한 자가 체납된 농지보전부담금을 납부하지 아니한 때에는 납부기한이 지난 날부터 1개월이 지날 때마다 체납된 농지보전부담금의 12/1000에 상당하는 가산금("중가산금"이라 한다)을 위의 ③에 따른 가산금에 더하여 부과하되, 체납된 농지보전부담금의 금액이 100만원 미만인 경우는 중가산금을 부과하지 아니한다. 이 경우 중가산금을 가산하여 징수하는 기간은 60개월을 초과하지 못한다(법 제38조 제10항).

⑤ 농림축산식품부장관은 농지보전부담금을 내야 하는 자가 독촉장을 받고 지정된 기한까지 부담금과 가산금을 내지 아니하면 국세 또는 지방세 체납처분의 예에 따라 징수할 수 있다(법 제38조 제11항).

⑥ 농림축산식품부장관은 ㉠ 체납처분이 종결되고 체납액에 충당된 배분금액이 그 체납액에 미치지 못한 경우, ㉡ 농지보전부담금을 받을 권리에 대한 소멸시

효가 완성된 경우, ⓒ 체납처분의 목적물인 총재산의 추산가액이 체납 처분비에 충당하고 남을 여지가 없는 경우, ⓔ 체납자가 사망하거나 행방불명되는 등 대통령령으로 정하는 사유로 인하여 징수할 가능성이 없다고 인정되는 경우 중 어느 하나에 해당하는 사유가 있으면 해당 농지보전부담금에 관하여 결손처분을 할 수 있다(법 제38조 제12항). 다만, ⓐ·ⓒ 및 ⓔ의 경우 결손처분을 한 후에 압류할 수 있는 재산을 발견하면 지체 없이 결손처분을 취소하고 체납처분을 하여야 한다(법 제38조 제12항 단서).

제 5 장

보칙 및 벌칙

제1절 보 칙

1. 권한의 위임과 위탁

(1) 이 법에 따른 농림축산식품부장관의 권한은 대통령령(영 제71조)으로 정하는 바에 따라 그 일부를 시·도지사, 시장·군수 또는 구청장에게 위임할 수 있다(법 제51조 제1항).

(2) 농림축산식품부장관은 이 법에 따른 업무의 일부를 대통령령으로 정하는 바에 따라 그 일부를 한국농어촌공사, 농업 관련 기관 또는 농업 관련 단체에 위탁할 수 있다(법 제51조 제2항).

(3) 농림축산식품부장관은 대통령령으로 정하는 바에 따라 「한국농어촌공사 및 농지관리기금법」 제35조에 따른 농지관리기금의 운용·관리업무를 위탁받은 자에게 농지보전부담금 수납 업무를 대행하게 할 수 있다(법 제51조 제3항).

2. 포상금

농림축산식품부장관은 다음 각 호의 어느 하나에 해당하는 자를 주무관청이나 수사기관에 신고하거나 고발한 자에게 대통령령(영 제72조)으로 정하는 바에 따라 포상금을 지급할 수 있다(법 제52조).

---

1. 제6조에 따른 농지 소유 제한이나 제7조에 따른 농지 소유 상한을 위반하여 농지를 소유할 목적으로 거짓이나 그 밖의 부정한 방법으로 제8조 제1항에 따른 농지취득자격증명을 발급받은 자
2. 제32조 제1항 또는 제2항을 위반한 자
3. 제34조 제1항에 따른 농지전용허가를 받지 아니하고 농지를 전용한 자 또는 거짓이나 그 밖의 부정한 방법으로 제34조 제1항에 따른 농지전용허가를 받은 자
4. 제35조 또는 제43조에 따른 신고를 하지 아니하고 농지를 전용한 자

---

5. 제36조 제1항에 따른 농지의 타용도 일시사용허가를 받지 아니하고 농지를 다른 용도로 사용한 자

6. 제36조의2 제1항에 따른 농지의 타용도 일시사용신고를 하지 아니하고 농지를 다른 용도로 사용한 자

7. 제40조 제1항을 위반하여 전용된 토지를 승인 없이 다른 목적으로 사용한 자

3. 농지의 소유 등에 관한 조사

농림축산식품부장관, 시장·군수 또는 자치구구청장은 농지의 소유·거래·이용 또는 전용 등에 관한 사실을 확인하기 위하여 소속 공무원에게 그 실태를 정기적으로 조사하게 하여야 한다(법 제54조 제1항).

또한 농지의 소유 등에 관한 검사 또는 조사를 하는 공무원은 그 권한을 표시하는 증표를 지니고 이를 관계인에게 내보여야 한다(법 제54조 제5항).

4. 청 문

농림축산식품부장관, 시장·군수 또는 자치구구청장은 ① 농업경영에 이용하지 아니하는 농지 등의 처분의무 발생의 통지 또는 ② 농지전용허가의 취소를 하려면 청문을 하여야 한다(법 제55조).

5. 수수료

다음 각 호의 어느 하나에 해당하는 자는 대통령령(영 제74조)으로 정하는 바에 따라 수수료를 내야 한다(법 제56조).

1. 제8조에 따라 농지취득자격증명 발급을 신청하는 자
2. 제34조나 제36조에 따른 허가를 신청하는 자
3. 제35조나 제43조에 따라 농지전용을 신고하는 자
4. 제40조에 따라 용도변경의 승인을 신청하는 자
5. 제50조에 따라 농지대장 등본 교부를 신청하거나 자경증명 발급을 신청하는 자

제 2 절 벌 칙

1. 농지전용허가의 위반

(1) 농업진흥지역의 농지를 제34조 제1항에 따른 농지전용허가를 받지 아니하고 전용하거나 거짓이나 그 밖의 부정한 방법으로 농지전용허가를 받은 자는 5년 이하의 징역 또는 해당 토지의 개별공시지가에 따른 토지가액에 해당하는 금액 이하의 벌금에 처한다(법 제57조 제1항).

(2) 농업진흥지역 밖의 농지를 제34조 제1항에 따른 농지전용허가를 받지 아니하고 전용하거나 거짓이나 그 밖의 부정한 방법으로 농지전용허가를 받은 자는 3년 이하의 징역 또는 해당 토지가액의 50/100에 해당하는 금액 이하의 벌금에 처한다(법 제57조 제2항).

(3) 위의 징역형과 벌금형은 병과할 수 있다(법 제57조 제3항).

2. 벌 칙

(1) 5년 이하의 징역 또는 5천만원 이하의 벌금

① 제32조(용도구역에서의 행위제한) 제1항 또는 제2항을 위반한 자

② 제36조 제1항에 따른 농지의 타용도 일시사용허가를 받지 아니하고 농지를 다른 용도로 사용한 자

③ 제40조(용도변경의 승인) 제1항을 위반하여 전용된 토지를 승인 없이 다른 목적으로 사용한 자

(2) 3년 이하의 징역 또는 3천만원 이하의 벌금

① 제6조에 따른 농지 소유 제한이나 제7조에 따른 농지 소유 상한을 위반하여 농지를 소유할 목적으로 거짓이나 그 밖의 부정한 방법으로 제8조 제1항에 따른 농지취득자격증명을 발급받은 자

② 제35조 또는 제43조에 따른 신고를 하지 아니하고 농지를 전용한 자

③ 제36조의2 제1항에 따른 농지의 타용도 일시사용신고를 하지 아니하고 농지를

다른 용도로 사용한 자

(3) 2천만원 이하의 벌금

① 제9조를 위반하여 소유 농지를 위탁경영한 자
② 제23조 제1항을 위반하여 소유 농지를 임대하거나 사용대(使用貸)한 자
③ 제23조 제2항에 따른 임대차 또는 사용대차의 종료 명령을 따르지 아니한 자

3. 양벌규정

법인의 대표자나 법인 또는 개인의 대리인, 사용인, 그 밖의 종업원이 그 법인 또는 개인의 업무에 관하여 제57조부터 제61조까지의 어느 하나에 해당하는 위반행위를 하면 그 행위자를 벌하는 외에 그 법인 또는 개인에게도 해당 조문의 벌금형을 과(科)한다(법 제62조). 다만, 법인 또는 개인이 그 위반행위를 방지하기 위하여 해당 업무에 관하여 상당한 주의와 감독을 게을리하지 아니한 경우에는 그러하지 아니하다(법 제62조 단서).

찾아보기

저자소개

이상훈

연세대학교 문과대학(문학사)
고려대학교 일반대학원 법학과(법학석사)
고려대학교 일반대학원 법학과(법학박사)
고려대학교, 단국대학교 강사
한국감정원, 삼창감정평가법인 근무
미국 GSU(Georgia State University) 부동산학과 객원교수
감정평가사, 공인중개사 시험출제위원
의정부지방법원 고양지원 조정위원
현) 명지전문대학 부동산경영과 교수, 감정평가사
   (사)한국토지공법학회 부회장

석호영

미국 UCI(University of California, Irvine) 문과대학(문학사)
고려대학교 일반대학원 법학과(법학석사)
고려대학교 일반대학원 법학과(법학박사)
공군 중위 전역(사후 122기)
(사)한국법제발전연구소 연구위원
남서울대학교 부동산학과, 명지전문대학 부동산경영과 겸임교수
고려대학교, 명지대학교, 목원대학교, 한경대학교 등 강사
현) 명지대학교 법무행정학과 주임교수
   명지대학교 법무행정학과 교수
   (사)한국토지공법학회 이사
   (사)한국감정평가학회 편집위원
   (사)한국공법학회 총무간사
   (사)한국행정법학회 출판간사
   (사)한국행정판례연구회 출판간사
   (사)한국환경법학회 재무간사

제3판
부동산공법론

초판발행	2016년 9월 10일
제3판발행	2022년 8월 31일

지은이	이상훈·석호영
펴낸이	안종만·안상준

편 집	윤혜경
기획/마케팅	정성혁
표지디자인	이수빈
제 작	고철민·조영환

펴낸곳	(주) **박영사**
	서울특별시 금천구 가산디지털2로 53, 210호(가산동, 한라시그마밸리)
	등록 1959. 3. 11. 제300-1959-1호(倫)
전 화	02)733-6771
f a x	02)736-4818
e-mail	pys@pybook.co.kr
homepage	www.pybook.co.kr
ISBN	979-11-303-4289-4 93360

* 파본은 구입하신 곳에서 교환해 드립니다. 본서의 무단복제행위를 금합니다.
* 저자와 협의하여 인지첩부를 생략합니다.

정 가   37,000원